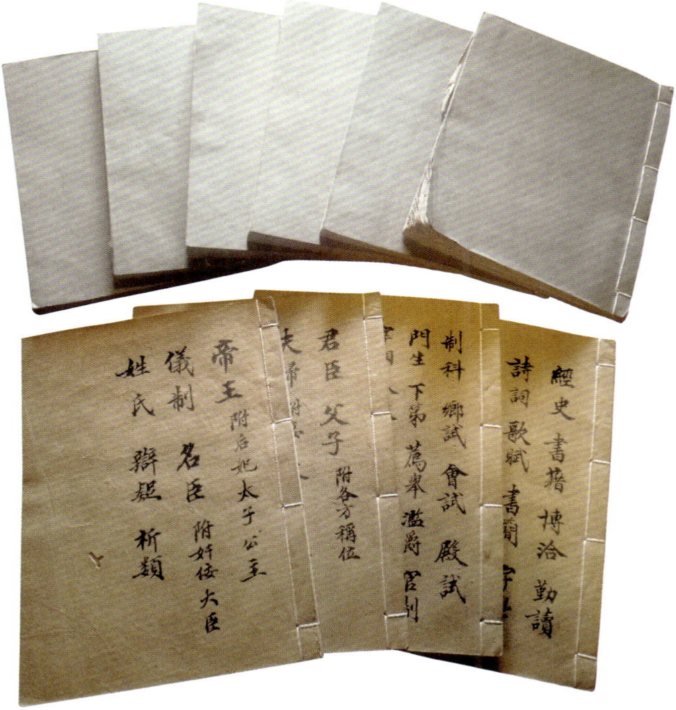

天一閣博物館藏《夜航船》甲種抄本一

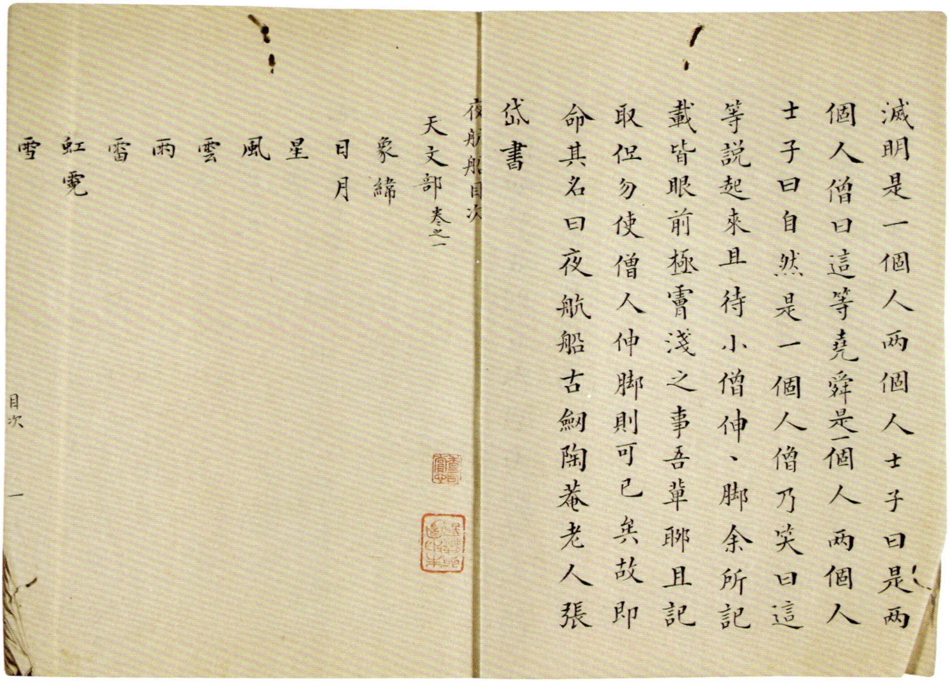
滅明是一個人兩個人士子曰是兩
個人僧曰這等堯舜是一個人兩個人
士子曰自然是一個人僧乃笑曰這
等說起來且待小僧伸、脚余所記
載皆眼前極膚淺之事吾輩聊且記
取但勿使僧人伸脚則可已矣故即
命其名曰夜航船古劍陶菴老人張
岱書

夜航船目次
天文部 卷之一
象緯
日月
星
風
雲
雨
雷
虹霓
雪

目次 一

天一閣博物館藏《夜航船》甲種抄本二

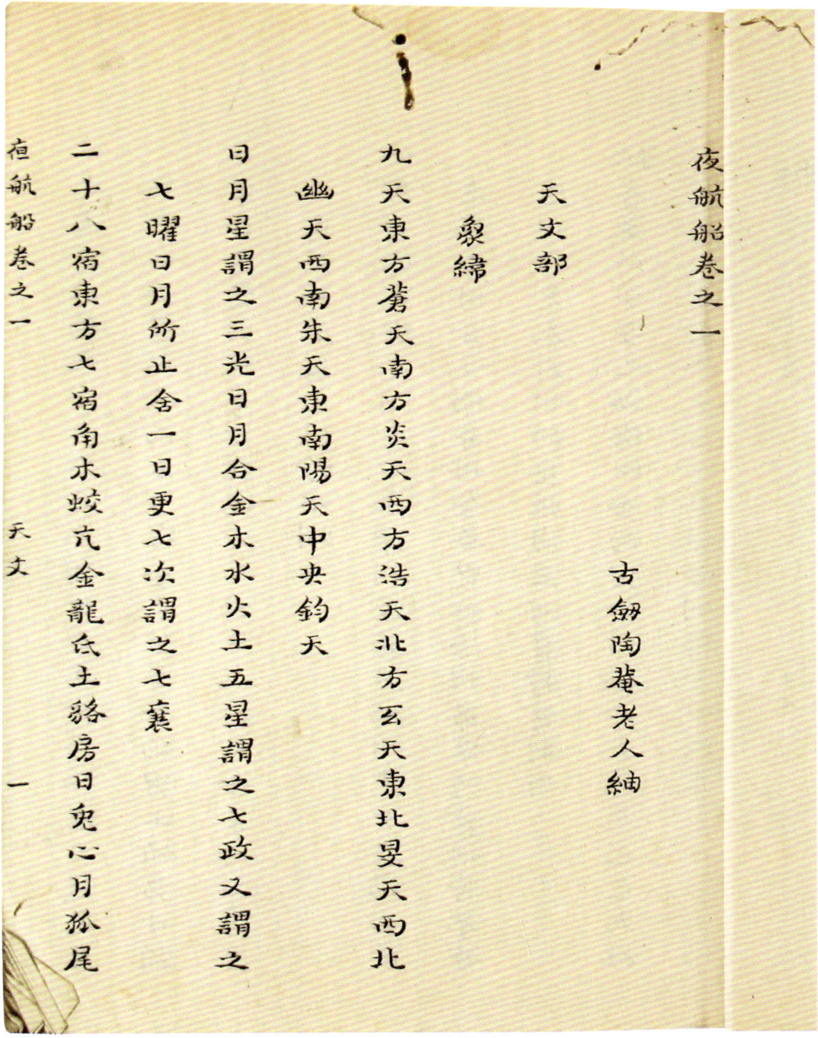

夜航船卷之一

古劒陶菴老人紬

天文部

象緯

九天東方蒼天南方炎天西方浩天北方玄天東北旻天西北

幽天西南朱天東南陽天中央鈞天

日月星謂之三光日月合金木水火土五星謂之七政又謂之

七曜日月所止舍一日更七次謂之七襄

二十八宿東方七宿角木蛟亢金龍氐土貉房日兔心月狐尾

天一閣博物館藏《夜航船》甲種抄本三

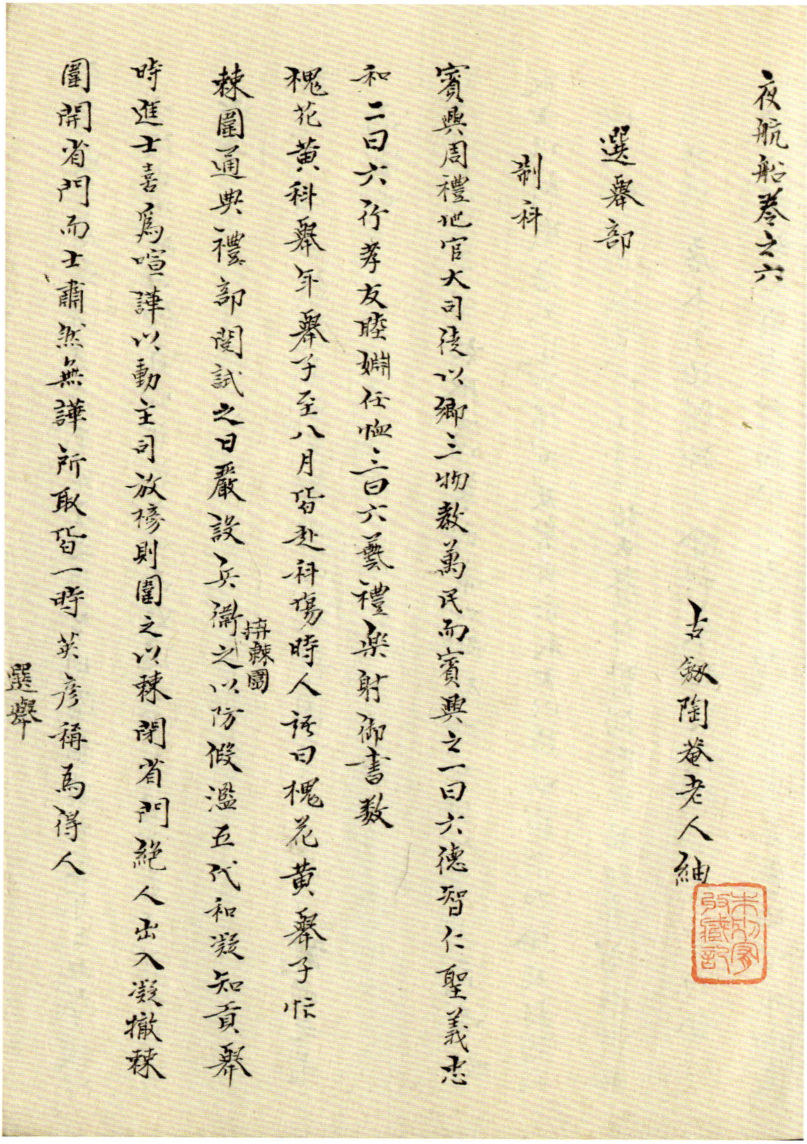
夜航船卷之六

古剡陶菴老人紬

選舉部

制科

賓興　周禮地官大司徒以鄉三物教萬民而賓興之一曰六德智仁聖義忠和二曰六行孝友睦婣任恤三曰六藝禮樂射御書數

槐花黃　科舉年舉子至八月皆赴科場時人語曰槐花黃舉子忙

棘圍　通典禮部閲試之日嚴設兵衛之（拚棘圍）以防假濫五代和凝知貢舉時進士喜爲喧譁以動主司放榜則圍之以棘閉省門絕人出入凝撤棘圍開省門而士肅然無譁所取皆一時英彦稱爲得人

選舉

天一閣博物館藏《夜航船》甲種抄本四

張岱全集

夜航船

〔明〕張岱 纂
鄭凌峰 點校
卿朝暉 審訂

浙江古籍出版社

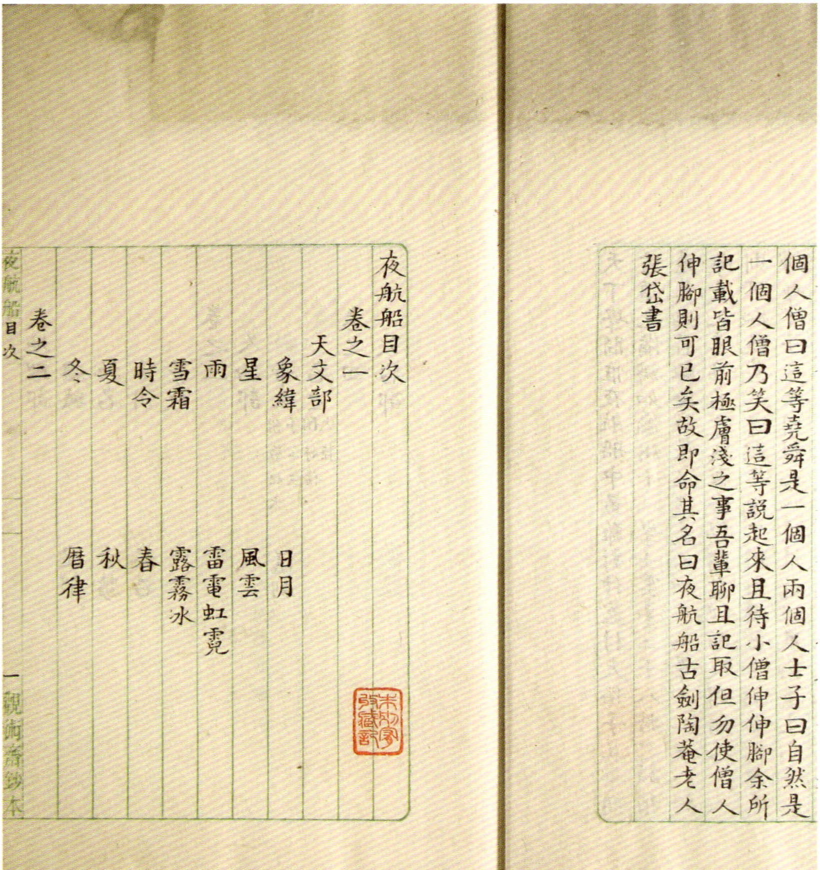

個人僧曰這等堯舜是一個人兩個人士子曰自然是
一個人僧乃笑曰這等說起來且待小僧伸伸腳余所
記載皆眼前極膚淺之事吾輩聊且記取但勿使僧人
伸腳則可已矣故即命其名曰夜航船古劍陶菴老人
張岱書

夜航船目次

卷之一

天文部

卷之二

天一閣博物館藏《夜航船》乙種抄本（觀術齋抄本）一

夜航船卷之一

古劒陶菴老人紬

天文部

象緯

九天　東方蒼天南方炎天西方浩天北方玄天東北旻天西北幽天西南朱天東南陽天中央鈞天

日月星謂之三光日月合金木水火土五星謂之七政又謂之七曜日月所止舍一日更七次謂之七襄

二十八宿　東方七宿角木蛟亢金龍氐土貉房日兔心月狐尾火虎箕水豹北方七宿斗木獬牛金牛女土蝠虛日鼠危月燕室火猪壁水㺄西方七宿奎木

天一閣博物館藏《夜航船》乙種抄本（觀術齋抄本）二

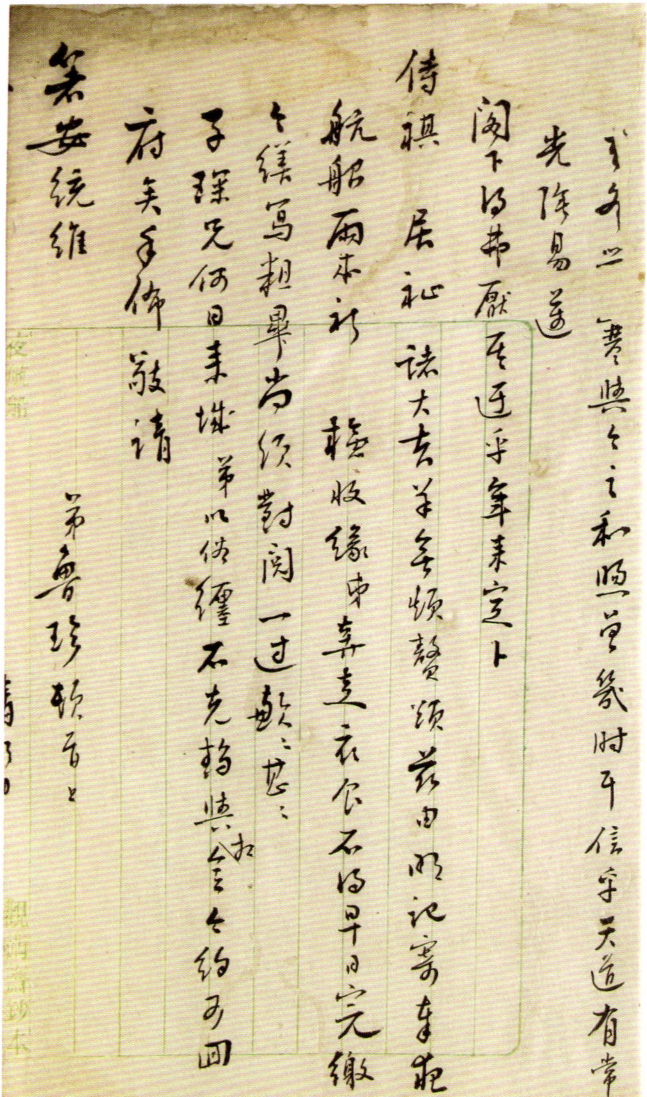

天一閣博物館藏《夜航船》乙種抄本（觀術齋抄本）三

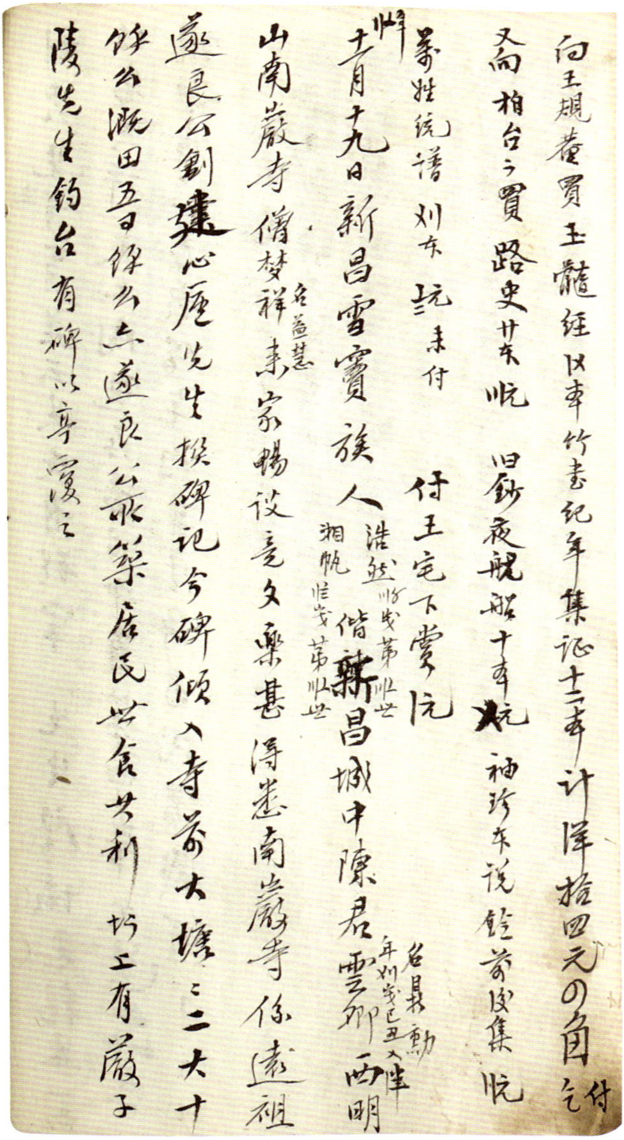
向王規菴買玉髓經以東竹書紀年集證十二本計洋拾四元〇角〇付
又向柏台〻買路史廿本 旧鈔夜航船十本 袖珍本說鈴前後集
萬姓統譜刈本 未付 付王宅下費
十月十九日新昌雪竇族人 僧新昌城中陳君雲卿西明
山南巖寺僧梵祥（名益慧）來家暢談竟夕樂甚得悉南巖寺係遠祖
遯良公創建心庵先生撰碑記今碑傾入寺前大塘〻二大十
餘公溉田五百餘公〻遯良公所築居民世食其利 工有巖子
陵先生釣台有碑以亭覆之

紹興圖書館藏《竟唐隨筆》一

覺兒
己未
壬申
癸未
丁巳
朱禹臣兄
乙丑
乙亥
辛巳
甲午

曼園弟
庚辰
戊子
丁酉
庚子 嘉廿
徐三庚先生
丙戌
癸巳
己巳
己巳

甲申十月初九亥時 雲生
癸巳三月廿七卯時 雲卿
己亥十二月廿午時 蓮卿
柏台十景承瞻要末
南板廿一史 玩 樂府 玩上
字貫 玩外 劉子全書 玩十
路史 玩仁 御定題畫詩 玩
文選 坑 說鈴 坑収
馬氏繹史 玩 夜航船 坑
禮書綱目 玩収 萬姓統譜 坑
南疆繹史 坑

紹興圖書館藏《竟唐隨筆》二

《夜航船》首個整理本（浙江古籍出版社，一九八七年）

整理前言

一

《夜航船》是張岱纂輯的一部中小型類書。成書以來，僅有抄本流傳，世所罕覯。一九八七年始經劉耀林先生據天一閣藏觀術齋抄本整理校注，由浙江古籍出版社出版。後又爲學者文人大力表彰，此書遂從珍本秘籍成爲流行作品，是張岱著作中認可度較高的品種之一。然而暴享大名之後，世人對此書的評價也趨於兩極化。捧之者目爲珍奇，至謂『這是一部許多學人查訪終身而不得的書』（余秋雨語）。貶之者則病其雜湊，且直言『其實在張岱著作中僅可列於下乘』（欒保羣語），甚至有疑爲僞託者。

古代文人多自編類書，以供漁獵詞藻、獺祭掌故之用，如白居易有《六帖》，李商隱有《雜纂》，晏殊有《類要》，即是其例。然早先文人多將自編類書視作枕中鴻寶，輕易不肯爲外人道，『鴛鴦繡了從教看，莫把金鍼度與人』（元好問《論詩三首》其三），保持創作過程的神秘感，以長自身詩文之聲價。《夜航船》作爲一部類書，本是資料彙編，确無出類拔萃之處。但此書除了類書的一般功用之外，更可算作張岱爲詩爲文的『素材庫』，與其詩文參觀，可體悟爲文之道，如何點鐵成金，將前人文章化爲己用。同時此書無異於張岱詩文注釋初編，張岱詩文所涉典故，多可從此書索解，無勞別作翻檢，甚至可以校正張岱著作的脱誤。如《陶菴夢憶》卷六《懸杪亭》提及『度索尋橦』，通行諸本誤作『度索尋樟』（惟王文誥道光重刊巾箱本不誤），然《夜航船》卷二《地理部·古蹟》不誤，且對『度索尋橦』之法作了詳細的介紹。又《陶菴夢憶》卷四《寧了》，謂寧了當即秦吉了，出於蜀地敘州，能作人言，『一日夷人買去，驚死』，讀者至此難免疑其語氣不連貫。而《夜航船》卷十七《四靈部·飛禽》『秦吉了』條載『有夷人以數萬錢買去，吉了曰：「我漢禽不入胡地！」遂驚死』（按道光本《陶菴夢憶》作『一日夷人買去，秦吉了曰：「我漢禽不入夷地！」遂驚死』，較通行諸本爲全），讀者至此可盡釋疑問。此例不但可證《夜航船》的校勘價值，亦可證此書與張岱其他著作關係密切，當非他人所纂輯。

《夜航船》的撰著年代，目前尚難得出明確結論。張岱六十九歲（康熙四年）作《自爲墓志銘》，自述著作『其所成者』凡十五種，未及《夜航船》。康熙五十六年，其孫張禮刊刻《西湖夢尋》，書前《凡例》中已提及《夜行船》（當即《夜航船》），則《夜航船》之成書當在張岱七十歲以後。張岱對此書似亦非等閒視之，不僅自序編入《瑯嬛文集》，且張禮於《西湖夢尋·凡例》中將此書與《陶菴文集》（或即《瑯嬛文集》）、《石匱全書》、《快園道古》三書並提，蓋張岱晚年於子孫前對此四書頗爲自得，故張禮特爲表而出之。

至於編纂此書的動因，筆者以爲有二，一則爲備基本掌故，二則爲滿足博物之興趣。張岱自謂此書所記『皆眼前極膚淺之事』，其立意無甚高明之處，文化常識手册而已。而編纂《夜航船》，除了作『金鍼度人』之事業以外，亦是滿足博物志趣的活動。按《和陶集》之《和贈長沙公》詩序：『博聞洽記，余慕吾家茂先，因於讀《禮》之暇，作《博物志補》十卷，以續其韻。』『茂先』即晋人張華，撰《博物志》十卷。其書除山川地理、飛禽走獸、草木蟲魚外，尚有物理方術、人事書籍、典章禮樂、服飾器物等門類。又按《快園道古》卷二十《博物部》小序言：『張茂先作《博物志》十卷，未免有寒儉之歎。余自有知識以來，凡怪異之物，生平所親知灼見者，泚筆書之，得四十餘卷，失於兵火。今聊存其一二，特記憶之餘耳，嗟嗟！』『四十餘卷』當指《博物志補》及其衍生著作。《博物志補》已經亡失，《快園道古・博物部》或係據殘存書稿筆記整理而成，《夜航船》當亦是賡續其撰著《博物志補》的志趣纂輯而成的作品。相比《快園道古・博物部》，《夜航船》『博物』範圍更廣，其卷十九《物理部》、卷二十《方術部》大率内容短小，易懂易用（雖未必科學實用），其中關於飲食和保健的條目，或可據以管窺其佚著如《老饕集》、《陶菴肘後方》等一二。惟《夜航船》既撰於晚年，著述心態相較撰述《博物志補》時，已是另一番境地了。

二

《夜航船》的版本，目前以天一閣藏觀術齋抄本最爲世人所知，此本爲緑絲欄套格鈔本，白口，無魚尾，四周單邊，版框濶十二釐米，長十八點一釐米，每頁二十二行，每行二十一字，計六百三十六頁，約三十三四萬字。該本後收入《續修四庫全書》子部雜家類（司馬朝軍謂：『此書爲通俗類書，不當列雜家類，應入類書類。』其説當從，參見《續修四庫全書總目提要·子部》『夜航船』條。又天一閣博物館編《别有齋藏書目録》已將《夜航船》列入『子部類書類』，較《續修四庫全書》更爲妥帖），因較爲易得，其後整理者多以此影印本爲底本，影響甚大。然而歷來對觀術齋抄本的認識未盡深入，甚至存在誤解訛傳，今特就此本之斷代與脱漏兩方面問題略作探討。

觀術齋抄本的斷代問題，目前僅見賀宏亮先生《從避諱字看〈夜航船〉抄本的成書年代》（原載湖北省新華書店《崇文》二〇一〇年第四至六期合刊）有所討論。賀氏認爲，此書未見『顒』字，然『琰』字皆作『琂』，係避清仁宗嘉慶帝諱，『旻』字僅一見（卷一《天文部·象緯》『九天』條『東北旻天』）而未缺筆，然『寧』全作『寕』，則當是避清宣宗道光帝諱，而『旻』字不避，蓋偶誤直書。筆者覆查全書，發現卷七《政事部·經濟》『擢用樞密』條有人名『張旻』凡三見，皆不缺筆，而『寕』字寫法或是異體（筆者赴國家圖書館抄録周作人舊藏乾隆年間朱景超抄本張岱《和陶集》時，見此本『寧』亦作『寗』，知堂題跋謂『則或是帖體，而非避寫也』，此亦可爲一佐證），則此本不避道光帝諱，當是道光以前抄本；嘉慶帝諱『顒』字亦三見，卷三《人物部・奸佞大臣》『晋世祖后父楊駿交通請謁……河間王顒、成都王穎等起兵討齊王冏……』一句，此『顒』字未缺筆，而卷八《文學部・詩詞》『宋周顒始爲《四聲切韻》』及卷十七《四靈部・飛禽》『金衣公子』條所涉人名『戴顒』，兩處『顒』字皆缺末二筆，係避嘉慶帝諱殆無疑義，則觀術齋抄本當是嘉慶年間抄本。

近年來有人注意到《夜航船》原書或有脱漏的問題，因《續修四庫全書》本卷二《地理部・景致》『海市』條後徑接『詩八章』三字，無頭無尾，令人費解。四川文藝出版社龔明德整理本將『詩八章』陞爲類題，即是據《續修四庫全書》本整理的結果。中華書局李小龍整理本據劉耀林校注本補録九條，其『八境臺』條末句爲『蘇軾賦詩八章』，正與此無頭無尾之三字相連，然李小龍先生亦以爲此係原書脱漏。筆者訪書天一閣時曾調閲觀術齋抄本原書，發現此處并無脱漏，實爲《續修四庫全書》本漏印了第四十三頁後半頁及第四十四頁前半頁，因而對讀者産生誤導。近年來一些新點校本亦多因此致誤，應予以糾正。

此外，觀術齋抄本疏漏極夥，多有匪夷所思之顯誤，當出自抄手粗心。然則大抵經行家校閲，其顯誤字旁多有『∟』形標記，部分字句中有示意旁注補字的畫線，但未書當補何字，懷疑其有訛脱而未詳所脱之文（儘管也有原書無誤而校閲者多疑之處）。此類誤字脱文劉耀林先生校注本多有訂補，龔明德、李小龍兩位先生亦踵事補正，然仍有校改不盡者。

三

自《夜航船》整理面世以來，世人多知觀術齋抄本，不知尚有別本。然查閱《別宥齋藏書目録》，實著録有兩種抄本：一是『《夜航船》二十卷：明題陶菴老人撰，清觀術齋緑絲欄抄本，十册，有「朱別宥收藏記」朱文長方印』；二是『《夜航船》二十卷：明張岱撰，有「香句賞心」朱文方印』，皆爲朱鼎煦舊藏（『香句』爲朱鼎煦別號）。前者聲名早著，後者近年始爲天一閣博物館著録。但此本價值頗高，此次重新整理《夜航船》即初步利用了該新見抄本。

該抄本爲足本，凡二十卷，分裝十册，每册封面以墨筆題各卷部類。除張岱自序外，別無序跋。其中八册以楷書抄寫，每頁十八行，每行則多作二十四字；第五、第八兩册（卷六至卷七、卷十二至卷十六）則以草書抄寫，每頁二十行，每行亦多作二十四字，或係補抄，或係代抄。從此本避諱來看，皆避清高宗乾隆帝諱，抄寫時間大致相近。所避康、雍、乾三朝諱，就出現頻率較高的『玄』、『弘』二字來看，此抄本亦時避時不避。尤其是『玄』字，或缺末筆，或缺首筆，或不缺筆，可見其避諱的隨意性。嘉慶以降帝諱均不避，可斷爲乾隆年間抄本。

新見抄本文字質量更佳，頗有可糾正觀術齋抄本訛脱衍倒之處。如原書卷二《地理部·

地名》：『鄜音孚。在陝西延安府。』觀術齋抄本『陝西』誤作『侯西』，而新見抄本不誤，又卷四《孜古部·析類》：『兩王愷，一武帝舅，一安帝時丹陽尹。』觀術齋抄本『王愷』誤作『王鎧』，而新見抄本不誤。此類顯誤前人整理本多已改正。然《夜航船》畢竟屬抄纂之作，難免校不勝校，新見抄本恰可補前人失校。如卷六《選舉部·制科》『宋孝宗始進士引射』句下觀術齋抄本作『有陛甲』，不知所云。新見抄本作『有陞甲』，『陞甲』指宋代科舉陞擢甲第之恩賜制度，按《夢粱録》卷三：『與狀元以下第一甲舉人賜進士及第，第二甲賜進士出身，第三至第五甲並賜同進士出身，如有魁及前下名太宗學內舍生員，並陞甲。』則此處新見抄本爲是。又卷十六《植物部·草木》『蓆草』條，觀術齋抄本作『一日見澗邊草類蘇織席以奉姑』，前人整理本大率於『蘇』字下斷句，然新見抄本作『一日見澗邊草類蘇席織以奉姑』，『織席』二字互乙，當在『席』字下斷句。『蘇席』者，姑蘇所產織席也，按《竹嶼山房雜部·樹畜部》『蓆草』條：『九月間鋤起，擇去老根去苗，稍分種如插稻法，壅則河泥糞穢。芒種後則不宜壅，惟與草灰若便，壅則生蟲退色。今姑蘇蓆其材織之。』即指此。又觀術齋抄本卷十九《物理部·果品》有兩條相連脱文，分別爲『土瓜收沙中久而不壞』、『橄欖藏麥門冬草內不壞』，恰爲新見抄本之一行，可據補觀術齋抄本之脱漏。

《夜航船》兩抄本皆鈐有『朱別宥收藏記』陽文長方印，皆爲朱鼎煦別宥齋故物（新見抄本別鈐『香句賞心』朱文方印，似朱氏更重此本）。此前承傳，則不可詳考。今所見天一閣博物館藏朱氏自編《别宥齋書目》記録朱氏所藏珍本，然此書目已有殘缺，無《夜航船》記載。朱氏有日記存世，聞極詳贍，然秘不示人，一時難以取觀，容待他日考索。

紹興圖書館有董金鑑《竟廔隨筆》稿本，中所記購書事有與《夜航船》相關者：『又向柏台買……舊抄《夜航船》十本四元。』其後又有書賬，記其於柏台處所購書有『《夜航船》三元』（原文如此），此《夜航船》爲抄本十册，殆非清破額山人小説《夜航船》篇幅所能及，當即是張岱《夜航船》，然此本下落如何，是否即朱鼎煦所得者，尚不得而知。

私家書目著録以外，今所見官方著録惟張傳保主持修纂的民國《鄞縣通志》（創修於民國二十二年，二十六年至一九五一年陸續刊行），其《文獻志》載有『張岱《夜航船》二十卷（觀術堂抄本）』（按當係『觀術齋』之誤），此志亦著録有『張岱《石匱書》未分卷八册（稿本）』、『張岱《陶菴對偶故事》二卷（稿本）』、『張岱《瑯嬛文集》不分卷四册（稿本，與刻本不同）』（按蓋指沈復燦抄本，原書當有五册，路偉老師訪書天一閣時所見館藏四册完好，復搜出朽敝殘破者一册，蓋爲朱鼎煦所得時已如此，故未示人）等，皆指今藏天一閣博物館者，可見其時上述諸書已爲朱鼎煦所藏，且爲鄞縣方志館所知。

又觀術齋抄本書末，附有一通信札，謹録如下：

去冬嚴寒，與今之和煦曾幾時耳！信乎天道有常，光陰易邁，閣下得弗厭其迂乎？年來定卜侍祺居祉，諸大吉羊，無煩贅頌。兹由明記寄奉《夜航船》兩本，祈檢收。緣弟奔走衣食，不得早日完繳，今繕寫粗畢，尚須對閱一過，歉甚歉甚。子琛兄何日來城，弟以俗纏，不克趨與相會，今約可回府矣。手佈，敬請箸安，統維鑒察不盡。

弟魯珍頓首上，清明日。

子範兄、子珍兄並乞代爲道候。

藻川先生、子永先生希代爲問安。

此通書札當和觀術齋抄本抄寫有關。據目前所知，『觀術齋』之名僅見於此抄本，不知爲何人齋號。札中所涉人名，雖翻檢群書，却均難以坐實，其時其地亦難懸揣。以理度之，當不出浙江之外，最可能在寧波、紹興、杭州三府之間。

至於『寄奉兩本』、『尚須對閱一過』云云，蓋觀術齋抄本爲副本，與原本一併寄出耳。今按卷三《人物部·名臣》『附奸佞大臣』條，觀術齋抄本有句云『田氏伐姜而有齊國』，新見抄本原亦作『田氏伐姜而有齊國』，復改『伐』字爲『代』字，是。又如卷七《政事部·經濟》『各自言姓名』條，觀術齋抄本作『晟於伏甲而宴』，此處『於』字當爲衍文，新見抄本原有『於』字，復點去，是。如此觀術齋抄本可能是轉抄新見抄本時，因抄手誤書以致寫入已改之誤字。然此類誤例全書僅有三五處，兩種抄本之版本關係恐未可據此輕易判定。

四

《夜航船》校勘不可限於版本對校，即如新見抄本之較少訛誤，亦未足完全訂補原書之闕誤。如卷一《天文部・日月》『日出於暘谷』條，與《淮南子・天文》相較，多有脱誤，又《天文部・星》『角二星』條，與《晋書・天文志》相較，亦多錯訛。又卷二《地理部・疆域》所載歷代州郡，或因襲自《通鑑地理通釋》，其訛誤多可據原書改正，『明兩直隸十三省』條所載與明代實際多不相符，檢核《大明一統賦》可知，張岱此書，有但憑記憶而作者，故疏誤實所難免。

《夜航船》畢竟成書於入清以後，張岱早年聚書雖富，然多失於易代之際的戰火，其中尤以方國安兵毁之最甚（參看《陶菴夢憶》卷二《三世藏書》），定居快園後雖或仍有購置，但較諸前朝時，終究今非昔比，全書條目恐怕大多未能覆按原始出處。

趙宋以來，類書編纂漸趨公共化、功利化，學者文人於增廣見聞但務貪多求速，而編者欲自高聲價，書賈欲牟利其間，故類書自此而盛，如南宋建安謝維新編《事類備要》，於書名即可見此風氣。明季以來此風益熾，舉凡王世貞《宛委餘編》，郭良翰《問奇類林》正續編，焦竑《焦氏類林》、焦周《焦氏説楛》，雖未可盡歸入『子部類書類』，但大抵皆順應風氣之產物。類書品種既多，取用益便，故抄纂前人類書以成自家類書之事亦不鮮見，《夜航船》也未能免俗。

臺灣學者徐世珍撰《張岱〈夜航船〉研究》（花木蘭文化出版社《古典文獻研究輯刊》初編

第三九册）專闢一章討論《夜航船》的題材來源，然僅限於考索條目記載事實之原始出處，而未察此書因襲類書之情形，故結論往往不確。兹舉所引二例，并加以辨證説明。

《夜航船》卷一《天文部·星》有『客星犯牛斗』條云：

有人居海上，每年八月，見浮槎到岸，乃齎糧乘之。至一處，見婦人織機，其夫牽牛飲水次。問此何處，答曰：『歸問嚴君平。』君平曰：『是日客星犯牛斗，即爾至處。』

徐世珍謂此條擷自張華《博物志·雜説下》：

舊説云天河與海通，近世有人居海者，年年八月有浮槎去來，不失期。人有奇志，立飛閣於槎上，多齎糧，乘槎而去。十餘日中，猶觀星月日辰，自後茫茫忽忽，亦不覺晝夜。去十餘日，奄至一處，有城郭狀，屋舍甚嚴。遥望宫中多織婦，見一丈夫牽牛渚次飲之。牽牛人乃驚問曰：『何由至此？』此人具説來意，并問此是何處。答曰：『君還至蜀郡，訪嚴君平則知之。』竟不上岸，因還如期。後至蜀問君平，曰：『某年月日，有客星犯牽牛宿。』計年月，正是此人到天河時也。

然查《事類備要前集》卷四《天文門·天河》有云：

舊説天河與海通。有居海上者，每年八月，有浮槎來，賫一年糧乘之。奄至一處，望見婦人織，一丈夫牽牛，渚次飲之。此人即問何處，答曰：『君可詣蜀問嚴君平。』此人還，問君平，君平曰：『某年月，有客星犯斗牛。』即此人到天河也。張華《博物志》。

則此條轉引自《事類備要》的可能性或大於直接引自《博物志》原書。

又卷十一《日用部・飲食》有『中山千日酒』條云：

劉玄石于中山沽酒，酒家與千日酒飲之，大醉，其家以爲死，葬之。後酒家計其日，往視之，令啓棺，玄石醉始醒。

徐世珍謂此條亦取自《博物志・雜説下》：

昔劉玄石於中山酒家酤酒，酒家與千日酒飲之，忘言其節度。歸至家大醉，不醒數日，而家人不知，以爲死也，具棺殮葬之。酒家計千日滿，乃憶玄石前來酤酒，醉當醒矣。往視之，云玄石亡來三年，已葬。於是開棺，醉始醒。俗云：『玄石飲酒，一醉千日。』

然查《古事苑・飲饌》有云：

《藝文》：劉玄石於中山酒家沽酒，酒家與千日酒飲之，大醉，其家以爲死，葬之。後酒家計日，往視之，令開其棺，醉始醒也。唐詩：『安得中山千日酒，酩然直到太平時。』

則此條更有可能轉引自《古事苑》，而非直接引自《博物志》原書。

自《博物志》以來，類書的分門别類，往往同多於異。或可揣測張岱曾有較爲集中的摘抄前人類書的活動，並且已經根據所抄條目出處的門類，粗作劃分。纂輯《夜航船》時，則將事先摘録的已經歸類的資料，按圖索驥編入《夜航船》相應的部屬門類之下即可。近世類書的纂輯與因襲，恐怕大抵如此。

《夜航船》既然多有抄纂類書之條目，則其文字更接近類書而非原始出處，凡所用類書有誤者，《夜航船》亦未能免，如卷四《攷古部》大量照搬王世貞《宛委餘編》，訛誤亦盡皆沿襲。如『孤竹君姓墨名台見《孔叢子》注』、『管叔名度見《史記》注』（按實爲《史記索隱》）兩條皆顯誤，孤竹君爲墨台氏，而非姓墨名台，蓋誤讀古書；管叔名鮮，蔡叔名度，蓋抄寫脱漏所致。

五

雖然新見抄本年代較早，文字質量較高，有不少優點，但本次整理，仍以觀術齋抄本爲底本。之所以不改换底本，一則目前所見《夜航船》點校本，皆以此本爲底本，影響頗大，以其爲底本既可有助於糾正通行本的錯誤，也可更好地彰顯新見抄本的版本價值；二則新見抄本一時尚難全本複製，若先以觀術齋抄本爲工作本，復據新見抄本進行底本抽换，難免漏改，造成底本非甲非乙。

爲簡明起見，新見抄本省稱爲『甲本』，觀術齋抄本省稱爲『乙本』。對於兩本皆有誤者，則以『原書』稱之。凡增刪改訂之處，皆以『（ ）』標識擬刪或當改之誤字，以『〔 〕』標識擬增或改訂之正字。至於校改理據，讀者參見校記，可知其詳。爲簡便計，僅於原書有誤時，儘量注出事類條目的原始出處及可能之轉引來源，如此則致誤原因可一目瞭然，撰述過程中參考何書亦可據以揣測，不多作繁瑣考證，以免治絲益棼。

甲本諸條目小標題與正文文字相接，本無明顯區分，乙本施空格以分別之，然亦有正文誤作小標題，或本可分出小標題而未分的情形。自劉耀林先生校注本以降，各整理本多有重新劃分小標題之舉。本書亦踵前人之例，除小標題疑有誤或乙本劃分不當之處出校説明外，不再逐條説明。

承蒙浙江古籍出版社路偉老師信任，使筆者得以前往天一閣，獲睹兩種抄本的廬山真面目。責任編輯郭大帥老師不辭勞苦，在編校任務繁重壓身之際，仍然費心打磨此稿，勞績頗著。天一閣博物館李開升、劉雲、盧向陽老師爲筆者閲覽文獻提供諸多幫助，並不憚其煩解答筆者的諸多疑問。寧波校書期間，又多蒙天一閣博物館樓國梁老師的關照。蘇州圖書館卿朝暉老師審讀全稿，爲筆者拾遺補闕，益我弘多。諸位師友關懷幫助，筆者感愧交集，銘感五内。

校點過程中，筆者參考浙江古籍出版社劉耀林先生校注本、四川文藝出版社龔明德先生點校本、中華書局李小龍先生整理本，對上述整理本的校訂成果多有吸取，受益匪淺，謹向三位先生申以謝忱。

筆者學殖淺薄，聞見孤陋，雖曰黽勉從事，終有蚊蚋負山之感。此整理本必有許多疏失，敬希博雅君子不吝賜教，以俟將來修正。

二〇一八年立秋閩漳鄭凌峰識於蘑菇居，時值酷暑
二〇一九年尾牙祭日二稿，時旅次寧波天一閣月湖
二〇一九年季夏月既望三稿，時旅宿杭州武林門裏
二〇二〇年天官節定稿於北京清華園，時值大疫年

目録

夜航船卷二十

【校】

〔一〕『電』字，甲本脱。

〔二〕『下丞相一等』，甲本無。

〔三〕『州縣』一目，甲本脱。

〔四〕『學官』下原有小字『附官制後』，今已將正文相關條目移置『官制』下，故删去。

〔五〕『勤學』，原作『勤讀』，據正文改。

〔六〕『著作』，原脱，據正文補。

〔七〕原作『禮制　婚姻　喪事　祭祀』，據正文及甲本改。

〔八〕『婦女』一目，甲本脱。

〔九〕原作『物理相感』，據正文改。

〔一〇〕『菜蔬』一目，乙本脱，據正文及甲本補。

序

天下學問，惟夜航船中最難對付。蓋村夫俗子，其學問皆預先備辦，如瀛洲十八學士，雲臺二十八將之類，稍差其姓名，輒掩口笑之。彼蓋不知十八學士、二十八將，雖失記其姓名，實無害於學問文理，而反謂錯落一人，則可恥孰甚。故道聽途説，只辦口頭數十個名氏，便爲博學才子矣。余因想吾八越，惟餘姚風俗，後生小子，無不讀書，及至二十無成，然後習爲手藝。故凡百工賤業，其《性理》、《綱鑑》，皆全部爛熟，偶問及一事，則人名、官爵、年號、地方枚舉之，未嘗少錯。學問之富，真是兩脚書厨，而其無益於文理考校，與彼目不識丁之人無以異也。或曰：『信如此言，則古人姓名總不必記憶矣。』余曰：『不然。姓名有不關於文理，不記不妨，如八元、八愷，厨、俊、顧、及之類是也。有關於文理者，不可不記，如四岳、三老，臧穀、徐夫人之類是也。』

昔有一僧人，與一士子同宿夜航船。士子高談闊論，僧畏慴，拳足而睡。僧人聽其語有破綻，乃曰：『請問相公，澹臺滅明是一個人、兩個人？』士子曰：『是兩個人。』僧曰：『這等，堯舜是一個人、兩個人？』士子曰：『自然是一個人！』僧乃笑曰：『這等説起來，且待小僧伸伸脚。』余所記載，皆眼前極膚淺之事，吾輩聊且記取，但勿使僧人伸脚則可已矣。故即命其名曰

『夜航船』。

古劍陶菴老人張岱書。

夜航船卷之一

古劍陶菴老人紬

天文部

象緯

九天 東方蒼天，南方炎天，西方浩天〔一〕，北方玄天，東北旻天，西北幽天，西南朱天，東南陽天，中央鈞天。

日、月、星謂之三光。日、月合金、木、水、火、土五星謂之七政，又謂之七曜。日月所止舍，一日更七次，謂之七襄。

二十八宿 東方七宿：角木蛟，亢金龍，氐土貉，房日兔，心月狐，尾火虎，箕水豹。北方七宿：斗木獬，牛金牛，女土蝠，虚日鼠，危月燕，室火猪，壁水㺄。西方七宿：奎木狼，婁金狗，胃土雉，昴日雞，畢月烏，觜火猴，參水猿。南方七宿：井木犴，鬼金羊，柳土獐，星日馬，張月鹿，翼火蛇，軫水蚓。

分野〔二〕　角、亢、氐：鄭，兖州。房、心：宋，豫州。尾、箕：燕，幽州。斗、牛、女：吴〔越〕，揚州。虚、危：齊，青州。室、壁：衛，并州。奎、婁、胃：魯，徐州。昴、畢：趙，冀州。觜、參：晋，益州。井、鬼：秦，雍州。柳、星、張：周，三河。翼、軫：楚，荆州。

納音五行〔三〕　甲子乙丑海中金，丙寅丁卯爐中火，戊辰己巳大林木，庚午辛未路旁土，壬申癸酉劍鋒金，甲戌乙亥山頭火，丙子丁丑澗下水，戊寅己卯城頭土，庚辰辛巳（金）〔白〕蠟金，壬午癸未楊柳木，甲申乙酉泉中水，丙戌丁亥屋上土，戊子己丑霹靂火，庚寅辛卯松柏木，壬辰癸巳長流水，甲午乙未沙中金，丙申丁酉山下火，戊戌己亥平地（水）〔木〕，庚子辛丑壁上土，壬寅癸卯金箔金，甲辰乙巳覆燈火，丙午丁未天河水，戊申己酉大驛土，庚戌辛亥釵釧金，壬子癸丑桑柘木，甲寅乙卯大溪水，丙辰丁巳沙中土，戊午己未天上火，庚申辛酉石榴木，壬戌癸亥大海水。

天裂陽不足，地動陰有餘。

梁太清二年六月，天裂於西北，長十（尺）〔丈〕〔四〕，濶二丈，光出如電，聲若雷。

唐中和三年，浙西天鳴，聲如轉磨，無雲而雨。無形有聲，謂之妖鼓；無雲而雨，謂之天泣。

憂天墜　《列子》：杞國有人常憂天墜，身無所寄，至廢寢食。比人心多過慮，猶如杞人憂天。

三才　天、地、人謂之三才。混沌之氣，輕清爲天，重濁爲地。天爲陽，地爲陰。人禀陰陽之氣，生生不息，與天地參，故曰三才。

回天 天者，君象；回者，言挽回君心也。唐太宗欲修洛陽宫，張玄素諫止之。魏徵曰：『張公有回天之力。』

戴天 《禮記》：君父之仇，不共戴天。兄弟之仇，不反兵革。交遊之仇，不與同國。

補天 女媧氏鍊石補天。

如天 《通鑑》：帝堯其仁如天，其智如神，就之如日，望之如雲。

補天浴日之功 宋趙鼎疏曰：頃者陛下遣張浚出使川陝，國勢百倍於今，浚有補天浴日之功，陛下有礪河之誓，終致物議，以被竄逐。臣無浚之功，而當此重任，去朝廷遠，恐好惡是非，行復紛紛于聰明之下矣。

二天 後漢蘇章爲冀州刺史，行部。有故人清河守，贓奸。章至，設酒敘懽。守曰：『人皆有一天，我獨有二天。』章曰：『今日與故人飲，私恩也；明日冀州按事，公法也。』遂正其罪。

焚香祝天 後唐明宗登極之年，每于宫中焚香祝天曰：『某，胡人，因亂爲衆所推，願天早生聖人，爲生民主。』

威侮五行 《通鑑》：帝啓立，有扈氏無道，威侮五行，怠棄三正，啓征之，大戰於甘，滅之。

五星會天 《通鑑》：顓頊作曆，以孟春之月爲元。是歲正月朔旦立春，五星會於天曆營室。

五星聚奎　宋太祖乾德五年，五星聚於奎。初，竇儼與盧多遜、楊徽之，周顯德中同爲諫官。儼善推步星曆，嘗曰：「丁卯歲五星聚奎，自此天下始太平。二拾遺見之，儼不與也。」

五星鬬明　神宗萬曆四十七年，五星鬬於東方，杜松、劉綎全軍戰没於渾河及馬家寨等處。

【校】

〔一〕「浩天」，《吕氏春秋·有始覽》、《淮南子·天文訓》、《史記·封禪書》作「皓天」。

〔二〕本條「吴越」原書脱「越」字，據《二十八宿分野》補，又「晋」或作「魏」。

〔三〕本條「白鑞金」、「平地木」，原書作「金鑞金」、「平地水」，據《六十花甲子歌》改。

〔四〕「長十丈」，原書作「長十尺」，據《南史·梁本紀》改。

日　月

東隅，日出之地；桑榆，日入之地。日拂扶桑，謂之及時。日經細柳，謂之過時。

龍豼　《天文志》：日月會於龍豼尾。豼音鬬。

《廣雅》：日初出爲旭，日昕曰晞，日温曰煦；日在午曰亭午，在未曰昳，日晚曰旰，日將落曰晡。

《天官書》曰：日月薄蝕。日月之交，月行黄道，而日爲掩，則日食，是曰陰勝陽，其變重。

月行在望，與日衝，月入於暗〔虛〕之内〔一〕，則月食，是曰陽勝陰，其變輕。聖人扶陽而尊君，曰：『日，君道也。』於其食，謹書而備戒之，日食爲失德，月食爲失刑。

日落九烏〔二〕　烏最難射。一日而落九烏，言羿之善射也。後以爲羿射落九日，非是。

向日取火　陽燧以銅爲之，形如鏡，向日則火生，以艾承之則得火。

夸父追日　《列子》：夸父不量力，欲追日影，逐之於暘谷之際，渴欲得飲。赴河飲不足，將北走大澤，中道渴而死。

魯戈返日　魯陽公與韓搆戰，戰酣日暮，援戈揮之，日返三舍。又虞公與夏戰，日欲落，以劍指日，日返不落。

白虹貫日　荆軻入秦刺秦王，燕太子丹送之易水上，精誠格天，白虹貫日。

田夫獻曝　《列子》：宋國有田夫曝日而背煖，顧謂其妻曰：『負日之暄，人莫知其美者，以獻吾君，必有重賞。』人皆笑之。

白駒過隙　《魏豹傳》：人生易老，如白駒過隙。白駒，日影也。

冬月之日，有『黄綿襖』之稱。

薄蝕朒朓　薄，無光也。蝕，虧缺也。朔見東方曰朒，晦見西方曰朓。朒音肉。朓音挑。

朏未成明，魄始成魄。月初三則生明也，月十六則生魄也。

翟天師乾祐（間）嘗于江岸玩月〔三〕，或問：『此中何所有？』翟笑曰：『可隨吾指觀之。』俄見月規半天，瓊樓玉宇爛然，數息間，不復見矣。

尹思遣兒視月中有物，知兵亂。

《淮南子》〔四〕：日出於暘谷，浴於咸池，拂於扶桑，是謂晨明。登于扶桑，爰始將行，是謂朏明。至于曲阿，是謂朝明。臨於曾泉，是謂早食。次于桑野，是謂晏食。臻於衡陽，是謂禺中。對於昆吾，是謂正中。靡於鳥次，是謂小還。至於悲谷，是謂晡(回)〔時〕。至於女紀，是謂大還。經於(虞淵)〔淵虞〕，是謂高舂。頓于連石，是謂下舂。至於悲泉，爰止羲和，爰息六螭，是謂懸車。薄於虞泉，是謂黄昏。淪於蒙谷，是謂定昏。日入崦嵫，經細柳，入虞泉之汜，曙於蒙谷之浦，垂景在樹端，謂之桑榆。

《漢書》：新垣平文帝時上言：『日當再中，臣以候知之。』居頃之，日果再中。

《釋名》：月，闕也。言滿則復闕也。晦，灰也。(月)〔火〕死而灰〔五〕，月光盡似之也。朔，蘇也。月死後蘇生也。弦，月半之(之)名也。其形一旁曲，一旁直，若張弓弦也。望，月滿之名也。日在東，月在西，遥相望也。

蟾蜍　月中三足物也。王充《論衡》：羿請不死之藥於西王母，其妻嫦娥竊之奔月，是爲蟾蜍。

月桂　《酉陽雜(組)〔俎〕》〔六〕：月桂高五百丈，有一人常伐之，樹創隨合。其人姓吴名剛，西河人，學仙有過，謫令伐桂。桂下有玉兔杵藥。

愛日　言子愛父母，當如愛日之誠。

日光摩盪　周主遣趙匡胤率兵禦遼、北漢，癸卯發汴京。苗訓善觀天文，見日下復有一日，黑光摩盪者久之，指示楚昭輔曰：『此天命也。』是夕，次陳橋，遂有黃袍加身之變。

日爲太陽之精〔七〕　《廣雅》：陽精外發，故日以晝明。羲和，日御也。日中有金烏。《通鑑》：太昊有聖〔德〕，象日月之明。

日出而作　堯時有老人，含哺鼓腹，擊壤而歌，曰：『日出而作，日入而息；鑿井而飲，耕田而食，帝力何有於我哉？』

日亡乃亡　桀嘗自言：『吾有天下，如天之有日；日亡，吾乃亡耳！』

如冬夏之日　夏日烈，冬日温。趙盾爲人，嚴而可畏，故比如夏日。趙衰爲人，和而可愛，故比如冬日。

東隅桑榆　馮異大破赤眉，光武降書勞之曰：『始雖垂翅回溪，終能奮翼澠池，可謂失之東隅，收之桑榆。』

蜀犬吠日　柳文：庸、蜀之南，恒雨少日，日出則羣犬吠之。

日食在晦　漢建武七年三月晦，日食，詔上書不得言聖。鄭興上疏曰：『頃年日食，每多在晦。先時而合，皆月行疾也。日君象，月臣象。君亢急，則臣促迫，故月行疾。』時帝躬勤政事，頗傷嚴急，故興奏及之。

若水。

瑶光貫月　《通鑑》：昌意娶蜀山氏之女，曰女樞，感瑶光貫月之祥，生顓頊高陽氏於

太陰　《史記》：『太陰之精上爲月。』《淮南子》：『月御曰望舒，亦曰纖阿，中有玉兔。』

月食五星〔八〕　崇禎十一年四月己酉夜，熒惑去月僅七八寸，至曉逆行，尾八度掩于月，丁卯退至尾，初度漸入心宿。楊嗣昌上疏言：『古今變異，月食五星，史不絶書，然亦觀其時。昔漢(元)〔光武〕帝建武二十三年，月食火星，明年呼韓〔邪〕單于款五原塞。明帝永平二年，月食火星，皇后馬氏德冠後宫，明年圖畫功臣於雲臺。唐憲宗元和七年，月食熒惑，〔其年田興以魏博來降。宋太祖太平興國三年，月掩熒惑〕，明年興師，連年兵敗。今者月食火星，猶幸在尾，内則陰宫，外則陰國。皇上修德召和，必有灾而不害者。』然實考嗣昌所引，年月俱謬。

論月　徐穉年九歲，嘗月下戲，人語之曰：『若令月中無物，當極明耶？』穉曰：『不然。譬如人眼中有瞳子，無此必不明。』

如月之初　後漢黄琬，祖父瓊，爲太尉，以日食狀聞。太后詔問所食多少，瓊對未知所況。琬年七歲，時在旁，曰：『何不言「日食之餘，如月之初」？』瓊大驚，即以其言對。

賦初一夜月　蘇福八歲時，賦《初一夜月》詩，云：『氣朔盈虚又一初，嫦娥底事半分無。却於無處分明有，恰似先天太極圖。』

吴牛喘月　《風俗通》：吴牛苦於日，故見月而喘。

命咏新月　明太祖見太孫頂顱側，乃曰：『半邊月兒。』一夕，太子、太孫侍，太祖命咏新月。懿文云：『昨夜嚴灘失釣鈎，何人移上碧雲頭？雖然未得團圓相，也有清光徧九州。』太孫云：『誰將玉指甲，掐破碧天痕。影落江湖裡，蛟龍未敢吞。』太祖謂『未得團圓』、『影落江湖』，皆非吉兆。

【校】

〔一〕『暗虛』，乙本無『虛』字，據甲本補。

〔二〕甲本此條在『龍𧱏』條上。

〔三〕『乾祐』下衍一『間』字，據《酉陽雜俎》前集卷二、《太平廣記》卷三十删，按翟天師名乾祐，唐代人，非五代後漢乾祐年間人。

〔四〕本條『晡時』，乙本誤作『晡回』，據甲本改。又『淵虞』，原書誤倒，據《淮南子·天文訓》乙正。『虞泉』即虞淵，避唐高祖李淵諱。淵虞、虞淵兩者不同。

〔五〕『火死而灰』，原書『火』誤作『月』，據《釋名·釋天》改。『月半之』下衍一『之』字。

〔六〕『酉陽雜俎』，乙本作『酉陽雜組』，甲本作『酉陽維組』，蓋『維』、『雜』形近通寫。按明人『雜俎』、『雜組』不甚分明，今徑改。

〔七〕按《天中記·天部》：『《廣雅》云：「日名曜靈。」……皇甫謐《年曆》曰：「日者衆陽之宗，陽精外發，故日以晝明，名曰曜靈。」』原書出處有誤。『德』字原書脱，據《通鑑續編》卷一補。

〔八〕『漢光武帝』、『呼韓邪單于』，原書作『漢元帝』、『呼韓單于』，《明史紀事本末》卷七十二同，據《國榷》卷九十六改。又『其年田興……月掩熒惑』二句原書脱，據《國榷》及《明史紀事本末》補。

星

北斗七星　第一天樞，第二璇，第三璣，第四權，第五玉衡，第六開陽，第七瑶光。第一至第四爲魁，第五至第七爲杓，合之爲斗。按《道藏經》：七星，一貪狼，二巨門，三禄存，四文曲，五廉貞，六武曲，七破軍，堪輿家用此。斗柄東，則天下皆春；斗柄南，則天下皆夏；斗柄西，則天下皆秋；斗柄北，則天下皆冬。

泰階六符〔一〕　泰階，三台也。每台二星，凡六星。符，六星之符驗也。三台，乃天之三階。《史記》：中宫文昌下六星，兩兩相比，名曰三能。台，三台。色齊，君臣和；不齊，爲乖戾。經曰：泰階者，天之三階也。上階爲天子，中階爲諸侯、公卿，下階爲士、庶人。

景星　形如半月，王者政教無私，則景星見。

始影琯朗　女星旁一小星，名始影，婦女於夏至夜候而祭之，得好顔色。始影南，並肩一星，名琯朗，男子於冬至夜候而祭之，得好智慧。

參商　高辛氏二子，長閼伯，次（沉實）〔實沉〕〔二〕，自相争鬭。帝乃遷長於商丘，主商，昏見；遷次於大夏，主參，曉見。二星永不相見。

長庚　即太白金星，朝見東方，曰啓明；夕見西方，曰長庚。太白經天：太白，陰星，晝當伏，晝見即爲經天；若經天，則天下草昧，人更主，是謂亂紀，人民流亡。

應劭曰：『上階上星爲男主，下星爲女主；中階上星爲三公，下星爲卿大夫；下階上星爲（上）〔元〕士〔三〕，下星爲庶人。三階平則天下太平，三階不平則百姓不寧，故曰六符。』

《晋志》〔四〕：〔東方〕角二星，爲天闕（閏）〔關〕，其間天門也，其内天庭也。故黄道經其中，七曜之所行。左角爲理，主刑；右角爲將，主兵。亢四星，天子内朝，天下之禮法也，亦爲疏廟，主疾疫。氐四星，爲天根，王者之宿宫，又爲后妃之府，將有淫慾之事，氐先動。房四星爲明堂，天子布政之堂室也，亦四輔也。又爲四表，中間爲天衢，亦爲天闕，黄道之所經也。七曜繇乎天衢，則天下和平。亦〔曰〕天駟，爲天馬，主車駕。亦曰天厩，又主開閉，爲蓄藏之所繇。又北〔二〕小星爲鈎鈐，〔房之鈐〕鍵，天之管籥，明而近房，天下同心。心三星，天王正位也。中星曰明堂，天子位，爲大辰，主天下之賞罰。前星爲太子，後星爲庶子。尾九星，後宫之〔長〕〔場〕，亦爲九子，色欲均明，大小相承，則後宫有敘。箕四星，爲天津，後宫后妃之府，一曰天箕，主八風，凡日月宿在箕、東壁、翼〔軫〕者，風起（北方）。又主口舌。〔北方〕。南斗六星，天廟也，爲丞相太宰之位，酌量政事之宜，褒賢進良，禀受爵禄，又主兵。牽牛六星，天之關梁，主犧牲。其北二星，一曰即路，一曰聚火。又曰：上一星主道路，次二星主關梁，次三星主南越。須女四星，天之少府也，婦女之位，主布帛裁置、嫁娶。虚二星，冢宰之象也，主邑居廟堂祭祀之事，又主風雲死喪。危三星，主天府天市架屋，動則土功起。營室二星，爲太廟，天子之宫也，主土功事。東壁二星，主文章，天下圖書之秘府。西方奎十六星，天之武庫也，主以兵禁暴。婁（二）〔三〕星，亦爲天獄，主苑牧犧牲，供給郊祀。胃三星，天之厨藏，五穀之倉也，又名大梁，主倉廪。昴七星，天之耳目也，主西（右）〔方〕，又爲旄頭，胡星也，又主喪，主獄。昴、畢間二星，爲天衢，三光之道也，主伺候、關梁。畢八星，狀如掩兔之畢，主邊兵，主（戈）〔弋〕獵，又主刑罰。觜巂三星，在參之右角，如鼎足形，主天之關，又爲三軍之候。參（七）〔十〕星，白獸之體。中三星横列者，三將軍也。南方東井八星，天之南門，黄道所經，爲天之亭侯，主水衡事。輿鬼五星，天之目也，主視，明察姦謀。中央一星，曰積尸，摇動失色則病疾。柳八星，天之厨宰，主尚食，和滋味。（昴）七星，一曰天都，主衣裳文繡。張六星，主珍寶宗廟之用及衣服，天厨飲食賞賚之事。翼二十二星，爲天子之樂府，又主夷狄遠賓負海之客，明則禮樂興，四夷來賓。軫四星，爲冢宰輔臣也，主車騎足用，亦主風，有軍出入，皆占於軫。

熒惑守心 熒惑，火星也。守心，謂行經心度，住而不過也。宋景公時，熒惑守心。公問子韋，對曰：『禍當君，可移之相。』公曰：『相，吾輔也。不可。』曰：『移之民。』曰：『民死，吾誰與爲君？』曰：『移之歲。』曰：『歲飢則民死。』子韋曰：『君有至德之言三，熒惑必三徙。』果徙三舍。

歲星 木星也。所居之國爲福，所對之國爲凶。福主豐稔，凶主飢荒。一曰：歲星所在之國，有稱兵伐之者必敗。

彗星　曰長星，亦曰欃槍。芒角四射者曰孛，芒角長如帚曰彗，極長者曰蚩尤旗。

金星一月移一宮，木星一歲移一宮，水星一月移一宮，火星兩月移一宮，土星二十八月移一宮。

客星犯牛斗　有人居海上，每年八月，見浮槎到岸，乃賫糧乘之。至一處，見婦人織機，其夫牽牛飲水次。問：『此何處〔五〕？』答曰：『歸問嚴君平。』君平曰：『是日客星犯牛斗，即爾至處。』

問使者何日發　漢和帝時，遣使者二人，微行至蜀。李郃爲郡侯吏，出酒共飲，問曰：『君來時，知二使者以何日發行？』二人怪問其故，郃曰：『見有二使星入益部耳。』自此名著。

五星聚奎　宋乾德五年三月，五星聚於奎。初，竇儼與盧多遜、楊徽之，周顯德中同爲諫官，儼善推步星曆，嘗曰：『丁卯歲五星聚奎，自此天下始太平。二拾遺見之，儼不與也。』呂氏中曰：『奎星固太平之象，而實重啓斯文之兆也。文治精華，已露於斯矣。』

德星　潁川陳寔、荀淑，俱率子弟宴集一堂。太史奏德星聚潁分，百里内必有賢人會合。

客星犯御座　光武引嚴光入内，論道舊故，相對累日。因共偃卧，光以足加帝腹上。明日，太史奏客星犯御座甚急。帝笑曰：『朕與故人嚴子陵共卧耳〔六〕。』

晨星　劉禹錫曰：『落落如晨星之相望。』謂故人寥落，如早晨之星，甚稀少也。

望星星降　何諷於書中得一髮捲，規四寸許，如環而無端，用力絶之，兩頭滴水。方士曰：『此名脉望，蠹魚三食神仙字，則化爲此。夜持向天，規中望星，星立降，可求丹服食也。』

吞墜星　五代湯悦，自少穎悟。嘗見飛星墮水盤中，掬而吞之，文思日麗。仕南唐，拜相。凡書檄制誥，皆出其手。

上應列宿　館陶公主爲子求郎，不許，賜錢十萬緡〔七〕。漢明帝謂羣臣曰：『郎官上應列宿，出宰百里，苟非其人，則民受其殃。』

文曲犯帝座　明景清，建文中爲御史大夫。文皇即位，清獨委蛇侍朝，文皇頗疑之。時星者奏文曲犯帝座甚急，色赤。是日，清衣緋入。遂收清，得所帶劍，不屈死，死後精靈猶見。

星長竟天　唐天祐二年，彗星長竟天。宋徽宗五年，有星孛於西方，長竟天。明成化七年，彗星見。正德元年，彗星見參井，侵太微垣。萬曆四十六年，東方有白氣，長竟天，其占爲彗象，遼陽震報相踵。天啓元年，土星逆入井宿。

星飛星隕　宋徽宗元年正月朔，流星自西南入尾，抵距星，其光燭地。是夕，有赤氣起東北，亘西方，中出白氣二，將散，復有黑氣在旁。任伯雨言：『時方孟春，而赤氣起於暮夜之幽，以天道人事推之，此宫禁陰謀下干上之證也。散而爲白，而白主兵，此夷狄竊發之證也。』明成化二十三年，有飛星流，光芒燭地。正德元年，隕星如雨。崇禎十七年，星入月中。占曰：『國破君亡。』

【校】

〔一〕『泰階六符』，乙本『六』誤作『亡』，據甲本改。

〔二〕『實沉』，原書誤倒，據《左傳・昭公元年》乙正。

〔三〕『元士』，原書誤作『上士』，據《漢書・東方朔傳》注改。

〔四〕本條『爲天闕關』、『主西方』、『主弋獵』、『關』、『方』、『弋』乙本誤作『閏』、『右』、『戈』，均據甲本改，餘據《晋書・天文志》補正。按『天闕關』，《晋志》原文一本作『天關』，一本作『天闕』，《隋書・天文志》亦作『天闕』，《晋書斠注》以爲從《隋志》作『天闕』者是。

〔五〕『問此何處』，甲本『問』誤作『門』。

〔六〕『朕與故人嚴子陵共卧耳』句，甲本無『與』字，『耳』作『爾』。

〔七〕『十萬』，《通典》卷二十九、《白氏六帖事類集》卷二十一同，《後漢書・孝明帝紀》作『千萬』。

風 風神名封十八姨，又名馮異〔一〕 雲 雲神名雲將

八風 八節之風，立春條風，赦小過，出稽留。春分明庶風，正封疆，修田疇。立夏清明風，出幣帛，禮諸侯。夏至景風，辨大將，封有功。立秋涼風，報土功，祀四郊。秋分閶闔風，解懸垂，琴瑟不張。立冬不周風，修宮室，完邊城。冬至廣（漢）〔漠〕風〔二〕。誅有罪，斷大刑。

四時風 郎仁寶曰：春之風，自下升上，紙鳶因之以起。夏之風，橫行空中，故樹杪多風

聲。秋之風，自上而下，木葉因之以隕。冬之風，著土而行，是以吼地而生寒。

少女風　管輅過清河，倪太守以天旱爲憂。輅曰：『樹上已有少女微風，樹間已有（陽）〔陰〕鳥和鳴〔三〕。其雨至矣。』果如其言。

颶風　《嶺表録》：颶風之作，多在初秋，作則海潮溢，俗謂之颶母風。

石尤風　石氏女爲尤郎婦。尤爲商遠出，妻阻之，不從。郎出不歸，石病且死，曰：『吾恨不能阻郎行。後有商賈遠行者，吾當作大風以阻之。』自後行旅遇逆風，曰：『此石尤風也。』

羊角風　《莊子》：『大鵬起於北溟，而徙南溟也，摶扶摇羊角而上者九萬里。』宋熙寧間，武城有旋風如羊角，拔木，官舍捲入雲中，人民墜地死。

《爾雅》〔四〕：南風謂之凱風，東方謂之谷風，北方謂之凉風，西方謂之泰風。焚輪謂之頽，扶摇謂之猋。風與火爲庉。迴風爲飄。日出而風（謂）爲暴。風而雨（土）爲霾。陰日風爲曀。猛風曰颲，凉風曰飀，微風曰（飈）〔飂〕，小風曰颼。

花信風　唐徐師川詩云〔五〕：『一百五日寒食雨，二十四番花信風。』《歲時記》曰：『一月二氣六候，自小寒至穀雨。四月八氣二十四候，每候五日，以一花之風信應之。』

泰山雲　《公羊傳》：泰山之雲，觸石而起，膚寸而合，不崇朝而雨天下。

卿雲　若雲非雲，若煙非煙，鬱鬱紛紛，蕭索輪（菌）〔囷〕〔六〕，謂之慶雲。王者德至於山陵，則卿雲出。《春秋繁露》：『人君修德，則矞雲見。』雲五色爲卿，三色爲矞。

沆瀣　夜半清氣從北方起者，謂之沆瀣。

神瀵　《列子》言『神瀵』，即《易》所謂〔『山澤通氣』，《參同契》所謂〕『山澤氣相蒸，雲興而爲雨』也〔七〕。陳希夷詩：『倏爾火輪煎地脉，愕然神瀵涌山椒。』

白雲孤飛　狄仁傑嘗赴并州法掾，登（天）〔大〕行山〔八〕，見白雲孤飛，泣曰：『吾親舍其下。』

五色雲　宋韓琦，弱冠及第，方傳臚，時太史奏：『五色雲現。』出入將相，爲一代名臣。

風霾　明天啓間，魏閹肆毒，風霾旱魃，赤地千里，京師地震，火灾焚燒，震壓死傷甚慘。

風師　風，天地之使也，大塊之噫氣，陰陽之怒而爲風也。《洛神賦》：『屏翳收風。』屏翳，風師也，又名飛廉：飛廉，神禽，即箕主也。又曰：『箕主簸揚，能致風雨。』

崇禎十七年正月朔，大風霾。占曰：『風從乾起，主暴兵破城。』三月丙申，大風霾，晝晦。

風木悲　《春秋》：皋魚宦遊列國，歸而母卒，泣曰：『樹欲静而風不息，子欲養而親不在。』遂自刎死。

歌南風之詩　大舜彈五弦之琴，歌南風之詩，曰：『南風之薰兮，可以解吾民之愠兮；南風之時兮，可以阜吾民之財兮。』

占風知赦　漢河内張成善風角，推占當赦，教子殺人。司隸李膺督促收捕，既而逢宥獲免。膺愈憤疾，竟按殺之。

祭風破操　操連船艦於赤壁，周瑜用黄蓋火攻之策〔九〕。時隆冬無東南風，諸葛孔明築壇而祭，應期風至，大破曹兵。

雲霞　雲，山川之氣也。日旁彩雲名霞，東西二方赤色亦曰霞。《易經》：『雲從龍，風從虎。』孔子曰：『於我如浮雲。』

雲出無心　陶詞：『雲無心而出岫。』

占雲　二至、二分，望雲色以卜歲之豐凶水旱。

行雲　楚襄王游於高唐，夢一女曰：『妾在巫山之陽，高丘之上，朝爲行雲，暮爲行雨。』比旦視之，如其言。

落霞　王勃《滕王閣賦》：『落霞與孤鶩齊飛。』後一士子夜泊江中，聞水中吟此，士曰：『何不云「落霞孤鶩齊飛，秋水長天一色」。』鬼遂絶。

颶風〔一〇〕　《嶺表録》：『颶風之作，多在初秋，作則海潮溢，俗謂之颶母風。』明正德七年，流賊劉（大）〔六〕等舟至通州（狠）〔狼〕山，遇颶風大作，舟覆，賊盡死。

【校】

〔一〕按風神一名作『封姨』，不作『馮異』，河伯或水仙有名『馮夷』者，此處蓋係誤記。

〔二〕『漠』，乙本誤作『漢』，據甲本改。

〔三〕『陰烏』，原書誤作『陽烏』，據《三國志·魏書·方技·管輅傳》注引《輅別傳》改。

〔四〕本條『日出而風爲暴』乙本作『日出而風謂爲暴』，甲本作『日出而風謂暴』，又『風而雨土爲霾』兩本皆脱『土』字，均據《爾雅·釋天》改。又『猛風曰颲』以下不見《爾雅·釋天》，見《初學記》卷一引《風俗通》。『微風曰飉』原書『飉』誤作『飈』，據《初學記》改。

〔五〕徐師川名俯，南宋人。按《東皋雜録》：『江南自初春至初夏，五日一番風候，謂之花信風。梅花風最先，楝花風最後，凡二十四番，以爲寒絶也。後唐人詩云：「楝花開後風光好，梅子黄時雨意濃。」徐師川詩云：「一百五日寒食雨，二十四番花信風。」』蓋先引唐詩復引徐詩，轉引未察而誤。

〔六〕『輪困』，原書作『輪菌』，據《史記·天官書》、《漢書·天文志》改。

〔七〕『山澤通氣』云云，原書脱，《佘山詩話》卷中同，據《丹鉛總録》卷二十補。

〔八〕『大行山』，乙本誤作『天行山』，據甲本改。按『大行山』即『太行山』，參見《大唐新語》卷六及新舊《唐書·狄仁傑傳》。

〔九〕『周瑜』，甲本誤作『周喻』。

〔一〇〕『劉六』，乙本誤作『劉大』，據甲本改。『狼山』，原書誤作『狠山』，據《皇明歷朝資治通紀》卷三十一改。

雨

雨神名漭滉（本郎）〔一〕，雨師名萍翳

商羊舞　齊有一足鳥，舞於殿前。齊侯問於孔子，孔子曰：『此鳥名商羊。兒童有謡曰：「天將大雨，商羊鼓舞。」是爲大雨之兆。』後果然。

石燕飛《湘州記》：零陵山有石燕，遇風雨則起飛舞，雨止還爲石。

洗兵雨 武王伐紂，風霽而乘以大雨。散宜生諫曰：『非妖與？』武王曰：『非也，天洗兵也。』

雨工 唐柳毅，過洞庭，見女子牧羊道畔，怪而問之。女曰：『非羊也。此雨工雷霆之類也。』遂爲女致書龍宫，妻毅以女。今爲洞庭君。

蜥蜴致雨 關中求雨，尋蜥蜴十數置甕中，童男女咒曰：『蜥蜴蜥蜴，興雲吐霧，致雨滂沱，放汝歸去。』宋咸平時用此法禱雨，屢驗。

於小春月内雨爲液雨。時雨爲澍雨。雨雪雜下爲雨汁。

御史雨 唐(平)〔五〕原有寃獄[二]，天久不雨。顔真卿爲御史，按行部邑，決獄而雨，號『御史雨』。

隨車雨 宋陳戬知處州，時大旱，公下車，雨遂霑足，人謂之『隨車雨』。

三年不雨 于公，東海郡決曹，決獄平恕。海州孝婦少寡，無子，姑欲嫁之，不肯。姑自經。姑女誣告孝婦，捕治，獄成。于公以爲寃，太守竟殺之，郡中三年苦旱。後守聽于公言，徒步往祭，立雨。

侍郎雨 正統九年，浙江台寧等府久旱，民多疾疫。上遣禮部右侍郎王英，齎香帛往祀南鎮。英至紹興，大雨，水深二尺。祭祀之夕，雨止見星。次日，又大雨，田野沾足。人皆曰：『此侍郎雨也。』

雨雹如斗　漢方儲，官太常。永元中郊祀，儲言：『（旦）〔且〕有天變，宜更擇日。』上不從。已而風日晴暢。郊還，責其欺罔，因飲鴆死。須臾，而雹大如斗，死者千計。上使召儲，無及矣。

冒雨剪韭　郭林宗友人夜至，冒雨剪韭作炊餅。杜詩：『夜雨剪春韭。』

雨粟雨金錢　倉頡造字成，天雨粟，鬼夜哭。大禹時，天雨金三日。翁仲儒家極貧，天雨金十（餅）〔斛〕〔三〕，稱巨富。熊衮至孝，父母死，不能葬，呼天號泣，天雨錢十萬，以終其葬事。

雨　《大戴經》云：天地積陰，温則爲雨。雹，雨冰也。盛陽雨水温暖，陰氣脅之不相入，則轉而爲雹。

畢星好雨　月行西南入於畢，則多雨。《易》曰：『雲行雨施，品物流（行）〔形〕〔四〕。』俗云：『雨三日以往爲霖。』小雨曰霡霂，大雨曰霶霈，久雨爲霪雨，亦曰天漏。

禱雨　湯有七年之旱，太史占之曰：『當以人禱。』湯曰：『吾所爲請雨者，民也。若以人禱，吾請自當。』遂齋戒，剪髮斷爪，素車白馬，身嬰白茅，以爲犧牲，禱于桑林之野，以六事自責曰：『政不節歟？民失職歟？宫室崇歟？女謁盛歟？苞苴行歟？讒夫昌歟？』言未已，大雨，方數千里。

霖雨放宫人　宋開寶五年，大雨，河決。太祖謂宰相曰：『霖雨不止，得非時政（所）〔有〕

闕〔五〕？朕恐掖庭幽閉者衆。』因告諭後宮：『有願歸其家者，具以情言。』得百名，悉厚賜遣之。

上圖得雨〔六〕　宋神宗七年，大旱，歲飢，征斂苛急，流民扶携塞道，羸疾無完衣，或茹木實草根，至身被鎖械，而負瓦揭木，賣以償官，累累不絕。監安上門鄭俠乃繪所見爲圖，發馬遞上之，言：『陛下（親）〔觀〕臣圖，以行臣之言，（一）〔十〕日不雨，乞斬臣，以正欺君之罪。』帝見圖長嘆，寢不能寐。翌日，命罷新法十八事。民聞之，歡呼相賀。是日大雨，遠近霑洽。

商霖　宋徽宗時，蔡京久盗國柄，中外怨疾。商英能立異同，更稱爲賢，帝因人望而相之。時久旱，彗星中天，商英受命。是夕，彗不見。明日，雨。帝喜，書『商霖』二字賜之。

兵道雨　明蔡懋德，以參政備兵真定。天久旱，尺寸土皆焦。懋德禱雨（轍）〔輒〕應〔七〕，屬邑民争迎之。禱所至，即雨，民歡呼曰『兵道雨』。

大雹示警　周孝王命秦非子主馬於汧、渭之間，馬大蕃息，王封爲附庸之君，邑於秦，使續伯益後。其日大雨雹，牛馬死，江漢俱凍。明天啓二年，大雨雹著屋，瓦磧俱碎，禾稼多傷。

雨血　元順帝二年正月朔，雨血於汴梁，著衣皆赤。

【校】

〔一〕按據《武夷集》卷二，雨神名漭滉，『本郎』二字衍，今據删。

〔二〕『五原』，原書誤作『平原』，《南部新書》卷二及《古事苑・天文》同，據《大唐傳載》及新舊《唐書・顔真卿傳》改。

〔三〕『十斛』，原書誤作『十餅』，據《述異記》及《太平廣記》卷四百引《神異經》改。

〔四〕『品物流形』，原書誤作『品物流行』，據《周易・乾卦》彖傳改。

〔五〕『有闕』，原書作『所闕』，據《續資治通鑑長編》卷十三、《皇朝編年備要》卷二改。

〔六〕此條文字與《廿一史彈詞註》『監門繪，流民圖，立時大雨』條註同出一源，原註『親』作『觀』，『一』作『十』，據改。

〔七〕『輒』，原書作『輙』，蓋音近訛寫，今改。

雷 雷神名豐隆　電 電神名（缺列）〔列缺〕〔一〕　虹霓 一名挈貳，一名天弓，一名蝃蝀

雷候　仲春之月，雷乃發聲，始電。蟄蟲咸動，啓户始出。仲秋之月，雷始收聲，蟄蟲壞户。《傳》曰：雷八月入地，百八十日。

聞雷造墓　三國王裒，父儀，以直言忤司馬昭，見殺。裒終身未嘗西向而坐，示不臣晉也。廬墓悲號，流涕著樹，樹爲之枯。讀《詩》至『哀哀父母』，則三復嗚咽，門人輒廢《蓼莪》。母存日，畏雷。殁後，每雷震，即造墓，曰：『裒在此。』

霹靂破倚柱〔二〕　《世説》：夏侯玄嘗倚柱讀書，時暴雨，霹靂破所倚柱，衣服焦然，神色無變，讀書如故。與《晋紀》諸葛誕事相同。

《世紀》：神農氏之末，少昊氏娶附寶，見大電光繞北斗樞星照郊，感附寶孕，二十月生黄帝於壽丘〔三〕。

《南唐書》：陸昭符，金陵人，保大中爲常州刺史。一日，坐廳事，雷雨猝至，電光如金蛇（統）〔繞〕案〔四〕，吏卒皆震仆，昭符神色自若，撫案叱之，雷電遽散。得鐵索，重百斤，徐命舉索納庫中。

孔子作《春秋》，制《孝經》，書成，告備於天，天乃（决）〔洪〕鬱〔五〕，起白霧摩地，赤虹自上而下，化爲黄玉，長者三尺，上有刻文，孔子拜而受之。

漢靈帝時，有黑氣墮温德殿中〔六〕，大如車蓋，隆起奮迅，五色，有頭，體長十餘丈，形貌如龍。上問蔡邕，對曰：『所謂天投蜺也，不見足尾，不得稱龍。』占曰：『天子内惑女色，外無忠臣，兵革將起。』

雷州英靈岡，相傳雷出於此。《國史補》：雷州春夏多雷，秋日則伏地中，其狀如彘，或取而食之。又府城西南有雷公廟，每歲鄉人造雷鼓、雷車送入廟中，或以魚彘同食者，立有霆震。

感雷精　《論衡》曰：『子路感雷精而生，故好事。』

雷神　曹州澤中有雷神，龍身而人頰〔七〕，鼓其腹則鳴。《史記》：『舜漁于雷澤。』即此。

占虹霓詩　彭友信以貢至京師，遇上微行，占《虹霓》詩二句云：『誰把青紅綫兩條，和雲和雨繫天腰。』命友信續之，應聲曰：『玉皇昨夜鑾輿出，萬里長空駕綵橋。』上大悦，問其籍，命翌（辰）〔晨〕候於竹橋〔八〕，同入朝。友信如言，候久不至，遂入朝。上召問故，以實對。上曰：『此秀才有學有行。』遂授北平布政使。

雷神名 雷，陰陽薄動，生物者也。又黔雷，天上造化神名。電，雷光也，陰陽激耀也。霹靂，雷之急激者。閃電曰雷鞭。唐詩：『雷車電作鞭。』又電神，名列缺。《思玄賦》：『列缺曄其照夜。』

律令 《資暇録》：律令是雷邊捷鬼，善走，與雷相疾（連）〔速〕〔九〕，故符咒云：『急急如律令。』

阿香 《搜神記》：永和中，有人暮宿道旁女子家。夜半聞小兒呼：『阿香！官喚汝推雷車。』忽驟雷雨。明日視宿家，乃一新冢。

謝仙〔一〇〕《國史》：祥符中，岳州玉（仙）〔真〕觀爲天火所焚，惟留一柱，有『謝仙火』三字，倒書而刻之。何仙姑云：『謝仙，雷部，司掌火。』

雷震而生 陳時，雷州民陳氏獲一卵，圍及尺餘，携歸。忽一日，雷震而開，生子，有文在手，曰『雷州』。及長，名文玉，後拜本州刺史，多惠政。没而靈異，立廟以祀。

霹靂鬬 齊神武道逢雷雨，前有浮圖一所，使薛孤延視之。未至三十步，震燒浮圖。薛大聲喝殺，繞浮圖走，火遂滅。及還，鬚髮皆焦。

雷同〔一一〕《論語（識）〔讖〕》：雷震百里，聲相附也，謂言語之符合，如聞雷聲之相同也。

冬月必雷〔一二〕（隋史）馬湖府西，〔隋史〕萬歲征西南夷過此，鐫『雷番山』三字於石。山中草有毒，經過頭畜，必籠其口，行人亦必緘默，若或高聲，雖冬月必有雷震之應。

暴雷震死　商武乙無道，爲偶人，謂之天神。與博不勝，而戮之。爲革囊盛血，仰射之，謂之射天。獵於河渭之間，暴雷震死。

假雷擊人　《廣輿記》：鉛山人某，常悦東鄰婦某氏，挑之，不從。值其夫寢疾，天大雷雨，乃著花衣爲兩翼，躍入鄰家，奮鐵椎殺之，仍躍而出。婦以其夫真遭雷擊也。服除，其人遣媒求娶。婦因改適，伉儷甚篤。一日，婦檢箱篋，得所謂花衣兩翼者，怪其異製。其人笑曰：『當年若非此衣，安得汝爲妻！』因敘事始末。婦亦佯笑。俟其出，抱衣訴官，論絞。絞之日，雷大發，身首異處，若肢裂者。

虹霓　虹，蝃蝀也。陰氣起而陽氣不應則爲虹。又音絳，亦螮蝀也。《詩經》：『蝃蝀在東。』霓，屈虹也。《説文》：『陰氣也。通作蜺。』《天文志》：『抱珥虹蜺。』一云雄曰虹，雌曰霓。沈約《郊居賦》：『雌霓連蜷。』《西京賦》：『直螮（蝀）〔霓〕以高居〔一三〕。』又『朝西暮東，東晴西雨』。

虹遶虹臨　《通鑑》：太昊之母履巨人跡，意有動，虹且遶之，因娠而生帝於成紀。少昊，黄帝之子，母曰嫘祖，感大星如虹，下臨華渚之祥而生。

【校】

〔一〕『列缺』，原書誤倒，《藝文類聚》卷二引《山海經》：『列缺，雹名。』又《後漢書·張衡列傳》注：『豐隆，雷也。列缺，雹也。』今據乙正。

〔二〕『倚柱讀書』、『讀書如故』，《太平御覽》卷十三及《古今譚概·越情部》同，《世説新語·雅量》作『倚柱作書』、『書亦如故』。

〔三〕『二十月』，今本《帝王世紀》作『二十五月』，《尚書正義》卷一引作『二十四月』，《初學記》卷一、《藝文類聚》卷十、《路史後紀》引作『二十月』。

〔四〕『繞』乙本誤作『統』，據甲本改。

〔五〕『天乃洪鬱』，原書誤作『決鬱』，據《搜神記》卷八改。

〔六〕『温德殿』，《東觀漢記·孝靈皇帝紀》作『温明殿』。

〔七〕『龍身而人頰』，《山海經·海内東經》作『龍身而人頭』，《書集傳》卷二、《詩地理考》卷六引作『龍身而人頰』，明人《尚書》學著作多沿之。

〔八〕『翌晨』，原書作『翌辰』，《皇明從信録》卷九同，據《皇明啓運録》卷八改。

〔九〕『疾速』，乙本誤作『疾連』，據甲本改。

〔一〇〕本條所載《事類備要前集·天文門》引自《國史》，《山堂肆考·天文》引自《國史補》。『玉真觀』原書誤作『玉仙觀』，據《集古録》卷十《跋謝仙火字》、《齊東野語》卷十二及前引書改。

〔一一〕本條《論語讖》原書誤作《論語識》，今改。『聲相附也』，《初學記》卷一、《太平御覽》卷十三引作『聲相附』，《藝文類聚》卷二引作『聲相附近』。

〔一二〕「隋史」云云，按史萬歲爲人名，原書誤析，據《大明一統志》卷七十、《蜀中名勝記》卷十五乙正。

〔一三〕「直蝃蝀以高居」，「蝃蝀」原書作「蝃蝀」，據《文選》卷二張平子《西京賦》改。

雪雪神名滕六　霜霜神名青女

滕六降雪〔一〕　唐蕭志忠爲晋州刺史，欲出獵，有樵者見群獸哀請於九冥使者山神。使者曰：「若令滕六降雪，巽二起風，則使君不出矣。」天未明，風雪大作，蕭果不出。

柳絮因風　晋謝太傅大雪家讌，子女侍坐。公曰：「白雪紛紛何所似？」兄子朗曰：「撒鹽空中差可擬。」兄女道（蘊）〔韞〕曰〔二〕：「不若柳絮因風起。」公大稱賞。

雪水烹茶　宋陶穀得党家姬，遇雪，取雪水烹茶，謂姬曰：「党家亦知此味否？」姬曰：「彼武夫，安有此？但知於錦帳中飲羊羔酒耳。」公爲一笑。

欲仙去　越人王冕，當天大雪，赤脚登（爐）〔潛岳〕峯〔三〕，四顧大呼曰：「天地皆白玉合成，使人心膽澄澈，便欲仙去！」

剡溪雪　王子猷居山陰，於雪夜棹小舟往剡溪訪戴安道，未到門而返。僕問之，答曰：「乘興而來，興盡而返，何必見戴？」

卧雪　袁安遇大雪，閉門僵卧。洛陽令行部，見民家皆除雪出。至安門，無行跡。疑安已死，急令人除雪入户，見安僵卧。問安何以不出。安曰：『大雪人皆餓，不宜干人。』令賢之，爲舉孝廉。

嚼梅嚥雪 鐵脚道人，嘗愛赤脚走雪中，興發則朗誦《南華·秋水篇》，嚼梅花滿口，和雪嚥之，曰：『吾欲寒香沁入心骨。』

神仙中人 晋王恭嘗披鶴氅涉雪而行，孟(旭)〔昶〕見之[四]，曰：『此真神仙中人也。』

大雪踐約 環州蕃部奴訛者，素倔彊，未嘗出謁郡守。聞种世衡至，出迎。世衡約明日造其帳。是夕大雪，深三尺。左右曰：『地險，不可往！』世衡曰：『吾方結諸羌以信，詎可失期？』遂緣險而入。奴訛訝曰：『公乃不疑我耶！』率部落羅拜聽命。

雪夜入蔡州 李愬乘雪夜入蔡州，攪亂鵝鴨池，及軍聲達於吴元濟卧榻，倉卒驚起，圍而擒之。

踏雪尋梅[五] 孟浩然情懷曠達，常冒雪騎驢尋梅，曰：『吾詩思在灞橋風雪中驢背上。』

雪 《大戴經》云：『天地積陰，寒則爲雪。』《氾勝之書》：『雪爲五穀之精。』又云『冬雪兆豐年』。故冬雪爲瑞雪。詩有『宜瑞不宜多』之句。

齧雪咽毡 蘇武持節使匈奴。幽武大窖中，齧雪咽毡，數日不死，匈奴神之。

映雪讀書 孫康家貧，好學，嘗於冬夜映雪讀書。

雪夜幸普家 宋太祖數微行過功臣家。一日大雪(伺)〔向〕夜[六]，普意太祖不出。久之，聞叩門聲，普亟出，太祖立風雪中。

霜　露之所結也。《大戴禮》云：『霜露，陰陽之氣，陰氣盛則凝而爲霜。』《易》曰：『履霜堅冰至。』詩：『（岐）〔峻〕節貫秋霜〔七〕。』

五月降霜　《白帖》：鄒衍事燕惠王，盡忠。左右譖之，王繫之獄。衍仰天而哭，五月爲之降霜。

【校】

〔一〕按本條事見《玄怪録》。『蕭志忠』，別本作『蕭至忠』。『九冥使者』，別本作『玄冥使者』。

〔二〕『道韞』，原書作『道藴』，蓋音同而混寫，今據《世説新語・言語》、《晋書・列女・王凝之妻謝氏傳》改。

〔三〕『灊岳峰』，原書作『爐峰』，當係誤記。據宋濂《王冕傳》改。

〔四〕『孟昶』，乙本誤作『孟旭』，據甲本改。

〔五〕按本條有誤，雪中騎驢尋梅爲孟浩然事，『吾詩思在灞橋風雪中驢背上』爲鄭綮語。

〔六〕『向夜』，原書作『伺夜』，據《通鑑續編》卷三、《宋史・趙普傳》改。

〔七〕『峻節貫秋霜』，原書『峻』誤作『岐』，據《文選》卷二十一顏延之《秋胡詩》改。

露　露一名天乳，一名天酒　霧　冰

花露　楊太真每宿酒初消，多苦肺熱。凌晨，至後苑，傍花口吸花露以潤肺。

仙人掌露　漢武帝建柏梁臺，高五十丈，以銅柱置仙人，掌擎玉盤，以承雲表之露，和玉屑服之，以求仙也。

露　夜氣著物爲露。《玉篇》曰：『天之津液，下所潤萬物也。』

霧　地氣上天不應也。《元命包》曰：『陰陽亂爲霧，氣蒙冒覆地之物。』

冰　冬水所結。天寒地凍，則水凝結而堅也。

甘露　梁詔，貴縣人，以孝名，有甘露著松樹上。後爲廣東提刑幹官。蘇軾詢知狀，爲署其齋曰『甘露』，林曰『瑞松』，其讀書處曰『熏風』。

作十里霧　神農氏世衰，諸侯相侵伐，炎帝榆罔弗能征。軒轅修德治兵，以征不享。與蚩尤戰於涿鹿，蚩尤作霧十里，以迷軒轅，乃以指南車擒殺之。

伐冰之家　卿大夫以上，喪祭用冰者也。

冰人冰泮　晉令狐策夢立冰上，與冰下人語。索紞占之，曰：『爲陽語陰，媒介事也。當爲人作媒，冰泮成婚。』後太守田豹，爲子求張（嘉貞）〔公徵〕女[二]，使策爲媒，果於仲春成婚。故今稱媒人亦曰『冰人』。《詩經》曰：『迨其冰泮。』

冰生於水　《荀子》：『冰生於水而寒於水。』比後進之過於先生也。

冰山　唐楊國忠爲右相，或勸陝郡進士張彖謁國忠，曰：『見之，富貴立可圖。』彖曰：『君輩倚楊右相若泰山，吾以爲冰山耳。若皎日既出，君輩得無失所恃乎？』遂隱居嵩山。

冰柱　明正德十年，文安縣一日河水忽僵立，風色甚寒，凍結爲柱，高圍俱五丈，中空而旁穴。數日，流賊過縣，鄉民走入穴中避之，賴以保全者何啻百萬。

【校】

〔一〕『張公徵』，原書誤作『張嘉貞』，據《十六國春秋·前涼録》、《晉書·藝術·索紞傳》改。

時令

律呂　六律屬陽，十一月黄鍾，正月太簇，三月姑洗，五月蕤賓，七月夷則，九月無射；六呂屬陰，十二月大呂，二月夾鍾，四月仲呂，六月林鍾，八月南(宫)〔呂〕〔一〕，十月應鍾。

十干　甲曰閼逢，乙曰旃蒙，丙曰柔兆，丁曰彊圉，戊曰著雍，己曰屠維，庚曰上章，辛曰重光，壬曰玄黓〔二〕，癸曰昭陽。

十二支〔三〕　子曰困敦，丑曰赤奮〔若〕，寅曰攝提〔格〕，卯曰單閼，辰曰執徐，巳曰大荒落，午曰敦牂，未曰協洽，申曰涒灘，酉曰作噩，戌曰閹茂，亥曰大淵獻。

十二肖〔四〕　子鼠無膽，丑牛無上齒，寅虎無頸，卯兔無唇，辰龍無耳，巳蛇無足，午馬無下齒，未羊無瞳，申猴無脾，酉鷄無外腎，戌狗無胃，亥猪無筋。鼠前四爪、後五爪，虎五爪，龍五爪，馬單蹄，猴五爪，狗五爪，故屬陽。牛兩爪，兔缺唇，蛇雙舌，羊分蹄、四爪，鷄四爪，猪四爪，故屬陰。

三春曰陬月、如月、(宿)〔寎〕月。三夏曰余月、皋月、(旦)〔且〕月[五]。三秋曰相月、壯月、玄月。三冬曰陽月、辜月、涂月。

節水[六] 正月解凍水，二月白蘋水，三月桃花水，四月瓜蔓水，五月麥黄水，六月山礬水，七月豆花水，八月荻苗水，九月霜降水，十月復槽水，十一月走凌水，十二月慼凌水。

伏羲始立八節；周公始定二十四節，以合二十四氣。

節氣 立春正月節，雨水正月中；驚蟄二月節，春分二月中；清明三月節，穀雨三月中；立夏四月節，小滿四月中；芒種五月節，夏至五月中；小暑六月節，大暑六月中；立秋七月節，處暑七月中；白露八月節，秋分八月中；寒露九月節，霜降九月中；立冬十月節，小雪十月中；大雪十一月節，冬至十一月中；小寒十二月節，大寒十二月中。

改歲 唐虞紀歲曰載，夏改載曰歲，商改歲曰祀，周改祀曰年，秦改年曰遂[七]。

百六陽九[八] 《曆律志》：凡四千六百一十七歲爲一元。一元之中有〔上元〕、中元、下元。九(度)〔厄〕，陽厄五、陰厄四。初入元，百六歲有陽厄，故曰百六陽九。

甲子 堯元年至萬曆元年癸酉，三千九百六十一年，六十七甲子。

上元 洪武十七年甲子爲中元，正統九年甲子爲下元。(洪)〔弘〕治十七年甲子爲上元[九]。嘉靖四十三年甲子爲中元。天啓四年甲子爲下元。

浹旬浹辰　十日則天干一周，故曰浹旬。十二月則地支一周，故曰浹辰。

三餘　謂冬者歲之餘，夜者日之餘，雨者月之餘〔一〇〕。魏董遇以三餘讀書。五夜即五更，分甲乙丙丁戊也。故三更謂之丙夜。

月忌　俗以初五、十四、廿三爲月忌，蓋三日乃河圖數之中宫五數也。五爲君象，故庶民不敢用之。

閏月　冬至後餘一日，則閏正月；餘二日，則閏二月；餘十二日，則閏十二月；若十三日，則不閏矣。

四離四絶　春分、秋分、冬至、夏至前一日，謂之四離。立春、立夏、立秋、立冬前一日，謂之四絶。

大往亡〔一一〕　立春後六日，驚蟄後十三日，清明後二十日，立夏後七日，芒種後十五日，小暑後二十(三)〔六〕日，立秋後八日，白露後十七日，寒露後二十三日，立冬後九日，大雪後十九日，小寒後二十(六)〔九〕日，謂『往亡』。

百忌日　甲不開倉，乙不栽植，丙不修竈，丁不剃頭，戊不受田，己不破券，庚不經絡，辛不合醬，壬不决水，癸不詞訟。子不問卜，丑不冠帶，寅不祭祀，卯不穿井，辰不哭泣，巳不遠行，午不苫蓋，未不服藥，申不安牀，酉不會客，戌不吃狗，亥不嫁娶。

改火　燧人掌火。春取榆柳之火，夏取棗杏之火，秋取柞楢之火，冬取槐檀之火。

五行分旺　東方乘震而司春，其帝太皞，其神句芒，其日甲乙。甲乙屬木，木旺於春，其色青，故春曰青帝。南方居離而司夏，其帝炎帝，其神祝融，其日丙丁。丙丁屬火，火旺於夏，其色赤，故夏曰赤帝。西方當兑而司秋，其帝少皞，其神蓐收，其日庚辛。庚辛屬金，金旺於秋，其色白，故秋曰白帝。北方乘坎而司冬，其帝顓頊，其神玄冥，其日壬癸。壬癸屬水，水旺於冬，其色黑，故冬曰黑帝。中央屬土，黄帝乘權，其日爲戊己。戊己屬土，土旺於四時，其色黄。

天時長短〔一二〕　每年小滿後，累日而進，積三十日爲夏至，而一陰生，天時漸短。小寒後累日而進，積三十日爲冬至，而一陽生，日晷初長。《周禮》注：冬至，日在牽牛，景長一丈（二）〔三〕尺；　夏至，日在東井，景長〔一尺〕五寸。

玉燭〔一三〕　《爾雅》：『四（時）〔氣〕和謂之玉燭。』（調）〔謂〕言道光照也。

月分三浣　上旬曰上浣，中旬曰中浣，下旬曰下浣。浣，沐浴也。古制：朝臣十日一給假，一月三給，爲浣沐之期。

朝三暮四　《莊子》：狙公養狙，曰：『與若茅栗也〔一四〕，朝三暮四。』衆狙皆怒。又曰：『朝四暮三。』衆狙皆喜。

寒歲燠年　東周懦弱，政失之舒，故衰周無寒歲。嬴氏兇殘，政失之急，故暴秦無燠年。

當惜分陰　《晉書》：陶侃曰：『大禹聖人，乃惜寸陰。至於凡人，當惜分陰，無使日月其除也。』

【校】

〔一〕『南吕』，乙本誤作『南宫』，據甲本改。

〔二〕『壬曰玄黓』，『玄黓』甲本誤作『玄默』。

〔三〕『丑曰赤奮若寅曰攝提格』，『若』、『格』原書脱，據《爾雅·釋天》、《漢書·天文志》補。『巳曰大荒落』，『落』字甲本脱。

〔四〕『十二肖』，原作『十二少』，疑誤，今改。

〔五〕『病月』、『且月』，乙本誤作『宿月』、『旦月』，據甲本改。

〔六〕『四月瓜蔓水，五月麥黄水』，蓋從王世貞《弇州山人四部稿·説部·藝苑卮言》、楊慎《丹鉛總録·瑣語類》之説，朱勝非《水衡記》謂『四月麥黄水，五月瓜蔓水』。

〔七〕『秦改年曰遂』不知何據，疑爲誤記。

〔八〕本條『一元之中』云云未詳出處，疑脱『上元』二字，今補。『九厄』，原書作『九度』，據文意及《漢書·律曆志》改。

〔九〕『弘治』，乙本作『洪治』，蓋避清高宗弘曆諱，今據甲本回改。

〔一〇〕『雨者月之餘』，《文選》卷三十六任彦升《天監三年策秀才文三首》注引同，《西湖夢尋·西湖總記·明聖二湖》亦同。《三國志·魏書·王肅傳》注引《魏略》作『雨者時之餘』。

〔一一〕本條有誤，今據《居家必用事類全集》丙集、《兵録》卷十四改正。

〔一二〕本條有誤，今據《周禮·春官·馮相氏》注改正。

〔一三〕本條「四氣和」，原書誤作「四時和」，據《爾雅·釋天》改。又「謂言」誤作「調言」，據語意改。

〔一四〕「茅栗」，蓋俗寫，《莊子·内篇·齊物論》作「芧栗」。

春

鄒律回春 劉向《别録》：燕有寒谷，黍稷不生，鄒衍吹律，煖氣乃至，草木皆生。

端月 《索隱》曰：「秦二世（三）〔二〕年正月[一]，以避秦始皇諱，改名端月，至漢始易。」楚俗，立春日，門貼「宜春」字。唐人立春日作春餅、生菜，號「春盤」。

元日 伏羲置元日。漢武置歲元、月元、時元。

賀正 漢高祖十月定秦，遂爲歲首。七年，長樂宫成，制羣臣朝賀儀，改用夏正建寅之月，則元日賀，始高祖。

東方朔占曰：正月元日至八日，一鷄，二犬，三豕，四羊，五馬，六牛，七人，八穀。其日晴明，主所生之物繁衍，陰雨則夭折。

人日 宋富鄭公於正月七日朝見，真宗勞之曰：「今日卿至，可謂人日。」

宋真宗以正月三日爲天慶節。

晋人日造華勝相遺，剪綵縷金插鬢。

縣羊磔雞 元旦縣官縣羊頭於門，又磔雞覆之。草木萌動，羊齧百草，雞啄五穀，殺之以助生氣也。

桃符　黄帝於元旦立桃板門，上畫神荼、鬱壘。堯時獻重明鳥，如雞。國人（利）〔刻〕寶雞[二]，户上縣葦索，插符。三代異尚，夏插茭葦，即今插芝蔴稭。殷螺首，以謹閉塞也，一名椒圖。周桃梗。

屠蘇酒　屠蘇，菴名。漢時有人居草菴造酒，除夕以藥囊浸酒中，辟除百病，故元日飲之。其飲法：先少者，後老者。以少者得歲，故先之；老者失歲，故後之。

椒觴　元日取椒置酒中飲之，謂之椒觴。以椒爲玉衡星精，服之令人却老。周制迎春。唐中宗制迎春綵花。

五辛盤　元日取五木煎湯沐浴，令人至老髮黑。道家謂青木香爲五香，亦云五木。庾詩：『聊傾柏葉酒，試奠五辛盤。』

火城　元日曉漏前，宰（州）〔相〕三司金吾[三]，以樺燭數百炬，擁馬前後如城，謂之火城。

元夕放燈　以正月十五天官生日放天燈，七月十五水官生日放河燈，十月十五地官生日放街燈。宋太宗淳化元年六月丙午詔，罷中元、下元兩夜燈。

買燈　上元張燈，止三夜，其十七、十八，始於錢鏐王入貢疏買兩夜燈。乾德五年正月有詔：『上元張燈，舊止三夜。朝廷無事，區宇乂安，方當年穀之豐登，宜縱士民之行樂。其令開封府更放十七、十八兩夜燈。』

廣陵燈　唐玄宗元夕與天師葉（靖）〔静〕能登虹橋〔四〕，往廣陵看燈。士女望見，以爲神仙。帝敕伶人奏《霓裳曲》。數日後，廣陵果奏其事。

踏歌入雲　唐睿宗於安福門外作燈樹，高二十丈，宫女千數，并長安少婦千餘人，衣錦繡，於燈輪下踏歌三日，令朝士作歌，以紀其勝。歌中有『踏歌聲調入雲中』之句。

金吾不禁　《西京雜記》：『西都京城街衢，有執金吾曉夜傳呼，以禁止夜行，惟正月十五敕金吾弛禁，前後各一日，謂之放夜。』

剛卯〔五〕　正月卯日，佩（卯剛）〔剛卯〕辟邪。唐制：正月下旬送窮，晦日湔裳。

卜紫姑　紫姑，人家侍妾，爲大婦所殺，置之厠中。後人作其形於厠，元夕迎之，能占農事及桑葉貴賤。

青藜照讀　元夕人皆遊賞，獨劉向在天禄閣校書。太乙真人以青藜杖燃火照之。

耗磨日　正月十六日謂之耗磨日，人皆飲酒，官司不令開庫。

天穿日〔六〕　正月二十日爲天穿，以紅綵繫餅餌投屋上，謂之『補天（穿）』。

水湄度厄〔七〕　元日至晦日，士女悉湔裳，（酌）〔酹〕酒于水湄，以爲度厄。

雨水　前此爲霜爲雪，水氣凝結。立春後，天氣下降，當爲雨水。

中和節　唐李泌以二月朔爲中和節，以青囊盛百穀瓜果種相問遺，釀宜春酒，祭句芒神，百官進農書。

磔雞　魏文帝制。春分磔雞，祀厲殃。

花朝　二月十二日謂之花朝。俗傳是日爲百花生日。徐文長考是十五日，謂的確不差。東京以是日爲撲蝶會。

勾龍　《左傳》：共工氏有子曰勾龍，能平水土。故祀以爲社神，於春仲祭之。清明萬物齊於巽。巽，潔也，齊也。清明取潔齊之義。

穀雨　言滋五穀之雨也。

唐制，清明取火以賜近臣。韓翃詩：『日暮漢宮傳蠟燭，輕煙散入五侯家。』

探春　《天寶遺事》：都人士女，至春時，郊外爲探春之宴。

飛英會　范蜀公居許，作『長嘯堂』，前有荼蘼，花時宴客，有花落酒杯中，飲以大白，舉座無遺，謂『飛英會』。

鬭花　長安春時，盛於遊賞。士女鬭花，栽插以奇多者爲勝。皆用多金市名花，以備春時之鬭。

花裀　開元時，學士許慎〔選〕〔八〕，春日宴客花圃，不張幄設座，使童僕聚落花鋪坐下，曰：『吾自有花裀。』

移春檻　開元中，富家至春時，以各花植木檻中，下設輪脚，挽以綵絙，所至牽引以供歡賞，號移春檻。

護花鈴　寧王春時紉紅絲爲繩，綴金鈴，繫花稍。有鳥雀翔集，則令園吏掣鈴索以驚之，號護花鈴。

治聾酒　《石林詩話》：「世言社日飲酒治耳聾。五代李濤有《春社從李昉求酒》詩：『社公今日没心情，爲乞治聾酒一瓶。』」

罷社　漢王修年七歲，母以社日亡。來歲社，修哭之哀，鄰父老皆爲之罷社。

禁火　《十六國春秋》：「石勒下令寒食不許禁火。後有冰雹之異，徐（元）〔光〕曰〔九〕：『介子推，帝鄉之神也，歷代所尊，未宜替也。』勒從之，令并州復寒食如故。

寒食　冬至後一百六日謂之寒食，以介子推是日焚死，晋文公禁火而志痛也。

雕卵　周制，季春雕卵鬭鷄子，始爲寒食戲。

玄宗制，寒食鞦韆舞。

後唐莊宗制，寒食出祭。

拜墓　唐制，清明拔河戲、踏青，士大夫拜墓。

上巳〔一〇〕　（洛）〔池〕陽上巳日，婦女以薺花（醮）〔點〕油，祝而灑之水上，若成龍鳳花卉之狀則吉，曰油花卜。

祓禊　起於漢成帝。三月上巳日，官民皆祓禊於東流水上。禊者，潔也，於水上盥潔之也。巳者，止也，邪疾已去，祈介祉也。

踏青　三月上巳，錫宴曲江，都人於江頭禊飲，踐踏青草，曰『踏青』，侍臣於是日進踏青履。王通（臾）〔叟〕詩〔一一〕：『結伴踏青歸去好，平頭鞋子小雙鸞。』

柳圈　唐制，上巳祓禊，賜侍臣細柳圈，云：『帶之免蠆毒瘟疫。』今小兒清明戴柳圈，本此。

周公制，上巳女巫禊於水上。鄭制，上巳溱洧祓除，秉蘭招魂續魄。

流觴　蘭亭流觴曲水，不始於蘭亭。周公卜洛邑，因流水以泛酒，故《詩》曰：『羽觴隨波〔一二〕。』

觀燈賜鈔　永樂十年元宵，賜文武羣臣宴，聽臣民赴午門外觀鰲山三日，遂歲以爲常。時尚書夏元吉侍母觀鰲山，上命之。命中官賫鈔二百錠，即其家賜之，曰：『以爲賢母歡也。』

社無定期　一云春分後戊日爲春社，秋分後戊日爲秋社。春社燕來，秋社燕去。一云立春、立秋後第五戊爲社日。

梅花點額　劉宋壽陽公主，人日卧含章殿簷下，梅花點額上，愈媚。因倣之，而貼梅花鈿。

桑葉貴賤　三月十六晴則貴，陰雨則賤。諺曰：『三月十六暗靆靆，桑葉載去又載來。』

【校】

〔一〕『二年』，原書誤作『三年』，據《史記·秦楚之際月表》索隱改。

〔二〕『國人刻寳雞』，『刻』乙本誤作『利』，據甲本改。

〔三〕『宰相』，乙本誤作『宰州』，據甲本改。

〔四〕『葉静能』，原書作『葉靖能』，據《玄怪録》等改。

〔五〕『剛卯』，原書誤倒，今乙正。

〔六〕按本條蓋據各書引《拾遺記》謂江東俗號正月二十日爲天穿日之説。又有江東俗正月二十四日、池陽俗正月二十三日爲天穿日、引《荆楚歲時記》云江南俗謂正月三十日爲補天日等説。又『補天穿』，原書無『穿』字，今據各書引《拾遺記》補。

〔七〕『酹』，乙本作『酌』，據甲本改。

〔八〕『學士許慎選』，原書無『選』字，據《開元天寳遺事》補。按《雲仙雜記》卷十引《開元天寳遺事》作『學士許慎』，後各書所引或作許慎選，或作許慎，余寅《同姓名録》以此許慎與漢許慎爲同姓名。

〔九〕『徐光』，原書誤作『徐元』，據《十六國春秋·後趙録》改。

〔一〇〕『池陽』、『點油』，原書作『洛陽』、『醮油』，據《歲時廣記》卷十八改。

〔一一〕『王通叟』，即王觀，字通叟，原書誤作『王通臾』，今改。『王通叟詩』，實爲王觀詞《慶清朝慢》，原句作：『結伴踏青去好，平頭鞋子小雙鸞。』

〔一二〕按此處《詩》爲逸詩。又『羽觴隨波』，《晉書·束皙傳》及《藝文類聚》卷四、《太平御覽》卷三十、《歲時廣記》卷十八等書引《續齊諧記》同，按《續齊諧記》及《玉燭寳典》卷三引作『羽觴隨波流』。

夏

天祺節　宋真宗以四月一日爲天祺節。

麥秋　《月令》：麥秋至。蔡邕章句曰：百穀各以生爲春，熟爲秋。故麥以夏爲秋。

浴佛　王欽若於四月八日作放生會。《荆楚歲時記》：四月八日建齋，作龍華會，浴佛。

小滿　四月中小滿後，陰一日生一分，積三十分，而成一晝，爲夏至。四月乾之終，謂之滿者，言陰氣自此而生發也。又孟夏萬物生長稍得盈滿，故云小滿。

黴黰　一作霉黰。俗云：蚤間芒種晚間黴。又云：夏至落雨主重黴，小暑落雨主三黴。

蹦音札**柳**　五月五日，士人於郊野或演武場走馬較射，謂之蹦柳。

製百藥　午日午時，斗柄正掩五鬼，於此時製百藥，無不靈驗。

採艾　師曠制，五日採艾占病。齊景公制，五日百索懸臂及釵頭符。

續命縷　午日以五綵絲繫臂上，謂之續命縷，辟兵及鬼，令人不病。

角黍　屈原午日投汨羅，楚人以竹筒貯米，投水祭之。有歐回者，見三閭大夫，曰：『君所祭物，多爲蛟龍所奪，須裹以楝樹葉，五彩絲縛之，可免龍患。』故後人製爲角黍。一曰唐天寶中，宫中五日造粉團角食，以小角弓射之，中者方食，故曰角黍。

競渡　屈原以五日死，楚人以舟楫拯之，謂之競渡。又曰：五日投角黍以祭屈原，恐爲蛟龍所奪，故爲龍舟以逐之。

五瑞 端陽日以石榴、葵花、菖蒲、艾葉、黄梔花插瓶中，謂之五瑞，辟除不祥。

五毒 蛇、虎、蜈蚣、蝎、蟾蜍，謂之五毒。官家或繪之宫扇，或織之袍緞，午日服用之，以辟瘟氣。

賜梟羹 《郊祀志》：漢令郡國進梟鳥，五日爲羹，賜百官，以惡鳥故食之，以辟諸惡也。

浴蘭湯 五月五日蓄蘭爲湯以沐浴。《楚辭・離騒》〔一〕：『浴蘭湯兮沐芳華。』

天貺節 宋祥符四年，詔六月六日天書再降，爲天貺節。

夏至數九 一九和二九，扇子不離手；三九二十七，飲水甜如蜜；四九三十六，拭汗如出浴；五九四十五，頭帶黄葉舞；六九五十四，乘凉入佛寺；七九六十三，牀頭尋被單；八九七十二，思量蓋夾被；九九八十一，家家打炭墼。音吉。

賜肉 《漢書》：伏日詔賜諸郎肉，東方朔拔劍割肉，謂其同官曰：『伏日宜蚤歸，請受賜。』即懷肉而去。

三伏 立春、立夏、立冬皆以相生而代。至於立秋，以金代火。金畏火，故至庚日必伏。蓋庚者金也。夏至後第三庚爲初伏，四庚爲中伏，立秋後初庚爲末伏。秦繆公於是日進辟惡餠。

天中節 《提要録》：『端午爲天中節。』又曰蒲節，以是日用菖蒲泛酒故耳。

竹醉日 五月十〔三〕日爲竹醉日〔二〕。是日移竹易活。又三伏内斫竹則不蛀。

【校】

〔一〕本條《楚辭·離騷》云云皆誤，當作《楚辭·九歌·東皇太一》：『浴蘭湯兮沐芳，華采衣兮若英。』

〔二〕『五月十三日』，原書脱『三』字，據《種樹書》、《岳陽風土記》補。

秋

一葉知秋　《淮南子》：『一葉落而天下知秋。』古詩：『梧桐一葉落，天下盡知秋。』

鵲橋　《淮南子》：七月七夕，烏鵲填河成橋，以渡織女，謂與牛郎相會也。

得金梭　蔡州丁氏女精於女工，每七夕禱以酒果，忽見流星墜筵中。明日，瓜上得金梭。自是巧思益進。

曬衣　七月七日，諸阮庭中曬衣，無非錦繡。阮咸以長竿摽大布犢鼻褌於上，曰：『未能免俗，聊復爾爾。』

曬書　郝隆七月七日，見富家皆曬曝衣錦，郝隆乃出，日中仰卧。人問其故，曰：『我曬腹中書耳。』

乞巧　唐玄宗以七夕牛女相會，命宫中作高臺，陳瓜果於上。宫人暗中以七孔針引綵綫穿之，以乞天巧，穿過者以爲得巧。又以蜘蛛納小金盒中，至曉，開視蛛絲之稀密，又爲得巧之多寡。

化生 七夕，以蠟作嬰兒，浮水中以爲戲，爲婦人生子之祥，謂之化生。

吉慶花 薛瑶英，於七月七日剪輕綵，作連理花千餘朵，以陽起石染之，當午散於庭中，隨風而上，徧空中，如五色雲霞，久之方散，謂之渡河吉慶花，藉以乞巧。

摩睺羅 泥孩兒也。有極巧飾以金珠者，七夕用以饋送，以作天仙送子之祥。

盂蘭會 目蓮尊者見其母落餓鬼道，以鉢盛飯餉之，入口即成灰炭，目蓮白佛求救。佛於七月十五日設蘭盆大會，焰口咒食，其母乃得脱餓鬼之苦。

處暑 處，上聲，止也，息也。謂暑氣將於此時止息之也。白露，秋屬金；白，金色也。

天灸 八月一日以朱墨點小兒額〔一〕，謂之天灸，以厭疫。

八月望日，廣陵曲江觀濤。

游月宫 開元二年八月十五夜，明皇與天師申元之游月宫，及至，見大府，榜曰『廣寒清虚之府』，翠色冷光相射，極寒，不可少留。前見素娥十餘人，皆皓衣，乘白鸞，笑舞於廣寒大桂樹之下，音樂清麗。明皇製《霓裳羽衣曲》以記之。一説葉静能，一説羅公遠，事凡三見。

登峰玩月 趙知微有道術。中秋積陰不解，衆惜良辰。知微曰：『可借酒肴，登天柱峰玩月。』既出門，天色開霽。及登峰，月色如晝，會飲至月落方歸。下山則凄風苦雨，陰晦如故。

中秋無月 俗云：『雲掩中秋月，雨打上元燈。』二者皆煞風景之事，故對舉言之，非連屬語，以卜上元之燈也。今人多誤。

重陽　九爲陽數，其日與月並應，故曰重陽。漢宮人賈佩蘭九日食餌，飲菊花酒，長壽。

登高　費長房語桓景曰：『九月九日，汝家有大災，急作絳袋，盛茱萸繫臂上，登高山，飲菊花酒，此禍可消。』景如其言，舉家登山。至夕還，雞犬皆暴死。長房曰：『代之矣。』今人登高，本此。

落帽　孟嘉爲桓温參軍，重九日宴姑孰龍山，風吹落帽。温敕左右勿言，良久取之還，令孫盛作文嘲之。

白衣送酒　陶潛九月九日無酒，宅邊有菊，採之盈把，坐其側。久而望見白衣人至，乃王弘送酒，就便酌酒，大醉而歸。

游戲馬臺　宋武帝爲宋公時，在彭城，九月九日游項羽戲馬臺。今相仍爲故事。

茱萸酒　漢武帝宮人，九月九日皆飲茱萸菊花酒，令人長壽。

觀濤　風俗：八月望日，廣陵曲江觀濤；浙江於十八日看戲潮。

九日開杜鵑　唐周寶鎮潤州，知鶴林寺杜鵑花奇絶，謂殷七七曰：『可使頃刻開花，副重九乎？』殷曰：『諾。』及九日，果爛熳如春，寶游賞後，花忽不見。

九日飛昇　漢張陵在富川山修道，晉永和九年九月九日，登白霞山飛昇，惟遺丹竈藥臼於山下。

【校】

〔一〕按以八月一日爲天灸，蓋據《歲華紀麗》卷三及《錦繡萬花谷・雜日》引《荆楚歲時記》之説。《荆楚歲時記》實作「八月十四日民並以朱墨點小兒頭額」，《太平御覽》卷二十四引作「八月十日四民並以朱點小兒頭」，未知孰是。

冬

十月朔〔一〕　宋制，十月朔拜（暮）〔墓〕，有司進煖（爐）〔爐〕炭，民間作煖爐會。

亞歲　魏晋冬至日，受萬國百僚稱賀，少殺其儀，亞於歲朝，故曰亞歲。

日長一綫　晋魏宫中女工刺繡，以綫揆日長短，冬至後比常添一綫之功，故曰日長一綫。

冬至數九　一九和二九，相唤不出手。三九二十七，笆頭吹觱篥。四九三十六，夜眠如露宿。五九四十五，太陽開門户。六九五十四，笆頭抽嫩刺。七九六十三，破絮擔頭擔。八九七十二，黄狗相（陽）〔陰〕地〔二〕。九九八十一，犂耙一齊出。

嘉平節　秦人以十二月爲嘉平節，民間以酒果饋遺，謂之節禮。

臘八粥　宋制。十二月八日浴佛，送七寶五味粥，謂之臘八粥。

儺神逐疫　顓頊氏有三子，亡而爲疫鬼，一居江中爲瘧鬼，一居山谷爲魍魎，一匿人家室隅中驚小兒。於是除夕製爲儺神，赤幘玄衣朱裳，蒙以熊皮，執戈持盾以逐之，其祟乃絶。

土牛　周公制土牛，以納音設色，出城外丑地送寒。今於立春日前迎春，設太歲土牛像，以送寒氣。

神荼鬱壘　黃帝時，有兄弟二人，名神荼、鬱壘，能執鬼除疫。後世祀以爲神〔三〕。

爆竹　上古西方深山中有惡鬼，長丈餘，名山魈，人犯之即病寒熱。畏爆竹聲。除夕，人以竹燒火中，熚烞有聲，則驚走。今人代以火炮。

粈音松**盆**　除夕，各家於街心燒火，雜以爆竹，謂之粈盆。視其火色明暗，以卜來歲祲祥。

商陸火　裴度除夕圍爐守歲嘆老，迨曉不寐，爐中商陸火，凡數添之。

祭詩文　賈島常於歲除，取一年所作詩文，以酒脯祭之，曰：『勞吾精神，以此補之。』

火炬照田　吴中村落，除夕燃火炬，縛長竿杪以照田，爛然盈野，以祈來歲之熟。

賣癡獃　吴俗分歲罷，小兒遶街呼叫：『賣汝癡，賣汝獃，誰來買？』

火山　隋煬帝於除夜設火山數十座，用沉香木根，每一山焚沉香數車，火光暗則以甲煎沃之，焰起數丈，香聞十數里，一夜用沉香二百餘乘，甲煎二百餘石。

【校】

〔一〕本條原題『十月朝』，據内容改。『拜墓』，乙本誤作『拜暮』，據甲本改。『煖爐炭』，原書脱『爐』字，據《東京夢華録》卷九、《夢粱録》卷六補。

〔二〕『陰』，乙本誤作『陽』，據甲本改。

〔三〕『祀以爲神』，甲本作『祀爲門神』，意稍勝。

曆律

定氣運〔一〕　黄帝受《河圖》，始設靈臺。羲和占日，常儀占月，（車）〔臾〕區占星氣，伶倫造律吕，大撓作甲子，隸首造算數。容成總六術，以定氣運。

曆紀　少昊使玄鳥氏司分，伯趙氏司至，青鳥氏司（起）〔啓〕〔二〕，丹鳥氏司閉，顓頊受之，以孟春建寅爲元，始爲曆宗。堯使羲仲叔主春夏，和仲叔主秋冬，以閏月正四時，始爲曆紀。

曆元　黄帝始爲曆元，起辛卯，高陽氏起乙卯。舜用戊午，夏用丙寅，殷用甲寅，周用丁巳，秦用乙卯。漢作《太初曆》，元以丁丑。夏、商、周以三統改正朔。三代而下，造曆者各有增創，如《太初》起之以律，而候氣於黄鐘，《太衍》符之以《易》，而較數於分杪，《授時》準之以晷，而測驗於儀象。

造曆〔三〕　黄帝迎日推莢，堯閏月成歲。舜在璿璣玉衡。三代曆無定法，周秦閏餘乖次。劉歆造《三統曆》，而是非始定。東漢李梵造《四分曆》，而儀式方備。劉洪造《乾象曆》，始悟月行遲速。魏黄初間始以日食課其疏密。楊偉造《景初曆》，始立交食起虧術。又何承天造《元嘉曆》，始悟朔望及弦皆定大小餘，及以晷影驗氣。又祖冲之造《大明曆》，始悟太陽歲

(次)〔差〕之數，極〔星去〕不動之處一度餘。又張子信始悟日月交道有表裏，五星有遲速留逆。又張胄玄造《大業曆》，始立五星入氣加減法，及日應食不食術。劉焯造《七曜曆》，始悟日行有盈縮，及立推黄道月道。又傅仁均造《戊寅元曆》，頗採舊曆，始用定制。又李淳風造《麟德曆》，始爲總法，用進朔以避晦晨月見。又一行造《大衍曆》，始以朔有四大三小，定九服軌(滿)〔漏〕交食之異，及創立歲星差合術。又徐昂造《宣明曆》，始悟日食有氣刻時三差。又邊岡《崇玄曆》，始立相減相乘法，以求黄道月道。又王朴《欽天曆》，始變五星法，遲留逆行，舒亟有漸。又周琮造《明天曆》，始悟日法積年自然之數。又姚舜輔造《紀元曆》，始悟食甚泛餘差數。以上計千一百八十二年，創法〔十〕有三家。漢洛下閎洛姓，下閎名。始取法黄鍾律數創曆〔律〕。律容一龠，積八十一寸，則一日之分也。唐僧一行姓張名(璲)〔遂〕始改從大易蓍策數修曆。本《易》大衍，以四十九分爲算。晉虞喜始立歲次，以五十年退一度。何承天爲太過進之。劉焯取二家中數折之。至元郭守敬始測景驗氣，積六十年奇退一度，始定差法。

改曆　按自黄帝訖秦末凡六改，漢高訖漢末凡五改，隋文訖隋末凡十三改，唐高訖周末凡十六改，宋太祖訖宋末凡十八改，金熙宗訖元末凡三改。而法，西漢莫善於《太初》；東漢莫善於《四分》；由魏至隋莫善於《皇極》；在唐則稱《大衍》，在五代則稱《欽天》；至元《授時》，郭守敬立儀測驗，較古精密。

儀象〔四〕　黄帝命(成容)〔容成〕作蓋天，舜察璣衡。以璿爲璣，用以轉動爲璣，以玉爲管，横置其中爲衡。顓頊始爲渾儀，堯復之，渾儀遭秦滅。洛下閎始復經營運儀，鮮於妄人又度之，耿壽昌始鑄爲象。張衡儀始爲内規外規。李淳風儀表裏三重。洛下閎爲員儀，梁令瓚爲遊儀，郭守敬爲簡儀、仰儀。後漢有銅儀，後魏有鐵儀，李淳風有木渾儀，唐明皇有水渾天。張衡始造候風地動儀。形似樽，外有八龍銜丸，震則機發吐丸，下蟾蜍承之。伏羲始作土圭測影，伊尹作水準，得日晷辨方向。黄帝始爲刻漏，夏商宣其製爲漏箭，宋燕肅作水秤。周公始分更點，宋太祖〔開〕〔聞〕陳摶怕五更頭之言，始去前後二點。

【校】

〔一〕本條『臾區』，原書作『車區』，《晋書·律曆志》各本或作『臾區』，或作『車區』，後世引文亦或此或彼，據《晋書斠注》改正。『以定氣運』，《通鑑續編》卷一、《通鑑紀事本末前編》卷一同，《晋書·律曆志》作『考定氣象』。

〔二〕『青鳥氏司啓』，原書作『青鳥氏司起』，據《左傳·昭公十七年》改。

〔三〕本條『軌漏』原書誤作『軌滿』，據《藏書·儒臣·郭守敬傳》、《圖書編》卷二十七改。『始取法黄鍾律數』，乙本無『律』字，據甲本補。『姓張名遂』，原書『遂』作『璲』，今正。餘皆據元齊履謙《知太史院事郭公行狀》訂正。

〔四〕本條『容成』原書誤倒，據《路史後紀》乙正。『宋太祖聞陳摶』云云，『聞』原書誤作『開』，據文意改正。

夜航船卷之二

古劍陶菴老人紬

地理部

疆域

九州　人皇氏兄弟九人，分天下爲九州，梁、兖、青、徐、荆、雍、冀、豫、揚是也。至舜時，以冀、青地廣，分冀東恒山之地爲并州，分東北之毉無閭之地爲幽州，又分青之東北爲（登）〔營〕州〔一〕，共成十二州。

歷代方輿　商九州，周亦九州。秦分天下爲三十六郡，漢分天下爲十三部。三國蜀制巴蜀，置二州。吴北據江、南盡海，置五州。魏據中原，置十二州。晋制十九州。唐分十道，玄宗分十五道。宋分二十三路，元置十二省，又分天下爲二十（三）〔二〕道〔二〕。明分兩直隸、十三省。

吴越疆界　錢王以蘇州平望爲界，據浙閩，共一十四州。

古揚州所轄之地，南直隸、浙江、福建、廣東、廣西、江西，凡六省。古會稽所轄之地，浙江除温、台，九府：杭、嘉、湖、處、寧、紹、金、衢、嚴；福建除福州，七府：漳、泉、汀、興、建、延、邵；南直蘇、松、常、鎮四府，共二十府。會稽郡駐匝蘇州府。

二周 鎬京爲西周，洛陽爲東周。

兩都 前漢都長安，曰西都；東漢都洛陽，曰東都。

蜀三都 成都、新都、廣都。

魏五都 魏因漢祚都洛陽，以譙爲先人本國，許昌爲漢之所居，長安爲西京之遺蹟，鄴爲王業之本基，故號五都。

三輔 長安以京兆、馮翊、扶風爲三輔；宋都汴梁，以鄭州、滑州、汝州爲三輔。

三亳 曹州考城縣曰北亳，西京穀熟縣曰南亳，西京偃師縣曰西亳。

三吴 蘇州曰東吴，潤州曰中吴，湖州曰西吴。

三楚 江陵曰南楚，徐州曰西楚，蘇州曰東楚。

三齊 臨淄曰東齊，博陽曰濟北，蓬州、即墨曰膠東。

三蜀 成都爲蜀都，漢高分置漢廣，漢武分置犍爲。

三晋 趙都邯鄲，魏都大梁，韓都鄭，三家皆晋卿，故曰三晋。

三秦 章邯都廢丘，司馬欣都櫟陽，董翳都高奴，三人皆秦降將，項羽分關中地以王之，曰三秦。

三虢　太陽曰北虢，滎陽曰東虢，雍州曰西虢。

三越　吴越杭州、閩越福州、南越廣州。

三巴　渝州爲中巴，綿州爲巴西，歸、夔、魚（腹）〔復〕[三]、雲安爲巴東。

三湘　曰湘鄉，曰湘潭，曰湘原，在湖南，屬潭州。

三河　周都曰河南，商都曰河内，堯都曰河東。

四京　開封曰東京，河内曰西京，應天曰南京，大名曰北京。

四輔　唐都長安，以同州、華州、岐州、蒲州爲四輔。

四川　成都爲西川，潼州爲東川，利州爲北川，夔州爲南川。

五服　《禹貢》：五服，曰甸服、侯服、綏服、要服、荒服，每服五百里，計二千五百里。

九服　周九服，曰侯服、甸服、男服、采服、衛服、蠻服、夷服、鎮服、藩服，謂之服者，責以服事天子爲職也。

百二山河　秦地險固，二萬人足當諸侯百萬人，故曰百二山河。

九邊　明朝設以限華夷。洪武初設重鎮六，曰宣府，曰大同，曰甘肅，曰遼東，曰延綏，曰寧夏；永樂初增設薊州；正統間又增榆林[四]、固原，是爲九邊。

六關　直隸三關，曰居庸，曰紫荆，曰倒馬。山西三關，曰雁門，曰寧武，曰偏頭。

陶唐九州　冀州，《禹貢》：帝都之地，三面距河。時蓋黄河由冀入海也。《釋名》：冀州，其地有險有易，亂則冀治，弱則冀强，荒則冀豐也。《春秋元命苞》曰：昴畢之間爲天街，散爲冀州，分爲趙國，立爲常山。　兖州，《禹貢》：濟、河惟兖州。東南據濟，西北距河，蓋冀之東南也。《元命苞》曰：五星流爲兖州。兖之言端也，言陽精端，其氣纖殺，分爲鄭國。　青州，《禹貢》：海岱惟青州。謂東北距海，西南距岱，又在兖之東也。《釋名》：青州在東，取生物而青也。《元命苞》曰：虚危之精，流爲青州，分爲齊國，立爲萊山。　徐州，《禹貢》：海岱及淮惟徐州。謂東至海，北至岱，南至淮，又在青州之南也。《元命苞》曰：天弓星司弓弩，流爲徐州，别爲魯國。徐之爲舒也，言陰牧内（雨）〔五〕，安詳也。　揚州，《禹貢》：淮海惟揚州。謂北至淮，東南至海。又曰：『江南之氣躁勁，厥性輕揚也。』《元命苞》曰：牽牛流爲揚州，分爲越國，立爲揚山。　荆州，《禹貢》：荆及衡陽惟荆州。謂北距南條前山，南包衡山之陽，蓋在揚州之西，而豫州之西南也。《釋名》：荆，警也。南蠻數爲寇逆，言當警備之也。《元命苞》曰：軫星散爲荆州，分爲楚國。　豫州：《禹貢》：荆河惟豫州。謂西南至南條荆山，北距大河，蓋在冀州之南，荆州之北，徐、兖之西也。《元命苞》曰：鈎鈐星别爲豫州。言地在九州之中，所在常安豫也。　梁州，《禹貢》：華陽黑水惟梁州。謂東距華山之南，西距黑水，蓋在雍州之南，荆州之西也。以西方屬金，其氣强梁，故曰梁州。當夏、殷，爲蠻夷之國，至周始并入雍州。　雍州，《禹貢》：黑水西河惟雍州。謂西距黑水，東距西河，蓋在冀州之西，梁州之北。

《太康地記》：雍州并得梁州之地，西北之位，陽所不及，陰氣雍閼，故取名焉。《元命苞》曰：東井鬼星，散爲雍州，分爲秦國。

虞十二州〔六〕　九州之外，分設并州，則蓋冀之東北豎無間之餘地也。《元命苞》曰：營室星流爲并州，分爲（鄭）〔衛〕國，立爲明山。并之（謂）〔爲〕言誠也。精（全及）〔舍交〕并，其氣勇抗。誠，信也。　幽州，即冀東恒山諸地，蓋在北幽昧之地也。《元命苞》曰：箕星散爲幽州，分爲燕國。　營州，即青之東北、遼東等處。《釋名》：齊衛之地，於天文屬營室，故取其名。蓋舜爲冀、青地廣而分之也。

周九州〔七〕　東南曰揚州，其山鎮曰會稽，其藪澤曰具區，其川三江，其浸五湖，彭蠡、洞庭、青草、太湖、丹陽也。其利金錫竹箭，其民二男五女，蓋通以一州之民計之，二分爲男，五分爲女也。其畜鳥獸，其穀宜稻。　正南曰荆州，其山鎮曰衡山，其藪澤曰雲夢，其川江漢，其浸潁湛，其利丹銀齒革，其民一男二女，其畜鳥獸，其穀宜稻。　河南曰豫州，其山鎮曰華山，其藪澤曰圃田，其川滎雒，其浸波溠，音詐。其利材漆絲枲，其民二男二女，其畜宜六擾，雞、豚、犬、馬、牛、羊也。其穀宜五種。稻、黍、稷、麥、菽也。　正東曰青州，其山鎮曰沂山，其藪澤曰望諸，其川淮泗。其浸沂沭，其利蒲魚，其民二男二女，其畜雞狗，其穀宜稻麥。　河東曰兖州，其山鎮曰泰山，其藪澤曰大埜，其川河泲，其浸盧維，其利蒲魚，其民（三）〔二〕男三女，其畜六擾，其穀宜四種。　正西曰雍州，其山鎮曰岳山，其藪澤曰弦蒲，在（沂）〔汧〕陽。其川涇汭，其浸渭洛，其利玉石，其民二男二女，其畜宜牛馬，其穀宜黍稷。　東北曰幽州，其山鎮曰毉無閭，遼東。其藪澤曰貕養，在萊陽。其川河泲，其浸菑時，萊蕪、（殷）〔般〕陽。其利魚鹽，其民一男三女，其畜牛馬羊豕，其穀宜黍（麥）〔稷〕稻。　河内曰冀州，其山鎮曰霍山，其藪澤曰揚紆，其川漳，其浸汾潞，汾出汾陽，潞出歸德。其利松柏，其民五男三女，其畜牛羊，其穀宜黍稷。　正北曰并州，其山鎮曰恒山，其藪澤曰昭餘（邪）〔祁〕，在鄔。其川虖池嘔夷，其浸淶易，其利布（泉）〔帛〕，其民二男三女，其畜牛馬犬豕羊，其穀宜五種。

秦三十六郡　始皇初并天下，罷諸侯，置守尉，遂分天下爲三十六郡，每郡置一守、一丞、兩尉以典之。郡名曰内史、三川、河東、南陽、南郡、九江、鄣郡、會稽、潁川、碭郡、泗水、薛郡、東郡、琅琊、齊郡、上谷、漁陽、北平、遼西、遼東、代郡、鉅鹿、邯鄲、上黨、太原、雲中、九原、雁門、上郡、隴西、北地、漢中、巴郡、蜀郡、黔中、長沙。後又置閩中、南海、桂林、象郡四郡。凡四十郡。

漢十三部〔八〕　漢分天下爲十三部，每部置刺史，領天下郡國一百三。　司隸校尉領京兆、扶風、馮翊、弘農、河東、河内、河南七郡。豫州刺史領潁川、汝南、沛郡、梁國、魯國五郡。冀州刺史領魏郡、鉅鹿、常山、清河、廣平、真定、中山、信都、河間、趙國十郡。兖州刺史領陳留、東郡、山陽、濟陰、泰山、城陽、東平七郡。徐州刺史領琅琊、東海、臨淮、泗水、楚國五郡。青州刺史領平原、千乘、濟南、齊郡、北海、東萊、膠東、高密、菑川九郡。荆州刺史領南陽、南郡、江夏、桂陽、武陵、零陵、廣陵、長沙八郡。揚州刺史領廬江、九江、會稽、丹陽、豫章、六安六郡。益州刺史領漢中、廣漢、巴郡、蜀郡、犍爲、越嶲、牂牁、益州八郡。涼州刺史領安定、北(城)〔地〕、隴西、武威、金城、天水、武(都)〔威〕、(長)〔張〕掖、酒泉、燉煌十郡。并州刺史領太原、上黨、上郡、西河、朔方、五原、雲中、定襄、雁門九郡。幽州刺史領涿郡、渤海、代郡、上谷、漁陽、北平、遼西、遼東、廣陽、樂浪、玄菟十一郡。交州刺史領海南、鬱林、蒼梧、交趾、合浦、九真、日南七郡。

三國州郡〔九〕　蜀漢全制巴蜀，置二郡，曰益州成都、曰梁州漢中，有郡二十。先主初置九郡，曰巴東、曰巴西、曰梓潼、曰(河)〔江〕陽、曰(文)〔汶〕山、曰漢嘉、曰朱提、曰雲南、曰涪陵，并得舊漢，曰巴郡、曰廣漢、曰犍爲、曰牂牁、曰越嶲、曰益州、曰漢中、曰永昌、曰南安、曰武都。

孫吳北據江，南盡海，置州五，曰交州安南、曰廣州南海、曰荊州江陵、曰郢州江夏、曰揚州丹陽。孫權置臨賀、武昌、朱厓、新安、廬陵五郡。孫亮又置臨川、臨海、衡陽、湘東四郡。孫休又置天門、建平、合浦三郡。孫皓置始安、始興、邵陵、安成、新昌、武平、九德、吴興、(平)〔東〕陽、桂林、滎陽十一郡。因立宜(陽)〔都〕一郡，并漢十八郡，共四十三郡。

魏據中原，有州十二，曰司隸河南、曰豫州譙、曰荊州襄陽、曰兗州(武威)〔廩丘〕、曰青州臨菑、曰徐州彭城、曰涼州天水、曰秦州上邽、曰冀州代郡、曰幽州范陽、曰并州晉陽、曰揚州壽春。

晉十九州　曰司州河南、曰兗州濮陽、曰豫州項城、曰冀州趙郡、曰并州晉陽、曰青州臨菑、曰徐州彭城、曰荊州江陵、曰揚州初壽春，後建業、曰雍州京兆、曰秦州上邽、曰益州成都、曰梁州南鄭、曰寧州雲南、曰幽州范陽、曰平州昌黎、曰交州〔龍編〕、〔廣州〕番禺〔一〇〕、曰涼州武威。

唐十道〔一一〕　自晉蕩陰敗，(復)〔後〕南北分爭，州郡割裂，宋、齊、梁、陳，狃於江左，隋氏雖能混一，而享祚不長。　至唐太宗肇造區夏，併有州郡，始因山(以)〔河〕形便，分天下爲十道，曰關内、曰河南、曰河東、曰河北、曰山南、曰隴右、曰淮南、曰江南、曰劍南、曰嶺南。貞觀十五年大簿，凡州府三百五十八。　玄宗開元初，又分爲十五道，曰京畿西京、曰都畿東都、曰關内京官遥領、曰河南陳留、曰河北魏郡、曰隴右西平、曰山南東襄陽、曰山南西漢中、曰江南東吴郡、曰江南西豫章、曰劍南蜀郡、曰淮南廣陵、曰黔中貴州、曰嶺南南海。

宋二十三路　太宗分天下爲十五路，至仁宗又分爲二十三路，曰京東東路、京東西路，曰京西南路、京西北路，曰河北東路、河北西路，曰(陝西)〔永興軍〕路〔一二〕，曰秦鳳路，曰河東路，曰淮南東路、淮南西路，曰兩浙路，曰江南東路、江南西路，曰荆湖南路、荆湖北路，曰成都路，曰梓州路，曰利州路，曰夔州路，曰福建路，曰廣南東路、廣南西路。

元十二省〔一三〕　元建中書省十一，轄天下州郡，曰都省治腹裏路、曰河南行省汴梁、曰湖廣行省武昌、曰(浙江)〔江浙〕行省杭州、曰江西行省龍興、曰陝西行省京兆、曰四川行省成都、曰雲南行省中慶、曰遼陽行省遼東、曰(鎮)〔征〕東行省高麗、曰甘肅行省甘州、曰嶺北行省和(州)〔寧〕。　又分天下爲二十二道。

明兩直隸十三省〔一四〕　北直隸八府，十(七)〔八〕州，一百一十六縣，賦六十萬一千。北京，在順天。　南直隸十四府，十(七)〔五〕州，九十(六)〔四〕縣，賦五百九十九萬五千。南京，在應天。河南（八）〔七〕府，（十）〔三十三〕州，九十（六）縣，賦二百四十一萬四千。省城在開封。陝西八府，（二十二）〔十五〕州，九十（五）〔一〕縣，賦一百九十二萬九千。省城在西安。山東六府，十（五）〔四〕州，（八十九）〔九十〕縣，賦二百八十五萬一千。省城在濟南。湖廣十（五）〔三〕府，十（六）〔九〕州，一百零（七）〔二〕縣，賦二百十六萬七千。省城在武昌。浙江十一府，一州，七十五縣，賦二百五十一萬。省城在杭州。江西十三府，一州，（七十七）〔九十九〕縣，賦二百五十二萬八千。省城在南昌。福建八府，五十（七）〔二〕縣，賦一百一十萬一千。省城在福州。山西（五）〔三〕府，二十〔一〕州，七十（八）〔五〕縣，賦二百二十七萬四千。省城在太原。四川（八）〔七〕府，（二十）〔十六〕州，一百零（七）〔六〕縣，賦一百二十萬六千。省城在成都。廣東十府，（八）〔七〕州，（七十五）〔五十八〕縣，賦一百一萬七千。省城在廣州。廣西十（一）〔二〕府，四十（七）〔三〕州，五十三縣，賦四十三萬一千。省城在桂林。雲南十四府，四十一州，三十縣，賦一十四萬。省城在雲南。貴州（八）〔六〕府，（六）〔四〕州，六縣，賦四萬七千。省城在貴陽。

【校】

〔一〕『營州』，原書作『登州』，據《書集傳》改。

〔二〕『二十二道』，原書作『二十三道』，據《元史・百官志》、《續文獻通考・職官考》改。

〔三〕『魚復』，原書誤作『魚腹』，按巴東郡有魚復縣，今改正。

〔四〕『榆林』不确，榆林即延綏，蓋沿《推篷寤語·毗政篇》之誤。按據許論《九邊總論》：『（前略）又山西鎮巡統馭偏頭三關，陝西鎮巡統馭固原，亦稱二鎮，遂爲九邊。』則『榆林』蓋當作『偏頭』。

〔五〕『言陰牧内』下原書衍『雨』字，據《藝文類聚》卷六引《春秋元命苞》删。

〔六〕本條并州下引《元命苞》文多誤，據《藝文類聚》卷六引改正。

〔七〕本條所載見《周禮·夏官·職方氏》並注，底本誤字均據此改正。

〔八〕按據《通鑑地理通釋》卷二、《西漢年紀》卷十六，荆州刺史所領者有七郡，無廣陵。原書蓋從《掌中宇宙·俯察篇》，似因《漢書·地理志》注謂廣陵國『高帝六年屬荆』，故有此説。其餘誤字均據《通鑑地理通釋》改正。

〔九〕按兖州治所不在武威，據《元和郡縣志》卷十一，獻帝初兖州治所在鄄城，後曹操移至廪丘，晋沿而不改。據改『武威』爲『廪丘』。其餘誤字均據《晋書·地理志》改正。

〔一〇〕按本條脱誤據《晋書·地理志》、《元和郡縣志》卷三十五改。

〔一一〕『復』，甲本作『後』，據改。『山河形便』，原書『河』誤作『以』，據《通典》卷一百七十二改。

〔一二〕『永興軍路』，原書誤作『陝西路』，據《通鑑地理通釋》卷三、《宋史·地理志》改，按永興軍路、秦鳳路總稱陝西路，如京東東路、京東西路總稱京東路。《通鑑地理通釋》作『陝西永興、秦鳳』，蓋抄寫偶脱致誤。

〔一三〕『江浙行省』，乙本誤作『浙江行省』，據甲本改。其餘誤字均據《元史·地理志》改正。

〔一四〕按此條多與明季實際情況不符，均據《大明一統賦》改正。

建都

伏羲都陳。今河南陳州。神農亦都陳，或曰曲阜。今山東曲阜縣。黄帝都涿鹿，今順天府涿州。少昊都曲阜。顓頊都帝丘。今山東濮州。帝嚳都亳。今河南偃師縣。帝堯都平陽。今山西平陽縣。虞舜都蒲阪。今平陽蒲州。夏禹都安邑。今平陽夏縣。商湯都亳。周都豐鎬，今陝西長安縣。是謂關中。周平王遷洛陽。今河南洛陽縣。秦都咸陽。今西安府咸陽縣。漢都洛陽，因婁敬説，西遷長安。東漢都洛陽。魏因漢祚，亦都洛陽。蜀漢都成都。今四川成都府。吴初居鎮江，都武昌，今湖廣武昌府。後遷建業。今南直應天府。西晋都洛陽。東晋都建業，元帝東渡，避愍帝諱，改名建康。宋、齊、梁、陳俱都建康。元魏初居雲中，今大同府懷仁縣。後遷洛陽。北齊都鄴。今河南彰德府。西魏都長安關中。後周都長安。隋都長安，煬帝以巡幸，徙都洛陽。唐都長安。梁都汴。今河南開封府。後唐、石晋、漢、周、宋俱都汴。南宋都臨安。今杭州府。元都大都。今順天府。明都建康，永樂遷於北平，即元之大都也。

地名

萑苻音完蒲。鄭地。龍兑兑音奪。趙地。連穀穀音斛。楚地。方與音防預。趙地。番昜音婆陽。楚地。曲逆逆音遇。漢邑。陳平封曲逆侯。庱亭庱音逞。吴興有庱亭。葰人葰數瓦切。縣在上黨。越嶲嶲音髓。郡府，在蜀地。閿鄉閿音文。縣名，在虢。盩厔音周質。在西安。水曲曰盩，山曲曰厔。鄜音孚。在（候）〔陝〕西延安府〔一〕。毌丘毌音貫。地在濟陽南。祋栩音兔户。在馮翊。朐䏰音瞿門。本蟲名，巴郡多此蟲。因爲邑名。酇贊在南陽，筭在沛國，二地音不同。蕭何封酇侯。緱氏緱音溝。山名、邑名，本義劍頭纏絲。牂牁音臧柯。郡名。允吾音鉛牙。谷名。在隴西。棐音肥，邑名。須句須音渠。地在魯東平。（under）〔狋〕氏音權精，又宜音〔二〕。縣名。令支音零岐。縣名。郫音埤。一在晉，一在成都。不其其音箕。祝其其音基。燉煌音屯黃。郡名。冤句音冤勾。在曹州。今廢。臨朐朐音渠。縣名。在山東。令居令音連。邑名。慮虒音盧夷。縣名。罕幵音罕牽。羌地。取慮音趨閭。縣名。在臨淮。（黑尿）〔墨尿〕音眉（擬）〔癡〕〔三〕。祥音灼。齊地。句鼆冥上聲。魯邑。枹罕音夫謙。縣名。戲城戲音資。齊地。鄄城鄄音絹。衛地。射洪音石紅。縣名。崞音郭。縣名。先零零音連。沭陽沭音術。縣名。虒祁音思奇。地名。（窾）〔窾〕丘（窾）〔窾〕音勝〔四〕。魯地。句繹音勾亦。邾地。盱眙音虛宜。縣名。都龐龐音龍。邑名。繁時時音止。邑名。澶淵澶音禪。今開州。檇李檇音醉。在嘉興。郎瞫瞫音枕。犍爲犍音乾。蜀郡名。牀穰牀音縻〔五〕。𥓜猶音仇由。邑名。毋棳音無拙。縣屬益州。泊羅泊音博。縣名。虹縣虹音降。苴（芊）〔芊〕音斜米〔六〕。徙音斯。邑名。岢嵐音可婪。州名。近太原。㾌縣㾌音疾。縣名。在清河。祊音崩。鄭地。澠池澠音免。縣在河南。亥音侈，上聲。宋地。趡翠上聲。魯地。夫童童音中。儋州儋音丹。鄘尸圭切。邑在齊東。

蔇其寄切。寧母音寧某。魯地。　鄠杜音户古。漢陂令縣，屬鳳翔〔七〕。　郪丘郪音西。齊地。　虛朾音區汀。宋地。　⿰谷曼(⿰谷几)〔⿰谷九〕(⿰谷几)〔⿰谷九〕音求〔八〕。地名。　僰邛僰音匐。地名。在犍爲。　鄬于軌切。鄭地。　貍脤音(刹)〔利〕蜃〔九〕。　邿音詩。魯地。　臯由去聲。鄭地。　槖臯臯，章夜切。在淮南。　涪音浮。州名。在重慶府。　葉縣葉音涉。　瀧水瀧音商。縣名。　朱提音殊時。邑名。　承陽承音蒸。　餘汗汗音干。　番禾番音盤。　櫟陽櫟音約。邑名。　平輿輿音玉。　郯城音談。縣名。　沙羕羕音夷。　蓮勺蓮音輦。邑名。　不羹音郎。邑名。　堵陽堵音者。邑名。　澠淄音承脂。縣名。　沁音倩。山西沁州。　新淦淦音幹。縣名。　隆慮音林閭。邑名。　霅川霅音歃。湖州。　陽夏夏音賈。　睢州睢音雖。　會稽會音貴。邑名。

山水異名　崑崙一名崑岑。君山一名媧宮。武當一名篸嶺。普陀一名梅岑。青城一名天谷。大復一名胎簪。衡山一名芝岡。齊雲一名白嶽。東海一名岱淵。

【校】

〔一〕「陜西」，乙本誤作「候西」，據甲本改。

〔二〕「狋氏」，原書誤作「⿰彳示氏」，據《漢書·地理志》改。「又宜音」未詳出處，按《説文解字》「狋」字：「讀又若銀，語其切」，「宜音」蓋本此。又《漢書·地理志》注引孟康曰：「狋音權，氏音精。」《漢書補注》謂當作「狋音權精」，權精切，銀也。

〔三〕「墨杘(音眉癡)」，原書大誤，據《困學紀聞》卷十九改正。又墨杘爲人名，《列子·力命篇》注引《方言》稱江淮之間謂之無賴，不當列於地名類。

〔四〕『㮚丘』，原書誤，據《漢書・地理志》改。㮚丘即乘丘。
〔五〕疑當作『麃沴（麃音麋）』，參見《漢書・地理志》及《説文解字》。
〔六〕『苴芉』，乙本作『苴芊』，據甲本改。按據《蠻書》及新舊《唐書》，當作『羊苴咩城』或『陽苴咩城』。
〔七〕按此條誤，鄠杜指鄠縣、杜陵，皆在長安。
〔八〕『𩜭飥』，乙本誤作『𩜭飢』，據甲本改。
〔九〕『利』，乙本誤作『刹』，據甲本改。

古蹟

赤縣神州　《古今通論》：東南方五千里，名曰赤縣神州，中有和美鄉，方三千里，五嶽之城，帝王之宅，聖賢所居也。

枌榆社　漢高帝禱於枌榆社，帝之故鄉也。高帝以豐沛爲其湯沐之邑，令世世無有所予。

新豐　太上皇居深宫，以生平所好，皆販徒少年、酤酒賣餅、鬬雞蹴踘之輩，今皆無此，故怏怏不樂。高祖乃作新豐，移舊鄉里。命匠人胡寬悉仿其衢巷門閭，士女老幼相携路首，各認其門而入。放牛羊雞犬於通途，亦各識其家。上皇大悦。

洋川者，戚夫人之所生處也，高祖得而寵之。夫人思慕本鄉，追求洋川〔一〕。高帝爲驛致長安，蠲復其鄉，更名曰縣。又故目其地爲洋川，用表夫人誕載之休祥也。

桑梓地　祖父植桑梓以遺其子孫，子孫思其祖澤，不忍翦伐。故《詩》曰：『維桑維梓，必恭敬止。』

漢壽在四川保寧府廣元縣。漢封關公爲漢壽亭侯，即此地。後人稱壽亭侯者誤。

度索尋橦　度索，以繩索相引而度也。尋橦者，植兩木於兩岸，以繩貫其中，上有一木筒，所謂橦也。人縛橦上，以手緣索而進，以達彼岸，有人解之，所謂尋橦也。

井陘道　韓信與張耳將兵擊趙，李左（軍）（車）説趙王曰〔二〕：『井陘道險，車不得方軌，騎不能成列。願假臣三萬人，從間道絶其輜重，兩將之頭可致之麾下。』

九折坂　漢王陽爲益州牧，至九折坂，嘆曰：『奉先人遺體，奈何數乘此險！』後王尊至此，曰：『此非王陽所畏處耶？』乃叱其御，歷險而上。後人以王陽不失爲孝子，王尊不失爲忠臣。

赤地清野〔三〕　地空無物曰赤地。野無人民無禾稻曰（青）〔清〕野。

息壤　古地名，有二：一在荆州，一在永州。地中不可犯畚鍤，犯者立死。

解池鹽　不必煎煮。居人疏地爲畦，决水灌其中，俟南風起，此鹽即成。故大舜歌曰：『南風之起兮，可以阜吾民之財兮。』

保俶塔　錢忠懿王名俶，入朝，恐其羈留，作塔以保之。稱名，尊天子也。今誤作『保叔』，不知者遂有『保叔緣何不保夫』之句。

潙汭音規芮　河東有二泉，南流曰潙，北流曰汭。《尚書》：『釐降二女於潙汭。』

孔林 自泰山發脉，石骨走二百里，至曲阜結穴，洙泗二水會於其前，孔林數百畝，築城圍之。城以外皆孔氏子孫，圍遶列葬，三千年來，未嘗易處。南門正對嶧山，石羊石虎皆低小，埋土中。伯魚墓，孔子所葬，南面居中，前有享堂，堂右横去數十武，爲宣聖墓。墓坐一小阜，右有小屋三楹，上書『子貢廬墓處』。墓前近案，對一小山，其前即葬子思。父子孫三墓，所隔不遠，馬鬣之封不用石砌，土堆而已。林中樹以千數，惟一楷木老本，有石碑刻『子貢手植楷』，其下小楷生植甚繁。此外合抱之樹皆異種，魯人世世無能辨其名者，蓋孔子弟子異國人，皆持其國中樹來種者。林以内不生荆棘，并無刺人之草。

土著音着 言着土地而有常居者，非流寓遷徙之人也。今人誤讀爲注。

雒邑 漢光武定居洛邑。漢以火德王，忌水，故去水而加隹，改洛爲雒。後魏以土德王，以水得土而流，土得水而柔，故又除隹加水。

京觀 謂高丘如京觀，闕形也。古人殺賊，戰捷陳尸，必築京觀，以爲藏尸之地。古之戰場所在有之。

玉門關 漢班超久在絶域，年老思歸，上書曰：『臣不願到酒泉郡，但願生入玉門關。』

鴈門關 在大同府馬邑縣。北鴈入塞，必啣蘆一根，擲之關門，然後飛入，如納税然，蘆柴堆積如山。設有蘆政主事，歲進蘆銀以萬計。

夏國 揚州漕河東岸有墓表，題曰：『夏國公墓道。』夏音虔，與夏字相類，少一發筆，下作

『又』，行人遂誤爲夏國公。蓋明顧公玉之封號，賜地葬此也。

魚米之地　唐田澄《蜀城》詩：『地富魚爲米。』故稱沃土爲魚米之地。

漏澤園　創始於宋元豐間，立爲埋葬之所，取澤及枯骨，不使有遺漏之義也。明初，令民間立義冢。天順四年，令郡縣皆置漏澤園。

㔺亭音歐亭　漢蔣澄封㔺亭侯。今溧陽有㔺山。

鬼門關　在交趾南。其地多瘴癘，去者罕得生還。諺曰：『鬼門關，十去九不還。』

鐵甕城　在鎮江，孫權所築。

邗溝〔四〕　在揚州，夫差所開。

女陽亭　在崇德縣。句踐入吴時，夫人產女於此亭。及吴滅後，乃名女陽，更就李爲女兒鄉。

崖州爲大　宋丁謂貶崖州司户，常語客曰：『天下州郡孰爲大？』客曰：『京師也。』謂曰：『朝廷宰相今爲崖州司户，則惟崖州爲大也。』

戒石銘　宋高宗紹興二年六月，頒黄（廷）〔庭〕堅所書戒石銘於州縣〔五〕，令刻石，文曰：『爾俸爾禄，民膏民脂。下民易虐，上天難欺。』

悲田院　《唐會要》曰：開元五年，宋璟、蘇頲請建『悲田院』，使乞兒養病，給以廩食。亦曰『貧子院』。

築城　周公築洛陽城，公孫鞅築咸陽城，伍員築蘇城。范蠡築越城，張儀築成都城，蕭何築長安城，孫權築建康城、泗州城，王審知築福州城，錢鏐築杭城。

長城　燕始城上谷至遼東。趙始城雁門至靈州。秦始皇補築，始名長城。北齊文宣帝復築長城。漢武帝復築遼東城。

開險〔六〕　司馬錯開巴蜀，秦昭王開義渠，趙武靈王開代、樓煩、白羊，燕惠王開遼東，秦始皇開朔方，漢彭吴開穢貊，唐蒙開邛僰、夜郎、牂牁，越嶲，莊助開東甌、（西）〔兩〕越，衛青開陰山。

勝國　滅人之國曰勝國，言爲我所勝之國也。左氏曰『勝國者，絶其社稷，有其土地』。

無支祁〔七〕　大禹治水，至桐柏山，獲水獸，名（支無）〔無支〕祁，形似獼猴，力逾九象，人不可視。乃命庚辰鎖於龜山之下，淮水乃安。唐永泰初，有漁人入水，見大鐵索，鎖一青猿，昏睡不醒，涎沫腥穢，不可近。

雷峰塔　在錢塘西湖净寺前南屏之支麓也，昔有雷就者居之，故名。上有塔，遭回禄，今存其殘塔半株。

雪竇　在奉化縣。唐時雪竇禪師居之，鳥窠衣褶，寂然不動。

岳林寺　在奉化。布袋和尚道場，其鉢盂佛迹尚在。

虎丘　吴王闔閭死，治葬，穿土爲川，積壤爲丘，銅棺三重，以黄金珠玉爲凫雁。葬三（月）

〔日〕〔八〕，金精上騰爲白虎，蹲踞山頂，因名虎丘。

坑儒谷　在臨潼。秦始皇密令冬月種瓜於驪山谷中，温處皆熟，詔博士諸生説之。前後七百人，言人人殊，則皆使往視，因伏機陷之。後人號『坑儒谷』。

鶴林寺　在潤州，有馬素塔。米元章愛其松石深秀，誓以來生爲寺伽藍，呵護名勝。公没時，鶴林伽藍無故自倒。里人知公欲踐夙願，遂塑其像於寺之左偏。

祖堂　在應天府治南。唐法融和尚得道於此，爲南宗第一祖師，在山房禪定，有百鳥獻花，故又名獻花巖。

雨花臺　梁武帝時，有雲光法師講經於此，天花亂墜，故名雨花。

飛來峯　在杭州虎林山之前。晋時西僧嘆曰：『此是天竺國靈鷲山之小嶺，不知何日飛來？』因名之飛來峯。

躲婆衖　在紹興蕺山下，王右軍居此。有老嫗鬻扇，右軍爲題其扇，嫗有愠色。及出，人競買之。他日，嫗又持扇乞書，右軍避去。故其下有題扇橋、躲婆衖。

筆飛樓　在蕺山之麓。王右軍於此寫《黄庭經》，筆從空中飛去。今其地有筆飛樓址。

樵風涇〔九〕　在會稽平水。漢鄭弘少時采薪，得一遺箭。頃之，有老人覓箭，還之，問弘何欲，弘知其神人，答曰：『常患若耶溪載薪爲難，願朝南風，暮北風。』後果如其言。

雷門　即紹興府城之五雲門。《會稽志》：雷門上有大鼓，聲聞洛陽。後鼓破，有二鶴從鼓中飛出，聲遂不遠。

蘭渚 在紹興府城南二十五里。晉永和九年上巳日，王右軍與謝安、孫綽、許詢輩四十一人會此修禊事。今傳有流觴曲水、蘭亭故址。

西陵 在蕭山。一名固陵。范蠡治兵於此，言可固守，因名。

簞醪河 在紹興府治〔東〕南〔一〇〕。句踐行師日，有獻壺漿者，跪而受之，取覆上流水中，命士卒乘流而飲。人百其勇，一戰遂有吴國，因以名之。

浴龍河 在紹興西門外。宋理宗與弟芮，少時同浴於河。鄞人余天錫卧舟中，夢二龍負舟，起視之，則二小兒緣舟戲。問之，知是宗室，遂與史彌遠言其異，卒嗣帝位。

沉釀堰 在山陰柯山之前。鄭弘應舉赴洛，親友餞於此，以錢投水，依價量水飲之，各醉而去。

曹娥碑 在曹娥江滸。漢上虞令度尚所立，尚弟子邯鄲淳所撰，蔡邕題『黄絹幼婦外孫齏臼』，隱『絶妙好辭』四字。魏武問楊修曰：『解否？』修曰：『解。』魏武曰：『卿勿言。』行三十里始悟，乃嘆曰：『吾不如卿三十里。』按：魏武不曾過錢塘，所見碑應是搨本。

錢塘 梁開平四年，錢武肅王始築捍海塘，在候潮門外，潮水晝夜衝擊，版築不就。王命强弩數百以射潮頭，潮水東擊西陵，海塘遂就。

桃源 晉時有漁人乘舟捕魚，緣溪行，忘路遠近，見洞口桃花，捨舟入。其中土地開朗，民居稠雜，鷄犬桑麻，怡然自樂。漁人驚問，云是先世避秦來此，遂與外隔。問今是何世，不知有漢，無論魏晋〔一一〕。漁人出，乃屬曰：『不足爲外人道也。』

牛渚磯　在姑孰。水深不可測。相傳其下多怪物，温嶠燃犀角照之，須臾，見水族奇形怪狀，有乘車馬、著赤衣者。是夜，嶠夢一人謂曰：『與君幽明道隔，何事相窘？』嶠覺而惡之。未幾，以齒疾拔齒，中風而卒。

杜宇始鑿巫峽，漢武帝鑿曲江，張九齡鑿梅嶺。秦始皇厭天子氣掘淮流，西入江，《禹貢》：東入海。始名秦淮。隋煬帝東游，穿河，自京口至餘杭。六朝自雲陽鑿運瀆，徑至建康，始復禹通渠故道，穿通濟渠，爲後世通漕轉運。

泰山上有金篋玉策，能知人年壽修短。漢武帝探策得十八，倒讀曰八十。後壽果八十。

八詠樓　在金華府府治西南，即沈約玄暢樓也。宋守馮伉更今名。

古蜀國　今成都府。蜀之先，自黄帝子曰昌意，娶蜀山氏女，生帝嚳，乃封其支(度)〔庶〕於蜀〔一二〕。歷夏商，始稱王，首名蠶叢，次曰柏灌，次曰魚鳧。

八陣圖　在新都牟彌鎮。孔明八陣圖凡三：在夔州者六十有四，方陣法也；在牟彌者一百二十有八，當頭陣法也；在棋盤市者二百五十有六，下營法也。又：沔之定軍山下亦有之，夜常聞金鼓聲。

神女廟　在巫山。楚襄王游於高唐，夢一婦人曰：『妾在巫山之陽，高丘之上，朝爲行雲，暮爲行雨。』比旦視之，如其言，遂立廟。

華表柱　遼陽城内鼓樓東，昔丁令威家此，學道得仙，化鶴來歸，止華表柱，以咮畫表，云：『有鳥有鳥丁令威，去家千歲今始歸，城郭雖是人民非，何不學仙冢累累。』

麥飯亭　在滹沱河上，馮異進光武麥飯處。蕪蔞亭在饒陽，馮異進豆粥處。

柏人城　在唐山。漢高祖過此，欲宿，心動，問縣何名。曰：『柏人。』高祖曰：『柏人者，迫於人也。』不宿而去。

孟姜石　山海衛長城北，石上有婦人迹，相傳爲秦時孟姜女尋夫之地。

九層臺[一三]　《太平》：按《説苑》：晉（獻）〔靈〕公築九層臺，其臣荀息諫曰：『臣能累十二棋子（如）〔加〕卵於上。』公曰：『危哉。』遂止其役。遺址尚存。

虒祁宮　在曲沃。《左傳》『晉作虒祁宮，而諸侯畔』，謂此。衛靈公之晉，晉平公置酒於虒祁，令師涓奏靡靡之樂。師曠曰：『此必得之濮上，乃亡國之聲也，不可聽！』

三岡四鎮　俱在大同應州。趙霸岡在城東，黄花岡在城西，護駕岡在城南。安邊鎮在城東，大羅鎮在城南，司馬鎮在城西，神武鎮在城北。元好問詩：『南北東西俱（有）〔是〕名，三岡四鎮護全城。』

桑林　在陽城。湯有七年之旱[一四]，禱雨於此，至今多桑。

天繪亭　在平樂府治。一日，郡守欲易名，忽從土中得片石，云：『予擇勝得此亭，名曰天繪。後某年月日，當有俗子易名清暉者。』遂已。

洛陽橋　在泉州府城東北，跨洛陽江，一名萬安橋。郡守蔡襄建，長三百六十丈，廣丈有五尺。先是海渡歲溺死者無算，襄欲壘石爲梁，慮潮漫，不可以人力勝。乃遺檄海神，遣一吏往。吏酣飲，睡於海厓，半日潮落而醒，則文書已易封矣。歸呈襄，啓之，惟一『醋』字。襄悟曰：『神其令我廿一日酉時興工乎？』至期，潮果退舍。凡八日夕而功成，費金錢一千四百萬。

社倉　在崇安。宋乾道中，縣大饑，朱文公請於郡，得粟六百石賑給之，秋成，民償粟於官，因乞留里中立社倉，夏貸冬收，以爲常規。文公自作記。後請頒其法於天下。

五羊城　即廣州府城。初有五仙人騎五色羊至此，故名。

梅花村　羅浮飛雲峰側。趙師雄一日薄暮於林間見美人淡粧素服，行且近。師雄與語，芳香襲人，因扣酒家共飲。少頃，一緑衣童來，且歌且舞。師雄醉而卧。久之，東方已白，視大梅樹下，翠羽啾啾，參横月落，但惆悵而已。

滕王閣　南昌府城章江門上。唐高宗子元嬰封滕王時建。都督閻伯嶼重〔修〕，九〔日〕宴賓僚於閣〔一五〕，欲誇其壻吴子章才，令宿構序。時王勃省父經此，與宴。閻請衆賓序，至勃，不辭。閻恚甚，密令吏得句即報，至『落霞』『秋水』句，嘆曰：『此天才也！』其壻慚而退。

岳陽樓　岳州西門，滕（王）〔子〕京建樓〔一六〕，范希文記，蘇子美書，邵竦篆，稱四絶。

巴丘山　岳州府城南。羿屠巴蛇於洞庭，積骨爲丘，故名。

【校】

〔一〕『追求洋川』，朱謀㙔《水經注箋》謂宋本作『追求洋川米』。

〔二〕『李左車』，原書誤作『李左軍』，據《史記·淮陰侯列傳》、《漢書·韓信傳》改。

〔三〕按本條『清野』原書作『青野』，據文意改。

〔四〕『邗溝』，原書誤作『刊溝』，據《通鑑地理通釋》卷十一改。

〔五〕『黄庭堅』，原書誤作『黄廷堅』，據《建炎以來繫年要録》改。

〔六〕『西越』，甲本作『兩越』，據改。

〔七〕本條『無支祁』皆誤倒作『支無祁』，據《太平寰宇記》卷十六引《古嶽瀆經》、《太平廣記》卷四百六十七引《戎幕閑談》改。

〔八〕『葬三日』，原書誤作『葬三月』，據《越絶書》卷二改。

〔九〕『樵風涇』，『涇』原書誤作『徑』，據《輿地紀勝》卷十改。

〔一〇〕『在紹興府治東南』，原書無『東』字，據《大明一統志》卷四十五、《廣輿記》卷十一補。

〔一一〕『無論魏晋』，甲本作『無論晋魏』。

〔一二〕『支庶』，乙本誤作『支度』，據甲本改。

〔一三〕『晋靈公』，原書作『晋獻公』，蓋沿《廣輿記》卷四引《太平》按《説苑》之誤，查《太平御覽》卷四百五十六引《説苑》皆作『晋靈公』，今據改。又『加卵』，原書作『如卵』，按《説苑》荀息諫曰：『臣能累十二博碁加九雞子其上。』則作『加卵』是，《廣輿記》卷四引正作『加卵』。

〔一四〕『七年之旱』，按據《吕氏春秋·仲秋紀》：『天大旱，五年不收。』曹植《湯禱桑林贊》：『惟殷之世，炎旱七年。』未知孰是。

〔一五〕『重修九日』，乙本作『重九』，據甲本補。

〔一六〕『滕子京』，原書『子』誤作『王』，據范仲淹《岳陽樓記》改。

山川

九山　會稽山、衡山、華山、沂山、岱山、岳山、毉無閭山、霍山、恒山。

九澤〔一〕　大陸澤、雷夏澤、〔大野澤〕、彭蠡澤、雲夢澤、震澤、（荷）〔菏〕澤、孟潴澤、濚澤。

五嶽　東嶽泰山，山東濟南府泰安州。南嶽衡山，湖廣衡州府衡山縣。中嶽嵩山，河南河南府登封縣。西嶽華山，陝西西安府華陰縣。北嶽恒山，山西大同府渾源縣。

九河　曰徒駭、曰太史、曰馬頰、曰覆釜、曰胡蘇、曰簡、曰潔、曰鈎盤、曰鬲津。

五鎮　東鎮沂山東安公，在沂州。南鎮會稽山永興公，在紹興。中鎮霍山應聖公，在晋州。西鎮吴山成德公，在隴州。北鎮毉無閭山廣寧公，在營州。

五湖　一洞庭，二青草，三鄱陽，四丹陽，五太湖。一曰五湖者，太湖之別名也，一名震澤，一名笠澤。

四瀆　瀆者，江、淮、河、（漢）〔濟〕是也〔二〕。禹平水土，名曰四瀆。《禮記》：『天子祭天下名山、大川。五嶽視三公，四瀆視諸侯。』

四海 天地四方，皆海水相通，九戎、八蠻、九夷、八狄，形類不同，總而言之，謂之四海。渤澥者，又東海之別支也。

三島 東海之盡謂之滄海，其中有蓬萊、方丈、瀛洲三神山，金銀爲宮闕，神仙所居。

五山 渤海之東有大壑，名歸墟，其中有岱輿、員嶠、方壺、瀛洲、蓬萊五山。三江者，松江、婁江、東江也。其分流處，曰三江口。

三泖 在松江府。俗傳近山涇者爲上泖，近泖橋者爲中泖，自泖橋而上縈繞百餘里曰長泖，是謂三泖。

崑崙山 在西番。山極高峻，積雪至夏不消，延亘五百餘里，黄河經其南。

黄河 在西番。其水從地涌出，百餘泓，東北匯爲大澤。又東流爲赤賓河，合忽蘭諸河，始名黄河。從東北至陝西、蘭州，始入中國。元招討使都實始窮河源。

華山 韓昌黎夏日登華山之嶺，顧見其險絶，恐慄，度不可下，據崖大哭，擲遺書爲訣。華陰令搭木架數層，紿其醉，以氈裹縋下之。

匡廬山 在南康府。周時匡裕兄弟七人結廬隱此，故名。志中言有二勝，開元漱玉亭、栖賢三峽橋。内有白鹿洞，爲朱晦菴讀書處。今另設學校，以教習諸生。

武夷山 在崇安。高峰三十有六，道書第十六洞天，(當)〔常〕有神人降此[三]，自稱武夷君。又《列仙傳》：籛鏗二子，長曰武，次曰夷，故名。

龍虎山　在貴溪。兩石峙，如龍昂虎踞，即上清宫也。世爲張道陵所居，上有壁魯洞，即天師得异書處。

壦務音權旄**山**　在柏人城之東北。《尚書》言舜納於大麓，迅雷風烈，弗迷。即此。

華不注不音夫，與跗同　言此山孤秀，如花跗之注於水也。《九域志》云：大明湖望華不注山，如在水中。

白嶽山　在休寧縣。一名齊雲巖，上有石鐘樓、石鼓樓、香爐峯、燭臺峯，皆奇景。上供玄帝像，云是百鳥啣泥所塑，靈應异常，人稱小武當。時時有王靈官響山鞭，聲如霹靂。

鎮江三山　一曰北固，一曰金山，一曰焦山。焦山者，漢末隱士焦光隱此，故名。上有《瘞鶴銘》，陶隱居所書，雷火斷之，今墮江岸。

八公山　在壽州。淮南王安與賓客八公修煉於此。謝玄陳兵淝水，苻堅望見八公山草木，風聲鶴唳，皆爲晋兵。

天童山　在鄞縣。晋僧義興卓錫於此，有童子給役薪水，久之辭去，曰：『吾太白神也，上帝命侍左右。』言訖不見。遂名太白山，又名天童山。

招寶山　在定海。天氣晴朗，朝鮮、日本諸國，一望可見。山中有棋子坪，以白飯撒之得白子，以黑豆撒之得黑子。

翁洲山　在定海。徐偃王所居。句踐欲封夫差於甬東，即此地也。唐開元中置翁洲縣〔四〕。

雞鳴山 在應天府東，舊名雞籠山。雷次宗開館於此，齊高宗常就次宗受《左氏春秋》。

牛首山 在祖堂之北，上有二峯相對，如牛角，故名。晋王導曰：『此天闕也。』又名天闕山。

攝山 在應天府治東北。産攝生草。上有千佛巖、栖霞寺，即明僧紹捨宅。

茅山 在句容，初名句曲山。茅君得道於此，更今名。上有三峯，三茅君各占其一，謂之三茅峯。三峯之北，曰玉晨觀，即所謂金陵地肺也。

莫愁湖 三山門外，昔有妓盧莫愁家此，故名。

天台山 上應台星，高一萬八千丈，周八百里，從曇花亭麓視石梁瀑布，如在天半。上有瓊臺玉闕諸景，舊名金庭洞天。

天姥山 在浙之新昌縣。李太白夢游天姥，即此。近産茶，名天姥茶。

文公山 在尤溪。朱晦菴父松，爲尤溪尉，任滿，假館於鄭氏。建炎庚戌九月，朱子生，所對二山，草木繁密，野燒焚之，山形露出『文公』二字。

雲谷山 在建陽。羣峯上蟠，中阜下踞，雖當晴晝，白雲坌入，則咫尺不可辨。朱文公作草堂其中，榜曰『晦菴』。

鐘山 在分宜。晋時，雨後有大鐘從山峽流出，驗其銘，乃秦時所造，故名鐘山。後有漁人，山下得一鐸，摇之，聲如霹靂，山嶽動摇。漁人懼，沉之水。或曰：此秦始皇驅山鐸也。

寒石山　唐寒山、拾得二僧居此。豐干和尚謂閭丘太守曰：『寒山、拾得，是文殊、普賢後身。』太守往跡之，二人笑曰：『豐干饒舌。』遂隱入石中，不復出。

石鏡山　在臨安。有圓石如鏡，錢鏐少時照之，冠冕儼然王者。唐昭宗封爲衣錦山。鏐常於此宴故老，木石皆披錦繡。

宛委山　在會稽禹穴之前。上有石匱，大禹發之，得赤珪如日，碧珪如月，長一尺二寸。又傳禹治水畢，藏金簡玉字之書於此。

寶山　一名攢宫。在會稽縣東南。宋高、孝、光、寧、理、度六陵在焉。元妖僧楊璉真伽發諸陵，唐珏潛收陵骨，瘞於蘭亭山之冬青樹下，陵骨得以無恙，獨理宗頭大如斗，不敢更换，元人取作溺器。我太祖得之沙漠，復歸本陵，有石碑記其事。

越城中八山　卧龍、蕺山、火珠、白馬、蛾眉、鮑郎、彭山、怪山。更有黄琢山，在華嚴寺後，人不及知。蛾眉山，在軒亭北首民居之内，今指土穀寺神桌下小石爲蛾眉山者，非是。怪山在府治東南，《水經注》云：是山自瑯琊東武海中，一夕飛來，居民怪之，故曰怪山。上有靈鰻井，鰻大如柱，能致風雨。越王築臺其上，以觀雲氣。

尾閭　台州寧海縣東，海中水湍急，陷爲大渦者十餘處，百凡浮物，近之則溺。

瓠子河　漢武帝元光三年，河決頓丘，復決濮陽瓠子，汎郡十六，發卒數萬人塞瓠子河。

天子自臨決河，沉白馬玉璧於河，築〔室〕〔宫〕其上，名〔防宣〕〔宣防〕宫〔五〕。

錢塘潮　朝夕兩至，初三日起水，二十日落水。每月十八潮大，八月十八潮尤大。有候潮歌曰：『午未未未申，寅卯卯辰辰，巳巳巳午午，朔望一般輪。』

磻谿　在鳳翔府寶鷄縣。吕望釣此，得一魚，腹有璜玉，文曰：『周受命，吕氏佐。』今石上隱隱見兩膝痕。

灩澦堆　在瞿唐峽口。有孤石，冬出水二十餘丈，夏即没入。土人云：『灩澦大如象，瞿唐不可上；灩澦大如馬，瞿唐不可下。』以爲水候。庾子輿奉父櫬還巴東，至瞿唐，水壯。子〔庾〕〔輿〕哀號，峽水驟退，舟得安行。人爲之語曰：『灩澦如幞本不通，瞿唐水退爲庾公。』瞿唐峽與歸峽、巫山峽，世稱三峽〔六〕，連亘七百里，重巖叠障，隱蔽天日，非亭午夜分，不見日月。《水經》云杜宇所鑿。

爛柯山　衢州府城南。一名石室。道書謂青霞第八洞天。晋樵者王質入山，見二童子弈，質置斧而觀。童子與質一物，如棗核，食之不飢。局終，示質曰：『汝斧柯爛矣。』質歸家，已百歲矣。

江郎山　在江山。世傳江氏兄弟三人登其巔，化爲石，故名。山頂有池，産碧蓮、金鯽。

金華山　府城北。金星與婺女星争華，故名。又名長山，周三百六十餘里，其最勝者曰金華洞，道書第三十六洞天。

四明山　在餘姚縣。高（三）〔二〕萬八千丈〔七〕，周二百一十里，由鄞小溪入，則稱東四明；由餘姚白水入，則稱西四明；由奉化雪竇入，則直謂之四明。道經第九洞天也。峰凡二百八十有二，中有峰曰芙蓉，有漢隸刻石上，曰『四明山心』。其右有石窗。

天水池　在重慶江津縣。邑人春月游此，競於池中摸石祈嗣，得石者生男，得瓦者生女，頗驗。

大瀼水　在奉節縣。杜甫詩『瀼東瀼西一萬家』，即此。郡人龍澄，嘗於瀼中見一石合，探取之，獲玉印五，文字非世間篆籀。忽有神人詑曰：『玉印乃上帝所寶，昔授禹治水，水治，復藏名山大川。今守護不謹耳！可亟投元處。』澄如其言。後登上第。

牛心山　龍安府城之東。梁李龍遷葬此。武后時鑿斷山脉。玄宗幸蜀，有老人蘇垣奏：『龍州牛山，國之祖墓，今日蒙塵，乃則天掘鑿所致也。』玄宗命刺史修築如舊。未幾，誅禄山。

峨眉山　眉州城南，來自岷山，連岡叠（障）〔嶂〕〔八〕，延袤三百餘里，至此突起三峰，其二峰對峙，宛若峨眉。

磨鍼溪　彭山象耳山下，相傳李白讀書山中，學未成，棄去。過是溪，逢老媪方磨鐵杵，白問故，媪曰：『欲作鍼耳。』白感其言，還卒業。

長白山　在開原東北千餘里。横亘千里，其巔有潭，周八十里，深不可測，南流爲鴨淥江，北流爲混同江。

太行山 懷慶府城北。王烈入山，忽聞山北雷聲，往視之，裂開數百丈，石間一孔徑尺，中有青泥流出，烈取摶即堅凝，氣味如香粳飯。

神農澗 在温縣。神農采藥至此，以杖畫地，遂成澗。

卧龍岡 南陽府城西南。即諸葛亮躬耕處，有三顧橋。

丹水 在内鄉縣。《抱朴子》云：水有丹魚，先夏至十日，夜伺之，魚皆浮水，赤光如火，取其血塗足，可步行水上。

天中山 汝寧府城北。在天地之中，故名。自古考日影測分數，莫正於此。

金龍池 在平陽府城西南。晋永嘉中，有韓媪偶拾一巨卵，歸育之，得嬰兒，字曰『橛』。方四歲，劉淵築平陽城不就，募能城者。橛因變爲蛇，令媪舉灰誌後，曰：『憑灰築城可立就。』果然。淵怪之，遂投入山穴間，露尾數寸，忽有泉涌出，成此池。

五臺山 在五臺縣。五峯高出雲漢，文殊師利所居，曰『清凉山』，即此。

尼山 曲阜接泗水鄒縣界。顔氏禱此而孔子生。記云：『顔氏升之谷，草木之葉皆上起；降之谷，草木之葉皆下垂。』

雷澤 在曹州。澤中有雷神，龍身而人頰，鼓其腹則鳴。《史記》：『舜漁於雷澤。』即此。

鳴犢河 在高唐。孔子將西見趙簡子，聞殺竇鳴犢，臨河而歎，因名。

濮水 濮州上有莊周釣臺。昔師延爲紂作靡靡之樂。武王伐紂，師延自投濮水而死。後衛靈公夜止濮上，聞鼓琴聲，召師涓聽之。師（涓）〔曠〕曰〔九〕：『此亡國之音也。』

牛山　臨淄。齊景公登牛山，流涕曰：『美哉國乎！若何去此而死也？』艾孔、梁丘據皆從而泣，晏子獨笑。公問故，對曰：『使賢者不死，則太公、桓公常守之矣。勇者不死，則莊公、靈公常守之矣，吾君安得此位乎？至於君獨欲常守，是不仁也。二子從而泣，是諂諛也。見此二者，臣所以竊笑。』公舉觴自罰，罰二臣者。

愚公谷　臨淄愚公山之北。齊桓公逐鹿至此，問一老父：『何以名愚公谷？』對曰：『臣畜牸牛生犢，賣犢而買駒。少年謂牛不能生馬，遂持駒去。鄰人以臣爲愚，故名。』

九華山　青陽，舊名九子山。李白謂『九峰似蓮華』，乃更今名。劉夢得嘗愛終南、太華，以爲此外無奇；愛女几、荆山，以爲此外無秀。及見九華，深悔前言之失也。

禹祁山　姑蘇城西，相傳禹導吴江以泄具區，會諸侯於此。

洞庭山　姑蘇城西太湖中，一名包山，道書第九洞天。蘇子美記：『有峰七十二，惟洞庭稱雄。』

孔望山　海州。孔子問官於郯子，嘗登此望海。

夾谷山　在贛榆。即孔子會齊侯處。

碩項湖　在安東。秦時童謡云：『城門有血，當陷没。』有老姆憂懼，每旦往視。門者知其故，以血塗門，姆見之，即走。須臾，大水至，城果陷。高齊時，湖嘗涸，城址尚存。

龍穴山　六安。上有張龍公祠，記云：張路斯，潁上人，仕唐爲宣城令，生九子，嘗語其妻曰：『吾龍也。蓼人鄭祥遠亦龍也，據吾池。屢與之戰，不勝，明日取決，令吾子射，繫鬣以青綃者鄭也，絳綃者〔吾〕也〔一〇〕。』子遂射中青綃者，鄭怒，投合肥西山死。即今龍穴。

巢湖　合肥。世傳江水暴漲，溝有巨魚萬斤〔一一〕，三日而死，合郡食之。獨一姥不食。忽遇老叟，曰：『此吾子也。汝不食其肉，吾可亡報耶？東門石龜目赤，城當陷。』姥日往窺之。有稚子戲以朱傅龜目。姥見，急登山，而城陷，周四百餘里。

滇池　雲南府城南。一名昆明池，周五百餘里，産千葉蓮。《史記》：『滇水源廣末狹，有水倒流，故曰滇。』

金馬山　雲南府城東，世傳金馬隱現於上。往西則碧雞山，峯巒秀拔，爲諸山長。俯瞰滇池，一碧萬頃。漢宣帝時，方士言益州有金馬碧雞，可祭禱而致，乃遣王褒入蜀。

大庾嶺　南雄府城北。一名梅嶺。張九齡開鑿成路，行者便之。上有雲封寺、白猿洞。盧多遜南遷，嶺上憩一酒家，問其姓，嫗曰：『我中州仕族，有子爲宰相盧多遜挾私竄以死。我且寓此嶺，候其來。』多遜倉皇避去。

羅浮山　在博羅。高三千六百丈，周三百餘里，嶺十五，峯四百三十二，洞八，大小石樓三，登之可望海。又有璇房瑶宫七十二所。《南越志》：羅浮第三十一嶺半是巨竹，皆七八圍，節長丈二，葉似芭蕉，謂之龍葱竹。

鱷溪 在潮州府城東。一名惡溪。溪有鱷魚，身黄色，四足，修尾，狀如鼉，舉止趫疾，口森鋸齒，往往爲人害。鹿行崖上，群鱷鳴吼，鹿怖墮崖，鱷即鼉食。

石鐘山 在湖口。下臨深潭，微風鼓浪，水石相搏，響若洪鐘。蘇軾嘗泛舟醉此。

麻姑山 在建昌府城西。上有瀑布、龍巖、丹霞洞、碧蓮池，皆奇境也。周四百餘里，中多平地可耕。道書三十六洞天之一。麻姑修煉於此。

曲江池 西安府城東南。漢武帝鑿，每賜宴臣僚於此，池備綵舟，惟宰相學士登焉。宋子京嘗夜飲曲江，偶寒，命取半臂，十餘寵各送一枚，子京恐有去取，不敢服，冒寒而歸。

岐山 一名天柱山。《禹貢》：導汧及岐。太王邑於岐山之下，文王時鳳鳴岐山，皆此。

君子津 大同。古東勝州界上。漢桓帝時，有大賈賫金至，死此，津長埋之。賈子尋父喪至，悉還其金。帝聞之曰：『君子也。』遂以名津。

柳毅井 在君山。唐柳毅下第歸，至涇陽，道遇牧羊婦泣曰：『妾洞庭君小女，嫁涇川次郎，爲婢所譖，見黜至此，敢寄尺牘。洞庭之陰有大橘樹，擊樹三，當有應者。』毅如其言。忽見一叟引至靈虛殿，取書以進。洞庭君泣曰：『老夫之罪。』頃之，有赤龍擁一紅妝至，即寄書女也。宴毅碧雲宫，洞庭君弟錢唐君曰：『涇陽嫠婦欲托高義爲姻。』毅不敢當，辭去。後再娶盧氏，即龍女也。

【校】

〔一〕『大野澤』原脱，『菏澤』原書誤作『荷澤』，據《通鑑綱目》卷二十一改補。

〔二〕『濟』，原書作『漢』，《圖書編》卷五十八同，據《爾雅·釋水》改。

〔三〕『常有』，乙本作『當有』，據甲本改。

〔四〕『翁洲』，按《新唐書·地理志》作『翁山』，《寶慶四明志》卷二十謂『翁山一名翁洲』。

〔五〕『築宮』、『宣防宮』，原書誤作『築室』、『防宣宮』，據《資治通鑑》卷二十一、《諸史提要·前漢》改。按『宣防宮』，《史記·河渠志》、《水經注·瓠子河》等皆作『宣房宮』。

〔六〕按『三峽』説法甚多，此不具引，然周聖楷《楚寶》卷三十九以瞿唐峽、巫峽（巫山峽）、歸峽三峽之説爲誤，謂據《水經注》當作廣谿峽（與瞿唐相連，或即瞿唐峽）、巫峽、西陵峽。

〔七〕『高一萬八千丈』，原書『一』作『三』，據《廣輿記》卷十一、《古今振雅雲箋》卷七、《捷用雲箋》卷三改。

〔八〕『連岡叠嶂』，『嶂』乙本作『障』，據甲本改。

〔九〕『師曠曰』，原書誤作『師涓曰』，據《史記·樂書》注、《呂氏春秋·孟春紀》注改。

〔一〇〕『絳絹者吾也』，『吾』字乙本脱，據甲本補。

〔一一〕『溝有巨魚』，《大明一統志》卷十四、《廣輿記》卷三引《青瑣高議》同，《搜神記》卷二十作『港有巨魚』。

泉石

八功德水　一清、二冷、三香、四柔、五甘、六净、七不（噎）〔饐〕〔一〕、八除病。北京西山、南京靈谷，皆取此義。

斟溪 在連州。一日十溢十竭。

潮泉 在安寧州。一日三溢三竭。

漏勺 在貴陽城外。一日百盈百涸，應銅壺漏刻。

中泠泉 在揚子江心。李德裕爲相，有奉使者至金陵，命置中泠水一壺。其人忘却。至石頭城，乃汲以獻李。飲之，曰：『此頗似石頭城下水。』其人謝過，不敢隱。

惠山泉 在無錫縣錫山。舊名九龍山，有泉出石穴。陸羽品之，謂天下第二泉。

趵突泉 在濟南。平地上水趵起數尺，看水者以水之高下，卜其休咎。

范公泉 在青州府。范仲淹知青州，有惠政，溪側忽湧醴泉，遂以范公名之。今醫家汲水丸藥，號青州白丸子。

妒女泉 在并州。婦女不得靚妝彩服，至其地必致風雨。

阿井水 在東阿縣。以黑驢皮，取其水煎成膏，即名『阿膠』。

虎跑泉 在錢塘。唐元和十四年，性空大師栖禪其中，以無水欲去。有二虎跑山出泉甘冽，乃建虎跑寺。觀泉者，僧爲舉梵唄，泉即觱沸而出。

六一泉 在孤山之南。宋元祐六年，東坡與（會）〔惠〕勤上人同哭歐陽公處也[二]。勤上人講堂初構，闢地得泉，東坡爲作泉銘。以兩人皆列歐公門下，此泉方出，適哭公訃，名以『六一』，猶見公也。　參寥泉在智果寺。　東坡泉在昌〔化〕縣。　醉翁亭側，亦有六一泉。

夜合石　新昌東北洞山寺水口，有二石，高丈餘，土人言：二石夜間常合爲一。

熱石　臨武有熱石，狀如常石，而氣如熾炭，置物其上立焦。

松化石　松樹至五百年，一夜風雷化爲石質，其樹皮松節，毫忽不爽。　唐道士馬自然指延真觀松，當化爲石。　一夕果化。

望夫石　武昌山有（人）〔石〕[三]，狀如人。俗傳貞婦之夫從役遠征，婦携子送至此，立望其夫而死，屍化爲石。

醒酒石　唐李文饒於平泉莊，聚天下珍木怪石，有醒酒石，尤所鍾愛。　其屬子孫曰：『以平泉莊一木一石與人者，非吾子孫也。』後其孫延古守祖訓，與張全義争此石，卒爲所殺。

赤心石　武后時争獻祥瑞。　洛濱居民，有得石而剖之中赤者，獻於后，曰：『是石有赤心。』李昭德曰：『此石有赤心，其餘豈皆謀反也！』

十九泉　在嚴灘釣臺下。　陸羽品天下泉味，謂此泉當居第十九。

一指石　在桐廬縣。　綴巖谷間，以指抵之則動，故名。

魚石　涪州江心有石，上刻雙魚，每魚三十六鱗，旁有石秤石斗，現則歲豐。

龍井　在湯陰。　相傳孫登嘗寓此。　歲旱，農夫禱於龍洞，得雨。　登曰：『此病龍雨也，安能蘇禾稼乎？』嗅之果腥穢。　龍時背生疽，變一老翁，求登治，曰：『痊當有報。』不數日，大雨，見石中裂開一井，其水湛然，即龍穿此以報也。

温泉 在汝州城西者，武后嘗幸此。其側又有冷泉。 順天府湯山下有泉，四時常温，浴之愈疾。 遵化亦有湯泉。 阜平有二泉，一温一冷。 雲南安寧温泉，色如碧玉，可鑒毛髮。 驪山西繡嶺下有温泉。

玉泉 在玉泉山下。泉出石罅間，因鑿石爲螭頭，泉從螭口出，鳴若雜珮，色若素練，味極甘美，瀦而爲池，廣可三丈，流於西湖，遂爲燕山八景之一。

神農井 在長子羊頭山，即神農得佳穀處。

杜康泉 舜祠東廡下，康汲此以釀酒。 或以中泠水及惠山泉稱之，一升重二十四銖，是泉較輕一銖。

金雞石 建德草堂寺之北，羅隱常過此，戲題曰：『金雞不向五更啼。』石遂迸裂，有雞飛鳴而去。

玉乳泉 丹陽劉伯芻論此水爲天下第四泉。

緑珠井 在博白雙角山下，梁氏女緑珠生此。 汲飲者産女必麗色。 容縣有楊妃井，因妃生此而名。 鬱林有司命井，甘淡半之，可給闔境。

龍焙泉 建寧鳳凰山下，一名御泉。 宋時取此水造茶入貢。

仁義石 建陽二石對立，左曰仁，右曰義。

一滴泉 在廣信南巖。泉自石竇中出，四時不竭。宋朱熹詩有：『一竅有靈通地脉，（平）〔半〕空無雨滴天漿[四]。』

谷簾泉 南康府城西。泉水如簾，布巖而下者三十餘派。陸羽品其味爲天下第一。

玉女洞 盩厔，洞有飛泉，甘且洌。蘇軾過此，汲兩瓶去。恐後復取爲從者所紿，乃破竹作券，使寺僧藏之，以爲往來之信，戲曰『調水符』。

畫山石 寧州石上有文，燦然若戰馬狀，無異畫圖。故名。

山雞石 寶雞陳倉山下有石，似山雞狀，晨鳴山巔，聲聞三十里。

石泉 井陘有石泉，隋妙陽公主久疾，浴此遂愈。

瀑布泉 廬州開先寺。李白詩：『挂流三百丈，噴壑數十里。』

醴泉 在新喻。黄庭堅嘗飲此，嘆曰：『惜陸鴻漸輩不及知也。』題曰『醴泉』。

卓錫泉 在大庾嶺。唐僧盧能被衆僧奪衣鉢，追至大庾嶺，渴甚。能以錫卓石，泉湧清甘，衆駭而退。

愈瘖泉 鶴慶府城東南，有温泉。每三月，郡人有瘖疾者浴此即愈。

【校】

〔一〕『不饐』，原書作『不噎』，爲常見俗寫，據梅摯《八功德水記》改。

〔二〕『惠勤』，原書作『會勤』，據《輿地紀勝》卷二改。
〔三〕『武昌山有石』，『石』原書誤作『人』，據文意改。
〔四〕『半空無雨滴天漿』，『半空』原書誤作『平空』，據《大明一統志》卷五十一、《天下名山諸勝一覽記》卷五所引改。

景致

泰山四觀　日觀，鷄一鳴，見日始欲出，長三丈所。秦觀，望見長安。吴觀，望見會稽。周觀，望見齊西北。

燕山八景　薊門飛雨，瑶島春陰，太液秋風，盧溝曉月，居庸叠翠，玉泉垂虹，道陵夕照，西山晴雪。

關中八景　輞川烟雨，渭城朝雲，驪城晚照，灞橋風雪，杜曲春游，咸陽晚渡，藍水飛瓊，終南叠翠。

桃源八景　桃川仙隱，白馬(雲)〔雪〕濤〔一〕，緑蘿晴晝，梅溪烟雨，潯陽古寺，楚山春曉，沅江夜月，童坊曉渡。

姑孰十咏　姑孰溪、丹陽湖、謝公宅、凌歊臺、桓公井、慈母竹、望夫石、牛渚磯、靈墟山、天門山。

瀟湘八景　煙寺晚鐘、滄江夜雨、平沙落雁、遠浦歸帆、洞庭秋月、漁村夕照、山市晴嵐、江天暮雪。

越州十景　秦望觀海、爐峯看雪、蘭亭修禊、禹穴探奇、土城習舞、鏡湖泛月、怪山瞻雲、吼山雲石、雲門竹筏、湯閘秋濤。

西湖十景　兩峰插雲、三潭印月、斷橋殘雪、南屏晚鐘、蘇堤春曉、麯院荷風〔二〕、柳浪聞鶯、雷峯夕照、平湖秋月、花港觀魚。

雁蕩山　頂有一湖，春雁歸時，嘗宿於此。內有七十七峯，在温州樂清縣。謝康樂剔隱搜奇，足跡所不能到。至宋祥符，造玉清宫，伐木至此，乃始知名。

大龍湫　雁蕩山西，有谷曰大龍湫，瀑布自絶壁瀉下，高五千丈，隨風旋轉，變態百出。更有峰曰小龍湫，從巖洞中飛流而下，高三千丈。

玉甑峯　在樂清。峰巒奇峭，巖洞稜層，瑩白如玉，世稱白玉洞天。

嵊浦　在嵊縣剡溪，近畫圖山。會稽三賦『嵊縣溪山入畫圖』，即此。

海市　登州海中，有雲氣如樓臺殿閣、城郭人民、車馬往來之狀，謂之海市。蘇軾知登州，被召將去，以不見海市爲恨，禱於海神，次日遂見。

甌江　在温州府城北。東至盤石村，會於海洋，是曰甌江。常有蜃氣結爲樓臺城櫓，忽爲旗幟甲馬錦幔。

山市〔三〕　在淄州焕山。相傳嘉靖二十三年，縣令張其輝過之，天將明，忽見山上城堞翼然，樓閣巍煥，俄有人物往來，與海市無異。

神燈　餘姚龍泉山，當春夏烟雨晦冥，見神燈一二盞，忽然化爲幾千萬盞，燃山熠谷，數時方滅。

火井　在阿(速)〔迷〕州〔四〕。煙來火出。投以竹木則焚。邛有火井，以外火投之，生焰，光照數里。

山燈　四川蓬州，現凡五處。初不過三四點，漸至數十，在蓬山者尤異，土人呼爲聖燈。彭山北平山，亦夜見五色神燈。

商山　商州。即四皓隱處，一名商洛山。開元時，高太素避居山中，建六逍遥館，曰晴夏晚雲、中秋午月、冬日初出、春雪未融、暑簟清風、夜階急雨。

唤魚潭　青神中巖，即諾距羅尊者道場，上有唤魚潭，客至撫掌，魚輒羣出。

山莊　崇仁浮石巖，三巖鼎立，中貫一溪，可容舫。宋尚書何異闢爲山莊，表其勝蹟五十餘所，題曰『三山小隱』。理宗書『衮菴』二大字賜之，異揭於方壺室。洪邁有記。

八境臺　在贛州府城上。東望七閩，南眺五嶺。蘇軾賦詩八章。

輞川别業　藍田宋之問建，後爲王維莊。輞水通竹洲花塢，日與裴秀才迪浮舟賦詩，齋中惟茶鐺、酒臼、經案、繩牀而已。爲關中八景之一。

逍遥别業　驪山鸚鵡谷，韋嗣立建。中宗嘗幸此，封爲逍遥公。上賦詩勒石，令從臣應制。張説序云：『丘壑夔龍，衣冠巢許。』

湟川八景 䨼溪春漲，龍潭飛雨，楞伽曉月，静福寒林，巾峰遠眺，秀巖滴翠，圭峯墓靄，巖湖叠巘。

【校】

〔一〕『白馬雪濤』，『雪』原書作『雲』，據《輿地紀勝》卷六十八、《方輿勝覽》卷三十、《大明一統志》卷六十四、《掌中宇宙·俯察篇》改。

〔二〕『麯院荷風』，按此處當作『麯院風荷』，方與『斷橋殘雪』相對。

〔三〕本條出處不詳，按清王士禛《池北偶談》卷二十六載此爲嘉靖二十一年事，縣令名張其協。

〔四〕『阿迷州』，原書誤作『阿速州』，據《湧幢小品》卷十五改。

夜航船卷之三

劍南陶菴老人紬

人物部

帝王附后妃、太子、公主

天皇始稱皇，伏羲始稱帝，夏、商、周始稱王。神農，母安登感天而生，始稱天子。文王始稱世子。秦始皇始尊父莊襄王爲太上皇。周制稱王妃爲王后。秦稱皇帝，遂稱皇后。漢武帝始尊祖母竇爲太皇太后。魏稱諸王母爲太妃。晋（元）〔哀〕帝始稱生母爲皇太妃〔一〕。

當宁　《禮記》：天子當宁而立。諸公東面，諸侯西面，曰朝。宁，門屏間。

皇帝　古或稱皇，或稱帝。秦始皇自謂德過三王，功高五帝，乃更號曰皇帝。命曰制，令曰詔，自稱曰朕。古者稱朕，上下共之。咎繇與帝言稱朕，屈原曰『朕皇考』，至秦獨以爲尊。

山呼　漢武帝登嵩山，帝與左右吏卒咸聞呼萬歲者三。後人襲之，遂名『山呼』。

大寶　聖人之大寶曰位。何以守位？曰仁。

神器 天下者，神明之器也。《王命論》曰：神器有命，不可以智力求。

龍飛 新主登極曰龍飛，取《易經》『飛龍在天，利見大人』。蓋乾九五爲君位，故云。《華林集》：『位以龍飛，文以虎變。』

虎拜 羣臣覲君曰虎拜。《詩經》：『虎拜稽首，天子萬壽。』謂召穆公虎既拜，受王命之辭，而祝天子以萬壽也。

如絲如綸 《禮記》：『王言如絲，其出如綸。』注：綸，綬也。言王言始出之，小如絲；羣臣舉之，若綬之大。故皇帝之言謂之綸音。皇后之命又曰懿旨，懿，美也。

元首 《書經》：『元首明哉，股肱良哉。』言君乃臣之元首，臣乃君之股肱，君明則臣自良。

麟趾龍種 《詩經》：『麟之趾，振振公子。』唐詩：『元帥歸龍種。』俱譽宗藩也。

玉牒 帝胄之譜名玉牒。韓文：『明德鏤白玉之牒。』〔二〕又宗人府曰玉牒所。

邦貞國貳〔三〕 《禮記》：『一人元良，萬邦之貞。』太子之謂也。高允曰：『太子，國之儲貳。』

日重光 崔豹《古今注》：漢明帝爲太子時，樂人歌詩四章以贊美之，其一日重光，其二月重輪，其三星重輝，其四海重潤。

逍遥晚歲 《唐書》：高祖謂裴寂曰：『公爲宗臣，我爲太上皇，逍遥晚歲，不亦善乎？』

女中堯舜 高瓊贊宋宣仁太后曰：『篤生聖后，女中堯舜。』

儀賓　漢制：皇女皆封縣公主，諸王女皆封鄉、亭公主，承王女、宗女者封儀賓、封郡馬。

官家　李侍讀仲容侍真宗飲，命飲巨觥。仲容曰：『告官家免巨觥。』上問：『卿之稱朕何謂官家？』對曰：『五帝官天下，三王家天下，兼三五之德，故稱官家。』

縣官　《霍光傳》稱天子爲縣官。

華祝　堯觀於華，華封人曰：『嘻！請祝聖人多富、多壽、多男子』。

陛下　陛，階也。天子必有近臣，執兵器陳於陛側，以戒不虞。謂之陛下者，群臣與天子言，不敢指斥天子，故呼在陛下者而告之，因卑達尊之義也。上書亦如之。

秉籙握符　《東都賦》曰：『聖王握乾符，闡坤珍，披皇圖，稽帝文。』乾符，赤伏符籙也。坤珍，洛書也。皇圖，圖讖也。帝文，天文也。

行在　蔡邕《獨斷》謂天子以天下爲家，車輿所至之處，皆曰行在。謂行幸之所在也。

天潢　《曹固表》：『王孫公子，疏派天潢，宜親宗室，强幹弱枝。』

警蹕　唐太宗即位，數馳射，孫伏伽諫曰：『天子禁衛九重，出也警，入也蹕。』警，戒肅也。蹕，清道也。

璇宫椒房　帝少昊母星娥處於璇宫〔四〕，以椒塗壁，取其温和，以辟惡氣。一曰取椒實繁衍之義。

黄帝立四妃，夏增三三，爲九嬪；殷增三九，爲二十七世婦；周增九九，爲八十一御妻。魏明帝置淑妃，宋武帝置貴妃，隋煬帝置德妃，唐置賢妃。漢武帝置婕妤，漢元帝置昭儀，漢光武置貴人，晉武帝置才人。

前星　《晉書·天文志》：『心三星，天王正位也。中星曰明堂，天子位。前星爲太子，後星爲庶子。』

少海　《山海經》：『（元）〔無〕皋之（上）〔山〕[五]，南望幼海。』注：幼海，即少海也。天子比大海，太子比少海。

青宫　東明山有宫，青石爲墻，門有銀榜，以青石碧（縷）〔鏤〕[六]，題曰『天地長男之宫』。故太子名青宫，又曰東宫。

公主　天子嫁女，不親主婚，命同姓諸侯主之，故稱公主。若諸侯，則自主之，故稱翁主。娶公主者，曰尚。娶翁主者，曰承。周始稱公主，漢始稱姊妹長公主，武帝始稱姑太長公主，唐憲宗始稱王女縣主，睿宗始封女代國。秦以後始稱尚主，舅姑下於婦。王珪始制坐受婦禮。魏始拜尚主者駙馬都尉，本漢武帝置，掌御馬。

女官　周始制女史，佐内治。漢制女官十四等，數百人。唐設六局、二十四司，官九十人，女史五十餘人。

宗室　周公始置中士奠世系。唐玄宗始詔李衢、林寶譔玉牒百十卷。宋真宗始崇皇屬籍。周始建宗盟，選宗中之長爲正。唐宗室始期親加皇屬，外任不著姓。宋神宗始换授，始外官加姓，始詔宗室應舉。

五行迭王　太昊配木，以木德王天下，色尚青。炎帝配火，以火德王天下，色尚赤。黄帝配土，以土德王天下，色尚黄。少昊配金，以金德王天下，色尚白。顓頊配水，以水德王天下，色尚黑。

建元　古者只有紀年，未有年號。漢武帝建元元年，後王年號蓋始於此。帝王改元亦未曾有。秦惠文十四年更爲元年，是爲改元之始。

黄帝始制國號，加『有』字，漢加『大』字。漢文帝始制年號，用一字，武帝始用二字。

國祚〔七〕　五帝：伏羲一百一十五年。神農一百四十年，傳七世，共三百七十五年。黄帝一百年。少昊八十四年。顓頊七十八年。帝嚳七十年。帝摯九年。帝堯七十二年。帝舜六十一年。　三王：夏禹十七世，共四百五十八年。商湯二十八世，共六百四十四年。周三十七世，共八百七十三年。　秦三世，共三十九年。　西漢十一世，共二百三十一年。東漢十四世，共一百九十六年。蜀漢二世，共四十四年。　晋四世，共五十二年。東晋十一世，共一百五年。　前五代共一百六十九年。　唐二十世，共二百九十年。　後五代共五十六年。　北宋九世，共一百六十八年。　南宋九世，共一百五十五年。　元十世，共八十九年。

皇明國祚〔八〕　洪武三十一年，建文四年，永樂二十二年，洪熙一年，宣德十年，正統十四年，景泰八年，天順八年，成化二十(二)〔三〕年，弘治十八年，正德十六年，嘉靖四十五年，隆慶六年，萬曆四十八年，天啓七年，崇禎十七年，共二百八十二年。

歷朝御諱〔九〕：太祖元璋，惠宗允炆，成祖棣，仁宗高熾，宣宗瞻基，英宗祁鎮，景帝祁（鉦）〔鈺〕，憲宗見（濟）〔深〕，孝宗（佑）〔祐〕樘，武宗厚照，世宗厚（熜）〔熜〕，穆宗載（珖）〔垕〕，神宗翊鈞，光宗常洛，（悊）〔熹〕宗由校，思宗由檢。

前五代 南朝：宋劉裕八世，歷六十年。齊蕭道成七世，歷二十三年。梁蕭衍四世，歷五十七年。後梁蕭詧昭明太子之子三世，歷三十三年。隋楊堅四世，歷三十九年。北朝：元魏拓跋珪十二世，歷一百四十九年。西魏拓跋修四世，歷二十四年。東魏拓跋善見一世，歷十七年。北齊高洋魏丞相高歡之子五世，歷二十九年。後周宇文覺魏冢宰宇文泰之子五世，歷二十六年。

後五代〔一〇〕 梁朱温二世，歷十七年。後唐李存勖本姓朱邪氏，沙陀人，先世事唐，賜姓李。四世，歷十四年。後晋石敬（塘）〔瑭〕二世，歷十一年。後漢劉暠初名知遠三世，歷四年。北漢劉崇高祖之弟四世，歷三十年。後周郭威邢州人，傳內侄柴榮，三世，歷十年。

五胡亂華 漢劉淵，匈奴人也；後趙石勒，武鄉羯人也；後秦姚弋仲，赤亭羌人也；前秦苻洪，氐人也；後燕慕容垂，鮮卑人也。總曰『五胡亂華』。

蜀漢之繼東漢，非特名義而已，寔炎祚之正統也。按《異苑》記蜀有火井，漢室之盛則赫熾。桓、靈之際火勢漸微，孔明一窺而復盛。至景曜元年，人以燭投之而滅，其年蜀併於魏，是亦一徵也。

年號〔一〕 西漢 武帝建元 元光 元朔 元狩 元鼎 〔元封〕 太初 〔天漢 太始〕 征和 後元 昭帝始元 元鳳 元平 宣帝本始 地節 元康 神爵 五鳳 甘露 黃龍 元帝初元 永(先)〔光〕 建昭 竟寧 成帝建始 河平 陽朔 鴻嘉 永始 元延 綏和 哀帝 建平 元壽 平帝元始 孺子嬰居攝 初始 東漢 光武建武 中元 明帝永平 章帝建初 元和 章和 和帝永元 元興 殤帝延平 安帝永初 元初 永寧 建(元)〔光〕 延光 順帝永建 陽嘉 永和 漢安 建康 冲帝永(嘉)〔憙〕 質帝本初 桓帝建和 和平 元嘉 永興 永壽 延熹 永康 靈帝建寧 (喜)〔熹〕平 光和 中平 獻帝初平 興平 建安 後漢 昭烈帝章武 後帝建興 延熙 景曜 炎興

西晉 武帝泰始 咸寧 (泰)〔太〕康 惠帝永熙 元康 永康 永寧 太安 永興 光熙 懷帝永嘉 愍帝建興 東晉 元帝建武 大興 永昌 明帝太寧 成帝咸和 咸康 康帝建元 穆帝永和 升平 哀帝隆和 興(康)〔寧〕 帝奕太和 簡文帝咸安 孝武帝寧康 太元 安帝隆安 元興 義熙 恭帝元熙

南北朝 宋武帝永初 少帝景平 文帝元嘉 孝武帝孝建 大明 廢帝景和 明帝泰始 泰豫 蒼梧王元徽 順帝昇明 齊高帝建元 武帝永明 明帝建武 東昏侯〔永元〕 〔和帝〕中興 梁武帝天監 普通 大通 中大通 大同 中大同 太清 簡文帝大寶 元帝承聖 敬帝紹泰 太平 陳武帝永定 文帝天嘉 天康 臨海王光大 宣帝太建 後主至德 禎明 隋文帝開皇 仁壽

煬帝大業　恭帝義寧

唐　高祖武德　太宗貞觀　高宗永徽　顯慶　龍〔翔〕〔朔〕　麟德　乾封　總章　咸亨　上元　儀鳳　調露　永隆　開曜　永淳　弘道　中宗嗣聖　神龍　景〔隆〕〔龍〕　睿宗景雲　太極　玄宗開元　天寶　肅宗至德　乾元　上元　寶應　代宗廣德　永泰　大曆　德宗建中　興元〔貞元〕　順宗永貞　憲宗元和　穆宗長慶　敬宗寶曆　文宗太和　開成　武宗會昌　宣宗太中　懿宗咸通　僖宗乾符　廣明　中和　光啓　文德　昭宗龍紀　大順　景福　乾寧　光化　天復　天祐　昭宣帝天祐

後五代　梁太祖開平　乾化　均王貞明　龍德　唐莊宗同光　明宗天〔戍〕〔成〕　長興　閔帝應順　潞王清泰　晋高祖天福　齊王開運　漢高祖乾祐　隱帝乾祐　周太祖廣順　世宗顯德　恭帝顯德

宋　太祖〔建隆〕　乾德　開寶　太宗太平興國　雍熙　端拱　淳化　至道　真宗咸平　景德　大中祥符　天禧　乾興　仁宗天聖　明道　景祐　寶元　康定　慶曆〔皇祐　至和　嘉祐〕　英宗治平　神宗熙寧〔元豐〕　哲宗元祐　紹聖　元符　徽宗　建中靖國　崇寧　大觀　政和　重和　宣和　欽宗靖康　南宋　高宗建炎　紹興　孝宗隆興　乾道　淳熙　光宗紹熙　寧宗慶元　嘉泰　開熙　嘉定　理宗寶慶　紹定　端平　嘉熙　淳祐〔寶祐〕　開慶　景定　度宗咸淳　恭宗德祐　端宗景炎　帝昺祥興

元　世祖至元　成宗元貞　大德　武宗至大　仁宗皇慶　延祐　英宗至治　泰定帝泰定　致

和　明宗天曆　文宗天曆　至順　順帝元統　至元　至正

陵寢〔一二〕　盤古青縣　女媧閿鄉　伏羲陳州　神農曲阜　黃帝中都　少昊曲阜　顓頊高陽　帝嚳滑縣　高陽氏東昌　華胥氏藍田　帝堯東平　帝舜永州　大禹會稽　夏太康太康　成湯偃師　太甲濟南　殷中宗内黃　商高宗西華　周文、武、成、康咸陽　威烈王河南　昭王少室　秦始(王)〔皇〕驪山　漢高祖長陵，咸陽　文帝西安　武帝興平　景帝咸陽　宣帝長安　光武原陵，孟津　明帝洛陽　昭烈成都　隋文武功　晉元帝江寧　晉十一帝陵上元　(昊)〔吳〕大帝鍾山　吳景帝太平　齊高武明丹陽　梁武簡文丹陽　陳文帝武功　陳高祖高要　隋煬帝揚州　唐高祖三原　太宗九嵕山　憲宗蒲城　宣宗景陽　中宗偃師　西魏武帝富平　石勒順德　宋太祖昌陵　太宗熙陵　真宗定陵　仁宗昭陵，俱鞏縣　南宋高、孝、光、寧、理、度會稽　宋三陵欽陵、慶陵、安陵，保定　宋(瑞)〔端〕宗厓山　徽宗五國城　遼太祖寧遠衛　明洪武皇帝孝陵，江寧　永樂長陵　洪熙獻陵　宣德景陵　正統裕陵　成化茂陵　弘治泰陵　正德康陵　嘉靖永陵　隆慶昭陵　萬曆(慶)〔定〕陵　泰昌(定)〔慶〕陵　天啓德陵　崇禎思陵，俱順天天壽山　建文君自滇還，迎入南内，號老佛，卒葬西山。碑曰『天下大師之墓』。

【校】

〔一〕『安登』，《路史後紀》與《水經注箋》引《帝王世紀》同。今本《帝王世紀》作『女登』。『周制』，甲本作『周始』。『晋哀帝』，原書作『晋元帝』，據《晋書·禮志》及《事物紀原》卷一改。

〔二〕『韓文』云云，引文出自韓愈《潮州刺史謝上表》，『明德』二字疑衍。

〔三〕本條『《禮記》云云』，當作『《尚書》：「一人元良，萬邦以貞。」』

〔四〕『星娥』，一説作『皇娥』。

〔五〕『無皋之山』，原書作『元皋之上』，蓋轉抄《事類備要前集·帝屬門》『無皋之山』致誤，據《山海經·東山經》改。

〔六〕『青石碧鏤』，『鏤』原書誤作『縷』，據《神異經》改。

〔七〕本條『秦三世三十九年』係從秦王政元年起算。其餘積年或有一二年之誤差，此不具改，以下同。

〔八〕本條明朝積年二百八十二年係從明太祖稱吴王起算。

〔九〕本條帝王名諱有誤者皆據《明史》本紀等改正。

〔一〇〕本條『石敬瑭』，原書誤作『石敬塘』，據新舊《五代史》改正。『初名知遠』、『高祖之弟』、『邢州人傳内姪柴榮』，當皆爲小注誤入正文，今改正。

〔一一〕漢武帝『元封』乙本誤脱，元帝『永光』、靈帝『熹平』、後唐明宗『天成』乙本誤作『永先』、『喜平』、『天戌』，均據甲本改。宋年號『太平興國』、『大中祥符』原書誤斷『太平』、『興國』，『大中』、『祥符』，今改。其餘錯漏俱徑改。又按歷朝帝王年號有未滿一年即廢改者，原書不録，今亦不具補。

〔一二〕『秦始皇』、『吴大帝』，乙本誤作『秦始王』、『吴大帝』，據甲本改。其餘錯漏俱參歷代正史補正。

儀制

黄屋左纛　黄屋，黄蓋也。左纛，以犛牛尾爲旗纛，列之左也。

羽葆　聚五采羽爲幢，建於車上，天子之儀衛也。

九旂　畫日月曰常，畫蛟龍曰旂。通帛曰旃，雜帛曰物。畫熊虎曰旗，畫鳥隼曰旟，畫龜龍曰旐。（金）〔全〕羽曰（襚）〔旞〕〔一〕，析羽曰旌。

鹵簿　車駕出行，羽儀導護，謂之鹵簿。鹵，大盾也，所以捍蔽，部（位）〔伍〕之次〔二〕，皆著之於簿。五兵盾在外，餘兵在内。以大盾領一部之人，故名鹵簿。

髦頭　武祖問髦頭之義，彭權對曰：『《秦紀》云：國有奇怪，觸山截水，無不崩潰，惟畏髦頭。故使武士服之，衛至尊也。』

傳國璽　秦始皇以卞和玉制傳國璽，命李斯篆文。其文曰：『受命於天，既壽永昌。』相傳卞和玉制爲三印，一傳國璽，一天師印，一茅山道士印。

十二章〔三〕　日、月、星、辰、山龍、華蟲六者繪之於衣，宗彝、藻、火、粉米、黼、黻綉之於裳，所謂十二章也。華蟲，雉也。宗彝，虎蜼。藻，水草。黼，若斧形，取其斷也。黻，爲兩己相背，取其辨也。

皇后六服　褘衣褘音揮。色玄，刻繒爲翬。從王祭先王之服。翬亦音煇。　揄狄揄音遥。色青，刻繪爲揄。從王祭先公之服。闕狄色赤。刻繪爲翟。從王祭羣小祀之服。鞠衣色黃。告桑之服。展衣色白。以禮見王及賓客之服。褖衣色黑。進御見王之服。

九門 天子一關門，二遠郊門，三近郊門，四城門，五皋門，六庫門，七雉門，八應門，九路門。

丹墀 《西京賦》曰：『右平左城，青瑣丹墀。』注：天子赤墀列爲九級，中分左右，有齒介之，右則平之，令輦得上階也。

尺一 天子詔曰尺一。漢制：簡一尺一寸。中行説教匈奴以尺二簡報漢。

金根車 天子所乘之車曰金根，駕六馬。有五色安車，有五色立車，各一，皆駕四馬，是爲五時副車。

鶴禁 太子所居之宮，白鶴守之，凡人不得輒入，故曰鶴禁。

九府圜法 圜法，即錢法也。天子九府，曰泉府、大府、王府、内府、外府、天府、職内、職金、職幣，皆掌錢帛之府也。

五庫 天子五庫，曰車庫、兵庫、祭器庫、樂器庫、宴器庫。

黼扆 天子坐，則黼扆列在後，如背負之也。黼扆，形如屏風，畫斧而無柄，設而不用，取金斧斷割之義。

象魏 宮門雙闕懸法象，其狀巍然高大，曰象魏。

列土分茅 天子大社，以五色土爲壇，封諸侯，各以其色與之，幬以黄土，黄取王者覆被四方之義。苴以白茅，白茅取其潔也。歸而立社，謂之列土分茅。

楓宸 漢宫殿前多植楓樹，故曰楓宸。一名紫宸。

罘罳音環思〔四〕 注：罘罳，伏思也。君退至内廷，思維機務，故曰罘罳。

金馬 漢武帝得大宛馬，以銅鑄其像，立於署門，名金馬門。《楊雄傳》：『歷金馬，上玉堂。』（金）〔今〕翰林官稱玉堂金馬〔五〕。

黄牛白腹 公孫述廢銅錢置鐵錢。蜀中童謡曰：『黄牛白腹，五銖當復。』言王莽稱黄，述自號白。五銖，漢錢也。言天下當復還劉氏。

兩觀 古者帝王每門樹兩觀於其前，所以標表宫門也。其上可居，登之可以觀遠，故謂之觀。

瓊林大盈 唐德宗起瓊林、大盈等庫，以儲私錢。陸贄諫，不聽。後朱泚之亂，罄於兵火。

澤宫 天子習射之地。澤，取擇賢之義也。

水晶宫 大秦國中有五宫殿，皆以水晶爲柱，故名水晶宫。

橋門 漢明帝幸辟雍，冠帶縉紳之人，環橋門而觀者，以億萬計。

虎闈 晋武帝臨辟雍，立國子監以育士庶，名之曰虎闈，又名虎觀。

石渠 漢施讎，甘露中拜博士，與五經諸儒論異同於石渠閣。

鳳詔 後趙石季龍，置戲馬觀，觀上安詔書，用五色紙，銜於木鳳口而頒行之。鳳五色漆畫，味脚皆用金。

紫泥 階州武都紫水有泥，其色紫而黏，貢之，用封璽書，故詔誥曰紫泥封。

黄麻 敕書舊用白紙，唐高宗以白紙多蠹，改用黄麻。拜除將相，其制書皆用黄麻。黄麻者，以黄蘗染紙，取其辟蠹也。

内官〔六〕 成周始爲寺人。秦始皇初立中車府，置令。魏文帝置殿中（制）監。隋置内侍省，始以監爲太監，加少監、監正。秦六（局）〔尚〕，置尚衣、尚冠等官。

儀仗 神農始爲儀仗，秦漢始爲導護，五代始爲宫中導從。黄帝制鉞，秦始皇改爲鍠即斧。晋武帝制斡鎗，元帝加儀刀、儀鍠、斑劍。黄帝制麾、制曲蓋。吕尚制華蓋。黄帝始警蹕。周制鳴鞭。黄帝制旗，天子出，大牙建於前。周制：樹旗表門。陶穀始備嶽瀆、日星、龍象、大神諸旗。堯始制車駕，周改鑾駕。晋文公制左右虞候掖駕。漢武帝欽飛駕前。周公始制屬車懸豹尾。唐始加豹尾於鹵簿。周公置記里鼓車。隋文帝制行漏車。秦始皇兼車服，始飾器爲金根車，上施華蓋、相風鳥，制辟惡車前導，更定大駕、法駕。周制步輦，以人組挽。秦始皇去其輪爲輿，以人荷。漢制後宫羊車，以人牽。宋制檐子，以竿牽。漢制（皇）〔黄〕屋〔七〕。宋制椶櫚屋，即逍遥車。漢武帝制十二障扇。唐玄宗制上殿索扇，閤則先奏，以宦官升陛執扇。

戒不虞 《漢官儀》：屬車八十一乘，作三行。《尚書》：「御史乘之。」最後一乘懸豹尾于竿，豹尾過後，執金吾方罷屯解圍，所以戒不虞也。

【校】

〔一〕「全羽曰旞」，原書作「金羽曰檖」，據《周禮·春官·司常》改。

〔二〕「部伍」，原書作「部位」，據《事物紀原》卷二十八引《炙轂子》改。按《炙轂子》、《封氏聞見記》卷五作「捍敵」，原書作「捍蔽」亦通，姑存不改。

〔三〕「六者」，按「山龍」、「華蟲」、「粉米」等詞，究爲一事或二事，歷代諸説有異，可參陳喬樅《今文尚書經説攷》。

〔四〕「罘罳（音環思）」，按《漢書·文帝紀》注：「罘音浮。」

〔五〕「今」，乙本誤作「金」，據甲本改。

〔六〕「殿中監」、「六尚」，按原書「殿中」下衍一「制」字，「六尚」誤作「六局」，據《通典》卷二十六改。

〔七〕「黄屋」，乙本誤作「皇屋」，據甲本改。

名臣

六佐〔一〕 伏羲六佐：金提，主化俗；鳥（鳴）〔明〕，主建福；視嘿，主災惡；紀通，主中職；仲起，主（陵）〔海〕陸；陽侯，主江海。

六相〔一〕　軒轅六相：風后、力牧、太山稽、常先、大鴻。得六相而天下治。

八元元，善也　高辛氏有才子八人：伯奮、仲堪、叔獻、季仲、伯虎、仲熊、叔豹、季狸。天(子)〔下〕謂之八元〔二〕。

八愷愷，和也　高陽氏有才子八人：蒼舒、隤敳音皚、檮音稠戭音演、大臨、尨降、庭堅、仲容、叔達，天下謂之八愷。

四凶　帝鴻氏有不才子曰渾沌即驩兜，少昊氏有不才子曰窮奇即共工，顓頊氏有不才子曰檮杌即鯀，縉雲氏有不才子曰饕餮即三苗，謂之四凶。

五臣　舜有臣五人：禹、稷、契、皋陶、伯益。

九官　舜命九官：禹、契、稷、伯益、皋陶、夔、龍、垂、伯夷。

十亂〔四〕　武王有亂臣十人：太公望、周公旦、召公奭、畢公高、閎夭、散宜生、南(公)〔宮〕适、榮公、太顛、邑姜。

八士　周有八士：伯達、伯适、仲突、仲忽、叔夜、叔夏、季隨、季騧。

四皓　東園公，姓轅名秉字宣明。綺里季，姓朱名暉字文季。夏黄公，姓崔名廓字少通。甪里先生，姓周名述字元道。隱於商山，謂之商山四皓。

淮陽一老〔五〕　漢應曜，隱於淮陽，與四皓並徵，曜獨不至。時人語曰：『商山四皓，不如淮陽一老。』

三良　秦子車氏三子，奄息、仲行、鍼虎。秦穆公死，命以爲殉，國人爲賦《黄鳥》之詩以哀之。

十八元功〔六〕　漢高祖封功臣十八人，蕭何爲首，曹參次之，其下張敖、周勃、樊噲、酈商、奚涓、夏侯嬰、灌嬰、傅寬、靳歙、王陵、陳武、王（伋）〔吸〕、（蘇）〔薛〕歐、周昌、（于護）〔丁復〕、蟲達。

麒麟閣十一人　漢宣帝以夷狄賓服，思股肱之美，乃圖畫其人於麒麟閣，共十一人，唯霍光不名，曰『大司馬大將軍博陸侯姓霍氏』。其次張安世、韓增、趙充國、魏相、丙吉、杜延年、劉德、梁丘賀、蕭望之、蘇武。

雲臺二十八將〔七〕　漢（光武）〔明帝〕思中興功臣，乃畫二十八將於南宫雲臺，其位次以鄧禹爲首，次馬成、吴漢、王梁、賈復、陳俊、耿弇、杜茂、寇恂、傅俊、岑彭、堅鐔、馮異、王霸、朱祐、任光、祭遵、李忠、景丹、萬修、蓋延、邳彤、（姚）〔銚〕期、劉植、耿純、臧宫、馬武、劉隆，後又益以王常、李通、竇融、卓茂，共三十二人。馬援以椒房不與。

十八學士　唐高祖以秦王世民功高，令開府置屬，秦王乃開館於宫西，延四方文學之士杜如晦、房玄齡、虞世南、褚亮、姚思廉、李玄道、蔡允恭、薛元敬、顔相時、蘇勖、于志寧、蘇世長、薛收、李守素、陸德明、孔穎達、蓋文達、許敬宗，使庫直閻立本圖像，預其選者，時人謂之登瀛洲。

凌煙閣二十四人 唐太宗圖其功臣於凌煙閣，長孫無忌、趙郡王孝恭、杜如晦、魏徵、房玄齡、高士廉、尉遲敬德、李靖、蕭瑀、段志玄、劉弘基、屈突通、殷開山、柴紹、長孫順德、張亮、侯君集、張公謹、程知節、虞世南、劉政會、唐儉、李世勣、秦叔寶，共二十四人。

八俊〔八〕俊者，言一世之英也 李膺、荀昱、杜密、王暢、劉祐、魏朗、趙典、朱（富）〔寓〕，爲八俊。

三君君者，言一世之所宗也 竇武、陳蕃、劉淑，爲三君。

八顧顧者，能以德行引人者也 郭泰、范滂、尹勳、巴肅、宗慈、夏馥、蔡衍、羊陟，爲八顧。

八及及者，言使人之所追從者也 張儉、（崔）〔翟〕超、岑晊、范（未）〔滂〕、劉表、陳翔、孔昱、檀敷，爲八及。

八厨厨者，能以財救人者也 度尚、張邈、劉儒、胡毋班、（參）〔秦〕周、蕃嚮、王章、王（表）〔考〕，爲八厨。

八友〔九〕 齊王之子開西邸延賓客，范雲、蕭琛、任昉、王融、蕭衍、謝（眺）〔朓〕、沈約、陸倕，並以文學見稱，故曰八友。

潯陽三隱 周續之入廬山，事遠公；劉遺民遁跡匡山；陶淵明不應詔命。人稱『潯陽三隱』。

竹林七賢〔一〇〕 嵇康、阮籍、山濤、向（季）〔秀〕、劉伶、王戎、阮咸爲竹林七賢，日以酣飲爲事。顔延之作《五君詠》，獨述阮步兵、嵇中散、劉參軍、阮始平、向（尚）〔常〕侍，而山濤、王戎以貴顯被黜。

竹溪六逸 李白少有逸才，與魯中諸生孔巢父、韓準、裴政、張叔明、陶沔，隱於徂徠山，終日沉飲，號『竹溪六逸』。

虎溪三笑 惠遠禪師隱廬山，送客至虎溪即止。一日，送陶淵明、陸（静修）〔修静〕〔一一〕，與語道合，不覺過虎溪，因大笑。世傳《三笑圖》。

何氏三高 梁何胤二兄求、點，並栖遁世，謂何氏三高。或乘柴車，或躡草履，恣心所適，致醉而歸。時人謂之通隱。

飲中八仙 李白、賀知章、李適之、汝陽王璡、崔宗之、蘇晋、張旭、焦遂。杜甫有《飲中八仙歌》。

荀氏八龍 荀淑，潁川人，有八子，儉、緄音魂、靖、燾、汪、爽、肅、敷。縣令范康曰：『昔高陽氏有才子八人，遂署其里爲高陽里。時人號荀氏八龍。

河東三鳳 薛元敬與收及族兄德音齊名，世稱河東三鳳。收爲長雛，德音爲鸑鷟，元敬年少爲鵷雛。

馬氏五常 馬良字季常，兄弟五人，並有才名。時人語曰：『馬氏五常，白眉最良。』

香山九老〔一二〕 白樂天、胡杲、吉旼、鄭據、劉真（台）、盧（愼）〔真〕、張渾，年俱七十以上。

狄兼謨、(尹)盧貞未及七十，白香山重其品，亦拉入會，日飲於龍門寺。時人稱『香山九老』。

洛社耆英 文潞公慕香山九老，乃集洛中年德高者爲耆英會，就資聖院建大厦，曰耆英堂，命閩人鄭奐畫像其中，共十二人，文彥博、富弼、席汝言、王尚恭、趙丙、劉(況)〔几〕[一三]、馮行己、楚建中、王謹言、張問、張燾、王拱辰。獨司馬光年未七十，潞公用香山狄兼謨故事，請温公入社。

白蓮社 遠公與十八賢同修净土，以書招淵明。答曰：『弟子嗜酒，許飲即赴矣。』遠公許之，遂造焉。勉令入社，淵明攢眉而去。謝靈運求入蓮社，遠公以靈運心雜，却之。

建安七才子 徐幹、陳琳、阮瑀、應瑒、劉楨、(曹植)〔孔融〕、王粲，皆好文章，號建安七才子。

蘭亭禊社 王右軍蘭亭修禊，與孫綽、許詢輩四十二人，大會於此。是日不成詩，王大令輩一十六人，各罰酒三觥，如金谷酒數。

西園雅集十六人 蘇東坡、王晉卿、蔡天啓、李端叔、蘇子由、黄魯直、晁無咎、張文潛、鄭靖老、秦少游、陳碧虚、王仲至、圓通大師、劉巨(潛)〔濟〕[一四]，李伯時畫《西園雅集圖》，而米元章書記其上。

四傑 唐王勃、楊炯、盧照鄰、駱賓王，皆以文章齊名天下，號爲四傑。

鐺脚刺史 唐〔薛〕大鼎守滄州[一五]，鄭德本守瀛州，賈敦頤守冀州，皆有治名，故河北稱爲鐺脚刺史。

易水三俠　燕丹送荆軻易水之上，高漸離擊筑而歌，宋如意和之。《國策》、《史記》俱無如意名。陶靖節《詠荆軻》詩，有『漸離擊悲筑，宋意唱高聲』，與《水經注》俱有之。

五馬　南齊柳元伯之子五人，皆領五州，五馬參差於庭。殷文圭啓云：『荀家門内羅列八龍，柳氏庭前參差五馬。』

竇氏五龍　宋竇儀字可象，薊州漁陽人。父禹鈞在周爲諫議大夫，五子曰儀、儼、侃、偁、僖，相繼登科。時人謂之『竇氏五龍』。又曰『燕山五桂』。

漢三傑　張良、韓信、蕭何。

程門四先生　謝良佐、游酢、吕大臨、楊時。

四賢一不肖　范仲淹、余靖、尹洙、歐陽修，謂之四賢。高若訥，謂之一不肖。

睢陽五老　宋馮平與杜衍、王煥（章）〔一六〕、畢世長、朱貫，咸以耆德掛冠，優遊桑梓間。暇日宴集，賦詩云：『醉游春圃烟霞暖，吟聽秋潭水石寒。』時人謂之睢陽五老。

昭勳閣二十四人　宋理宗寶慶二年，圖功臣神像於昭勳閣，趙普、曹彬、薛居正、石熙載、潘美、李沆、王旦、李繼隆、王曾、吕夷簡、曹瑋、韓琦、曾公亮、富弼、司馬光、韓忠彦、吕頤浩、趙鼎、韓世忠、張浚、陳康伯、史浩、葛邲、趙汝愚，凡二十四人。

二十四孝　大舜耕田，漢文嘗藥，曾參嚙指，閔損推車，子路負米，董永賣身，郯子鹿乳，江革行傭，陸績懷橘，山南乳姑，吴猛飽蚊，王祥卧冰，郭巨埋兒，楊香搤虎，壽昌尋母，黔婁嘗糞，老萊戲彩，蔡順拾椹，黄香扇枕，姜詩躍鯉，王裒泣墓，丁蘭刻母，孟宗泣竹，庭堅滌皿。

三珠樹　王勃六歲能文，與兄勔、勮競爽。杜易簡奇之曰：『此王氏三珠樹也。』勃凡命草，先磨墨數升，引被覆面而卧，忽起書之，不加點竄，人謂之腹稿。

北京三傑　唐富嘉謨與吴少微、魏谷倚者，並負文辭，時稱『北京三傑』。天下文章浮俚不競，獨少微、嘉謨本經術，雅厚雄邁，人争慕之。號吴〔富〕體[一七]。

五子科第　黄汝楫，方（獵）〔臘〕犯境[一八]，汝楫出財物二萬緡，贖被掠士女千人。夜夢神告曰：『上帝以汝活人多，賜五子科第。』其後子開、閣、閎、聞、闓，皆登科。

四豪　列國趙平原君勝，齊孟嘗君田文，楚春申君黄歇，魏信陵君無忌，稱『四豪』。

五龍　南北朝張鏡與嚴延之鄰居，延之每酣飲，諠呼不絶，而鏡寂無言聲。一日與客譚，延之從籬落取胡牀坐，聽辭言清遠，心服之。謂客曰：『彼中有人。』自是不復酣叫。鏡兄弟五人俱名士，時號『五龍』。

河東三絶　唐徐洪，蒲州司兵參軍。時司户韋暠善判，司工李（登）〔亘〕善書[一九]，洪善屬辭，號『河東三絶』。

兖州八伯[二〇]　羊曼，祜從孫，任達嗜酒，與阮放等八人友善，時稱阮放爲宏伯，郗鑒爲方伯，胡毋輔之爲達伯，卞壺爲裁伯，蔡謨爲朗伯，阮孚爲誕伯，劉（緩）〔綏〕爲委伯，而曼爲（踏）

〔黯〕伯，號『兖州八伯』，又號爲『八達』。

五忠 劉鞈，崇安人，其先自京兆徙閩，子孫仕宋，得謚『忠』者五人，世號『五忠』。劉氏以學士使金，金人留之，自縊，謚忠顯。長子子羽官樞密，首薦吴玠、吴璘可大用，中興戰功居多，子羽之力也。

九牧林氏 唐林披，官太子詹事。子九人，俱刺史，號『九牧林氏』，而藻、藴尤知名。

八子並通籍 明許進仕至吏部尚書，謚襄毅。子誥，南户部尚書，謚莊敏；讚，大學士，謚文簡；論，兵部尚書。其八子並通籍，海内莫京焉。

一門仕宦 宗資，南陽人，世居宛。一門仕宦，至卿相者三十四人，東漢時無與比者。

【校】

〔一〕『鳥明』、『海陸』，原書作『烏鳴』、『陵陸』，據《聖賢群輔録》改。

〔二〕『六相』，《史記·五帝本紀》：『舉風后、力牧、常先、大鴻以治民。』《淮南子·覽冥》：『昔者黄帝治天下，而力牧、太山稽輔之。』故後多以此五臣並稱，實不足六相之數。又《管子·五行篇》所載黄帝六相爲蚩尤、太常、奢龍、祝融、大封、后土，《通典》卷二十一所載黄帝六相爲蚩尤、太常、蒼龍、祝融、風后、后土，皆與本書説不同。

〔三〕『天下』，乙本誤作『天子』，據甲本改。

〔四〕『南宫适』，原書誤作『南公适』，據《尚書》、《漢書》等改。『畢公高』、『邑姜』，《尚書·周書·泰誓》

注作『畢公』、『文母』。

〔五〕『淮陽』，一説作『睢陽』，按當以『淮陽』爲是。

〔六〕按本條誤字均據《漢書·高惠高后文功臣表》注及《群書考索》後集卷二十一改正。

〔七〕按本條疏誤均據《後漢書·馬武傳》及《册府元龜》卷一百三十二、《山堂肆考·人品》等改。

〔八〕『八友』、『八俊』、『八及』、『八厨』等條疏誤，據《諸史提要》卷五、《古今紀要》卷三改。

〔九〕『八友』，此指竟陵八友。『謝朓』，原書誤作『謝眺』，據《梁書·武帝本紀》、《南史·梁本紀》改。

〔一〇〕『向秀』、『向常侍』，乙本誤作『向季』、『向尚侍』，據甲本改。

〔一一〕『陸修静』，原書誤作『陸静修』，據《廬山記》卷一乙正。

〔一二〕本條疏誤據《新唐書·白居易傳》、《唐才子傳》卷六改。『劉真』、『盧真』，原書誤作『劉真台』、『盧慎』，《大明一統志》卷二十九、《廣輿記》卷七同誤。又按據《唐詩紀事》卷四十九，原是七老會，復加李元爽、僧如滿二人爲九老會，狄兼謨、盧貞雖先二老與會，而以年未七十，不列名。

〔一三〕『劉几』，原書作『劉況』，據《文忠烈公彦博傳》改。

〔一四〕『劉巨濟』，原書誤作『劉巨潛』，今改。

〔一五〕『薛大鼎』，原書脱『薛』字，今據補。

〔一六〕『王焕』，原書誤衍『章』字，據《續文獻通考》卷一百十五删。

〔一七〕『吴富體』，原書脱『富』字，據正文改。

〔一八〕『方臘』，原書誤作『方獵』，據《輿地紀勝》卷十改。

〔一九〕『李亘』，原書誤作『李登』，蓋因《廣輿記》卷四誤作『李豆』而再誤，據《唐詩紀事》卷九改。

〔二〇〕「劉綏」、「黯伯」，原書誤作「劉緩」、「踏伯」，據《晋書·羊曼傳》改。

附奸佞大臣

歷代奸佞　夏帝啓元年，有扈氏無道，威侮五行，怠棄三正。啓征之，大戰於甘，滅之。夏帝相權歸后羿〔一〕，爲羿所逐。羿臣寒浞殺羿自立，而弑帝相。相后緡，有仍國君之女，方娠，奔歸有仍，生少康。夏之舊臣靡舉兵〔滅〕浞而立少康焉。

周成王幼，周公攝政。管叔、蔡叔、霍叔流言曰：「公將不利於孺子。」既而與武庚同反，周公乃作《大誥》，奉王命以討平之。

吴太宰伯嚭，受越賂，而許越行成，復讒殺伍員，以亡吴國。

晋大夫魏斯、趙籍、韓虔，三分晋地。田氏（伐）〔代〕姜而有齊國〔二〕，皆周天子壞禮，而寵命之也。

秦李斯請史官非秦記皆燒之，偶語《詩》、《書》者棄市，以古非今者族，所不燒者醫藥、卜筮、種樹之書。若欲有學法令，以吏爲師。制曰：「可。」遂坑儒四百六十餘人。始皇崩於沙丘，趙高與斯詐爲遺詔，廢死太子扶蘇，立胡亥爲太子，是爲二世。高恃恩專恣，恐斯以爲言，族誅斯，而自爲丞相。及章邯軍敗，恐罪其身，乃與其婿咸陽令閻樂，謀弑二世於望夷宫，立子嬰爲秦王。子嬰與其子二人刺殺高，夷其三族。

楚項王將丁公逐窘漢王彭城西，短兵接，漢王急，顧謂丁公曰：『兩賢豈相厄哉！』丁公乃還。漢王即帝位，丁公謁見。帝以狗軍中，曰：『丁公爲項王臣不忠，使項王失天下。』遂斬之。

漢田蚡爲丞相，驕侈極慾，金玉、婦女、狗馬、聲樂、玩好，不可勝計。入奏事，所言皆聽。薦人或起家至二千石，權移人主。上曰：『君除吏盡未？吾亦欲除吏。』嘗請考工地爲宅，武帝曰：『君何不遂取武庫？』是後乃稍退。

趙人江充初爲趙敬肅王客，得罪亡，詣闕告趙太子陰事。太子坐廢，上召充與語，大悦，拜爲直指繡衣使者，使督察貴戚。近臣與太子有隙，因言上疾祟在巫蠱。於是上以充治巫蠱獄。充云：『於太子宫得木人尤多，又有帛書，所言不道。』持太子甚急。太子發長樂宫衛卒收捕充等，斬之。太子亦自經。後武帝感田千秋言，族滅充家。

漢昭帝初，左將軍上官（傑）〔桀〕亦受遺詔輔少主，其子安有女，即霍光外孫，安因光欲内之，光以其幼，不聽。安遂因帝姊蓋長公主内入宫爲婕妤，月餘立爲皇后，於是怨光而德蓋主。知燕王旦以帝兄不得立，亦怨望，乃令人詐爲燕王上書，欲共執退光。書奏，光不敢入。上召光入，免冠頓首，上曰：『將軍冠！朕知是書詐也，將軍無罪。將軍調校尉未十日，燕王何以知之？』是時帝年十四，左右皆驚，而上書者果亡。後謀令長公主置酒請光，伏兵格殺之，因廢帝。會蓋主舍人知其謀以告，捕（傑）〔桀〕[三]、安等族誅之。蓋主亦自殺。

漢元帝以史高領尚書事，弘恭、石顯典樞機。蕭望之等建白，以爲宜罷中書宦官，應古不近刑人之義。由是大與高、恭、顯忤。恭、顯因奏望之與周堪、劉更生朋黨，請召致廷尉。上初不允，强而可其奏。望之飲鴆自殺。上聞之驚，拊手曰：『曩固疑其不就獄，果然殺吾賢相！』

漢成帝委政王鳳，悉封諸舅，王譚、王商、王立、王根、王逢時爲列侯。谷永陰欲自托於鳳，乃曰：『骨肉大臣有申伯之（志）〔忠〕[四]，無重合安陽博陸之亂。』以推頌之。時上書言災異之應，多譏切王氏專政所致。上親問張禹，禹曰：『災變之意，深遠難見，新學小生，亂道誤人。』戴永嘉斷曰：『王氏代漢，始於杜欽、谷永，成於張禹、孔光，終於劉歆。此數子皆號稱儒者，以賢良直諫爲名，以通經學古爲賢，假托經術，緣飾古義，以售奸邪，以濟諛佞，依憑寵禄，以苟富貴，相與誤國如此，曾鄙夫小人不若也！』

漢平帝五年五月，策命安漢公王莽以九錫。十二月，莽因臘日上椒酒，置毒酒中。帝有疾，莽作策請命於泰畤，願以身代，藏策金縢，置於前殿，敕諸公莫敢言。已而帝崩，羣臣紀逡、郇越、郇相、唐林、唐遵、楊雄、谷永、劉歆、孔光等奏太后，請安漢公攝皇帝位，詔曰：『可。』尋即真天子位。定號曰新，僭位十八年，漢兵殺之。

漢章帝寵任竇憲，憲以賤直請奪沁水公主田園，尋以争權刺殺都鄉侯暢。竇太后使擊匈奴贖罪，以致兄弟專權。和帝與中常侍鄭衆密求故事，勒兵收捕，迫憲自殺。竇氏雖除，而寺人之權從兹盛矣。

漢安帝崩，閻太后臨朝，欲久專國政。與閻顯等定策，立幼年濟北惠王子懿，未幾，薨。中常侍孫程、王康等十九人，謀迎濟陰王即皇帝位，是爲順帝。誅閻顯，遷太后，封孫程等皆爲列侯，世稱十九侯。

漢順帝崩，太子炳立，纔二歲，梁太后臨朝，在位一年。徵渤海孝王子纘即位，年八歲，生而聰慧，嘗因朝會，目梁冀曰：『此跋扈將軍。』冀聞惡之，置毒於煮餅而弒之，在位一年。冀迎蠡吾侯志即帝位，是爲桓帝。梁冀一門，前後七侯、三皇（氏）〔后〕[五]、六貴人、二大將軍，尚公主者三人，其餘卿、將、尹、校五十七人。冀專擅威柄，凶恣日積，威行内外，天子拱手，不得有所親與。桓帝不平，乃與中常侍單超、徐璜等議，誅殺之。封單超等五人爲縣侯，世謂之五侯。是時梁氏雖除，五侯肆虐，賢人君子忠憤激烈，卒成黨錮之禍矣。

漢桓帝無子，竇太后立解瀆亭侯萇之子宏，是爲靈帝。時中常侍曹節、王甫等共相朋結，諂事太后，太后信之。陳蕃、竇武疾焉。會有日食之變，武乃白太后誅曹節等，太后猶豫未忍。曹節召尚書，脅使作詔板，拜王甫爲黄門，令持節捕收武等。武不受詔，執蕃送北寺獄殺之。王甫將虎賁、羽林等合千餘人圍武，武自殺。宦官愈横流毒。縉紳、忠臣、義士駢首就戮。靈帝崩，皇子辯即位，何太后臨朝。中軍校尉袁紹勸太后兄何進悉誅宦官，進白太后，不聽。紹等又爲畫策，召四方猛將，使並引兵向闕，以脅太后。進然之。召董卓將兵詣京，卓未至，進爲中常侍張讓等矯詔所殺。袁紹聞進被殺，乃勒兵捕諸宦者，無少長殺盡之。張讓勢迫，遂將帝與陳留王協出穀門。讓投河而死。董卓至，以王爲賢，廢帝而立陳留王協，是爲獻帝。董卓擅政，濁亂宫禁，關東州郡皆起兵以討卓。卓遂遷都以避，乃燒焚宫廟官府，劫遷天子入都長安。司徒王允、司隸校尉黄琬使吕布誅卓，百姓歌舞於道。

王允欲悉誅卓黨，卓部將李傕、郭汜等攻長安，殺王允。楊奉、韓暹奉車駕至雒陽。曹操劫遷於許，挾天子以令諸侯，杖殺伏后，久蓄無君之心，畏於名義，欲學周文王，以欺後世。子丕始篡位，奉漢帝爲山陽公，漢室遂亡。

蜀漢宦官黄皓便辟佞慧，後主愛之。初畏董允，不敢爲非。允卒，而陳祗代允爲侍中。祗與皓相表裏，皓始預政。魏司馬昭大（與）〔舉〕入寇〔六〕，姜維奏：遣左右車騎張翼、廖化督諸軍分護陽安關口，及陰平之橋頭，以防未然。黄皓信巫鬼，謂敵終不自致，啓帝寢其事，羣臣莫知。鄧艾果冒陰平險僻而入。漢兵不意魏兵卒至，百姓擾擾。譙周勸帝出降，國遂亡。

魏曹爽用何晏、鄧颺、丁謐之謀〔遷〕太后於永寧宫〔七〕，專擅朝政。司馬懿稱疾，不與政事，陰與其子昭謀誅爽及晏、颺等，而自操國柄。懿卒，以其子師爲大將軍。師廢主芳，迎立高貴鄉公髦。師卒，封其弟昭爲晋公，加九錫。魏主髦見威權日去，不勝其忿，曰：『司馬昭之心，路人所知也。吾不能坐受廢辱，今日當自出討之。』遂拔劍升輦，率殿中宿衛、蒼頭、官僮，鼓譟而出，爲昭黨賈充、成濟刺殞於車下。追廢髦爲庶人，迎立常道鄉公璜爲主。昭卒，子炎嗣晋王，篡位，奉魏主爲陳留王。自懿及炎，其（試）〔弑〕逆不道，比操之處獻帝尤甚，人謂之『天報』。

孫吴孫〔琳〕〔綝〕廢主亮爲會稽王〔八〕，迎立琅琊王休。休殂，侄皓立。皓驕愎殘虐，深於桀紂，降於晋，封歸命侯。賈充謂皓曰：『聞君在南方鑿人目，剥人面皮，此何等刑也？』皓曰：『人臣有弑其君及姦回不忠者，則加此刑耳。』充默然深愧。

晋世祖后父楊駿交通請謁，勢傾内外。世祖崩，惠帝立。賈后凶悍，欲干預政事，而爲駿所抑，遂構駿以謀反，殺之，廢太后。尋賈后毒殺太子。趙王倫、孫秀等起兵殺后，趙王篡位。齊王冏等起兵討倫，殺之，乘輿反正。齊王既得志，驕奢擅權，中外失望。河間王顒、成都王穎等起兵討齊王冏，殺之，以穎爲太弟。河間王將張方廢太弟穎，更立豫章王熾爲皇太弟，是爲懷帝，後爲劉聰所執而遇害。

東晋王敦與劉隗、刁協搆難，欲除君側之惡。上疏罪狀，舉兵據石頭：『吾不復得爲盛德事矣。』元帝命刁協、劉隗、戴淵帥衆攻石頭，協、隗俱敗。帝令公卿百官詣石頭見敦，以敦爲丞相，都督中外諸軍事。吕猗説敦收周顗、戴淵殺之，不朝天子，竟還武昌。明帝元年，敦疾甚，司徒導率子弟爲發哀，衆以爲信死，於是騰詔下敦府，列敦罪惡。敦見詔甚怒，而病轉篤，不能自將，以兄含帥衆五萬，奄至江寧。明帝帥諸軍襲擊，大破之，敦尋卒。敦黨悉平。乃發敦瘞出屍，跽而斬之。

晋成帝二年，庾亮以蘇峻在歷陽終爲禍亂，下詔徵之。峻不應命，知祖約怨望，與其連兵討亮。率衆至蔣陵，攻青溪，卞壼死之，因風縱火燒臺省，亮奔走潯陽。峻兵入臺城，府藏一後趙。

空。温嶠、陶侃、郗鑒等起兵討峻。峻聞四方兵起，逼遷帝於石頭。侃等攻峻，殺之，祖約奔

晋帝奕五年，大司馬桓温陰蓄不臣之志，嘗撫枕嘆曰：『男子不能流芳百世，亦當遺臭萬年。』及枋頭之敗，威名頓挫，郗超謂温曰：『明公不爲伊、霍之舉者，無以立大威權。』温然之。遂詣建康，宣太后令，廢帝奕爲東海王，立會稽王昱，是爲簡文帝。温卒，使弟冲領其衆。冲既代温居任，盡忠王室。

晋烈宗時，南郡公桓玄負其才地，以雄豪自處。朝廷疑而不用。年二十三，詔拜太子洗馬，後出補義興太守，鬱鬱不得志，歎曰：『父爲九州伯，兒爲五湖長。』遂棄官歸。後篡安帝位，登御坐，而牀忽陷，羣臣失色。殷仲文曰：『將由聖德深厚，地不能載。』玄大悦。後爲劉裕破斬之。

劉宋徐羡之、檀道濟等廢宋王義符，尋弑之。太子劭弑君義隆。壽寂之弑君業。蕭道成弑蒼梧王昱，弑順帝凖。

齊西昌侯鸞弑君昭業，迎立昭文，尋復廢爲海陵王，而自即位，是爲明帝。太子寶卷立，爲蕭衍所弑。

梁武帝爲侯景所餓死。簡文帝綱爲侯景所弑。世祖繹降魏被弑。敬帝爲陳霸先所弑。

隋楊廣殺兄謀爲皇太子〔九〕，後弑父堅而自立。後巡狩揚州，天下兵起。内史侍郎虞世基

以帝惡聞賊盜，諸郡縣有告敗求救者，世基輒抑損不以聞。由是盜賊徧海内，陷没郡縣，（常）〔帝〕皆弗之知也。後爲宇文化及所弑。

隋晋陽宫監裴寂與晋陽令劉文静等謀，夜醉李淵，以晋陽宫人侍淵，劫淵起兵。

唐太宗嘗止樹下，愛之，宇文士及從而譽之不已。太宗正色曰：『魏徵嘗勸我遠佞人，我不知佞人爲誰。意疑是汝，今果不謬！』

唐太宗太子承乾，喜聲色田獵，所爲奢靡。魏王泰多藝能，有寵於上，潛有奪嫡之志。太子知之，陰養刺客紇（於）〔干〕承基等〔一〇〕，謀殺魏王泰。會承基坐事繫獄，上變，告太子謀反，敕中書門下參鞫之，反形已具，廢爲庶人，侯君集等皆伏誅。乃立晋王治爲皇太子。

唐高宗欲立太宗才人武氏爲后，褚遂良固執不可。上問於李勣，勣曰：『陛下家事，何必更問外人？』許敬宗宣言於朝，曰：『田舍翁多收十斛麥，尚欲易婦，况天子立一后，何預諸人事，而（忘）〔妄〕生異議乎〔一一〕？』遂廢王皇后、蕭淑妃爲庶人，命李勣賫璽綬，册皇后武氏。

唐武太后因宗室大臣怨望〔一二〕，欲誅戮威之，乃盛開告密之門。胡人索元禮因告密擢爲游擊將軍，令按制獄。元禮性殘忍，推一人，必令引數十百人。又周興、來俊臣之徒效之，紛紛繼起，共撰《羅織經》數千言，教其徒網羅無辜。中外畏此數人甚於虎狼。後周興罪流嶺南，在道爲仇家所殺。索元禮爲太后殺之，以慰人望。

唐侍御史傅游藝，上表請改國號曰周，太后可之。乃御則天樓，赦天下，以唐爲周。以豫王旦爲皇嗣，賜姓武氏。游藝期年之中，歷衣青緑朱紫，時人謂之四時仕宦。

唐楊再思爲相，專以取媚。司禮少卿張同休，易之、昌宗之兄也，嘗召公卿宴樂，酒酣，戲再思曰：『楊内史面似高麗。』再思欣然，爲高麗舞，舉座大笑。

唐中宗使韋后與武三思雙陸〔一三〕，而自居傍，爲之點籌，三思遂與后通。武氏之勢復振。

唐中宗宴近臣，國子祭酒祝欽明自請作八風舞，摇頭轉目，備諸醜態。欽明素以儒學著名，盧藏用語人曰：『祝公五經掃地矣。』

唐楊洄又譖太子瑛、鄂王瑶、光王琚潛搆異謀，玄宗召宰相謀之。李林甫對曰：『此陛下家事，非臣等所宜預。』上意乃決，廢瑛、瑶、琚爲庶人，賜死城東驛。大理卿徐嶠奏：『今歲天下斷死刑五十八人，大理獄院由來相傳殺氣太盛，鳥雀不棲，今有鵲巢其樹。』於是百官以幾致刑措，上表稱賀。上歸功宰輔，賜李林甫爵晉國公，牛仙客豳國公。范華陽曰：『明皇一日殺三子，而李林甫以刑措受賞，讒諛得志，天理滅矣！安得久而不亂乎？』

唐安禄山爲虜所敗，張守珪奏請斬之。上惜其才，敕令免官。張九齡固争曰：『禄山失律喪師，於法不可不誅。且臣觀其貌有反相，不殺必有後患。』上曰：『卿勿以王夷甫識石勒，枉害忠良。』竟以爲節度使，出入禁中。因請爲貴妃兒，頗有醜聲聞于外，上不之疑。時委政李林甫，林甫媚事左右，排抑勝己，口有蜜而腹有刀，養成天下之亂。禄山以林甫狡猾踰己，亦畏服之。及楊國忠爲相，禄山視之蔑如也。由是有隙。然禄山雖蓄異，以上待之厚，欲俟上晏駕而後作亂。會國忠欲其速反以取信，已言於上，數以事激之，禄山遂反。

唐肅宗張后，初與李輔國相表裏，專權用事。晚年更有隙，欲殺輔國，廢太子。内射生使程元振與輔國謀，遷張后於别殿，尋殺之。丁卯，上崩，代宗即位，惡李輔國專横，以其有殺張后之功，不欲顯誅之。夜遣盗入其第，竊輔國之首及一臂而去。

唐代宗寵任程元振。吐蕃入寇，元振不以聞，子儀請兵，元振不召見，致上倉卒幸陝州。吐蕃入長安，剽剠府庫市里，焚廬舍，京師中蕭然一空。上發使徵諸道兵，李光弼等皆忌元振居中，莫有至者。中外切齒莫敢言。太常博士柳伉疏其迷國誤朝，上以元振有保護功，但削其官爵，放歸田里而已。

觀軍容宣慰處置使魚朝恩，專典禁兵，寵任無比，勢傾朝野。上令元載爲方略，擒而縊殺之。元載自誅魚朝恩，上寵用以爲中書侍郎，專横無比。尋賜自盡。有司籍載家財，胡椒至八百石，他物稱是。

唐德宗悦盧杞，擢爲門下侍郎。杞欲起勢立威，引裴延齡爲集賢直學士，親任之。譖殺楊炎，獨擅國柄，濁亂朝政，以致有姚令言、朱泚之叛逆。出幸奉天，泚復攻圍奉天經月。李懷光倍道入援，敗泚於醴泉。泚引兵遁歸長安。懷光數與人言盧杞、趙（瓚）〔贊〕[一四]、白志貞之奸佞，且曰：『吾見上，當請誅之。』杞聞而懼，奏上，詔懷光直引兵屯便橋，與李晟刻期進取長安。懷光自以數千里竭誠赴難，咫尺不得見天子，怏怏引兵去。後上從容與李泌論即位以來宰相，曰：『盧杞忠清彊介，人言其奸邪，朕殊不覺。』泌曰：『此乃杞之所以爲奸邪也。倘陛下覺之，豈有建中之亂乎？』

唐憲宗疑李絳、裴度俱朋黨，而於李吉甫、程异、皇甫鎛則不之疑。蓋絳、度數諫，吉甫、异、鎛順從阿諛，而不覺其欺也。范氏曰：『漢之黨錮始於甘陵二部相譏，而成於太學諸生相譽。唐之朋黨始於牛僧孺、李宗閔對策，而成於錢徽之貶。皆由主德不明，君子小人雜進於朝，不分邪正忠讒以黜陟之，而聽其自相傾軋以養成也。

唐穆宗時，李逢吉用事，所親厚者，張文新、李仲言、李續之、李虞、劉栖楚、姜治及張權輿、程昔範，又有從而附麗之者八人，時人目爲八關十六子。有所求請，先賂關子，後達逢吉，無不得所欲也。

唐文宗時，李德裕、李宗閔各有朋黨，互相擠援。上患之，每嘆曰：『去河北賊易，去朝中朋黨難。』

唐文宗九年，初，宋申錫獲罪，宦官益横，上内不能堪，與李訓、鄭注謀誅之。訓、注因王守澄以進，先除守澄，則宦官不疑。乃遣中使李好古就第賜酖殺之。守澄出葬滻水，鄭注請令内臣盡集滻水送葬，因闔門，令親兵斧之，使其無遺。訓與其黨謀曰：『如此事成，則注專有其功，不若先期誅宦者，已而并注去之。』壬戌，上御紫宸殿。韓約奏：『左金吾廳事石榴樹，夜有甘露。』先命宰相兩省視之。訓還奏非真。上顧仇士良，帥諸宦者往視。至，左仗風吹幕起，見執兵者甚衆，詣上告變。訓遽呼金吾衛士上殿。宦者扶上升輿，決後殿罘罳，疾趨北出。衛士縱擊宦官，死傷者十餘人。訓知事不濟，脱走。士良等命禁兵出，殺金吾吏卒千六百餘人、諸司吏民千餘人，王涯、賈餗、舒元輿皆收繫，斬之。明日，訓、注皆被殺，族其家。自是天下事皆決於北司，宰相行文書而已。

唐僖宗專事游戲，以宦官田令孜爲中尉，政事一委之，呼爲阿父。

唐昭宗以散騎常侍鄭綮爲禮部侍郎同平章事。綮好詼諧，多爲歇後詩，譏嘲時事。上以爲有所蘊，命以爲相，聞者大驚，堂吏往告之。綮笑曰：『諸君大誤，使天下更無人，未至鄭綮。』吏曰：『特出聖意。』綮曰：『果如是，奈人笑何？』既而賀客至，綮搖首言曰：『歇後鄭五作宰相，時事可知矣！』累讓不獲，乃視事。未幾，致仕去。

唐昭宗二年，王行瑜、韓建將兵犯闕，稱韋昭度、李谿作相不合衆心，殺昭度、谿於都亭驛。李克用舉兵討行瑜，斬之。

唐昭宗以崔胤爲相。胤與上謀誅宦官，宦官懼。中尉劉季述、王仲先等陰謀廢立，乃引兵（哭）〔突〕入宣化門〔一五〕。季述乃扶上適少陽院，以銀撾畫地，數上罪數十，鎖錮之，矯詔立太子裕。胤密遣人説神策指揮使孫德昭，擒述等斬之，迎上復位。胤以宦官典兵，終爲肘腋之患，乃稱被密詔命朱全忠以兵入討。全忠遂發大梁。中尉韓全誨聞之，劫帝幸鳳翔。朱全忠進攻鳳翔，李茂貞出戰，屢敗。儲峙已竭，上鬻御衣及小皇子衣於市以充食。茂貞請誅韓全誨等，與全忠和，并殺宦官七十餘人，奉車駕還長安。復以崔胤同平章事。胤復奏剪宦官之根。朱全忠以兵驅第伍可範以下數百人於内侍省，盡殺之。出使者詔所在收捕誅之，止黄衣幼弱三十人，留備灑掃。尋全忠密表崔胤專權，誅之。遷上至洛陽，使蔣玄暉弑昭宗，而立昭宣帝以篡之。

周太師馮道卒。道少以孝謹知名，唐莊宗世始貴顯，自是累朝不離將相、三公、三師之位。爲人清儉寬容，人莫測其喜愠，滑稽多智，浮沉取容。嘗著《長樂老（叔）〔敍〕[一六]》，自述累朝榮遇之狀，人皆以德量推之。

周恭帝元年正月，陳橋兵變，擁趙匡胤還汴，自仁和門入。時早朝未罷，聞變，親軍指揮韓通謀率衆禦之，軍校王彦昇逐焉。通馳入其第，未及，闔門爲彦昇所害，妻子俱死。將士擁范質、王溥等至，匡胤流涕而言六軍相迫之由，質等未及對，列校羅彦環挺劍厲聲曰：『我輩無主，今日必得天子。』質等相顧，不知所爲。溥降階先拜，質不得已亦拜，遂奉匡胤入宫，召百官至。晡時班定，猶未有禪詔，翰林承旨陶穀出諸袖中，遂用之，以登極。

宋太宗七年，貶秦王廷美爲西京留守。初，昭（宣）〔憲〕太后遺命太祖傳位於太宗[一七]。太宗傳之廷美以及德昭。及德昭不得其死，德芳相繼夭没，廷美始不自安。柴禹錫因上變以摇之，帝意不決，召趙普諭以太后遺旨。普對曰：『太祖已誤，陛下豈容再誤！』廷美遂得罪。

開寶皇后宋氏崩，羣臣不成服。翰林學士王禹偁對客言，后嘗母儀天下，當遵用舊禮。坐謗訕，責知滁州。

宋真宗之相呂氏曰：『景德以前多君子，祥符以後如王欽若之閉門修齋，丁謂之潛結内侍，雷允恭與錢惟演擅權於外，而馮拯、曹利用相與爲黨，陳堯叟之附和天書，皆小人也。』

宋仁宗謂輔臣曰：『王欽若久在政府，觀其所爲，真奸邪也。』王曾對曰：『欽若與丁謂、林特、陳彭年、劉永珪同惡，時稱五鬼，奸邪憸僞，誠如聖諭。』

宋仁宗朝，國子監直講石介以韓琦、范仲淹等同時登用，而歐陽修、蔡襄等並爲諫官，夏竦既罷，乃作《慶曆聖德詩》，有曰：『衆賢之進，如茅斯拔，大奸之去，如距斯脱。』大奸，指竦也。初，介曾奏記於富弼，責以行伊、周之事。夏竦怨介斥己，欲因是傾弼等。乃使女奴陰習介書，習成，遂改『伊周』曰『伊霍』，又僞作介爲弼撰廢立詔草，飛語上聞。弼與仲淹懼。適聞契丹伐夏，遂請行邊。介亦不自安，乃請外，得濮州通判。

宋杜衍好薦引賢士，群小咸怨，御史中丞王拱辰之黨尤嫉之。衍壻蘇舜欽時監進奏院，循前例祀神，以伎樂娱賓。拱辰聞之，欲因是傾衍，乃諷御史魚周詢舉（效）〔劾〕其事〔一八〕，被斥者十餘人，皆知名之士。拱辰喜曰：『吾一網打盡矣。』

宋神宗立，制置三司條例司，議行新法，詔陳升之、王安石領其事，以蘇轍、呂惠卿檢詳文字，章惇爲條例官，曾布檢正中書五房公事。呂誨疏安石十事，蘇轍諫青苗法。安石欲止。會京東轉運使王廣淵乞留本道錢帛貸民獲息事，與青苗法合，於是決意行焉。及秀州判官李定被召至京，即謁安石。安石立薦於上。帝問青苗法何如，定曰：『民甚便之。』於是諸言新法不便者，帝皆不聽。

宋神宗罷曾公亮。時人有『生老病死苦』之喻，謂安石爲生，亮爲老，唐介死，富弼議論不合稱病，趙無如安石何，惟稱『苦苦』而已。劉深源曰：『王安石之進始於曾公亮，吕惠卿之進亦始於公亮。蓋曾公亮始欲結黨以排韓琦，而不知小人易進而難退，變法之禍，公亮可逃其罪耶？』

宋鄧綰通判寧州〔一九〕，知王安石得君專政，乃條上時事，且言陛下得伊、周之佐，作青苗、免役等法，民莫不歌舞聖澤，成不世之良法。復（貼）〔貽〕書安石，極頌其美，由是安石力薦於帝，而遂集賢校理，尋爲侍御史，判司農事。鄉人在都者，皆笑且罵。綰曰：『笑罵從他笑罵，好官我還爲之。』

宋王安石子雱〔二〇〕，爲人（慓）〔慓〕悍陰刻，無〔所〕顧忌，性甚敏。未冠，舉進士。與父謀曰：『執政子雖不預事，而經筵可處。』安石欲帝知自用，乃以雱所作策論天下事三十餘篇達於帝。鄧綰、曾布又力薦之。遂召拜爲崇政殿説書。一日，安石與程顥語，雱囚首跣足，携婦人冠以出，問：『父所言何事？』曰：『以新法爲人所阻，故與程君議之。』雱大言曰：『梟韓琦、富弼之首於市，則法行矣。』安石遽曰：『兒誤矣！』

宋知諫院唐坰，奏二十疏論時事，皆留中不出。坰於百官起居日扣陛請對曰：『臣所言皆大臣不法，請一一陳之。』遂大聲宣讀，凡六七十條治要，以安石專作威福，曾布等表裏擅權，天下但知憚安石威權，不復知有陛下；文彦博、馮京知而不敢言；王珪、王韶曲事安石，無異廝僕；元絳、薛向、陳繹，安石頤指氣使，無異家奴；張璪、李定爲安石牙爪，張商英乃安石鷹犬；至詆安石爲李林甫、盧杞。神宗屢止之，坰慷慨自若，讀已，下殿再拜而退。安石諷閤門糾其瀆亂朝儀，貶潮州别駕。

宋王安石罷相，知江寧，因薦韓絳、吕惠卿以自代，時號絳爲傳法沙門，惠卿爲護法善神。惠卿既得志，忌安石復用，遂逆閉其途，出安石私書，有『勿令上知』之語，凡可以害安石者，無所不用其智。韓絳顓處中書，事多稽留不決，數與惠卿争論，度不能制，密請帝復用安石。帝從之。安石承命，即倍道而進，七日至汴京，惠卿尋罷。

宋以蔡確參知政事〔二二〕。宰相吴充數爲帝言新法不便，欲稍去甚者，確（阻）〔沮〕之，法遂不變。確善觀人主意，與時上下，以王安石（諫）〔薦〕，居大位，而士大夫交口笑駡，確自以爲得計。

宋哲宗親政，楊畏上疏，乞紹述先政。初，吕大防稱畏敢言，且先密約畏助己，竟超遷畏爲禮部侍郎。畏首叛大防，上言神宗更法，以垂萬世，乞早講求，以成紹述之道。帝即詢以故臣孰可召用。畏即疏章惇、吕惠卿、鄧温伯、李清臣等，帝深納而盡用之。惇遂引其黨蔡卞、林希、黄履、來之邵、張商英、周秩、翟思、上官均等居要地，協謀朋姦，報復仇怨，羅織貶謫元祐宰執及劉奉世〔等〕以下三十人有差〔二二〕，請發司馬光、吕公著冢，斲棺暴尸。帝問許將，將對『非盛德事』，帝乃止。又恐元祐舊臣復起，結内侍郝隨爲助，媒孽宣仁欲危帝之事，自作詔書，請廢宣仁爲庶人。皇太后號泣，爲帝言曰：『吾日侍崇慶，天日在上，此語曷從出？且帝必如此，亦何有於我！』帝感悟，取惇、卞奏，就燭焚之。明日，再具狀堅請，帝曰：『卿等不欲朕入英宗廟乎？』抵其奏於地。

宋徽宗復召蔡京爲翰林學士。先是供奉官童貫順承得幸，詣三吴訪書畫，京諂附之。由是帝屬意用京。會韓〔忠〕彦與曾布交惡〔二三〕，布謀引京自助，故有是命。尋帝欲相京，鄧洵武獻《愛莫助圖》，言必欲繼志述事，非蔡京不可。帝以圖示温益，益欣然請相京，而籍異論者。於是善人皆不見容。復追貶元祐黨，籍司馬光等四十四人官，以京爲尚書右僕射。京籍元祐及元符末執宰司馬光等、侍從蘇軾等、文臣程頤等、武臣王獻可等、宦者張士良等百二十人爲奸黨，請帝書之，刻石於端禮門。又頒蔡京所書黨人碑，刻石於州縣。

宋徽宗垂意花石，以朱勔領應奉局花石綱。凡士庶之家，一石一木稍堪翫者，即領健卒直入其家，用黄帊覆之，加封識焉，指爲御前之物。及發行，必撤屋抉墻以出。人不幸有一物小異，共指爲不祥，惟恐芟夷之不早。又篙工柁師倚勢貪横，凌轢州縣，道路以目。

宋中書侍郎林攄於集英殿臚唱貢士姓名，不識甄盎字。帝笑曰：『卿誤耶。』攄不謝而詆同列，御史論黜之。

宋以王黼爲少宰，加蔡京子攸開府儀同三司，二人有寵，進見無時，得預宫中秘戲。攸嘗勸帝以四海爲家，遂數微行。因令苑囿皆仿浙江，爲白屋及村居野店，多聚珍禽異獸。都下每秋風静夜，禽獸之聲四徹，宛若山林陂澤之間，識者知其不祥之兆。蔡攸權勢既與父相軋，由是京、攸各立門户，遂爲仇敵。

宋徽宗用童貫爲檢校司空。貫與黄（徑）〔經〕臣[二四]、盧航表裏爲奸，大興道教，紛創殿宇，每設大齋，費緡錢數萬，謂之千道會。道籙院上章，册帝爲教主道君皇帝。貫又薦李良嗣於朝，約女真攻遼，遂至二帝北狩。

金人奉册寶至，立張邦昌爲楚帝，北向拜舞，受册即位。閤門舍人吴革率内親事官數百人，皆先殺其妻子，焚所居，舉義金水門外。范瓊詐與合謀，令悉棄兵仗，乃從後襲之，殺百餘人，捕革併其子，皆殺之。是日風霾，日昏無光，百官慘沮，邦昌亦變色。唯吴幵、莫儔、范瓊等欣然，以爲有佐命功。

宋高宗聞金粘没喝入天長軍，即被甲乘騎馳至瓜州，得小舟渡江，惟護聖軍卒數人，及王淵、張浚等從行。汪伯彦、黄潛善方率同列聽浮屠克勤説法，或有問邊耗者，猶以『不足畏』告之。堂吏大呼曰：『駕已行矣！』二人相顧，倉皇策馬南弛，居民争門而出，死者相枕籍，無不怨憤。司農卿黄鍔至江上，軍士以爲左相潛善，罵之曰：『誤國誤民，皆汝之罪！』鍔方辯其非是，而首已斷矣。

扈從統制苗傅、劉正彦作亂，奉皇子魏國公旉即位，請隆祐太后臨朝，尊高宗爲睿聖仁孝皇帝，居顯寧，大赦，改元。張浚乃草檄聲傅、正彦之罪，與韓世忠、張俊、劉光世、呂頤浩合兵進討。傅等憂恐，不知所爲，乃聽朱勝非言，率百官請復帝位。勤王師至北闕，苗、劉南走，擒誅之。

宋高宗以王德爲淮西都統制，統劉光世軍，酈瓊副之。瓊、德不相下，列狀交訟於都督府及御史臺，乃召德還建康。參謀呂祉密奏，乞罷瓊兵柄。書吏漏語於瓊，瓊怒，以衆叛降劉豫。祉死之。

宋秦檜同宰執入見，獨留不出，言于帝曰：『臣僚畏首尾，多持兩端，不足與斷大事。若陛下決欲講和，乞專與臣議。』帝許之。三日，檜復留身奏事，復進前説，知帝意不移，遂排趙鼎、劉大中，而一意議和，然猶以羣臣爲患。中書舍人勾龍如淵爲檜謀曰：『相公爲天下大計，盍不擇人爲臺諫，使盡擊去，則事定矣。』檜大喜，即擢如淵，劾異議者。兀术遺檜書曰：『汝朝夕以和請，而岳飛方爲河北圖，必殺飛，(使)〔始〕可和〔二五〕。』檜亦以飛不死，終梗和議，己必及禍，故力謀殺之。遂諷張俊、羅汝楫、万俟卨等，矯詔殺飛於大理寺獄。檜居相位凡十九年，劫制君父，倡和誤國，一時忠臣良將誅鋤畧盡。臨終猶興大獄，誣趙汾、張浚、胡寅、胡銓等五十三人謀逆。獄成，而檜病亟，不能書，獲釋。檜無子，取妻兄王焕孽子熺養之。南省擢熺爲進士第一，檜以爲嫌，以陳誠之爲首，以其策專主和議云。後孫塤修撰實録院，祖、父、孫三世同領史職，前此未之有也。

宋孝宗立，以辛次膺同知樞密院事。初，次膺力諫和議，爲秦檜所怒，流落二十年。及帝召爲中丞，若成閔之貪饕，湯思退之朋比，葉義問之奸罔，皆爲其一時論罷。思退終身比於和議，恐不成，諷右正言尹穡論浚跋扈。張浚請解督府去。朝廷遂決棄地求和之議。太學生張觀等七十二人上書論思退姦邪誤國，乞斬之以謝天下。詔貶永州，憂懼而死。

宋寧宗即位，韓侂胄恃定策功，欲竊國柄，謀於京鏜，引李沐爲左右正言，奏趙如愚以同姓居相位，將不利於社稷，乃出汝愚知福州，朝廷大權悉歸侂胄。御史胡紘乞禁僞學之黨，侂胄復命沈繼祖誣論朱熹十罪，落職罷祠，竄其徒蔡元定於道州。趙師睪、張釜、程松諂事侂胄，聞者莫不鄙之。侂胄專政十四年，宰執、侍從、臺諫、藩閫，皆其門廡之人，天子孤立於上，威行宮省，權震宇内。其嬖妾張、譚、王、陳，皆封郡國夫人，號四夫人。每内宴則與妃嬪雜坐，恃勢驕倨，掖庭皆畏之。侂胄力主恢復，以金人欲罪首謀，鋭意出師，中外憂懼。侍郎史彌遠入對，力陳危迫之勢，請誅侂胄以安邦。皇后楊氏素怨侂胄，亦使榮王具疏。帝乃命后兄楊次山與彌遠共圖之。翼日，侂胄入朝，令殿前司夏震以兵三百，擁侂胄至玉津園側，殛殺之，梟其首，并蘇師旦之首，畀金人，金乃罷兵。

宋史彌遠爲相，權勢熏灼。皇子竑心不能平，嘗書於几上，曰：『彌遠當決配八千里。』彌遠聞之，大懼。寧宗有疾，無子，彌遠矯詔立沂王嗣子貴誠爲皇太子，更名昀。帝崩，白后立昀，稱遺詔封竑濟陽郡王，出居湖州，尋殺之。彌遠用梁成大、莫澤、李知孝爲鷹犬，凡忤彌遠意者，三人必相繼擊之。由是名人賢士排斥殆盡，人目爲三凶。帝德彌遠立己，恩寵終其身焉。

宋理宗用史嵩之開督府，竭國用而無成功，論者甚衆。及以父喪去位，詔起復之。太學生黄愷伯等百四十人上書諫，不報。武學生劉耐知帝嚮意用嵩之，遂叛諸生而逢迎之。時范鍾領相事，諷京尹趙與籌逐游士。諸生聞之，作捲堂文，以辭先聖。嵩之自知不爲公論所容，上疏乞終喪制。

宋度宗即位〔二六〕，以己爲太子賈似道有功，加似道太師，封魏國公。每朝，帝必答拜，稱之曰『師臣』而不名，朝臣皆稱爲周公。詔以十（月）〔日〕一朝。時襄樊圍急，似道日坐葛嶺，起樓臺亭榭作『半閑堂』，延羽流，塑像肖己於中，取宫人葉氏及娼尼有美色者爲妾，窮奢極慾，日肆淫樂。嘗與羣妾踞地鬭蟋蟀，所狎客戲之曰：『此軍國重事耶？』又酷（吏）〔嗜〕寶玩，建多寶閣，一日一登玩，有言邊事者，輒加貶斥。喪師失地，殆無虚日，秘不上聞。及鄂州既破，詔似道都督諸路軍馬，大潰，貶似道於循州安置。監押官會稽尉鄭虎臣至建寧開元寺，侍妾尚數十人，虎臣悉屏去之，奪其寶玉，撤轎蓋，暴行秋日中，令舁轎夫唱杭州歌謔之，窘辱備至。至漳州木綿菴，虎臣諷令自殺，似道不從。虎臣曰：『吾爲天下殺似道，雖死何憾！』遂拘似道之子於别室，即厠上拉似道胸殺之，殯於菴側。

元順帝性柔少斷，伯顏、哈麻相繼弄權，朝政日紊，遂至於亡。

明洪武朝，胡惟庸、藍玉；永樂朝，紀綱；正統朝，王振；天順朝，石亨、石彪、曹吉祥、門達；成化朝，汪直、王越、陳鉞、戴縉，成化朝李孜省；弘治朝，李廣、楊鵬；正德朝，劉瑾、陸完、江彬、許泰、劉暉、錢寧、張忠、朱泰；嘉靖朝，陶仲文、嚴嵩、嚴世蕃、丁汝夔、趙文華、鄢懋卿、羅龍文、仇鸞、陸炳；萬曆朝，龐保、劉（戍）〔成〕[二七]；天啓朝，魏忠賢、客氏、崔呈秀、田爾耕；崇禎朝，周延儒、袁崇煥、杜勳、馬士英。

【校】

〔一〕『相后緡』，甲本作『相后緕』。『滅浞』，乙本脱『滅』字，據甲本補。

〔二〕『田氏代姜而有齊國』，『代』字乙本誤作『伐』，甲本原作『伐』，復點去，改作『代』，今據甲本改。

〔三〕『捕桀安等』，乙本作『捕傑安等』，據甲本改。

〔四〕『有申伯之忠』，『忠』乙本作『志』，據甲本改。

〔五〕『三皇后』，原書誤作『三皇氏』，據《後漢書・梁冀傳》改。

〔六〕『大舉入寇』，『舉』乙本誤作『與』，據甲本改。

〔七〕本條『謀遷太后』，原書脱『遷』字，據《晋書・宣帝紀》補。『弒逆』乙本誤作『試逆』，據甲本改。

〔八〕『孫綝』，原書作『孫琳』，據《三國志・吴書》改。

〔九〕『由是盗賊徧海内』，『徧』甲本誤作『編』。『帝皆弗之知也』，『帝』原書誤作『常』，據《資治通鑑》卷一百八十三改。

〔一〇〕『紇干承基』，原書誤作『紇於承基』，據《通鑑綱目》卷四十改。

〔一一〕『妄』，原書誤作『忘』，據《資治通鑑》卷一百九十九、《唐會要》卷三改。

〔一二〕『武太后』，初時睿宗猶在位，故稱太后。誅索元禮時武氏已稱帝，不當再稱太后。

〔一三〕『韋后』，甲本作『韋氏』。

〔一四〕『趙贊』，原書作『趙瓚』，據《新唐書・德宗本紀》改。

〔一五〕『突入』，乙本作『哭入』，據甲本改。

〔一六〕『長樂老敘』，乙本『敘』誤作『叔』，據甲本改。

〔一七〕『昭憲太后』，乙本誤作『昭宣太后』，據甲本改。

〔一八〕『劾其事』，『劾』乙本誤作『効』，據甲本改。

〔一九〕『貽書』，原書誤作『貼書』，據《宋史・鄧綰傳》、《宋史全文》卷十一、《宋史紀事本末》卷八改。又按『集賢校理』上當有『除』或『爲』字。

〔二〇〕按本條『慓悍』，原書作『慓悍』，據《宋史・王雱傳》、《皇朝編年備要》卷十九、《通鑑續編》卷八改。『無所顧忌』，乙本脱『所』字，據甲本補。又『三十餘』，蓋取《皇朝編年備要》之説，《宋史》作『二十餘』。

〔二一〕『確沮之』，『沮』乙本作『阻』，據甲本改。『以王安石薦』，『薦』乙本作『諫』，據甲本改。

〔二二〕『劉奉世等』，乙本無『等』字，據甲本補。

〔二三〕『韓忠彦』，原书脱『忠』字，據《通鑑續編》卷十一補。

〔二四〕『黄經臣』，原書作『黄徑臣』，據《宋史·陳禾傳》、《通鑑續編》卷十一改。
〔二五〕『始可和』，『始』原書誤作『使』，據《宋史·岳飛傳》、《通鑑續編》卷十六改。
〔二六〕『十日一朝』、『酷嗜寶玩』，原書作『十月一朝』、『酷吏寶玩』，據《通鑑續編》卷二十四改。
〔二七〕『劉成』，原書誤作『劉戍』，今改正。

夜航船卷之四

古劍陶菴老人紬

攷古部

姓氏〔一〕

倉頡，姓侯剛氏。見古篆文注。○許由，字武仲。見《莊子》釋文。○堯，姓伊祁。少昊，名摯，字青陽。帝嚳，名夋。成湯，字高密〔二〕。見《帝王世紀》。○皋陶，字庭堅。孤竹君，姓墨，名台〔三〕。見《孔叢子》注。○伯夷，名允，一名元，字公信。叔齊，名智，字公達。見《論語》疏。○中子，名仲達。見周曇《詠史詩》。○彭祖，姓籛，音箋。名鏗。見《論語》疏。（其）〔箕〕子，胥餘。見《莊子》司馬彪注。○老子父，名乾，字元果。見《前凉録》。老子初生時，名玄禄。見《玄妙内品》。○管叔，名度〔四〕。見《史記》注。○易牙，名（亞）〔巫〕。見孔穎達疏。○逢蒙之弟〔子〕，名鴻超。楊朱之弟，名布。見《列子》。○伯樂，姓孫，名陽。師曠，字子野。見《莊子》疏。○君陳，爲周公之子、伯禽之弟。《周書》有《君陳篇》。見《坊記》注。○鬼谷子，姓王，名詡，河南府人。見《姓氏考》〔五〕。○公孫弘，字次卿。見鄒長(蒨)〔倩〕書。○杜康，字仲寧。見魏武《短歌行》注。○孟軻，字子輿。見《漢書》并《孔叢子》。又字子居。見《聖證論》。○莊周，字休〔六〕。見《列子》注。○孫叔敖，名饒。見《孫叔敖碑》。○計然，一名研，一名倪；又姓辛，字(子文)〔文子〕。見《史記》索隱。○文種，字子禽。見《吴越春秋》。○陳仲子，字子終。見皇甫謐《高士傳》。○漢高祖父太公，名耑。見《後漢書》注。又名熅，字執嘉。見《帝王世紀》。○昭靈后，名含。高祖兄仲，名喜。(曾)〔曹〕參，字敬伯。申公，名培。見《史記》注。○項伯名纏，字伯。見《漢書》注。○叔孫通，名何。見《楚漢春秋》。○壺關三老，姓令(胡)〔狐〕，名茂。見荀悦《漢紀》。○楊王孫，名貴。見《西京雜記》。○佽非，亦名荆軻。見《續博物志》。○伏生，名勝，字子賤。見西漢碑。○文翁，名黨，字仲翁。見張崇文《歷代小(記)〔誌〕》。○張宗，字諸君。杜茂，字諸公。見《陳忠傳》注。○楊子雲所稱李(士)〔仲〕元者，名弘。見《蜀·秦宓傳》。○鄭子真，名樸。嚴君平，名遵。見《王貢兩龔傳》注。○施延，字君子。見《後漢書》注。○田生，字子春。見《楚漢春秋》。○侯芭，字鋪子。見《論衡》。○丁公，名固。見《楚漢春秋》。○衛夫人，名(鑅)〔鑠〕，字茂漪。見《翰墨志》。○緑珠，姓梁，白州人。見《緑珠小傳》。○吕安，字仲悌。居苗，姓應，瑒從弟。俱見《文選》注。○花卿，名(驚)〔敬〕定。見《舊唐書》。○僧一行，姓張，名(璲)〔遂〕。見《續博物志》。○竇滔，字連波。見《武后紀》。○神和子，姓屈突，名無爲，字無不爲，張詠布衣時遇之。見《張詠傳》。○失馬塞翁，姓李。見高(谷)〔允〕詩序。

【校】

〔一〕按本節全據《弇州山人四部稿・説部・宛委餘編》，錯誤亦盡沿之。今據所引原書改正，不一一出校。難以徑加訂正者，出校記説明。

〔二〕按據《帝王世紀》，成湯字天一，字高密者爲伯禹（即大禹）。

〔三〕按孤竹君爲墨台氏，或作墨胎氏，原書作『姓墨名台』者誤。

〔四〕按《史記・太史公自序》索隱引《世家》作『管叔名鮮，蔡叔名度』。

〔五〕『姓氏考』，甲本誤作『姓考氏』。按本條何孟春《餘冬録・考古・姓名字學》作『鬼谷子姓王名詡（《續仙傳》）』。

〔六〕按莊周字子休，見於《經典釋文・莊子音義》，不見於《列子》張湛、盧重玄、殷敬順、陳景元諸家注解，疑此有誤。

辨疑

禹陵　大禹東巡，崩於會稽。現存陵寢，豈有差訛？且史載夏啓封其少子無餘於會稽〔一〕，號曰『於越』，以奉禹祀，則又確確可據。今楊升菴争禹穴在四川，則荒誕極矣。升菴言石泉縣之石紐村，石穴深杳，人迹不到，得石碑有『禹穴』二字，乃李白所書，取以爲證。蓋大禹生於四川，所言禹穴者，生禹之穴，非葬禹之穴也。此言可辨千古之疑。

甘羅十二爲丞相 古今大誤。《史記》云：甘羅事吕不韋。秦欲使張唐使燕，唐不肯行。羅説而行之，乃使羅於趙。趙王郊迎，割五城以事秦。羅還報秦，封爲上卿，不曾爲丞相。相秦者是甘羅之祖甘茂。封羅後，遂以茂之田宅賜之。

共和 幽王既亡，有共伯和者攝行天子事，非二相共和也。見《姓氏考》。

子産 字子美，見《左傳》注。東坡放魚詩：『不怕校人欺子美。』注者疑是杜少陵，則誤矣。

蒙正住破窑 吕蒙正父龜圖與母不合，并蒙正逐之。貧甚，投跡龍門寺僧，鑿山巖爲龕以居。今傳奇謂同妻住破窑，殊爲可笑。

日落九烏 烏最難射。一日而落九烏，言羿之善射也。後以爲羿射落九日，非是。

漢壽 在四川保寧府廣元縣。漢封關公爲漢壽亭侯。漢壽，邑名。亭侯，爵名。後人稱壽亭侯者，誤。

五大夫松 秦始皇登泰山，風雨暴至，避於松樹之下，封其樹爲『五大夫』。五大夫，秦官第九爵。今人有誤爲五株松者，非也。

夏國 揚州漕河東岸有墓表，題曰『夏國公墓道。』夏音虔，與夏字相類，少一發筆，下作『又』。行人遂誤爲夏國公。蓋明顧公玉之封號，賜地葬此也。

飯後鐘 王播，字明敭。少孤貧，客游揚之木蘭院，寄食僧齋。僧頗厭薄，乃齋罷而後擊鐘。播怒題詩於壁。今以爲呂蒙正事，則非也。

馬前覆水　太公望妻馬氏，棄夫而去，後見太公富貴求歸。命收覆水。今指爲朱買臣，非。

女兒鄉　吴敗越，句踐與夫人入吴，至此産女而名。今悮傳范蠡進西施於吴，與之通而生女，殊爲可笑。

【校】

〔一〕按『史載夏啓封其少子無餘於會稽』之説誤，據《吴越春秋·越王無余外傳》卷六，『夏啓』當作『少康』。

析類〔一〕

有同時同姓名者　兩曾參：一曾參殺人，而致曾子之母投杼。兩毛遂：一毛遂墮井，而致平原君之痛哭。

異世則兩魯秋胡：列國一魯秋胡，因婦採桑，調其妻，投水死。漢一魯秋胡，求聘翟氏女，翟公誤傳調妻事，以爲薄行，而不許婚。俱可笑也。

其次如國師劉秀，以名應圖讖，爲王莽所殺；而誅王莽者爲光武，亦劉秀。莽遣太師安新公王匡，攻更始定國上公王匡，不勝，爲所執殺。唐李尚書益與宗人益者，俱赴飲，據上坐。因笑曰：『今日兩副坐頭俱李益。』　代宗用韓翃知制誥。宰相以平盧幕府員外及江淮刺史請。上書：『春城無處不飛花，用此韓翃。』而員外得之，事皆奇。

其他同時者　漢時兩韓信，俱高帝時，一封楚王，一封韓王。　三邵平：一故秦東陵侯；一爲齊王上柱國；一齊相。　兩〔王〕恢，俱武帝時，一浩侯；一大行，謀誘匈奴者也。　兩王臧，武帝朝。一，二年以郎中令自殺；一，六年爲太常。　兩王商，俱成帝外戚。一爲丞相、樂昌侯；一爲大司馬、成都侯。　兩王章，俱(哀)〔成〕帝時[二]，一，河平三年以太僕爲右將軍，六年復爲太常；一，四年以京兆尹直言死。　兩王崇，俱平帝時，一新甫侯，故丞相嘉子；一大司空、扶平侯。　魏兩王烈，一字彥方，有隱德；一字長(體)〔休〕[三]，有道術。　(魯)〔晋〕兩王渾，一爲凉州刺史，係戎之父；一爲司徒，係濟之父。　兩王澄，一即濟之弟，封侯；一即戎從弟，荆州都督。　兩孫秀，一吴降將；一趙王倫嬖臣。　俱拜驃騎將軍，封公。　兩周撫，一爲王敦將；一爲彭城内史誅。　梁兩王琳，一散騎常侍；一德州刺史[四]。　唐兩李光進，俱代宗朝，一爲光弼弟；一爲光顔兄。　俱蕃將，賜姓，爲節度使，封公。　兩李繼昭，俱昭宗時，一爲孫德昭；一爲符道昭。　俱賜姓名，降朱梁，爲使相。　宋兩王著，俱太祖時，一以文學典制；一以書學待詔。　金兩訛可，俱大將。

稍先後者　吴兩公子慶忌，一王僚子，一夫差末年將。　楚兩莊蹻，一莊王時大盜；一莊王裔孫，將軍，平滇自王者。　漢兩王莽，一右將軍，一大司馬，篡位者。　兩王鳳，一大司馬、大將軍，一更（使）〔始〕成國上公。　兩王譚，一宜春侯，一平阿侯。　兩徐幹，一都護班超司馬，一丞相曹操掾。　晉兩劉毅，一光禄大夫，一衛將軍。　兩張禹，一丞相，一太傅，俱封侯。　兩解系，一見《陶璜傳》，一自有傳。　兩王（鎧）〔愷〕〔五〕，一武帝舅，一安帝時丹陽尹。　元兩伯顔，一太傅淮陽王，一大丞相秦王。　兩蕭鈞，一蕭鸞子，梁武時中書郎〔六〕；一蕭瑀從子，唐太宗時率更令。

異代而相類者　兩王肅，曹魏中領軍，爲魏制禮；元魏尚書令，亦爲魏制禮。　兩王殷，朱梁以節度使叛誅；後周太祖亦以節度使叛誅。　兩王彦章，梁（六）〔大〕將〔七〕，爲晉擒；吴統軍，爲楚擒。　兩王珪，唐侍中；宋左僕射、門下侍郎。　兩王溥，一唐懿宗時；一周世宗時，俱宰相。　仙人有兩王喬，其一即子晉也；其一爲柏人令，天墜玉棺以葬者。　僧有兩智永，一梁書僧，一宋畫僧。　兩辨才，一唐藏《蘭亭》真本者，一宋與蘇子瞻友者。　光武時，固始侯李通；魏武時，都亭侯李通。　衛大夫王孫賈，齊大夫王孫賈。　魏徐邈，字景山，見重武帝，爲侍中。　晉徐邈，字仙（虎）〔民〕，見重武帝，爲中書舍人。　魏將軍張遼；漢兖州刺史張遼，字叔高。　漢中郎將江革，梁御史中丞江革。　梁李膺爲蜀使至郡，武帝悦之，問曰：『今李膺何如昔李膺？』　晉文公有咎犯，平公有咎犯，善隱任政。　〔晉〕李密以祖母老辭官〔八〕，後魏李密以母老習醫，又隋李密封蒲山公。　則天時王方慶爲相；又王方慶領尚藥奉御〔九〕。

高宗初張昌宗，爲修文館學士；則天末張昌宗，爲春官侍郎。

父子同名者二人　隋處士羅靖，父亦名靖；魏大將安同，父名屈，子亦名屈。

王彪之、臨之、納之、淮之、輿之、進之，凡六世；王胡之、茂之、裕之、瓚之、秀之，凡五世；王羲之、獻之、靖之、悦之，凡四世；王晏之、昆之、陋之；徐（達）〔逵〕之、湛之、聿之，凡三世；胡毋輔之、謙之；吴隱之、瞻之；（顔）〔顧〕悦之〔一〇〕、愷之，凡兩世。俱仍『之』字。

古今事有絶相類者　聖主時投水，人知有卞隨、務光，而不知有北宫無擇。○騎青牛，人知有老子，而不知有封（君）達〔一一〕。○生空桑，人知有伊尹，而不知有孔子。○白魚入舟，人知有周武王，而不知有宋明帝。○河澌冰合，人知有漢光武之滹沱，而不知有慕容德之黎陽。○鳳雛，人知有龐統，而不知有顧邵。○獻胙加毒，以讒賜死，人知有晉獻公子申生，而不知有秦孝文王子西蜀侯惲。○思妾令方士致魂，人知漢武之於李夫人，而不知宋武之於殷淑儀。○治阿譽聞而阿不治，人知齊宣王之大夫，而不知景公之晏子。○夢寐求相，人知高宗之傅説，而不知文王之臧丈人。○題壁作龍蛇歌，人知有晉文之介子推，而不知晉文之舟子僑。○秦許楚地而背之，人知張儀之於楚懷王，而不知馮章之於楚王。○先食不死之藥，而以巧言免死，人知方朔之於漢武帝，而不知中射之士之於楚王。○倚柱讀書，雷震不輟，人知有夏侯玄，而不知有諸葛誕。○一字值百金，人知《淮南子》，而不知《公孫子》。○妻棄夫，人知朱買臣，而不知太公望。○沉江負父，人知孝女曹娥，而不知趙祉女（光）絡〔一二〕。○掘地得石槨，人知有滕公，而不知有衛靈飛廉。○看竹不問主人，人知有王徽之，而不知有袁粲。○獲偷侍兒人，試文不殺，因以賜之，人知有楊素之於李靖，而不知有蔡興宗之於孫敬玉。○侍兒環執飲饌，人知有王武子，而不知有楊國忠、孫晟。國忠、晟，又俱號肉臺盤。○羊羹不偏致敗，人知華元之於御斟，而不知中山王之於司馬子期。○乳生（潼）〔湩〕，人知有元德秀，而不知有李善。○綵衣娛親，人知有老萊，而不知有伯俞。○智囊，人知有晁錯，而不知有樗里子、魯匡。○讀《易》至損益而嘆，人知有向平，而不知有孔子。○佩六國印，人知有蘇秦，而不知有欒大。○以石爲虎，射之没羽，人知有李廣、李遠，而不知有熊渠子。○逐兔墮馬，折脇而殂，人知有齊主高演，而不知燕主慕容皝。○倒用印，人知有段秀實之阻朱泚，而不知有李崧之安蜀。○一日殺二烈，人知有袁紹之於臧洪、陳容，而不知有張敬兒之於邊榮、程邕之。○能使人主前席，人知有賈誼，而不知有商鞅、蘇綽。○飲千日酒，至期發冢而醒，人知有劉玄石，而不知有趙英。○御屏隔座，人知有漢鄭弘、第五倫，而不知有吴紀亮、紀騭。○杯中蛇影，人知有樂廣，而不知有南皮令應柳。樂弓，應弩[一三]。○殺孝婦，大旱三年，人知有前漢之東海，而不知有後漢之上虞。○萬石君，人知有石奮，而不知有秦襲、張文瓘。○留犢事，人知有時苗，而不知有羊（偏）〔篇〕[一四]。○食脱粟，人知有公孫弘，而不知有晏嬰。○《錢神論》，人知有魯褒，而不知有胡毋民、成公綏。 記半面（人），人知有楊愔，而不知有應鳳。○陳蕃下榻，人知有徐穉，而不知有周球。○雪中高卧，人知有袁安，而不知有胡定。○夢贈筆，人知有江淹，而不知有王彪之、王珣、紀少瑜、陸倕、李白、和凝、李嶠、馬裔孫。○噀酒救火，人知有欒巴，而不知有樊英、邵信臣、郭憲、佛圖澄、武丁。○入水戮蛟，人知有周處，而不知有澹臺子羽、荆佽飛、〔菑〕丘訢〔一五〕。○羊車游後宫，以鹽水灑地，人知有晉武，而不知有宋文。○御膳中有髮，自數三罪以免死，人知晉平公之庖人，而不知光武之陳正。○因病嘗糞，人知句踐之於吴夫差，而不知郭弘霸之於魏元忠。○以酒賜妒婦，飲之無恙，人知太宗之於房玄齡，而不知莊宗之於任圜。○即席盡器飲酒，歸而尚醒，稱所得器，人知裴弘泰之於裴鈞，而不知潘屼之於朱梁太祖。○下第獻燕詩，座主以明年登第，人知有章孝標，而不知有（於）〔于〕化成。○刻石高山深谷，人知有杜預，而不知有顔真卿。○賜行酒人炙，人知有顧榮，而不知有何遜、陰鏗。○一箭落雙雕，人知有斛律光，而不知有拓跋幹、高駢。○錦纜事，人知有隋煬，而不知有甘寧。○燃臍膏爲燭，人知有董卓，而不知有滿奮。○還帶，陰德至相位，人知有裴中令，而不知有白中令。○少孤，門生廢《蓼莪》，人知有王裒，而不知有顧歡。○發冢，類遠祖貌，人知有蕭穎士之於鄱陽王，而不知有吴綱之於長沙王。○入山，妻二仙女而歸，人知有天台之劉晨、阮肇，而不知有剡縣之袁（柏）〔相〕、（狼）〔根〕碩〔一六〕。○因食辨勞薪，人知有荀勖，而不知有師曠。○强索妾，人知有孫秀、武承嗣，而不知有阮佃夫。○聞鼓角聲加敬，人知有范雲之於梁武，而不知有到仲舉之於陳武。○誓墓不仕，人知有王羲之，而不知有何偃。○通它心觀，人知有（國忠）〔忠國〕師之於大耳三藏〔一七〕，而不知有普寂之於柳中庸。○祭賽忘書刀在廟，鯉魚爲送，人知有馬當山之王昌齡，而不知有宮亭湖之祐客。○弈棋覆局，人知有王粲，而不知有到溉。○製《千字文》，人知有周興嗣，而不知有蕭子範。○贈柳妾，人知有韓翃，而不知有李還古。○即位御牀陷地，人知有桓玄，而不知有侯景。○誤食澡豆，人知有王敦，而不知有陸暢。○殯逆旅書生，人知有王忳，而不知有鮑子都、廖有方。○橋神貌醜，以足潛畫之，人知有定州之張平子，而不知有忖留神之魯般。○駱駝負水，養魚軍中，人知有宋孫仁祐，而不知有隋虞孝仁。○殺負心僕，人知有張詠，而不知有柳開。○金蓮歸院，人知有蘇軾，而不知有王珪。○晋平公出言不當，師曠舉琴撞之，跌衽宮壁。魏文侯出言不當，師經舉琴撞之，中旒潰。一見《淮南子》，一見劉向《説苑》。○燕太后不肯以少子質齊，因陳翠愛子之説而許。趙太后不肯以少子質秦，因左師觸龍愛少〔子〕之説而許〔一八〕。一見《趙世家》，一見《戰國策》。○高齊神武不貴慕容紹宗，以留文襄。唐文皇暫出李勣，以留高宗。俱見本紀。○申鳴援桴而進戰，爲賊殺其父，功成而自殺。趙苞援桴而進戰，爲賊殺其母，功成而嘔血死。一見《説苑》，一見《後漢書》。○醫診脈晋平公，而曰：『君之病在膏之下，肓之上。』秦武王示扁鵲病，而曰：『君之病在耳之前，目之上。』謂皆以色致也。一見《左傳》，一見《戰國策》。○東方朔知赤物爲怪哉，飲酒十石。李章武知鐵斧爲厭物，飲血三斗。一見《搜神記》，一見《酉陽雜俎》。○懷素習書，數畝芭蕉。鄭虔習書，數屋柿葉。俱見《法書録》。○孫臏刖足於魏，而爲齊師。司馬喜刖足於宋，而爲中山相。一見本傳，一見《吕氏春秋》。○王濟以錢千萬與王愷賭射八百里牛，一勝而探牛心。爾朱文略以好婢與高歸彦賭射千里馬，一勝而截馬頭。一見《晉書》，一見《北齊書》。〇鄂千秋明蕭何功高，立封侯。公孫戎明樊噲不反，立封二千户。一見《蕭何傳》，一見《王莽傳》。〇兗州刺史李恂，郡園小麥、胡麻，悉付從事。揚州刺史費遂，郡園小麥、胡麻，悉付從事。一見《東觀記》，一見謝承《後漢書》。〇孫權得諸葛恪，而以老桑熟龜精。張華得雷煥，而以老桑辨狐精。一見《搜神記》，一見《集異志》。〇漢郭林宗遇雨，巾折角，人遂爲折角巾。周獨孤信馳馬，帽微側，人遂爲側帽。一見《後漢書》，一見《北史》。〇嚴畯爲吴大帝誦《孝經·仲尼居》，張輔、吴昭以爲鄙生，請誦《君子之事上章》。陸澄爲齊武帝誦《孝經·仲尼居》。王衛軍儉以爲博而寡要，請誦《君子之事上章》。一見《吴志》，一見《南齊書》。〇吴大帝夢人以筆點額，熊循賀以當作主；齊文宣夢人以筆點額，王曇哲賀以爲(常)〔當〕作主〔一九〕，俱遂即位。一見《吴祚國統志》，一見《齊書》。〇魏文帝爲王時，夢日墮地，分爲三分，己得一分，納諸懷中。陳文帝微時，夢亦然。後俱爲三分之主。一見《談藪》，一見《陳本紀》。〇張茂先白鸚鵡夢爲鷙鳥搏。楊太真白鸚鵡亦夢爲鷙鳥搏。一見《異苑》，一見《明皇雜録》。〇歐陽率更見索靖碑，初看曰：『浪得虚名。』次日看，曰：『名下定無虚士。』坐卧其下，十日不能去。閻立本見張僧繇畫，亦然。俱見《宣和書畫譜》。〇楊司空素出見客，挾侍姬紅拂，因奔李靖。郭汾陽子儀出見客，亦挾侍姬紅綃，因奔崔千牛。一見《虬髯客傳》。一見《崑崙奴傳》。〇飽蚊温席，人知有吴猛，而不知漢時番禺之有羅威。

【校】

〔一〕按本節幾全據《弇州山人四部稿・説部・宛委餘編》，引文錯誤據《宛委餘編》改正者，不一一出校。引他書校正者，出校記説明。

〔二〕『成帝』，原書作『哀帝』，按『河平』爲漢成帝年號，今據改。

〔三〕『長休』，原書作『長體』，據《神仙傳・王烈傳》改。

〔四〕按王琳於蕭梁、北齊時皆未嘗任德州，此處有誤。

〔五〕『王愷』，乙本誤作『王鎧』，據甲本改。

〔六〕按蕭鈞爲蕭道成子，因已故衡陽王蕭道度無嗣，故繼其爵。齊武帝時任中書令，爲齊明帝蕭鸞所殺，未入梁。

〔七〕『大將』，乙本誤作『六將』，據甲本改。

〔八〕『晋李密』，原書無『晋』字，據上下文意增。

〔九〕按據《舊唐書・方伎・張文仲傳》，實爲張文仲領尚藥奉御，則天令集當時名醫共撰療風氣諸方，令麟臺監王方慶監修。

〔一〇〕『顧悦之』，原書作『顔悦之』，據《晋書》本傳改。

〔一一〕『封君達』，原書脱『君』字，據《神仙傳・封君達傳》補。

〔一二〕『光絡』，《宛委餘編》無『光』字，蓋據《華陽國志》『符有先絡，僰道張帛』臆增，而又誤作『光』，今據删。

〔一三〕『樂弓應弩』，《宛委餘編》作小字，原書誤入正文，今改。

〔一四〕『羊篇』，乙本作『羊偏』，甲本作『羊扁』，《宛委餘編》同甲本，據《晋書・羊祜傳》改。

〔一五〕『菑丘訢』，乙本脱『菑』字，據甲本補。

〔一六〕『袁相根碩』，原書作『袁柏狼碩』，《宛委餘編》同，據《搜神後記》卷一改。

〔一七〕『忠國師』，指慧忠國師，乙本誤作『國忠師』，據甲本改。

〔一八〕『愛少子之説』，『子』字乙本脱，據甲本補。

〔一九〕『賀以爲當作主』，『當』乙本誤作『常』，據甲本改。

夜航船卷之五

古劍陶菴老人紬

倫類部

君臣

在三之義 晋武公伐翼，殺哀侯，止欒子曰：『苟無死矣，吾令子爲上卿。』辭曰：『成聞之：「人生於三，事之如一」。父生之，師教之，君食之。』

無忘射鉤 管仲將兵遮莒道，射桓公，中帶鉤。後魯桎梏管仲送於齊。齊忘其仇以爲相。謂桓公曰：『願君無忘射鉤，臣無忘檻車。』

前席 賈誼爲長沙王傅，文帝徵之。至，入見，上問鬼神之事，誼具道所以然；至夜半，文帝前席聽之。

温樹 孔光領尚書事，典樞機十餘年，守法度，修政事，不苟合。或問：『温室省中樹皆何木也？』光答以他語。其謹密如此。

下車過闕　衛靈公與夫人南子夜坐，聞車聲轔轔，至闕而止，過闕復有聲。公問爲誰，夫人曰：『此必蘧伯玉也。妾聞禮下公門，式路馬。伯玉，賢大夫也，敬於事上，必不以闇昧廢禮。』視之果然。

枯桑八百　諸葛亮謂後主曰：『成都有枯桑八百株，薄田十五頃，子孫衣食自足。臣決不長尺寸，使庫有餘帛，廪有餘粟，以負陛下。』

醴酒不設〔一〕　楚元王敬禮穆生，每食必設醴酒。一日不設，穆生曰：『醴酒不設，王意怠矣。』遂去。

一動天文　李泌謂肅宗曰：『臣絶粒無家，禄位與茅土皆非所欲，爲陛下運籌帷幄，收復京城，但枕天子膝睡一覺，使有司奏客星（凡客）〔犯帝〕座〔二〕，一動天文足矣。』

封留　張良，其先五世相韓。秦滅韓，良即棄家，求刺客報韓仇，不果。乃佐高帝滅秦。定天下，大封功臣，令良自擇萬户。良曰：『臣初從帝於留，封留足矣。』尋棄人間事，從赤松子辟穀。吕后强食之，曰：『人生一世間，如白駒過隙，何至自苦如此！』

御手調羹　唐玄宗召李白至見金鑾殿，論當世事，奏頌一篇。帝賜食，親手爲調羹。

御手燒梨　唐肅宗常夜召潁王等二弟，同於地爐罽毯上坐。時李泌絶粒，上自燒二梨，手擘之以賜泌。潁王恃恩固求，上不與，曰：『汝飽食肉，先生絶粒，何乃争耶？』

鹽酒同味　崔浩論事，語至中夜，太宗大悦，賜浩縹醪酒十斛，水晶戎鹽一兩，曰：『朕味卿言，若此鹽酒，故與卿同此味也。』

學士歸院　唐令狐在翰林日，夜入對禁中。宣宗命以乘輿金蓮燭送還院，院吏望見，以爲天子來，俄傳呼云：『學士歸院。』

撤金蓮炬　蘇軾任翰林，宣仁高太后召見便殿曰：『先帝每見卿奏疏，必曰：「奇才，奇才！」』因命坐賜茶，撤金蓮寶炬送院。

登七寶座　唐玄宗於勤政殿，以七寶裝成大座，召諸學士講論古今，勝者升座。張九齡論辯風生，首登此座。

晝寢加袍　韋綬在翰林，德宗常至其院，韋妃從幸。會綬方寢，學士鄭絪欲馳告之，帝不許。時適大寒，帝以妃蜀錦襭袍，覆之而去。

金筯表直　唐開元時，宋璟爲相，朝野歸心。時侍御宴，帝以所用金筯賜之，曰：『非賜汝筯，以表卿直也。』

藥石報之　唐太宗時，中書高季輔上封事，特賜鍾乳一劑，曰：『卿進藥石之言，故以藥石報之。』

世執貞節　于忠遷散騎常侍，嘗因侍宴，宣武賜之劍杖，舉酒屬忠曰：『卿世執貞節，故恒以禁衛相委。昔以卿行忠，賜名曰忠。今以卿才堪禦侮，以所禦劍杖相錫。』

一門孝友　崔鄲緦麻同爨，兄弟六人，至三品。邠、鄲、鄜凡爲禮部五、吏部再，唐興無有也。居光德里。宣宗曰：『鄲一門孝友，可爲士族法。』因題曰『德星堂』，里爲『德星里』，以旌之。

親手和藥 曹彬疾革，真宗親問，手爲和藥，仍賜白金萬兩。問以從事，答曰：『臣無事可言。臣二子璨共瑋，材器可取。臣若内舉，皆堪爲將。』真宗問以優劣，答曰：『璨不如瑋。』

相門有相 王訓年十六，召見文德殿，應對爽徹。梁武帝目送之，曰：『可謂相門有相。』

有古人風 劉（查）〔杳〕爲東宮舍人〔三〕，昭明太子以瓠食器賜之，曰：『卿有古人風，故遺卿古人之器。』

賜靈壽杖 孔光字子夏，經學尤明，舉方正，爲諫議大夫。兄弟妻子燕語不及朝省政事。賜靈壽杖，歸老於第。

剪鬚和藥 李勣既忠力，帝謂可托大事。嘗暴病疾，醫曰：『用鬚灰可治。』帝乃自剪鬚以和藥。及愈，入謝，頓首流血。帝曰：『吾爲社稷計，何謝爲？』

賜胡瓶漢紀〔四〕 李大亮爲金州司馬，有臺史見名鷹，諷大亮獻之。大亮密表曰：『陛下絶畋獵久矣，使者猶求鷹。信陛下意邪，乃乖昔旨；如其擅求，是使非其才。』太宗報書曰：『有臣如此，朕何憂？古人以一言之重訂千金，今賜胡瓶一，雖亡千鎰，乃朕所自御。』又賜荀悦《漢紀》曰：『悦議論深博，極爲政之體。公宜繹味之。』

賜二銘 馬燧，帝賜《宸扆》、《台衡》二銘，以言君臣相成之美，勒石起義堂，帝榜其顔以寵之。

詩奪錦袍　宋之問與楊炯分直習藝館。武后游終南門〔五〕，詔從臣賦詩。左史東方虬詩先成，后賜錦袍。之問俄頃獻，后覽之嗟賞，更奪袍以賜之。

賜玉堂字　淳化中，翰林蘇易簡獻《續翰志》二卷，太宗賜御詩二章，又飛白書『玉堂之署』四字賜之。

賜金龍扇　宋張詠爲御史中丞，時真宗令進所著述，帝稱善，取所執銷金龍扇賜之，曰：『美卿今日獻文事。』

賜醽醁酒　唐李吉甫盛贊天子。李絳曰：『今日西戎内訌，烽燧相接，正陛下求治之時，何得僅以讚頌爲言？』帝入謂左右曰：『絳言骨鯁，真宰相也。』遣使賜醽醁酒。

用讀書人　宋太祖建元，命毋襲舊號，遂命『乾德』。一日，宫中見古鏡有『乾德』字，怪問臣下，俱不能知。獨竇儀對曰：『昔蜀王有此年號，此必蜀中宫女帶來者。』問之果然。上嘆曰：『宰相須用讀書人。』

朕之裴度　宋慶曆中，貝州兵亂，師久無功。參知政事文彦博請行。凱旋，上勞之曰：『卿，朕之裴度也。』

禁中頗牧　唐畢諴爲翰林學士，羌人擾河西，宣宗召訪邊事，論破羌狀甚悉。上曰：『頗、牧近在禁中。』

朕之汲黯　宋田錫，天性骨鯁，奏經史中治體之要三十篇。真宗手詔褒獎，每見錫，色必矜莊。帝自謂曰：『田錫是朕之汲黯。』

巾車之恩　馮異朝京師，光武詔曰：『倉卒蕪蔞亭豆粥，滹沱河麥飯，厚恩久不報。』異曰：『臣欲國家無忘河北之難，臣不敢忘巾車之恩。』

尚書履聲　漢鄭（宗）〔崇〕爲尚書僕射〔六〕，數諫諍，上納用之。每聞其革履聲，曰：『我識鄭尚書履聲。』

軟脚酒　唐郭子儀自同州歸，代宗詔大臣就宅作軟脚局，人出錢三千。

佐朕致太平〔七〕　王旦，（祐）〔祜〕次子，器（誠）〔識〕遠大，真宗嘗目送之曰：『佐朕致太平者，必斯人也。』

儒與吏不及　明王興宗初爲皂隸，洪武特命爲金華知縣。李丞相言：『隸也，奈何爲令？』上曰：『興宗勤而不貪，又善處事，儒與吏不及也，何有於縣？』後蘇乏守，上曰：『莫如興宗。』用之，有善政。

風度得如否　唐玄宗每訪士，必曰：『風度得如九齡否？』

文武魁天下　宋薛奕，興化人，中武舉第一。時同郡徐鐸亦冠文科，神宗賜以詩，有『一方文武魁天下，萬里英雄入彀中』之句。後於國變死難。

獎諭賜食　明王來巡按蘇松，奉敕同侍郎周忱考察官吏，制詞有請上裁語，來曰：『貪官污吏當去，宜即去之。奏請遲留，民益受弊矣。』三楊覽奏曰：『王來明達治體。』遂易與之。由是貪暴望風引去。有巨璫陳武，奉太后懿旨，散經江南，要索百端，人人畏之。來收其榜，謂與詔書不合，擬劾之。璫哀祈得免。及還，訴於上。上問顧佐曰：『蘇州巡按爲誰？』佐曰：『王來。』上曰：『記之。』及代還，佐引以奏，上加奬諭，賜食光禄。

賜金奉祀　漢朱邑官至大司農，卒。天子惜之，曰：『朱邑退食自公，無疆外之交，可謂淑人君子。』賜其子黄金百斤奉祀。

有唐忠孝　韓思復兒時，母爲語父亡狀，嗚咽欲死。舉茂才高第，家益貧，杜瑾以百綾饗思復，方併日而食，而百綾完（對）〔封〕不發〔八〕。累遷襄州刺史，治行名天下。及卒，上手題其碑，曰『有唐忠孝韓長山之墓』。

骨格必壽　明宋訥，仕至祭酒，嚴立學規。學録金文徵之嗾冢宰余熂移文，以老致仕。及（陞）〔陛〕辭〔九〕，上訊知其故，誅熂及文徵，訥居職如故。上恒謂訥骨格必壽，命畫工繪其像。年八十餘，終于官。上自製文祭之。後每思訥，舉爲教國子者法。命仍官其子復祖爲司業。

不避艱險　昭烈與關羽、張飛，寢則同牀，恩若兄弟；而稠人廣坐，侍立終日，隨備周旋，不避艱險。

遂從不去　張良聚少年百人，道遇沛公。良數以《太公兵法》説沛公，沛公善之，嘗用其策。良爲他人言，皆不省。良曰：『沛公殆天授。』故遂從不去。

魚之有水 劉備見諸葛亮於隆中，凡三往而始得，情好日密，關羽、張飛不説。備解之曰：『孤之有孔明，猶魚之有水也。』

安劉者必勃〔一〇〕 漢高祖疾甚，吕后問曰：『陛下百歲後，蕭相國死，誰可代之？』曰：『曹參。』其次曰：『王陵。然少戇，陳平可以助之。平知有餘，然難獨任。周勃重厚少文，然安劉氏者必勃也，可令爲太尉。』

賜周公圖 漢武帝以子弗陵年稚，察群臣，唯奉車都尉霍光忠厚，可任大事。乃使黄門畫周公負成王朝諸侯以賜光。上病篤，霍光涕泣問曰：『如有不諱，誰當嗣者？』上曰：『君未諭前畫意耶？立少子，君行周公之事。』

去襜帷 漢刺史郭賀，官有殊政，明帝賜以三公之服，黼黻冕旒，敕行部去襜帷，使百姓見其容服，以章有德。

一見如舊友 苻堅自立爲秦天王，尚書吕婆樓薦王猛於堅。堅召猛，一見如舊友，語及時事，大悦，自謂如劉玄德之遇孔明也。

【校】

〔一〕甲本此條在『下車過闕』條下，『枯桑八百』條上。乙本『元王』互乙，今改正。

〔二〕『客星犯帝座』，『犯』乙本誤作『凡』，據甲本改，『帝座』原書誤作『客座』，據《太平廣記》卷三十八改。

〔三〕『劉杳』，原書誤作『劉查』，據《梁書·文學·劉杳傳》及《事類備要續集·類姓門》、《翰苑新書後集·類姓》改。
〔四〕『賜胡瓶漢紀』，乙本『漢紀』二字誤入正文，據甲本改。
〔五〕『終南門』，《翰苑新書後集·類姓》同，按據《舊唐書·文苑·宋之問傳》，當作『洛陽龍門』。
〔六〕『鄭崇』，原書誤作『鄭宗』，據《漢書·鄭崇傳》改。
〔七〕『祐次子』，原書誤作『祐次子』，據《宋史·王祜傳》及《廣輿記》卷五改。『器識』，乙本誤作『器誠』，據甲本改。
〔八〕『完封不發』，『封』原書誤作『對』，據《新唐書·韓思復傳》與《廣輿記》卷八改。
〔九〕『陛辭』，乙本誤作『陞辭』，據甲本改。
〔一〇〕本條名『安劉者必勃』，甲本作『安劉氏必勃』，按疑當作『安劉氏者必勃』。

父子

弄璋弄瓦　《詩經》：吉夢維何？維熊維羆，男子之祥。維虺維蛇，女子之祥。乃生男子，載衣之裳，載弄之璋。乃生女子，載衣之裼，載弄之瓦。

誕日彌月　《詩經》：載生載育，時維后稷，誕彌厥月。

嶽降　《詩經》：崧高維嶽，峻極於天。維嶽降神，生甫及申。

懸弧設帨　男子生，桑弧蓬矢，以射天地四方，欲其長而有事於四方也。《禮記》：男子生，設弧於〔門〕左〔一〕；女子生，設帨於門右。

初度　《離騷》云：『皇覽揆余初度兮，肇錫余以嘉名。』

添丁　唐盧仝生子，名添丁。宋賈耘老，子亦名添丁。耘老生子之妾，名雙荷葉。

湯餅會　生子三朝宴客，曰湯餅會。劉禹錫送張（盟）〔盥〕詩〔二〕：『爾生始懸弧，我作座上賓。引筯舉湯餅，祝詞生麒麟。』

拿週　曹彬始生週歲，父母羅百玩之具，名曰晬盤，觀其所取以見志。彬左手提戈，右手取印，後果爲大將封王。

太白後身　郭祥正母夢李太白，而生祥正，有詩名。梅堯臣曰：『功甫天才如此，真太白後身也。』

玉燕投懷〔三〕　張説夢生。一玉燕飛入懷中，有孕，生説，後爲宰相，封燕公。

九日山神　三衢陳主簿妻，夢一偉人來謁，怪問之，告曰：『吾九日山神也。』已而生子，有異徵。因合『九日』二字，名旭。後避廟諱，改升之。神宗朝拜相。

靈鳳集身　《南史》：王曇（逸母）〔選妻〕〔四〕，夢靈鳳集身，有孕，又聞腹中啼聲。僧寳誌曰：『生子當如神仙宗伯。』

金鳳銜珠　南昌許遜，母夢金鳳銜珠墮掌而生。晋初爲旌陽令，得異人術，周游江湖，悉斬蛟蜃，除民害。精修山中，年一百三十六，舉家飛昇。

授五色珠　宋樂史，母夢異人授五色珠而生。史力學能文，舉進士第一，立朝有聲，著《太平寰宇記》。

五日生　田文以五月五日生。其父嬰欲棄之，母竊舉。及長，謂嬰曰：『君相齊久矣，齊不加廣而私家貲累鉅萬，門下不見一賢者。文竊怪之。』嬰乃禮文，使治家，通賓客。

夢鄧禹　宋范祖禹生，母夢一丈夫被金甲，至寢所，曰：『吾漢將鄧禹也。』祖禹生，遂以爲名。

夢楓生腹　唐張志和母，夢楓生腹上而産志和。母亡，不復仕。自號烟波釣徒。

電光燭身　宋宗澤母劉，夢天大雷，電光燭其身，翌日舉澤。少有大志，累功拜副元帥，起兵勤王，大破金兵。

夢賢人至　謝靈運父不宜子，乃於杜明（甫）〔師〕舍寄養〔五〕。是夕，夢有賢人至。及曉，乃靈運也。武林山有夢兒亭。

右脅生　老子姓李，名耳，字伯陽。謚聃。母懷之八十一歲〔六〕，從右脅生，因號老子。

夢虎行月中　滕元發母，夢虎行月中，墮其室，而元發生。九歲能詩。舉進士，治邊，威行西夏。

真英物　桓温生未朞，而温嶠見之，曰：『此兒有奇骨。』及聞其聲，曰：『真英物也。』父彝以嶠所賞，故名温。豪爽有風槩，累功進大司馬。

鼉息　李嶠母以嶠問袁天綱，答曰：『神氣清秀，恐不永耳。』請伺嶠臥而候其鼻息，乃賀曰：『此鼉息也[七]，必貴而壽。』

夢長庚　李白母娠時，夢長庚星現。幼名長庚，後改曰白。

産有異光　虞允文産之日，户外有異光，識者知其爲大器。十歲賦詩，多驚人語。

將校有夢[八]　楊（玠）〔价〕璨子，未生時，將校有夢神自靖州來，號蜀威將軍者。暨（玠）〔价〕生，貌狀如之。襲職，著邊功。

鍾巫山之秀　楊雄之父寓巫山而生雄，論者謂鍾十二峯之秀。

皆名將相　陳省華官諫議大夫，陳摶嘗謂省華曰：『君之子皆名將相也。』後省華謝政家居，三子並衣金紫扶杖。長堯叟，世稱賢相；次堯佐，官太子太師；季堯咨，官節度使，善射，世稱小由基。

孕靈此子　五代王承肇母崔氏，夢山神牽五色獸逼其衣，遂生承肇。有異僧見而撫之，曰：『老僧所居周公山，佳氣減半，乃孕靈此子耶？』後節制洛州，以功名著。

父辱子死　彭修年十五，侍父出行，爲盜所劫，修拔刀向盜，曰：『父辱子死，汝不畏死耶？』盗驚曰：『童子義士，毋逼之。』遂遁去。

一子不可縱　劉摯兒時，父居正課以書，朝夕不少間。或謂：『君止一子，獨不加恤耶？』居正曰：『正以一子，不可縱也。』

事父猶事君　殷淵剛介多大節，從父宦遊，父行事未當，必（辨）〔辯〕論侃侃。嘗言事父猶事君，不以諛諾爲恭。後死闖賊難。

娶長妻　馮勤祖父偃，長不滿七尺，自恥短陋，乃爲子伉娶長妻，生勤，八尺三寸。

一門七業　劉殷有七子，五子各授一經，一子受太史公《史記》，一子受《漢書》，一門之内，七業俱興。北州之學，殷門爲盛。

胎教　孟子少時，問：『東家殺猪何爲？』母曰：『啖汝！』既而悔曰：『吾聞胎教，割不正不食，席不正不坐。今適有知而欺，是教之不信。』乃買猪肉啖之。

七子孝廉　趙宣妻杜泰姬生七男，教之曰：『中人性情，可上下也。昔西門豹佩韋以自寬，宓子賤佩弦以自急，汝曹念哉！』後七子皆辟孝廉，而元珪、稚珪更以令德著。

各守一藝　鄧禹有子十三人，各守其藝，閨門雍睦。累世寵貴漢庭者，凡百餘人。

兒必貴　王珪母李氏嘗曰：『兒必貴，未知所與游者何人？』適玄齡、如晦造訪，母大驚曰：『二客皆公輔器，汝貴不疑矣。』

蘇瓌有子　蘇頲父同李嶠拜相。一日，召二子進見，帝曰：『蘇瓌有子，李嶠無兒。』

是父是子　吕昭知沁州，臨行，父老持金相贈。昭曰：『吾無劉寵之愛，敢爲父老留一錢哉！』却不納。子旦初第，昭誡之曰：『苟酌貪泉，死不歆祀。』嚙冰茹蘗，是父是子。

父子四元　倫文敘弘治乙未會元，三子以諒、以訓、以詵皆成進士。以諒鄉試第一，以訓會試第一，以詵殿試第二。父子居四元，爲科名盛事。

一如其父 范仲淹知耀、邠二州，皆有善政。趙元昊叛，知永興軍時，稱小范老子胸中有數萬甲兵。子純禮，亦知永興，爲政一如其父。

一褐寄父 鄺埜仕副使，常市一褐寄父。貽書問：何處得此褐，毋以不義污我。家教嚴，故埜制行最清謹。

天上麟麟 杜詩：『徐卿二子生絶奇，感應吉夢相追隨。孔子釋氏親抱送，並是天上麒麟兒。』

厲人生子 昔有厲人夜半舉子，急持燈燭之，蓋恐肖己也。

三遷 孟子少時，居近墓，乃好爲墓間之事。孟母曰：『此非所以教吾子也。』乃去。居市廛，孟子又好爲貿易之事。母曰：『此非所以教吾子也。』復去。居學宫之傍，孟子乃設俎豆，揖（攘）〔讓〕進退〔九〕。孟母曰：『此可以教吾子矣。』遂居之。

和熊 柳公綽妻韓氏，常粉苦參、黄連，和熊膽爲丸，賜其子仲郢等夜學含之，以資勤苦。

畫荻 歐陽修四歲而孤，鄭氏教之。家貧，乏紙筆，以荻畫地學字。後成大儒，官至觀文殿大學士。

截髮 陶侃孤貧，孝廉范逵常過，倉卒無以款待。母湛氏乃截髮以易酒，又撤所卧草薦，剉以餵馬。逵見盧江守張夔，稱之。夔召侃，領樅陽令。

跨竈　竈上有釜，故子過於父，謂之跨竈。蓋父與釜同音，藉以相喻也。

鳳毛　宋謝鳳子超宗，善文詞，作《殷妃誄》。帝嘆賞曰：『超宗殊有鳳毛。』杜詩：『欲知世掌絲綸美，池上于今有鳳毛。』

雙珠　後漢韋康、韋誕俱有時名。孔融語其父端曰：『不意雙珠近出老（蜂）〔蚌〕〔一〇〕。』

豚犬　曹操見孫權，嘆曰：『生兒當如孫仲謀，如劉景升兒子，豚犬耳！』

老牛舐犢　楊彪子爲曹操所殺。操後見彪，曰：『何瘦之甚！』曰：『愧無日磾先見之明，猶懷老牛舐犢之愛。』操爲之改容。

伯道無兒　鄧攸字伯道，石勒之亂，挈妻子及弟子綏以逃，度不能兩全，乃棄子存姪，後卒絕嗣。時人語曰：『皇天無知，使伯道無兒。』

萱堂　萱草一名宜男，妊婦佩之即生男。故稱母爲萱堂。《詩·伯兮》章：『焉得萱草，言樹之北。』〔一一〕

椿庭　《莊子》云：『上古有大椿，以八千歲爲春，八千歲爲秋。』今人稱父曰椿庭。

喬梓　喬木高而仰，父道也。梓木實而俯，子道也。故稱父子曰喬梓。

樝梨　張敷小字樝，父邵小字梨。宋文帝戲之曰：『樝何如梨？』敷曰：『梨是百果之宗，樝何敢比！』

菽水承歡　子路曰：『傷哉貧也！生無以爲養，死無以爲禮也。』孔子曰：『啜菽飲水，盡其歡，斯之謂孝。』

爲母殺雞　後漢茅容，郭林宗訪之，留宿。旦日，容殺雞爲饌，林宗以爲己設。已而供奉其母。林宗拜之，曰：『卿賢乎哉！』因勸之學，以成其德。

自傷未遇　晋趙至年十二，與母道旁看令上任。母曰：『汝後能如此不？』至曰：『可爾。』早聞父耕叱牛聲，釋書而泣。師問之，曰：『自傷未遇，而使老父不免勤苦。』

風木之悲　《春秋》：皋魚宦遊列國，歸而親故，泣曰：『樹欲静而風不息，子欲養而親不在！』遂自刎死。

毛義捧檄　毛義以孝行稱。府檄至，以義爲安陽令。義捧檄而喜動顔色，張奉薄之。後義母亡，遂不仕。奉嘆曰：『往日之喜，蓋爲母也。』

爲母遺羹　潁考叔爲封人，鄭莊公賜之食。食舍肉，曰：『小人有母，皆嘗小人之食矣，未嘗君之羹，請以遺之。』

倚閭而望　王孫賈事齊閔王，王出走，賈不知其處。其母曰：『汝朝出而晚歸，則吾倚門而望；汝暮出不歸，則吾倚閭而望。汝今事王，王出走，汝不知其處，汝尚何歸？』

對使伏劍　王陵歸漢，項羽取陵母置軍中以招陵。陵母私送使者曰：『漢王長者，吾兒毋以老妾故持二心，妾以死送。』遂伏劍而死。

封還官物　陶侃少爲縣吏，常監魚池，以魚鮓遺母。母封鮓責之，曰：『爾以官物遺我，反增我憂耳！』拒却之。

勿以母老懼　劉安世除諫官，白母曰：『朝廷使兒居言路，須以身任國，脱有禍譴，如老母何？』母曰：『諫官爲天子諍臣，汝父欲爲而弗得。汝幸居此，當捐身報主，勿以母老懼流放耳。』

對食悲泣　陸續繫洛陽。母往饋食，續對食悲泣。使者問故，曰：『母來不得見耳。』問：『何以知之？』曰：『吾母切肉未嘗不方，斷葱以寸爲度，此必母所餉也。』使者以聞，特赦之。

暴得大名　陳嬰母，東陽少年殺其令，欲立嬰爲王。母曰：『吾自爲汝家婦，未聞汝先有貴者。今暴得大名，不祥。』嬰乃屬漢。

人不可獨殺　嚴延年爲河南守，母從東海來，適見報囚，乃大驚，不肯入。延年叩首謝。母曰：『天道神明，人不可獨殺。我不意垂老見壯子被刑戮也！』歲餘，果敗。

擊墮金魚　陳堯咨秩滿歸。母問有何異政，對曰：『荆南當孔道，過客以兒善射，莫不歎。』母曰：『忠孝輔國，爾父之訓也。爾不能以善化民，顧專卒伍一人之技。』因擊以杖，墮其金魚。

得與李杜齊驅　漢誅黨人，詔捕急。范滂白母曰：『仲博孝敬，足供養，滂從龍舒君九原，存亡得所。惟大人割不忍之恩。』母曰：『汝得與李、杜齊驅，死亦何恨！令名壽考，可兼致乎？』

吾知善養　尹焞嘗應舉，發策有誅元祐諸臣議。焞不對而出，歸告其母。母曰：『吾知汝以善養，不知汝以禄養也。』

能爲滂母　蘇軾生十歲，母程氏親授以書，聞古今成敗，輒能領其要。程讀《范滂傳》，慨然嘆息。軾請曰：『軾若爲滂，母能許之否？』程曰：『汝能爲滂，我獨不能爲滂母耶？』

口授古文　虞集母楊氏，歸虞汲。宋末兵亂，汲挈家奔嶺外，無書可携讀。母口授集《左傳》，歐、蘇文。卒以文章名世，皆母訓也。

得父一絶　唐宋之問父名令文，富文詞，且工書，有力絶人，世謂之三絶。後之問以文章顯，之悌以驍勇聞，之遜精草隷，各得父一絶。

父子謚文　明倪謙與子同入史局，謙終南禮部尚書，子岳終南吏部尚書。父謚文僖，子謚文毅。父子謚文，世以爲榮。

父長號　何遵幼閲范滂母事，告母曰：『兒設爲滂，大人能慨然爲滂母乎？』母笑而許之。後爲工部主事，諫武宗南巡，荷校暴午門外，五日杖死。廷杖日，父鐸在里，有烏悲鳴而前，心異之。比聞工部有以言獲罪者，父長號曰：『遵其死夫！』已而果然。

以屏隔座　三國紀亮與子騭俱仕吴，亮爲尚書令，騭爲中書令，每朝會，以雲母屏隔座，時論榮之。

教忠　周狐突，晋大夫。懷公時，突子毛及偃從重耳如秦。公執突曰：『子來則免。』對曰：『子之能仕，父教之忠，古之道也。今臣子從公子亡，若又召之，教之貳也。』卒就死。

當有五丈夫子　商瞿同年有梁鱣者，年三十，未舉子，欲出其妻。瞿曰：『未也！吾齒三十八無子，吾母爲吾更娶。夫子曰：「無憂也。瞿過四十當有五丈夫子。」果然。吾恐子自晚生，且未必妻過也。』居二年，而梁有子。

不如一經　韋玄成，賢之子，與蕭望之諸儒辯五經同異於石渠閣。漢元帝朝拜相，守正持重不及父，而文采過之。鄒、魯諺曰：『遺子黃金滿籯，不如一經。』

義繼母　齊二子之母，宣王時有死於道者，吏執其二子，兄曰：『我殺之。』弟曰：『非兄也，我殺之。』吏以告王，王召問其母，母泣對曰：『殺其少者。』王問故，母曰：『少者妾之子。長者前妻之子，其父臨終，囑妾善視。今殺兄活弟，是以私廢公也。背言忘信，是欺死也。』王高其義，皆赦之。

他日救時宰相　于忠肅父與如蘭爲方外交。忠肅彌月，如蘭赴湯餅之會，摩其頂曰：『此他日救時宰相也。』

墨莊　宋劉式没，惟遺書數千卷，夫人陳氏指謂諸子曰：『此乃父墨莊也。』其後諸子及孫並起高第，爲時名臣。

各授一經　宋田闢行高學博，游成均二十年，不遇，浩然歸隱。子九人，各授一經，俱登第。時稱義方者，必曰田氏。

箕裘　《禮記》：良冶之子，必學爲裘；良弓之子，必學爲箕。

親導母輿　唐崔邠爲太常卿，親導母輿入太常署，公卿皆避道。

附各方稱謂〔一二〕

蜀人稱父曰郎罷。吳人呼父曰奢音遮，呼祖曰阿爹，又有呼曰公爹。有呼父曰爺音涯，有呼父曰爸音霸。有呼父曰爸音播。遼東人呼父曰阿嘛，母曰莪娘。湖南人呼母曰哎（祖）〔姐〕〔一三〕。有呼父曰阿叭，母曰阿宜。江淮人呼母曰社。李長吉呼母曰嬭。吳人呼母曰𡡉音寐。羌人呼母曰姐。江湖有呼母謂媞音侍。青、徐人呼兄曰阿荒。荒，大也。又曰兟音選。越人呼兄曰況。楚人呼姊曰嬃，呼妹曰媦音位。江淮人呼子曰崽音宰，呼女曰娪音悟。又有呼子曰男，女曰媛音嬡。越人呼子曰婧。吳人呼子曰犽音牙。楚人呼妻母曰㚴音氏。東齊人呼壻曰倩。呼賤役曰倯。婦人呼夫之兄曰兄公，稱夫之姊曰女伀音中。呼姊妹之子曰出音翠。自稱曰姎音盎，猶稱我也。稱舅母曰妗。齊人呼姊曰㜷音稍。

【校】

〔一〕『設弧於門左』，原書脱『門』字，據《禮記·內則》補。

〔二〕『張盥』，原書誤作『張盟』，按所引劉禹錫詩句出自《送張盥赴舉》，據改。

〔三〕按本條『張説夢生』語未洽，《增修埤雅廣要·人道門》引《開元天寶遺事》作『張説母夢一玉燕飛入懷中』云云，辭氣較順。

〔四〕『王曇選妻』，原書作『王曇逸母』，據《舊唐書·隐逸·王遠知傳》、《新唐書·方技·王遠知傳》改。出處《南史》亦誤，《錦繡萬花谷·孕育》、《事類備要前集·嗣續門》等書已誤作『南史王曇逸母』云云。

〔五〕『杜明師』，原書作『杜明甫』，《方輿勝覽》卷一、《廣輿記》卷十同，據《異苑》卷七、《詩品》上改。『明師』爲杜昺諸弟子私謚之號。

〔六〕『八十一歲』，一説母懷之七十二年，近是。

〔七〕『此龜息也』，甲本作『是龜息也』，《廣輿記》卷十六同。

〔八〕乙本此條原在本節末，眉批『補産有異光條下』，據移此。『楊价』，乙本誤作『楊玠』，據甲本改。

〔九〕『揖讓』，乙本作『揖攘』，據甲本改。

〔一〇〕『老蚌』，乙本誤作『老蜂』，據甲本改。

〔一一〕按《詩·衛風·伯兮》作：『焉得諼草，言樹之背。』

〔一二〕『各方稱謂』，乙本作『各稱方位』，甲本作『各方稱位』，今改。

〔一三〕『哎姐』，今湖南方言近是，乙本誤作『哎祖』，據甲本改。

夫婦附妾

舉案齊眉　梁鴻至吴，依皋伯通廡下，爲人賃舂。妻孟光具食，舉案齊眉。伯通異之，曰：

『彼傭，能使其妻敬之如此，非凡人也。』以禮遇之。

歸遺細君　東方朔割肉懷歸，武帝問之，曰：『歸遺細君。』

糟糠　光武姊湖陽公主新寡，欲下嫁宋弘。帝語弘曰：『貴易交，富易妻，人情乎？』弘對曰：『貧賤之交不可忘，糟糠之妻不下堂。』帝顧主曰：『事不諧矣。』

斷機　樂羊子游學，未三月而歸，其妻引刀斷機，曰：『君子尋師，中道而歸，何異斷斯織乎？』羊子乃發憤卒業。

二喬〔一〕　周瑜從孫策攻皖，得喬公兩女，皆有殊色。策自納大喬，瑜納小喬。策謂瑜曰：『喬公二女雖流離，得吾二人爲壻，亦足爲歡。』

有兄之風　孫權妹，劉先主初在荆州，孫權以妹妻之。妹才捷剛猛，有諸兄之風，侍婢百餘人，皆執刀侍立。先主每入，心常凛凛。

婦有四德　許允婦貌醜，允曰：『婦有四德，卿有幾德？』婦曰：『妾之所不足者色耳。士有百行，卿有幾行？』允曰：『皆備。』婦曰：『君好德不如好色，何謂皆備？』允大慚，禮之終身。

執巾櫛　《左傳》：晋太子圉質於秦，秦妻之，將逃歸。嬴氏曰：『寡君使婢子執巾櫛，以固子也。縱子私歸，棄君命也，不敢從。』

奉箕帚　單父人吕公好相人，見劉季狀貌，異之，曰：『僕閱人多矣，無如季相！　僕有弱息女，願爲箕帚妾。』

吾知喪吾妻　劉庭式嘗聘鄉人女。及登第，女喪明，家且貧甚，鄉人不敢復言。或勸改聘，庭式嘆曰：『心不可負！』卒娶之，生數子。死，哭之慟。蘇軾時爲州守，問曰：『哀生於愛，愛生於色。足下愛何從生？哀何從出乎？』庭式曰：『吾知喪吾妻而已。』軾深感其言。

畫眉　張敞爲京兆尹，爲婦畫眉。有司奏聞。上問之，對曰：『夫婦之私，有過於此者。』上弗責。

牛衣對泣　王章家貧無被，臥牛衣中，與妻涕泣。妻怒曰：『京師貴人，誰踰仲卿者？不自激昂，乃反涕泣，何鄙也！』後果爲京兆。

剔目　房玄齡布衣時，病且死，謂妻盧氏曰：『吾病不起，卿年少，不可寡居，善事後人。』盧泣入帷中，剔一（日）〔目〕以示信〔一〕。玄齡疾愈，後入相，禮之終身。

織錦迴文　竇滔妻蘇氏，字若蘭，苻堅時滔拜安南將軍，鎮襄陽，携寵姬趙陽臺以行。蘇悔恨，因織錦爲迴文，題詩二百餘首，縱横反覆皆爲文章，名曰《璇璣圖》，以寄滔。

不從别娶　宋黄龜年爲侍御史，劾秦檜，遂奪檜職。初，邑簿李朝旌許妻以女。既登第，而朝旌已死，家甚貧，或勸其别娶，不從。

小吏名港　漢廬江小吏焦仲卿妻，爲姑所逐，自誓不嫁。其母屢逼之，遂投水死。仲卿聞之，亦自縊。今府境有小吏港，以仲卿名。

相思樹　韓憑妻封丘息氏，康王奪之，憑自殺。息與王登臺，遂投臺下死，遺書於帶，願以尸骨賜憑。王弗聽，使人埋之，塚相望也。信宿，有交梓本（住）〔生〕於二塚之旁〔三〕，旬日而枝成連理，鴛鴦棲其上，交頸悲鳴。宋人哀之，號曰相思樹。

知禮　季敬姜，魯大夫公甫穆伯之妻也。子文伯相魯，退朝。敬姜方績，文伯曰：『以歜之家，而猶績乎？』敬姜歎曰：『夫民，勞則思，思則善心生；逸則淫，淫則忘善，忘善則惡心生。吾懼穆伯之絶祀也！』及文伯卒，敬姜朝哭穆伯，暮哭文伯。仲尼聞之，曰：『季氏之婦知禮矣！』

作誄　柳下惠卒，門人欲誄之。妻曰：『將誄夫子之德耶？則二三子不如妾知之也。』乃作誄。

謚康〔四〕　黔婁先生卒，曾（西）〔子〕往弔，見其屍覆布被，（手）〔首〕足不盡斂。曾（西）〔子〕曰：『邪引其被則斂矣。』妻曰：『邪而有餘，不若正而不足。死而邪之，非先生意也。』曾（西）〔子〕曰：『何以爲謚？』妻曰：『先生不戚戚於貧賤，不汲汲於富貴，其謚曰康，可乎？』曾（西）〔子〕嘆曰：『惟斯人也，而有斯婦。』

預結賢士　晉大夫伯宗好以直辯淩人，人惡之。妻曰：『危可立待也！何不預結賢士，以州犁托（馬）〔焉〕〔五〕。』伯宗乃得畢羊而交之。未幾，伯宗以譖死。畢羊送州犁於荆，幸免。

柏舟　共姜，衛世子（舟）〔共〕伯妻〔六〕。共伯蚤折，父母欲奪而嫁之，以死自誓，作《柏舟》詩。

共隱終身〔七〕　王霸少與令狐子伯善，後子伯相楚。其子爲郡功曹，嘗詣霸。霸子耕於野，投耒見客。顔色慚（阻）〔沮〕。客去，霸卧不起。妻問故，霸曰：『彼子容服都〔光〕，兒曹有慚色。父子恩深，不覺自失耳。』妻曰：『子伯之貴，孰與君之高？奈何忘夙志而慚兒女子乎？』霸起而笑曰：『有是哉！』遂共隱，終其身。

女宗　鮑蘇仕衛三年，而娶外妻。其妻養姑甚謹。其姒曰：『子可以去矣。』答曰：『婦人從一爲貞，以順爲正，豈有專夫室之愛爲賢哉？』事姑愈謹。宋公表其閭曰『女宗』。

封髮　唐賈直言坐事貶嶺南。妻董氏名德貞，年甚少。訣曰：『死生未期，汝可亟嫁。』貞不答，引繩束髮，封以帛，使直言署曰：『非君不可解！』直言貶二十年乃還，帛如故。

受羊埋之　羊舌子好直，不容於晋，去三室之邑。邑人攘羊而遺之，羊舌子不受。妻叔姬曰：『不如受而埋之。』羊舌子曰：『何不餉肸與鮒？』姬曰：『不可。南方有鳥爲吉乾，食其子，不擇肉，子多不義。今肸與鮒童子也，隨大人而化，不可食以不義之肉。』乃盛以瓮，埋壚陰。後攘羊事敗，吏發視之，（舌）〔骨〕尚存〔八〕。曰：『君子哉！羊舌子不與攘羊矣。』

弓工妻　晋繁人之妻也。平公使繁爲弓，三年乃成。公引射而不穿一札，將殺之。其妻請見，曰：『妾夫造弓，勞矣！君不能射，反以殺人。妾聞射之道，左手如拒，右手如附；右手發之，左手不知。』公用其言，而射穿七札，立釋繁人。

迎叔隗　晋文公與趙衰子奔狄，狄人隗氏入二女，公納季隗，以叔隗妻衰，生盾。及反國，文公又以女趙姬妻之，生三子。趙姬請迎盾與其母，衰不敢從。姬曰：『得寵忘舊，安富室而棄賤交，不可。君其迎之。』衰乃迎叔隗與盾於狄。

提瓮出汲　桓氏字少君，鮑宣就少君父學，父奇其清苦，以女妻之，裝送甚盛。宣不悦。少君悉屏去侍從服飾，更布素，與宣共挽鹿車歸里。拜（帖）〔姑〕[九]，即提瓮出汲，修婦道。

御妻　晏子出，其御之妻從門間窺其夫，意氣揚揚自得。既而歸，妻請去，曰：『晏子身相齊國，名顯諸侯。觀其志常有以自下者。子爲人御，自以爲足，妾是以求去也。』御者乃重自抑。晏子怪而問之，以實對，薦爲大夫。

效少君　馬融女適汝南袁隗，禮初成，隗曰：『婦奉箕帚則已，何乃珍麗？』對曰：『慈親愛重，不敢違命，君若慕鮑宣之高，（妻）〔妾〕亦效少君之事[一〇]。』

破鏡　樂昌公主下嫔徐德言。陳亡，德言與主破鏡，各分其半。後主爲楊素所得，德言寄詩云：『鏡與人俱去，鏡歸人未歸。』樂昌得詩，悲泣不已。素愴然，召德言還之。

造廬而弔　杞梁死國事，喪歸，齊莊公遇於途，欲弔。其妻曰：『君以吾夫之死爲有罪，則不敢辱君之弔；如以爲無罪，則先人有敝廬在，何弔於途？』公乃造其廬而弔焉。

琴心　司馬相如與臨邛令善。富人卓王孫聞令有貴客，爲具召之。酒酣，令請相如撫琴。時卓王孫女新寡，竊聽。相如以琴心挑之，文君遂夜奔，相如與之歸成都。

白頭吟　司馬相如將聘茂陵女爲妾，卓文君作《白頭吟》以自絶，相如感之，乃止。

妒婦津 劉伯玉妻段氏悍妒，聞其夫誦《洛神賦》，投洛水死。後人名其地爲妒婦津。有婦人渡此者，必濕其衣粧。

四畏堂 王文穆作『三畏堂』，夫人悍妒，楊文公戲曰：『可改作四畏堂。』公問〔其〕故〔一〕，曰：『兼畏夫人。』

獅子吼 陳季常妻柳氏悍妒，客至，或聞詬詈聲。坡公詩戲之曰：『誰似龍丘居士賢，談空説有夜不眠。忽聞河東獅子吼，柱杖落手心茫然。』

恐傷盛德 謝太傅劉夫人性妒，常帷諸妓作樂，太傅暫見，便下帷。太傅索更一開，夫人拒之，曰：『恐傷盛德。』

鶬庚止妒 梁武帝平齊，獲侍兒千餘，郗后憤恚成疾。左右曰：『《山海經》云：食鶬庚止妒。』后食之，妒果減半。

炊扊扅 百里奚爲秦相，堂上作樂，有浣婦自言知音，援琴歌曰：『百里奚，五羊皮，憶别時，烹伏雌，炊扊扅，今當富貴忘我爲？』尋問之，乃其妻也。

周姥撰詩 謝太傅欲置伎妾，命兄子往勸夫人，因言《關雎》、《螽斯》不妒之詩。夫人問：『誰爲此詩？』云是周公。夫人曰：『周公是男子，周姥撰詩，當無是語。』

何由得見 桓温尚南康公主，經年不入其室。一日，温與司馬謝奕飲，奕以酒逼温，温逃入主所。奕遂升廳事，引一直兵共飲，曰：『失一老兵，得一老兵，何怪也！』主謂温曰：『君若無狂司馬，我何由得見！』

羞墓　朱買臣刈薪自給，妻求去，買臣笑曰：『我年五十當富貴。』妻恚曰：『如公等，終餓死溝中耳！』買臣不能留。無何，拜會稽太守，乘傳入吴，見故妻從夫治道，載之後車。妻愧死，葬於嘉興，呼爲『羞墓』。方正學有詩云：『青草塘邊土一坵，千年埋骨不埋羞。叮寧囑咐人間婦，自古糟糠合到頭。』

秋胡挑妻　魯秋胡娶妻五日，官於陳。後歸，見採桑女子，下車挑之，曰：『力田不如逢年，力桑不如見郎。吾有黄金，願以與子。』婦不受，歸。及見其夫，乃挑我者也，遂數胡罪，而沉於河。

難做家公　郭汾陽子曖與昇平公主詬詈，曖曰：『汝倚父爲天子耶？我父薄天子而不爲耳！』主入奏，子儀囚曖入待罪。代宗曰：『不啞不聾，難做家公。小兒女閨閫之言弗聽。』

妒不畏死　唐任（環）〔瓌〕爲兵部尚書〔一二〕，太宗賜宫女二人，妻柳氏妒之，欲爛其髮使秃。太宗賜酒曰：『飲之立死，不妒不須飲。』柳氏拜敕曰：『誠不如死！』舉卮飲盡。太宗謂（環）〔瓌〕曰：『人不畏死，卿其奈何！』二女令别室安置。

鼓盆　莊子妻死，惠子弔之。莊子方箕踞，鼓盆而歌。惠子曰：『不太甚乎？』莊子曰：『人且（僵）〔偃〕然寢於巨室〔一三〕，而我且嗷嗷然隨而哭之，自以爲不通乎正命，故止之也。』

牝雞司晨　周武王曰：『牝雞無晨。牝雞之晨，惟家之索。今商王受，惟婦言是用。』

加公九錫 王導懼内，乃以别館畜妾。夫人知之，持刀尋討。導飛轡出門，以左手扳車欄，右手提麈尾柄以打牛，狼狽而前。蔡司徒謨曰：『朝廷欲加公九錫。』王信以爲實。蔡曰：『不聞餘物，惟聞短轅犢車，長柄麈尾。』王大羞媿。

何況老奴 桓温平蜀，以李勢妹爲妾，妻聞，拔刀襲之。李方梳頭，髮垂委地，姿貌端麗，乃徐結髮，斂手向妻，曰：『國破家亡，無心至此。若能見殺，猶生之年！』神情閒正，辭氣悽惋。妻乃擲刀，前抱之曰：『我見猶憐，何況老奴？』遂善視之。

如夫人 齊侯好内，多内寵，内嬖如夫人者六人。

解白水詩 管仲妾名婧。桓公出游，甯戚扣牛角而商歌。公使管仲迎之，戚曰：『浩浩乎白水。』管仲不知所謂。婧曰：『古有《白水》之詩，曰：「浩浩白水，儵儵之魚。君來召我，我將安居？」（比）〔此〕戚之欲仕也〔一四〕。』管仲大悦，以報桓公，遂相齊。

居燕子樓 關盼盼，張建封侍姬也。建封殁，盼盼獨居燕子樓十餘年。一日，得白樂天和詩，泣曰：『自我公薨，妾非不能死，恐世以我公重色，有從死之妾，而玷公也。』遂怏怏不食而卒。但吟云：『兒童不識衝天物，漫托青泥污雪毫。』

何惜一女 周顗母姓李，字絡秀，顗父浚，爲安東將軍，出獵遇雨，過李氏。會其父兄他出，絡秀與一婢具數十人饌，甚精辦，而不聞人聲。浚怪，使人覘之，獨見一女子美甚。浚固求爲侍妾。父兄初不許，絡秀曰：『門户衰微，何惜一女！』遂許之，生顗及嵩。

抱骨赴水 趙淮妾，長沙人。元將使淮招李（廷）〔庭〕芝[一五]，淮至城下，大呼曰：『（廷）〔庭〕芝，男子死耳，無降也！』將怒殺之，擄其妾。妾僞告將曰：『妾夙事趙運使，今死不葬，不忍忘情。願往埋之，即事公無憾。』乃聚薪焚淮骨，置缶中，自抱骨赴水死。

察妾憂色 袁昇五旬無子，往臨安置妾。既得妾，察其有憂色，問故。妾曰：『吾故趙太守女也，家四川，且貧，母賣妾爲歸葬計耳。』昇即送還，并傾橐以贈。妻曰：『君施德如此，何患無子！』次年生韶，爲浙西使。孫洪，官郡司馬。

不如降黃巢 王鐸鎮渚宫，以拒黃巢，兵漸逼。先是赴任，多帶姬妾，夫人不知。忽報夫人離京在道。謂從事曰：『黃巢漸以南來，夫人又自北至，旦日情味，何以安處？』幕僚戲曰：『不如降了黃巢！』

諷使出妻 宋夏執中，姊爲孝宗后，累官節度。初執中與其微時妻至京，后諷使出之，擇配貴族。執中誦宋弘語以對，后遂止。

六十未適 南北朝顧協少時，將聘舅女，未成婚，而母亡。免喪後，不復娶。至六十餘，此女猶未他適，協義而迎之，卒無嗣。

遣妾獻詩 陳陶操行高潔，累辟不起。嚴譔守南昌，欲試之，遣小妾蓮花往侍，陶竟夕不納。妾獻詩曰：『蓮花爲號玉爲腮，珍重尚書遺妾來。處士不生巫峽夢，空勞雲雨下陽臺。』陶答云：『近來詩思清於水，老去風情薄似雲。已向昇天得門户，錦衾深愧卓文君。』

計賺解後　沈襄父鍊，疏劾嚴嵩父子，被謫。復誣入白蓮邪教，戮之原籍。逮襄部訊，并解其妾。抵山東，起早下於客店，妾密語襄曰：『君至京，必無生理，盍以計脱，以存宗祧？妾拚一死，與之圖賴，或得免落奸相之手。』於是紿之，曰：『此地有吏部某爲我父同年，在都時曾貸我父三百餘金，索來可作路費，亦可以餘者贈爾兩人爲還鄉需，不識可行否？』二差以其有妾爲質，去其手刑，易其衣巾。一差守妾於店，一差押之同往。行不一里，其差腹疼登厠，襄逸去。差至所謂吏部家，與襄所言迥異。奔回客店，云襄脱逃，嚇妾吐真。妾乃號叫曰：『我夫妻耐苦到此，京師已近，滿望事白生還。汝受嚴氏囑，潛殺我夫，汝必還我夫屍！我以身殉，決不甘孱弱女流又遭汝之污辱。』聞者酸鼻，告之。當道亦疑爲嚴氏所謀，將妾寄養尼菴，日比二差還屍。拖延二載，嚴氏敗〔一六〕，襄出爲父陳冤，恩蒙贈蔭。妾亦受封，與襄白首告終。

名分定矣〔一七〕　嘉靖（己）〔乙〕丑，瑞州孝廉劉文光、廖暹同上公車，皆下第，欲歸。廖倩媒買妾，拉劉同往選擇，相中一女，下定訂期。其女問曰：『二位相公何者聘妾？』廖暹戲指劉曰：『是這劉相公娶你。』劉亦大笑，女乃對劉肅拜而進。次日備禮往娶，女見儀狀大駭，曰：『劉君娶我，何以帖出廖某？』媒告以實，女變色曰：『作妾雖然微賤，亦關夫妻父子之道，豈可輕指他人以爲戲，我已拜劉，名分〔定〕矣！』父母婉轉再四，誓死不從。廖追悔無及，勸劉納之。劉力不繼，約以下（料）〔科〕。後劉正室逝世，娶女爲正。

各送半臂　宋子京夜飲曲江，偶寒，命取半臂，十餘寵各送一枚。子京恐有去取，不敢服，冒寒而歸。

臼中炊釜 江淮王生善卜，有賈客張瞻將歸，夢炊臼中。問王生，生曰：『君歸不見妻矣。臼中炊，無釜也。』瞻歸而妻已卒。

覆水難收 姜太公初娶馬氏，讀書不事産業，馬求去。太公封於齊，馬求再合。太公取水一盆傾於地，令婦收水，惟得其泥。太公曰：『若能離更合，覆水豈難收？』

【校】

〔一〕本條『喬』字甲本均作『橋』字。

〔二〕『眇一目』，『目』乙本誤作『日』，據甲本改。

〔三〕『生於二塚之旁』，『生』乙本誤作『住』，據甲本改。

〔四〕『曾子』，『首足』，原書作『曾西』、『手足』，《類書纂要》卷十九同，據《列女傳·賢明·魯黔婁妻傳》改。

〔五〕『以州犁托焉』，『焉』乙本誤作『馬』，據甲本改。

〔六〕『共伯』，乙本作『舟伯』，據甲本改。

〔七〕『慚沮』原書作『慚阻』，『容服都光』原書無『光』字，皆據《後漢書·列女·王霸妻傳》改補。

〔八〕『骨尚存』，『骨』原書作『舌』，《問奇類林·閨範》、《廣輿記》卷四同，據《列女傳·仁智·晋羊叔姬》及《大明一統志》卷二十引改。

〔九〕『拜姑』，乙本誤作『拜帖』，據甲本改。

〔一〇〕『妾亦效少君之事』，『妾』原書作『妻』，據《後漢書·列女·袁隗妻傳》及《大明一統志》卷三十三改。

〔一一〕『公問其故』，乙本脱『其』字，據甲本補。

〔一二〕『任瓌』，原書誤作『任環』，《類説》卷四十同，據《太平廣記》卷二百七十二及《韻府群玉》卷十二引《朝野僉載》改。

〔一三〕『偃然』，原書作『僵然』，據《莊子·外篇·至樂》改。

〔一四〕『此』，乙本誤作『比』，據甲本改。

〔一五〕『李庭芝』，原書作『李廷芝』，《廣輿記》卷十五同，據《宋史·列女·趙淮妾傳》改。

〔一六〕『嚴氏敗』，甲本無『氏』字。

〔一七〕『嘉靖乙丑』、『名分定矣』、『約以下科』，乙本誤作『嘉靖己丑』、『名分矣』、『約以下料』，據甲本改。

壻

紅絲　唐郭元振，美丰姿。宰相張嘉貞欲納爲壻，曰：『吾五女，各持一絲於幔後。子牽之，得者爲婦。』元振牽一紅絲，得第三女。

廄中騏驥　《南史》：杜廣初爲劉景廄卒，及與景語，景大驚曰：『久負賢者！』告其妻曰：『吾爲女求壻二十年〔一〕，不意廄中有騏驥。』遂以女妻之。

屏間孔雀　唐高祖皇后竇氏父毅曰：『此女有奇相，不可輕許人。』因畫二孔雀於屏，求婿者令射二矢，陰約中目。高祖最後至，各中一目，遂歸於帝。

玉鏡臺　晋温嶠姑有女，屬嶠覓壻。嶠自有婚意，曰：『但得如嶠何如？』姑曰：『何敢希汝比也？』復一日，嶠云：『已得壻矣。門第不減嶠。』因下玉鏡臺一枚，姑喜。婚畢，姑女披紗扇，撫掌笑曰：『我固疑是老奴，果如所卜！』

再娶小姨　歐陽公與王拱辰同爲蕭簡肅公婿，歐公先娶其長，拱辰娶其次。後歐公再娶其幼女，故歐公有『舊女壻爲新女壻，大姨夫作小姨夫』之戲。

東牀坦腹　郗鑒使門生求壻婚於王導，導〔令就〕東厢下徧覩子弟門生〔二〕，歸謂郗曰：『王氏諸子弟，咸自矜持。唯一人，在東牀坦腹卧，食胡餅，獨若不聞。』鑒曰：『此正佳！』訪問，乃羲之，遂妻以女。

快壻　後魏劉延明，十四就博士郭瑀學。弟子五百餘人，瑀有女，選壻，意在延明。設一座，曰：『吾有女，欲覓一快壻，誰坐此者？』延明奮衣坐，曰：『延明其人也。』遂妻之。

乘龍　魏黄尚與李元禮俱爲司徒〔三〕，俱娶太尉桓叔元女。時人謂桓叔元女俱乘龍，言得壻如龍也。

岳丈　青城山爲五岳之長，名丈人山，故稱婦翁曰岳丈。又云泰山有丈人峯，故稱泰山。

嶽公泰水　歐陽永叔常云：今人呼妻父爲嶽公，以泰山有丈人峯。呼妻母爲泰水，不知出何書也。

冰清玉潤　晉衛玠，妻父樂廣，皆有重名。議者以爲婦翁冰清，女壻玉潤。

天緣　蒙氏有女，欲爲擇配。女曰：『王擇配，非天婚也。我欲倒騎牛背，任牛所之，即嫁之。』王從其請。至一委巷，牛側其角而入，見一樵者，女曰：『此吾壻也。』王怒絶女。一日，壻問：『首飾是何物？』曰：『金也。』壻曰：『吾樵處甚多。』載歸，皆金磚。王難之曰：『汝能作金橋銀路，吾當來訪。』果作以迎王。王歎曰：『信天緣也。』後名其地曰轆角莊。

門多長者轍　張負女孫五嫁而夫輒死，平欲娶之。負曰：『平雖貧，門多長者轍。』卒與之。誡曰：『無以貧故，事人不謹。』

佳壻　唐楊於陵補句容主簿，時韓滉節制金陵，楊以屬吏謁，滉異之。謂其妻柳氏曰：『夫人欲擇佳壻，無有如楊主簿者！』遂以女妻之。

翁壻登相府　范文正一見富弼，器之，曰：『王佐才也。』適晏元獻謂文正曰：『吾一女，煩君爲擇壻。』文正曰：『必求國士，無如富弼者！』元獻妻之。後弼與元獻共登相府，蓋異覯也。

此必國夫人　宋馬亮知夔州。時吕蒙亨爲屬吏，子夷簡在焉，亮一見，許妻以女。妻怒，亮曰：『此必國夫人也。』人服其鑒。

【校】

〔一〕『二十年』，《新刻類輯故事通考旁訓》卷八同，《太平御覽》卷五百十九引《三十國春秋》作『三年』，

《婚禮新編》卷十五引作『三十年』。

〔二〕『令就』二字原無，據《晉書・王羲之傳》補。

〔三〕『魏黄尚』，《古事苑・婚姻》同誤，黄尚、李元禮（膺）東漢人，未入魏，《初學記》卷三十先引《魏志》言華歆、邴原、管寧事，又曰『黄尚爲司徒與李元禮』云云，蓋因此誤書。又《楚國先賢傳》以爲孫雋事。

兄弟附子姪

田氏紫荊　田真、田廣、田慶兄弟同居，紫荊茂盛。後議分析，樹即枯槁。兄弟不復議分，樹乃茂盛如故。

昆玉　陸機、陸雲兄弟二人，生於華亭，人比之崑岡出玉，因名昆玉。

三間瓦屋　蔡司徒在洛，見陸機兄弟住參佐廨中，三間瓦屋，士龍住東頭，士衡住西頭。士龍爲人文弱可愛，士衡長七尺餘，聲作鐘聲，言多慷慨。

難兄難弟　陳元方子羣，陳季方子忠，各論其父功德，争之不能決，咨於太丘，太丘曰：『元方難爲兄，季方難爲弟。』

手足　袁紹二子譚、尚，父死争立，治兵相攻。王修謂曰：『兄弟者，手足也。人將鬬，而斷其右臂，曰我必勝，可乎？』二子不從，爲曹操所滅。

折矢　吐谷渾阿柴有子二十人。疾革，令諸子各獻一箭，取一箭授其弟慕利延，使折之，利延折之。取十九箭使折之，利延不能折。乃嘆曰：『孤則易折，衆則難摧。若曹識之！』

尺布斗粟　淮南厲王與漢文帝兄弟，徙蜀道死。民謡曰：『一尺布，尚可縫，一斗粟，尚可舂，兄弟二人不相容。』

分痛　《宋史》：晋王有病，太祖親往視之，自爲灼艾，晋王覺痛，太祖亦取艾自灼，以分其痛。

皆有文名　羅願兄顥、籲、頡、頌、弟頮，皆有文名，朱熹特稱之。

大小秦　唐秦景通與弟，皆精《漢書》，號大秦、小秦。凡治《漢書》者，非出其門，謂無師法。

束帶未竟　劉璡，瓛弟。瓛嘗隔壁夜呼之，璡下牀著衣立，然後應。兄怪其久，曰：『頃束帶未竟。』其操立如此。

龍虎狗　諸葛瑾仕吴，弟亮仕蜀，弟誕仕魏。時謂蜀得龍，吴得虎，魏得狗。

棠棣碑　賈敦頤爲洛州司馬，洛人爲刻碑市旁。弟敦實又爲長使，洛人亦爲立碑其側，號『棠棣碑』。

三張　晋張載博學，能文章，嘗作《劍閣銘》，武帝命鐫之劍閣；弟協少有儁才，爲河間内史；亢亦嫺詞賦。時號『三張』。

三魏　魏允中，南樂人，兵使王元美賞識之。丙子秋試，元美偕同官飲使院，戒閽吏曰：『小録至，非魏允中元毋傳鼓。』夜半鼓發，相與歡叫，已，與其兄允貞、弟允孚皆舉進士。時人號曰『三魏』。

自縛請先季死 王琳年十餘歲，父母俱亡。遭亂，鄉鄰逃竄，惟琳兄弟獨守冢廬，號泣不去。弟季出，遇赤眉，將殺之。琳自縛，請先季死。賊矜而放之。

時稱四皓 徐伯珍少孤貧，以箬葉學書，杜門十九年，淹貫經史，累召不出。兄弟四人俱白首，時稱四皓。

人所難言 劉正夫官左司諫。徽宗方究蔡邸獄，正夫入對，引淮南『斗粟』、『尺布』之謡。上意遂解，謂正夫曰：『兄弟之間，人所難言。卿能及此，不覺感動。』

俱九歲貢 宋王應辰年九歲，以能誦九經、作《春秋》、《語》、《孟》義，兼通子史，貢於禮部。後數年，其弟應中亦九歲貢禮部。

一母所生 吴思達兄弟六人，先以父命析居。及父卒，泣告其母曰：『吾兄弟別處十餘年，今多破産。一母所生，忍使苦樂不均耶？』復共居。

金友玉昆 辛攀父奭，尚書郎，兄鑒、曠，弟寶、迅，皆以才識知名。秦雍爲之語曰：『五龍一門，金友玉昆。』

相煎太急 曹丕欲殺其弟植，植賦詩曰：『煮豆燃豆萁，豆在釜中泣。本是同根生，相煎何太急！』

火攻伯仲 周顗弟嵩，因醉詈其兄，曰：『兄才不及弟，横得重名！』然蠟燭投之。顗顔色無忤，徐曰：『阿奴火攻，誠出下策。』

姜被〔一〕　後漢姜肱與弟（重）〔仲〕海、（重）〔季〕江各娶，兄弟相戀，不忍別。作一大布被，寢則兄弟與共。人稱其友愛。

花萼集〔二〕　李（義山）〔乂〕兄弟俱以文章著，同爲一集，號《李氏花萼集》。

賈氏三虎　後漢賈彪兄弟三人，並有高名，而彪最優。故天下稱之曰：『賈氏三虎，阿彪最優。』

二惠競爽　左昭公三年，齊公孫竈卒。晏子曰：『惜也！子旂不免，殆哉！二惠競爽，猶可，又弱一個，姜其危哉！』

雙璧　陸暐與弟恭之，並有時譽。洛陽令見之，曰：『僕已年老，幸睹雙璧。』

佳子弟　王右軍少時爲從伯敦、導所器，常謂右軍曰：『汝是吾家佳子弟，當不減阮主簿。』

吾家麒麟　晉顧和族叔榮，見其總角志氣不凡，曰：『此吾家麒麟，興吾宗者，必此子。』

我家龍文　《北史》：楊愔幼聰慧絶人，其叔奇之，曰：『愔也，將相器。』常語人曰：『此兒駒齒未落，已是我家龍文，更十歲，當求之千里之外。』

猶子　盧邁進中書侍郎，再娶無子。或勸蓄姬媵，邁曰：『兄弟多子，猶子也，可以主後。』

千里駒　苻朗，苻堅從兄之子，堅常稱之曰：『吾家千里駒也。』

烏衣子弟　晋王氏子弟多居烏衣巷，一時貴盛。人稱之曰烏衣子弟。

小阮　竹林七賢，阮咸爲阮籍兄子，故稱小阮。

大小王東陽〔三〕　王承出守東陽，多惠政。弟幼亦東陽守。時朱异用事，車馬填門。魏郡申英指异門曰：『此中輻輳，惟勢是趨。不能屈者，大小王東陽耳。』

臣叔不痴　王湛雅抱隱德，不知者以爲痴。兄子濟往省，見牀頭有《周易》，因共譚《易》，剖析精微，出濟意外，乃嘆曰：『家有名士，三十年不知！』武帝嘗問濟：『卿家痴叔死未？』對曰：『臣叔不痴。』又問：『誰比？』曰：『山濤以下，魏舒以上。』

芝蘭玉樹　謝玄爲叔父東山所器重。安常謂子姪曰：『子弟亦何豫人事，正欲使之佳？』玄曰：『譬如芝蘭玉樹，使其生於庭階耳。』

屐齒之折　謝太傅與客圍棋，俄而謝玄淮上信至，展書畢，攝放牀下，了無喜色，下棋如故。客問之，徐答云：『小兒輩遂已破賊。』既罷，還內，過户限，不覺屐齒之折。

三桂堂　宋王之道剛直，尚風節，與兄之義、之深同科名，顏其堂曰『三桂』。嘗夢帝命之曰：『以爾有功，當録其後。』子十人，仕者九人。

刻鵠類鶩　馬援戒其子侄曰：龍伯高敦厚周慎，吾願汝曹效之。杜季良豪俠好義，吾不願汝曹效之。效伯高不得，猶爲謹敕之士，所謂刻鵠不成，尚類鶩者也。效季良不得，陷爲天下輕薄子，所謂畫虎不成，反類狗者也。

析産取肥 漢許武以二弟晏、普未顯，欲使成名，乃析産爲三，自取肥田廣宅，二弟無後言，人皆稱其克讓。晏、普並舉孝廉，武乃會宗人，泣言析産故，悉以田宅歸晏、普，一郡嘆服之。

兄弟感泣 何文淵知温州府。民有兄弟争財而訟者，文淵判其狀，曰：『祇緣花底鶯聲巧，致使天邊雁影分。』兄弟感泣親睦。

兄弟争牛 張蓑年汝南郡守。有兄弟分一牛争訟不能決者，蓑年賜以己牛一頭，使均之。於是境中相戒，咸敦敬讓。

翕和堂 韓祥與弟補同登進士，俱以德行文章顯名。宋理宗書『翕和堂』以賜之。

弟請抵罪 唐陸南金官太子洗馬。嘗匿盧崇道，捕當重法。弟璧請抵罪，御史怪之。璧曰：『母未葬，妹未婦，兄能辦之。我生無益，不如死。』御史義之，並免。

兄惟一子 許荆兄子世，嘗報仇殺人，怨者操刃攻之。荆跪曰：『世無狀，咎在荆。兄惟一子，死則絶嗣，荆願代之。』怨家曰：『許掾郡中賢者，吾何敢犯？』遂委去。

急即撲殺 李勣疾，子弟固以藥進。曰：『我山東田夫爾，位極三台，年將八衮，非過分耶？』命置酒奏樂，列子弟，謂弟弼曰：『我見房、杜諸公〔四〕，苦作門户，爲後人計，並遭癡兒破家。我有如許豘犬，將付汝，若不率教，急即撲殺。』

【校】

〔一〕『仲海季江』，原書作『重海重江』，據《後漢書・姜肱傳》改。

〔二〕『李乂兄弟』，原書誤作『李義山兄弟』，《海録碎事・聖賢人事部》、《古事苑・倫行》同，據新舊《唐書・李乂傳》及《焦氏類林・文學》引改。

〔三〕『大小王東陽』，乙本『東陽』二字誤入正文，據甲本改。

〔四〕『諸公』，甲本作『諸君』，《廣輿記》卷五同。

嫂叔

戛羹　漢高祖微時至丘嫂家，嫂方食羹，厭叔至，陽云羹盡轑釜。已而視釜有羹，由是怨嫂。後乃封其子爲戛羹侯。

爲叔解圍　謝道韞適王凝之。叔獻之與客議論，詞理屢屈。道（藴）〔韞〕遣婢白獻之〔一〕：『爲小郎解圍。』乃於帳後與客辯議，客愧服而去。

亦食糠覈　陳平家負郭窮巷，以敝席爲門。或謂平曰：『何食而肥？』嫂曰：『亦食糠覈耳，有叔如此，不如無有。』伯聞而逐其婦。

嫂不爲炊　蘇秦出游，大困而歸，妻不下機，嫂不爲炊。及爲從約長，佩六國相印，秦之妻嫂，俱側目不敢仰視，俯伏侍取食。秦乃笑謂嫂曰：『何前倨而後恭也？』嫂委蛇蒲伏，以面掩地而謝曰：『見季子位高而金多也。』

【校】

〔一〕『道韞』，原書誤作『道藴』，蓋音同而混寫，據《晋書·列女·王凝之妻謝氏傳》改。

姊妹

聶政姊　聶政刺韓相俠累，因自皮面抉目，自屠出腸。韓人暴屍購其名。其姊往哭之曰：『是軹深井里聶政也。以妾在故，自刑以絶其跡。妾敢畏死以泯賢弟之名！』遂死於政屍之旁。

屈原姊女嬃，聞屈原放逐，來歸，喻令自寬。鄉人冀其見從，因名曰姊歸。故《離騷》云：『女嬃之嬋媛兮，申申其詈予。』

李勣姊　唐李勣性友愛，其姊病，嘗自爲粥，而燎其鬚。姊戒止之。答曰：『姊且疾，而勣且老，雖欲進粥，尚幾何？』

班超妹　漢曹壽妻曹大家。聞超在絶域，妹爲上書，乃徵超還。

宋太祖姊　趙匡胤將北征，聞軍中欲立點檢爲天子，走告家人。太祖姊方在厨，引麵杖逐之，曰：『丈夫臨大事，可否當自決。乃來恐嚇婦女耶？』太祖即趨出。

姚廣孝姊　姚廣孝以靖難功，封榮國公，謁其姊姚嬃。姚嬃闔門麾出之，曰：『做和尚不了，豈是好人？』終拒不見。

駱統姊　絡統值歲饑減食。姊問故，曰：『士大夫糟糠不足，我何心獨飽！』姊助粟若干，統一日散盡。

李燮姊〔一〕　固女。聞父危，泣曰：『李氏滅矣！』密遣弟（變）〔燮〕詣父門生王成而告之曰：『君執義先公，有古人之節。今以六尺委君，李氏存滅在此矣。』遂變服入徐，而成賣卜於市，陰相往來。比（變）〔燮〕赦還，姊相對而慟，因戒之曰：『先公正直，爲漢忠臣，雖死之日，猶生之年。慎勿以一言加梁氏。』聞者悲感。

季宗妹　季兒者，季宗之妹，任延壽之妻也。延壽怨季宗而陰殺之。赦免，季兒振衣求去。延壽曰：『汝其殺我！』季兒曰：『殺夫不義，事兄之仇亦不義。與子同枕席，而殺吾兄，又縱兄之仇，何面目戴天履地乎？』乃告女曰：『吾義不可留，又無所往。汝善視兩弟！』遂自經。

【校】

〔一〕本條『李燮』乙本均誤作『李變』，據甲本改。

師徒　先輩

北面　唐崔日用請武甄言《春秋》疑義，甄條舉無留語。日用曰：『吾請北面。』

函丈 《禮》：『若非飲食之客，則布席，席間函丈。』

夏楚 夏與榎同，山楸木也。榎形圓，楚形方，以二物爲朴，以警其惰慢，使之收斂威儀也。

解頤 漢匡衡深明經術，諸儒爲之語曰：『無説《詩》，匡鼎來；匡説《詩》，解人頤。』

絳帳 漢馬融教授諸生，常有千數，坐高堂，施絳紗帳，前授生徒，後列女樂。

負笈 漢蘇章負笈尋師，不遠千里。

立雪 游酢、楊時爲伊川先生弟子。一日，侍先生側，先生隱几而卧。二生不敢去，候其寤，則門外雪深尺餘矣。

坐春風中 朱公（琰）〔掞〕，名光庭[二]，見明道先生於汝州。歸語人曰：『光庭在春風中坐了一月。』

舌耕 漢賈逵通經，來學者不遠千里，廣有贈獻，積粟盈倉。或云：『逵非力耕，乃舌耕也。』

牧豕 後漢孫期少爲諸生，通《京氏易》、《古文尚書》。家甚貧，牧豕於澤中。學者皆執經壠畔，以追隨之。

白首北面 賈瓊曰：『文中子十五爲人師。陳留王孝逸，先達之傲者矣。然而白首北面，豈以年乎？』

人師難遭　童子魏照求入事郭林宗，供灑掃。林宗曰：『當精義講書，何來相近？』照曰：『經師易獲，人師難遭。欲以素絲之質，附近朱藍。』

青出於藍　《荀子》：學不可已。青出於藍，而青於藍；冰出於水，而寒於水。

師何常　《北史》：李謐初師事孔璠，後璠還就謐請業。同門生語曰：『青成藍，藍謝青。師何常？在明經。』

一字師　張詠詩云：『獨恨太平無一事，江南閒殺老尚書。』蕭楚才曰：『恨字未妥，應改幸字。』詠曰：『子，吾一字師也。』

東家丘　漢邴原就學於孫崧，崧曰：『子近舍鄭君鄭玄，而躡屩至此，豈以鄭爲東家丘耶？』原曰：『人各有志，所向不同。君謂僕以鄭爲東家丘，則君以僕爲西家之愚夫矣。』崧謝。《家語》：孔子西家有愚夫，不識孔子爲聖人，乃曰：『彼東家丘，吾知之矣。』

吾道東　漢鄭玄事馬融，學有得。及辭歸，融喟然謂門人曰：『吾道東矣！』

吾道南　宋楊龜山師明道先生。及歸，送之出門，謂坐客曰：『吾道南矣。』

易已東　漢(卜)〔丁〕寬學《易》於田何〔二〕，學既有成，寬東歸。何喜謂弟子曰：『吾《易》已東矣！』

關西夫子　後漢楊震明經博覽，爲諸儒所宗，號曰『關西夫子』。

南州闕里　兖州曲阜縣闕里，孔子所居之地。朱熹居建陽，有考亭，明經論道，諸士子號

『南州闕里』。

教授河汾　晋王通教授於河汾之間，弟子自遠至者甚衆。累徵不起。趙郡李靖、清河房玄齡、鉅鹿魏徵，一時王佐之才，皆出其門。

師友淵源〔三〕　古人學問必有淵源，楊惲一〔書〕迥出當時流輩，則司馬遷外（甥）〔孫〕也。

吾道之託　黄榦字直卿。朱熹曰：『直卿志堅思苦，與之處，甚有益。』遂以女妻之。熹病革，出所著書授榦，曰：『吾道之託在此。』

此吾老友　蔡元定，八歲能詩。及長，登（而）〔西〕山絶頂〔四〕，日惟啖薺，於書無所不讀。朱熹扣其學，大驚曰：『此吾老友也，不當在弟子列。』

通家　孔融年十歲，聞李膺有重名，造之。膺問：『高明父祖常與僕周旋乎？』融曰：『然。先君孔子與君家老子，同德比義而相師友，則融與君累世通家也。』

父執　《曲禮》曰：『見父之執，執，父同志之友也。不謂之進不敢進，不謂之退不敢退，不問不敢對。』

識荆　李白與韓荆州書曰：『白聞天下談士言曰：生不用封萬户侯，但願一識韓荆州。何令人之景慕至此哉！』

山斗　韓昌黎以六經之文爲諸儒倡。自愈殁後，其學盛行，學者仰之如泰山北斗。

函關紫氣　老子將度函谷關，關吏尹喜望見紫氣，知有神人來。果見老子騎青牛薄板車過關，喜拜之。老子教喜煉氣，授以《道德》五千言。

倒屣　蔡邕聞王粲在門，倒屣迎之。粲至，年既幼弱，容貌短小，一座盡驚。邕曰：『此王公孫也，有異才，吾不如也，吾家書籍文章，當盡與之。』

下榻　徐穉字孺子，豫章人。陳蕃爲豫章太守，罕所接見，惟設一榻以待孺子，去則懸之。穉屢薦不仕。郭林宗稱爲南州高士。

御李　李膺性簡亢，無所交接。荀爽常謁膺，因爲其御，既還，喜曰：『今日乃得御李君。』

李郭仙舟　郭泰游洛陽，與河南尹李膺相友善。後歸鄉里，衣冠送至河上，車騎數千。泰與膺同舟而濟，衆賓望之，以爲神仙。世稱『李郭仙舟』。

北海樽　孔北海性寬容好客，及退閒職，賓客日盈其門，常歎曰：『座上客常滿，樽中酒不空，吾無憂矣。』

千里命駕　晋吕安服嵇康高致，每一相思，輒千里命駕赴之。

高軒過　李賀七歲能文，韓愈、皇甫湜過之，賀作《高軒過》詩以謝之。

投轄　漢陳遵，每大飲，賓客滿堂，輒閉門取客車轄投井中，雖有急，不得去。

附驥　《公孫述傳》：蒼蠅之飛不過數步，附托驥尾得以絶羣。

披雲　晋衛瓘見樂廣，奇之，命子弟造焉，曰：『此人冰壺濯魄，見之瑩然，若披雲霧而覩青天。』

景星鳳凰　韓愈遺李（勃）〔渤〕書曰〔五〕：『朝廷士引領東望，若景星鳳凰始見，争先覩之爲快。』

鄙吝復萌　漢黄憲，陳蕃嘗謂周舉曰：『旬日間不見黄叔度，鄙吝之私復萌於心矣。』

【校】

〔一〕『朱公掞』，原書作『朱公琰』，據《河南程氏外書》第十二改。

〔二〕『丁寬』，原書誤作『卜寬』，據《漢書·儒林·丁寬傳》改。

〔三〕『楊惲一書』，乙本『書』字缺損，據甲本補。『外孫』，原書作『外甥』，《事類備要續集·類姓門》、《韻府群玉》卷六同，據《漢書·司馬遷傳》改。按各家引述多作『楊惲母司馬遷女也』，或誤記其文導致推算出錯。

〔四〕『西山』，乙本誤作『而山』，據甲本改。

〔五〕『李渤』，原書作『李勃』，據韓愈《與少室山李渤拾遺書》改。

朋友

莫逆　子祀、子輿、子犁、子來，四人相與語曰：『孰知死生存亡之一體，吾與之友矣。』四人相視而笑，莫逆於心，相與爲友。

友道君逆　周宣王將殺其臣杜伯，而非其罪。伯之友左儒争之於王，九復之，而王不聽。

王曰：『汝别君而異友也。』儒曰：『君道友逆，則順君以誅友；友道君逆，則順友以違君。』王殺杜伯，左儒死。

傾蓋 孔子之郯，音談，國名。遭程子於途，傾蓋而語，終日甚相浹洽，顧謂子路曰：『取束帛以贈先生。』

雷陳 後漢雷義與陳重爲友，義舉茂才，讓於重，刺史不聽。遂佯狂，被髮走，不應命。鄉里爲之語曰：『膠漆雖謂堅，不如雷與陳。』

僑札之好 季札見鄭子産，如舊相識，與之縞帶，子産獻紵衣。後稱交契者，謂之僑札之好。

杵臼定交 後漢公（孫）沙穆游太學[一]，無資糧，乃變服客傭，爲吴祐賃舂，祐與語，大驚，遂定交於杵臼之間。

刎頸交 陳餘年少，父事張耳，兩人相與爲刎頸之交，後乃有隙。

如飲醇醪 程普嘗以氣淩周瑜，瑜未嘗有愠色，承奉愈謹。普自慚，投分於瑜曰：『與公瑾交，若飲醇醪，不覺自醉。』

廉慶 廉范與洛陽慶鴻爲刎頸交。時人稱曰：『前有管鮑，後有廉慶。』

管鮑分金 管仲與鮑叔相友善。仲曰：『吾困時，嘗與鮑叔賈，分財則吾多自與，鮑叔不以我爲貪，知我貧也。生我者父母，知我者鮑叔也。』

停雲　陶元亮詩敘：『停雲，思親友也。』故稱知交謂之停（友）〔雲〕〔二〕。

舊雨　言舊交也。杜工部云：『卧病長安旅次，多雨，尋常車馬之客，舊雨來，新雨不來。』

題鳳　嵇康與吕安善。後安來，值康不在，嵇喜延之，不入，題鳳字而去。喜以告康，康曰：『鳳字，凡鳥也。』

指囷　魯肅以散財賑窮結交俊傑。周瑜過肅，并告資粮。肅家有兩囷米，各三千斛。肅乃指一囷與瑜，瑜驚異之，遂相與結親。

彈冠結綬　王吉與貢禹爲友〔三〕，蕭育與朱博爲友，交相薦達。長安人語曰：『王貢彈冠，蕭朱結綬。』

更相爲僕　宋韓億、李若谷未第時，俱貧。赴試京師，僅有一氊一席，割分之。每出謁，更相爲僕。李先登第，韓爲負箱，至長社，分餞而别。後韓亦登第。

爾汝交　彌衡逸才飄舉，少與孔融作爾汝交。時衡未滿二十，而融已五十，敬衡才秀，共結殷勤。

忘年交　張鏗有重名，陸贄年十八，往見，語三日，奇之，稱爲忘年之交。

金蘭簿　戴弘正每得一密友，則書於簡編，焚香以告祖考，號金蘭簿。

三友一龍　華歆與邴原、管寧相善，時號三友爲一龍，謂歆爲龍頭，原爲龍腹，寧爲龍尾。

雉壇　五代時，三人爲朋，築壇，以丹雞〔四〕、白犬歃血而盟，曰：『卿乘車，我戴笠，他日相逢下車揖。我步行，卿乘馬，他日相逢馬當下。』

總角之好　孫策曰：『公瑾與孤有總角之好，骨肉之分。』

耐久朋　唐魏(元)〔玄〕同與裴炎締交[五]，能保終始。時人號爲耐久朋。

平生歡　後漢馬援與公孫述同里閈，相善，以爲當握手，歡如平生。

青雲交　江淹曰：『袁叔明與我，有青雲交，非直銜杯酒而已。』

班荆　楚聲子與伍舉相善，遇之鄭郊，布荆於地，共食而言也。

范張雞黍[六]　范式、張(邵)〔劭〕爲友，春時京師作別，式曰：『暮秋當拜尊堂。』至期，(邵)〔劭〕白母，殺雞以俟。母曰：『巨卿相拒千里，前言戲耳。』(邵)〔劭〕曰：『巨卿信士。』言未畢，果至。升堂拜母，盡歡而别。

繫劍冢樹　季札出使過徐，徐君好季札劍，口不敢言。季札知之，使上國，未獻。還，至徐。徐君已死，乃解劍繫其冢樹而去。季札交情，不以生死易念。

生死肉骨　蘧子馮曰：『吾見申叔，夫子所謂生死而肉骨者也，敢忘報哉！』

口頭交　孟郊詩：『古人形如獸，皆有大聖德。今人表似人，獸心安可測。雖笑未必和，雖哭未必戚。但結口頭交，肚裏生荆棘。』

交若醴　《莊子》：君子之交淡如水，小人之交甘若醴，君子淡以親，小人甘以絶。

貧交行　杜詩：『翻手作雲覆手雨，紛紛輕薄何須數？君不見管鮑貧時交，此時令人棄如土〔七〕。』

面朋面友　顔（克）〔蕘〕誌〔八〕：『面交如攜手，見利即解攜而去也。』楊子曰：『朋而不心，面朋也；友而不心，面友也。』同類曰朋，同志曰友。

絶交惡聲　燕樂毅書：『古之君子，交絶不出惡聲；忠臣去國，不潔其名。』

五交　劉孝標《廣絶交論》，謂勢交、（論）〔談〕交〔九〕、窮交、量交、賄交，此五交皆不能恤貧，故絶之也。

識半面　漢應奉嘗詣袁賀，賀閉半户，出半面視奉，奉即去。故與人曾相見者，曰識半面。

無逢故人　公孫弘食故人高賀脱粟飯，覆以布被。賀曰：『何用故人富貴爲？脱粟布被，〔我自有之〕〔一〇〕。弘内厨五鼎，外膳一肴，詐也。』弘曰：『寧逢惡賓，無逢故人。』

懷刺漫滅　禰衡尚氣剛傲，自荆州北游許都，書一刺懷之，字滅而無所遇。或曰：『何不從（陳長史者爲達）〔陳長文、司馬伯達〕乎〔一一〕？』衡曰：『君使我從屠沽兒輩耶！』

負荆請罪　藺相如爲趙上卿，位在廉頗右。頗曰：『我見相如，必辱之。』相如望見頗，引車避之。左右以爲恥。曰：『强秦不敢加兵於趙者，以吾兩人耳。今兩虎相鬬，勢不俱生。吾先國家之急而後私讐。』頗聞之，肉袒負荆，至門謝罪。

翟公書門　《鄭當時傳》：翟公爲廷尉，賓客填門。及廢，門外可設雀羅。後復爲廷尉，客欲往，翟公大書其門，曰：『一死一生，乃見交情。一貧一富，乃知交態。一貴一賤，交情乃見。』

布衣交 李孔修自號抱真子，混迹闤闠，人莫之識。陳獻章見之，曰：『此非俛首當世人也。』平居冠管寧帽，衣朱〔子〕深衣〔一二〕，惟攻《周易》。一日，輸粮至縣，令異其容止，問姓名，不答，第拱手。令叱曰：『何物小民，乃拱手耶！』再拱手。令怒，笞之五，竟無言而出。令疑焉。徐得其情，乃大敬禮之。吳廷舉藩臬於粤，引爲布衣交。卒無子，尚書霍韜葬之西樵山。

呼字定交 服虔字子愼，善《春秋》。聞崔烈集門人都講，乃匿姓名，賃諸生作食。每當講時，竊聽。稍共諸生敘其短長。烈疑是虔。明早往，及未寤，便呼：『子愼！子愼！』虔不覺驚應，遂定交。

死友 羊角哀、左伯桃往楚，道遇雪，度不能俱生，乃併衣〔糧〕與角哀〔一三〕，伯桃入樹死。角哀至楚，爲大夫，王備禮葬伯桃。角哀自殺以殉。

【校】

〔一〕『公沙穆』，原書誤作『公孫沙穆』，據《東觀漢記·吳祐傳》、《後漢書·吳祐傳》删『孫』字。

〔二〕『謂之停雲』，乙本誤作『謂之停友』，據甲本改。

〔三〕『貢禹』，甲本誤作『禹貢』。

〔四〕『丹雞白犬』，一説作『丹雉白犬』，更切題。

〔五〕『魏玄同』，原書作『魏元同』，蓋避清聖祖玄燁諱，今回改。

〔六〕『張劭』，原書作『張邵』，據《後漢書·獨行·范式列傳》改。

〔七〕『此時令人棄如土』，杜詩原文作『此道今人棄如土』。
〔八〕『顔蕘』，原書誤作『顔克』，據《北夢瑣言》卷六改。按《錦繡萬花谷後集·朋友》引《北夢瑣言》作『顔蕘』，蓋因『蕘』字誤作『克』字。
〔九〕『談交』，原書作『論交』，據《文選》卷五十五劉孝標《廣絶交論》及《古今紀要》卷六所引改。
〔一〇〕『我自有之』四字原書無，據《西京雜記》卷二補。
〔一一〕『陳長文司馬伯達』，原書作『陳長史者爲達』，據《三國志·魏書·荀彧傳》注引《典略》改。
〔一二〕『朱子深衣』，原書脱『子』字，據《國朝獻徵録》卷一百十四補。
〔一三〕『併衣糧與角哀』，原書脱『糧』字，《廣輿記》卷八同，據《文選》卷五十五劉孝標《廣絶交論》注引《列士傳》補。

奴婢

紀綱之僕　《左傳》：晋侯迎夫人嬴氏以歸，秦伯送衛于晋三千人，實紀綱之僕。

漁童樵青　唐肅宗贈高士張志和奴婢二人，志和配爲夫婦，名曰漁童、樵青。人問其故，曰：『漁童使捧釣收綸，蘆中鼓枻。樵青使刈蘭薪桂，竹裏煎茶。』

海山使者　晋陶侃家僮百餘人，惟一奴不喜言語，嘗默坐。侃一日出郊外，奴執鞭隨，胡僧見而驚，禮之曰：『海山使者也。』侃異之。至夜，失其所在。

讀書婢　鄭玄家奴婢皆讀書，一婢不稱指，玄使人曳跪泥中。須臾，一婢問曰：『胡爲乎泥中？』曰：『薄言往愬，逢彼之怒。』

慕其博奥 蕭穎士性褊無比，畜一傭僕杜亮，每一決責，便至力殫。亮養創平復，爲其指使如故。或勸之去，答曰：『豈不知，但慕其博奥，以此戀戀不能去耳。』

温公二僕 司馬温公家一僕，三十年，止稱『君實秀才』。蘇學士來謁，聞而教之，明日改稱『大參相公』。温公驚問，僕實告。公曰：『好一僕被蘇東坡教壞了。』温公一日過獨樂園，見創一厠屋，問守園者從何得錢。對曰：『積游賞者所得。』公曰：『何不留以自用？』對曰：『只相公不要錢。』

臧獲 海岱之間駡奴曰臧，駡婢曰獲。蓋古無奴婢，犯事者被臧没入官爲奴；婦女逃亡，獲得者爲婢。

措大 奴婢之稱，有曰斷養，有曰（倉）〔蒼〕頭，有曰盧兒，有曰奚童，有曰鉗奴，有曰措大。措大者，以其能舉措大事也。

開閤驅婢 王處仲嘗荒恣於色，體爲之疲，左右諫之，曰：『吾乃不覺耳。如此甚易。』乃開後閤，悉驅諸婢出，任其所之。

追婢 阮咸先幸姑家（卑鮮）〔鮮卑〕婢[二]。及居母喪，姑當遠徙，竟將婢去。咸借客驢，著重服，自追之，累騎而返，曰：『人種不可失！』婢即阮孚之母。

銀鹿 唐顔真卿家僮名曰銀鹿。歐陽公云：『銀鹿鼎來。』

便了　漢王子淵名褒，從成都楊惠買夫，時户下有一髯奴，名便了，決賣萬五千，與立券約，從百使役。

長鬚赤脚　韓愈寄盧仝詩云：『玉川先生洛城裏，破屋數間而已矣。一奴長鬚不裹頭，一婢赤脚老無齒。』又東坡云：『常呼赤脚婢，雨中擷園蔬。』

掌箋婢　唐潞州節度使薛嵩，有侍婢紅綫，嵩使掌箋表，號『内記室』。

吹篪婢　後魏河（澗）〔間〕王有婢曰朝雲[二]，善吹篪。諸羌叛，王使朝雲假爲嫗吹篪，羌皆流淚，思鄉而去。

桃葉　晋王獻之愛妾名桃葉，嘗渡秦淮口，獻之作歌送之。今名曰桃葉渡。獻之有歌曰：桃葉復桃葉，渡江不用楫。但渡無所苦，我自來迎接。

雪兒歌　唐李密寵姬名雪兒，每賓客，有辭章（寄）〔奇〕麗者[三]，付雪兒協律歌之。故號雪兒歌。

絳桃柳枝　韓退之二侍姬，名絳桃、柳枝。退之初出使未歸，柳枝竄去，家人追獲。及鎮州，有云：『别來楊柳街頭樹，擺亂春風只欲歸。惟有小桃園裏在，柳花不發待郎回。』自是專屬意絳桃。

樊素小蠻　白樂天兩婢，一名樊素，一名小蠻。有云：『櫻桃樊素口，楊柳小蠻腰。』

瓦剌輝　明太祖駙馬梅殷僕也。譚深、趙曦謀殺駙馬，文皇帝殺此二臣，瓦剌輝取心肝以祭駙馬，痛哭而殉。

仆地潑毒酒　衛國主父爲周大夫，不歸者三年。其妻巫氏與人通。一日，主父回。其妻慮事敗，以毒酒飲夫，命婢葵枝行酒。葵枝知其謀而忖曰：『從主母而殺主人，不可謂義；受主母托而破其狀，則害主母，不可謂忠。』乃故仆於地，而潑其酒。主父反以婢爲不敬，而重責之，葵枝受而不怨。

李元蒼頭　李善，漢李元之蒼頭也。元盡室疫死，惟孤兒續始生數旬，而貲財巨萬，諸奴欲謀續，分其財。善潛以續出亡，隱瑕丘界中，親自乳哺。及長，訴叛奴於官，悉殺之。時鍾離意爲瑕丘令，上書以聞，光武拜善及續並太子舍人。善還舊里，脱冠解帶，掃元墓門修祭，泣數日乃去。

定國侍兒　王鞏字定國，坐蘇軾黨，貶賓州。軾臨北歸，别鞏，出侍兒柔奴進酒。軾問柔奴：『嶺南應是不好？』柔奴曰：『此心安處，便是吾鄉。』軾因作《定風波》一詞以贈。

【校】

〔一〕『鮮卑』，原書誤倒，據《世説新語·任誕》乙正。

〔二〕『河間王』，原書作『河澗王』，據《洛陽伽藍記》卷四改。

〔三〕『奇麗』，乙本誤作『寄麗』，據甲本改。

夜航船卷之六

古劒陶菴老人紬

選舉部

制科

賓興 《周禮·地官·大司徒》：以鄉三物教萬民而賓興之。一曰六德：智、仁、聖、義、忠、和；二曰六行：孝、友、睦、婣、任、恤；三曰六藝：禮、樂、射、御、書、數。

槐花黄 （料）〔科〕舉年〔一〕，舉子至八月皆赴科場。時人語曰：『槐花黄，舉子忙。』

棘圍 《通典》：禮部閲試之日，嚴設兵衛，（捹）〔荐〕棘圍之〔二〕，以防假濫。五代和凝知貢舉時，進士喜爲喧嘩以動主司。放榜則圍之以棘，閉省門，絶人出入。凝撤棘圍，開省門，而士肅然無嘩。所取皆一時英彦，稱爲得人。

鄉貢進士 《唐·選舉志》：唐制取士之科，多因隋舊。其大略有二：由學校曰生徒，由州縣曰鄉貢，皆升於有司而進退之。其科目，有秀才，有明經，有進士。

觀國之光〔三〕 《易經·觀卦》六四爻：觀國之光，利用賓於王。《象》曰：觀國之光，尚賓也。

試士沿革 漢文帝始取士以策，武帝加問經疑，左雄加章奏。武帝始取士以詞賦，唐太宗加律判及射。玄宗取士以詩賦，德宗加論及詔誥。宋仁宗始加試經義〔四〕，時王安石始去聲律對偶。哲宗始詔專習經義，始廢詩賦。○唐太宗始制鄉試會試。宋始定秋鄉試，春禮部會試。唐玄宗始移貢舉禮部典試。唐初郎官試。（宗）〔宋〕真宗始詔禮部三年一貢試〔五〕。○唐中宗始設三塲。○漢文帝始親策士。唐武后策問貢士於洛城殿，始殿試。宋太祖始御殿覆試。先是，武后覆試，崔沔後間行之。宋太宗始臨軒，宰臣讀卷。仁宗始殿試貢士，不黜落。○宋孝宗始進士引射，有（陞）〔陞〕甲〔六〕。○唐武后始制武舉。○宋始印給試題。○唐高祖始貢院設兵衛，搜衣服，稽察出入棘圍。武后始彌封，始糊名。宋真宗始席舍。後唐始禁懷挾。唐玄宗始嚴鄉貫，禁舉人冒籍。○蕭何試學童，誦九千字以上爲史。左雄奏年十五〔通〕經爲童子科〔七〕，始制童科。○漢文帝始納粟。宋仁宗始置太學三舍。○漢武帝始制補博士弟子，稱秀才。元魏始制生員。唐高祖始制秀才，州縣類考。○後魏令公卿子弟入學。唐睿宗令舉人下第聽入學。○宋開寶六年，因徐士廉訴知舉不公，帝御講武殿覆試，親試自此始。及第人賜緑袍、靴、笏，賜宴賜詩，自興國二年吕蒙正榜始。分甲次，賜同進士出身，自興國八年宋白、王世則榜始。唱名自雍熙二年梁灝榜始。封印試卷，自咸平三年始。置謄録、彌封、覆考、編排，皆自祥符八年始。○唐制：禮部試舉人，夜以三鼓爲限。宋率由白晝，不復繼燭。

關節　士子行賄，請求試官，曰關節。明朝楊士奇主試，有柱聯曰：『場列東西，兩道文光齊射斗；簾分内外，一毫關節不通風。』

甲乙科　漢平帝時，歲課甲科四十人爲郎中，乙科二十人爲太子舍人，丙科四十人補文學掌故。

通籍　舉子登科後，禁門中皆有名籍，可恣意出入也。

正奏特奏　科甲爲正奏，恩貢爲特奏。

金榜題名　崔（實）〔紹〕暴卒復生〔八〕，見冥司列榜，將相金榜，其次銀榜，州縣小官並是鐵榜。今人得第，謂之金榜題名。

銀袍鵠立　隋唐間試舉人，皆以白衣卿相稱之，又曰白袍子。試日，引於院中，謂銀袍鵠立。

【校】

〔一〕『科』，乙本誤作『料』，據甲本改。

〔二〕『荐棘』，原書誤作『搸棘』，據《通典》卷十五改。

〔三〕『觀國之光』，本條原題作『觀光上國』，據條目内容改。

〔四〕『宋仁宗』，甲本作『宋神宗』，《事物紀原》卷三載同。按宋仁宗始罷諸科而分經義、詩賦取士，神宗始專用經義論策取士，乙本是。

〔五〕『宋真宗』，『宋』乙本誤作『宗』，據甲本改。

〔六〕『陞甲』，乙本誤作『陛甲』，據甲本改。

〔七〕『年十五通經』，乙本脱『通』字，據甲本補，按據《後漢書·左雄傳》，當作『年十二通五經』。

〔八〕『崔紹』，原書誤作『崔實』，據《太平廣記》卷三百八十五引《玄怪録》改。

鄉試

天府賢書　《周禮·地官·鄉大夫》：三年則大比德行道藝，而興賢者、能者，鄉老及鄉大夫以禮禮賓。厥明，鄉老、鄉大夫羣吏獻賢能之書於王，王再拜受之，登于天府。

鹿鳴宴　《詩·鹿鳴》篇，燕羣臣嘉賓之詩也。貢院内編定席舍，試已，長吏以鄉飲酒禮，設賓主，陳俎豆，歌《鹿鳴》之詩。

孝廉　漢制舉人皆名孝廉，不由科目始也。曹操亦舉孝廉。

破天荒　荆州應試舉人，多不成名，爲『天荒解』。劉蜕以荆州解及第，時號爲『破天荒』。

鬱輪袍　王維善琵琶，岐王使爲伶人，引至公主第，獨奏新曲，號《鬱輪袍》。因獻懷中詩，主驚曰：『皆我素所誦習，嘗謂是古人佳作，乃子爲之耶！』因命更衣，引之客座。召試官至第，遣宫婢傳教，作解頭及第。

會試

南宫 唐開元中，謂尚書省爲南省，門下、中書爲北省。南宫，禮部也。舊以禮部郎中掌省中文翰，謂之南宫舍人。後之赴春榜，曰赴南宫。

知貢舉 《唐·選舉志》：玄宗開元二十四年，考功員外郎李昂與貢舉，詆訶進士李權文章，大爲權所陵詬。帝以員外郎望輕，遂移貢舉於禮部，以侍郎主之，永爲例。禮部進士自此始。

玉筍班 唐李宗(敏)〔閔〕知貢舉[一]，所取多知名士，世謂之玉筍班。

朱衣點頭 歐陽修知貢舉，考試閲卷，常覺一朱衣人在座後點頭，然後文章入格。始疑(傳)〔侍〕吏[二]，及回視，一無所見，因語同列而三歎。常有句云：『文章自古無憑據，惟願朱衣暗點頭。』

文無定價 韓昌黎應試『不遷怒不貳過』題，見黜于陸宣公。翌歲，公復主試，仍命此題，韓復書舊作，一字不易，公大加稱賞，擢爲第一。

奏改試期 宋朝科試在八月中，子由忽感寒疾，自料不能及矣。韓魏公知而奏曰：『今歲制科之士，惟蘇軾、蘇轍最有聲望。聞其弟轍偶疾，如此人不得就試，甚非衆望，須展限以待之。』上許之。直待子由病痊，方引就試，比常例遲至二十日。自後科試並在九月。相國吕

（徽）〔徵〕仲不知其故〔三〕，東坡乃爲吕言之，吕曰：『韓忠獻之賢如此哉！』

同試走避　二蘇初赴制科之召，同就試者甚多。相國韓公偶與客言曰：『二蘇在此，而諸人亦敢與之較試，何也？』於是不試而去者十八九。

屈居第二　嘉祐二年，歐陽修知貢舉，梅堯臣得蘇軾《刑賞論》以示修，修驚喜，欲以冠多士，疑門生曾鞏所作，乃置第二。

龍虎榜〔四〕　唐貞（觀）〔元〕八年，陸贄主試，歐陽詹舉進士，與韓愈、〔李觀〕、李絳、崔羣、王涯、馮宿、庾承宣聯第，皆天下名士，時稱『龍虎榜』。

【校】

〔一〕『李宗閔』，原書作『李宗敏』，《事文類聚前集·仕進部》、《事類備要前集·仕進門》引《西溪叢語》及《群書通要己集·榮達門》、《韻府群玉》卷四引《唐書》同，據《新唐書·李宗閔傳》、《西溪叢語》卷下改。

〔二〕『侍吏』，原書作『傳吏』，據各書引《侯鯖録》改。

〔三〕『吕徵仲』，原書誤作『吕徽仲』，據李廌《師友談記》改。

〔四〕按原書『貞元』誤作『貞觀』，又無『李觀』之名，今據《新唐書·文藝·歐陽詹傳》改補。

殿試

狀元　唐武后天授元年二月，策問貢士於洛陽殿前。狀元之名，蓋自此始。

淡墨書名　唐人進士榜必以夜書，書必以淡墨。或曰名第者陰註陽受，以淡墨書，若鬼神之跡也。

臚傳　集英殿唱第日，皇帝臨軒，宰臣進三名卷子，讀于御案前，用牙梶點讀。宰臣拆視姓名，則曰某人。鴻臚寺承之，以傳于階下，衛士六七人，齊聲傳其名而呼之，謂之傳臚。

糊名　唐初擇人以身、言、書、判，六品以下集試，選人皆糊名，令學士考判。

臨軒策士　宋熙寧三年，吕公著知貢舉，密奏曰：『天子臨軒策士，用詩賦，非舉賢求治之意。今廷試，乞以詔策，咨訪治道。』自是上御集英殿親試，乃用策問。

天門放榜　范仲淹判陳州時，郡守母病，召道士伏壇，奏章終夜不動。至五更，謂守曰：『夫人壽有六年。』守問奏章何久，曰：『天門放明年春榜，觀者駢道，以故稽留。』問狀元，曰：『姓王，二字名，下一字塗墨，旁註一字，遠不可辨。』明春，狀元王拱壽，御筆改爲拱辰〔一〕。

湘靈鼓瑟　錢起宿驛舍，外有人語曰：『曲終人不見，江上數峰青。』起識之。及殿試《湘靈鼓瑟》詩，遂賦曰：『善鼓雲和瑟〔二〕，常聞帝子靈。馮夷徒自舞，楚客不堪聽。雅調悽金石，清音發杳冥。蒼梧來暮怨，白芷動芳馨。流水傳湘曲，悲風過洞庭。』末聯久不屬。忽記此二語，足之。試官曰：『神句也。』遂中首選。

志不在温飽　王曾初舉進士，省試、禮部、廷對皆第一。人或曰：『狀元中三場，一生吃着不盡。』曾曰：『某生平志不在温飽。』

瓊林宴　宋太平興國八年，宋白等及第〔三〕，賜宴瓊林苑，後遂爲定制。又曰自吕蒙正始。

泥金報喜　《天寶遺事》：新及第，以泥金帖子附家書報捷，謂之泥金報喜。

雁塔題名　唐韋肇及第，偶於慈恩寺雁塔上題名，後人效之，遂爲故事。自神龍以來，杏林宴後于雁塔題名，同年中推善書者記之。他時有將相，則易硃書。

曲江宴　曲江在西安府，唐朝秀士登科第者，賜宴曲江。每年三月三日，游人最盛。

蕊榜　世傳大羅天放榜於蕊珠宫，故稱蕊榜。

一榜京官　宋太祖幸西都。張齊賢以布衣獻《十策》，語太宗曰：『我到西都得一張齊賢，異時可作宰相。』太宗即位，放進士榜，欲置齊賢高等，而有司落名三甲榜末，上不悦。及注官，一榜盡除京官。

奪錦標　唐盧肇、黄頗皆宜（興）〔春〕人〔四〕，同舉鄉試，郡守獨厚餞頗。明年，肇狀元及第歸，郡守延肇觀競渡，有詩：『向道是龍君不信，果然奪得錦標歸。』守大慚。

釋褐　宋興國二年，始賜吕蒙正等釋褐加袍帶。後遂爲例。

燒尾宴　唐士人得第，必展歡宴，謂之燒尾宴。謂魚化爲龍，必燒其尾。

賜花 唐懿宗開新第，宴於（同）〔曲〕江[五]，乃命折花于金盒，令中使馳之宴所，宣口敕曰：『便令簪花飲宴。』無不爲榮。

紅綾餅餤 唐僖宗幸南内興慶池，泛舟，方食餅餤。進士在曲江，有聞喜宴。上命御府依人數各賜紅綾餅餤。所司以金盒進，上命中官馳以賜。故徐（演）〔寅〕詩云[六]：『莫欺老缺殘牙齒，曾吃紅綾餅餤來。』

柳汁染衣 李固〔言〕行古柳下[七]，聞彈指聲曰：『吾柳神也，用柳汁染子衣矣。得藍袍，當以棗糕祀我。』未幾，及第。

英雄入彀 唐太宗（正）〔貞〕觀中私幸端門[八]，見進士綴行而出，喜曰：『天下英雄入吾彀中矣！』時人語曰：『太宗皇帝真長策，賺得英雄盡白頭。』

取青紫 漢夏侯勝曰：『士患不明經術耳，經術一明，取青紫，如俛拾地芥耳。』

席帽離身 宋初士子猶襲唐俗，皆曳袍垂帶，出則席帽自隨。李巽累舉不第，鄉人曰：『李秀才不知恁時席帽離身？』及第後，乃遺鄉人詩曰：『爲報鄉閭親戚道，如今席帽已離身。』

一日看徧長安花 王維登第[九]，得意之甚，有『一日看徧長安花』之句。

踏李三 王十朋正榜第一，李三錫副榜第一。時有戲正榜尾者，曰：『舉頭雖不見王十，伸脚猶能踏李三。』

五色雲見 韓忠獻弱冠舉進士，名在第二。方唱名，太史奏日下五色雲見。遂拜右司諫，權知制誥。

青錢學士 唐張鷟舉制科甲第，員半千稱：鷟文辭猶青銅錢，萬選萬中。時號『青錢學士』。

天子門生 王（寄）〔奇〕幼有聲場屋間〔一〇〕，爲李文定客。文定薨于位，章聖臨奠，見屏間有詩云：『雁聲不到歌樓上，秋色偏欺客路中。』愛之，召見。占對稱旨，特許赴殿試。既登科，有謝詩云：『不拜春官爲座主，親逢天子作門生。』

讀卷賀得士 開慶間，王應麟充讀卷官。至第七卷，頓首曰：『是卷古誼若龜鑑，忠肝如鐵石，臣敢以得士賀。』遂擢第一，乃文天祥也。

【校】

〔一〕『御筆改爲拱辰』，甲本無『爲』字。

〔二〕『善鼓』，甲本作『善教』。

〔三〕按宋白非太平興國八年及第，而爲太祖建隆二年進士，《群書通要己集·榮達門》、《古事苑·仕進》同誤。

〔四〕『宜春』，原書誤作『宜興』，據《詩話總龜丁集·譏誚門》改。

〔五〕『曲江』，原書誤作『同江』，據各書引《洛中紀異録》改。

〔六〕『徐寅』，原書作『徐演』，各書引《洛中紀異録》同，據《類説》卷十二改。一説爲盧延遜詩。

〔七〕『李固言』，原書作『李固』，《韻府群玉》卷十二引《三峰集》同，據《雲仙雜記》卷一引《三峰集》改。

〔八〕『貞觀』，乙本作『正觀』，當爲避雍正諱改寫，據甲本改。
〔九〕『王維』當爲『孟郊』之誤，『一日看徧長安花』出自孟郊《登科後》。
〔一〇〕『王奇』，原書誤作『王寄』，《翰苑新書後集·類姓》同，據《輿地紀勝》卷三十二改。

門生

春官桃李　唐劉禹錫《寄王侍郎放榜詩》：『禮（圍）〔闈〕新榜動長安〔一〕，九陌人人走馬看。一日聲名遍天下，滿園桃李屬春官。』

謝衣鉢　《摭言》：狀元以下，到主司宅，綴行而立，斂名紙通呈，與主司對拜。執事云：『請狀元請名第。第幾人，謝衣鉢。』『衣鉢』，謂與主司名第同者，或與主司先人名第同者，謂之謝衣鉢。

傳衣鉢　范質舉進士，主司和凝愛其才，以第十三人登第，謂質曰：『君文宜冠多士，屈居第十三名者，欲君傳老夫衣鉢耳。』後和入相，質亦拜相。

沆瀣一氣　杜審權知貢舉，收盧處權。有戲之者曰：『座主審權，門生處權。』（祥）〔乾〕符二年〔二〕，崔沆收崔瀣，説者謂：『座主門生，沆瀣一氣。』

頭腦冬烘　鄭侍郎薰主試，疑顔標爲魯公之後，擢爲狀元。及謝主司，知其非是，乃悔誤取。時人嘲之曰：『主司頭腦太冬烘，錯認顔標是魯公。』

好脚跡門生　唐〔李〕逢吉知貢舉〔三〕，榜未發而拜相，及第士子皆就中書省見座主。時人謂好脚跡門生。

陸氏荒莊　唐崔羣知貢舉歸，其妻勸令置田。羣曰：『予有美莊三十所。』妻曰：『君非陸贄門人乎？君主文柄，約其子不令就試，贄如以君爲良田，則陸氏一莊荒矣。』

門生門下見門生　唐裴皞官僕射，宰相馬胤孫、桑維翰皆其所取士。胤孫知貢舉，引新進詣皞，皞作詩曰：『門（下）〔生〕門下見門生。』〔四〕世以爲榮。維翰嘗過皞，皞不迎不送。或問之，曰：『我見桑公于中書，庶僚也；桑公見我于私第，門生也。何送迎之有？』

天子門生　宋趙逵，紹興中對策當旨，擢第一，獨忤秦檜意，外除。帝問逵安在，授校書郎，單車赴闕。闕吏迎合檜，搜逵，橐中僅書籍耳。比檜卒，遷起居郎。帝曰：『卿知之乎？始終皆朕自擢。檜一語不及卿，以此信卿不附權貴，真天子門生也。』

【校】

〔一〕『禮闈』，原書作『禮圍』，據《劉夢得文集》卷二十四改。
〔二〕『乾符』，原書誤作『祥符』，據《南部新書》卷五改。
〔三〕『李逢吉』，乙本無『李』字，據甲本補。
〔四〕『門生門下見門生』，乙本誤作『門下門下見門生』，據甲本改。

下第

點額 《三秦記》：龍門跳過者，魚化爲龍；跳不過者，暴腮點額。

康了 柳冕應舉，多忌，謂『安樂』爲『安康』。榜出，令僕探名，報曰：『秀才康了！』

曳白 天寶二年，以御史中丞張倚之子奭爲第一，議者蜂起。玄宗復試，奭終日不成一字，謂之曳白。

孫山外 孫山應舉，綴名榜末。朋儕以書問山得失，答曰：『解名盡處是孫山，餘人更在孫山外。』

我輩顏厚 劉蕡對策，極得罪宦官。考官馮宿等見蕡策歎服，而畏宦官，不敢收取。榜出，物論囂然。李郃曰：『劉蕡下第，吾輩登科，能無顏厚？』

紅勒帛 劉幾屢試第一，騁爲險怪之語，歐公惡之。塲卷有曰：『天地軋，萬物茁，聖人發。』歐公曰：『此必劉幾。』批曰：『秀才辣，試官刷。』一大(珠)〔硃〕筆橫抹之〔一〕，謂紅勒帛。後數年，又爲御試。考官試『堯舜性仁賦』曰：『静以延年，獨高五帝之壽；動而有勇，形爲四凶之誅！』公大稱賞，及唱名第一，乃劉幾易名劉煇。公愕然久之。

花樣不同 盧仝下第出都，逆旅有人嘲之曰：『如今花樣〔不同〕〔二〕，且自收拾回去。』

倒綳孩兒 苗振第四人及第，召試館職。晏相曰：『宜稍温習熟。』振曰：『豈有三十年老娘而倒綳孩兒者乎?』既試,果不中。公曰:『苗君果「倒綳孩兒」矣!』

大器晚成 《老子》云:『大器晚成。』漢馬援失意,其兄馬況謂援曰:『汝大器晚成。』

眼迷日五色 唐李程試『日五色』題,呈卷楊於陵。楊稱許當作狀元,而榜發無名。楊持卷示主司,主司懊恨,因謀之於陵,擢狀元。○後李(薦)〔廌〕爲東坡客〔三〕,坡知貢舉,(薦)〔廌〕下第,東坡送之詩曰:『平生漫説古戰場,過眼終迷日五色。』

舉子過夏 《遯齋閒覽》:長安舉子,六月後落第者不出京,謂之過夏,多借静坊廟院作文,曰夏課。

文星暗 唐大中間,天官奏云:『文星暗,科埸當有事。』後經三科皆覆試,復多落第。考官皆罰俸。

操眊矂〔四〕 《國史補》:進士籍而入選,謂之春闈。不捷而醉飽,謂之操眊矂。匿名造謗,曰無名子。

傍門户飛 唐元和中,士人下第,多爲詩刺試官。獨章孝標作《歸燕詩》以上庾侍郎,曰:『舊壘危巢泥已落,今年故向社前歸。連雲大厦無棲處,更傍誰家門户飛?』

【校】

〔一〕『硃筆』,乙本誤作『珠筆』,據甲本改。

〔二〕『如今花樣不同』，乙本脱『不同』二字，據甲本補。

〔三〕『李鷹』，原書誤作『李薦』，今改。所引東坡詩出自《余與李鷹方叔相知久矣，領貢舉事而李不得第，愧甚，作詩送之》。

〔四〕『操眊矂』，《唐摭言》卷一及各書引《國史補》作『打眊矂』。

薦舉

徵辟　凡訪求遺佚，有詔召之曰徵，郡國舉擢曰辟。三代官由訪舉。漢始詔刺史守相得專辟。隋煬帝始州縣僚屬選舉，一由吏部。唐玄宗始文武選，分屬吏、兵兩部。

勸駕　漢高帝詔曰：『賢士大夫有肯從我游者，吾能尊顯之。其有稱明德者，長吏必身勸，爲之駕。』

計偕　漢武帝元光五年，詔徵吏民有明當世之務，習先聖之術者，縣次續食，令與計偕。

鶚薦　後漢禰衡始冠，孔融愛其才，與爲友，上表薦之曰：『鷙鳥累百，不如一鶚；使衡立朝，必有可觀。』

先容　《鄒陽傳》：『蟠木根柢，輪囷離奇。爲萬乘器者，以左右爲之先容也。』

公門桃李　唐狄仁傑薦張柬之爲宰相，又薦夏官侍郎姚崇、監察御史桓彦範、太平州刺史敬暉數人，皆爲名臣。或謂仁傑曰：『天下桃李，盡屬公門。』仁傑曰：『薦賢爲國，非爲私也。』

藥籠中物〔一〕　元行冲謂狄仁傑曰：『下之事上，譬之富家積貯以自資也。脯脂膎胰，以供滋膳；參术芝苓，以防疾病。門下充爲味者多矣，願以小人充備一藥石。』仁傑嘆曰：『君正吾藥籠中物，不可一日無也。』

道側奇寶　韓愈薦樊宗師于袁滋相公書曰：『誠不忍奇寶横棄道側。』

向陽花木　范文正公知杭州，蘇（鱗）〔麟〕爲屬縣巡簡〔二〕。城中官弁往往皆獲薦，獨（鱗）〔麟〕在外邑，未見收録，因公事入府，獻詩曰：『近水樓臺先得月，向陽花木早爲春。』文正見而薦之。

夾袋　吕蒙正夾袋中有摺子，每四方人謁見，必問有何人才。客去，即識之。朝廷求賢，取諸夾袋以應。

明珠暗投　《鄒陽傳》：明月之珠，夜光之璧，以投于道，莫不按劍相顧盼，無因而至前也。

相見之晚　主父偃上書闕下，朝奏，暮召。時徐樂、嚴安上書言世務。上召三人，曰：『公等安在？何相見之晚也！』

齒牙餘論　《南史》：謝朓好獎予人才。會稽孔闓有才華，未貴時，孔珪嘗令草讓表以示朓，朓嗟吟良久，手自折簡薦之，謂珪曰：『士子聲名未立，應共獎成，無惜齒牙餘論。』

鉛刀一割　晋以譙王（永）〔承〕爲湘州刺史〔三〕，行至武昌，敦與之宴，謂（永）〔承〕曰：『足下雅素佳士，恐非將相才也。』（永）〔承〕曰：『公未見知耳，鉛刀豈無一割之用？』

四輩督趨　《唐·馬周傳》：中郎將常何言：『臣客馬周，忠孝人也。』帝即召之。未至，又遣四輩督趨之。

舉賢良　漢武帝建元初，始詔天下舉賢良方正、直言敢諫之士。又用董仲舒議，令郡縣歲舉孝廉各一人，限以四科：一曰德行高潔，志節清白；二曰學通行修，經中博士；三曰明習法令，足以決疑，按章覆問，文中御史；四曰剛毅多畧，遭事不惑，明足決斷，材任三輔。縣令，四科取士，終漢世不變。

舉茂才　後漢（安）〔順〕帝（元）〔陽〕嘉初〔四〕，尚書令左雄上言：郡國强仕，自今孝廉年不滿四十，不得察舉，皆請詣公府，諸生試經學、文吏課牋奏。若有茂才異行，自可不拘年齒。帝從之。

【校】

〔一〕『脯脂』、『芝苓』，新舊《唐書·元行冲傳》作『脯腊』、『芝桂』。

〔二〕『蘇麟』，原書誤作『蘇鱗』，《事文類聚前集·仕進部》、《事類備要前集·仕進門》同，據《詩話總龜甲集·自薦門》、《清夜録》改。『巡簡』，甲本如此，乙本原抄作『巡檢』，復改作『巡簡』，蓋避明思宗朱由檢諱。

〔三〕『譙王承』，原書誤作『譙王永』，據《晋書·宗室·譙閔王承傳》改。按《資治通鑑》卷九十一作『譙王丞』，《翰苑新書前集·干請》引誤作『譙王永』。

〔四〕『後漢順帝陽嘉初』，原書誤作『後漢安帝元嘉初』，據《後漢書·孝順帝紀》及《左雄傳》改。

濫爵

麒麟楦　唐楊炯每呼朝士爲麒麟楦，或問之，炯曰：『今之扮麒麟者，必修飾其形，覆之驢上，象貌宛然；及去其皮，還是驢耳。無德而朱紫，何以異是！』

白版侯　唐武后時，封侯者衆，鑄印不給，遂有以白版封侯者。

斜封官　唐太平公主與安樂等七公主皆開府，而主府官屬皆濫用〔一〕，悉出屠販，納貲求官，降墨敕，斜封授之，故號斜封官。

銅臭　漢靈帝鬻官爵。崔烈進錢五百萬爲司徒。常問其子鈞曰：『吾居三公，外議若何？』鈞曰：『大人少有英稱，歷位卿守，論者但嫌其銅臭耳。』

斗酒博凉州〔二〕　漢孟（沱）〔佗〕以一斗葡萄酒遺張讓，得（梁）〔凉〕州刺史。東坡詩云：『伯〔郎〕一斗（酒博梁）〔得凉〕州。』

爛羊頭關内侯　更始劉聖公納趙萌女爲后，委政于萌，日夜飲宴後庭，羣小膳夫，濫受美爵。長安人語曰：『竈下養，中郎將。爛羊胃，騎都尉。爛羊頭，關内侯。』

貂不足狗尾續　晋趙王倫簒位，同謀者越階次，奴隸厮役，亦加爵位。每會，貂蟬盈座。時人語曰：『貂不足，狗尾續。』

彌天太保　更始時，官爵太濫，有彌天太保、徧地司空之稱。

櫂椎盌脱　武后時濫用人，時人爲之語曰：『櫂椎侍御史，盌脱校書郎。』四齒耙爲櫂椎，言用官之濫，如用耙齒椎聚之多。盌，小盂也。盌脱之形模，言個個相似也。

【校】

〔一〕『皆濫用』，甲本作『尤濫用』。

〔二〕『孟佗』、『凉州刺史』，原書作『孟沱』、『梁州刺史』，據《三輔決録》卷二及《古事苑・果食》改。『伯郎一斗得凉州』，甲本原作『伯一斗酒博梁州』，復點去『酒』字，乙本作『伯一斗酒博梁州』，《古事苑》作『伯郎一斗博梁州』，據蘇軾《次韻秦觀秀才見贈，秦與孫莘老、李公擇甚熟，將入京應舉》改。

官制

三公三孤　三公：太師、太傅、太保。三孤：少師、少傅、少保。師，天子所師。傅，傅相天子〔一〕。保，保護天子。

六卿　吏部曰太宰、冢宰，户部曰大司徒，禮部曰大宗伯，工部曰大司空，兵部曰大司馬，刑部曰大司寇。

六官　吏部曰天官，户部曰地官，禮部曰春官，兵部曰夏官，刑部曰秋官，工部曰冬官。

以龍紀官　伏羲以龍紀官：春官曰蒼龍，夏官曰赤龍，秋官曰白龍，冬官曰黑龍，中官曰黃龍。

以火紀官 神農以火紀官：春官爲大火，夏官爲鶉火，秋官爲西火，冬官爲北火，中官爲中火。

以雲紀官 黃帝始以雲紀官：春官曰青雲，夏官曰縉雲，秋官曰白雲，冬官曰黑雲，中官曰黃雲。

以鳥紀官〔二〕 黃帝後以鳥紀官：祝鳩氏爲司（農）〔徒〕，雎鳩氏爲司馬，（司）〔鳲〕鳩氏爲司空，爽鳩氏爲司寇，鶻鳩氏爲司事。

以民事紀官 顓頊氏以民事紀官：以少昊之子重爲木正，曰勾芒；該爲金正，曰蓐收；修熙相代爲水正，曰玄冥；炎帝之子爲土正〔三〕，曰勾龍；顓頊之子爲火正，曰祝融。勾龍能平水土，後世祀以配社。

太尉僕射 太尉，秦官也，等于三公，掌兵。左右僕射，亦秦官也，等于六卿。

九錫 一大輅，玄牡。二駟馬，衮冕之服，赤舄副之。三軒，縣之樂，六佾之舞。四朱户以居。五納陛以登。六虎賁之士三百人。七斧鉞各一。八彤弓一，彤矢百，旅弓十，旅矢千。九秬鬯，一卣，珪瓚副之。

勒名鐘鼎 《周禮·司勳職》：『鑄鼎銘勳。』言有功勳者，鑄器以銘之也。

紀績旂常 《周（禮）〔書〕》〔四〕：王命君牙曰：『惟乃祖乃父，服勞王家，厥有成績，紀于太常。』太常者，王之旌旂也。有功者書焉，以表顯也。

礪山帶河　漢高帝定天下，剖符封功臣，刳白馬而盟之，封爵之誓曰：『使黄河如帶，泰山如礪。國以永存，爰及苗裔。』

丹書鐵券　漢高與功臣剖符作誓，丹書鐵券，金匱石室，藏之宗廟。

尚寶　天子玉璽龍章，王后玉璽鳳章，親王金寶龜鈕，勳爵金印麟鈕，總兵銀印虎鈕，布政銀印，府州縣銅印，御史鐵印。

六部稱號〔五〕　禮部曰祠部、儀部、膳部。户部曰民部、版部、金部、倉部。兵部曰駕部。刑部曰比部。工部曰水部、虞部。此稱自唐朝始。

都御史　左都御史，以其爲御史之率，故曰御史大夫。巡撫都御史，以其爲憲臺之長，故曰御史中丞。

大九卿　六部尚書、都察院、通政、大理寺卿，謂之大九卿。

小九卿　太常、太僕、光禄、鴻臚、上林苑等卿，翰林院、國子監祭酒、順天府尹，謂之小九卿。

執金吾　漢武帝改秦中尉，更名曰執金吾。蓋吾者，禦也。執金刀以禦非常者也。又曰：金吾，鳥名，取以辟除惡鳥〔六〕。

率更令　師古曰：『掌知漏刻，故曰率更。』率，音律。

三獨坐　光武詔御史中丞與司隸校尉、尚書令會同，並專席而坐，京師號曰『三獨坐』。

三老五更　後漢永平二年，三雍成，拜桓榮爲五更。晋某年，天子幸太學，命王祥爲三老。三老、五更總是一人，與《尚書》四岳一例。

四姓小侯　漢外戚樊、郭、陰、馬四姓非列侯，故曰小侯。

誥敕〔七〕　人臣五品以下，其父母與妻封贈之命曰敕命，其寶用敕命之寶，受封者曰敕封。五品以上，其祖父母、父母與妻封贈之命曰誥命，其寶用誥命之寶，受封者曰誥封。

封贈　人臣父母與妻生前受封者曰敕封、誥封，人稱之曰封君；死後受封者曰敕贈，人稱之曰贈君。

母妻封號　凡品級官員封及其母妻者，正從一品，母妻封一品夫人；正從二品，母妻封夫人；正從三品，母妻封淑人；正從四品，母妻封恭人；正從五品，母妻封宜人；正從六品，母妻封安人；正從七品，母妻封孺人。

文官補服　一二仙鶴與錦雞，三四孔雀雲雁飛，五品白鷴惟一樣，六七鷺鷥鸂鶒宜，八九品官并雜職，鵪鶉練雀與黄鸝。風憲衙門專執法，特加獬豸邁倫夷。

武官補服　公侯駙馬伯，麒麟白澤裘，一二繡獅子，三四虎豹優，五品熊羆俊，六七定爲彪，八九是海馬，花樣有犀牛。

文勳階　文正一品，初授特進榮禄大夫，陞授、加授俱特進光禄大夫、左右柱國，月俸八十七石。○從一品，初授榮禄大夫，陞授、加授俱光禄大夫、柱國，月俸七十二石。○正二品，初授資善大夫，陞授資政大夫，加授資德大夫、正治上卿，月俸六十一石。○從二品，初授中奉大夫，陞授通奉大夫，加授正奉大夫、正治卿，月俸四十八石。○正三品，初授嘉議大夫，陞授通議大夫，加授正議大夫、贊治尹，月俸三十五石。○從三品，初授亞中大夫，陞授正中大夫，加授大中大夫、資治少尹，月俸二十六石。○正四品，初授中順大夫，陞授中憲大夫，加授中議大夫、贊治尹，月俸二十四石。○從四品，初授朝列大夫，陞授、加授俱朝議大夫、贊治少尹，月俸二十石。○正五品，初授奉議大夫，陞授、加授俱奉政大夫、修正庶尹，月俸十六石。○從五品，初授奉訓大夫，陞授、加授俱奉直大夫、協正庶尹，月俸十四石。○正六品，初授承直郎，陞授承德郎，月俸十石。○從六品，初授承務郎，陞授儒林郎儒士出身、宣德郎吏員才幹出身〔八〕，月俸八石。○正七品，初授承仕郎，陞授文林郎儒士出身、宣議郎吏員才幹出身，月俸七石五斗。○從七品，初授從仕郎，陞授徵仕郎，月俸七石。○正八品，初授迪功郎，陞授修職郎，月俸六石六斗。○從八品，初授迪功佐郎，陞授修職佐郎，月俸六石。○正九品，初授將仕郎，陞授登仕郎，月俸五石五斗。○從九品，初授將仕佐郎，陞授登仕佐郎，月俸五石。○未入流，月俸三石。

武勳階　正一品，初授特進榮禄大夫，陞授、加授俱特進光禄大夫、右柱國。○從一品，初授榮禄大夫，陞授、加授俱光禄大夫、柱國。○正二品，初授驃騎將軍，陞授金吾將軍，加授龍虎將軍、上護軍。○從二品，初授鎮國將軍，陞授定國將軍，加授奉國將軍、護軍。○正三品，初授昭勇將軍，陞授昭毅將軍，加授昭武將軍、上輕車都尉。○從三品，初授懷遠將軍，陞授定遠將軍，加授安遠將軍、輕車都尉。○正四品，初授明（遠）〔威〕將軍[九]，陞授宣威將軍，加授廣威將軍、上騎都尉。○從四品，初授宣武將軍，陞授顯武將軍，加授信武將軍、中騎都尉。○正五品，初授武德將軍，陞授武節將軍，加驍騎尉。○從五品，初授武備將軍，陞授武毅將軍，加飛騎尉。○正六品，初授昭信校尉，陞授承信校尉，加雲騎尉。○從六品，初授忠顯校尉，陞授忠武校尉，加武騎尉。○正七品，初授忠翊校尉，陞授忠勇校尉。○從七品，初授毅武校尉，陞授修武校尉。○正八品，初授進義校尉，陞授保義校尉。○凡月俸俱與文官同。

品級正從一品　正一品：太師，太傅，太保，宗人令，左右宗正，左右宗人，左右都督。○從一品：少師，少傅，少保，太子太師，太子太傅，太子太保，都督同知。

正從二品　正二品：太子少師，太子少傅，太子少保，尚書，都御史，都督僉事，正留守，都指揮使，襲封衍聖公。○從二品：布政使，都指揮同知。

正從三品　正三品：太子賓客，侍郎，副都御史，通政使，大理寺卿，太常寺卿，詹事，府尹，按察使，副留（寺）〔守〕[一〇]，都指揮僉事，指揮使。○從三品：光禄寺卿，太僕寺卿，行太僕寺卿，苑馬寺卿，參政，都轉運鹽使，留守司指揮同知，宣慰使。

正從四品　正四品：僉都御史，通政，大理寺少卿，太常寺少卿，太僕〔寺〕少卿[一一]，少詹事，鴻臚寺卿，京府丞，按察司副使，行太僕寺少卿，苑馬寺少卿，知府，衛指揮僉事，宣慰司同知。○從四品：國子監祭酒，布政司參議，鹽運司同知，宣慰司副使，宣撫司宣撫。

正從五品〔一二〕　正五品：華蓋、謹身、武英殿大學士，文淵、東閣、春坊大學士，翰林院學士，庶子，通政司參議，大理寺丞，尚寶司卿，光禄寺少卿，六部郎中，欽天監正，太醫院使，京府治中，宗人府經歷，上林苑監正，按察司僉事，府同知，王府長史，儀衛，正千户，宣撫司同知。○從五品：侍讀侍講學士，諭德，洗馬，尚寶、鴻臚少卿，部員外郎，五府經歷，知州，鹽運司副使，鹽課提舉，衛鎮撫，副千户，儀衛，副招討，宣撫司副使，安撫(使)〔司〕安撫。

正從六品〔一三〕　正六品：大理寺正，詹事，丞，中允，侍讀，侍講，司業，太常寺丞，尚寶司丞，太僕寺，行太僕寺丞，主事，太醫院判，都察院經歷，京縣知縣，府通判，上林苑監副，欽天監副，五官正，兵馬指揮，留守司、都司經歷，斷事，百户，典仗，審理正，神樂觀提點，長官司副招討，宣撫僉事，安撫同知，善世正。○從六品：贊善，司直郎，修撰，光禄寺丞、署正，鴻臚寺丞，大理寺副，京府推官，布政司經歷、理問，鹽運司判官，州同知，鹽課司提舉，市舶、河(梁)〔渠〕副提舉，安撫司副使。

正從七品　正七品：都給事中，監察御史，編修，大理寺評事，行人司正，五府都察院都事，通政司經歷，太常寺博士、典簿，兵馬副指揮，營膳司所正，京縣丞，府推官，知縣，按察司經歷，留守司、都司都事、副斷事，審理，安撫司僉事，蠻夷長官。○從七品：翰林院檢討，左右給事中，中書舍人，行人司副，光禄寺典簿、署丞，詹事府、太僕寺主簿，京府經歷，靈臺郎，祠祭署奉祀，州判官，鹽課司副提舉，布政司都事，副理問，鹽運司、衛、宣慰、招討司經歷，蠻夷副長官。

正從八品　正八品：國子監丞，五經博士，行人，部照磨，通政司知事，京主簿，保章正，御醫，協律郎，典牧所提領，營繕所副，大通關寶鈔、龍江司提舉，衛知事，府經歷，縣丞，煎鹽司提舉，按察司知事，宣慰都事，王府典寶、典簿、奉祀、良醫、典膳正、紀善，講經，至靈元符崇真宫靈官。○從八品：清紀郎，翰林院典籍，國子監助教、典簿、博士，光禄録事、監事，鴻臚寺主簿，京府、運司知事，挈壺正，祠祭署祀丞，布政司照磨，王府典膳、奉祀、典寶、良醫副，宣慰司經歷，神樂觀知觀，崇真宫副靈官，左右覺義、玄義。

正從九品〔一四〕　正九品：校書，侍書，國子監學正，部檢校，鴻臚寺署丞，五官監候、司歷，營繕所丞，典牧所、會同館、文思院、（丞）〔承〕運寶鈔廣運廣積贓罰十字庫，顏料、皮作、鞍轡、寶源局，織染所、京府（職）〔織〕染局大使，龍江寶鈔副提舉，府知事，縣主簿，長史司主簿、典儀正、典樂，牧監正，茶馬大使，贊禮郎，奉鑾、宣撫、安撫知事。○從九品：待詔，司諫，通事舍人，正字，詹事府録事，司務，學録，典籍，鳴贊，序班，司晨，漏刻博士，司牧大使，牧監副，圉長，太醫院，提舉司，鹽課司，州所吏目，軍儲，御馬，都督府，門倉，軍器局大使，承運寶鈔廣運廣積贓罰十字庫副使，典牧所、會同館、文思院副使，廣盈、太倉銀庫、太僕寺、京府庫、都税、宣課、柴炭司大使，顏料，皮作，鞍轡、寶源局、織染局，京府織染局副使，草場大使，孔、顏、孟子孫教授，按察司檢校，府、宣撫司照磨，典儀，副教授，伴讀，都司、運司、府、京衛，宣撫、宣慰司學教授，司庫、司府倉、雜造、織染司、税(庫)〔課〕司大使，司獄，巡檢，茶馬副使，正術，正科，都綱，都紀，太常寺同樂，教坊司韶舞，司樂。

未入流　孔目，國子監掌饌，學正，教諭，訓導，兵馬、斷事、長官司吏目，司牲，司牧副使，府檢校，縣典史，軍器局、柴炭司副使，遞運所大使，驛丞，河泊所閘壩官，關大使，牧監，録事，郡長，提控，案牘，都督府、御馬、軍儲、門倉副使，廣盈庫、都課、都税、税課司副使，茶鹽課司使，府州縣衛所倉場大使，副鹽運司、府衛提舉，司所州縣庫大使、副使，司府州軍器、織染、雜造局副使，宣德倉，司竹、鐵冶、河州、遼陽、青州府、樂安税課司大使，茶運批驗所、巾帽針工局、慶遠裕民司大副使〔一五〕，司庫副使，鹽倉、税課、鈔紙、印鈔、鑄印、抽分竹木、惠民、金銀場、惠民局、水銀硃砂場局、生藥庫、長史司倉庫大使、副使，縣雜造局副使，典術，典科，訓術，訓科，副都綱，都紀，僧正，道正，僧會，道會。

仕途　隋煬帝始置進士科取士。唐始縉紳必由科目，始重資格。○漢二千石滿三載，任同産子一人爲郎。○秦始試吏入仕，漢丙吉、龔勝是也。始納粟拜爵，始皇因旱蝗，漢武帝沿之。至靈帝時，富者先入錢，貧者赴官倍輸。○堯始考功。魏崔亮始限年。○漢制久任如古。晉宋始制守宰六期爲滿。○漢左雄始孝廉覈年滿四十察舉。宋敘官閥，有官年、實年。○後周始制舉主連坐。○漢順帝制，選用不得互官，謂姻家鄉里人不交互爲官。今隔選。唐太宗制，大功不得連職。今迴避。〇唐高宗始給告身，即給札。唐武后始設門籍。籍，朝參奏事，待詔官出入，每月一易之。〇伊尹始致仕。漢制，二千石吏予告、賜告。唐制，致仕五品以上表，六品以下轉奏。〇唐太宗許子弟十九以下父兄隨任。宋太祖詔羣臣父母迎養。

【校】

〔一〕『傅傅相天子』，甲本誤脱一『傅』字。

〔二〕『司徒』，原書作『司農』，據《左傳・昭公十七年》改。『鳲鳩氏』，乙本誤作『司鳩氏』，據甲本改。按『黄帝後』，據《左傳・昭公十七年》，以鳥紀官爲少皡時事，而一般認爲少皡係黄帝之子，此處可通。

〔三〕『炎帝之子爲土正曰勾龍』，邢雲路《古今律曆考》卷九：『又以炎帝之子勾龍爲土正。』按唐以前書皆載勾龍爲共工之子，而共工爲炎帝之後，是故當作『共工之子爲土正曰勾龍』爲是。

〔四〕『《周書》』，原作『《周禮》』，按查『王命君牙曰』出自《尚書・周書》，據改。

〔五〕原書無『吏部』。按據《唐六典》、《通典》，兵部又稱『庫部』，吏部舊稱『選部』。

〔六〕『取以辟除惡鳥』，《漢書・百官公卿表》注曰：『金吾，鳥也，主辟不祥。』疑原書有誤。

〔七〕本條及以下諸條原書贅於第六卷之末，總題『附官制後』，今移置此。

〔八〕『才幹』，《大明會典》卷六同，甲本及《大明官制》卷四、《文武諸司衙門官制》卷一作『材幹』。

〔九〕『明威將軍』，原書誤作『明遠將軍』，據《大明會典》卷一百二十二、《大明官制》卷四、《文武諸司衙門官制》卷一改。

〔一〇〕『副留守』，『守』乙本誤作『寺』，據甲本改。

〔一一〕『太僕寺少卿』，乙本脱『寺』字，據甲本補。

〔一二〕『正從五品』，甲本無此題。『安撫司安撫』，『司』乙本誤作『使』，據甲本改。

〔一三〕按自本條以下皆無『正從品級』標題，今增補，以與前文相統一。『河渠』，原書誤作『河梁』，據《大明會典》卷十、《大明官制》卷一、《文武諸司衙門官制》卷一改。

〔一四〕『承運』，原書誤作『丞運』，據《大明會典》卷四十一改。『京府織染局大使』、『税課司大使』，『織』、『課』乙本誤作『職』、『庫』，據甲本改。

〔一五〕『慶遠裕民司大副使』，按《大明會典》卷十作『慶遠裕民司大使、副使』，原書此處蓋皆兼指大使、副使而言。

宰相　參政下丞相一等

歷代置相　顓頊置樂正。黄帝七輔。湯六傅。伏羲置二相。秦獻公置左右二卿，稱丞相。莊襄王改相國。唐莊宗置丞相兼樞密。唐中宗始置大學士。五代置文明殿大學士，始爲宰相兼職，宋真宗置資政殿學士，班翰林上。漢武帝置秘書令，置太史令。漢桓帝置秘書監。唐太宗始置宰相，監修國史。唐德宗始宰相政事，詔迭秉筆。

通明相　漢翟方進爲丞相，智能有餘，兼通文法吏事，以儒術緣飾法律，人號通明相。

救時宰相　唐姚崇拜相，問齊澣曰：『予爲相，何如管晏？』曰：『管晏之法，雖不能施於後世，猶可以終其身。公所爲法，隨復更之，祇可爲救時宰相。』

知大體　漢丙吉不問横道死人，而問牛喘。吏謂失問。吉曰：『宰相不親細事，民鬬傷命，則有司存。方今春月牛喘，恐陰陽失調，宰相職司燮理陰陽，是以問之。』人稱其知大體。

伴食相　唐盧懷慎爲相，自以才能不及姚崇，政事皆推委不與，人譏其爲伴食宰相。

紗籠中人　唐卜者胡蘆生，卜筮甚驗，李藩常問之，生曰：『公乃紗籠中人。』藩不解所以。後有異僧言：凡宰相，冥司必潛以紗籠護之，恐爲異物所擾。藩默喜卜者言，果拜相。

琉璃瓶覆名　五代唐廢帝擇相，問左右，皆言盧文紀、姚顗有聲望。帝因悉書清望官名，納琉璃瓶中，夜焚香祝天，以筯挾之，得盧文紀，欣然相之。

金甌覆名　唐玄宗卜相，皆書其名，内之金甌，名曰甌卜。一日，書崔琳等名，問太子曰：『此宰相名，若謂誰？』太子曰：『非崔琳、盧從願乎？』上曰：『然。』

枚卜　古天子卜相，必書清望官名，納金甌或琉璃瓶中，焚香祝天，以筯挾之，得其名，即拜相，故曰枚卜，又曰甌卜。

魚頭參政　宋魯宗道爲參政，時樞密使曹利用恃權驕横，公屢折之帝前。時貴戚用事者，莫不憚之，稱爲魚頭參政。

骰子選　宋丁謂作參政，或率楊文公賀之，謂曰：『骰子選耳，何足道哉！』

尚書　部曹　卿寺

古納言　唐玄宗用牛仙客爲尚書，張九齡諫曰：尚書，古之納言，多用舊相居之。仙客，本河、湟一使典耳，拔升清流，齒班常伯，此官邪也。

天之北斗　李固疏：陛下有尚書，猶天之有北斗。北斗爲天之喉舌，尚書爲陛下之喉舌。

六卿　隋文帝始定六部，本漢光武分署六曹。吏曹職起伏羲，漢光武爲選部，魏始名吏部，始居諸曹右。户曹職起黄帝，吴始爲户部，唐武后始以户部居禮部右。禮曹職起顓頊之秩宗。隋始爲禮部。兵刑曹職起黄帝，隋始爲兵部、刑部。工曹職起少昊，晋起部，隋始爲工部。宋神宗復唐故事，以吏、户、禮、兵、刑、工爲次序。

尚書　秦遣吏至殿中文書，始號尚書。後漢始專席。魏三品，陳加至一品。

侍郎　隋煬帝置六曹侍郎副尚書，名始秦。

郎中　漢置尚書郎，分掌尚書事，名始秦。

員外　隋文帝命尚書六曹增置員外郎，名始漢。

主事　隋煬帝置主事副員外郎，名始漢武帝。

司務　宋置六部司務。

九卿　夏后氏始置九卿。漢設九卿，不以官名，但稱九寺。梁武帝始加卿字。後魏始置少卿，以卿爲正卿。

大理寺 黄帝立士師，有虞爲士師。夏始稱大理。秦置大理正，今卿。置廷尉正，今寺正。魏置少卿。晋武帝置丞。隋煬帝置評事。

太常寺 本《周官·春官》之職。秦稱奉常。漢改太常，名始有虞。後漢置卿。秦置丞。魏文帝置博士。漢武帝置郎，置司樂，置協律。隋置郊社署，今天地壇祠祭署。唐置簿。太僕寺、苑馬寺，職始周官，梁置簿，漢置監。

光禄寺 本秦置，郎中令掌宫掖。漢爲光禄勳。梁始改光禄卿。北齊兼膳羞。隋始專掌。唐始署珍羞官，因隋。隋始署大官，名因秦。始署良醞，即漢湯官。掌醞，本《周官》酒正醞人置。

鴻臚寺 漢武帝置大鴻臚，梁武帝除『大』字，本秦典客、周大行人。

國子監 周以師氏、保氏教養國子，始名國子。晋武帝始立國子學。隋煬帝始改國子監。漢始定祭酒，銜名本周。隋煬帝置司業，並周職。漢武帝置博士，名始秦。晋武帝置教。隋煬帝置丞。北齊高洋置簿。宋神宗置録。

宫詹　學士　翰苑

東宫官 秦始皇置詹事，漢因掌太子家。唐玄宗置少詹事，並輔導東宫。○周公置左右庶子。唐高宗置左右諭德、贊善。隋文帝置内允，即中允。北齊置門下、典書二坊。○秦始皇置洗馬，先導太子。晋始爲詹事屬官，掌圖籍。○漢蘭臺置校書。北齊置正字。

翰林〔一〕　伏羲始立史官。唐玄宗置修撰、編修、簡討。宋文帝置學士。後魏置太子侍講。唐玄宗置侍講學士、侍讀學士、侍講、侍讀、(侍)〔待〕詔。漢武帝置博士。宋置孔目。

玉堂　宋蘇易簡充承旨，多振舉翰林故事。太宗爲飛白書院額曰『玉堂』，及以詩賜之。太宗曰：『此永爲翰林中一美事。』易簡曰：『自有翰林，未有如今日之榮也！』

木天　《類苑》：秘書閣下穹隆高廠，謂之木天。

鰲禁　宋公白、賈公黄中，皆先達鉅儒，同在鰲禁。

内相　唐陸贄博學弘詞，入翰林。德宗重其才，呼先生而不名。雖外有宰相主大議，贄常居中參議，號曰『内相』。

摛文堂　宋(真)〔徽〕宗政和五年〔二〕，御書摛文堂榜，賜學士院。

五鳳齊飛　宋太宗時，賈黄中、宋白、李至、吕蒙正、蘇易簡，同時拜翰林學士。扈蒙云：『五鳳齊飛入翰林。』

北門學士　唐劉禕之，少以文詞稱，遷右弘文館直學士。上元中，與(萬元)〔元萬〕頃等召入禁中〔三〕，參決政事，時稱『北門學士』。

八甎學士　唐李程爲學士。常規：學士入院，以階前日影爲候。程性懶，日過八甎乃至，時號『八甎學士』。

【校】

〔一〕本條『簡討』當作『檢討』，蓋避明思宗朱由檢諱。『待詔』，原書作『侍詔』，蓋緣上文而誤，今改。

〔二〕『宋徽宗』，原書誤作『宋真宗』，按『政和』爲徽宗年號，據改。

〔三〕『元萬頃』，原書誤作『萬元頃』，據《舊唐書·職官志》、《劉禕之傳》乙正。

諫官

忠言逆耳　沛公見秦宫室之富，欲留居之。樊噲諫曰：『凡此奢麗之物，皆秦所以亡也，公何用焉？願還灞上。』不聽。張良曰：『忠言逆耳利於行。』乃還。

真諫議　蕭鈞爲諫議大夫，永徽中，争盗庫財死罪，曰：『囚罪當死，但恐天下謂陛下重貨輕法，任喜怒殺人』。帝曰：『真諫議也。』

六科給事中，名始秦，漢置給事黄門，職始秦，置諫大夫，唐分爲左右。

真諫官　唐李景伯爲諫議。中宗侍宴，命諸臣爲回波詩。衆皆以諂言媚上。景伯獨爲箴規語以諷，帝不懌。中書令蕭至忠曰：『景伯樂不忘規，真諫官也。』

碎首金階　唐敬宗好游畋，劉栖楚爲拾遺，出班苦諫，以額叩龍墀，血流被面。

鐵補闕　唐乾寧中楊貽德爲諫議，正直敢言，不避權倖，人目爲『鐵補闕』。

殿上虎　宋劉安世正色立朝，面折廷諍。每犯雷霆之怒，則執簡却立，俟天威少霽，復前極論，必得請乃已。人稱之曰『殿上虎』。

戇章　宋任伯雨性剛鯁，持論勁直。爲諫官僅半載，所上一百疏，皆係天下治體，號『戇章』。

魯直　魯宗道爲右正言，風聞彈疏，真宗厭之，自訟罷去。他日上追念其言，御筆題曰『魯直』。

朝陽鳴鳳　唐高宗時，自韓瑗、褚遂良死，内外以言爲諱。高宗造奉天宮，李善感始上書，極言之。時人謂之朝陽鳴鳳。

立仗馬　李林甫專權，恐諫官言事，謂之曰：『諸君見立仗馬乎？終日無〔聲而〕食三品料〔一〕，及其一鳴輒斥，雖欲勿鳴，其可得乎？』

拾齒　宋張藹，太祖方彈雀後苑，藹亟請入奏事。及見所奏，乃常事耳，上怒，藹曰：『竊謂急于彈雀。』上以斧柄撞其齒，齒墮，徐拾之。上曰：『欲訟朕耶？』藹曰：『臣何敢訟陛下？但有史官在耳。』

古忠臣〔二〕　宋鄒浩官右正言，極論章惇誤國，未報而劉后立。復反，復廷諍，被竄。史謂之古忠臣。浩與陽翟田（晝）〔晝〕善，初，劉后立，謂人曰：『鄒志完不言，可以絶交矣。』浩既得罪，〔晝〕〔晝〕迎諸途，正色曰：『使志完隱默居京師，遇寒疾不汗，五日死矣，豈獨嶺海之外能死人哉？』

抵家復逮　楊爵言朝廷政事有失人心，而致危亂者五，繫獄數年始得釋。會復有諫者，上曰：『吾固知釋爵，妄言者立至矣！』復就逮。時爵抵家方一日，忽錦衣校至，校佯曰：『吾便道省公耳。』爵笑曰：『吾固知之。』與校同飯，飯已，曰：『行乎？』校曰：『盍一入爲别？』爵立屏間曰：『朝廷有旨見逮，吾行矣。』再繫獄，逾年乃出。

爲朕家事受楚毒　章綸疏陳修德弭灾十四事。又請復汪后于中宫，以正壼儀；復沂王于東宫，以正國本。逮詔獄，廷杖不死。英宗復辟，嘆曰：『綸好臣子，爲朕家事受楚毒。』拜禮部侍郎。

碎朕衣矣　陳禾劾童貫弄權，反覆不置，徽宗欲起，禾引帝衣，請畢其奏。衣裾落。帝曰：『正言碎朕衣矣！』禾曰：『陛下不惜碎衣，臣豈惜碎首以報！』内侍請易衣，帝却之，曰：『留以旌直臣。』

憚黯威棱　武帝嘗曰：『甚矣，黯之戇也！　古有社稷臣，黯近之矣。』黯前奏事，帝不冠，不敢見。淮南王謀逆，憚黯威棱，遂寢。

賁育不能過　唐魏徵，太宗朝諫議大夫，狀貌不揚，有膽氣，犯顔敢諫，雖上怒甚，而徵神色自若，議者謂賁育不能過。

瓦爲油衣　谷那律博洽羣書，褚遂良稱曰『九經庫』。從太宗出獵，遇雨，因問：『油衣若何而不漏耶？』那律曰：『以瓦爲之，當不漏。』上嘉其直。

謫死　陳剛中性慷慨，敢論事。胡銓以劾檜貶，剛中啓曰：『知無不言，願借尚方之劍！不遇故去，聊乘下澤之車。』檜怒，遂與張九成同謫，客死，貧不能葬。士論惜之。

小官論大事　曹輔爲秘書正字。徽宗多微行，輔上疏極諫。太宰余深曰：『輔小官，何敢言大事〔三〕？』輔對以：『大官不言，故小官言之。官有大小，愛君之心則一。』遂編管郴州。

忠良鯁直　陳諤負抗直聲，舉劾權貴無所避。上呼爲『大聲秀才』。嘗忤旨，命坎瘞奉天門外，七日不死，赦還，搏擊愈甚。歷任中外，所至能其官，終爲忌者致貶。上一日問〔左右曰〕〔四〕：『「大聲官兒」何在，直署輔導，使人得聞過。』乃召還，上書『忠良鯁直』四字賜之，示寵異焉。

直聲震天下　海瑞爲南平教諭，謁上官，止長揖，曰：『（參）〔忝〕師席〔五〕，不可屈膝也。』主户部政，疏諫下獄，直聲震天下。

劾嚴嵩得慘禍　沈鍊疏劾嚴嵩父子爲奸，竄名白蓮教中，僇于邊。楊繼盛論嵩專權悮國五奸十大罪，棄東市。

劾逆璫而受酷刑死者：萬璟廷杖死；高攀龍投水死；楊璉、左光斗、周順昌、繆昌期、周宗建、黄尊素、魏大中被逮詔獄，拷掠死；鄒維（連）〔璉〕謫戍死〔六〕，俱江浙人。

【校】

〔一〕『終日無聲而食三品料』，乙本無『聲而』二字，據甲本補。

〔二〕本條『田晝』均誤作『田畫』，據《宋史·鄒浩傳》、《田晝傳》改。

〔三〕『何敢言大事』，甲本作『何敢論大事』。

〔四〕『左右曰』，乙本無，據甲本補。

〔五〕『忝』，乙本誤作『參』，據甲本改。

〔六〕『鄒維璉』，『璉』原書作『連』，今改。

御史

白簡　晋傅玄爲御史，每有奏劾，或值日暮，捧白簡，整簪帶，竦誦不休，坐以待旦。貴遊懾服，臺閣風生。

烏臺　漢成帝時，御史府列柏樹，有野烏數千棲其上，故稱烏臺，亦稱『柏臺』。

法冠繡衣　《漢書》：法冠，御史冠也，本楚王冠也〔一〕。秦滅楚，以其君冠賜御史也。繡衣御史，漢武帝所置。法冠一名『獬豸冠』。

獨擊鶻　宋王素既升臺憲，風力愈勁。嘗與同列奏事，上有不懌，衆皆引去，素方論列是非，俟得旨，乃退。帝歎曰：『真御史也。』人皆目爲『獨擊鶻』。

石御史　唐劉思立舉進士，高宗擢爲御史，執法不阿，彈劾權貴，人號『石御史』。

驄馬　後漢桓（興）〔典〕爲侍御史[二]，直言無所忌諱。常乘白馬，京師憚之，爲語曰：『行行且止，避驄馬御史。』

鐵面御史　宋趙抃少孤貧，舉進士，及爲殿中侍御，彈劾不避權貴[三]，號爲『鐵面御史』。

豹直　《漢·輿服志》：大駕屬車八十一乘，皆尚書臺省官所載，最後一乘，侍御史所乘，獨懸豹尾，故名『豹直』。

節度膽落　唐敬宗朝，夏州節度使李（佑）〔祐〕入朝[四]，違詔進奉，御史温造彈之。（佑）〔祐〕趨出待罪，股慄流汗，謂人曰：『吾夜逾蔡州，擒吴元濟，未嘗心動，今日膽落于温御史矣。』

埋輪當道　後漢張綱爲御史。安帝時，遣八使按行風俗，綱獨埋其車輪于洛陽都亭，曰：『豺狼當道，安問狐狸？』遂劾大將軍梁冀兄弟。

頭軔乘輿　申屠剛，建武初拜侍御史，廷臣畏其鯁直。時隴蜀未平，上欲出遊，剛力諫，不聽。以頭軔乘輿，馬不得前。

貴戚泥樓　（漢）〔唐〕李景讓爲御史大夫[五]，剛直自持，不畏權倖。内臣貴戚有看街樓閣，皆泥之，畏其彈劾。

劾燈籠錦　宋唐介爲御史，劾文彦博知益州日以燈籠錦媚貴妃，致位宰相，請逐彦博。仁宗怒，謫介英州别駕。

炎暑爲君寒　唐岑參《送侍御韋思謙》詩曰：『聞欲朝金闕，應須拂豸冠。風霜隨雁去，炎暑爲君寒。』

天變得末減　楊瑄，天順初爲御史，劾曹吉祥、石亨怙寵擅權。後爲曹、石文致坐死。將刑，會大風拔木，吹正陽門下馬牌于郊外，得末減。子源爲五官監候，以占候上言指斥劉瑾。瑾怒曰：『爾何官，亦學爲忠臣乎？』杖而戍之。劉瑾之亂，大臣科道同日勒令致仕四十八人，以其名榜示天下。源之同鄉御史熊卓與焉。

【校】

〔一〕『本楚王冠也』，甲本無『也』字。

〔二〕『桓典』，原書誤作『桓興』，據《東觀漢記》、《後漢書》本傳改。

〔三〕『權貴』，甲本誤作『擁貴』。

〔四〕『李祐』，原書作『李佑』，據新舊《唐書·温造傳》改。

〔五〕『唐李景讓』，原書誤作『漢李景讓』，按李景讓爲唐人，事見本傳。

使臣

一介行李　《左傳》：子員曰：『君有楚命，亦不使一介行李，告于寡君。』

一乘之使　韓信破趙，欲移兵擊燕，武涉説信曰：不如發一乘之使，奉咫尺之書以使燕，燕必從風而靡。

堂堂漢使　蘇武使匈奴，匈奴脅武令拜，武不從。以刀臨之，武曰：『堂堂漢使，安能屈膝于四夷哉！』

埋金還鹵〔一〕　唐杜暹使鹵，以金遺暹，固辭。左右曰：『公使絶域，不可失戎心！』乃受焉，陰埋幕下。已出境，乃移文，俾取之，突厥大驚。

口伐可汗　唐突厥攻太原，鄭元璹持節往勞。既至，虜以不信咎中國。璹隨語折讓無所屈。徐乃數其背約，突厥愧赧，引兵還。太宗賜書曰：『知卿口伐可汗，邊火息燧。朕何惜金石賜于卿哉！』

斬樓蘭　龜兹、樓蘭二國常殺漢使，傅介子謂霍光曰：『樓蘭、龜兹反覆，不誅無所懲。』霍光使介子行。介子齎金幣，以賜外國爲名。樓蘭貪漢寶物，求見。介子與飲，陳物示之。王飲醉，介子使壯士刺殺之，諭以『王負漢罪』，遂將王首還詣闕。上嘉其功，封義陽侯。

少年狀元　宋王拱辰，至和二年聘契丹，見其主于混同江，設宴垂釣，每得魚，必酌酒飲客，親鼓琵琶侑觴，謂其相曰：『此南朝少年狀元也。』

臣不生還　曹利用契丹議和，假崇儀副使奉書以行。真宗曰：『契丹如貪歲幣，非國家細事，或求不厭，當以理絶之。』利用答曰：『虜若妄有所求，臣不敢生還。』

執節不屈　張騫以使通大夏，還爲校尉，封博望侯。後爲將軍，使大夏，窮河源。《楊子·

淵騫篇》：『張騫、蘇武之奉使也，執節没身，不屈王命，雖古之名使，其猶劣諸！』

【校】

〔一〕據《新唐書》本傳，『鹵』當作『虜』，蓋因避時忌而改。

郡守

京府使君陳尹東郊。漢武帝因更名内史爲京兆尹，置丞，置治中。宋太祖置通判、推官，本唐節度使，屬有推官、判官。

五馬 《遁齋閒覽》：漢時朝臣出使以駟馬，爲太守增一馬，故稱『五馬』。

刺史 《唐志》：武德中，改太守曰刺史。天寶中又改刺史曰太守。

郡守 魏文侯始置郡守。秦始皇置郡丞，即今同知。漢置州牧，景帝更太守。宋高宗始稱知府，始改唐郡稱府。

黄堂 《吴郡志》：吴郡太守所居之堂，乃春申君（所居）〔子假君〕之殿也〔一〕。數火，涂以雌黄，故曰『黄堂』。

驅蚊扇 唐袁光庭典守名郡，有異政。明皇謂宰輔曰：『光庭性逐惡，如扇驅蚊。』

五袴 漢廉范爲蜀郡太守，除火禁，百姓便之，歌曰：『（范）〔廉〕叔度〔二〕，來何暮？不禁火，民安作。昔無襦，今五袴。』

麥兩岐　漢張堪爲漁陽太守，擊匈奴，開稻田千萬頃，勸農，致殷富。百姓歌曰：『桑無附枝，麥秀兩岐。張君爲政，樂不可支。』

禾同穎　梁柳（渾）〔惲〕爲吴興太守〔三〕，嘉禾同穎，一莖兩穗。

水晶燈籠〔四〕　趙宋張中庸爲（詳）〔洋〕州刺史，洞察民僞。民號爲『水晶燈籠』。

照天蠟燭　田元均治成都有聲，民有隱惡，輒摘發之。蜀人謂之『照天蠟燭』。

賣刀買犢　漢龔遂爲渤海太守，民有帶刀劍者，遂令賣劍買牛，賣刀買犢。

獨立使君　五代裴俠守河北，入朝，周太祖命獨立，曰：『裴俠清慎奉公，爲天下之最。有如俠者，與之俱立。』衆默然。朝野歎服，號『獨立使君』。

天下長者　漢文帝謂田叔曰：『公知天下長者乎？』田叔請其人。帝曰：『雲中太守孟舒是也。』

召父杜母　漢召信臣爲南陽太守，興利除害，吏民信愛，號爲『召父』。杜詩亦爲南陽守，性節儉，而政治清平。南陽〔人〕爲之語曰〔五〕：『前有召父，後有杜母。』

願得耿君　漢耿純爲東郡太守，多善政，盜賊清寧。内召去任，百姓思慕不已。光武駕過東郡，百姓數千隨車駕，云：『願復得耿君。』

借寇　漢寇恂爲潁川太守，光武召爲執金吾。後光武幸潁川，百姓遮道，曰：『願復借寇君一年。』乃留鎮之。

魏郡岑君　後漢岑熙爲魏郡太守，視事三年，人歌之曰：『我有枳棘，岑君伐之。我有蟊賊，岑君遏之。犬不吠夜，足下生氂。』

平州田君　唐田仁會爲平州太守，歲旱，自暴以祈雨，時雨大至，年遂豐登。人歌曰：『父母育我兮田使君，挺精神兮上天聞。』

大小馮君　漢馮立徙西河上郡太守，與兄馮野王相代。民歌之曰：『大馮君，小馮君，兄弟繼踵相因循。聰明賢知恩惠民，政如魯衛德化均，周公康叔猶二君。』

二邦争守　宋杜衍知乾州，未朞，安撫使察其治行，以公權鳳翔。二邦之民争于界上，一曰：『此我公也，汝奪之！』一曰：『今我公也，汝何有焉？』

一龜一鶴〔六〕　宋趙抃任成都，攜一龜一鶴以行。其再任也，屏去龜鶴，止一蒼頭。執事張公裕贈以詩云：『馬諳舊路行來滑，龜放長（沙）〔河〕不共來。』

卧治淮陽　漢武帝拜汲黯爲淮陽太守，黯伏謝不受印。帝曰：『君薄淮陽耶？吾以淮陽軍民不相得，欲借卿之郡，卧而治之耳。』乃進黯以諸侯相秩，居淮陽。

良二千石　漢宣帝曰：『庶民所以安其田里，而無歎息愁恨之心者，政平訟理也。與我共此者，其良二千石乎！』

承流宣化　董仲舒曰：『今之郡守縣令，民之師帥，所以承流宣化。』

褰帷　賈琮爲冀州刺史行部，升車言曰：『刺史當遠聽廣視，糾察美惡，何可反垂帷幄以自蔽乎？』乃命御者褰帷。

露冕　郭賀爲荆州刺史，治有殊政。明帝巡狩，賜以三公之服，敕行部去襜露冕，使百姓見之，以彰有德。

兒童竹馬　郭伋字細侯，拜并州牧。行部西河，有數百小兒，騎竹馬，迎于路次。問曰：『兒曹何來？』對曰：『聞使君到，喜，故來迎耳。』

河潤九里　郭伋爲潁川太守，召見，帝勞之曰：『郡得賢能太守，去帝城不遠，河潤九里，冀京師並受其福也。』

虎北渡河〔七〕　後漢劉（琨）〔昆〕初爲江陵令，縣有火灾，（琨）〔昆〕叩頭反風，火隨滅。守弘農，虎負子渡河而去。帝嘉之，徵爲光禄勳，召問：『反風滅火及虎北渡河，行何德政而致此？』（琨）〔昆〕對曰：『偶然耳。』帝歎曰：『長者之言！』

别利器　虞詡爲朝歌長時，賊數千人攻殺長吏，故舊皆弔。詡曰：『不遇盤根錯節，何以别利器乎？』

二天　後漢蘇章爲冀州刺史，有故人爲清河令，以贓敗，章乃設酒款之。故人喜曰：『人有一天，我獨有二天。』章曰：『今（日）〔夕〕〔八〕，蘇孺文與故人飲酒，私情也。明日，冀州刺史白奏事，公法也。』遂舉正其罪，郡界肅清。

治行第一　漢黄霸爲潁川太守，户口歲增，治行爲天下第一。是時鳳凰神雀數集郡國，潁川尤多。賜爵關内侯，黄金百斤。

開鑑湖　漢馬臻爲會稽太守，開鑑湖，得田九千餘頃。豪右惡之，告臻開河發掘古冢無數。徵下獄，遣官覆按，詭稱並不見人，云是鬼訟。臻竟被戮。其後越民承（河）〔湖〕之利[九]，立祠祀之。

一錢清　後漢劉寵爲會稽太守，多善政。將去，父老賫錢送之，曰：『明府下車以來，狗不夜吠，民不識吏。今當遷去，聊爲賮送。』寵爲選一大錢受之。今號其地曰『錢清』。

魚弘四盡　梁魚弘嘗語人曰：『我爲郡守有四盡，水中魚鱉盡，山中麇鹿盡，田中米穀盡，村中人庶盡。』

清恐人知　《魏志》：胡質爲常山太守，在郡九年，吏民便安，將士用命。子威厲操清白，嘗省其父，告歸，賜其絹一匹。威跪曰：『大人清白，不審於何得此絹？』質曰：『是吾俸禄之餘。』威乃受之。官至前將軍、青州刺史。對武帝曰：『臣父清，恐人知；臣清，恐人不知。』

酌泉賦詩　吴隱之有清操，由晋陵太守轉廣州刺史。至石門，酌貪泉，賦詩曰：『古人云〔此〕水[一〇]，一歃懷千金。試使夷齊飲，終當不易心。』清操不渝，屢被褒飾。子延之爲太守，延之弟及子爲郡縣者，皆以廉慎爲門法。

常懸蒲鞭　崔祖思仕齊，爲青、冀二州刺史，在政清勤，而謙卑下士，常懸一蒲鞭，而未嘗用。去任之日，士人思之，爲立祠。

清風遠著　崔光伯爲北海太守，明帝詔曰：『光伯自涖海沂，清風遠著，可更申三年，以廣風化。』

清廉石見　虞愿，會稽人，爲晋安太守。海邊有越王石，常隱雲霧。相傳云清廉太守乃得見，愿往觀之，清徹無所隱蔽。

萬石秦氏　後漢秦彭與羣從同時爲二千石者五人，三輔號曰萬石秦氏。遷山陽太守，百姓懷愛，莫有欺犯。轉潁守，有鳳凰麒麟、嘉禾甘露之瑞集其郡境。

得如馬使君　馬默爲登州知府，士民愛戴。其後蘇軾起知是郡，父老迎于路，曰：『公爲政愛民，得如馬使君乎？』軾異之。

鄧侯挽不留　鄧攸清和平簡，貞正寡欲。授吴郡太守，載米之郡，俸禄無所受，惟飲吴水而已。後去郡，百姓數千人留牽攸船，不得進。吴人歌曰：『恍如打五鼓，雞鳴天欲曙。鄧侯挽不留，謝令推不去。』

六駮食獸　張華原兖州刺史，折獄明恕，囹圄一空。先是境内有猛獸爲民患，華原下車，甑山中忽有六駮食獸，民害頓除。

虎去蝗散　宋均爲九江守。郡多虎暴，民患之。均至，下令曰：『勤勞張捕，非憂恤之本也。其務退奸貪，進良善，除一切檻穽！』虎皆渡江而東。時楚沛飛蝗蔽天，入九江界者輒散去。

冰上鏡中 王覿知蘇州，民歌之曰：『吏行冰上，人在鏡中。』

民頌守德 陶安爲饒州知府，民謡曰：『千里榛蕪，侯來之初。萬姓耕闢，侯去之日。』又曰：『湖水悠悠，侯澤之流。湖水有塞，我侯之德。』

合浦還珠 孟嘗爲合浦太守。合浦産珠，居人採珠易米。時二千石貪污，珠徙去。及嘗至，廉潔化行，一年，去珠復還。

【校】

〔一〕『春中君子假君之殿』，原書作『春中君所居之殿』，據《紹定吴郡志》卷六改。

〔二〕『廉叔度』，原書作『范叔度』，《古今韻會舉要》卷十八同，據《東觀漢記》、《後漢書》本傳改。

〔三〕『柳惲』，原書誤作『柳渾』，《事類備要後集·守臣》、《翰苑新書前集·太守》同，據《梁書》本傳改。

〔四〕『洋州』，原書誤作『詳州』，據《輿地紀勝》卷一百九十及《大明一統志》卷三十四改。又『水晶燈籠』，一作『水精燈籠』。

〔五〕『南陽人爲之語曰』，乙本無『人』字，據甲本補。

〔六〕『長河』，原書誤作『長沙』，據《三朝名臣言行録》後録卷五引《吕氏家塾記》改。又『一龜一鶴』，一説『一琴一鶴』。

〔七〕本條『劉昆』原書皆誤作『劉琨』，據《後漢書·儒林·劉昆傳》改。

〔八〕『今夕』，乙本作『今日』，據甲本改。

〔九〕『承湖之利』，『湖』乙本誤作『河』，據甲本改。

〔一〇〕『古人云此水』，原書脱『此』字，據《晋書·良吏·吴隱之傳》補。

州縣附幕、判、丞、簿、尉、吏

知州　宋置知州，名因唐始。舜有州牧。宋太祖置州通判。

知縣　周置縣正。秦孝公置縣令、丞。唐宣宗始置知縣。宋仁宗置縣丞。隋煬帝置主簿。

上應列宿　後漢館陶公主爲子求郎，不許，賜錢十萬緡〔一〕。明帝謂羣臣曰：『郎官上應列宿，出宰百里，苟非其人，則民受其殃矣！』

鳬舄　（唐憲）〔漢顯〕宗時〔二〕，王喬爲葉縣令，有神術。每朔望朝，帝怪其來速，不見車騎，密令太史伺之。言其臨至，有雙鳬從南飛來，舉羅張之，但得雙舄。詔尚方視之，則向年所賜尚書履也。

良令　《韓子》：晋公問趙武曰：『中牟，三國之股肱，邯鄲之肩髀也。寡人欲得一良令，其誰可？』武曰：『邢伯〔子〕可〔三〕。』

中牟三異　後漢魯恭爲中牟令，蝗不入境，司徒袁安遣使往察之。值恭息桑陰下，有雉在旁，使者謂小兒曰：『何不捕之？』曰：『雉將雛。』乃語恭曰：『公爲政有三異：積德禳灾，一異；仁及禽獸，二異；童子有仁心，三異。』

琴堂　宓子賤治單父，喜彈琴，身不下堂而單父治。唐詩云：『百里春風回草野，一輪明月照琴堂。』

花滿河陽　潘岳爲河陽令，公餘（值）〔植〕桃李花[四]，人稱曰『花滿河陽』。

神君[五]　（唐）〔晉〕喬智明爲隆慮令，縣民愛之，號爲神君。黄浮爲（童）〔濮〕陽令，亦號神君。

聖君　晉曹攄補臨淄令，縱死囚歸家，剋日而還，一縣歎服，號曰『聖君』。

慈父　（唐）〔隋〕房〔彦〕謙爲長葛令[六]，治爲天下第一。百姓號爲慈父。擢司馬，縣民泣曰：『房明府今去，吾屬何以生爲？』乃立碑頌德。

陳太丘　漢袁紹問陳元方曰：『卿家君在太丘，遠近稱之，何所履行？』元方曰：『强者綏之以德，弱者撫之以仁。』杜詩云：『姚公美政誰與〔儔〕[七]，不減當年陳太丘。』

元魯山　唐元德秀爲魯山令，誠信化人，士夫高其行，稱之元魯山。

治縣譜　齊傅僧（綽）〔祐〕[八]、子琰並爲山陰令，父子並著奇績。世謂傅氏有治縣譜，子孫相傳，不以示人。

萊公柏　宋寇準知巴東縣，手植雙柏於縣庭，民以比甘棠，謂之萊公柏。

魯公浦　宋真宗朝，魯宗道爲海鹽令，疏治東南舊港口，導海水至邑下，人以爲利，號魯公浦。

晉陽保障 晉趙簡子使尹鐸爲晉陽，將行，請曰：『爲繭絲乎，爲保障乎？』簡子曰：『保障哉。』

花迎墨綬 唐岑參《送宇文舍人出宰元城》詩：『縣花迎墨綬，關柳拂銅章。别後能爲政，相思淇水長。』

第一策 劉玄明歷建康、山陰令，治每爲天下第一。傅翽代之，問玄明曰：『願聞舊政。』對曰〔九〕：『作令無他術，惟日食一升米飯而莫飲酒，此第一策也。』

公田種秫 陶潛爲彭澤令，縣有公田，悉令種秫，曰：『令吾常醉于酒足矣。』

民之父母 王士弘爲（海寧）〔寧海〕知縣〔一〇〕，有惠政，禱甘霖，除虎害。邑人歌曰：『打虎得虎，祈雨得雨。豈弟君子，民之父母。』

闢荒 温縣知縣沃壄，令民墾闢荒蕪，樹藝桑棗。百姓歌曰：『田野闢，沃公力。衣食足，沃公育。』

思我劉君 劉陶，順陽長，多惠政，以疾免。民思而歌之曰：『悒然不樂，思我劉君。何得復來，安我下民。』

進秩還治 周健知全州，任滿，民詣闕請留，進秩還治。楊士奇贈以詩，有云：『歸到清湘三月暮，郊南騎馬勸春耕。』

三善名堂　沈度爲餘干令，父老以三善名其堂：一〔曰〕田無廢土[一一]，二曰市無游民，三曰獄無宿繫。

雀鹿之瑞　吳在木知餘干，有白雀青鹿之瑞。民歌曰：『吳在木，政嚴肅，惡者憂羈囚，善者樂化育。鳥有白翎雀，獸有青毛鹿。不見大聲急走人，昔之屢空今皆足。』

張侯　張讜爲德興令，民頌之曰：『張侯張侯，敷政優遊。農樂其業，禾麥有秋。』

侯禦侯食　何正爲萍鄉令，民歌之曰：『寇至侯禦之，民飢侯食之。』

入幕之賓　晉郗超爲桓溫參（謀）〔軍〕[一二]，謝安、王坦之詣新亭論事，温令超卧帳中聽之，風動帳開。安笑曰：『郗生可謂入幕之賓矣。』

蓮花幕[一三]　《南史》：王儉用庾（果）〔杲〕之爲衛將軍長史，蕭（沔）〔緬〕與儉書曰：『盛府元僚，實難其選；庾景行泛緑水〔依〕芙蓉，何其麗也！』時人以入儉府爲蓮花幕。

解事舍人　唐齊澣，開元初姚崇擢爲中書舍人。論駁詔誥，皆援證古誼。朝廷大政，必資之。時號解事舍人。

判決無壅　《南史》：孔（凱）〔覬〕除長史[一四]，醉日居多，而明曉政事，醒時判決，未嘗有壅。人曰：『孔公一月二十九日醉，勝世人二十九日醒也。』

髯參短簿　晉桓温辟王珣爲主簿，郗超爲參軍。超多鬚髯，珣體短小。人語曰：『髯參軍，短主簿，能令公喜，能令公怒。』

滄海遺珠　狄仁傑爲汴州參軍，以吏誣訴，即訊。黜陟使閻立本異其才，謝曰：『仲尼稱觀過知人。君可謂滄海遺珠矣。』薦授并州法曹參軍。高宗幸汾陽宮，道出妒女祠。俗言盛服過者，致風雷之變。更發卒數萬改馳道。仁傑曰：『天子之行，風伯清塵，雨師灑道，何妒女避耶！』止其役，帝壯之。出爲寧州刺史。

親耕勸農　裘賢通判潮州，爲政勤，愛民篤。嘗出勸農，釋冠帶，執農具以耕，其妻饁之。其年大熟，人皆以爲勸農所致。

不寬不猛　楊璵爲高郵判，民頌曰：『爲政不寬還不猛，處心無黨更無偏。』

好官人　楊瑾知華亭，秩滿，父老爲二旗以餞，題其上曰：『農人不爲題詩句，但稱一味好官人。』

老吏明　何瀞爲松江司李，知府王衡贈詩云：『闔門共惜寒毡苦，斷獄争夸老吏明。』

第一家　陶安字主敬，明太祖留參幕府，嘗榜其門曰：『國朝謀略無雙士，翰苑文章第一家。』

築圍堤　王斌，龍陽丞，爲民築堤，無旱潦灾。民歌之曰：『王父母，築圍堤。民樂業，我無飢。』

禱神斃虎　王昇，桐城縣丞。時黄蘗山虎白晝噬人，昇禱于神，虎忽自斃。

余不負丞　唐崔斯立爲藍田丞。始至，喟然曰：『丞哉，丞哉！余不負丞，而丞負余。』庭有老槐四行，南墻鉅竹千挺，斯立痛掃溉，對樹二松，日吟哦其間，有問者，輒對曰：『余方有公事，子姑去。』

贊府　裴子羽爲下邳令，張晴爲縣丞，二人俱有聲氣，而善言語，論事移時。吏人相謂曰：『縣官甚不和，長官道雨，贊府稱晴，以此終不得合也。』

廉吏重聽　漢黄霸爲令，許丞年老，病聾，吏白欲逐之，霸曰：『許丞廉吏，雖老，尚能拜起，重聽何妨！』

清静無欲　後漢張玄遷陳倉縣丞，清静無欲，專心經史。

仇香　後漢仇覽，陳留人。考城令王涣聞覽以德化人，署爲主簿。涣謂曰：『主簿得無少鷹鸇之志耶？』覽曰：『以爲鷹鸇，不如鸞鳳。』涣曰：『枳棘非鸞鳳所栖，百里豈大賢之路！』

鴻漸之賓　《白氏六帖》：鳳栖之位，鴻漸之賓。

千里駒〔一五〕　韋元將爲郡主簿，楊（處）〔彪〕稱曰：『韋主簿有長（城）〔成〕風，昂昂然千里駒也。』

關中三傑　朱光庭調萬年主簿，邑人謂之明鏡。時程伯淳鄠縣簿，張（三）〔山〕甫武功簿〔一六〕，與光庭均有才名，故關中號爲『三傑』。

才拍翰林肩　黄山谷《送謝主簿》詩云：『官栖仇香（結）〔棘〕〔一七〕，才拍翰林肩。』

米易蝗　孫覺爲合肥簿，值歲旱，課民捕蝗。覺言民方艱食，捕得蝗若干，官以米易之，捕必盡力。守悦，推其法行之，竟不損禾。

少府　李白《贈瑕丘王少府》，杜甫《贈華陽李少府》。唐朝縣尉多稱少府。

黄綬　唐朝縣尉之綬黄色〔一八〕。陳之昂《送齊少府序》：黄綬位輕，而青雲望重。

梅仙　西溪梅福爲南昌縣尉，上疏言事不用，遂棄官，一朝携妻子去九江，不知所終。後爲吴門市卒。

聰明尉　唐魏奉古爲雍丘尉。嘗公讌，有客草序五百言。奉古曰：『此舊作也。』朗背誦之。草序者默然，奉古徐笑曰：『適覽記之，非舊習也。』由是知名。人號『聰明尉』。

鐵面少府　宋楊王休，調台州黄巖尉。邑有豪民，武斷一方，具得其奸狀，白于郡，黥隷他州。閭里歡稱爲『鐵面少府』。

五色絲棒　曹操年二十，舉孝廉爲郎，除洛陽比部尉。入尉廨，繕治四門，造五色棒，懸門左右。犯罪者，不避豪强，皆棒殺之。京師斂跡。

金灘瀨鵝　唐河南伊（間）〔闕〕縣前水中〔一九〕，每僚佐有入臺省者，先有灘出石礫金砂。牛僧孺爲尉，一日報灘出，有老吏觀之曰：『此必分司御史。若是西臺，當有雙瀨鵝至。』僧孺祝曰：『既有灘，何惜瀨鵝？』語未竟，一雙飛下。不旬日，召拜西臺御史。

鄭尉除奸　鄭虎臣，會稽尉也，解賈似道安置循州，侍妾尚數十人，虎臣悉屏去，奪其寶玉，撤轎蓋，暴烈日中，令舁轎夫唱杭州歌謔之，窘辱備至。至漳州木綿菴，虎臣諷令自殺，似道不從。虎臣曰：『吾爲天下殺此賊，雖死何憾！』遂囚似道子于别室，即厠上拉似道椎殺之。

霹靂手　唐裴琰之爲同州司户，年少，刺史李崇義輕之。州中積年舊案數百，崇義促之判決。琰之命（吏書）〔書吏〕數人遞紙筆〔二〇〕，須臾，剖斷畢。崇義驚曰：『公何忍藏鋒，以成鄙人之過？』由是大知名。人稱霹靂手。

廉自高　劉子敏由御史左遷侯官典史，自署曰：『禄薄儉常足，官卑廉自高。』

刀筆　蕭曹出身刀筆。古者用版牘，吏書以刀削書之，故吏稱刀筆功名。

【校】

〔一〕『十萬』，《通典》卷二十九、《白氏六帖事類集》卷二十一同，《後漢書·孝明帝紀》作『千萬』。

〔二〕『漢顯宗』，原書誤作『唐顯宗』，據《後漢書·方術·王喬傳》改，漢顯宗即孝明帝。

〔三〕『邢伯子』，原書無『子』字，《事文類聚外集·縣官部》、《翰苑新書前集·知縣》同，據《韓非子·外儲説左下》補。

〔四〕『植桃李花』，『植』乙本作『值』，據甲本改。

〔五〕『晋喬智明』，『晋』原書誤作『唐』，據《晋書》本傳改。『濮陽令』，原書誤作『童陽令』，據《太平御覽》卷二百六十八引《汝南先賢傳》改。

〔六〕『隋房彦謙』，原書作『唐房謙』，《錦繡萬花谷後集·知縣》同，據《隋書》本傳改。

〔七〕『誰與儔』，乙本誤脱『儔』字，據甲本補。

〔八〕『傅僧祐』，原書作『傅僧綽』，《事文類聚外集·縣官部》、《事類備要後集·縣官門》引同誤，據《南齊書·良政傅琰傳》改。

〔九〕『對曰』，甲本作『答曰』。

〔一〇〕『寧海』，原書誤倒，據《大明一統志》卷四十七、《事言要玄·地集》乙正。

〔一一〕『一曰』，原書無『曰』字，據上下文意補。

〔一二〕『參軍』，原書作『參謀』，《捷用雲箋》卷四同，據《晉書·郗超傳》改。

〔一三〕『庾杲之』，原書誤作『庾果之』，據《南史》本傳改。又『蕭緬』、『依芙蓉』，原書誤作『蕭沔』、『芙蓉』，《事類備要後集·州官門》引《南史》同誤，據《南史》本傳改。

〔一四〕『孔覬』，原書誤作『孔凱』，《事類備要續集·類姓門》引《南史》同，據《南史》本傳改。

〔一五〕『楊彪』、『長成風』，原書誤作『楊處』、『長城風』，《事文類聚外集·縣官部》、《翰苑新書前集·縣官》引《三輔決録》同，據《三輔決録》卷三改正。

〔一六〕『張山甫』，乙本誤作『張三甫』，據甲本改。

〔一七〕『棘』，乙本作『結』，據甲本改，原詩作『官栖仇覽棘』，覽一名香。

〔一八〕『縣尉』，甲本作『縣慰』。

〔一九〕『伊闕縣』，原書誤作『伊間縣』，《古事苑·文職》、《捷用雲箋》卷一同，據《劇談録》卷上改。

〔二〇〕『書吏』，原書作『吏書』，據《舊唐書·裴漼傳》乙正。

學官

學校　有虞氏始立國學。漢文翁守蜀，起學宮，始天下皆立學。後魏文帝始立郡縣學。

○唐高祖始詔國學立周孔廟。高宗始敕天下皆立廟，特祀孔子，初並祀周公。○舜始制釋奠、釋（采）〔菜〕[一]。○魏正始七年，始祀孔子于太學，前此皆祀於闕里釋奠。晉武帝始皇太子釋奠。隋〔始〕四仲月上丁釋奠[二]。○魏曹芳始以顏子配饗。唐太宗加左丘明等配享。宋神宗加孟子配享。

儒學　宋神宗各府置教授，掌教諸生，始戰國博士祭酒。漢武帝置博士于京師，文學于郡國。及唐太宗詔天下惇師爲學官。

取法爲則[三]　胡瑗嘗爲湖州學官，言行而身化之，使誠明者達，昏愚者厲，而頑傲者革。其爲法嚴而信，爲道久而尊。自景祐、明道以來，學者有師，惟瑗與孫復、石介三人。慶曆四年，建太學于京師，有司請下湖州取瑗教學之法以爲則，召爲諸（生官）〔王宮〕教授。

【校】

〔一〕『釋菜』，乙本誤作『釋采』，據甲本改。

〔二〕『始』字乙本脱，據甲本補。

〔三〕『諸王宮教授』，乙本誤作『諸生官教授』，甲本原作『諸王宮教授』，復改作『諸王官教授』，據歐陽修《胡先生墓表》改。

夜航船卷之七

古劒陶菴老人紬

政事部

經濟

平米價　趙清獻公，熙寧中知越州。兩浙旱蝗，米價湧貴，飢死者相望。諸州皆榜衢路，立告賞，禁人增米價。公獨榜通衢，令有米者增價糶之，於是米商輳集，米價頓賤。

禁閉糴〔一〕　撫州飢，黄震奉命往救荒，但期會富民耆老以某日至。至則大書『閉（糴）〔糴〕者籍，强糴者斬』八字揭于市，米價遂平。

但笑佳禾　張全義見田疇美者，輒下馬，與僚佐共觀之。召田主，勞以酒食，有蠶麥善收者，或親至其家，呼出老幼，賜以茶綵衣物。民間言張公不喜聲伎，獨見佳麥良蠶乃笑耳。由是民競耕蠶，遂成富庶。

擊鼓剿賊　魏李崇，爲兖州刺史。兖舊多劫盜，崇令村置一樓，樓懸鼓，盜發之處，亂擊之。旁村始聞者，以一擊爲節，次二，次三。俄頃之間，聲聞百里，皆發人守險，由是賊無不獲。

斷絶扳累 薛簡肅公帥蜀，一日置酒大東門外。中有戍卒作亂，既而就擒，都監走白諸公〔二〕，命只於擒獲處斬決。民間以爲神斷，不然妄相扳引，受累必多矣。

擢用樞密 都指揮使張旻被旨選兵，下令太峻，兵懼，謀爲變。上召二府議之。王旦曰：『若罪旻，則自今帥臣何以御衆？急捕謀者，則震驚都邑。陛下數欲任旻樞密，今若擢用，使解兵柄，反側者自安矣。』上曰：『王旦善處大事，真宰相也。』

分封大國 漢患諸侯强，主父偃謀令諸侯以私恩自裂地封其子弟，而漢爲定其封號。漢有厚恩，而諸侯自分析弱小云。

徵鹵封禪 張説以大駕東巡，恐突厥乘間入寇，議加兵備邊。召兵部郎中裴光庭謀之。光庭曰：『四夷之中，突厥最大，比屢求和親，而朝廷勿許。今遣一使，徵其大臣從封泰山，彼必欣然承命。突厥來，則戎狄君長無不皆來，可以偃旗息鼓，高枕而卧矣。』説曰：『善，吾所不及。』即奏行之。

預給歲幣〔三〕 契丹奏請歲給外别假錢幣。真宗以示王旦。公曰：『夷狄貪婪，漸不可長。可於歲給三十萬内各借（二）〔三〕萬，仍諭次年額内除之。』契丹得之，大慙。次年，復下有司：『契丹所借金帛六萬，事微末，〔仰〕依常數與之，以後永不爲例。』

責具領狀 王陽明既擒宸濠，囚于浙省。時武廟南幸，駐蹕留都。中官誘令陽明釋濠還江西，俟聖駕親往擒獲，差中貴至浙省諭旨。陽明責中貴具領狀，中貴懼，事遂寢。

競渡救荒　皇祐二年，吴中大饑。范仲淹領浙西，發粟及募民存餉，爲術甚備。吴人喜競渡，好爲佛事。淹乃縱民競渡，太守日出宴于湖上，自春至夏，居民空巷出游。又召諸佛寺主僧諭之曰：『飢歲工價至賤，可以大興土木。』于是諸寺工作並興。又新倉廒吏舍，日役千夫。兩浙大飢，唯杭晏然。

比折除過　韓琦知鄆州，京（中）〔東〕素多盜[四]，捕法以百日爲限，限中不獲，抵罪。琦請獲他盜者聽比折除過，故盜多獲。

中官毁券　梅國楨知固安，有中官操豚蹄爲餉，請徵債于民。國楨曰：『今日爲君了此。』急牒民至，趨令鬻妻償貴人債，僞遣人持金買其妻，追與偕入，民夫婦不知也。楨大聲語民曰：『非爾父母官立刻拆爾夫妻，奈貴人債，義不容緩；但從此分離，終身不復見矣，容爾盡言訣别。』陽爲墮淚。民夫婦哀慟難離。中官爲之酸楚，竟毁券而去。

宣敕斃奸　况鍾知蘇州，初視事，陽爲木訥，胥有弊蠹，輒默識之。通判趙忱，肆慢侮鍾，亦不之校。既期月，一旦，宣敕召府中胥悉前，大聲言：『某日某事竊賄若干，然乎？某日，某如之！』羣胥駭服，不敢辯。立擲殺六人，肆諸市。復出屬官貪者五人，庸懦者十餘人。由是吏民震悚，革心奉命。民稱之曰况青天。

積弊頓革　劉大夏爲户部侍郎，理北邊粮草。尚書周經謂曰：『倉場告乏，糧草半屬京中貴人子弟經營。公素不與此輩合，此行恐不免剛以取禍。』大夏曰：『處天下事以理不以勢，定天下事在近不在遠，俟至彼圖之。』既至，召邊上父老日夕講究，遂得其要領。一日，揭榜通衢曰：『某倉缺幾千石，每石給官價若干，封圻内外官民客商之家，但願告報者，糧自十石以上，草自百束以上，俱准告，雖中貴子弟，不禁也。』不兩月，公有餘積，民有餘財。蓋往時來告者，糧必限以千百石〔五〕，草必限以十萬束方准，以至中貴子弟爲市包買，以圖利息。自大夏此法立，有糧草之家皆自往告報，不必中貴包買足數，然後整告也。幾十年積弊，一朝頓革。

築墻屋外 許逵爲樂陵令，時流寇勢熾，逵預築墻城浚隍，使民各築墻屋外，高過其簷，仍開墻竇如圭，僅可容人。家令二壯者執刀俟于竇内，其餘人各入隊伍，設伏巷中，洞開城門。賊至，旗舉伏發，賊火無所施，兵無所加，盡擒斬之。自是賊不敢近樂陵境。

承命草制 梁儲在内閣時，秦王疏請陝之邊地，益其封疆。朱寧、江彬等受其賄，助之請，上許之。兵部及科道執奏不聽，大學士楊廷和當草制，引疾不出。上震怒，内臣至閣督促儲曰：『如皆引疾，孰與事君？』遂承命草上制曰：『昔太祖皇帝著令曰：「此土不畀藩封，非吝也！念此土廣且饒，藩封得之，多蓄士馬，饒富而驕，奸人誘爲不軌，不利宗社。」今王請祈懇篤，朕念親親，畀地不吝。務得地宜益謹，毋收聚奸人，毋多養士馬，毋聽奸人勸爲不軌，震及邊方，危我社稷，是時雖欲保全親親，不可得已。王慎之，毋忽！』上覽制，駭曰：『若是，其可虞，其弗與！』事遂寢。

平定二亂　張佳胤因浙兵減糧，辱巡撫爲亂，受命視師兩浙。將抵杭，復聞市民因受役不均，聚衆焚劫鄉紳，有亡賴丁仕卿者爲首倡。佳胤促駕曰：『速驅之，尚可離而二也。』到臺，召營兵爲亂者撫之曰：『汝曹終歲有守衛功，前撫減糧誠誤。今市井亡賴亦爲亂，彼無他勞，不可以汝曹爲例，可爲我捕之，功成不獨論贖，且有賞也。』衆踴躍聽命，遂薄亂民，敗之，擒捕丁仕卿等，立會諸司訊之，得其挾刃而要金帛者五十餘人，皆梟之，餘悉放歸。于是諸亡賴皆帖然解散。佳胤乃復營兵餉，密廉其倡亂者名，因捕數人曰：『汝爲亂首，吾故欲貸汝，天子三尺不貸汝！』遂斬之，因馳使遍赦七營，曰：『亂者已服辜。今以爾有功，天子不欲盡誅。汝當盡力報國！』不五日，二亂平定。

轉賜將士　李正己爲平盧節度使，畏德宗威名，表獻錢三十萬緡，上欲受之，恐見欺，却之則無辭。崔祐甫請遣使慰勞淄、青將士，因以正己所獻錢賜之，使將士人人感上恩；又諸道聞之，知朝廷不重貨財。上悦從之，正己大慙服。

一軍皆甲　段秀實爲邠州都虞候。行營節度郭晞縱士卒爲暴，秀實列卒取十七人，斷首注槊上，植市門外，一軍皆甲。秀實詣軍門，曰：『殺一老卒，何甲也？吾戴吾頭來矣。』因讓晞，晞謝過。邠州由是無禍。

各自言姓名　大將田希鑒附朱泚，泚敗。李晟以節度使巡涇州，希鑒郊迎，晟與之並轡而入，道舊甚歡也，希鑒不復疑。晟(於)伏甲而宴[六]，宴畢，引諸將下堂曰：『我與汝曹久别，可各自言姓名。』於是得爲亂者三十餘人，數其罪，殺之。顧希鑒曰：『田郎不得無過。』并立斬。

爲三難〔七〕 (解)〔鮮〕于侁，字子駿。方新法行，諸路騷動。侁奉使九載，獨公心處之。蘇軾稱上不害法、中不傷民、下不廢親爲『三難』。司馬光當國，除京東轉運，曰：『子駿，福星也。』

平原自無 史弼爲平原相，時舉鉤黨，惟平原獨無。詔書前後迫切，從事坐傳舍責曰：『青州六郡，其五有黨，平原何治而得獨無？』弼曰：『先王疆理天下，畫界分境，水土異齊，風俗不同。五郡自有，平原自無，胡可相比？若承望上司，誣陷良善，則平原之人，户可爲黨，相有死而已，所不能也！』

【校】

〔一〕『閉糴』，原書誤作『閉糶』，《智囊全集·明智部·經務》同，據《宋史·黃震傳》改。

〔二〕『走白諸公』，甲本無『諸』字，《智囊全集·上智部·通簡》同。

〔三〕『各借三萬』，原書誤作『各借二萬』，據《王文正公遺事》、《宋史》本傳及《智囊全集·上智部·迎刃》改。『仰依常數』，乙本無『仰』字，據甲本補。

〔四〕『京東』，京東路也，乙本誤作『京中』，據甲本改。

〔五〕『千百石』，甲本作『百千石』，《明朝通紀會纂》卷三同。

〔六〕乙本『伏甲』上衍一『於』字，甲本原有，復點去，據删。

〔七〕『鮮于侁』，『鮮』原書誤作『解』，據《宋史》本傳改。『中不傷民，下不廢親』，《方輿勝覽》卷六十七、《輿地紀勝》卷一百八十五、《廣輿記》卷十六等同，《宋史》本傳及《智囊全集·上智部·見大》作『中不廢親，下不傷民』。

燭姦

責具原狀　李靖爲岐州刺史，或告其謀反，高（宗）〔祖〕命一御史案之〔一〕。御史知其誣罔，請與告事者偕行數驛，詐稱失原狀，驚懼異常，鞭撻行典，乃祈求告事者別疏一狀，比驗與原不同，即日還以聞。高祖大驚，告事者伏誅。

驗火燒屍　張舉爲句章令。有妻殺其夫，因放火燒舍，詐稱夫死於火，其弟訟之。舉乃取猪二口，一殺一活，積薪焚之，察死者口中無灰，活者口中有灰。因驗夫口，果無灰，以此鞫之，妻乃服罪。

市布得盜　周新按察浙江，將到時，道上蠅蚋（近）〔迎〕馬首而聚〔二〕，使人尾之，得一暴屍，惟小木布記在，取之。及至任，令人市布，屢嫌不佳，别市之，得印誌者，鞫之，布主即劫布商賊也。

旋風吹葉　周新坐堂問事，忽旋風吹異葉至前，左右言城中無此木，獨一古寺有之，去城差遠。新曰：『此必寺僧殺人埋其下也，冤魂告我矣！』發之，得婦屍，僧即款服。

帷鐘辨盜　陳述古令浦城。有失物，莫知爲盜者，乃紿曰：『某所有鐘能辨盜，盜摸則鐘自鳴。』陰使人以煤涂而帷之。令囚入摸帷，一囚手無煤，訊之果服。

折蘆辨盜　劉宰爲泰興令。民有亡金釵者，唯二僕婦在，訊之，莫肯承。宰命各持蘆去，曰：『不盜者，明日蘆自若；果盜，明旦則蘆長二寸。』明旦視之，則一自若，一去蘆二寸矣。詰之，盜遂服。

遣婦縛奸　陸雲爲浚（義）〔儀〕令[三]，有殺人不得其主者。雲囚其妻十許日，密令人尾其後，屬曰：『其去不遠十里，當有男子候之與語，便縛至。』既而果然。問之，乃與婦私通，共殺其夫，聞出獄探消息，憚近縣，故遠相候耳。一縣稱爲神明。

捕僧釋冤　元絳攝上元令。有甲與乙被酒相毆，甲歸卧，夜爲盜斷足，妻執乙詣縣，而甲已死。絳遣其妻曰：『歸治而夫喪，乙已服矣。』陰使跡其後，見一僧迎之私語。即捕僧，乃乘機與其妻共殺甲者。

井中死人　張昇知潤州，有報井中死人者，一婦人往視曰：『吾夫也。』昇令其親鄰驗之，井深莫可辨。昇曰：『衆不能辨，婦人何遂知其爲夫？』即付所司鞫之，果其婦與姦夫所謀者。

食用左手　王維熙鹽城尉，有群飲而斃者，俱不伏罪。脱其械而與飲食，問一人曰：『汝用左手，而死者傷右，尚何拒？』囚無辯，而擬抵。

盜首私宰　葉賓知南安，有盜截牛舌，其主以聞。賓陽叱去，陰令屠之。即有首私宰耕牛者，賓〔曰〕〔四〕：『截牛舌者汝也。』果服。

留刀獲盜 劉崇龜爲廣州刺史。有少年泊舟江濱，見一妙姬倚閭，殊不避，少年挑之，曰：『黄昏到宅。』是夕，果啓扉待之。少年未至，一盜入扉，姬不知，即身就之。盜疑見執，遂刺姬死，遺刀而逃。少年後至，踐其血，仆地，捫之，見死者，急出。明日，其家隨血跡至江岸，岸上人云：『夜有某客船去矣。』捕者追獲，具實吐之，觀其刀乃屠家物。崇龜下令曰：『某日演武，大饗士，集合境庖丁。』既集，復曰：『已晚。留刀於厨。』陰以殺人刀换下。比明，各來請刀，獨一屠不認。因詰之，曰：『此非某刀，乃某人刀耳。』命擒之，則已竄矣。崇龜以合死之囚代少年，侵夜斃於市。竄者知囚已斃，不一二夕歸家，遂就擒服罪。

命取佛首 程顥爲鄠主簿，僧寺有石佛，歲傳佛首放光，士民競往。顥戒曰：『俟後現，當取其首就觀之。』光遂止。

識猴爲盜 楊繪知興元，有盜庫縑者，繪跡踪之，不類人所出入。乃呼戲沐猴者，一訊而服。

聞哭知姦 國僑，字子産，嘗晨出，聞婦人哭，使吏執而訊之，則手絞其夫者也。吏問故，子産曰：『凡人於所親愛也，始病而憂，臨危而懼，已死而哀。今哭夫已死，不哀而懼，是以知其有姦也。』

河伯娶婦 西門豹爲鄴令，俗故信巫，歲爲河伯娶婦以攫利，選室女以投於河。豹及期往視其女，曰：『醜！煩大巫先報河伯，如其不欲，還當另選美者。』呼吏投巫於河。少頃，曰：『何久不覆我？』又投一人往速。羣奸驚懼乞命。從此弊絶。

哭夫不哀 嚴遵爲揚州行部，聞道旁女子哭，而聲不哀，問之，云：『夫遭火死。』遵使輿屍到，令人守之，曰：『當有物往。』更日，有蠅聚頭所。遵令披視，鐵錐貫頂，乃以淫殺其夫者。

命七給子 張詠知杭州。有子與壻訟家産者，壻言：『舅終，子纔三歲，遺書令異日三分付子，壻得其七。』詠曰：『汝婦翁，智人也，以七與子，子死矣。』命三給壻，七給子。

怒逮婦人 王克敬，兩浙運使，有逮犯私鹽者，以一少婦至，克敬怒曰：『豈有逮婦人于百里外，與吏卒雜處者，污教甚矣！』自後不許。著爲令。

斷絲及雞 傅琰，山陰令，有賣鍼、賣糖老嫗，争團絲訴琰，琰令掛絲於柱，鞭之，微視有鐵屑，乃罰賣糖者。又二野父争雞，問何以飼雞，一云豆，一云粟。破雞得粟，罪言豆者。民稱傅聖。

老翁兒無影 丙吉知陳留，富翁九十無男，娶鄰女，一宿而死，後産一男，其女曰：『吾父娶，一宿身亡，此子非吾父之子。』争財久而不決。丙吉云：『嘗聞老翁兒無影，不耐寒。』其時秋暮，取同歲兒解衣試之，老翁兒獨呼寒，日中果無影，遂直其事。

石璞，江西副使。時有民娶婦三日，壻與婦往拜岳家。壻先歸，婦後，失之，遍索不獲。婦翁訟壻殺女，壻不勝榜掠，自誣服。璞猶疑殺人而棄屍，必深怨者爲之。彼新婚燕好，胡乃爾爾。夜齋沐焚香，祝曰：『此獄關綱常，萬一婦與人私，而夫枉死，且受污名，于理安乎？神其以夢示我！』果夢神授一『麥』字。璞曰：『此兩人夾一人也，獄有歸矣！』比明，令械囚待時行刑。囚未出，璞見一童子窺門内，乃令人牽入，曰：『爾羽客，胡爲至此，得非爾師令偵某囚事耶？』童子大驚，吐實，乃二道士素與婦通，見匿之麥叢中。人因號曰斷鬼石。

視首皮肉　民有利姪之富者，醉而拉殺之於家。其長男與妻相惡，欲借姦名并除之，乃斬妻首，并拉殺之，首以報官。時知縣尹見心迎上司於二十里外，聞報時已三鼓，見心從燈下視其首，一首皮肉上縮，一首不然。即詰之曰：『兩人是一時殺否？』答曰：『然。』曰：『婦有子女乎？』曰：『有一女，方數歲。』見心曰：『汝且寄獄，俟旦鞫之。』别發一票，速取某女來。女至，則携入衙，以菓食之，好言細問，竟得其情，父子服罪。

法驗女眉及喉　劉鳴謙守杭州，有劉氏女所居淺（陋）〔隘〕[五]，鄰少年張窺其艾，夜躍上樓，穴窗入。女大呼賊，父驚起，鄰少年不能脱，執而髡之。少年昆弟號於衆曰：『伊父實以女倀而又穽之。』女聞之，拊膺曰：『天乎！辱人至於此。』遂自縊。張乃賄其父金，當讞訴女已承污，特羞姦露耳。鳴謙得女貞烈，父受金狀，乃令以法驗女眉及喉，實處子。與從事劉公訊治之，張伏法。百姓謡曰：『兩劉哲，一劉烈，江河海流合。』

花瓶水殺人　汪待舉守郡部。民有飲客者，客醉卧空室中。客夜醉渴，索漿不得，乃取花瓶水飲之。次早啓户，客死矣。其家訟之，待舉室中所有物，惟瓶中浸旱蓮花而已。試以飲死囚，立死，訟乃白。

【校】

〔一〕『高祖』，原書誤作『高宗』，據後文及《大唐新語》卷六改。

〔二〕『迎馬首而聚』，『迎』乙本誤作『近』，據甲本改。

〔三〕『浚儀』，原書作『浚義』，據《晋書》本傳改。

〔四〕『賓曰』，乙本脱『曰』字，據甲本補。

〔五〕『淺隘』，乙本作『淺陋』，據甲本及《石匱書·列女·劉烈女傳》改。

識斷

斬亂絲　高洋内明而外晦，衆莫能知，獨歡異之，曰：『此兒識慮過吾。』時歡欲觀諸子意識，使各治亂絲，洋獨持刀斬之，曰：『亂者必斬。』

立破枉獄　陸光祖爲濬令。濬才士盧柟被前令枉坐重辟，數十年相沿，以其富不敢爲之白。陸至，訪實，即日破械出之，然後聞於臺使者。使者曰：『此人富有聲。』陸曰：『但當問其枉不枉，不當問其富不富。不枉，夷、齊無生理；果枉，陶朱無死法。』使者甚器之。後行取爲吏部，黜陟自由，絶不關白臺省。

即斬叛使　胡興爲趙府長史。漢庶人將反，密使至，趙王大驚，將執奏之。興曰：『彼舉事有日矣！何暇奏乎？萬一事泄，是趣之叛。』一日盡殲之。漢平，宣廟聞斬使事，曰：『吾叔非二心者！』趙遂得免。

監國解紛 張説有辨才，能斷大議。景雲初，帝謂侍臣曰：『術家言，五日内有急兵入宫，奈何？』左右莫對。説進曰：『此讒謀動東宫耳！陛下若以太子監國，則名分定，姦膽破，蜚語塞矣。』帝如其言，議遂息。

斷殺不孝 張晋爲刑部，時有與父異居而富者，父夜穿垣，子以爲盗也，瞷其入，撲殺之，取燈視之，父也。吏議：子殺父，不宜縱；而實拒盗，不知其爲父，又不宜誅。獄久不決。晋判曰：『殺賊可恕，不孝當誅。子有餘財，而使父貧爲盗，不孝明矣！』竟殺之。

刺酋試藥 曹克明有智畧，真宗朝累官十州都巡檢。酋蠻來獻藥一器，曰：『此藥凡中箭者傅之，創立愈。』克明曰：『何以驗之？』曰：『請試雞犬。』克明曰：『當試以人。』取箭刺酋股而傅以藥，酋立死。羣酋慙懼而去。

杖逐桎梏 黄震爲廣德通判。廣德俗有自帶枷鎖求赦于神者，震見一人，召問之，乃兵也。即令自招其罪，卒曰：『無有。』震曰：『爾罪必多，但不可對人言，故告神求赦耳。』杖而逐之。此風遂絶。

一錢斬吏 張詠在崇陽，一吏自庫中出，鬢邊〔有〕一錢〔一〕，詰之，乃庫中錢也。詠命杖之，吏勃然曰：『一錢何足道！乃杖我耶？』强項不屈。詠固命杖之。吏曰：『爾能杖我，不能殺我。』詠判云：『一日一錢，千日千錢，繩鋸木斷，水滴石穿。』自杖劍下階斬其首，申府自劾。崇陽人至今傳之。

强項令　董宣爲洛陽令，湖陽公主家奴殺人，宣就主車前取殺之。主訴於帝，帝令宣謝主，宣不拜。帝令捺伏，宣以手據地不俯。帝敕曰：『强項令去！』

南山判　武后時，李元紘遷雍州司户。太平公主與僧争碾磑，元紘判與僧。長史竇懷貞大懼，促紘改判。紘大署判尾曰：『南山可移，此判終無摇動也。』

腕可斷　唐韓偓，宰相韋貽範母喪，詔還位，偓當草制，言貽範居喪不數月〔二〕，使治事，傷孝子心。學士使馬從皓偪偓草之，偓曰：『腕可斷，制不可草！』

麻出必壞　唐德宗欲相裴延齡，陽城爲諫議，曰：『白麻出，我必壞之！』慟哭於廷，齡遂不得相。

判誅舞文〔三〕　柳公綽爲節度使，行部至鄉縣，有奸吏舞文誣其縣令貪者。縣令以公素持法，必殺貪官。公綽判曰：『贜吏犯法法在，奸吏犯法法亡。』竟誅舞文者。

鐵船渡海　賈郁性峭直，不能容過。爲仙遊令，及受代，一吏酗酒，郁怒曰：『吾再典此邑，必懲此輩。』吏揚言曰：『造鐵船渡海也。』郁後復典是邑，吏盗庫錢數萬，郁判曰：『竊銅鑼以肥家，非因鼓鑄；造鐵船而渡海，不假鑪鎚。』因決杖徙之。

其情可原　孫唐卿判陜州，民有母再嫁而死，乃葬父，遂盗母之喪而祔葬之。有司論以法，唐卿曰：『是知有孝，不知有法，其情可原。』乃判釋之。

問大姓主名〔四〕　周紆爲洛陽令。下車，先問大姓主名，吏數閭里豪强以對。紆厲聲怒曰：『本問貴戚若馬、竇等輩，豈能知此賣（蔡）〔菜〕傭乎？』於是京師肅然。

引燭焚詔　李沆爲平章。一夕，真宗遣使持手詔欲以劉美人爲貴妃，沆對使者引燭焚詔，附奏曰：『但道臣沆以爲不可。』其議遂寢。

天何言哉　真宗恥澶淵之盟，聽王欽若天書之計，而行封禪。待制孫奭言於帝曰：『以臣愚所聞，天何言哉？豈有書也？』帝默然。

禮宜從厚　李（震）〔宸〕妃薨〔五〕，太后欲以宫人禮治喪於外，吕夷簡爲首相，奏禮宜從厚。后怒曰：『相公欲離間吾母子耶！』夷簡曰：『他日太后不欲全劉氏乎？』時有詔，欲鑿宫城垣以出喪。夷簡乃謂内侍羅崇勳曰：『宸妃誕育聖躬，而喪不成禮，異日必有受其罪者，莫謂夷簡今日不言也。當以后服殮，用水銀。』崇勳馳告太后，乃許之。後荆王元儼爲帝言：『陛下乃李宸妃所生，妃死以非命。』帝因慟號累日，下詔自責，幸洪福寺祭告，易梓宫，親啓視之。妃以水銀，故玉色如生，冠服如皇后。帝歎曰：『人言其可信哉！』待劉氏加厚。

奏留祠廟　張方平判應天府。時司農遵王安石鬻祠廟於民法，方平託劉摯爲奏曰：『閼伯遷商丘，主祀香火，爲國家盛德所乘，歷世尊爲大祀。微子宋始封之君，開國此地，是本朝受命建業所因。又有雙廟，乃唐張巡、許遠孤城死賊，能捍大患。今若令承買小人規利，冗褻瀆慢，何所不爲！歲取微細，實傷國體。欲望留此三廟，以慰邦人崇奉之意。』疏上，帝震怒，批牘尾曰：『慢神辱國，無甚於斯！』於是天下祠廟皆得罷賣。

收縛誣罔〔六〕 雋不疑爲京兆尹。有男子乘〔黄〕犢車，詣北闕，自謂衛太子。詔列侯公卿以下雜〔職〕〔識〕視。至者莫敢言。不疑後至，叱從吏收縛。曰：『昔蒯聵出奔，輒拒而不納，《春秋》是之。衛太子得罪先帝，亡不即死，今來自請，此罪人也。』遂送詔獄。上與霍光嘉之，曰：『公卿大臣當用有經術明於大誼者。』驗治，得奸詐，坐誣罔不道，要斬。

捕脯小龍 程顥爲上元主簿，有善政。茅山池有小龍，得見者奉以神，民走若狂。顥捕而脯之。

汰僧爲兵 宋胡旦通判昇州。時江南初平，汰李氏所度僧，十減六七。旦曰：『彼無田廬可歸，將聚而爲盜。』乃悉黥爲兵。以同時所汰尼僧配之。

俟面奏 寇天敘以應天府丞攝尹事。時武宗南巡，權嬖鴟張索賄，拂其意，禍且立至。天敘曰：『與其行賄改節，不若得罪去官。』凡有所需，直阻之，曰：『俟面奏，旨與則與。』皆莫誰何。駐蹕九閱月，費且不貲，而民不病。

破柱戮奸〔七〕 李膺拜司隸校尉，時小黄門張讓弟朔爲野王令，貪殘無道，畏膺威嚴，逃還京師，匿於兄家合柱中。膺知其狀，率吏卒破柱取朔，付雒陽獄。受辭畢，即殺之。自此諸黄門常侍皆鞠躬屏氣。時朝廷日亂，綱紀頹弛，而膺獨持風裁，以聲〔名〕自高，〔士〕有景仰之者。

【校】

〔一〕『鬢邊有一錢』，乙本無『有』字，據甲本補。

〔二〕『不數月』，乙本原作『未數月』，復改如此，甲本作『未數月』。

〔三〕按據新舊《唐書》本傳、《資治通鑑·唐紀》，當係有一吏贓賄、一吏舞文，而卒誅舞文者。又『奸吏犯法法亡』，《唐書》本傳作『奸吏壞法法亡』，《通鑑·唐紀》作『奸吏亂法法亡』，均較妥。

〔四〕『周紆』，《東觀漢記》本傳同，《後漢書·酷吏·周紆傳》作『周紆』，字通。『賣菜傭』，『菜』乙本誤作『蔡』，據甲本改。

〔五〕『李宸妃』，『宸』乙本誤作『震』，據甲本改。

〔六〕『乘黄犢車』，乙本脱『黄』字，據甲本補。『雜識視』，原書誤作『雜職視』，據《漢書·雋不疑傳》改。

〔七〕『破柱戮奸』，原書作『破柱戳奸』，不辭，今改。『以聲名自高，士有景仰之者』，乙本誤脱『名』、『士』二字，據甲本補。

清廉

冰壺〔一〕　杜詩：『冰壺玉鑑懸清秋。』姚元崇所作《冰壺》，言其『洞徹無瑕，澄空見底』。杜詩清廉，有類於是。

齋馬　唐馮元(叔)〔淑〕歷浚儀、始平尹〔二〕，單騎赴任，未常以妻子之官。所乘馬，不食民間芻豆。人謂之齋馬。

廉能　《周禮・天官》：以聽官府之六計，弊羣吏之治，一廉善，二廉能，三廉敬，四廉正，五廉法，六廉辨。

冰清衡平　華康直知光化，豐稷知穀城，廉而且平。時人歌之曰：『華光化，豐穀城，清如冰，平如衡。』

釜中生魚　（晋）〔漢〕范丹字史雲[三]，桓帝時爲萊蕪長。人歌之曰：『甑中生塵范史雲，釜中生魚范萊蕪。』

留犢[四]　魏時苗，爲壽春令。始至官，乘簿（笨）〔軬〕車、黄（㹀）〔牸〕牛、布被囊。歲餘，牛生一犢。及去，留其犢，謂主簿曰：『令來時，本無此犢，犢是淮南所生，故留之。』明文河令葉好文，亦留三犢與貧民爲耕。

酧酒還獻　後漢張奐，爲安定屬國都尉。有羌人獻金、馬者，奐召主簿張祁入，于羌前以酒酧地曰：『使馬如羊，不以入廐；使金如粟，不以入懷。』悉以還之，威化大行。

食饌一口　北齊彭城王（攸）〔浟〕自滄州召還[五]，父老相率具饌，曰：『殿下惟飲此鄉水，未嘗百姓饌，聊獻疏薄。』（攸）〔浟〕食一口。

臣心如水　前漢成帝時，鄭崇爲尚書，好直諫，貴戚多譖之。上責崇曰：『君門如市，何以欲禁絶貴戚？』崇對曰：『臣門如市，臣心如水。』

清乎尚書之言　後漢鍾離意，爲尚書令。交趾太守張恢，坐贓伏法，以資物陳於帝前，詔頒賜羣臣。意得珠璣，悉以委地。帝怪之，答曰：『孔子忍渴於貪泉，曾參迴車於勝母，惡其名也。贓穢之資，誠不敢拜受。』上嘆曰：『清乎尚書之言！』

乘止一馬　朱敬則爲盧州刺史，代還，無淮南一物，所乘止一馬。

酌水奉餞　隋趙（範）〔軌〕爲齊州別駕〔六〕。入朝，父老送之，曰：『公清如水，請酌一杯水以奉餞。』

鬱林石　吴陸績爲鬱林太守，罷歸無裝，舟輕不能道海，乃取一大石置舟中以歸。人號鬱林石。

只談風月　徐勉遷吏部尚書，常與門人夜集，有爲人求官者，勉曰：『今夕只可談風月〔七〕，不宜及公事。』

市肉三觔　海瑞爲淳安令。一日，胡總制語三司諸道曰：『昨聞海令市肉三觔矣，可往察之。』乃知爲母上壽所需也。

一文不直　薛大楹主南昌簿，嘗標其門曰：『要一文，不直一文。』

原封回贈　吴讓知臨桂縣，不三年，超陞慶遠知府。南丹諸土官各饋金爲贄，讓却不受，口占絶句遺之，曰：『貪泉爽酌吾何敢，暮夜懷金豈不知？寄語丹州賢太守，原封回贈莫相疑。』

書堂自勵　陳幼學知湖州，書於堂曰：『受一文枉法錢，幽有鬼神明有禁；行半點虧心事，遠在兒孫近在身。』

畫菜於堂　徐九經令句容〔八〕，及滿去，父老兒稚挽衣泣曰：『公幸訓我！』公曰：『惟儉與勤及忍耳。』嘗圖一菜於堂，題曰：『民不可有此色，士不可無此味。』至是，父老刻所畫菜，而書『勤儉忍』三字於上，曰『徐公三字經』。

御書褒清　程元鳳官拜右丞相兼樞密。御書『清忠儒碩昭光』六字褒之。

清白太守子　王應麟守徽州，其父撝嘗守是郡，父老曰：『此清白太守子也。』

劉窮　劉璽，龍驤衛人。少業儒，長襲世職，居官廉潔，人呼爲『青菜劉』，或呼爲『劉窮』。繼推總漕運，上識其名，喜曰：『是劉窮耶？可其奏。』

清化著名　韋謏少好文學，群言秘要之義，無不綜覽。後仕石季龍，歷守七郡，咸以清化著名。

廉讓之間　范柏年初見宋明帝，言及廣州貪泉，因問：『卿州復有此水不？』答曰：『梁州惟有文川武鄉、廉泉讓水。』又問：『卿宅何處？』曰：『臣所居廉讓之間。』帝嗟其善答。

清白遺子孫　鄭述祖仕齊，爲兖州刺史。其父亦嘗爲此州。百姓歌之曰：『大鄭公，小鄭公，相去五十載，風教尚有同。』及病，曰：『一生富貴足矣！以清白之名遺子孫，死無所恨。』

清有父風　柳玭，仲郢子，爲嶺南節度副使。廨中橘熟，既食，乃納直於官。拜御史大夫，清直有父風。

懸魚　羊續，南陽守。入境，即微服間行，凡令長貪潔，吏民良猾者，皆廉知其狀，一郡震竦。府丞以生魚獻，受而懸之庭，（杜）〔杜〕其後進〔九〕。妻率子秘入郡舍，不納，妻怒，檢室中，惟布衾鹽菜而已。

自控妻驢　宋李若谷赴長社主簿，自控妻驢，故人韓億爲負行李。將入境，謂韓曰：『恐縣吏迎至。』篋中止有錢六百，以其半遺韓，相持大哭而別。

埋羹　王璡，寧波守。操行廉潔，自奉尤儉約。一日，見饌兼魚肉，大怒，令輟而瘞之〔一〇〕，號『埋羹太守』。

進餅不受　明戴鵬，會稽知縣，清慎自守。時軍駐四明，鵬往供饋餉。期限嚴急，率民步行，日晡飢甚，從者進餅，却不受，掬道旁水飲之。

僅二竹籠　明軒輗由御史出爲按察使，清約自持，四時一布袍，常蔬食。約諸僚友，三日出俸市肉一觔，多不能堪。待故舊，惟一肉，或殺雞，輒驚曰：『軒廉使殺雞待客矣。』後以都御史致仕。上問曰：『昔浙江廉使考滿歸家，僅二竹籠，是汝乎？』輗頓首謝。

符青菜　明符驗，守常州，不攜家，持二敝簏，一童僕，日供惟蔬，人目爲『符青菜』。鋭意鋤强，凡横於鄉者，雖竄匿，期必得之，苟奉法而至，亦不深求。歲大旱蝗，日循行督捕。每出，以筐盛米數升、柴數束自給，不勞民供億。

清乃獲罪　南北朝沈巑之，丹徒令，以清介不通左右被譖，逮係尚方。帝召問，對曰：『臣清乃獲罪。』帝曰：『清何以獲罪？』曰：『無以奉要人耳。』帝問要人爲誰，指曰：『此赤衣（誰）〔諸〕郎皆是[一一]。』復任丹徒。

橐無可贈[一二]　南北朝（劉）〔到〕溉，建安太守。故人任昉以詩寄溉，求一衫。溉檢（橐）中無可贈者，答詩曰：『予衣本百結，閩鄉徒八蠶。』

不持一硯　包拯知端州。州歲貢硯，必進數倍以遺要人。拯命僅足貢數即已。秩滿歸，不持一硯。

日唯啖菜　宋姚希得知静江。官署舊以錦爲幕，希得曰：『吾起家書生，安用此！』命以布易之。日惟啖菜，一介不妄取也。

命還砧石　宋凌冲令含山，律己甚嚴，一介不妄取。見歸裝有一砧石，詫曰：『非吾來時物也。』命還之。

毋撓其清　唐蔣沇歷長安、咸陽、高陵諸邑令，多卓異聲。郭子儀過高陵，戒麾下曰：『蔣賢令供億，得蔬食足矣。毋撓其清也！』

杯水餞公　隋趙軌，齊（川）〔州〕别駕[一三]。東鄰有桑椹落其庭，軌遺拾還之。及被召，父老揮泣送曰：『公清如水，不敢以壺漿相溷，敬持杯水餞公。』軌受而飲之。

挂牀去任　三國裴潛，兖州刺史。嘗作一胡牀，及去任，挂之梁間。人服其介。

置瓜不剖　蘇瓊守清河。先達趙穎獻園瓜，瓊勉留置梁上，不剖食。人聞受穎瓜，競獻新果，至門，知瓜猶在，相顧而去。

【校】

〔一〕『玉鑑』，今本杜詩作『玉衡』或作『玉珩』。《冰壺》當指《冰壺誠》。

〔二〕『馮元淑』，原書作『馮元叔』，據新舊《唐書》本傳改。

〔三〕『漢范丹』，原書誤作『晋范丹』，據《東觀漢記》本傳改，又《後漢書》作『范冉』，注云『冉或作丹』。

〔四〕『薄奮車』、『黄犉牛』，原書作『薄笨車』、『黄犉牛』，據《三國志·魏書·常林傳》注引《魏略》改。

〔五〕『彭城王溆』，『溆』原書作『攸』，《錦繡萬花谷後集·清廉》、《問奇類林·廉介》引《北史》同，據《北史》本傳改。

〔六〕『趙軌』，原書誤作『趙範』，《問奇類林·廉介》、《古事苑·廉潔》同，據《北史》本傳改。

〔七〕『只可』，甲本作『止可』，《梁書》、《南史》本傳同。

〔八〕按『徐九經』，《熙朝名臣實録》卷二十七、《續藏書》卷二十七、《罪惟録》本傳同，《國朝獻徵録》卷一百、《皇明史竊》卷九十九及《明史》本傳作『徐九思』，清王頌蔚《明史攷證攟逸》卷三十『徐九思』條曰：『按《識大録》、《獻徵録》及陳錫仁所撰傳俱作「徐九經」。』未詳孰是。

〔九〕『杜其後進』，『杜』乙本誤作『杜』，據甲本改。

〔一〇〕『輟而瘞之』，『輟』甲本誤作『輙』，《續藏書》卷七作『撤而瘞之』，按字作『撤』近是。

〔一一〕「諸郎」，乙本誤作「誰郎」，據甲本改。

〔一二〕「到溉」，原書作「劉溉」，《廣輿記》卷十八同，據《南史》本傳改。「槖中」，原書脱「槖」字，據《廣輿記》補。

〔一三〕「齊州」，乙本作「齊川」，據甲本改。

受職

筮仕 《左傳》：畢萬筮仕於晉，遇屯之比。辛廖占之曰：「吉。」

下車〔一〕 李白爲（南）〔武〕昌宰去思碑云：「未下車，人懼之；既下車，人愛之！」

瓜期 《左傳》：齊侯使連稱、管至父戍葵丘，瓜時而往，曰：「及瓜而代。」

書考 《書經》：三載考績，三考黜陟幽明。

增秩 前漢宣帝曰：「太守吏民之本，數變易則下不安。民知其將久，不可欺罔，乃服從其教化。」故二千石有治績，輒以璽書勉勵，增秩賜金。

報政 《史記》：伯禽受封之魯，三年然後報政。周公曰：「何遲也？」伯禽曰：「變其俗，革其祀喪，三年而後除之，故遲。」太公封於齊，五月而報政。周公曰：「何速也？」曰：「吾簡其君臣禮，從其俗也，故速。」

一行作吏 晋嵇叔夜《與山巨源書》云：「遊山澤，觀魚鳥，心甚樂之。一行作吏，此事便廢。」

窮猿奔林　李充字弘度，嘗嘆不被遇。殷浩問：『君能屈志百里否？』李答曰：『北門之嘆，久已上聞。窮猿奔林，豈暇擇木？』遂授剡縣。

有蟹無監州　宋初通判與知州爭權，每云：『我是州監！』有錢昆者，浙人，嗜蟹，嘗求補外，曰：『但得有蟹無監州則可。』東坡詩云：『欲向君王乞符竹，但憂無蟹有監州。』

【校】

〔一〕『武昌』，原書誤作『南昌』，據李白《武昌宰韓君去思頌碑》改，又『人愛之』，《武昌宰韓君去思頌碑》作『人悦之』。

致仕　遺愛

蜘蛛隱　龔舍仕楚，見飛蟲觸蜘蛛網而死，嘆曰：『仕宦亦人之羅網也。』遂掛冠而去。時號爲『蜘蛛隱』。

從赤松子遊　張良辭高祖曰：『臣以三寸舌爲帝者師，封萬户侯，此布衣之極，于願足矣。願棄人間事，從赤松子遊。』

鴟夷子皮　范蠡滅吴，以大名之下難以久居，且句踐可與同患難，不可與同安樂〔一〕，遂乘輕舟泛湖而去，自號鴟夷子皮。

東門挂冠　漢逄萌見王莽殺其子，告友人曰：『三綱絶矣！不去，禍將及。』遂挂冠東門而去。

思蓴鱸　晋張翰，齊王冏辟爲大司馬功曹。翰見秋風起，思吴江蓴羹鱸膾，歎曰：『人生貴適意，安能羈官數千里！』遂命駕而歸。

二疏歸老　漢疏廣爲太傅，兄子受爲少傅。廣謂受曰：『吾聞知足不辱，知止不殆，豈若告老，以歸骸骨。』即日辭官，上許之。故人設餞東門，觀者皆曰：『賢哉二大夫！』

襆被而出　晋魏舒爲尚書郎。時欲沙汰郎官，非其才者罷之。舒曰：『我即其人也。』襆被而出。同僚素無清(問)〔論〕者咸有愧色〔二〕。

棄茬席徽　晋文公棄茬席，徽黑。舅犯辭歸，言文公棄其卧席之徽黑，舅犯以其棄舊戀新，故辭歸。

乞骸骨〔三〕　漢宣帝朝，丞相韋賢以老病乞骸骨，賜黄金百斤，安車駟馬，罷就第。丞相致仕自賢始。

甘棠　《詩經》：『蔽芾甘棠，勿剪勿伐，召伯所茇。』召伯巡行南陽，聽政于甘棠。後人思其恩澤，故戒勿翦伐。

生祠　漢于公決獄，平民立祠生祀之。生祠始此。

脱鞾　唐崔戎自刺史遷官，民擁留抱持，取其鞾。今之脱鞾始此。

桐鄉　前漢朱邑爲桐鄉令，病且死，屬其子曰：『我故後，吏民必葬我于桐鄉。後世子孫奉我，或不如桐鄉百姓。』

野哭　子産相鄭。及卒，國人哭于巷，農夫哭于野，商人罷市而哀，流涕三月，不聞琴瑟之聲。

墮淚碑　晋羊祜以清德聞。及死，南州爲之罷市，巷哭者聲相接，葬于峴山。百姓望其碑者，輒流淚，謂之墮淚碑。

童不歌謡　秦五羖大夫百里奚卒，秦人巷哭，童子不歌謡，舂者不相杵。

下馬陵　董仲舒墓在長安，人思其德，過者下馬，人謂之下馬陵。後世誤稱蝦蟆陵。

扳轅卧轍　漢侯霸爲臨淮太守，被召，百姓扳轅卧轍，願留朞年，奔送百里。

留鞭截鐙　唐姚崇受代日，民吏泣擁馬首，截鐙留鞭，止其不去。

衆庶從居〔四〕　魏德（梁）〔深〕遷貴鄉長，爲政清静，不嚴而肅。轉館陶長，既至，老幼如見父母。二縣父老争請留之，郡不能決。會使者至，乃斷從貴鄉。館陶衆庶從而居者數百家。

與侯同久　柳不華武岡路總管，守境衛民幾二十年，民歌之曰：『前有公綽，武岡父母。今之郡侯，無乃其後。足我衣食，安我田畝。我子我孫，與侯同久。』

不犯遺錢　鄭（棨）〔綮〕廬州刺史〔五〕。黄巢掠淮南，（棨）〔綮〕移檄請無犯州境，巢爲斂兵，州獨完。秩滿去，遺錢千緡，藏州庫。後他盗至，曰：『鄭使君錢。』不敢犯。

天賜策　何比干，字少卿，汝陰人，漢武帝朝廷尉。時張湯持法嚴，而比干務平恕，所全活者數千人，淮南號曰『何公』。忽有老嫗造門曰：『先世有陰德及公之身，又治獄多平反。今天賜策，以廣公後。』因出懷中策九百九十枚，曰：『子孫佩印符者如此算。』

再任　陶侃再爲荆州，黄霸再爲潁州，郭伋再爲并州，陳蕃再爲樂安，寇恂再爲河南，耿純再爲東郡。

【校】

〔一〕『不可與同安樂』，甲本無『同』字。

〔二〕『清論』，原書誤作『清問』，據《晋書·魏舒傳》改。

〔三〕甲本此條在『思蓴鱸』條下、『二疏歸老』條上。

〔四〕『魏德深』，原書誤作『魏德梁』，據《北史·循吏·魏德深傳》改。

〔五〕『鄭綮』，原書誤作『鄭棨』，據《新唐書·鄭綮傳》改。

降黜　貪鄙

咄咄書空　晋殷浩被黜，談咏不輟，雖家人，不見其有流放之慼。但終日書空作『咄咄怪事』四字而已。

胡椒八百　唐元載受賄，後事敗，有司籍其家，鍾乳五百輛，胡椒八百斛，他物不可勝計。

簠簋不飾　賈誼策：『古者大臣有坐不廉而廢者，不謂不廉，則曰「簠簋不飾」。』

圍棋獻賂　蜀刺史安重霸，性貪賄。州民有油客鄧姓者，貲財鉅萬，重霸召與圍棋，令侍立。下子過于籌算，終日不下數十子。鄧倦立，且飢餒不堪。次日，又召。或曰：『本不爲棋，何不獻賄？』鄧獻金三錠〔一〕，獲免。

拔釘錢　五代趙在禮令宋州，貪暴逾制，百姓苦之。後移鎮永興，百姓欣賀曰：『拔却眼中釘矣！』在禮聞之，仍求復任宋州，每歲户口，不論主客，俱徵錢一千，名曰『拔釘錢』。

捋鬚錢　南唐張崇帥盧州，所爲不法，嘗入覲，盧人曰：『渠伊想不復來矣！』崇歸，計日索『渠伊錢』。明年又入覲，盛有罷府之議，人不敢實指，道路相視，皆捋鬚相慶。崇歸，又徵『捋鬚錢』。

破賊露布〔二〕　李義（甫）〔府〕爲相，楊行（欸）〔穎〕白其贓私，詔司刑劉祥道與三司雜訊，除名，流巂州，或作《河〔間〕道元帥劉祥道破銅山大賊李義（甫）〔府〕露布》榜於衢。

京師白劫　後魏元修義爲吏部尚書，惟事賄賂，官之大小皆有定價。中散大夫高居呼爲『京師白劫』。

【校】

〔一〕「三錠」，按《北夢瑣言》卷一作「十鋌」（即十錠），《太平廣記》卷二百四十三引作「三錠」，《韻府群玉》卷二引同。

〔二〕「李義府」、「楊行穎」、「河間道元帥」，原書誤作「李義甫」、「楊行欸」、「河道元帥」，據《大唐新語》卷十一、《新唐書·奸臣·李義府傳》改補。又按「楊行穎」，《錦繡萬花谷後集·貪濁》、《海録碎事·臣職部》已誤作「楊行欸」，蓋「穎」草書誤作「欸」也。

夜航船卷之八

古劍陶菴老人紬

文學部

經史〔一〕

十三經　《易經》、《書經》、《詩經》、《春秋》、《禮記》、《論語》、《孝經》、《爾雅》、《左傳》、《公羊》、《穀梁》、《周禮》、《儀禮》。

伏羲始則龍馬作易，神農始即其方列爲八卦，帝王爲傳國之寶。

三易　夏易《連山》，其卦首艮；商易《歸藏》，其卦首坤；《周易》首乾。伏羲定卦名，文王爲彖辭，周公爲爻辭，孔子爲《十翼》，而易道始備。

十翼　孔子作《十翼》：《上彖傳》一，《下彖傳》二，《上爻傳》三，《下爻傳》四，《文言》五，《上繫》六，《下繫》七，《説卦》八，《序卦》九，《雜卦》十。

伏羲始則(元)〔玄〕龜爲『洛書』〔二〕，神農因之始制筮，黄帝因之始制卜。

昔武庫火，古『河圖』始無傳。今誤以『洛書』爲『河圖』，以莽時龜文爲『洛書』。

商瞿子木始受《易》於孔子。秦失《説卦》三篇，河内女子始得之。

洪範九疇　天錫禹《洪範》九疇。初一曰五行，次二曰敬用五事，次三曰農用八政，次四曰協用五紀，次五曰建用皇極，次六曰乂用三德，次七曰明用稽疑，次八曰念用庶徵，次九曰嚮用五福，威用六極。

五行　一曰水，二曰火，三曰木，四曰金，五曰土。水曰潤下，火曰炎上，木曰曲直，金曰從革，土爰稼穡〔三〕。潤下作鹹，炎上作苦，曲直作酸，從革作辛，稼穡作甘。

五事　一曰貌，二曰言，三曰視，四曰聽，五曰思。貌曰恭，言曰從，視曰明，聽曰聰，思曰睿。恭作肅，從作乂，明作哲，聰作謀，睿作聖。

八政　一曰食，二曰貨，三曰祀，四曰司空，五曰司徒，六曰司寇，七曰賓，八曰師。

五紀　一曰歲，二曰月，三曰日，四曰星辰，五曰曆數。

三德　一曰正直，二曰剛克，三曰柔克。平康正直，彊弗友剛克，燮友柔克；沉潛剛克，高明柔克。

稽疑　稽疑，（建擇）〔擇建〕立卜筮人〔四〕，乃命卜筮。曰雨其兆爲水，曰霽其兆爲火，曰蒙其兆爲木，曰驛其兆爲金，曰克其兆爲土，曰貞内卦爲貞，曰悔外卦爲悔。

庶徵　曰雨、曰暘、曰燠、曰寒、曰風、曰時。五者來備，各以其敘，庶（事）〔草〕蕃蕪〔五〕。

一、極備凶，一、極無凶。曰休徵，曰肅，時雨若；曰乂，時暘若；曰哲，時燠若；曰謀，時寒若；曰聖，時風若。曰咎徵，曰狂，恒雨若；曰僭，恒暘若；曰豫，恒燠若；曰急，恒寒若；曰蒙，恒風若。

五福　一曰壽，二曰富，三曰康寧，四曰攸好德，五曰考終命。

六極　一曰凶短折，二曰疾，三曰憂，四曰貧，五曰惡，六曰弱。

三墳五典　三皇之書曰《三墳》，五帝之書曰《五典》。《抱朴子》云：『《五典》爲笙簧，《三墳》爲金玉。』少昊、顓頊、高辛、唐、虞之書謂之《五典》。墳，大也。《三墳》者，《山墳》、《氣墳》、《形墳》也。《山墳》言君臣、民物、陰陽、兵象，《氣墳》言歸藏、發動、長育、生殺，《形墳》言天地、日月、山川、雲氣：即伏羲、神農、黄帝之書。

九丘八索　九州之志曰《九丘》，八卦之説曰《八索》。

金簡玉字　大禹登宛委山，發石匱，得金簡玉字之書，言治水之要，周行天下。伯益記之爲《山海經》。

六義　《詩經》有六義，一曰風，二曰賦，三曰比，四曰興，五曰雅，六曰頌。卜商始序《詩》。轅固作傳爲《齊詩》。申公作訓詁爲《魯詩》，浮丘伯授。毛萇作故訓爲《毛詩》，毛亨授。

五始　《春秋》義有五始，元者氣之始，春者時之始，王者受命之始，正月者政教之始，公即位者有國之始。

三傳　《左傳》豔而富，其失也誣。《公羊》辨而裁，其失也俗。《穀梁》清而婉，其失也短。

二戴　漢宣帝時，東海后倉善説《禮》，于曲臺殿撰《禮》一百八十篇，曰《后氏曲臺記》。后倉傳於梁國戴德及德從子聖，乃删后氏《記》爲八十五篇，名《大戴禮》；聖又删《大戴禮》爲四十六篇，爲《小戴禮》。其後諸儒又加《月令》、《明堂位》、《樂記》三篇，爲四十九篇，則今之《禮記》也。

毛詩　荀卿授漢人魯國毛亨，作《訓詁傳》以授趙國毛萇。時人以亨爲大毛公，萇爲小毛公，以二公所傳，故名《毛詩》。

汲冢周書　《束皙傳》：晋太康二年，汲（縣）〔郡〕人盗發安釐王塚〔六〕，得竹書數十車，蝌蚪文字雜寫經書。皙爲著作，隨宜分析，皆有攷證，曰『汲冢周書』。

樂記　漢文帝始得竇公所獻周公《大司樂》章，河間獻王與毛生採作《樂記》。

漆書　杜林於西（川）〔州〕得漆書古文《尚書》一卷〔七〕，衛宏、徐巡來學，林授于二子，後遂得傳。

壁經　魯（公）〔恭〕王壞孔子故宅〔八〕，欲以爲宫，聞壁中琴瑟絲竹之聲，得古文《尚書》。武帝乃詔孔安國較定其書。

斷書　孔子斷《書》百篇，魯恭王始得孔（勝）〔騰〕所藏於壁〔九〕，定五十九篇，伏生稱爲

《尚書》。

石經　漢靈帝熹平四年，蔡邕與太史令單（彪）〔颺〕等〔一〇〕，正定五經，刊石，謂之石本五經。衡陽王鈞始細書，爲巾箱五經。

集註　《易經》程註、朱註。《詩經》朱註。《書經》朱熹壻蔡沉註。《春秋》今從胡傳。《禮記》陳（皓）〔澔〕註。（皓）〔澔〕字青蓮〔一一〕，以其娶再醮，故不入孔廟。

武經七書　《孫子》、《吴子》、《尉繚子》、《司馬兵法》、《李靖》、《三畧》、《六韜》。

佶屈聱牙　韓愈《進學解》曰：『周《誥》殷《盤》，佶屈聱牙；《春秋》謹嚴；《左氏》浮誇；《易》奇而法；《詩》正而葩。』

入室操戈　《鄭玄傳》：任城何休好《公羊》學，著《公羊墨守》、《左氏膏肓》、《穀梁廢疾》。鄭玄乃《發墨守》、《針膏肓》、《起廢疾》。休見而歎曰：『康成入吾室，操吾戈，而伐吾乎？』

二十一史　司馬遷《史記》、班固《前漢書》、范曄《後漢書》、陳壽《三國志》、唐太宗《晋書》、沈約《宋書》、蕭子顯《南齊書》、姚思廉《梁書》、《陳書》、魏收《北魏書》、李百藥《北齊書》、令狐德（芬）〔棻〕《後周書》〔一二〕、李延壽《南史》宋、齊、梁、陳、《北史》魏、齊、周、隋、魏徵《隋書》、宋祁、歐陽修《唐書》、歐陽修《五代史》、脱脱《宋史》、《遼史》、《金史》、宋濂《元史》。

亥豕　子夏見讀史者曰：『晋師伐秦，三豕渡河。』子夏曰：『非也，己亥渡河耳。』問之魯史，果然。

無一字潦草　司馬温公作《資治通鑑》，草稿數千餘卷，顛倒涂抹，無一字潦草。其行己之度蓋如此。

瓠史[一三]　梁有僧南渡，賫一葫蘆，有漢班（仲）〔孟〕堅《漢書》草藁，宣城太宗蕭琛得之，謂之（瓢）〔瓠〕史。

即壞己作　陳壽好學，善著述。少仕蜀，除著作郎，撰《三國志》。當時夏侯湛等多欲作《魏書》，見壽所著，即壞己作。

探奇禹穴　太史公曰：遷二十（四）〔而〕南游江、淮[一四]，上會稽，探禹穴，窺九疑，浮於沅、湘；涉汶、泗，講業齊、魯之都，觀孔子之遺風，過梁、楚以歸，乃紬石室之書作《史記》。諸子有一百八十九家，故曰百家。

石勒讀史　石勒目不知書，使人讀史，聞酈食其請立六國後，曰：『此法當失，何以有天下！』及聞留侯諫，乃曰：『賴有此耳！』

修唐書　宋祁修《唐書》，大雪，添幃幕，燃椽燭，擁爐火，諸妾環侍。方草一傳未完，顧侍姬曰[一五]：『若輩向見主人有如是否？』一人來自宗室，曰：『我太尉遇此天氣，只是擁爐，下幕命歌舞，間以雜劇，引滿大醉而已。』祁曰：『自不惡。』乃閣筆掩卷起，遂飲酒達旦。

下酒物　蘇子美豪放好飲，在外舅杜祁公家，每夕讀書，以一斗酒爲率。公密覘之，蘇讀《漢書·張良傳》『與客狙擊秦皇帝』，撫案曰：『惜乎擊之不中！』遂滿飲一大白。又讀至『良曰：「始臣起下邳，與上會於留，此天以臣賜陛下」』，又撫案曰：『君臣相得，難遇如此！』復舉一大白。公笑曰：『有如此下酒物，一斗不足多也！』

修史人 李至剛修國史，只服士人衣巾，自稱『修史人李至剛』。館中諸公聞之，大笑，呼爲『羞死人李至剛』。

孔安國撰孔子弟子，七十二人。劉向撰《列仙傳》，七十二人。皇甫士安撰《高士傳》，亦七十二人。陳長文撰《耆舊》，亦七十二人。

索米作傳 陳壽嘗爲諸葛武侯書佐，受撻百下；其父亦爲武侯所髡，故《蜀志》多誣罔。又丁廙、丁儀有盛名於魏，壽謂其子曰：『可覓千斛米見與，當爲尊公作一佳傳。』丁不與，竟不爲立傳。

雷震几 陳子桱作《通鑑續編》〔一六〕，書宋太祖廢周主爲鄭王。雷忽震其几，陳厲聲曰：『老天便打折陳桱之臂，亦不換矣！』

直書枋頭 孫盛作《晋春秋》，直書時事。桓温見之，怒謂盛子曰：『枋頭誠爲失利，何至乃如尊公所言！若此史遂行，自是關君門户事。』其子遽拜謝，請改之。時盛年老家居，性愈卞急。諸子乃共號泣稽顙，請爲百口計。盛大怒，不許。諸子遂私改之。

爲妓詈祖 歐陽永叔爲推官時昵一妓，爲錢惟演所持，永叔恨之，後作《五代史》，乃誣其祖武肅王重斂民怨。睚眦之隙，累及先人，賢者尚亦不免。

心史　鄭所南作《心史》，醜元思宋，以鐵函重匱沉之古吴眢井。至明朝崇禎戊寅凡三百五十六年，而此書始出。

明不顧刑辟　孫可之曰：『爲史官者，明不顧刑辟，幽不見鬼怪，若梗避於其間，其書可燒也。』

五代史韓通無傳　蘇子瞻問歐陽修曰：『《五代史》可傳後也乎？』公曰：『修竊於此有善善惡惡之志。』子瞻曰：『韓通無傳，烏得爲善善惡惡乎？』公默然。

趙盾弑君　趙穿弑靈公，宣子未出境而復。太史書曰：『趙盾弑其君。』宣子不然。對曰：『子爲正卿，亡不越境，反不討賊，非子而誰？』孔子曰：『董狐，古之良史也，書法不隱。』

史評　《晋書》、《南》、《北史》、《舊唐書》，稗官小説也。《新唐書》，贋古書也。《五代史》，學究史論也。《宋》、《元史》，爛朝報也。與其爲《新書》之簡，不若爲《南》、《北史》之繁；與其爲《宋史》之繁，不若爲《遼史》之簡。

【校】

〔一〕乙本作『經史上』，按原書未見『經史下』，乙本『上』字衍。

〔二〕『玄龜』，原書作『元龜』，蓋避清聖祖玄燁諱，今回改。

〔三〕『土爰稼穡』，或作『土曰稼穡』。

〔四〕『擇建』，原書作『建擇』，據《尚書·洪範》乙正。

〔五〕『庶草蕃蕪』，『草』原書誤作『事』，據《尚書·洪範》改。

〔六〕『汲郡』，原書作『汲縣』，據《晉書·束皙傳》改。

〔七〕『西州』，原書誤作『西川』，據《後漢書·杜林傳》改。

〔八〕『魯恭王』，乙本誤作『魯公王』，據甲本改。

〔九〕『孔騰』，原書作『孔勝』，郭孔延《史通評釋》同，據《漢書·藝文志》注引《家語》改。

〔一〇〕『單颺』，原書誤作『單彪』，據《後漢書·蔡邕傳》改。

〔一一〕『陳澔』，原書誤作『陳皓』，據黃道周《博物典彙》卷十一改，又按陳澔字可大，號雲住，未聞字青蓮者，原書誤。

〔一二〕『令狐德棻』，原書作『令狐德芬』，別本《舊唐書》亦然，據今本《舊唐書》本傳改。

〔一三〕『瓠史』，原書誤作『瓢史』，據《類説》卷五十八、《海錄碎事》卷十八改。『班孟堅』，原書誤作『班仲堅』，按班固字孟堅，據改。

〔一四〕『二十而』，原書誤作『二十四』，據《史記·太史公自序》、《漢書·司馬遷傳》改。

〔一五〕『顧侍姬曰』，甲本作『顧姬侍曰』。

〔一六〕『陳子桱』，《古今譚概·越情部》同，按《通鑑續編》作者陳桱，字子經。

書籍

二酉藏書　大酉山、小酉〔山〕〔一〕，爲軒轅黃帝藏書之所。

蘭臺秘典 漢朝圖籍所在，有石渠、石室、延閣、廣内，貯之於外府。又有御史中丞居殿中，掌蘭臺秘典，及麒麟、天禄二閣，藏之於内禁。

石室紬書 司馬遷爲太史，紬金匱石室之書。紬，謂綴集之也。以金爲匱，以石爲室，重緘封之，愼重之至也。

家有賜書 班彪家有賜書，好(名)〔古〕之士自遠方至[二]，父黨揚子雲以下莫不造門。

南面百城 李謐杜門却掃，絶跡下帷，棄産營書，手自删削。每歎曰：『丈夫擁書萬卷，何(暇)〔假〕南面百城[三]！』

三十乘 晉張華好書，嘗徙居，載書三十乘，凡天下奇秘，世所未有者悉在華所。有《博物志》行世。

曹氏書倉 曹曾積書萬餘卷。及世亂，曾慮書箱散失，乃積石爲倉，以藏書籍。世名『曹氏書倉』。

五車書 《莊子》：惠施多方，其書五車。

八萬卷 齊金樓子聚書四十年，得書八萬卷，雖秘書之省，自謂過之。

三萬軸 唐李泌家積書三萬軸。韓詩云：『鄴侯家多書，架插三萬軸。一一懸牙籤，新若手未觸。』

黄卷 古人寫書，皆用黄紙，以黄蘗染之，驅逐蠹魚，故曰黄卷。有錯字，以雌黄塗之。

殺青 古人寫書，以竹爲簡。新竹有汗，善朽蠹。凡作簡者，先於火上炙去其汗，殺其竹青，故又名汗簡。

鉛槧 上古結繩而治。二帝以來，始有簡册，以竹爲之。而書以漆，或用板以鉛畫之，故有刀筆鉛槧之説。

湘帙〔四〕 古人書卷外必有（帖）〔帙〕藏之，如今裹袱之類。白樂天嘗以文集留廬山草堂，屢亡逸。宋真宗令崇文院寫校，包以斑竹（帖）〔帙〕送寺。

四部 《唐·經籍志》：玄宗兩都各聚書四部，以甲、乙、丙、丁爲號：甲，經部，赤牙籤；乙，史部，緑牙籤；丙，子部，碧牙籤；丁，集部，白牙籤。

芸編 芸香草能辟蠹，藏書者用以薰之，故書曰芸編。古詩：『芸葉薰香走蠹魚。』

書樓孫氏 孫（祈）〔抃〕六世祖長孺喜藏書〔五〕，數萬餘卷置之樓上，人謂之書樓孫氏。

汗牛充棟 陸文通之書，居則充棟，出則汗牛。

懸國門 吕不韋集《吕氏春秋》成，暴之咸陽市，懸千金其上，能增損一字者予千金。人莫能增損。

市肆閲書 王充，好博覽。家貧無書，常游洛陽市肆，閲所鬻書，一見輒能誦憶，遂博通衆流百家之言。著《論衡》八十五篇。

帳中秘書 王充作《論衡》，中土未有傳者，蔡邕入吴始得之，秘之帳中，以爲談助。後王

〔郎〕〔朗〕得其書〔六〕，及還洛下，時人稱其才進。曰：『不見異人，當得異書。』

藏書法　趙子昂書跋云：『聚書藏書，良非易事！善觀書者，澄神端慮，凈几焚香，勿捲腦，勿折角，勿以爪侵字，勿以唾揭幅，勿以作枕，勿以作夾刺，隨損隨修，隨開隨掩。後之得吾書者，并奉贈此法。』

等身書　宋賈黄中幼日聰悟過人，父師取書與其身等，令讀之，謂之等身書。

蔡邕遺書　蔡琰歸自沙漠，曹操問邕遺書，琰曰：『父亡，遺書四千餘篇，流離塗炭，罔有存者。今所誦憶，裁四百餘篇。』因乞給紙筆，真草惟命。於是繕寫送入，文無遺誤。

嘉則殿　隋煬帝嘉則殿書分三品，有紅琉璃、紺琉璃、漆軸之異。殿垂錦幔，繞刻飛仙。帝幸書室，踐暗機，則飛仙收幔而上，厨扉自啓；帝出，扉閉如初。隋之藏書，計三十七萬卷。

補亡書三篋　漢張安世博學。武帝幸河東，亡書三篋，詔問羣臣，俱莫能知，惟安世識之，爲寫原本補入。後帝購求得書，以相較對，並無遺誤。

【校】

〔一〕『小西山』，原書無『山』字，據《唐詩鼓吹》卷三注引《圖經》改，按據《圖經》，當爲穆天子藏異書處。

〔二〕『好古之士』，乙本作『好名之士』，據甲本改。

〔三〕『何假』，乙本誤作『何暇』，據甲本改。

〔四〕本條『帙』字，乙本均作『帖』字，據甲本及陳繼儒《群碎録》改。

〔五〕『孫抃』，原書誤作『孫祈』，據《東都事略》、《宋史》本傳改。

〔六〕『王朗』，乙本誤作『王郎』，據甲本改。

博洽

舌耕　漢賈逵通經術，門徒來學，不遠千里，獻粟盈倉。或云：『逵非力耕，乃舌耕也。』

書厨　陸澄博覽，無所不知，王儉自謂過之。及與語，澄談及所遺（編）〔漏〕數百條〔一〕，皆儉所未睹，乃歎服曰：『陸公，書厨也。』

學府　《南史》：梁（傳）〔傅〕昭博（及）〔極〕古今〔二〕，人稱爲學府。

人物志〔三〕　唐李守〔素〕通曉天下人物臧否，世號肉譜。虞世南曰：『昔任彦升通曉經術，世號五經笥。今以守〔素〕爲人物志可乎！』

九經庫　唐谷（律耶）〔那律〕博通經術〔四〕，爲世所重，號『九經庫』。又房暉遠博聞洽記，學者稱爲『《五經》庫』。

稽古力　漢桓榮性嗜學，（明）〔光武〕帝時拜太子（太）〔少〕傅〔五〕，以所賜車馬陳於庭，謂諸生曰：『此稽古力也。』

柳篋子　唐柳璨遷左拾遺，公卿競托爲箋奏，時譽日富，以其博學，號『柳篋子』。

五總龜　唐殷踐猷博通經典，賀知章稱之曰『五總龜』。龜千歲一總，問無不知。爲秘書省學士。

行秘書　唐太宗常出行，有司請載副書以從。上曰：『不須。虞世南在此，即秘書也。』

八斗才　謝靈運曰：『天下才共一石，曹子建獨得八斗，我得一斗，自古及今共用一斗。奇才博識，安（定）〔足〕繼之〔六〕。』

捫腹藏書　楊玠娶崔季讓女，崔富圖籍，玠游其精舍，輒覽記。既而曰：『崔氏書被人盜盡。』崔遽令檢之，玠捫其腹曰：『已藏之腹笥矣！』

三萬卷書　吴萊好游，嘗東出齊、魯，北抵燕、趙，每遇勝跡名山，必盤桓許久。嘗語人曰：『胸中無三萬卷書，眼中無天下奇山水，未必能文章；縱能，亦兒女語耳。』

了却殘書〔七〕　朱晦翁《答陳同（文）〔父〕書》：奉告老兄，（旦暮）〔且莫〕相攛，留取閒漢（存）〔在〕山裏咬菜根，了却幾卷殘書。

書淫〔八〕　劉峻家貧好學，常燎麻炬，從夕達旦，時或昏睡，（熟）〔爇〕其鬢髮。及覺復讀，常恐所見不博，聞有異書，必往祈借，崔慰〔祖〕謂之『書淫』。

【校】

〔一〕『遺漏』，原書誤作『遺編』，據《南齊書·陸澄傳》、《南史·陸澄傳》改。又『數百條』，《南齊書》作

『數百千條』，《南史》作『數百十條。』

〔二〕『梁傳昭博極古今』，原書誤作『梁昭博及古今』，據《梁書·傅昭傳》、《南史·傅昭傳》改。

〔三〕『李守素』，原書誤脱『素』字，據《大唐新語》卷八、《隋唐嘉話》卷上補。

〔四〕『谷那律』，原書誤作『谷律耶』，《古事苑·伎藝》作『谷律那』，據《貞觀政要》卷十、《大唐新語》卷一、新舊《唐書·儒學·谷那律傳》改。

〔五〕『光武帝時拜太子少傅』，原書誤作『明帝時拜太子太傅』，據《東觀漢記·桓榮傳》、《後漢書·桓榮傳》改。

〔六〕『安足』，乙本誤作『安定』，據甲本改。

〔七〕『陳同父』、『且莫相擷』，原書作『陳同文』、『旦暮相擷』，據《朱文公集》卷二十八《答陳同父書》改。『在山裏』，乙本『在』誤作『存』，據甲本改。

〔八〕『爇其鬢髮』、『崔慰祖』，原書作『熟其鬢髮』、『崔慰』，據《梁書·文學·劉峻傳》、《南史·劉峻傳》改補。

勤學

帳中燈焰　范仲淹夜讀書帳中，帳頂如墨。及貴，夫人以示諸子曰：『爾父少時勤學，燈焰之跡也。』

傭作讀書　匡衡好學，邑有富民家多書，與之傭作，而不取值，曰：『願借主人書讀耳。』遂博覽羣書。

帶經而鋤　倪寬受業於孔安國，時行賃作，帶經而鋤，力倦，少休息，即起誦讀。

燃葉　柳（燦）〔璨〕〔一〕，少孤貧，好學，晝採薪給費，夜燃葉讀書。

圓木警枕　司馬光常以圓木爲警枕，少睡則枕轉而覺，即起讀書，學無不通。

穿膝　管寧家貧好學，坐藜牀五十餘年，未嘗箕股，當膝處皆穿。

燃糠自照〔二〕　顧歡家貧，鄉中有學舍，歡壁後倚聽，無遺忘者。夕則燃松節讀書，或燃（糖）〔糠〕自照。

邢邵，任丘人。少游洛陽，遇雨，乃杜門五日讀《漢書》，悉强記無遺。文章典麗，既贍且速，與温子昇齊名。官太常卿，兼中書監、國子監祭酒，朝士榮之。雅性脱畧，不以位望自尊，止卧一小室，未嘗内宿。自云：『嘗晝入内閤，爲犬所吠。』

【校】

〔一〕『柳璨』，原書作『柳燦』，據《舊唐書》本傳、《新唐書·姦臣·柳璨傳》改。

〔二〕本條『燃糠』乙本均誤作『燃糖』，據甲本改。

著作

字挾風霜　淮南王劉安撰《鴻烈》二十一篇，字字皆挾風霜之氣。揚子雲以爲一出一入，字直百金。

月露風雲　隋李諤書云：『連篇累牘，不出月露之形，積案盈箱，盡是風雲之狀。』

文陣雄師　唐蘇頲文章思若湧泉，張九齡謂同列曰：『蘇生之文俊贍無敵，真文陣雄師也。』

詞人之冠　唐張九齡七歲能文，（太）〔玄〕宗時爲中書舍人〔一〕，時號爲詞人之冠。

文章宿老　唐李嶠爲鳳閣舍人，富才思，文册號令多屬爲之。前與王、楊接跡，中與崔、蘇齊名，學者稱爲文章宿老。

口吐白鳳〔二〕　漢楊雄作《甘泉賦》，才思豪邁，賦成，夢口吐白鳳。

咽丹篆　唐韓愈少時，夢人與丹篆一卷，强吞之，傍有一人拊掌而笑。覺後胸中如物（咽）〔噎〕〔三〕，自是文章日麗。後見孟郊，乃夢中傍笑者。

錦心繡口〔四〕　唐李白送弟序曰：『弟心肝五臟皆繡口耶？不然，何開口成文，揮毫霧散也？』

宫體輕麗　《唐·高祖紀》〔五〕：東海徐摛文體輕麗，時人謂之宫體。

自出機杼　祖（塋）〔瑩〕以文學見重〔六〕，常語人云：『文章須自出機杼，成一家筋骨，何能共人作生活也！』

倚馬奇才　桓温北征鮮卑，召袁宏倚馬前作露布，手不停筆，俄得七紙，殊可觀。

文不加點 江夏太守黄祖大會賓客，有獻鸚鵡者，命禰衡曰：『願先生賦之。』衡攬筆而作，文不加點，辭采甚麗。

干將莫鋣 李邕文名天下，盧藏用曰：『邕之文如干將莫鋣，難與争鋒，但虞其傷缺耳。』

洛陽紙貴 左思作《三都賦》，豪貴之家競相傳寫，洛陽爲之紙貴。○邢邵文章典麗，每文一出，京師傳寫，爲之紙貴。

此愈我疾 陳琳少有辯才，草檄成以呈曹公。公先苦頭瘋，是日卧讀琳檄，翕然而起，曰：『此愈我疾！』

臺閣文章〔七〕 歐〔陽〕文忠曰：『文章有兩等，有山林草野之文，有朝廷臺閣之文。』王安（石）〔國〕曰：『文章須官樣，豈亦謂有臺閣氣耶？』

捕龍搏虎 柳宗元曰：人見韓昌黎《毛穎傳》，大歎以爲奇怪。余讀其文，若捕龍蛇，搏虎豹，急與之角，而力不敢暇。

捕長蛇騎生馬 唐孫樵書：玉川子《月蝕歌》、韓吏部《進學解》，莫不拔地倚天，句句欲活，讀之如赤手捕長蛇，不施鞅勒騎生馬。

驅屈宋鞭揚馬 《李翰林集序》：馳驅屈宋，鞭撻揚馬，千載獨步，惟公一人。

點鬼簿算博士 唐王勃、楊炯、盧照鄰、駱賓王，皆有文名，人議其疵曰：楊好用古人名，謂之『點鬼簿』。駱好用數目作對，謂之『算博士』。

玄圃積玉 時人目陸機之文猶玄圃積玉，無非夜光。

造五鳳樓〔八〕 韓浦與弟洎，皆有文名，洎嘗曰：『予兄文如繩樞草舍，聊庇風雨。予文是造五鳳樓手。』浦因寄蜀箋與洎，曰（曰）：『十樣（鸞）〔蠻〕箋出益州，近來新寄浣溪頭。老兄得此全無用，助汝添修五鳳樓。』

夢滌腸胃 王仁裕少時，嘗夢人剖其腸胃，以西江水滌之，見江中沙石，皆爲篆籀之文。由是文思並進，有詩百卷，號《西江集》。

鼠坻牛場 揚雄曰：雄爲《太玄經》，猶鼠坻之與牛場也，如其用，則實五穀飽邦民；否，則爲坻糞，棄之於道已矣。

帖括 帖者簿籍之義，以帖籍賅括義理而誦之。

詅癡符 和凝爲文，以多爲富，有集百卷，自鏤板以行，識者非之，曰：『此顔之推所謂詅癡符也。』

焚棄筆硯 陸機天才秀逸，辭藻宏麗，張茂先嘗謂之曰：『人之爲文章，常患才少，而子患才多。』機弟云曰：『茂先見兄文，輒欲焚棄筆硯。』

齊丘竊譚峭 五代時，宋齊丘欲竊譚景（升）〔昇〕《化書》以爲己作〔九〕，乃投景昇於江。後漁人撒網，獲景昇尸，手中持《化書》三卷，遂改《齊丘子》爲《譚子化書》。

郢削 《莊子》：郢人堊音惡漫其鼻端，若蠅翼，使匠石斵之。匠石運斤成風，斵之盡堊而鼻不傷。故求人筆削其詩文，曰郢削。

藏拙　梁徐陵使於齊，時魏收有文學，北朝之秀，録其文集以遺陵，命傳之江左。陵還，渡江而沉之，從者問故，曰：『吾與魏公藏拙。』

韓山一片石　庾信自南朝至北方，惟愛温子昇所作《韓山碑》。或問北方何如，信曰：『惟韓山一片石堪與語，餘若驢鳴犬吠耳。』

福先寺碑　裴度修福先寺，將求碑文於白居易。判官皇甫湜怒曰：『近捨湜，而遠取居易，請從此辭。』度亟謝，隨以文屬湜。湜飲酒，揮毫立就。度酬以車馬玩器約千緡，湜怒曰：『碑三千字，每字不直絹三疋乎？』度又依數酬之。湜又索文改竄，度笑曰：『文已妙絶，增一字不得矣！』

聰明過人　韓文公嘗語李程曰：『愈與崔丞相羣同年往還，直是聰明過人。』李曰：『何處過人？』韓曰：『共愈往還二十餘年，不曾説着文章。』

金銀管　湘東王録忠臣義士文章，筆有三品：忠孝全者，金管書之；德行精粹者，銀管書之；文章華麗者，班竹管書之。

杜撰　五代廣成先生杜光庭，多著神仙家書，悉出誣罔，如《感遇傳》之類。故人以妄言謂之杜撰。或云杜默，非也。杜默以前遂有斯語。

千字文　梁散騎員外周興嗣犯事在獄，梁王命以千字成文，即釋之。一夕文成，鬚鬢皆白。

兔園册　漢梁孝王有圃名兔園，孝王卒，太后哀慕之。景帝以其園令民耕種，乃置官守，籍其租税，以供祭祀。其簿籍皆俚語之字，故鄉俗所誦曰《兔園册》。

書肆説鈴　揚雄曰：『好學而不要諸仲尼，書肆也；好説而不要諸仲尼，説鈴也。』

昭明文選六臣注　六臣：李善、吕延濟、劉良、張銑、李周翰、吕向，並唐人；銑、向、周翰皆處士。

艾子　東坡有《艾子》一編，並是笑話。初不解其書，後見《雜記》云：『宋仁宗灼艾，令優人競説笑話，以忘其痛。』艾子命書，亦此意也。或云子由灼艾，東坡作此，以分其痛。

四本論　鍾會撰《四本論》始畢，甚欲使嵇公一見，置懷中，既定，畏其難，懷不敢出，於户外遥擲，便回急走。

莊子郭註　晋向秀註莊子《南華經》，剖析玄理。郭象竊之，以己名行世。

敘字　東坡祖名序，故爲人作序，皆用『敘』字。

顔魯公書　顔魯公所著書，有《大言》、《小言》、《樂語》、《滑語》、《讒語》、《醉語》，皆不傳。

无字　《周易》『無』作『无』。晋王（述）〔育〕曰〔一〇〕：『天屈西北爲无。』今於『无』上加一點，是古『既』字。

三都賦序　徐文長曰：皇甫謐序《三都》，足以重左太冲，而陳師錫之序《五代史》，不足以當歐陽永叔。則予雖無序，可也。

【校】

〔一〕『玄宗』，原書誤作『太宗』，張九齡爲中書舍人係玄宗開元間事。

〔二〕按本條蓋據《白氏六帖事類集》卷七，《西京雜記》卷二謂揚雄作《太玄經》成夢吐鳳凰。

〔三〕『胸中如物噎』，『噎』原書作『咽』，據《龍城録》卷上及《事類備要前集・儒業門》、《錦繡萬花谷・文章》引《異人傳》改。

〔四〕按據李白《冬日於龍門送從弟京兆參軍令問之淮南覲省序》，此句爲李白從弟令問謂白曰：『兄心肝五臟皆錦繡耶？不然，何開口成文，揮翰霧散？』

〔五〕『《唐・高祖紀》』誤，按實出自《梁書・徐摛傳》。

〔六〕『祖瑩』，乙本誤作『祖塋』，據甲本改。

〔七〕『歐陽文忠曰』，原書脱『陽』字，今補，按此言一般認爲出自吴處厚《青箱雜記》。又『王安國』，原書誤作『王安石』，今改。

〔八〕『洎曰』，乙本『曰』字誤重，據甲本删。『鑾箋』，原書作『鸞箋』，《群書通要己集・儒業門》、《古今振雅雲箋》卷七同，據楊億《談苑》改。

〔九〕『譚景昇』，乙本作『譚景升』，據下文及甲本改。

〔一〇〕『王育』，原書作『王述』，《鶴林玉露》卷九、《識小録》卷四同，據《經典釋文·周易音義》、《説文解字繫傳》『無』字引王育説改。

詩詞

伏羲始爲長短句詩，漢武帝始爲聯句詩，曹植始爲絶句詩，沈佺期始爲律詩。舜始爲四言。漢唐山夫人始爲三言詩。枚乘十九首始爲五言詩。唐始爲排句，宋始爲集句。

顔延年、謝（元）〔玄〕暉始唱和〔一〕，元微之、（李）〔劉〕、白始唱和次韵，顔魯公始押韵。宋周顒始爲四聲切韵又沈約《四聲譜》、夏侯（該）〔詠〕《四聲韵略》〔二〕，唐孫愐始集爲《唐韵》。魏孫炎始爲反切字，本西域二合音，如『不可』爲『叵』，『而已』爲『耳』之類。僧守温始爲三十（二）〔六〕字母〔三〕。

樂府　漢武帝始郊廟燕射，咸著爲篇章，（無）〔兼〕總衆體制樂府〔四〕，本《騷》、《九歌》、《招魂》。

李延年始造樂府新聲二十八解本胡曲造，古爲章，魏晋以來皆爲解。

唐始變樂府爲詞調，宋始變詞調爲長短篇。

晋荀勖始爲清商。三調本周房中，爲平調、清調、瑟調。漢房中爲楚調。又側調生於（清）

〔楚〕調〔五〕，總爲相和調。

清商傳江左，爲梁宋新聲，始尚辭。謂歌辭，漢時但有其音耳。夷、伊、那、何之類則聲也。大曲有艷，在曲前。有趨，有亂。在曲後。隋煬帝始倚聲命辭。或云起于唐之季世。王涯始曲中填辭。一云張泌，然六朝已有之。李白始爲小辭。

詩體〔六〕　嚴滄浪云：詩體始於《國風》、三《頌》、二《雅》，流爲《離騷》，古樂古選十九首。後有建安體漢（萬年）〔末年號〕，曹氏父子及鄴中七才子之詩、黄初體魏年號，與建安相接，其體一也、正始體魏年號，嵇、阮諸公之詩、太康體晋年號，左思、潘岳、二張、二陸之詩、元嘉體宋年號，顔、鮑、謝諸公之詩、永明體齊年號，齊諸公之詩、齊梁體通兩朝而言之。杜云『恐與齊梁作後塵』、南北朝體通魏周而言之，與齊梁一體也、初唐體謂襲陳隋之體、盛唐體開元、天寶之詩、中唐體、晚唐體、宋元祐體黄山谷、蘇東坡、陳後山、劉後村、戴石（齋）〔屏〕之詩。

《唐詩品彙》總論曰〔七〕：畧而言之，則有初唐盛中晚之不同。詳而言之，貞觀、永徽之時，虞世南、魏徵諸公稍離舊習，王勃、楊炯、盧照鄰、駱賓王因加美麗，劉希夷庭芝有閨帷之作，上官昭容有婉媚之姿，此初唐之製也。神龍以還，洎開元初，陳子昂古風雅正，李巨山嶠文章宿老，沈佺期、宋之問之新聲，蘇頲、張説之大筆，此初唐之漸盛也。開元、天寶間，則有李翰林白之飄逸，杜工部甫之沈鬱，孟襄陽浩然之清雅，王右丞維之精爽，儲光羲之真率，王昌齡之雋拔，高適、岑參之悲壯，李頎、常建之雄快，凡此盛唐之盛者也。大曆、（真）〔貞〕元間，則有韋蘇州應物之淡雅，劉隨州長卿之閑曠，錢起郎士元之清贍，皇甫冉曾之競秀，秦公緒系之山林，李從一嘉祐之臺閣，此中唐之再盛也。下暨元和之際，則有柳愚溪宗元之超然復古，韓昌黎愈之博大沉雄。張籍、王建樂府得其故實，元、白敘事務得分明，與夫李賀、盧仝之鬼怪，孟郊、賈島之瘦寒，此晚唐之變也。降而開（元）〔成〕以後，則有杜牧之牧之豪縱，温飛卿庭筠之綺靡，李義山商隱之隱（癖）〔僻〕，許用晦（暉）〔渾〕之對偶，他若劉滄、馬戴、李頻、李羣玉，此晚唐變態之極矣。

詩評〔八〕　敖陶孫評：『魏武帝如幽燕老將，氣韻沈雄。曹子建如三河少年，風流自賞。鮑明遠如飢鷹獨出，奇矯無前。謝康樂如東海揚帆，風日流麗。陶彭澤如絳雲在霄，舒（眷）〔卷〕自如。王右丞如秋水芙蓉，倚風自笑。韋蘇州如園客獨繭，暗合音徽。孟浩然如洞庭始波，木葉微落。杜牧之如銅（瓦）〔丸〕走坂，駿馬注坡。白樂天如山東父老課農桑，言言着實。元微之如龜年説天寶遺事，貌悴而神不傷。劉夢得如鏤冰雕瓊，流光自照。李太白如劉安雞犬，遺響白雲，覈其歸存，恍無定處。韓退之如囊沙背水，惟韓信獨能。李長吉如武帝食露盤，無補多慾。孟東野如埋泉斷劍，卧壑寒松。張籍如優工行鄉，飲醻獻秩，時有詼氣。柳子厚如高秋獨眺，霽晚孤吹。李義山如百寶流蘇，（子）〔千〕絲鐵網，綺密（環）〔瓌〕妍，要非適用。宋朝蘇東坡如屈注天潢，倒連滄海，變眩百怪，終歸渾雄。歐〔陽〕文忠如四瑚八璉，（正）〔止〕可施之宗廟。王荆（石）〔公〕如鄧艾縋兵入蜀，要以險絶爲功。（王）〔黄〕山谷如陶弘景入（官）〔宮〕，（新）〔析〕理談玄，而松風之夢故在。梅聖俞如關河放溜，瞬息無聲。秦少游如時女步春，終傷婉弱。陳后山如九皋獨唳，深林孤芳，冲寂自妍，不求識賞。韓子蒼如梨園按樂，排比得倫。呂居仁如散聖安禪，自能奇逸。其他作者，未易殫述。獨唐杜工部，如周公制作，後世莫能擬議。』語覺爽俊，而評似穩妥，惟少爲宋人曲筆耳，故全録之。

苦吟　孟浩然眉毛盡落，裴祐至袖手皆穿，王維則走入醋瓮，皆苦於吟者。

警句　楊徽之能詩，太宗寫其警句於御屏，僧文寶謂以天地浩露滌筆於(金)〔冰〕甌雪(盤)〔椀〕[九]，方與此詩神骨相投。

推敲　賈島於京師驢背得句：『鳥宿池邊樹，僧敲月下門。』既下『敲』字，又欲下『推』字，揀之未定，引手作推、敲勢。時韓愈權京兆尹，島不覺衝其前導。擁至尹前，具道所以。愈曰：『敲字佳矣。』與並轡歸，爲布衣交。

柏梁體　七言詩始于漢柏梁體。武帝作《柏梁臺》，詔群臣能詩者得上座，凡七言，每句用韻，各述其事。

古錦囊　李賀工詩，每旦出，騎款段馬，從小傒奴輩，背古錦囊，遇所得，即内之囊中。母見之曰：『是兒嘔出心肝乃已！』

壓倒元白　唐寶曆中，楊嗣復大宴，元(禎)〔稹〕、白居易亦與賦詩[一〇]，惟楊汝士最佳，元、白歎服。汝士醉歸，語其子弟曰：『我今日壓倒元、白！』

詩中有畫　王維工於詩畫。東坡曰：『摩詰之詩，詩中有畫，摩詰之畫，畫中有詩。』

楓落吴江冷 崔信明、鄭世翼遇諸江中，世翼謂曰：『聞君有「楓落吴江冷」之句，願見其餘。』信明欣樂，出衆篇，翼覽未終，曰：『所見不逮所聞！』投諸水，引舟遽去。

依樣葫蘆[一一] 宋陶（縠）〔穀〕久在詞林，太祖曰：『頗聞翰林皆簡舊本换詞語，（後）〔此〕俗謂之依樣葫蘆。』後陶穀作詩，書玉堂壁曰：『官職須由生處有，才能不管用時無。堪笑翰林陶學士，年年依樣畫葫蘆。』

賣平天冠 宋廖融精于詩學，多有生徒。太宗曰：『詞賦策論取士，融生徒多引去。』融曰：『豈知今日之詩道，一似大市賣平天冠，並無人問。』

技癢 《嬾真子》云：老杜哀鄭虔詩，有『薈蕞何技癢』之句，謂人有技藝不能自忍，如人之搔癢也。

投溷 李賀有表兄與賀有筆硯之仇，恨賀傲。忽賀死，復紿取其稿，盡投溷中。

點金成鐵 梁王籍詩云：『蟬噪林逾静，鳥鳴山更幽。』王荆公改用其句曰：『一鳥不鳴山更幽。』山谷笑曰：『此點金成鐵手也。』

易吾肝腸 張籍愛杜甫詩，取其集，焚取灰燼，副以膏（密）〔蜜〕[一二]，頓飲之，曰：『令吾肝腸從此改易。』

賈島佛 李洞慕賈浪仙詩，鑄銅像事之如神，嘗念賈島佛。

偷詩 楊衡初隱廬山，有竊其詩以登第者。衡後亦登第，見其人問曰：『「一一鶴聲飛上天」在否？』答曰：『此句知兄最惜，不敢偷。』衡曰：『猶可恕也。』

詆詩　張率年十六，作頌賦二千餘首，虞訥見而詆之。率乃一旦焚毁，更爲詩示之，託云沈約。訥更句句嗟稱無字不妙。率曰：『此率作也。』訥慚而退。

愛殺詩人　唐宋之問愛劉希夷詩，有『年年歲歲花相似，歲歲年年人不同』之句，懇乞不與，之問怒以土囊壓殺之。

出詩示人　殷浩少與桓温齊名，常有競心。桓問殷：『卿何如我？』殷曰：『我與我周旋久，寧作我。』殷嘗作詩示桓，桓玩侮之曰：『卿慎弗犯我，犯我，當出汝詩示人也！』

【校】

〔一〕『謝玄暉』，原書作『謝元暉』，蓋避清聖祖玄燁諱，今回改。『劉白』，指劉禹錫、白居易，原書誤作『李白』，據《事物紀原》卷四、《事物考》卷二改。

〔二〕『夏侯詠』，原書作『夏侯該』，《雲谷雜記》卷二同，據《舊唐書·經籍志》、《新唐書·藝文志》等改。

〔三〕『三十六字母』，原書誤作『三十二字母』，據《通志》卷七十二改。

〔四〕『兼總衆體』，乙本誤作『無總衆體』，據甲本改。

〔五〕『生於楚調』，原書作『生於清調』，據《樂府詩集·相和歌辭》改。

〔六〕本條『漢末年號』，原書誤作『漢萬年』，據嚴羽《滄浪詩話》改。又『戴石屏』，原書誤作『戴石齋』，按戴復古號石屏，今據改。

〔七〕乙本『賓王』小字誤入正文，據甲本改。『許用晦（渾）』，『渾』原書作『暉』，按許渾字用晦，今改。其餘錯漏均據高棅《唐詩品彙》總敘訂正。

〔八〕『千絲鐵網』、『析理談玄』，乙本『千』誤作『子』，『析』誤作『新』，據甲本改。『黄山谷』，原書誤作『王山谷』，今改。其餘錯漏均據《敖陶孫詩評》訂正。

〔九〕『冰甌雪椀』，原書作『金甌雪盤』，據《玉壺清話》卷五改。

〔一〇〕『元稹』，原書作『元禎』，蓋避清世宗胤禛諱，今回改。

〔一一〕『陶穀』，乙本作『陶穀』，據甲本改。『簡舊本』，《東軒筆録》卷一作『檢舊本』，蓋避明思宗朱由檢諱。『此俗謂之』，『此』原書作『後』，據《東軒筆録》卷一改。

〔一二〕『膏蜜』，原書作『膏密』，《堯山堂外紀》卷二十九同，據《雲仙雜記》卷七改。

歌賦

伏羲氏有網罟之歌，始爲歌。葛天氏操牛尾，投（定）〔足〕[一]，歌八闋，始分闋。孔甲作《破斧》之歌，始爲東音。塗山氏禹妃歌《候人》，始爲《周南》、《召南》。有娀氏感飛燕，始爲北音。周昭王時，西翟徙宅西河，始爲西音。今歌曲統謂南北音。凉州、伊州、甘州、渭州皆西音，並爲北歌曲。

黄帝命岐伯爲鼓吹。凱歌，漢爲鐃歌，本鼓吹。

漢始有雜歌、艷歌、倚歌、（蹈）〔踏〕歌[二]，始爲相和歌，本謳謠絲竹相和，執節而歌。

漢武帝立樂府采詩夜誦，則有趙、代、秦、楚之謳，始以聲爲主尚歌。梁武帝本吴歌《白紵》，始改《子夜吴聲四時歌》。田横從者始爲《薤露》、《蒿里》歌。魏繆襲始以挽歌爲辭。

郊祀歌 三言四言。謝莊歌五帝，三言九言，依五行數。漢歌篇八句轉韻。張華、夏侯湛兩三韻轉。傅玄改韻頗數。王韶之、顔延之始四句轉韻，賒促得中。

鐃吹 唐柳子厚作鐃歌鼓吹曲十二篇，歌唐戰功。

檀來歌 周世宗南征，軍士作《檀來歌》，聲聞數十里。

陽春白雪 《文選》：客有歌於郢中者，始爲《下里》、《巴人》，國中和者數千人。爲《〔向陽〕〔陽阿〕》、《薤露》[三]，和者數百人。爲《陽春》、《白雪》，和者數十人。引商刻羽，雜以流徵，和者不過數人。其曲彌高，其和彌寡。

柳耆卿爲屯田員外郎，初名三變，自作詞云：『才子詞人，自是白衣卿相。』後有薦于朝者，仁宗曰：『此人風前月下，且去填詞。』由是不得志。自稱奉聖旨填詞柳三變。

纂組成文 司馬相如曰：合纂組以成文，列錦繡而爲質，一經一緯，一宫一商，此賦之跡也。賦家之心，包括宇宙，總攬人物，斯乃得之於内，不可得而傳也。

登高作賦 古者登高能賦，山川能祭，師旅能禦，喪紀能誄，作器能銘，則可以爲大夫矣。

五經鼓吹 孫綽博學，善屬文，絶重張衡、左思賦，每云：『《三都》、《二京》，五經鼓吹。』

不爲也。』

雕蟲小技　或問楊子云曰：『吾子少而好賦？』曰：『然。童子雕蟲篆刻。』既而曰：『壯夫不爲也。』

風送滕王閣　都督閻伯（岐）〔嶼〕修滕王閣〔四〕，落成設宴，屬壻吴子章預作《滕王閣賦》，出以誇客。王勃自馬當順風行七百餘里，至南昌與宴。及遜作賦，受筆札而不辭。都督大怒，命吏伺其落句即報。至『落霞秋水』句，都督曰：『此天才也！』命其壻輟筆。

海賦　張融爲《海賦》，（徐凱）〔顧愷〕之曰〔五〕：『卿此賦實超玄虚，但不道鹽耳。』融即援筆增曰：『漉沙構白，熬波出素。積雪中春，飛霜暑路。』

木華海賦　木華作《海賦》，思路偶澀，或告之曰：『何不於海之上下四旁言之？』華因其言，《海賦》遂成。

八叉手　温庭筠工賦，每入試作賦，八叉手而八韵成。又言庭筠作賦，未嘗起草，一吟一韻，場中號『温八吟』，亦號『温八叉』。

【校】

〔一〕『操牛尾』，甲本作『摻牛尾』，字通。『投足』，乙本誤作『投定』，據甲本改。

〔二〕『踏歌』，原書誤作『蹈歌』，按樂府有『踏歌』一體，據改。

〔三〕『《陽阿》』，原書作『《向陽》』，《群書通要己集·儒業門》同。據《文選》卷四十五宋玉《對楚王問》改。

〔四〕『閻伯嶼』，乙本誤作『閻伯岐』，據甲本改。

〔五〕『顧愷之』，原書誤作『徐凱之』，據《建康實録·張融傳》改。

書簡

伏羲始制契，以木刻書。黄帝始以刀書。舜始以漆書。中古磨石汁書。黄帝始鑄文於鼎彝。周宣王始刻文於石。五代和凝始刻書於梨板。隋文帝爲印板。馮道請唐明宗行印板，始印五經，始依石經文字，刊九經板。宋真宗始摹印司馬、班史諸史板。

鯉素　《古樂府》：客從遠方來，遺我雙鯉魚。呼童烹鯉魚，中有尺素書。長跪讀素書，書中意何如？上有加餐飯，下有長相思。

雲錦書　李白詩：青鳥海上來，今朝發何處？口啣雲錦書，爲我忽飛去。鳥去凌紫烟，書留綺窗前。開緘方一笑，乃是故人傳。

青泥書　後漢鄧訓爲上谷守。故吏知訓好青泥封書，遂從黎陽步推鹿車，載青泥至上谷，以遺訓。

飛奴　張九齡家養群鴿，每與親知書，繫鴿足上投之，呼爲飛奴。

代兼金 陸機詩：愧無雜佩贈，良訊代兼金。

寄飛燕〔一〕 江淹詩：『袖中有短札，欲寄雙飛燕。』孟郊詩：『欲寫加〔餐〕字，寄之西飛（冀）〔翼〕。』

白絹斜封 盧仝《謝孟簡惠茶歌》〔二〕：『日高丈五睡正濃，將軍扣門驚周公，口傳諫議送書信，白絹斜封三道印。』

十部從事 晋劉弘爲荆州刺史，每發手書郡國，丁寧款密，莫不感悦，咸曰：『得劉公一紙書，賢於十部從事！』

家書萬金 王筠久住沙（陽）〔場〕〔三〕。一日，得家書，曰：『抵得萬金也。』杜詩：『烽火連三月，家書抵萬金。』

風月相思 周弘讓《答王褒書》：『蒼雁頳鱗，時留尺素，清風明月，俱寄相思。』

千里對面 唐高祖曰：『房玄齡每爲吾兒陳事，千里外猶如對面談。』

不爲置書郵 晋殷浩遷豫章太守，都下人士因其致書者百餘，行次石頭，皆投之水中，曰：『沉者自沉，浮者自浮，殷洪喬不能爲置書郵。』

【校】

〔一〕『欲寫加餐字』、『寄之西飛翼』，乙本脱『餐』字，『翼』字誤作『冀』，據甲本改補。

〔二〕按原詩詩題作「《走筆謝孟諫議新茶》」。

〔三〕「沙場」，原書誤作「沙陽」，據《分門集注杜工部詩》卷二《春望》「家書抵萬金」句蘇注改。

字學彙入羣書文章

神農始爲曆日。○文王始爲經書。周公始爲政書。○黄帝受玄女始爲《兵符》。吕望始爲《韜畧》。○周公始爲《四方志》。李悝次諸國律，始爲《法經》。○周公始爲稗官。戰國時始爲小説。宋高宗始爲詞話。○神農嘗百藥，始著方書。黄帝與岐伯問答，雷公受業，著《内外經》。巫(妢)〔妨〕占六歲以下小兒壽殀〔一〕，著《顱顖經》。○漢甘公始爲命書，唐舉始爲相書，郭璞始爲風水書。○景慮始口授大月氏王使尹存浮屠經。蔡愔、秦景始奉使得天竺佛書，梁武帝合五千四百卷爲三藏。○黄帝使史甲作戒，始著書。成湯始譔書名。凡書各有名。黄帝始爲銘，爲箴。帝嚳始爲頌。○伏羲始爲記事。司馬遷始爲紀。沈約始爲類事。○子夏始爲序。公羊高始爲註。鄭玄始爲牋釋。趙岐始爲題跋。○莊周始爲説。田駢始爲辨。荀卿始爲論解。○夏啓始爲檄，伊尹始爲訓。○黄帝始爲傳。周公始爲誄。○鬻熊始爲子。庾仲容始爲鈔。劉歆始爲集。○南朝始爲文，爲筆。今詩文通稱文筆。○晋宋始爲文受禮。隋始受錢，唐始盛。○漢始稱賈逵爲舌耕，唐始稱王勃爲筆耕。以爲文取豐金也。○高頴始索潤筆。時爲鄭譯艸封沛國制。王隱君始歌賣文。段湛賣文。

任昉《文章緣起》[二]：三言詩，晉散騎常侍夏侯湛作。四言詩，前漢楚王傅韋孟諫楚王戊詩。五言詩，漢騎都尉李陵《與蘇武詩》。六言詩，漢大司農谷永作。七言詩，漢武帝《柏梁臺(連)〔聯〕句》。九言詩，魏高貴鄉公作。賦，楚大夫宋玉作。歌，荆(軒)〔軻〕作《易(永)〔水〕歌》。《離騷》，楚屈原作。詔，起秦時。璽文，秦始皇傳國璽。册文，漢武帝《封三王册文》。表，淮南王安《諫(代)〔伐〕閩表》。讓表，漢東平王蒼《上表讓驃騎將軍》。上書，秦丞相李斯《上始皇書》。〔書〕，漢太史令司馬遷《報任少卿書》。《對賢良策》，漢太子家令鼂錯。上疏，漢大中大夫東方朔。啓，晉吏部郎山濤作選啓。(作)奏記，漢江都相《詣公孫弘奏記》。牋，漢護軍班固《説東平王牋》。謝恩，漢丞相魏相《詣公車謝恩》。令，漢淮南王《謝群公令》。奏，漢枚乘《奏書諫吴王濞》。駁，漢吾丘壽王《駁公孫弘禁民不得挾弓議》。論，王褒《四子講德論》。〔議〕，漢韋玄成《奏罷郡國廟議》。彈文，晉(劉)〔薊〕州刺史王深集《雜彈文》。《(反)騷》，漢楊雄作。薦，後漢雲陽令朱雲《薦伏湛》。教，京兆(君)〔尹〕王尊《出教告屬縣》。封(革)〔事〕，漢魏相《奏霍氏專權封事》。白事，漢孔融主簿作《白事書》。移書，漢劉歆《移書諫太學博士論左氏春秋》。銘，秦始皇《會稽山刻石銘》。箴，楊雄《九州百官箴》。《封禪書》，漢文園令司馬相如。讚，司馬相如作《荆軻讚》。頌，漢王褒《聖主得賢臣頌》。序，漢沛郡太守作《鄧后序》。引，琴操有《箜篌引》。《志録》，楊雄作。記，楊雄作《蜀記》。碑，漢惠帝《四皓碑》。碣，晉潘尼作《潘黄門碣》。誥，漢司隸從事馮衍作。誓，漢蔡邕作《艱誓》。

露布，漢賈弘爲馬超伐曹操作。檄，漢丞相祭酒陳琳作《檄曹操文》。明文，漢泰山太守應劭作。對問，宋玉《對楚王問》。傳，漢東方朔作《非有先生傳》。上章，孔融《上章（繳）〔謝〕大中大夫》。《解嘲》，楊雄作。訓，漢丞相主簿繁欽祠其先生訓。樂府，即古詩各體。詞，漢武帝《秋風詞》。旨，後漢崔駰作《達旨》。勸進，魏尚書令荀攸《勸魏王進文》。喻難，漢司馬相如《喻巴蜀并難蜀父老文》。誡，後漢杜篤作《女誡》。弔文，賈誼《弔屈原文》。告，魏阮瑀《爲文帝作舒告》。傳贊，劉歆作《列女傳贊》。謁文，後漢別部司馬張超《謁孔子文》。（析）〔祈〕文，後漢傅毅作《高闕（析）〔祈〕文》。祝文，董仲舒《祝日蝕文》。行狀，漢丞相倉曹傅朝幹作《楊元（相）〔伯〕行狀》。哀策，漢樂安相李（亢）〔尤〕作《和帝哀策》。哀頌，漢會稽東郡尉張紘作《陶侯哀頌》。墓誌，晋東陽太守殷仲文作《從弟墓誌》。誄，漢武帝《公孫弘誄》。悲文，蔡邕作《悲温舒文》。祭文，後漢車騎郎杜篤作《祭延鍾文》。哀詞，漢班固《梁氏哀詞》。挽詞，魏光禄勳繆襲作。發，漢枚乘作《七發》。離合（詞）〔詩〕，孔融作《四言離合詩》。《連珠》，楊雄作。篇，漢司馬相如作《凡將篇》。歌詩，枚乘作《麗人歌詩》。遺命，晋散騎常侍江統作。圖，漢河間相張（人）〔衡〕作《玄圖》。勢，漢濟北相崔瑗作《草書勢》。約，王褒作《（童）〔僮〕約》。

伏羲命倉頡、沮誦始造字。倉頡造字，天雨血，鬼夜哭，龍乃潛藏。

六書　蒼頡造字，有六書：一曰象形，謂日月之類，象日月之形體也。二曰假借，謂令長之類，一字兩用也。三曰指事，謂上下之類，人在一上爲上，人在一下爲下，各指其事，以爲言也。四曰會意，謂武信之類，止戈爲武，人言爲信，會合人意也。五曰轉注，謂考老之類，左右相轉，以爲言也。六曰諧聲。謂江河之類，以水爲形，以工可爲聲也。

字祖　蝌蚪書乃字之祖。庖犧氏有龍瑞，作龍書。神農有嘉穗，作穗書。黄帝因卿雲作雲書。堯因靈龜作龜書。夏后氏作鍾鼎，有鍾鼎書。朱宣氏有鳳瑞，作鳳書。周文王因赤雁啣書，武王因丹鳥入室作鳥書，因白魚入舟作魚書。

周宣王史籀始爲大篆，名籀篆。李斯始爲小篆，名玉筯篆。

歷朝斷書　倉頡而降，凡五變：古文，蝌蚪，籀篆，隸，草。

秦書八體〔三〕　大篆、小篆、刻符、鳥（有）〔首〕雲脚，印符用。蟲書、（幕）〔摹〕印、曲體印用，亦名繆篆。署書，即蕭何題筆未央。殳書，隨勢書。隸書。

漢六體　試吏古文、奇字、篆、隸、繆篆、蟲書。

唐定五體　古文、大篆、小篆、蟲書、隸。

張懷瓘十體斷書　古文、大篆、籀文、小篆、八分、隸、章、草、行書、飛白。

唐玄度十體〔四〕　古文、大篆、小篆、八分、飛白、薤葉本務光、懸針、垂露表章用，三曹喜作、鳥書、連珠。

宋十二體　殳書、傳信、鳥書、刻符、蕭籀、署書、芝英書漢武帝植芝作、氣候直時書相如采日辰蟲形作、鶴頭書漢詔板用、偃波書鶴頭纖亂者、轉宿篆司馬子韋以熒惑退舍作、蠶書秋胡妻作。

小篆體八〔五〕 鼎小篆、薤葉、垂露、懸針、纓絡劉德昇觀星作、柳葉衛瓘作、剪刀韋誕作、外國胡書阿馬兒抹王授。

字數 沈約韻一萬一千五百二十字，《廣韻》二萬六千一百九十四字。

八分書 蔡文姬言，割程隸字八分，取二分；割李篆字二分，取八分，故名八分書。

章草 漢元帝時黄門令史游作《急就章》，解散隸體，謂之章草。

【校】

〔一〕『巫妨』，原書誤作『巫妢』，據《千金要方·少小嬰孺方》改。

〔二〕『荊軻』、『易水歌』、『諫伐閩表』、『薊州刺史』、『京兆尹王尊』、『上章謝大中大夫』、『祈文』，『軻』、『水』、『伐』、『薊』、『尹』、『謝』、『祈』，乙本誤作『軒』、『永』、『代』、『劉』、『君』、『繳』、『析』，據甲本改。其餘錯漏據任昉《文章緣起》訂正。按『薊州刺史』，《文章緣起》作『冀州刺史』。

〔三〕『鳥首』，乙本誤作『鳥有』，據甲本改。『摹印』，原書誤作『幕印』，據《漢書·藝文志》注改。

〔四〕『唐玄度』，原書誤作『唐度之』，據《宣和書譜》卷二、《書史會要》卷五改。

〔五〕『阿馬兒抹王』，《墨藪》作『阿馬魅王』，《墨池編》卷一、《書苑菁華》卷三作『阿馬鬼魅王』。

書畫

蘭亭真本 王右軍寫《蘭亭記》，韶媚遒勁，謂有神助。後再書數十餘幀，俱不及初本。右軍傳於徽之，徽之傳七世孫智永，智永傳弟子辨才，辨才被御史蕭翼賺入庫内，殉葬昭陵。

草聖草賢 （晉）〔唐〕張旭善草書〔一〕，飲酒大醉，呼叫狂走，或以髮濡墨而書，人稱之草聖。崔瑗善章草，人稱之草賢。

怒猊渴驥 唐徐浩書《張九齡告身》，多渴筆，謂枯無墨也，在書家爲難。世狀其法如怒猊決石，渴驥奔泉。

家雞野鶩 晉庾翼少時，書與右軍齊名，學者多宗右軍。庾不忿，與都人書云：『小兒輩乃厭家雞，反愛野鶩，皆學逸少書。』

伯英筋肉 晉衛瓘、索靖俱善書，時謂瓘得伯英之筋，靖得伯英之肉。

池水盡黑 張奂長子芝，字伯英，好草書，學崔、杜法，家之（布）〔衣〕帛〔二〕，必書而後練。臨池學書，池水爲之盡黑。

遊雲驚龍〔三〕 晉王羲之善草書，論者稱其筆勢，飄若遊雲，矯若驚（鴻）〔龍〕。

龍跳虎卧 晉王右軍善書，人謂右軍之書如龍跳天門，虎卧鳳闕。

風檣陣馬 宋米芾善書。東坡云：『元章平生篆隸真行草書，分爲十卷，風檣陣馬，當與鍾、王並行，非但不媿而已。』

柿葉學書 鄭虔好書，常苦無紙，遂于慈恩寺貯柿葉數屋，逐日取以學書，歲久乃盡。

緑天菴 懷素喜學書，種芭蕉數萬株，取其葉以代紙，號其所曰『緑天菴』。

駐馬觀碑　歐陽率更行見古碑是索靖所書，駐馬觀之，良久而去，數百步復還，下馬竚立，疲倦則席地坐觀，因宿其下，三日乃去。

鐵户限　智永，右軍七世孫，精於書法。人來覓書，并請題額者如市，所居户限爲穿，乃用鐵葉裹之，人號『鐵户限』。

溺水持帖　趙子固常得姜白石所藏定武不損本《禊帖》，乘舟夜泛而歸，行至霅之昇山，風起舟覆，行李禊被皆淹溺無餘。子固方披濕衣立淺水中，手持《禊帖》，語人曰：『《蘭亭》在此，餘不足問也。』

鍾繇掘墓　魏鍾繇問蔡伯喈筆法於韋誕，誕恡不與，繇乃自搥胸嘔血，魏祖以五靈丹救活之。及誕死，繇使盜掘其墓，得之。由是書法更進，日夜精思。卧畫被穿過表，如厠終日忘歸。每見萬類，皆畫象之。子會，字士季，書有父風。

字以人重　書法擅絶技者，每因品重，非其人衹貽玷耳。故曹操書法雖美不傳，褚僕射、顔魯公、柳少師則家藏寸紙，珍若尺璧，不專以字重也。

换羊書　（王）〔黄〕魯直謂東坡曰〔四〕：『昔王右軍書爲换鵝書。韓宗儒每得公一帖，即于殿帥姚麟許换羊肉十數斤。可名公書爲「换羊書」矣。』一日，坡在翰苑，以聖節撰著紛冗，宗儒日作數簡以圖報書，使人立庭下督索甚急。公笑語之曰：『傳語：本官今日斷屠。』

見書流涕〔五〕　王羲之（十）〔七〕歲善書，十二，見前代《筆説》于其父枕中，竊而讀之。父曰：『爾何來竊吾所秘？』不盈期月，書便大進。衛夫人見之，語太常王（榮）〔策〕曰：『此兒必見用筆訣，近見其書，便有老成之法。』因流涕曰：『此子必蔽吾名。』

書不擇筆　唐裴行儉工草隸，每曰：『褚遂良非精紙佳筆未嘗肯書，不擇筆墨而（研）〔妍〕捷者〔六〕，惟予與虞世南耳。』

五雲佳體　唐韋陟封郇公，善草書，使侍妾掌五彩箋，裁答授意，陟惟署名。人謂所書『陟』字，若五朶雲，號『郇公五雲體』。

登梯安榜　韋誕能書。魏明帝起殿，欲安榜，使誕登梯書之。既下，頭鬢皓然，因敕兒孫勿復學書。

换鵝書　山陰一道士養好鵝，右軍往觀，意甚喜，（因）〔固〕求市之〔七〕。道士云：『爲我寫《道德經》，當舉鵝相贈耳。』右軍欣然寫畢，籠鵝以歸。或問曰：『鵝非佳品，而公愛之，何也？』右軍曰：『吾愛其鳴唤清長。』

寢食其下　閻立本觀張僧繇江陵畫壁，曰：『虚得名耳。』再往，曰：『猶近代名手也。』三往，於是寢食其下，數日而後去。

畫龍點睛　張僧繇避侯景來奔湘東，嘗于天皇寺畫龍，不時點睛，道俗請之，捨錢數萬，落筆之後，雷雨晦冥，忽失龍所在。

畫魚　唐李思訓畫一魚甫完，方欲點染藻荇，有客叩門，出看，尋失去畫魚。使人覓之，乃風吹入池，拾起視之，魚竟失去，止剩空紙。後思訓畫大同殿壁，明皇諭之曰：『卿所畫壁，常夜聞水聲，真入神之手。』思訓開元中除衛將軍，與其子道昭俱得山水之妙，時號大李、小李。

畫牛隱見〔八〕　（唐）〔宋〕太宗時，李（至）〔主〕獻畫牛，晝則嚙草欄外，夜則歸卧欄中，莫曉其故。僧贊寧曰：『此幻藥所畫。倭國有蚌淚，和色着物，晝見夜隱。沃焦山有石，磨色染物，晝隱夜見。』

滚塵圖　唐寧王善畫馬，花萼樓壁上畫《六馬滚塵圖》，明皇最愛玉面花驄，後失之，止存五馬。

畫龍禱雨　曹不興嘗於溪右見赤龍，夭矯波間，因寫以獻孫皓。至宋文帝時，累月旱暵，祈禱無應。帝取不興畫龍，置之水傍，應時雨足。

畫鷹逐鴿　潤州興國寺，苦鳩鴿棲梁上污穢佛像。張僧繇乃就東壁上畫一鷹，西壁上畫一鷂，皆側首向簷外，自是鳩鴿不敢復來〔九〕。

李營丘　李成，營丘人，善畫山水林木，當時稱爲第一，遇目矜貴。生平所畫，祇用自娱，勢不可偪，利不可取，傳世者不多。郭熙是其弟子。

范蓬頭　范寬居山林，常危坐終日，縱目四顧，以求其趣。北宋時，天下畫山水者，惟寬與李成，議者謂李成之筆，近視如千里之遥；范寬之筆，遠望不離坐外，皆造神奇。

董北苑〔一〇〕　沈存中云：〔江〕南中（士）〔主〕時，有北苑董源善畫，尤工秋嵐近景，爲寫江南山水，可爲奇峭。其後建康僧巨然，祖述(綿)〔源〕法，皆臻妙理。

王摩詰 唐王維字摩詰，别墅在輞川，常畫《輞川圖》，山谷盤鬱，雲水飛連，意在塵外，怪生筆端。秦太虚云：『予病，高符仲携《輞川圖》示予曰：「閲此可愈病。」予喜甚，恍然若與摩詰同入輞川，數日病愈。』

李龍眠 舒城李公麟號龍眠，工白描，人物遠師(陸)〔顧〕、吴〔一二〕，牛馬斟酌韓、戴，山水出入王、李。作畫多不設色，純用澄心堂紙爲之。唯臨摹古畫用絹素。著色筆法，如行雲流水，當爲宋畫中第一。

畫仕女 仕女之工，在於得其閨閣之態。唐周昉、張萱，五代杜霄、周文矩，下及蘇漢臣輩，皆得其妙，不在施朱傅粉、鏤金珮玉以爲工。

畫人物 人物于畫，最爲難工，顧陸世不多見。吴道子畫家之聖。至宋李龍眠一出，與古争先，得龍眠畫三紙，可敵道子畫一紙，可敵虎頭畫一紙，其輕重相懸類若此。

《南史》：蕭賁，竟陵王子良之孫。善書畫，常於扇上爲圖山水，咫尺之内，便覺萬里爲遥。矜慎不傳，自娱而已。

畫聖 北齊楊子華畫馬于壁，每夜必踶齧長鳴，如索水草。人謂之『畫聖』。

頰上三毛 顧長康畫裴叔則，頰上三毛，神采愈俊。畫殷荆州像，荆州目眇，顧乃明點瞳子，飛白拂其上，如輕雲之蔽日，殷貴其妙。

周昉傳真　周昉善傳真。郭令公爲其壻趙縱寫照，令韓幹寫，復令昉寫，莫辨其優劣。趙國夫人曰：『二畫俱似。前畫空得趙〔印〕〔郎〕形貌〔一二〕，後畫兼得其神氣、性情、笑語之姿。』

一丘一壑　顧長康畫謝幼輿在巖石裏，人問其所以，顧曰：『謝云：「一丘一壑，自謂過之。」此子宜置丘壑中。』

鄭虔三絶　唐鄭虔善畫山水，嘗自寫其詩并畫以獻，帝大署其尾曰：『鄭虔三絶。』

傳神阿堵　顧長康畫人，或數年不點目睛。人問其故，顧曰：『四體妍蚩，本無關于妙處，傳神寫照，正在阿堵中。』

畫風鳶　郭恕先寓岐山下，有富人子喜畫，日給醇酒，待之甚厚，久乃以情言，且致疋素。郭爲畫小童，持綫車放風鳶，引綫數丈，滿之。富人子大怒。與郭遂絶。

維摩像　顧愷之于瓦棺寺畫一維摩相，閉户揣摩百餘日。畫畢，將欲點睛，謂僧曰：『第一日開者，令施十萬，第二日五萬，第三日開，如例。』及開，光明照寺，施者塡門。

畫花鳥　五代時，黄荃與子居寀並畫花卉，謂之寫生。妙在傅色不用筆墨，俱以輕色染成，謂之没骨圖。

江南徐熙，先落筆以寫其枝葉蕊萼，然後著色，故骨氣丰神，爲古今絶筆。

韓幹馬〔一三〕　唐明皇令韓幹睹御府所藏畫馬，幹曰：『不必觀也，陛下厩馬萬匹，皆是臣師。』

戴嵩牛　戴嵩善畫牛。畫牛之飲水，則水中見影；畫牧童牽牛，則牛瞳中有牧童影。《東坡志林》：蜀中杜處士，好書畫，所寶以百數。有戴嵩牛一軸，尤所愛，錦囊玉軸，常以自隨。一日，曝書畫，有牧童見之，撫掌大笑曰：『此畫鬬牛也，鬬力在角，尾夾入兩股間，今乃掉尾而鬬，謬矣！』處士笑而然之。古語云『耕當問奴，織當問婢』，不可改也。

包鼎虎〔一四〕　宣城（鮑）〔包〕鼎每畫虎，掃室屏人聲，塞門牖，穴屋取明，飲斗酒，脱衣據地，卧起行顧，自視真虎也。

畫竹　文與可畫竹，是竹之左氏也，子瞻却類莊子。又有息齋李衎者，亦以竹名。所謂『東坡之竹，妙而不真；息齋之竹，真而不妙』者是也。梅道人始究極其變，流傳既久，真贋錯雜。

畫梅花　衡州花光長老善畫梅花，黄魯直觀之曰：『如嫩寒春曉，行孤山水邊籬落間，但欠香耳。』又楊補之墨梅清絶。

花竹翎毛　（唐）〔宋〕崔白、艾宣工花竹翎毛〔一五〕。唐人花鳥，邊鸞畫如生。吴僧善畫草蟲，以扇送司馬君寔，因謝云：『吴僧畫團扇，點染成微蟲。秋毫皆不爽，真竊天地功。』

米南宫　米芾字元章，天姿高邁。初見徽宗，進所畫《楚山清曉圖》，大稱旨。枯木松石，時出新意，然傳世不多。其子友仁，字元暉，能傳家學，作山水，清致可掬，成一家法。

名畫 宋四大家：南宋以後，李唐、劉松年、馬遠、夏珪四家，俱登祗奉，名著藝苑。

元四大家 趙子昂字孟頫，號松雪。吴鎮字仲圭，號梅花道人。黄公望字可久，號大癡，又號一峯老人。王蒙字叔明，一號黄鶴山樵。俱勝國時人，以畫名世。

【校】

〔一〕『唐張旭』，原書誤作『晋張旭』，按張旭唐人，今據改。

〔二〕『衣帛』，乙本作『布帛』，顧炎武《日知録之餘》卷一同，據甲本及《後漢書·張奂傳》注引王愔《文字志》改。

〔三〕『驚龍』，原書作『驚鴻』，據《晋書·王羲之傳》改。

〔四〕『黄魯直』，原書誤作『王魯直』，按黄庭堅字魯直，今據改。

〔五〕『七歲』、『王策』，原書作『十歲』、『王榮』，按《廣博物志》卷三十引《書斷》亦作『十歲』，疑爲誤書，據《太平廣記》卷二百七引《書斷》改。

〔六〕『妍捷』，原書作『研捷』，據新舊《唐書·裴行儉傳》改。

〔七〕『固求市之』，『固』乙本作『因』，據甲本及《晋書·王羲之傳》改。

〔八〕『宋太宗』，原書誤作『唐太宗』，據《湘山野録》卷下改。『李至』，《錦繡萬花谷·畫》、《事類備要前集·技術門》同誤，《事文類聚前集·技藝部》、《群書通要乙集·技巧門》誤作『李玉』，《海録碎事·百工醫技部》作『李主』，據改。按據《湘山野録》，此圖先獻南唐後主李煜，李煜再獻宋太宗。

〔九〕『不敢復來』，甲本作『不復敢來』，《潛確居類書·藝習部》、《古今記林·藝術類》同。

〔一〇〕『江南中主時』原書誤作『南中士時』，『祖述源法』原書誤作『祖述綿法』，據《夢溪筆談》卷十七改。

〔一一〕『顧吴』，原書誤作『陸吴』，據《弇州山人四部稿·説部·藝苑卮言》改。

〔一二〕『趙郎』，原書誤作『趙印』，據《太平廣記》卷二百一十三引《畫斷》及《事文類聚前集·技藝部》改。

〔一三〕『韓幹馬』，『馬』乙本誤作『爲』，據甲本改。

〔一四〕本條『包鼎』原書均誤作『鮑鼎』，據陳師道《後山談叢》卷二改。

〔一五〕『宋崔白』，原書誤作『唐崔白』，按崔白、艾宣皆宋人，今據改。

不學

没字碑　五代任圜曰：『崔協不識文字，虚有其表，號没字碑。』

腹負將軍　（晋）〔宋〕黨進官太尉〔一〕，目不知書。一日，捫腹語曰：『吾不負汝！』一家妓應曰：『將軍不負此腹，但此腹負將軍耳。』

視肉撮囊　莊子曰：『人而不學，謂之視肉；學而不行，謂之撮囊。』

馬牛襟裾　人不通古今，（牛馬兩）〔馬牛而〕襟裾〔二〕。

書簏　晋傅迪廣讀書而不解其義，唐李（德）〔善〕淹貫古今而不能屬辭〔三〕，皆謂之書簏。

杕杜　李林甫不識杕杜字，謂韋陟曰：『此云杕杜，何也？』陟俯首不敢應。

金根車　韓退之子昶，性闇劣，爲集賢校理。史傳有『金根車』，昶以爲誤，改『根』爲

『銀』，愈責之。

弄麞 唐姜度生子，李林甫手書賀之曰：『聞有弄麞之喜。』客視之，掩口笑。東坡詩：『甚欲去爲湯餅客，（刼）〔却〕愁錯寫弄麞書[四]。』

蹲鴟 張九齡一日送芋於蕭炅，書稱『蹲鴟』。蕭答云：『惠芋拜嘉，惟蹲鴟未至。然寒家多怪，亦不願見此惡鳥也。』九齡以視座客，無不大笑。

紇字 魯臧武仲名紇，孔子父叔梁紇，紇音恨發切，恨興軒轄。而世多呼爲『核』。蕭穎士聞人誤呼武仲名，因曰：『汝紇字也不識！』

伏獵 蕭炅爲侍郎，不知書，常與嚴挺之書，稱『伏臘』爲『伏獵』。挺之笑曰：『省中豈容伏獵侍郎乎？』乃出之。

春菟 桓温篡位，尚書誤寫『春蒐』爲『春菟』，自丞相以下皆被黜。

目不識丁 唐張弘靖曰：『天下無事，爾輩挽兩石弓，不如識一个字！』『个』字誤書『丁』字，以其筆畫相近也。

行尸走肉 《拾遺記》：『任末曰：人而不學，乃行尸走肉耳！』

心聾 《列子》：人不涉學，猶心之聾。

白面書生 宋太祖欲北征，沈慶之諫不可。江湛之曰[五]：『耕當問奴，織當問婢。今欲伐國，而與白面書生謀之，曷克有濟？』

口耳之學〔六〕　《(楊)〔荀〕子》：『小人之學也，入乎耳，出乎口；口耳之間，則四寸耳，曷足以美七(人)〔尺〕之軀哉！』

【校】

〔一〕『宋黨進』，原書誤作『晋黨進』，按黨進爲宋人，今據改。

〔二〕『馬牛而襟裾』，乙本誤作『牛馬兩襟裾』，據甲本改。

〔三〕『李善』，原書作『李德』，《海録碎事·文學部》同，據《新唐書·文藝·李邕傳》改。

〔四〕『刼』，乙本誤作『刼』，據甲本改。

〔五〕『江湛之曰』，按此條誤，據《宋書·沈慶之傳》、《南史·沈慶之傳》，是劉宋太祖與徐湛之、江湛共難沈慶之，沈慶之言『耕當問奴織當問婢』云云。

〔六〕『《荀子》』，原書誤作『《楊子》』，按此文出自《荀子·勸學篇》，今據改。『七尺之軀』，乙本誤作『七人之軀』，據甲本改。

文具

舜始造羊毛筆，鹿毛爲柱。蒙恬始造兔毫筆，狐狸毛爲柱。

毛穎　《毛穎傳》：毛穎，中山人，蒙恬載以歸，始皇封諸管城，號『管城子』，累拜中書令，呼爲『中書君』。

蒙恬造筆　蒙恬取中山兔毫造筆。右軍《筆經》：諸郡毫，惟趙國中山（山）兔肥而毫長可用[一]，須在仲秋月收之，先用人髮杪數莖，雜青羊毛并兔毳，裁令齊平，以麻紙裹至根令治；次取上毫薄薄布柱上，令柱不見。恬始造筆，以枯木爲管，鹿毛爲柱，羊皮爲被，所謂蒼毫。

毛錐　五代史弘肇曰：『安朝廷，定禍亂，直須長鎗大（戟）〔劍〕[二]，若毛錐子安足用哉？』三司使王章曰：『無毛錐子，軍賦何從集乎？』肇默然。

椽筆　晋王珣夢人以大筆如椽與之，既覺，曰：『此當有大手筆事。』俄，武帝崩，哀策謚議，皆珣所草。

鼠鬚筆　王羲之得用筆法於白雲先生，先生遺之鼠鬚筆。張芝、鍾繇亦皆用鼠鬚筆，筆鋒强勁，有鋒芒。

雞毛筆　嶺外少兔，以雞雉毛作筆亦妙，即東坡所謂三錢雞毛筆。東坡書《歸去來辭》，頗似李北海，流便縱逸，而少乏遒勁，當是三錢雞毛筆所書者。

呵筆　李白召對便殿，撰詔誥。時十月大寒，筆凍。帝敕宮嬪十人，侍白左右，令各執牙（華）〔筆〕呵之[三]。

筆冢　長沙僧懷素得草聖三昧，棄筆堆積，埋於山下，曰筆冢。

右軍筆經　昔人用琉璃象牙爲管，麗飾則有之，然筆須輕便，重則躓矣。近有人以（緣）〔緑〕沈漆竹管及鏤管見遺[四]，用之多年，頗可愛玩，詎必金寶雕飾，方爲遺乎？

夢筆生花　李白少時，夢筆頭上生花，後天才贍逸，名聞天下。

五色筆　江淹夢人授以五色筆，由是文藻日麗。後宿野亭，夢一人自稱郭璞，謂淹曰：『吾有筆在君處多年，可見還。』淹乃探懷中，得五色筆以授之。嗣後爲詩，絶無佳句，時人謂之才盡。

筆匣　漢始飾雜寶爲筆匣，犀象琉璃爲管。王羲之始尚竹管。梁簡文帝始爲筆牀，筆四矢爲一牀。

大手筆　唐蘇頲封許國公，張説封燕國公，皆以文章顯，稱望略等，時號燕許大（筆手）〔手筆〕〔五〕。

研　黄帝得玉，始治爲墨海，文曰『帝鴻氏研』。○孔子爲石研，仲由爲瓦研，漢漆研，晉鐵研，魏銀研。

溪研　唐玄宗時，葉氏始取龍尾溪石爲研，深溪爲上。南唐時始開端溪坑石作研，北巖爲上，有辟雍樣、郎官樣。○宋仁宗時，端谿石、龍尾溪石並竭。

研譜〔六〕　端谿三種巖石，上中下三巖。西坑、後歷、下巖無新，上中巖有新舊。舊坑則龍巖、汲綆、黄圃三石；新坑則後歷、小湘、唐竇、黄坑、蚌坑、鐵坑六處，俱山東。其最佳子石，出水中者，次鴝鵒眼赤白黄色點、緑絛、環金綫紋脈理黄、白絛、青絛青紋、眼筋短紋、火黯微斑、赤裂、黄霞、鐵綫、白鑽、壓矢色斑，龍尾佳者金星，次羅紋，眉子，水舷，棗心，松紋，豆斑，角浪，刷絲，驢坑。又《研譜》稱：最佳者紅絲，出土中者，次黑角、褐金、紫金、鵲金、黑玉。

蘇易簡研譜 端溪研，水中者石色青，山半者石色紫，山頂者石尤潤，色如猪肝者佳。若匠者識山之脉理，鑿一窟，自然有圓石，琢而爲研，其值千金，謂之紫石研。東坡銘曰：『孰形無情，石亦卵生。黄（膔）胞〔白〕絡〔七〕，以孕黝䞓。』

即墨侯 文嵩《石虛中傳》：南越人，姓石，名虛中，字居（然）〔默〕〔八〕，拜即墨侯。薛稷爲研封石鄉侯。

馬肝 漢元鼎五年，郅支國貢馬肝石，和丹砂爲丸，食之，則彌年不飢；以拭白髮，盡黑；用以作研，有光起。

鳳咮 東坡詩：『蘇子一研名鳳咮，坐令龍尾羞牛後。』龍尾，溪名，出石可爲研。

龍尾研 李後主留意翰墨，所用澄心堂紙，李廷珪墨、龍尾研，三者爲天下冠，當時貴之。龍尾石多産于水中，故極温澤，性本堅密，扣之，其聲清越，宛若玉振，與他石不同。色多蒼墨，亦有青碧者。石理微麄，以手擘之，索索有鋒芒者，尤發墨。

鴝鵒眼〔九〕 《東坡筆録》：黄（墨）〔黑〕相間，（墨）〔黑〕睛在内，晶瑩可愛者活眼；四傍（漫）〔浸〕漬，不甚精明者爲淚眼；形體畧具，内外皆白，殊無光彩者爲死眼。活勝淚，淚勝死。

澄泥研 米元章云：絳縣人善製澄泥研，以細絹二重淘洗，澄之，取極細者爲研，有色緑如春波者，細滑，着墨不費筆。

鐵研 《藝文》：『青州以熟鐵爲研，甚發墨。』五代桑維翰初舉進士，主司惡其姓與喪同〔音〕〔一〇〕，故斥之。維翰鑄一鐵研，示人曰：『研敝則改業。』卒舉進士及第。

銅雀研 魏銅雀臺遺址，人多發其古瓦，琢研甚工，貯水數日不燥。世傳云，其瓦俱陶澄泥，以絺綌濾過，加胡桃油埏埴之，故與他瓦異。

結鄰 李衛公收研極多，其最妙者名結鄰，言相與結爲鄰也。按結鄰，乃月神名，其研圓而光，故取以爲喻。

紙 古帛書，漢幡帋。蔡倫爲麻紙，又搗故魚網爲網紙，木皮爲穀帋。王羲之爲穀藤皮紙。王璵始以竹草造紙。晋桓玄始造青赤（縹姚箋）〔縹桃花〕紙〔一一〕。石季龍造五色紙。薛濤始爲短箋。

箋紙 蔡倫玉版、貢餘，俱雜零布、破履、亂麻爲之。經屑、表光紙。晋密香紙，大秦國出。唐硬黄紙，黄柏染。段成式雲藍紙。南唐後主澄心堂紙。齊高帝凝光紙。蕭誠班文紙。采麻、土穀。蜀王衍霞光紙。宋黄白經箋，碧雲春樹箋，龍鳳箋，團花箋，金花箋，烏孫欄。顏方叔宋人杏紅箋，露桃紅箋，天水碧，俱砑花竹翎鱗及山水人物。元春膏箋，冰玉箋〔一二〕，兩面光蠟色繭紙。越剡藤苔箋，即漢時側理紙，南越海苔爲之。蜀麻面、薛骨、金花、玉屑、魚子十色牋，即薛濤深紅、粉紅、杏紅、銅緑、明黄、深青、淺緑雲牋。

密香紙 以密香樹皮爲之，微褐色，有紋如魚子，極香而堅韌，水漬之不潰。

玉版 成都浣花溪造，紙光滑，以玉版爲名。東坡詩：『溪石作馬肝，剡藤開玉版。』○剡藤，剡溪古藤極多，造紙極美。唐舒元輿作《弔剡溪藤文》，言今之錯爲文者，皆大污剡藤也。

蠶繭紙 王右軍書《蘭亭記》，用蠶繭紙。紙似繭而澤也。

赫蹏 赫蹏，薄小紙也。《西京雜記》稱薄蹏。

蔡倫紙 漢和帝時，中常侍蔡倫典作上方，乃造意用樹膚、麻頭及敝布、魚網搗以爲紙。奏上之。故天下咸稱『蔡侯紙』。

側理紙 張華著《博物志》成，晋武賜于闐青鐵研，遼西麟角筆，南越側理紙。一名水苔紙，南人以海苔爲之，其理縱横邪側，故以爲名。

澄心堂紙 李後主造澄心堂紙，細薄尤潤，爲一時之甲。相傳淳化帖皆此紙所搨。宋諸名公寫字，及李龍眠畫，多用此紙。

薛濤箋 元和初，元稹使蜀，營妓薛濤以十色彩箋遺稹，稹于松花紙上寫詩贈濤。蜀中有松花紙、金沙紙、雜色流沙紙、彩霞金粉龍鳳紙，近年皆廢，惟綾紋紙尚存。薛濤箋狹小、便用，只可寫四韻小詩。

左伯紙 左伯與蔡倫時〔一三〕，亦能爲紙，比蔡更精。上召韋誕草詔，對曰：若用張芝筆、左伯紙及臣墨，兼此三具，又得臣手，然後可以成徑丈之勢。

墨譜 上古無墨，竹板點漆而書。中古以石磨汁，或云是延安石液。至魏齊，始有墨丸，乃漆煙松煤夾和爲之。所以晋人多用凹心研，欲磨墨儲瀋耳。

麥光　（杜）〔蘇〕詩[一四]：『麥光鋪几净無瑕。』東坡詩：『香雲藹麥光。』麥光，紙名。香雲，墨也。

李廷珪墨　唐李超，易水人，與子廷珪亡至歙州。其地多松，因留居，以墨名家，其堅如玉，其紋如犀。其製：每松烟一斤、真珠三兩、玉屑一兩、龍腦一兩，和以生漆，搗十萬杵，故堅如玉，能置水中，三年不壞。

小道士墨　唐玄宗御案上墨曰『龍香劑』。一日，見墨上有小道士，似蠅而行。上叱之，即呼萬歲，曰：『小臣墨精，黑松使者是也。世人有文章者，皆有龍賓十二隨之。』上異之。乃以墨分賜掌文官。

陳玄　《毛穎傳》：穎與絳人陳玄、弘農陶（弘）〔泓〕[一五]、會稽褚先生友善，其出處必偕。

客卿　《長楊賦》借子墨客卿以爲諷。又燕人易玄光，字處晦，封爲松滋侯。

隃麋[一六]　（麋隃）〔隃麋〕，墨也。唐高麗貢松煙墨，和麋鹿膠造墨，名（麋隃）〔隃麋〕。

【校】

〔一〕『中山兔』，原書作『中山山兔』，衍一『山』字，據《焦氏類林·文句》引《筆經》删。

〔二〕『長鎗大劍』，原書作『長鎗大戟』，據新舊《五代史·史弘肇傳》改。

〔三〕『牙筆』，乙本誤作『牙華』，據甲本改。

〔四〕『緑沈漆竹管』，『緑』乙本誤作『緣』，據甲本改。

〔五〕『燕許大手筆』，原書作『燕許大筆手』，據《新唐書·蘇頲傳》乙正。

〔六〕本條小字原皆入正文，今改。

〔七〕『黄胞白絡』，原書誤作『黄膔胞絡』，據蘇軾《陳公密子石硯銘》改。

〔八〕『居默』，原書誤作『居然』，據文嵩《石虛中傳》改。

〔九〕本條『黑』字乙本作『墨』，『浸漬』乙本作『漫漬』，均據甲本改。

〔一〇〕『同音』，原書脱『音』字，據《寰宇通志》卷八十六補。

〔一一〕『青赤縹桃花紙』，原書作『青赤嫖姚箋紙』，據《初學記》卷二十一、《事物紀原》卷八引《桓玄僞事》改。

〔一二〕『冰玉箋』，《玉芝堂談薈》卷二十八作『水玉箋』。

〔一三〕『左伯與蔡倫時』，蓋有誤抄，《錦繡萬花谷·紙》、《事類備要前集·文房門》、《山堂肆考·器用》引《書斷》作『左伯能爲紙，時蔡倫亦爲之』。

〔一四〕『蘇詩』，原書誤作『杜詩』，此句出自蘇軾《和人求筆跡》，據改。

〔一五〕『陶泓』，原書作『陶弘』，據韓愈《毛穎傳》改。

〔一六〕『隃麋』，原書均作『麋隃』，今乙正。按據《通典》卷二十二，隃麋墨漢時已有，出汧陽，『隃麋』爲地名。又按《南村輟耕録》卷二十九：『唐高麗歲貢松煙墨，用多年老松煙和麋鹿膠造成。』與隃麋無涉，本條誤。

夜航船卷之九

古劍陶菴老人紬

禮樂部

禮制婚姻一

冠禮〔一〕　古者冠禮，筮日筮賓，所以敬冠事也。冠乎（祚）〔阼〕，以著代也。醮於客位，三加彌尊，始加緇布冠，再加皮冠，三加爵弁。加有成也。已冠而字之，成人之道也。見於母，母拜之；見於兄弟，兄弟拜之，成人而與爲禮也。玄冠玄（冕）〔端〕，奠摯於君，遂以摯見於卿大夫、鄉先生，以成人見也。

魯兩生　漢叔孫通制禮，徵魯諸生三十餘人。有兩生不肯行，曰：『禮樂必積德百年而後興，今天下初定，何暇爲此？』通笑曰：『鄙儒，不知時變者也。』

應時而變　《莊子》：三皇五帝之禮義法度，不矜於同，而矜於治，譬猶樝梨橘柚，其味相反，而皆可于口。故禮義法度，應時而變也。

晉侯受玉〔二〕　《左傳》：天王使召武公、内史過賜晉侯命，受玉惰。過歸，告王曰：『晉侯其無後乎！王(使)〔賜〕之命，而惰於受瑞，先自(異)〔棄〕也已，其何繼之有？禮，國之幹也；敬，禮之輿也。不敬，則禮不行；禮不行，則上下昏，何以長世？』

綿蕞　叔孫通與其徒百餘人爲綿蕞野外，習之月餘，禮成。高帝令羣臣習肄。長樂宫成，羣臣朝賀，莫不振恐肅敬。帝曰：『吾今日知爲皇帝之貴也。』

婚禮　人皇氏始有夫婦之道，伏羲始制嫁娶。女媧氏與伏羲共母，佐伏羲正婚姻，始爲神媒。夏后氏始制親迎禮。秦始皇始娶婦納絲麻鞋一輛。取和諧也。後漢始聘禮用墨。漢重墨，今答聘用之。始婚禮用羊。取羊者，祥也。巫咸制撒帳厭勝。京房嫁女，翼奉子撒豆穀穰煞。張嘉貞嫁女，制繡幙牽紅。唐新婦輿至大門，傳席勿履地。晚唐制：新婦上車，以蔽膝蓋面。五代始新婦入門跨馬鞍。北朝迎婚，十數人大呼，催新婦上輿，婦家賓親婦女打新郎喜，拳手交下。

昏禮　昏禮者，將合二姓之好，上以祀宗廟，而下以繼後世也，故君子重之。是以昏禮納采、問名、納吉、納徵、請期，主人筵几於廟，而拜迎于門外。入，揖讓而升，聽命於廟，所以敬慎重、正昏禮也。納采者，納雁以爲采擇之禮也。問名者，問女生之母名氏也。納吉者，得吉卜而納之也。納徵者，納幣以爲婚姻之證也。請期者，請婚姻之日期也。五者合親迎，爲之六禮。

禮親迎　父親醮子而命之迎，男先於女也。子承命以迎，主人筵几於廟，而拜迎於門外。

壻執雁入，揖讓升堂，再拜奠雁，蓋親愛之於父母也。降，出御婦車，而壻受綏，御輪三周，先俟於門外。婦至，壻揖婦以入，共牢而食，合巹而酳，所以合體同尊卑以親之也。

見舅姑 夙興，婦沐浴以俟見。質明，贊見婦於舅姑，婦執笲棗栗、段脩以見，贊醴婦。婦祭脯、祭醴，成婦禮也。舅姑入室，婦以特豚饋，明婦順也。質明，婚禮之次日。贊，相禮之人也。笲，竹器，以盛棗栗、段脩之贄。脩，脯也，加薑桂治之曰『段脩』。

饗以一獻 厥明，舅姑共饗婦，以一獻之禮奠酬。舅姑先降自西階，婦降自阼階，以著代也。厥明，婚禮之二朝也。舅獻姑酳，共成一獻。阼者主人之階，婦之代姑將以爲主於内也。

結縭三命 女嫁，父戒之曰：『謹慎，從舅之言！』母戒之曰：『謹慎，從爾姑之言！』諸母施鞶紳，戒之曰：『謹慎，從爾父母之言。』

四德三從 是以古者婦人先嫁三月，祖廟未毁，教於公宫；祖廟既毁，教於宗室，教以婦德、婦言、婦容、婦功。教成祭之，牲用魚，芼之以蘋藻，所以成婦順也。三從，謂婦人在家從父，出嫁從夫，夫死從子。

伉儷 《左傳》：齊侯請繼室於晋，韓宣子使叔向對曰：『寡君未有伉儷，君有辱命，惠莫大焉。』

朱陳 白樂天詩：『徐州古豐縣，有村曰朱陳。去縣百餘里，桑麻青氛氳。一村惟兩姓，世世爲婚姻。』

撒帳菓　漢武帝李夫人初入宫，坐七寶流蘇輦，障鳳羽長生扇，帝迎入帳中，共坐卺飲。預戒宫人遥撒五色同心花菓，帝與夫人以衣裾盛之，云『得多』，得子多也。故後世有撒帳之遺。

月老檢書〔三〕　唐（李）〔韋〕固旅次宋城，遇老人向月檢書，謂固曰：『此天下婚姻簿也。』因問韋妻何氏，答曰：『爾妻乃店後賣菜陳嫗女耳。』翌日往視，見嫗抱（二）〔三〕歲女，甚陋。遂使人刺之中眉。後十四年，相州刺史王泰妻以女，姿容甚麗，眉間常貼花鈿。細問之，曰：『妾郡守姪女也。父卒於宋城。襁褓時爲賊所刺，痕尚在眉。』宋城宰聞之，名其店曰『定婚店』。

金屋貯之　漢武帝幼時，景帝問：『兒欲得婦否？』長公主指其女曰：『阿嬌好否？』武帝曰：『若得阿嬌，當以金屋貯之。』

丹桂近嫦娥　袁筠娶蕭安女，言定，未幾，擢進士第。羅隱以詩贈之，曰：『細看月輪還有意，定知丹桂近嫦娥。』

女蘿附松柏　李靖謁楊素，一伎執紅拂侍側，目靖久之。靖歸逆旅，夜半有紫衣人扣門，延入，脱衣帽，乃美人也。靖驚詰之，告曰：『妾楊家紅拂妓也。女蘿願附松柏。』遂與之俱適太原。

續斷絃　《十洲記》：鳳麟州以鳳喙麟角作膠，能續斷絃。

門楣　唐玄宗寵禮楊氏，其從兄國忠加御史大夫，銛鴻臚卿，女兄弟韓國、虢國、秦國三夫人。時謡曰：『男不封侯女作妃，君看女却爲門楣。』

冰人　令狐策夢立冰上，與冰下人語。占者曰：『在冰上與冰下人語，爲陽語陰，當爲人作媒，期在冰判。』太守田豹爲子求張〔公〕徵女[四]，使策爲媒，仲春成婚。故稱媒人爲冰人。

賣犬嫁女　（唐）〔晋〕吴隱之將嫁女[五]，謝石知其貧，遣女必率薄，乃令移厨帳助其經營。使人至，見婢牽一犬賣之，此外蕭然無辦。

練裳遺嫁　漢逸民戴良有五女，練裳竹笥木屐而遣之。東坡詩：『竹笥與練裳，願得畢婚嫁。』

葭莩竹上薄衣。[六]　漢中山靖王封羣臣，非有葭莩之親。

潘楊　晋楊經，潘岳作誄文云：『藉三葉世親之恩，而子之姑，予之伉儷焉。』潘楊之睦，有自來矣。』

鳳占　《左傳》：陳公子完奔齊，齊侯使爲卿。齊大夫懿氏欲妻以女，卜之曰：『鳳凰于飛，和鳴鏘鏘。有嬀之後，將育于姜，五世其昌。』

結縭　《詩》：『之子于歸，皇駁其馬。親結其縭，九十其儀。』縭，婦人之褘也。

示之以禮　馬超奔蜀，輕視先主，常呼先主字。關羽怒，請殺之。先主曰：『人窮來歸，以其呼字而殺之，何以示天下？』張飛曰：『如是當示之以禮。』次日，大會諸將，（諸）〔請〕超入〔七〕，羽、飛並仗刀立直。超顧坐席，不見羽、飛，見其直也。乃大驚，遂尊事先主，不敢呼字。

議禮聚訟〔八〕 漢章帝欲定禮樂，班固曰：『諸賢多能説禮，宜廣招集。』帝曰：『諺云「築舍道旁，三年不成」。會禮之家，名爲聚訟。』

【校】

〔一〕『冠乎阼』、『玄冠玄端』，原書誤作『冠乎祚』、『玄冠玄冕』，據《儀禮・士冠禮》、《禮記・冠義》改。

〔二〕『王賜之命』、『自棄』，原書誤作『王使之命』、『自異』，據《左傳・僖公十一年》改。

〔三〕『唐韋固』，乙本誤作『唐李固』，據甲本改。『三歲』，原書作『二歲』，《事文類聚後集・人倫部》、《事類備要前集・婚禮門》、《群書類編故事・人倫類》引《續玄怪録》同，今據《續玄怪録》卷四改。

〔四〕『張公徽』，原書無『公』字，據《十六國春秋・前涼録》、《晉書・藝術・索紞傳》補。

〔五〕『晉吴隱之』，原書誤作『唐吴隱之』，按吴隱之晉人，事見《晉書・良吏・吴隱之傳》，據改。

〔六〕按《漢書・景十三王・中山靖王勝傳》注，葭莩當是蘆葉裹之白皮。

〔七〕『請超入』，原書誤作『諸超入』，據《三國志・蜀書・馬超傳》注引《山陽公載記》改。

〔八〕此條甲本在『結縭』條下、『示之以禮』條上。

禮制 喪事二

喪禮 黄帝始制棺槨。周公制翣。周制俑。虞卿制桐人。左伯(椀)〔桃〕制明衣〔一〕。新衣襲尸。史佚制下殤棺衣。夫差爲冥帽，而始制面帛。夏制明器。五代制，靈座前看菓。○舜制弔禮。晋制，弔客至喪家鳴鼓爲號。○巫咸制紙錢。名寓錢。漢禱神瘞錢。王璵始喪祭焚紙錢。○周制方相先驅。漢制魌頭，俗開路顯道神。始嫘祖道死，嫫姆監護，因制。○商始制銘旌以書姓名。魏始書號。後漢始制墓碑，爲文字辨識。○黄帝封京觀，始制墓。周公始合葬。周桓王始改葬。秦武公始人殉葬。宋文公始殉葬用重器。○秦稱天子墓爲山。漢始爲陵。漢文帝始預造壽陵。少康封其子祀禹，始設守陵人。○秦始皇制皇寢石麟、辟邪、兕馬，臣下石人、羊虎柱。罔象好食亡者肝，因制。○宋真宗始給民義塚，制漏澤園。

服制　黄帝始制喪禮。禹始制五服。堯始定三年喪，父斬衰，母齊衰。唐武后制，父在爲母三年，同父喪。宋太祖制，舅姑三年喪。○周公制，生母齊衰三月。魯昭公制，慈母服。他妾養己。唐玄宗加母黨服。○魏徵制叔嫂小功服。戴德制朋友緦麻服。晋襄公制，起復始。伯禽征徐戎卒哭，漢唐沿之，始大臣奪情。○漢元帝始令博士丁憂。○漢文帝始易月。景帝爲三十六日釋服。唐肅宗始定二十七日之服。

喪禮五服　斬衰三年，子爲父母。女在室，并已許嫁者，及已嫁被出而反在家者，與子之妻同。子爲繼母，爲慈母，爲養母，子之妻同。○庶子爲所生母，爲嫡母，庶子之妻同。○爲人後者與妻同，嫡孫爲祖父母、高曾祖父母，承重同。○妻爲夫，妾爲家長同。

齊衰杖期　嫡子衆子爲庶母，其妻亦如之。○子爲嫁母，爲出母，夫爲妻，嫡孫，祖在，爲祖母，承重。

齊衰不杖期　祖爲嫡孫，父母爲嫡長子及嫡長子婦，及衆子，及女在室，及子爲人後者。○繼母爲長子、衆子，侄爲伯叔父母，爲親兄弟，及親兄弟之子女在室者。○孫爲祖父母，孫女在室，與出嫁同。爲人後者，爲其本生父母。女出嫁，爲其本宗父母。妾爲家長之正妻，妾爲家長父母，妾爲家長之子與其所生子。

齊衰五月，曾孫爲曾祖父母，曾孫女同。齊衰三月，玄孫爲高祖父母，玄孫女同。

大功九月　祖父母爲衆孫，孫女在室者。父母爲衆子婦，及女已出嫁者。伯叔父母爲侄婦，及侄女已出嫁者。妻爲夫之祖父母，妻爲夫之伯叔父母。夫爲人後，其妻爲夫之本生父母。

小功五月　爲伯叔祖父母，爲堂伯叔父母，爲再從兄弟，爲兄弟之妻，祖爲嫡孫婦，爲外祖父母，爲母之兄弟姊妹。

緦麻三月　祖爲衆孫婦，曾祖父母爲曾孫，祖母爲嫡孫、衆孫。婦爲乳母，爲妻之父母，爲婿，爲外孫，爲同堂兄弟之妻。

三父　同居繼父，不同居繼父，從〔繼〕母嫁繼父〔二〕。諸繼父，謂父死母再嫁他人隨去者，同居有期年服，不同居者無服。隨繼母嫁繼父，有齊衰杖期。

八母　嫡母、繼母、養母、謂自幼過房與人。慈母、謂生母死，父令別妾撫育者。嫁母、謂親母因父死再嫁他人者。出母，謂親母被父所出。庶母，父妾之生子女者。乳母，即奶母，亦服緦麻。

七出　無子，淫佚，不孝，多言，盜竊，妒忌，惡疾。三不去：與更三年喪；前貧賤後富貴；有所娶，無所歸。

讀禮　《曲禮》曰：居喪未葬讀葬禮，既葬讀祭禮。

彌留　疾革之時，氣尚未絶，目不即瞑，謂之彌留。

屬纊　屬，付也。纊，綿也。以綿輕而易動，故付置於口鼻上，以驗氣之有無也。

易簀〔三〕　曾子疾病，曾元、曾申坐於足，童子隅坐而執燭。童子曰：『華而（脘）〔睆〕，大夫之簀與？』曾子曰：『然。季孫之賜也，我未之能易也。元，起易簀！』舉扶而易之，反席未安而歿。

捐館　《蘇秦傳》：奉陽君死，捐館舍而去。

鬼録　魏文帝《與吳質書》：昔年疾病，親故多罹其灾災，觀其姓名，已登鬼録。

就木　晋文公奔狄，娶季隗，將適齊，謂隗曰：『待我二十五年，不來而後嫁。』對曰：『我又如是而後嫁，則就木矣。』

蓋棺論定　晋劉毅云：『丈夫蓋棺論方定。』

修文郎　《春秋》〔四〕：時蘇韶卒，後從弟節晝見韶，因問幽冥事。韶曰：『顔回、卜商死，俱爲地下修文郎。』

白玉樓　李賀將死，有緋衣人駕赤虬，奉雷版召賀曰：『帝成白玉樓，立召爲記。天上差樂，不苦也。』

一鑑亡　魏徵卒，帝臨朝嘆曰：『以銅爲鑑，可照妍媸；以人爲鑑，可明得失〔五〕。今魏徵逝，一鑑亡矣。』

月犯少微　謝敷隱居剡中。時月犯少微，占云『處士當之』。（吴）〔譙〕國戴逵名重於敷〔六〕，甚以爲憂。俄而敷死，時人語曰：『吴中高士，求死不得。』

歲在龍蛇〔七〕　鄭玄夢孔子告之曰：『起，起，今年歲在辰，明年歲在巳。』既寤，以讖合歲，知命當終。（纖）〔讖〕云：『歲在龍蛇賢人嗟。』

夢書白駒　杜牧之夢書『白駒』字，或曰『過隙也』。俄而悉燬其所爲文章詩籍，果卒。

一朝千古　唐薛收卒，秦王曰：『吾與伯褒共軍旅，豈期一朝成千古也！』

脱驂　孔子遇舊館人之喪，入而哭之哀；出，使子貢脱驂而賻之。

麥舟　范堯夫舟有麥五百斛，悉與故人石曼卿，以助其葬。

生芻一束　郭林宗有母憂，徐穉往弔之，置生芻一束于（間）〔廬〕前而去之〔八〕。衆怪不知其故。林宗曰：『此必南州高士徐孺子也。詩不云乎：「生芻一束，其人如玉。」吾有何德足以當之？』

素車白馬〔九〕　范式巨卿、張（邵）〔劭〕元伯相與爲友。元伯卒。式夢（邵）〔劭〕呼曰：

『巨卿，吾已某日死，某日葬。』式馳往赴之。未及到而（邵）〔劭〕已發引。將至壙，而柩不前。其母曰：『元伯，豈有望耶？』停柩。移時，乃見素車白馬，號哭而來。母曰：『是必范巨卿也。』式因執紼而引，其柩乃前。

歸見父母　陳堯佐臨終，自志其墓，曰：有宋潁川生堯佐，字希（先）〔元〕〔一〇〕，年八十二不爲夭，官一品不爲賤，卿相納（録）〔禄〕不爲辱祖，可歸見父母棲神之域矣。

翁仲　《水經注》：『鄗南千秋亭壇廟東枕道，有兩石翁仲。』山谷詩：『往者不可言，古柏守翁仲。』

九京　文子曰：『是全要領以從先大夫於九京也。』

佳城　漢滕公駕至東都門，馬悲鳴不進。命掘之，得石槨，有蝌蚪書云：『佳城鬱鬱，三千年見白日，吁嗟滕公居此室。』公歎曰：『天乎！吾死，其安此乎？』後葬其處。

牛眠　晋陶侃，初家將葬，忽失一牛，不知所在。遇一老父，謂曰：『前岡見一牛眠處，其地若葬，位極人臣。』侃尋牛得之，因葬焉。

壽藏〔一一〕　唐姚崇〔孫勖〕自立壽藏於萬安山，兆曰（安）〔寂〕居穴，以土爲牀曰化臺。

輓歌　漢高帝時，田橫死，從者不敢哭，隨（扳）〔柩〕叙哀〔一二〕，故承以爲輓歌。漢武時，李延年分爲二：《薤露》，送王公貴客；《蒿里》，送士大夫庶人。

弔柳七　柳永死日，家無餘財，羣妓合金葬之郊外，每春月上塚，謂之『弔柳七』。

漆燈　唐沈彬居有一大樹，嘗曰：『吾死可葬於此。』既葬，穴之，(巧)〔乃〕一古塚〔一三〕，其間一古燈，臺上有漆篆文曰：『佳城今已開，雖開不葬埋。漆燈猶未滅，留待沈彬來。』

金粟岡　唐玄宗幸橋陵，見金粟岡有龍盤鳳翥之勢，謂侍臣曰：『吾千秋萬歲後宜葬於此。』及升遐，羣臣依旨葬焉。

馬鬣封　《禮記》子夏曰：『昔夫子言之曰，吾見封之若堂者矣，見若坊者矣，見若覆夏屋者矣，見若釜者矣，馬鬣封之謂也。』

長夜室　東坡《贈章默》詩：『章子親未葬，餘生抱羸疾，朝吟噎鄰里，夜淚腐茵席。願求不毛田，親築長夜室。』

土饅頭　范石湖《重九日行營壽藏之地》詩：『家山隨地可松楸，荷鍤携壺似醉劉。縱有千年鐵門限，終須一個土饅頭。』

要離冢　梁鴻卒，(弟)〔皋〕伯通等爲求葬地〔一四〕，乃葬之要離冢傍。曰：『梁鴻高賢，要離烈士，政相類也。』後人遂以其所居名梁谿，今無錫是也。

玉鈎斜　在吴公臺下，隋煬帝葬宫人處也。唐竇鞏《宫人斜》詩：『離宫路遠北原斜，生死恩深不到家。雲雨今歸何處去？黄鸝飛上野棠花。』

葬龍耳　晋元帝聞郭璞爲人葬墳地，微服往觀，謂主人曰：『此葬龍角，必滅族。』主人曰：『璞云此是龍耳，三年當有天子至。』帝曰：『出天子耶？』曰：『非也，能致天子問耳。』

方相　《周禮》：方相氏驅罔象，好食亡者肝，而畏虎與柏，故墓上列柏樹，路口置石虎，本此。

不慭遺一老　孔子卒，哀公誄之曰：『旻天不弔，不慭遺一老，俾屏余一人以在位，煢煢余在疚。嗚呼哀哉尼父！　毋自律。』子貢曰：『君其不没於魯乎！』

五穀瓶　《喪服（小）〔要〕記》〔一五〕：魯哀公曰：『五穀囊起伯夷叔齊，不食粟而死，故作五穀囊。吾父食味（舍）〔含〕哺而死，何用此爲？』今人遂爲五穀瓶。

青蠅爲弔客〔一六〕　虞翻字仲翔，放棄海南，『自恨疏節，骨體不媚，犯上獲罪，當長歿海隅。生無可與語，死以青蠅爲弔客，使天下一人知己者，足以不恨』。

墓木拱　《左傳》秦伯使謂蹇叔曰：『爾何知？　中壽，爾墓之木拱矣。』

瓜奠　唐萊國公杜如晦薨，太宗詔虞世南製碑文。後因食瓜美，愴然悼之，遂輟食，遣使奠於靈座。

哀些　宋玉《招魂》曰：『光風轉蕙，汜崇蘭些。』些，語詞。宋玉《招魂》語末皆云『些』，故輓歌亦曰『哀些』。

長眠　《廣記》：鄭（尤）〔郊〕路逢一塚〔一七〕，有二竹。鄭爲詩曰：『塚上兩竿竹，風吹常嫋嫋。』塚中人續曰：『下有百年人，長眠不知曉。』

賻賵　賻，助也。賵，報也。所以助生送死，副至意也。貨財曰賻，車馬曰賵。玩好曰贈，衣服曰襚。

銘旌　銘，明也，以死者爲不可别已，故以其旗識之。杜牧之詩云：『黄壤不霑新雨露，粉書空换舊銘旌。』

謚　太公、周公相嗣王，始作謚法。人主謚始黄帝。加謚至十數字，始唐玄宗。太子謚始申生。卿大夫謚始周。處士謚始陶弘景。公卿無爵而謚始王導。宦者謚、方伎謚，始北魏。公卿大夫祖父謚始元。婦人謚始穆天子謚盛妃哀。后謚始漢高祖尊母昭靈。主謚始唐高祖謚女平陽公主昭。生而賜謚始衛侯賜北宫喜貞，析朱（組）〔鉏〕成〔一八〕。私謚始黔婁。婦人私謚其夫始柳下惠。

窀穸　《左傳》：獲保首領以殁于地，惟是春秋窀穸之事。

襄事　《左傳》：葬定公，雨，不克襄事，禮也。

葛茀〔一九〕　《左傳》：葬敬嬴。旱，無麻，用葛茀。

祖載　《白虎通》：祖載者，始載柩于庭，乘（輀）〔軸〕車而辭祖禰〔二〇〕，故曰祖載。天子死曰崩，諸侯曰薨，大夫曰卒，士曰不禄，庶人曰死。在牀曰尸，在棺曰柩。羽鳥曰降，四足曰漬。死寇曰兵。

執紼　《記》：弔於葬者必執引，若從柩及壙皆執紼。

【校】

〔一〕『左伯桃』，原書誤作『左伯椀』，據《酉陽雜俎》前集卷十三改。

〔二〕『繼母』，原書無『繼』字，據《儀禮·喪服》改。

〔三〕『執燭』，甲本作『熱燭』，誤書也。『華而睆』，『睆』原書作『脘』，據《禮記·檀弓上》改。

〔四〕『《春秋》』，此指《三十國春秋》，見《建康實録·晋顯宗成皇帝紀》引。

〔五〕據新舊《唐書·魏徵傳》，以銅爲鑑，『可正衣冠』。

〔六〕『譙國』，原書作『吴國』，《古今譚概·顔甲部》同，據《晋書·隱逸·謝敷傳》改，按戴逵時居剡縣，在吴郡，故曰『吴中高士』。

〔七〕『讖云』，原書誤作『纖云』，《捷用雲箋》卷五同，據《後漢書·鄭玄傳》注改。『歲在龍蛇』，《捷用雲箋》同，《後漢書》注作『歲至龍蛇』。

〔八〕『廬前』，原書作『閭前』，據《後漢書·徐穉傳》改。

〔九〕本條『張劭』原書作『張邵』，據《後漢書·獨行·范式傳》改。

〔一〇〕『字希元』，乙本誤作『字希先』，據甲本改。

〔一一〕『姚崇孫勗』、『寂居穴』，原書作『姚崇』、『安居穴』，均據《新唐書·姚勗傳》（附《姚崇傳》後）改。

〔一二〕『隨柩敘哀』，原書作『隨扳敘哀』，據《通典》卷八十六改。

〔一三〕『乃一古塚』，『乃』原書作『巧』，據《江南野史》卷六改。

〔一四〕『臯伯通』，原書誤作『弟伯通』，據《後漢書·逸民·梁鴻傳》改。

〔一五〕『《喪服要記》』，原書作『《喪服小記》』，據《藝文類聚》卷八十五、《事物紀原》卷九引書改。『含哺』，乙本誤作『舍哺』，據甲本改。

〔一六〕據《三國志・虞翻傳》注引《翻别傳》，『放棄海南』當作『放棄南方』，『自恨疏節』云云，虞翻被流放時所言也。

〔一七〕『鄭郊』，一説作『鄭交』，乙本誤作『鄭尣』，甲本誤作『鄭友』，《古今振雅雲箋》卷九同甲本誤，據《太平廣記》卷三百五十四改。

〔一八〕『析朱鉏』，『鉏』原書誤作『組』，據《左傳・昭公五年》改。

〔一九〕『葛茀』，乙本條目名誤作『葛茆』，據甲本改。

〔二〇〕『乘軸車』，原書誤作『乘輛車』，據《白虎通》卷十改。

禮制 祭祀三

祭法 有虞氏禘黄帝而郊嚳，祖顓頊而宗堯。夏后氏亦禘黄帝而郊鯀，祖顓頊而宗禹。殷人禘嚳而郊冥，祖契而宗湯。周人禘嚳而郊稷，祖文王而宗武王。

少昊始制宗廟，周公始爲七廟，舜始制廟號。○舜受終文祖，始大事告廟。○伏羲始制祀先，少昊始制四時廟祭。○舜始制禘祭，帝槐始制不遷宗祭。殷制五年祫祭。周三年文王祭忌日。○北齊始制别室，加薦爇味。○殷太甲始制功臣配享。○禹作世室，始立尸。伊尹制祏。宅也。即今木主，古用石函，故名。宋真宗制板位。貯以漆匣舁牀覆縑。左徹刻黄帝，制木像。○秦始皇始制寢墓側，漢因之，爲起居、衣冠象生之備，上飯。天子正月上陵，始祭掃。○王導拜元帝陵，始人臣謁陵。○祭神，伏羲始於冬夏至郊社，祭皇天后土。殷湯始制祭感生帝。周公始制祭神州地祇。○舜始制禘郊配食。秦始皇制三歲一郊。漢平帝始南郊，合祀天地，位皆南向，地位差東。時王莽宰衡主之。○神農始制大享五天（地）〔帝〕於明堂〔一〕。堯制五人帝、五人神，配五天帝。舜制五郊，祭五方天帝，迎氣。○黃帝始制壇畤。秦獻公制畦畤。如韭畦于畤中，各爲一土封也。秦始皇始制四畤，本襄公西畤，文公鄜畤。俱白帝。宣公密畤。青帝。靈公上下畤。上黃帝，下炎帝。漢高帝始增制五畤。漢武帝始祀太乙。五帝之主。自昏至明，始立泰畤。

漢文帝始制五帝廟同宇。一屋之下爲五廟各門。晉武帝始詔五帝同稱昊天，除五帝座。從王肅議。○秦始皇始制郊祀爟火。爟，舉也。不同祠所舉火爲節而遥拜也。○帝嚳始制六宗，祭日月星辰、寒暑四時、風雨雷雲。無懷氏始封禪。黃帝始制四坎祭川谷水泉，四壇祭山林丘陵。舜制秩，祭四嶽四瀆。○黃帝始制社祭五土〔二〕，制稷（子）〔于〕五土之中，特指原隰之祇。稷爲（殳）〔穀〕長，旌異其處，能生穀也，非但祭其穀粒。○秦制守，始郡縣祠社稷。宋真宗始定郡縣祭社稷儀。○神農始制蜡。少昊制祭先農蠶。舜制祭四方百物。禹祭司寒冰神。秦德公祭伏。○湯旱，始遷稷神柱祀棄。○湯始五祀，户、竈、門、路、中（窗）〔霤〕〔三〕。周公制七祀，加泰厲、司命。漢高祖廢户祭井。○漢高祖始祭蚩尤。唐玄宗始祭九宮神。于千秋節設壇修祀。顓頊制禡祭。舜制類祭。禹制大旅。○神農始制祝文。漢武帝始郊祀，立樂府。○黃帝始沐浴，修齋戒。後魏始行香以香末散行或熏手禱祈。○太康失邦，始日食，始救日。○神農始制禖求子。湯制雩禱旱。周公制大雩祈穀。○神農始制請雨之法。湯制土龍祈雨。隋文帝制祈雨斷屠宰，禁施扇。

宗伯 職掌：凡祀大神、享大鬼、祭大祇，（師）〔帥〕[四]執事命龜卜日，次位築鬻、省牲、告潔、告備、受釐、錫嘏。

九祭六器[五] 《周禮》：太祝掌辨九祭六器。六器者，蒼璧、黄琮、青珪、赤璋、白（虎）〔琥〕、玄璜。九祭，一曰命，二曰衍，三曰炮，四曰（廟）〔周〕，五曰振，六曰擩，七曰絶，八曰（燎）〔繚〕，九曰共。

郊祀 燔柴於泰壇，祭天也。瘞埋於泰圻，祭地也，用騂犢。

六宗 埋少牢於泰昭，祭時也。祖迎於坎壇，祭寒暑也。王宫祭日也。夜明祭月也。幽宗祭星也。雲宗祭水旱也。

五時 祠青帝曰密時[六]，祠黄帝曰上時，祠炎帝曰下時，祠白帝曰畦時，祠黑帝曰北時。

五祀 春祀户，夏祀竈，秋祀門，冬祀行，（夏季）〔季夏〕祀中霤[七]。

七祀 王立七祀，曰司命、曰中霤、曰國門、曰國行、曰泰厲、曰户、曰竈。諸侯立五祀，曰司命、曰中霤、曰國門、曰國行、曰公厲。大夫三祀，曰族厲、曰門、曰行。士二祀，曰門、曰行。庶人一祀，或立户，或立竈。

八蜡〔八〕　天子大蜡八：一先嗇神農，二司嗇后稷，三農田畯，四郵表畷田畔屋，五猫食田鼠虎食田豕，六（堵）〔坊〕蓄水，亦以障水，七水庸溝受水，亦以洩水，八昆蟲螟螽之類。

祀典　夫聖王之制祭祀也，法施於民則祀之，以死勤事則祀之，以勞定國則祀之，能禦大菑則祀之，能捍大患則祀之。是故厲山氏之有天下也，其子曰農，能殖百穀。夏之衰也，周棄繼之，故祀以爲稷。共工氏之霸九州也，其子曰后土，能平九州，故祀以爲社。帝嚳能序星辰以著衆，堯能賞均刑法以義終，舜勤衆事而野死。鯀障洪水而殛死，禹能修鯀之功。黄帝正名百物以明民共財，顓頊能修之。契爲司徒而民成，冥勤其官而水死。湯以寬治民而除其虐，文王以文治，武王以武功去民之菑，此皆有功烈於民者也。及夫日月星辰，民所瞻仰也。山林川谷丘陵，民所取財用也。非此族也，不在祀典。

祭主　天子祭天地、祭四方、祭山川、祭五祀，歲徧。諸侯方祀，祭山川、祭五祀，歲徧。大夫祭五祀，〔歲〕徧〔九〕。士祭其先。

祭孔廟　唐玄宗始封孔子王號。宋太祖始詔孔子廟立戟，仁宗始詔用祭歌，徽宗始從蔣靖請時官司業，用冕十二旒、服九章。漢武帝始封孔子後爲侯奉祀。成帝始謚孔子。後周始詔孔子後爲曲阜令。宋仁宗始詔孔子後爲衍聖公。

丁祭用鹿　漢高祖過曲阜，以大牢祀孔子。今制，郡縣祭孔子以鹿。

淫祀　凡祭，有其廢之，莫敢舉也。有其舉之，莫敢廢也。非其所祭而祭之，名曰『淫祀』。

淫祀無福。

犧牲　天子以犧牛，諸侯以肥牛，大夫以索牛，士以羊豕。

凡祭宗廟之禮，牛曰一元大武，豕曰剛鬣，豚曰腯肥，羊曰柔毛，雞曰翰音，犬曰羹獻，雉曰疏趾，兔曰明視。脯曰尹祭，稾魚曰商祭，鮮魚曰脡祭。水曰清滌，酒曰清酌，黍曰薌合，粱曰薌萁，稷曰明粢，稻曰嘉蔬，韭曰豐本，鹽曰鹹鹺，玉曰嘉玉，幣曰量幣。

方諸明水　方諸，大蛤也，摩拭令熱以向月，則生水，古人取以廟祭，謂之『明水』。

祭號　祭王父曰皇祖考，王母曰皇祖妣。父曰皇考，母曰皇妣，夫曰皇辟。

廟制　天子七廟，三昭三穆，與太祖之廟而七。諸侯五廟，〔二昭二穆〕〔一〇〕，與太祖之廟而五。大夫三廟，一昭一穆，與太祖之廟而三。士一廟，庶人祭於寢。

祭時　天子諸侯宗廟之祭，春曰礿、夏曰禘、秋曰嘗、冬曰蒸。天子犆礿、祫禘、祫嘗、祫蒸。諸侯礿則不禘，禘則不嘗，嘗則不蒸，蒸則不礿。諸侯（初）〔礿〕犆，禘一犆一祫，嘗祫，蒸祫。

牲制　天子社稷皆太牢，諸侯社稷皆少牢。大夫、士宗廟之祭，有田則祭，無田則薦。庶人春薦韭，夏薦麥，秋薦黍，冬薦稻。韭以卵，麥以魚，黍以豚，稻以雁。

牛制　祭天地之牛，角繭栗；宗廟之牛，角握；賓客之牛，角尺。

六禮　冠、婚、喪、祭、鄉、相見。

七教　父子、兄弟、夫婦、君臣、長幼、朋友、賓客。

八政　飲食、衣服、事爲、異別、度、量、數、制。

鄉飲酒禮　主人拜迎賓於庠門之外。入，三揖而後至階，三讓而後升，所以致尊讓也。盥洗揚觶，所以致潔也。拜至，拜洗，拜受，拜送。拜既，所以致敬也。尊讓潔敬也者，君子之所以相接也。

五象　賓主，天地也。介僎，象陰陽也。三賓，象三光也。讓之三也，象月之三日而成魄也。四面之坐，象四(方)〔時〕也[一一]。

貴禮賤財　祭薦，祭酒，敬禮也。嚌肺，嘗禮也。啐酒，成禮也。於席末，言是席之正，非專爲飲食也，爲行禮也，所以貴禮而〔賤〕財也[一二]。

別貴賤　主人親速賓及介，而衆賓自從之，至於門外，主人拜賓及介，而衆賓自入，貴賤之義別矣。

辨隆殺　三揖，至於階，三讓，以賓升，拜至、獻酬、辭讓之節繁，及介省矣。至于衆賓，升受，坐祭，立飲，不酢而降，隆殺之義辨矣。

和樂不流　工入，升歌，三終，主人獻之；笙入，三終，主人獻之；間歌，三終，合樂，三終，工告樂備，遂出。一人揚觶[一三]，乃立司正焉，知其能和樂而不流也。

弟長無遺　賓酬主人，主人酬介，介酬衆賓，少長以齒，終於沃洗者焉，知其能弟長而無遺矣。

安燕不亂 降，説履，升堂，修爵無數。飲酒之節，朝不廢朝，夕不廢夕。賓出，主人拜送，節文遂終焉，知其能安燕而不亂也。

【校】

〔一〕『大享五天帝』，原書誤作『大享五天地』，按周制大享五帝於明堂，今據改。又『神農始制』，不知何據。

〔二〕『制稷于五土之中』，『于』乙本誤作『子』，據甲本改。『稷爲穀長』，『穀』原書誤作『殳』，按稷爲五穀之長，據改。

〔三〕『中霤』，乙本誤作『中窗』，據甲本改。

〔四〕『帥執事』，原書作『師執事』，據《周禮·春官·大宗伯》改。

〔五〕『白琥』，原書作『白虎』，據《周禮·春官·大宗伯》改。『四曰周』，乙本誤作『四曰廟』，據甲本改。『八曰繚』，原書誤作『八曰燎』，《卓氏藻林·禮樂類》同，據《周禮·春官·太祝》改。

〔六〕『祠青帝』，乙本『祠』誤入條目名，據甲本改正。

〔七〕『季夏』，原書誤倒作『夏季』，據《禮記·曲禮下》疏乙正。

〔八〕『食田豕』，甲本誤入正文。『六坊』，原書誤作『六堵』，據《禮記·郊特牲》注改。

〔九〕『歲徧』，乙本脱『歲』字，據甲本補。

〔一〇〕『二昭二穆』，原書脱，據《禮記・王制》補。
〔一一〕『四時』，原書誤作『四方』，據《禮記・鄉飲酒義》改。
〔一二〕『賤財』，乙本脱『賤』字，據甲本補。
〔一三〕『一人揚觶』，《禮記・鄉飲酒義》同，《荀子・樂論》作『二人揚觶』。

律吕〔一〕

伏羲始紀陽氣之初，爲律法。建日冬至之聲，以黄鍾爲宫。黄鍾自冬至始，〔其餘〕以次運行〔二〕，當日者各自爲宫，商、徵以類應焉。黄帝聽鳳鳴，候氣應，比黄鍾之宫，而皆可以相生，始爲〔律〕本〔三〕。令神瞽協中聲，始爲律度。○武王伐紂，吹律聽聲，制七律。（各）〔合〕五位三所而用之〔四〕，一同其數，以律和聲。漢武帝時，令張倉定音律，訪律吕相生之變於京房，始制六十律。十二律之外，中（宫）〔吕〕上生執始〔五〕，執始上生去滅，上下相生，終於南事。五代錢樂之、沈重因京房而六之，制三百六十律。日當一管，宫、徵旋韻，各以類從。○黄帝取嶰谷之竹，斷兩節間而吹律。京房以竹聲微不可度調，始作準以定數。準狀如瑟，長丈，十三絃，分寸粗而易達。後魏陳仲儒請以準代律。○魏杜夔令柴玉鑄鍾。荀勖較杜夔鍾律，造十有二笛。笛具五音，以應京房之術。各以其律相因，以本宫管上行，則宫穴，因宫穴，以本宫徵上行，則徵穴。梁主衍制爲四通。立爲四器，名之爲通，皆施二絃，因以通聲，轉通月氣。又用笛以寫通聲。○沈重始爲子聲，以母命子，隨所多少合一律。一部律數爲（日）〔母〕〔六〕，一中氣所有日爲子。爲變宫變徵。羽、宫之間，近宫收一聲，少高於宫。角、徵之間，近徵收一聲，少下於徵。四清聲。如黃鍾爲宫，蕤賓爲之商，則减一律之半，爲清聲以應之。○隋鄭譯始立七調，以其七調勘較七聲。七聲之外，更立一聲爲應。（姜）〔萬〕寶常始爲八十四調〔七〕，百四十律，變化終於十聲，率下於譯調二律。何妥（臣）〔陳〕用黃鍾一宫〔八〕。妥立議非古，旋相爲宫之樂。唯擊七鍾，五鍾爲啞鍾。唐張文收與祖孝孫吹調，始十二鍾皆應。○唐末黃巢之亂，工器俱盡。博士殷盈孫鑄鎛鍾十二。處士蕭承訓較定石磬。皆於金石求之。王朴始尋古法，得十二律管，依律準十三弦，以宣其聲。宋太祖命和峴下王朴樂二律。仁宗復詔李炤較定。○宋禮官楊傑請依人聲制樂，以歌爲本。蜀方士魏漢（律）〔津〕用夏禹以身爲度之文〔九〕，取帝中指三寸爲度。

伏羲始作樂。黃帝臣伶倫始制六律、六吕。榮（緩）〔猨〕鑄十二鍾〔一〇〕，協月筩，以和五音。○周禮始奏鼓吹，大樂皆以鍾鼓禮。鍾師，掌金奏。制九夏。梁武帝本九夏爲十二雅。準十二律始定大樂，世世因之。祖孝孫本十二雅爲十二和。○秦燔《樂經》。漢興，高祖始爲樂《武德》，文帝廣爲《四時》樂。叔孫通始定廟樂。武帝始定《郊祀》十九章。明帝始定四品。郊廟上陵大予樂，辟雍燕射雅頌樂，燕饗黃門鼓吹樂，軍中短簫鐃歌樂。○漢東京之亂，樂（忘）〔亡〕〔一一〕。魏武始命杜夔創定雅樂，四箱樂具。晋永嘉之亂，樂又（忘）〔亡〕。梁武帝更制。及周太祖、隋文帝詳定雅樂，頗得其宜。至唐高宗，命祖孝孫考據古音，斟酌南北，始著爲唐樂。○漢武帝制樂府，始諸調雜舞悉被絲管。陳後主始制《玉樹後庭花》新樂，隋煬帝《金釵兩臂垂》。云俱陳後主〔一二〕。唐玄宗立部伎、坐部伎，三十六曲。○隋文帝始分雅俗二部。唐玄宗始法曲與胡部合奏。漢始立鼓吹署，隸北狄樂分二部，朝會用鼓吹，有簫笳者。軍中馬上用横吹，有鼓角者。隋以後，始以横吹用之鹵簿，與鼓吹列爲四部，棡鼓部、鐃鼓部、大横吹、小横吹部。總爲鼓吹，供大駕及皇太子王公。○張騫入西域，得胡音，始爲胡角以應。胡笳本黄帝吹角，戰於涿鹿。魏時減爲半鳴，始衰。○漢唐山姓夫人造房中祠樂〔一三〕，本周房中樂，諷用絲竹，遺聲，爲清樂。隋高祖制房内樂。煬帝始加歌鐘、歌（罄）〔磬〕、絲竹副之〔一四〕。○元魏孝文篡漢，獲南音，始爲清商樂，本漢三調。隋文帝篤好清樂，置清商署爲七部。煬帝始定清樂九部。唐高祖仍設九部，太宗爲十部，俱主清商。○唐玄宗始制教坊，隸散樂。始周有縵樂、散樂。秦漢因之，爲雜伎。武帝始沿爲俳優百戲，總謂散樂。

舜調八音，用樂器八百般。至周，改宫、商、角、徵、羽，減樂器五百般。唐又減三百般。○周制樂，編懸鐘（罄）〔磬〕各八，二八十六，而在一簴，半爲堵，全爲肆。肆，陳也。堵，猶墻之堵，言一列也。黄帝始煞夔作冒鼓，帝嚳作鼖鼓，禹作鞀鼓小鼓，倕作鼛鼓。周有瓦鼓，漢有杖鼓，唐有羯鼓。○毋句始作磬。南齊作雲板。梁作方響。制（㞢）〔出于〕編（罄）〔磬〕，以鐵爲之〔一五〕。黄帝禦蚩尤，作鉦角，帝嚳平共工，作塤篪、柷敔。即（控揭）〔椌楬〕。○神農始作鐘，禹作鐸，湯作錞。（以）〔似〕鐘〔一六〕，以和鼓。女媧氏作笙簧，隨作竽，神農作籥，伏羲作簫。一云女媧，一云舜。師延作（控）箜篌〔一七〕，蒙恬作箏，沈懷遠作繞梁。似箜篌。○伶倫伐昆溪之竹作笛，漢丘仲始充其制。○女媧氏始作管，唐劉係作七星管。○伏羲始作瑟，黃帝始使素女破二十五絃。伏羲瑟五十絃。○梁柳惲作擊瑟、擊琴。唐〔郭〕道源作擊甌〔一八〕。李琬作水盞。二俱用筯擊。○師曠制月琴。○秦苦役絃鞉而鼓之，作琵琶。○李伯陽入西戎，作胡笳。黃幡綽侍明皇，譜拍板琴。○伏羲氏始削桐爲琴〔一九〕，十絃。神農作五絃琴，具五音。文王始增少宮、少商二絃，爲七絃。○伏羲始爲《琴操》。師延始爲新曲。趙定漢宣時人始爲散操，九引十二操，皆以音相援，不著辭。或云琴曲皆魏晋人爲之。至梁始琴有辭。

古琴名〔二〇〕　伏羲離徽，黃帝清角，帝俊電母，伊陟國阿，周宣王響風，秦惠文王宣和、閑邪，楚莊王繞梁，齊桓公鳴廉、號鐘，莊子（橘）〔槁〕梧，閔損揜容，衛師曹鳳嗉，魯謝涓龍腰，魏師（堅履）〔經覆〕杯，魯賀雲龍（頷）〔額〕，魏楊英鳳勢，秦陳章神暉，趙胡言亞額。琴額（女）〔如〕亞字，李斯龍腮，始皇秦琴絃軫徽尾俱黑，司馬相如綠綺，榮啓期雙月，張道響泉，趙飛燕鳳凰，梁鴻靈機，馬明四峰，宋蒙蟬翼，楊雄清英，晋劉安雲泉，王欽古瓶，謝莊怡神，仙人莊女落霞，李勉百納，徐勉玉牀，荀季和龍唇，（柷敔）〔祝〕牧太古，趙孟頫震餘許旌陽手植桐，吳思懿王洗凡斲瀑布泉亭柱。

琴操〔二一〕　雅度五等，伏羲、舜、仲尼、靈關、雲和。十二操：孔子《將歸》、《猗蘭》、《龜山》，周公《越裳》，文王《拘幽》，太王《岐山》，尹伯奇《履霜》，牧瀆《雉朝飛》，商陵牧子《別鶴》，曾子《殘形》，伯牙《水仙》、《懷陵》。九引：楚樊姬《烈女引》，魯伯妃《伯妃引》，晋漆室女《貞女引》，衛女《思歸引》，楚商梁《霹靂引》，樗里牧恭《走馬引》，樗里子〔高〕《箜篌引》，秦屠高門《琴引》，〔楚龍丘子高《楚引》〕。蔡邕五弄：《游春》，《淥水》，《幽居》，《坐愁》，《秋思》。師涓四時操：春操離鴻、去雁、應蘋；夏操明晨、焦泉、〔朱華〕、流金；秋操商風、〔白露〕、落葉、吹蓬；冬操凝和、流〔陰〕〔陰〕、沉雲。

【校】

〔一〕乙本『律吕』二字誤倒，據目録及甲本乙正。
〔二〕『其餘』，原書無，據《後漢書·律曆志》補。
〔三〕『始爲律本』，『律』字乙本脱，據甲本補。
〔四〕『合五位三所』，『合』原書作『各』，據《國語·周語下》改。
〔五〕『中吕』，乙本誤作『中宫』，據甲本改。
〔六〕『爲母』，乙本誤作『爲日』，據甲本改。
〔七〕『萬寶常』，原書誤作『姜寶常』，據《北史·藝術·萬寶常傳》、《隋書·藝術·萬寶常傳》改。
〔八〕『陳用』，原書誤作『臣用』，據《隋書·音樂志》、《通典》卷一百四十三改。
〔九〕『魏漢津』，原書誤作『魏漢律』，據《宋史·魏漢津傳》改。
〔一〇〕『榮猨』，原書誤作『榮緩』，據《路史後紀》改。
〔一一〕本條兩『亡』字作『忘』字，據文意改。

〔一二〕『云俱陳後主』，按當作『一云俱陳後主』。

〔一三〕『姓』，蓋原書小字誤入正文，今徑改。

〔一四〕本書『磬』字均作『罄』，蓋『罄』从『缶』故俗寫通，今均改。

〔一五〕『制出于編磬』，『出于』原作『岀』，按《事物紀原》卷二謂方響『出于編磬之制，而梁始爲之者也』，而『岀』或爲『出于』連寫誤脱，今據改。

〔一六〕『似鐘』，乙本誤作『以鐘』，據甲本改。

〔一七〕『箜篌』上原書衍一『控』字，據《釋名·釋樂器》删。

〔一八〕『郭道源』，原書無『郭』字，據《樂府雜録》補。

〔一九〕按伏羲氏削桐爲琴説，出蔡邕《琴操》，桓譚《新論》謂神農氏削桐爲琴，未詳孰是。

〔二〇〕『魏師經』、『龍額』，原書誤作『魏師堅』、『龍頷』，《操縵録·樂統博稽》同，據《廣博物志》卷三十四、《太古正音琴經》卷五、《青蓮舫琴雅》卷一改。『覆杯』、『祝牧』，乙本誤作『履杯』、『柷敔牧』，據甲本改。其餘疏誤據《操縵録·樂統博稽》改。

〔二一〕『尹伯奇』，甲本『伯』字空缺。『《懷陵》』，一作『《襄陵》』。九引之誤，據蔡邕《琴操》及《初學記》卷十六引《琴操》訂正。師涓四時操之誤，據王嘉《拾遺記》卷三訂正。

樂律

歷代樂名〔一〕

黄帝作《咸池》，顓頊作《六英》，帝嚳作《五莖》，堯作《大章》，舜作《大韶》，禹作《大夏》，湯作《大濩》，武王作《大武》。

嶰谷　黄帝命伶倫作律。伶倫取竹於嶰谷生，其竅厚薄之均者，斷爲兩節間作六寸九分而吹之，以爲黄鍾之管。制十二筩以聽鳳凰之鳴，雄鳴六，雌鳴六，以爲律吕。

律吕〔二〕　五聲之本，生於黄鍾之律。律有十二，陽六爲律，陰六爲吕。律以（通）〔統〕氣類物，一曰黄鍾，二曰太簇，三曰姑（銑）〔洗〕，四曰蕤賓，五曰夷則，六曰無射。吕以旅陽宣氣，一曰林鍾，二曰南吕，三曰應鍾，四曰大吕，五曰夾鍾，六曰仲吕。有三統之義焉。職在太常，太常掌之。

葭灰氣候　隋文帝取律吕，寔葭灰以候氣，問於牛弘，對曰：『灰飛半出爲和氣，全出爲猛氣，不出爲衰氣。』

五音　宫爲君，商爲臣，角爲民，徵爲事，羽爲物，五者不亂，則無怗懘之音矣。宫亂則荒，其君驕；商亂則陂，其臣壞；角亂則憂，其民怨；徵亂則哀，其事（動）〔勤〕〔三〕；羽亂則危，其財匱。五者皆亂，迭相陵，謂之慢，如此則國之滅亡無日矣。

亂世之音　鄭衛之音，亂世之音也，比於慢矣。桑間濮上之音，亡國之音也，其政散，其民流，誣上行私而不可止也。

溺音　魏文侯問：『何謂溺音？』子夏對曰：『鄭音好濫淫志，宋音燕女溺志，衛音趨數煩志，齊音敖辟喬志。此四者皆淫於色而害於德，是以祭祀弗用也。』

六聲〔四〕　鍾聲鏗，鏗以立横，横以立武。君子聽鍾聲，則思武臣。石聲磬，磬以立辨，辨以致死。君子聽磬聲，則思死封疆之臣。絲聲哀，哀以立廉，廉以立志。君子聽琴瑟之聲，則思志義之臣。竹聲濫，濫以立會，會以聚衆。君子聽竽笙簫管之聲，則思畜聚之臣。鼓鼙之聲讙。讙以立動，動以進衆。君子聽鼓鼙之聲，則思將（師）〔帥〕之臣。君子之聽音，非聽其鏗鏘而已也，彼亦有所合之也。

學琴師襄　孔子學琴於師襄。孔子曰：『丘習其曲，再習其數，今習其志，有所穆然而深思焉，有所怡然高望而遠志焉。又得其人，黧然而黑，幾然而長，眼如望羊，心如欲王四國，非文王，其誰能爲此也！』師襄辟席，再拜曰：『師蓋云《文王操》也。』

四面　王宫縣四面（宫）〔皆〕縣〔五〕、諸侯軒縣去其南面，以避王也、大夫判縣又去其北面，僅存其半也、士特縣又去其西南，以示特立之意也。

銅山崩　漢武帝時，未央宫殿前鐘無故自鳴。詔問東方朔，對曰：『臣聞銅者，山之子；山者，銅之母。子母相感，鐘鳴，山必有應者。』居三日，南郡太守上書言山崩，延袤二十餘（丈）〔里〕〔六〕。〇魏帝殿前大鍾，不叩自鳴，人皆異之，以問張華，華對曰：『此蜀郡銅山崩，故鍾鳴應之耳。』尋蜀郡上其事，如張華言。

錞于　孝武西遷，雅樂多缺，有錞于者，近代絶此。或有自蜀得之者，莫識之。斛斯徵曰：『此錞于也。』遂依（于）〔干〕寶《周禮（法）〔注〕》〔七〕，以芒筒捋之，其聲極振。

金錞　《周禮》：少師以金錞和鼓。其形象鍾，頂大，腹口弇，以伏獸爲鼻，内縣鈴子，鈴銅舌。作樂，振而鳴之，與鼓相和。狀似佛(子)〔手〕鈴〔八〕。

蕤賓鐵　樂工廉郊，池上彈蕤賓調，忽聞荷間有物跳躍，乃方響一片。方響以鐵爲之，用以代磬。識者知其爲蕤賓鐵也，音樂之相感若此。

駟馬仰秣　伯牙彈琴，而駟馬爲之仰秣。仰秣者，仰頭吹吐，謂馬笑也。

萬壑松　郭伯山收唐琴萬壑松，乃宣和御府物。李白詩：『蜀僧抱緑綺，西下峨眉峯。爲我一揮手，如聽萬壑松。客心洗流水，餘響入霜鍾。』

琴有殺心　蔡中郎赴鄰人酌。至門，有客鼓琴，中郎潛聽之，曰：『以樂召我，而有殺心，何也？』遂返。主人知，自起追之。中郎具以告。客曰：『我適鼓琴，見螳螂方捕蟬，惟恐失之，此豈殺心現於指下乎？』中郎笑曰：『此足以當之矣。』

高山流水　伯牙鼓琴，鍾子期聽之。伯牙志在高山，子期曰：『善哉，峻若崧嶽！』伯牙志在流水，子期曰：『善哉，瀉若江河！』子期死，伯牙破琴絶絃，終身不復鼓琴。

濮水琴聲〔九〕　晉師延爲紂作靡靡之樂，武王伐紂，師延自投濮水而死。後衛靈公夜止濮上，聞鼓琴聲，召師(曠)〔涓〕聽而習之。師曠曰：『此亡國之音也！』

焦尾　蔡中郎在吴。吴人燒桐以爨，中郎聞其火爆聲曰：『良木也。』請截爲琴，果有美音。其尾猶焦，因名其琴曰『焦尾琴』。

相如琴臺　司馬相如有琴臺，在浣〔花〕溪正路金花寺北〔一〇〕，魏伐蜀，于此下營掘塹，得大甕二十餘口，以響琴也。

松雪　雷威作琴，不必皆桐，遇大風雪，獨往峨眉山，着蓑笠入深松中，聽其聲連綿清越者，伐之以爲琴，妙過於桐，世稱雷公琴。有最愛重者，以『松雪』名之。

斲琴名手　晉雷威、雷珏、雷文、雷迅、郭亮並蜀人，沈鐐、張鉞並江南人，皆斲琴名手。

震餘　鮮于伯幾以震餘琴送趙文敏，是許旌陽手植桐，爲雷所擊斷，斲以爲琴。琴背許旌陽印劍之跡宛然，蓋人間至寶也。

綠綺　蔡中郎有琴名綠綺〔一一〕，云是嶧陽孤桐所斲，一時名重天下。

無絃琴　陶淵明不解琴，畜素琴一張，絃徽不具，常撫摩之，曰：『但識琴中趣，何勞絃上聲。』

將移我情〔一二〕　伯（方）〔牙〕學琴于成連，三年不成。乃引之東海蓬萊山之側，刺船迎吾師方子春，旬日不返。伯牙延望無人，但聞海水澒洞崩（折）〔坼〕之聲，山林杳冥，羣鳥悲鳴，愴然歎曰：『先生將（遺）〔移〕我情矣！』乃援琴而歌水仙之操。

遶殿雷〔一三〕　馮道之子能彈琵琶，以皮爲絃，世宗令彈，深喜之。因號遶殿雷。

游魚出聽　孫卿子云：『瓠巴鼓瑟，游魚出聽。』

箜篌　箜篌其形似瑟而小，用撥彈之。漢靈帝好之，體曲而長，二十三絃，竪抱於懷，兩手齊奏之，俗謂之『劈筮篌』。

見狸逐鼠　孔子鼓琴，曾子、子貢側門而聽，曲終，曾子曰：『嗟乎！　夫子琴聲，殆有貪狼之志，邪僻之行，何其不仁！』子貢以告，子曰：『向者鼓琴，有鼠出游，狸見于屋，循梁微行，造焉而避，厭身曲脊，求而不得。丘以琴淫其聲，參以爲貪狼邪僻，不亦宜乎！』

筑　筑狀如琴而大頭，十三絃，其項細，其肩圓，鼓法以左手抱之，右手以竹尺擊之，隨調應節。

寇先〔一四〕　嵇中散常去洛數十里，有亭名華陽，投宿。一更，操琴。聞空中稱善，中散呼與相見，乃出見形，以手持其頭，共論音聲，因授以《廣陵散》。此鬼名『寇先（生）』，生前善琴，爲宋景公所殺。中散得《廣陵散》，秘不肯授人。後臨刑歎曰：『《廣陵散》於今絶矣！』

楚明光　王彦伯嘗過吴，維舟中渚，登亭望月，倚琴歌《泫露》之詩。俄有女郎披帷而進，乃撫琴揮絃，調韻哀雅。王問何曲，女曰：『古所謂《楚明光》也，嵇叔夜能爲此聲。自兹以後，得者數人而已。』彦伯請授教，女曰：『此非豔俗所宜，惟巖栖谷隱，可以自娱耳。』鼓琴而歌，歌畢，遲明辭去。

天際真人想　桓大司馬曰：『謝仁祖，企脚北窗下彈琵琶，有天際真人想。』

撥阮　武后時，有人破古塚得銅器，似琵琶，身正圓，人莫能辨。元行冲曰：『此阮咸所作也。』命匠人以木爲之，樂家遂名之『阮咸』。以其形似月，聲似琴，遂名月琴。今人但呼曰

『阮』，曰『撥阮』，曰『摘阮』，俱可。

柯亭竹椽 蔡中郎避難江南，宿柯亭，聽庭中第十六條竹椽迎風有好音，中郎曰：『此良竹也。』取以爲笛，聲音獨絶，歷代相傳，後折於孫綽妓之手。

秦聲楚聲 李龜年至岐王宅，聞琴，曰：『此秦聲。』良久，又曰：『此楚聲。』主人入問之，則前彈者隴西沈妍，後彈者揚州薛滿。二妓大服。

好竽 齊王好竽，有求仕於齊者，操瑟而往，立於王之國三年，不得入。客曰：『王好竽，而子鼓瑟，瑟雖工，其如王之不好何！』

羯鼓〔一五〕 唐明皇不好琴，一弄未畢，（以）〔叱〕琴者出。謂内侍曰：『速令花奴將羯鼓來，爲我解穢。』

漁陽摻撾 禰衡被魏武謫爲鼓吏。正月十五，試鼓，衡陽枹音孚爲《漁陽摻音傘撾音查》，淵淵有金石聲，四座爲之改容。摻，擊鼓法。撾，擊鼓撾。

回飆撾 王大將軍嘗坐武昌釣臺，（間）〔聞〕行船打鼓〔一六〕，嗟稱其能。俄而一撾小異，王以扇柄撞几曰：『可恨！』時王應侍側曰：『此回飆帆同撾。』使視之，曰：『船人入夾口。』

十八拍 蔡琰字文姬，先適河東衛仲道，夫亡。興平中喪亂，爲胡騎所獲，没於南匈奴左賢王。十二年春月，登胡殿，感胡笳之聲，作《胡笳十八拍》，後曹操以金帛贖之，嫁於董祀。

簨簴音損巨。横曰簨，直曰簴。《周禮》：梓人爲簨簴。天下大獸五，脂者、膏者、臝者、利者、鱗者。雕畫於樂縣之上，大聲有力者，以爲鐘虡，清聲無力者，爲磬簴。

周郎顧 周瑜妙於音律，雖三爵之後，少有闕誤，瑜必舉目瞠視。時人語曰：『曲有誤，周郎顧。』

擊壤 擊壤，石戲也。壤以木爲之，前廣後鋭，長四尺三寸，濶三寸，其形如履，將戲，先側一壤，於三四十步外，以手中壤擊之，中者爲吉。

禁鼓 一千二百三十聲爲一通，三千六百九十聲爲三通。更鼓三百六十撾爲一通。千撾爲三通。餘鼓三百三十三爲一通。角十二聲爲一疊。

鍾聲 晨昏撞一百單八者，一歲之義也。蓋年有十二月，有廿四氣，又有七十二候，正得此數。越州歌曰：『緊十八，慢十八，六遍共成一百八。』

塤篪 塤以土爲之，鋭上平底，如稱錘，六孔，一云八孔，大如鴨卵，曰『雅塤』；小如雞卵，曰『頌篪』，以竹爲之，大者長一尺四寸、八孔，小者長一尺二寸、七孔，横吹之，與塤聲相應。塤篪二器，乃周昭王時暴辛公所作。

柷敔 柷，狀如漆桶，以木爲之，方二尺四寸，深一尺八寸，中有權柄連底，撞而擊其傍，所以起樂也。方二尺四寸者，陰數也。敔，狀如伏虎形，背上有二十七鉏鋙，刻以木，長尺許，以水戛之，所以止樂也。二十七鉏鋙者，陽數也。柷敔二器，乃舜時所作。

洗凡清絶 吴越忠懿王得天台寺中對：『瀑布泉屋，柱斲二琴。』一曰洗凡，一曰清絶，爲曠代之寶。後錢氏獻之太宗，藏于御府。見《輟耕録》。

舞劍器 《劍器》，乃武舞之曲名。其舞用女妓而雄裝之，其實空手舞也。見《文獻通考》。

梨園子弟 唐明皇酷愛法曲，選坐部伎子弟三百人，教於梨園，謂之梨園子弟。居宜春北苑。時有馬仙期、李龜年、賀懷智洞知音律。安禄山自范陽入覲，亦獻白玉簫管數百事，皆陳於梨園。自是樂響不類人間。

李天下 唐莊宗自言一日不聞音樂，則飲食都不美。方暴怒鞭笞左右，一聞樂聲，怡然自適，萬事都忘。又善歌曲，或時自傅粉墨，與優人共戲。優名謂之『李天下』。

雍門鼓 雍門周以琴見孟嘗君，孟嘗君曰：『先生鼓琴，亦能令文悲乎？』雍曰：『千秋萬歲後，臺榭已壞，墳墓已下，嬰兒豎子樵採者，躑躅其足而歌其上，曰：夫以孟嘗君之尊貴，乃若是乎？』孟嘗君泫然承（臉）〔睫〕[一七]，曰：『先生令文若破國亡家之人矣！』

桓伊弄笛 晉桓伊有柯亭笛，嘗自吹之。王徽之泊舟清溪，聞笛稱歎。人曰：『此桓野王也。』徽之令人請之，求爲吹笛。伊即下車，據胡牀，三弄畢，便上車去，主客不交一言。

皋亭石鼓 吴郡臨平崩岸，得石鼓，扣之不鳴。問張華，華曰：『用蜀中（銅）〔桐〕材刻魚形[一八]，扣之則鳴矣。』如其言，聲聞數十里。

響遏行雲 《列子》：薛譚學謳于秦青，未窮青之技，自謂盡之，遂辭歸。青弗止，餞于郊衢，撫節悲歌，聲振林木，響遏行雲。薛乃謝，求反，終身不敢言歸。

餘音繞梁　秦青曰：昔韓娥東之齊，匱糧，過雍門，鬻歌假食。既去，而餘音繞梁欐，三日不絶。李詩：『醉舞紛綺席，清歌繞飛梁。』

聲入雲霄　戚夫人善爲翹袖折腰(三)〔之〕舞〔一九〕，歌《出塞》、《入塞》之曲，侍婢數百習之。後宮齊音高唱，聲入雲霄。

水調歌頭〔二〇〕　唐明皇愛水調歌，胡羯犯京，上欲遷幸，登花蕚樓，命樓下少年有善水調者歌曰：『山川滿目淚沾衣，富貴榮華(不)〔能〕幾時。不見〔只〕今汾水上，惟有年年秋雁飛。』上聞(潛)〔潸〕然曰：『誰爲此詞？』左右曰：『宰相李嶠。』上曰：『真才子也。』

【校】

〔一〕『《六英》』、『《五莖》』，《漢書·禮樂志》作『《六莖》』、『《五英》』。

〔二〕『統氣類物』，乙本『通氣類物』，據甲本改。『姑洗』，原書作『姑銑』，據《吕氏春秋·季夏紀》及本書卷一『律吕』條改。

〔三〕『其事勤』，『勤』原書作『動』，據《禮記·樂記》、《史記·樂書》改。

〔四〕『鏗以立横，横以立武』，郝敬《論語詳解》卷十七、胡紹曾《詩經胡傳》卷一引《禮記·樂記》同，按《禮記·樂記》實作『鏗以立號，號以立横，横以立武』。『將帥』，乙本誤作『將師』，據甲本改。

〔五〕『四面皆縣』，『皆』乙本誤作『宮』，據甲本改。

〔六〕『二十餘里』，原書作『二十餘丈』，據《世説新語·文學》注引《東方朔傳》改。

〔七〕『干寶《周禮注》』，『注』原書誤作『法』，據《周書·斛斯徵傳》、《北史·斛斯徵傳》、《通典》卷一百四十四改。

〔八〕『佛手鈴』，乙本誤作『佛子鈴』，據甲本改。

〔九〕『濮水琴聲』，乙本題作『濮水琴瑟』，據甲本改。『召師涓』，原書誤作『召師曠』，據《史記·樂書》注、《吕氏春秋·孟春紀》注改。

〔一〇〕『浣花溪』，原書無『花』字，據《方輿勝覽》卷五十一引《成都志》補。

〔一一〕按《後漢書·蔡邕傳》注引傅玄《琴賦序》謂『司馬相如有緑綺，蔡邕有焦尾』，《宋書·樂志》謂『相如曰焦尾，伯喈曰緑綺』，未詳孰是。

〔一二〕『伯牙學琴于成連』，『伯牙』乙本誤作『伯方』，據甲本改。『坼』，乙本作『折』，據甲本改。『將移我情矣』，『移』原書誤作『遺』，據《太平御覽》卷五百七十八引《樂府解題》改。

〔一三〕甲本此題誤作『遶雷殿』。

〔一四〕『寇先』，原書作『寇先生』，按《列仙傳》作『寇先』，《雲笈七籤》卷一百八作『寇先生』，今據《列仙傳》改。

〔一五〕『唐明皇』，甲本誤作『唐明王』。『叱琴者出』，乙本『叱』誤作『以』，據甲本改。

〔一六〕『聞行船打鼓』，『聞』原書誤作『間』，據《世説新語·豪爽》注改。

〔一七〕『承睫』，原書作『承臉』，《藝文類聚》卷四十四引《説苑》同，據《説苑·善説》改。

〔一八〕『桐材』，乙本誤作『銅材』，據甲本改。

〔一九〕『之舞』，原書誤作『三舞』，據《西京雜記》卷一改。

〔二〇〕『能幾時』、『只今』，『能』字甲本作『只』，乙本作『不』，『只』字兩本皆誤脱，據李德裕《次柳氏舊聞》、《碧雞漫志》卷四引《明皇雜録》改補。『潸然』，乙本誤作『潸然』，據甲本改。

夜航船卷之十

古劍陶菴老人紬

兵刑部

軍旅

黃帝征蚩尤始戰，顓頊誅共工始陣，風后始演奇圖，力牧始創營壘。黃帝戰涿鹿始徵兵，禹征有苗始傳令，紂禦周師始戍守。

黃帝制記里鼓，始斥候，漢武帝建墩臺，黃帝制演武場，周公制轅門。○黃帝制車以翼軍，制騎以供伺候。

呂望始制戰艦。武王會孟津，命倉兕具舟楫。公輸班爲舟戰鈎拒。伍子胥治水戰，制樓船灘船。智伯決汾水，始水(戰)〔攻〕〔一〕。

蚩尤始火攻。孫子制火人、火積、火輜、火庫、火隊五法。魏馬鈞制爆仗起火。隋煬帝以火藥制雜戲，始施藥銃砲。

黄帝始制礮，吕望制銃，范蠡制飛石用機。

黄帝制纛、制五采牙幢。禹制旍，懸車上爲别。周公備九旗。

伏羲制干、制戈。揮制弓。牟夷制矢。舜制弓袋、制箭筒。黄帝制弩。

黄帝始采首山銅鑄刀斧；蚩尤始取昆吾山鐵制劍、鎧、矛、戟、陌刀。

蚩尤始制革爲甲。禹制函甲。

黄帝始制槍，孔明擴其制。舜制匕首。

黄帝制雲梯，古名鈎援。牟夷制挨牌，古名傍排。

孫武制鐵蒺藜，劉馥三國時人制懸苫，今爲懸簾。岳飛制藤牌。

殷盤庚制烽燧告警。趙武靈王制刁斗傳〔二〕。魏制雞翹報急，制露布、漆竿報捷。

五兵　矛、戟、戈、劍、弓，謂之五兵。

專主旗鼓　吴起臨戰，左右進劍，起曰：『將專主旗鼓，臨難決疑，揮兵指刃，此將事也。一劍之任，非將任也。』

授斧鉞　國有難，君卜吉日，以授旗鼓。將入廟，趨至堂下，北面而立，主親操斧鉞，持頭，授將軍其柄，曰：『從此上至天者，將軍制之。』復持斧（頭）〔柄〕，授將軍其（柄）〔刃〕〔三〕，曰：『從此下至淵者，將軍制之。』

投醪　秦穆公伐晋，及河，將軍勞之，醪唯一杯。蹇叔曰：『一杯可以投河而釀也。』穆公乃以醪投河，三軍皆取飲之。

吮疽　吴起爲魏將攻中山。卒有患疽者，起爲吮之。卒母聞而哭。人曰：『子，卒也，而將軍自吮其疽，何哭爲？』答曰：『往年吴公吮其父，其父戰不旋踵，遂死敵。今又吮其子，妾不知死所矣。』後起之楚，卒果見殺。

綸巾羽扇　諸葛武侯與司馬懿治軍渭濱，剋日夜戰。司馬懿戎服蒞事，使人視。武侯獨乘素車，綸巾羽扇，指揮三軍，隨其進止。司馬懿歎曰：『諸葛君可謂名士矣！』

金鈎　闔閭既寶莫邪，復令國中作金鈎，令曰：『能爲善鈎者賞千金。』有人貪賞，乃殺其二子，以血釁金，遂成二鈎，獻之，王曰：『鈎有何異？』曰：『臣之作鈎，貪賞而殺二子，釁以成鈎，是與衆異。』遂向鈎而呼二子之名，曰：『吴鴻、扈稽，我在此！』聲未絶，而兩鈎俱飛，著父之胸。吴王大驚，乃賞之。遂服之不去身。

七制　兵法七制，一曰征、二曰攻、三曰侵、四曰伐、五曰陣、六曰戰、七曰鬬。

挾纊　楚子圍蕭，申公巫臣曰：『師人多寒。』王巡三軍，拊而勉之，三軍之士皆如挾纊。

呼庚癸　吴申叔儀乞粮於（晋）〔魯〕[四]，公孫有山氏對曰：『粱則無矣，粗則有之。若登首山，以呼曰庚癸乎，則諾。』庚，西方，主穀。癸，北方，主水。教以隱語也。

盗馬　秦穆公失右服馬，見野人方食之，公笑曰：『食馬肉不飲酒，恐傷。』遂徧飲而去。及一年，有韓原之戰，晋人環穆公之車。野人率三百餘人疾鬬車下，遂大克晋。

劍名　劍口曰鐔，劍鼻曰璏音位，劍握曰鋏，劍銷曰室，劍衣曰韜，亦曰襓音繞，劍把繩曰蒯緱音勾。

五名劍　越王勾踐有寶劍五，一曰純鈎、二曰湛盧、三曰豪曹、四曰魚腸、五曰巨闕。

斬蛇劍　漢高帝於南山得一鐵劍，長三尺，銘曰『赤霄』，大篆書，即斬蛇劍也。及貴，常服之。晋太康三年，武庫火，中書監張華列兵防衛，見漢高斬蛇劍穿屋飛去，莫知所向。

佽飛　荆有佽飛者，得寶劍于江干。涉江，及至中流，兩蛟夾舟。佽飛袪衣，拔劍刺蛟。殺之。荆王任以執圭。

干將莫邪　干將吴人，妻莫邪，爲吴王闔閭鑄劍，不成，干將曰：『神物之化，須人而成。』妻乃斷髮剪爪，投入爐中，金鐵皆熔，遂成二劍，陽曰『干將』，陰曰『莫邪』。

龍泉太阿　張華見斗牛間有紫氣，在豐城分野，乃以雷焕爲豐城令。至縣，掘獄深二丈，開石函，得二劍，一名龍泉，一名太阿，焕留其一，一以進華，且曰：『靈異之物，終當化去。』華死，劍飛入襄城水中。後焕子爲建安從事，經延津，劍忽于腰間躍入水，使人汆水求之，見雙龍。龍蜿蜒，不敢近。

華陰土　雷焕豐城獄中得劍，取南昌西山黄白土拭之，光豔照耀，張華更以華陰赤土磨之，鮮光愈亮。

金僕姑　箭名。《左傳》：魯莊公以金僕姑射南宫長萬。

石馬流汗　安祿山亂，哥舒翰與賊將崔乾祐戰，見黄旗軍數百來助戰，忽不見。是日，昭陵内石馬皆流汗。

露布　軍中有露布，乃後魏每征伐戰勝，欲天下聞知，書帛建於漆竿上，名爲露布，以揚戰功。

蔣廟泥兵　南京鍾山，有漢秣陵尉蔣子文廟，蓋因子文逐盜死此，孫權爲立廟，封蔣侯。權避祖諱鍾，改名蔣山。後孫權與敵人戰，夜大雨，蔣侯助之，次日，見廟中泥兵皆濕。

箭塞水注　劉錡善射。水斛滿，以箭射斛，拔箭水注，隨射一箭（宣）〔窒〕之[五]，人服其精巧。

檿弧箕服　檿，山桑也。木弓曰『弧』。服，乘箭具也。箕草似荻，細織之，而爲服也。

娘子軍　唐平陽公主，嫁柴紹。初，高祖起兵，與紹發家資招亡命。渡河，主引精兵萬人與秦王會於渭北。紹與公主對置幕府，分定京師，號『娘子軍』。

夫人城　晋朱序鎮襄陽，時符堅遣兵攻之。序母見城西北角當先壞，領百餘婢并女丁，斜築城二十餘丈。賊攻西北角，果潰，衆守新城，賊遂引退，號『夫人城』。

紫電青霜　《滕王閣序》：『紫電青霜，王將軍之武庫。』

榻側鼾睡　宋太祖欲伐江南，徐鉉入奏乞罷兵。太祖曰：『江南主有何罪，但卧榻之側，豈容他人鼾睡耶！』

廉頗善飯　廉頗一飯斗米，肉十斤，披甲上馬，以示可用。郭開謂趙王曰：『廉將軍雖老，尚善飯，然與臣坐，頃之，三遺矢矣。』王以爲老，遂不召。

杜彪〔六〕　梁荆州刺史杜（山從）〔嶷〕，膂力過人，便騁馬，射不虚矢。所佩（霞）〔霜〕明朱弓，四石餘力，每出挑戰，魏軍憚之，號爲『杜彪』。

飛將　唐單雄信極勇力，事李密，人號爲『飛將』。○後周韓果破稽胡，稽胡憚果矯健，亦號『飛將』。

鐵猛獸　後周蔡祐與齊戰，著明光鎧甲，所向無敵，齊人畏之，號『鐵猛獸』。

熊虎將　周瑜嘗謂孫權曰：『劉備有關張熊虎之將，有飲馬長江之志。』又言羽、飛爲萬人敵。

細柳營　漢文帝時，匈奴大入邊。上使周亞夫軍細柳，以備胡。上自勞軍，先驅至軍門，曰：『天子至！』都尉曰：『軍中聞將軍令，不聞天子詔。』上使使持節詔將軍曰：『吾欲入勞軍。』亞夫開壁門。天子按轡徐行。亞夫以軍禮見。文帝曰：『嗟乎，此真將軍矣！』

飛將軍　漢李廣爲北平太守，匈奴畏之，號曰『漢飛將軍』，避之數歲。

貫虱　《列子》：紀昌學射于飛衛，衛曰：『視（大）〔小〕如（小）〔大〕〔七〕，視微如著，而後告我。』昌以氂尾垂虱于牖間，南面而望之。旬日之間，漸大；三年之後，大如車輪。乃以弧矢射之，貫虱之心。

來嚼鐵　唐來瑱爲潁川太守。賊攻城，來射皆應弦而仆。賊拜城請降，稱爲『來嚼鐵』。

半段槍　唐哥舒翰爲河西衛前將軍，吐蕃大寇邊，翰持半段槍當其鋒，所向披靡。

黄驄少年〔八〕　(唐)〔周〕裴(杲)〔果〕勇冠三軍，與敵國戰，乘黄(騶)〔驄〕當先，軍中稱『黄(騶)〔驄〕少年』。

白袍先鋒　唐薛仁貴嘗從太宗征伐，每出戰，輒披白袍，所向無敵。太宗遥見，問白袍先鋒是誰。特引見，賜馬絹，喜得虎將。

大樹將軍　後漢馮異性謙退不伐，諸將於所止舍，輒並坐論功，異常獨屏樹下，人號『大樹將軍。』

霹靂閃電　唐長孫無忌父晟討突厥。畏晟，聞其弓聲，謂之『霹靂』；見其走馬，謂之『閃電』。晋王笑曰：『將軍振怒，威行域外。』

轅門二龍〔九〕　唐烏承(玭)〔玼〕，開元中，與族兄承恩皆爲平(虜)〔盧〕先鋒，號『轅門二龍』。

一韓一范　范文正公與韓魏公俱爲西帥，邊士謡曰：『軍中有一韓，西賊聞之心膽寒；軍中有一范，西賊聞之驚破膽。』元昊懼，遂稱臣。

八遇八克　唐婁師德，武后時募猛士討吐番，乃自奮，戴紅抹額來應詔。後與虜戰，八遇八克。

七縱七擒 孔明與孟獲戰，凡七縱七擒。後乃嘆服曰：『公天威，南人不敢復反矣！』

鉦止兵進 狄青與西賊戰，密令軍中，鉦一聲則止，再聲則嚴陣而陽却，鉦聲止則大呼而突之。虜大駭愕，以是勝之。

以少擊衆 唐馬璘武藝絶倫，以百騎破卒五千。李光弼曰：『吾未見以少擊衆如馬將軍者！』人號爲『中興鋭將』。

朕之關張 宋狄青，京師呼爲『狄天使』，上嘉其材勇，爲涇原路兵馬總管。上欲一見，詔令入朝。會寇偪平凉，乃令亟往，俾圖像以進。上觀其相曰：『朕之關張。』

立漢赤幟 韓信攻趙，令卒曰：『趙見我走，必空壁逐我，若等疾入，拔趙白幟，立漢赤幟。』信佯走。趙果逐之，回壁見赤幟，大亂。漢兵夾擊，遂克趙軍。

下馬作露布 《〔南〕〔北〕史》〔一〇〕：傅永拜安遠將軍，帝嘆曰：『上馬能殺賊，下馬能作露布，惟傅修期能之耳！』

三箭定天山 薛仁貴爲行軍副總管。九姓衆十餘萬，令驍騎挑戰，仁貴發三矢，輒殺三人，虜氣懾，皆降。

三鼓奪崑崙 狄青宣撫廣西。儂智高守崑崙關，青至賓州，值上元節，大張燈火，首夜宴樂徹曉。次夜復宴，二鼓時，青忽稱疾如内，命孫元規主席。少服藥乃出，數使人勸勞坐客，至曉未散。忽有馳報云：『是夜三鼓，狄將軍已奪崑崙關矣。』

順昌旗幟 宋劉(琦)〔錡〕與兀朮戰於柘皋〔一二〕，虜遠望見，大驚曰：『此順昌旗幟也。』即引兵而去。

每飯不忘鉅鹿 漢文帝謂馮唐曰：『昔有爲我言李齊之賢，戰於鉅鹿下。今吾每飯，意未嘗不在鉅鹿也。』

鑄錯 唐羅紹威以魏博牙兵驕甚，盡殺之，遂爲梁朱温所制，乃謂親吏曰：『聚六州四十三縣鐵，鑄一个錯不成！』

得隴望蜀 司馬懿言于曹操曰：『今克漢中，益州震動，進兵臨之，勢必瓦解。』操曰：『人苦不知足，得隴復望蜀。』

塞創復戰 隋張定和，虜刺之中頸，定和以草塞創而戰，神氣自若，虜遂敗。

杜伏威 唐杜伏威與陳稜戰，射中伏威額，怒曰：『不殺汝，箭不拔！』馳入稜陣，獲所射將，使拔箭，已，斬之。

首級 秦法斬敵一首拜爵一級，故曰『首級』。後人云『割一首，必割其勢，以爲一級』者，非。

梓樹化牛 秦文公伐雍，南山梓樹化爲牛，以騎擊之，不勝。或墜地，解髻披髮，牛畏之，入水。秦因置髦頭，騎使之先驅。

勒石燕然 燕然，山名，去塞三千里。竇憲大破單于，登燕然山，勒石紀功，頌漢功德。

九章〔一二〕　《管子》曰：『舉日章則晝行，舉月章則夜行，舉龍章則水行，舉虎章則林行，舉鳥章則行阪，舉蛇章則行澤，舉鵲章則行（船）〔陸〕，舉狼章則行山，舉韓章則載食而駕。』

啼哭郎君　都統制曲端勇悍非常，每與虜戰，呼裨將頭目，備告以二帝蒙塵，今在五國城中青衣把盞，凡爲臣子者聞之痛心，思之切骨，遂放聲大哭。將佐軍士皆哭，奮身上馬，勇氣百倍，虜人望之辟易，稱爲『啼哭郎君』。

鴿籠分部　曲端軍分五部，一籠貯五鴿，隨點一部，則開籠縱一鴿往，則一部之兵頃刻立至，其速如神，見者氣奪。

玉帳術　杜子美詩：『空留玉帳術，愁殺錦城人。』玉帳乃兵家厭勝之方位，主將於其方置軍帳，則堅不可犯。其法：黄帝遁甲以月建（後）〔前〕三位取之〔一三〕，如正月建寅，則巳爲玉帳。

寇來没處畔　陳後主（與）〔興〕齊雲觀〔一四〕，謡曰：『齊雲觀，寇來没處畔。』故今人避人謂之『畔』。

府兵　西魏始作府兵。隋唐始有番次，入爲兵，出爲農。周太祖始刺面見。唐末劉仁恭刺民爲兵，給廪食，軍丁僉補。

渠答　蒺藜也，以鐵爲之，匝營則撒之四外。

繞指柔　平望湖中掘得一劍，屈之則首尾相就，放手復直如故，鋒鋩犀利，可斷金鐵。識者曰：『此古之繞指柔也。』

【校】

〔一〕『水攻』，乙本誤作『水戰』，據甲本改。

〔二〕趙武靈王制刁斗，不知何據。又『刁斗傳』下當有脱文，疑作『刁斗傳令』或『刁斗傳更』。

〔三〕『復持斧柄授將軍其刃』，原書誤作『復持斧頭授將軍其柄』，據《六韜·龍韜》改。

〔四〕『魯』，原書誤作『晋』，據《左傳·哀公十三年》改。

〔五〕『窒之』，乙本誤作『宣之』，據甲本改。

〔六〕『杜嶷』、『霜明朱弓』，原書誤作『杜山從』、『霞明朱弓』，《事文類聚遺集·總將司部》、《事類備要後集·將帥門》、《翰苑新書前集·總將帥》、《山堂肆考·臣職》同。據《南史·杜崱傳》改。

〔七〕『視小如大』，原書誤作『視大如小』，據《列子·湯問》改。

〔八〕本條『周裴果』原書作『唐裴杲』，《古事苑·武職》作『唐裴果』，又『黄驄』原書作『黄驧』，《古事苑·武職》、《古今振雅雲箋》卷五同，均據《周書·裴果傳》、《北史·裴果傳》改。

〔九〕『烏承玼』、『平盧先鋒』，原書作『烏承玭』、『平虜先鋒』，《玉芝堂談薈》卷四同，據《新唐書·烏承玼傳》改。

〔一〇〕『《北史》』，原書誤作『《南史》』，按傳永傳在《北史》，據改。

〔一一〕『劉錡』，原書作『劉琦』，據《宋史》本傳改。

〔一二〕『行阪』，《山堂肆考補遺・軍旅》同，《管子・兵法》作『行陂』。『行陸』，原書作『行船』，據《管子・兵法》改。

〔一三〕『前三位』，原書作『後三位』，據《焦氏筆乘續集》卷四改。

〔一四〕『興』，原書作『與』，據《眉公羣碎録》改。

刑法

鄭鑄《刑書》，晋作《執秩》，趙制《國律》，楚作《僕區音歐》，皆法律之名也。僕，隱也；區，匿也；作爲隱匿亡人之法。

歷代獄名　夏獄曰夏臺，商獄曰羑里，周獄曰囹圄，漢獄曰請室。

五聽　《周禮》：少司寇以五聲聽訟獄，一曰辭聽，二曰色聽，三曰氣聽，四曰耳聽，五曰目聽。

三刺　聽訟者以三刺，一刺曰訊羣臣，二刺曰訊羣吏，三刺曰訊萬民〔一〕。

古刑　墨、（刵劓）〔劓〕、〔刵〕、宫、大辟〔二〕，其後加流、贖、鞭、扑爲九刑。

古刑名　城旦舂：城旦者，旦起行治城，舂者，舂米，四歲刑也。鬼薪白粲：取薪給宗廟爲鬼薪；坐擇米使正白爲白粲，三歲刑也。

五毒　械頸足曰桁楊，械頸曰荷校，械手足曰桎梏，鎖繫曰鋃鐺，鞭笞曰榜掠。考逼曰五毒俱備，言五刑皆用也。

三木　三木者，謂杻械枷鎖及手足也。

三宥　一宥曰不識，二宥曰過失，三宥曰遺忘。

三赦　一赦曰幼弱，二赦曰老耄，三赦曰愚蠢。

虞芮争田　周文王時，虞、芮之君争田不決，相與質成於文王。入其境，見其民耕者讓畔，行者讓路。二君相謂曰：『我等小人，不可以履君子之庭。』乃讓其所争之田爲閒田。

除肉刑　漢太倉令淳于意，無子，有五女。罪當刑，駡曰：『生女不生男，緩急無可使！』其幼女緹縈上書言：『死者不可復生，刑者不可復贖。願没入爲官奴，以贖父罪。』文帝憐之，并除肉刑。

後五刑　肉刑既除，後以笞、杖、徒、流、死爲五刑。

髡鉗　髡，削髮也。鉗，以鐵束頭也。鉗釱，《陳咸傳》謂私解脱鉗釱。鉗在首，釱在足，皆以鐵爲之也。

胥靡　胥，相也；靡，隨也；聯繫之，使相隨而服役也。猶今之役囚徒，以鐵索聯綴之耳。

棄市　漢景帝改磔曰棄市，勿復磔。磔，謂張其尸也。棄市，謂投之於市。

刑具　《漢·刑法志》：大刑用甲兵，其次用斧鉞，中刑用刀鋸，其次用鑽鑿，薄刑用鞭扑。

鍛錬　鍛，椎也。鍛錬猶言精熟也。深文之吏入人之罪，猶鍛錬銅鐵，使之成熟也。

鉗網　李林甫爲相，起大獄以誣陷異己者，寵任吉温、羅希奭爲御史，鍛錬人罪。時人謂之羅鉗吉網。

羅織 武后任用來俊臣、周興二人，共撰《羅(網)〔織〕經》數千言[三]，教其徒羅織人罪，無有脱者。

蠶室 受腐刑者必下蠶室，蓋蠶宜密室，以火温之。新受腐者最忌冒風，須入密室，乃得保全，因呼其室爲蠶室。

瘐死 漢宣帝詔曰：『繫者苦飢寒瘐死獄中，朕甚痛之。』

梟首 百勞名梟，以其食母不孝，故古人賜梟羹，縣其首於木，故刑人以首示衆者曰梟首。

缿筩 趙廣漢爲潁川守，恨朋比爲奸，乃許相訐或匿名相告者，置缿筩，令投書於其中。

銅匭 武后自李敬業反後，恐人圖己，盛開告密之門。有魚保家者，請鑄銅爲匭，其式一室四隅，上各有竅，可入不可出，武后善之。未幾，其仇家投匭告保家曾爲敬業造兵器，遂伏誅。

請君入瓮 武后金吾丘神勣以罪誅，有人告右丞周興通謀，后命來俊臣鞫之。俊臣與興方推事對食，問興曰：『囚多不承，當爲何法？』興曰：『此甚易耳！取大瓮，以炭四圍炙之，令囚入其中，何事不承？』俊臣索大瓮，如興法，起謂興曰：『有内狀推君，請君入此瓮。』興惶恐服罪。法當死，宥之，流嶺南。

炮烙之刑 商紂暴虐，百姓怨望，諸侯有叛者，妲己以爲罰輕，威不立。紂爲銅柱，以膏塗之，加於炭火上，令有罪者行，輒墮炭中，以取妲己一笑，名曰『炮烙之刑』。

蒼鷹　郅都行法嚴酷，不避權貴。列侯宗室見都，側目而視，號曰『蒼鷹』。

乳虎　甯成好氣，爲小吏，必凌其長吏；爲人上，操下如束濕薪，滑賊任威。稍遷至濟南都尉，其治如狼牧羊，民不堪命。後拜關都尉，凡郡國出入關者，號曰：『寧見乳虎，無值甯成之怒。』

鷹擊毛摯　義縱爲定襄太守，以鷹擊毛摯爲治，其所誅殺甚多，郡中人不寒而慄。

掘獄訊鼠　張湯兒時，父命守舍，鼠盜其肉，父怒，笞湯。湯掘窟得鼠及餘肉，爲具獄辭，磔之堂下。其父見之，視其文辭如老獄吏，大驚，遂使治獄，後爲酷吏。

十惡不赦　一曰謀反謂謀危社稷，二曰謀大逆謂謀毀宗廟山陵及宮闕，三曰謀叛謂謀叛本國，潛從他國，四曰惡逆謂毆及謀殺祖父母、父母及夫，五曰不道謂殺一家非死罪三人，及支解人，若採生造畜蠱毒（壓）〔魘〕魅[四]，六曰大不敬謂盜大祀神御之物及乘輿御物，七曰不孝謂告言咒罵祖父母及夫之祖父母，父母在，別籍異財，若奉養有缺，八曰不睦謂謀殺及賣緦麻以上親，毆告夫及大功以上尊長、小功尊屬，九曰不義謂部民殺官長，軍士殺所屬指揮守把，十曰內亂謂姦小功以上親，父祖妾與和者。

八議　一曰議親謂皇家袒免以上親，及太皇、太后、皇太后緦麻以上親，皇后小功以上親，皇太子妃大功以上親，二曰議故謂皇家故舊之人素得侍見，特蒙恩待日久者。三曰議功謂能斬將奪旗，摧鋒萬里，或率衆來歸，寧濟一時，或開拓疆宇，有大勳勞，銘功太常者，四曰議賢謂大有德行之賢人君子，其言行可以爲法則者，五曰議能謂有大才業，能整軍旅，治政事，爲帝王之輔佐、人倫之師範者，六曰議勤謂有大將吏謹守官職，蚤夜奉公，或出使遠方，經涉艱難，有大勤勞者之謂，七曰議貴謂爵一品及文武職軍官三品以上，散官二品以上者，八曰議賓謂承先代之後爲國賓者。

例分八字　以。以者，與真犯同。謂如監守貿易官物，無異真盜，故以枉法論，以盜論，並除名、刺字，罪至斬絞並全科。准。准者，與真犯有間矣。謂如准枉法論，准盜論，但准其罪，不在除名、刺字之例，罪止杖一百，流三千里。皆。皆者，不分首從，一等科罪。謂如監臨主守職役同情，盜所監守官物併贓滿數，皆斬之類。各。各者，彼此同科此罪。謂如諸色人匠撥赴内府工作，若不親自應役，雇人冒名私自代替，及替之人，各杖一百之類。其。其者，變于先意。謂如論入議罪犯，先奏請議。其犯十惡，不用此律之類。及。及者，事情連後。謂如彼此俱罪之贓及應禁之物，則没官之類。即。即者，意盡而復明。謂如犯罪事發在逃者，衆證既明白，即同獄成之類。若。若者，文雖殊而會上意。謂如犯罪未老疾，事發以老疾論。若在徒年限内，老疾者亦如之之類。

顧山錢　女子犯罪並放歸家，但令一月出錢三百，顧人於山伐木，謂之顧山錢。

平反　雋不疑尹京兆，每行縣録囚還，母輒問：『有所平反音幡，活幾人耶？』平，謂平其不平也；反，言反罪人辭，使從輕也。

録囚　北人言以録爲慮。今言録囚，誤以爲慮囚者，非是。

頌繫　景帝著令年八十以上，十歲以下，及孕者未乳，盲師，侏儒，當鞫問者，皆頌繫之。

『頌』讀曰『容』，寬容之，不桎梏也。

爰書 爰，换也，以文書代换其口辭也。

末減 罪從輕也。末，薄也；減，輕也。

獄吏之貴 周勃下獄，獄吏侵辱之。勃後出，曰：『吾常將百萬兵，然安知獄吏之貴也！』

死灰復然 韓安國坐法抵罪，獄吏田甲辱之。安國曰：『死灰獨不復然乎？』甲曰：『然即溺之。』

六月飛霜 鄒衍事燕惠王盡忠，左右譖之，王繫之獄。衍仰天而歎，六月天爲之降霜。

太子斷獄 漢景帝時，防年因繼母殺其父，遂殺繼母。廷尉以大逆讞，帝疑之。武帝年十二爲太子，侍側，對曰：『繼母如母，緣父之故，今繼母殺其父，下手之時，母道絶矣！是父仇也，不宜以大逆論。』

錢可通神 張延賞欲理一冤獄，案上有一帖云：『奉錢三萬，乞不問其獄。』公恚，悉收左右訊之。明日，於盥洗處得一帖云：『奉錢五萬。』又于寢門所得一帖云：『奉錢十萬。』公歎曰：『錢至十萬，可通神矣！吾以懼禍也。』乃不問。

祭皋陶 范滂坐黨錮，繫黄門北寺獄。吏謂曰：『凡坐繫皆祭皋陶。』滂曰：『皋陶賢者，知滂無罪，將理之於帝；有罪，祭之何益！』

刲腸滌胃 齊高帝有故吏竺景秀，以過繫作坊，常云：『若許某自新，必吞刀刲腸，飲灰滌胃。』帝善其言，乃釋之。

青衣報赦　符堅屏人作赦文，有大蠅入室，聲甚厲，驅之復來。俄而人皆知有赦，詰所從來，云有青衣童子呼市中，乃蠅也。

于門高大　前漢于公，門閭壞，父老治之。公令高大門閭，可容駟馬，且言：『我治獄多陰德，子孫必有興者。』後子定國爲丞相。

論囚渭赤　秦商君性極慘刻，嘗論囚渭水之上，其水盡赤。

肉鼓吹　僞蜀李匡遠性苛急，一日不斷刑，則慘然不樂，嘗聞搥撻聲，曰：『此一部肉鼓吹也。』

無冤民　張釋之、于定國爲廷尉，克盡其職，朝廷稱之曰：『張釋之爲廷尉，天下無冤民；于定國爲廷尉，民自以爲不冤。』

疎獄天晴　宋淳熙二年，天久雨，上御筆批問，欲行下諸路疎遣獄囚。是日天霽，上大悦。

上蔡犬　秦李斯爲趙高所譖，二世收之。父子臨刑，歎曰：『吾欲牽黄犬，出上蔡東門逐狡兔，其可得乎！』遂夷其三族。

華亭鶴　陸機仕晉，爲孟（玫）〔玖〕譖於成都王穎[五]，王即使人收機，機歎曰：『華亭鶴唳，可得聞乎？』遂遇害。

走狗烹　韓信爲吕后所誅，歎曰：『高鳥盡，良弓藏；狡兔死，走狗烹。敵國破，謀臣亡。』

支解人　齊景公時，民有得罪者，公怒縛至殿下，召左右支解之。晏子左手持頭，右手持刀而問曰：『古明王支解人，從何支解起？』景公離席曰：『縱之。』

屨賤踴貴　齊景公煩刑。有鬻踴者，踴，刖足所用。公問晏子曰：『子之居近市，知孰貴賤？』對曰：『踴貴(履)〔屨〕賤〔六〕。』公悟，爲之省刑。

同文館獄　章惇起同文館獄，欲殺劉摯及梁燾、王巖叟等。後爲元祐黨碑，皆始於此。

金雞集樹　《唐志》：中書令供赦日，值金雞於仗南，竿長七尺，雞高四尺，黄金飾首，銜幡七尺，盛以絳幡〔七〕，將作供焉。武后封嵩山，大赦，壇南有樹，置雞其杪，號金雞樹。

天雞星動〔八〕　古稱金雞放赦，至今詔書於五鳳樓，以金雞銜下之。三國(異典)〔《典畧》〕：司馬膺之曰：『案《海中有占》：天雞星動(皆)〔當〕有赦。故(主)〔帝〕王以金雞建赦。』

雀角鼠牙　《詩經》：『誰謂雀無角，何以穿我屋？誰謂女無家，何以速我獄？誰謂鼠無牙，何以穿我墉？誰謂女無家，何以速我訟！』

吹毛求疵　漢武帝時，天下多冤鼂錯之策，務摧抑諸侯王，數奏其過惡。吹毛求疵，笞服其臣，使證其君。

犴狴　獄也。犴，胡地犬也。野犬所以守，故謂獄爲犴狴。○造獄用肺嘉之石，故獄又名肺嘉。《周禮》：以肺石達窮民。肺石，赤石也，使之赤心，不妄告，以嘉石平罷民。嘉，文石也，使之思其文理以折獄。

子代父死〔九〕　梁吉（翂）〔翂〕父爲原鄉令，爲奸吏所誣，罪當死。（翂）〔翂〕年十五，撾登聞鼓，乞代父命。武帝疑人教之，廷尉盛陳刑具，不變，乃宥父罪。

發姦摘伏　摘，挑也，言爲姦而隱匿者，必摘發之。

請讞　讞，議也，謂罪可疑者讞於廷尉。

刑獄爰始　黄帝始制刑辟，制流、笞、杖、斬。蚩尤制劓、刖、黥、椓。紂制烹、醢、轘、剮。周公制絞。○黄帝斬蚩尤始梟首。秦文公始族誅。公孫鞅始連坐。○禹制城旦舂。周公制徒。唐太宗始加役、流。周太祖始加刺配。

贖刑　舜始制贖，止鞭扑。周穆王始制五刑之疑各得贖。漢宣帝始制女徒傭役。宋太祖始制折杖。

三法司　隋文帝始死罪三奏行刑。唐始大獄詔刑部尚書、都御史、大理寺正卿三司鞫問。

越訴　隋文帝令：伸理由下達上，始禁越訴。

皋陶始制獄。漢詔以周囹圄爲獄。北齊制獄囚於治。

皋陶始制律。蕭何制九章律，張倉復定。

【校】

〔一〕『訊萬民』，甲本作『詢萬民』。

〔二〕乙本『劓』、『刵』二字誤倒，據甲本乙正。

〔三〕『《羅織經》』，原書誤作『《羅網經》』，據《通典》卷一百七十、《大唐新語》卷十二、新舊《唐書·酷吏·來俊臣傳》改。

〔四〕『魘魅』，原書作『壓魅』，據《唐六典》卷六、《大明律》卷一改。

〔五〕『孟玖』，原書誤作『孟玫』，據《世説新語·尤悔》注引《機别傳》、《晋書·陸機傳》改。

〔六〕『踴貴屨賤』，原書作『踴貴履賤』，《天中記·履》引《晏子春秋》同，據條目名及《晏子春秋·内篇雜下》、《韓非子·難二》改。

〔七〕『銜幅七尺盛以絳幡』，當據《新唐書·百官志》作『銜絳幡長七尺，承以綵盤，維以絳繩』。

〔八〕『《典畧》』、『帝王』，原書誤作『異典』、『主王』，據《弇州山人四部稿·説部·宛委餘編》改。『《海中星占》』，原書誤作『海中有占』，《宛委餘編》同，據《封氏聞見記》改。『天雞星動當有赦』，乙本『當』作『皆』，據甲本改。

〔九〕本條『吉𤝞』誤作『吉翂』，據《梁書》、《南史》本傳改。

夜航船卷十一

古劍陶菴老人紬

日用部

宫室

有巢氏始構木爲巢。古皇氏始編槿爲廬。黄帝始備宫室。○黄帝制庭、制樓、制閣、制觀。神農制堂。○燧人氏制臺。黄帝制榭。堯制亭。漢宣帝制軒。○唐虞制宅。周制房、制第。漢制邸。六朝後始加聽事爲廳。○秦孝公始制殿，乃有陛。蕭何治未央宫，立東闕、北闕，始沿名闕。○梁朱温按河圖制五鳳樓。魏始制城門樓，名麗譙。張説制京城鼓樓。○鯀作城郭。禹作宫室。

左徹制祠廟，漢宣帝制齋室。○周穆王召尹軌、杜沖居終南尹真人草樓，始名道居爲觀。○漢明帝時，摩騰、竺法蘭自西域止鴻臚寺，始名僧居爲寺。○隋煬帝制道場，改觀爲玄壇，五代宋改制宫。○孫權始爲佛塔。東晋何充捨宅始爲尼寺。

唐玄宗制書院。後漢劉淑制精舍。殷仲堪制讀書齋。○歐陽修燕居，始爲户室相通，名畫舫齋。

黄帝制門户，文王制璧門，周公制戟門、轅門車相向以表門、人門立長大之人以表門。○秦始皇制走馬廊，制千步廊。○黄帝制階、制梯。堯制墻。伊尹制亮槅。神農制窖。伏羲制厨。黄帝制竈、制蠶室。周制暴室。黄帝制囿。堯制池。秦始皇制湯池。

公署 漢制開府，制九卿治事之寺。北齊始以官名寺。隋制監。唐制院、制省、制局。漢制南宫。唐制東臺。玄宗制黄門省。○周制館。漢制藁街即今四夷館，漢武帝制。○宋置馬鋪，制遞站。○夏制府藏文書財貨。湯武制庫藏。

平泉莊 李贊皇平泉莊周迴十里，建堂榭百餘所，天下奇花、異卉、怪石、古松，靡不畢致。自作記云：『鬻平泉者，非吾子孫也！以一石一樹與人者，非佳子弟也！吾百年後，爲權勢所奪，則以先人所命泣而告之。』

午橋莊 張齊賢以司空致仕歸洛，得裴晋公午橋莊，鑿渠通流，栽花植竹，日與故舊乘小車攜觴游釣。

輞川別業 在藍田，宋之問所建，後爲王維所得。輞川通流竹洲花塢，日與裴秀才迪浮舟賦詩，齋中惟茶鐺、酒臼、經案、(竹)〔繩〕牀而已〔一〕。

高陽池 漢侍中習郁於峴山南，依范蠡養魚法作魚池，池邊有高堤，種竹及長楸，芙蓉緣岸，菱芡覆水，是游燕名處。山簡每臨此池，未嘗不大醉而返，曰：『此是我高陽池也。』

迷樓　隋煬帝無日不治宮室，浙人項（陛）〔陞〕進新宮圖〔二〕，大悦，即日召有司庀材鳩工，經歲而就，帑藏爲之一空。帝幸之，大喜曰：『使真仙游其中，亦當自迷也。』因署之曰『迷樓』。

西苑〔三〕　隋煬帝築西苑，周三百里，其内爲海，周十餘里，爲方丈、瀛洲、蓬萊諸山島，高出水百餘（丈）〔尺〕，有龍鱗（築）〔渠〕縈迴海内，緣（築）〔渠〕十六院門皆臨渠，每院以四品夫人主之。殿堂樓觀，窮極華麗，秋冬彫落，則剪綵爲花，綴於枝幹，色渝則易以新者，常如陽春。上好以月夜從宮女數千騎游西苑，作《清夜遊曲》，於馬上奏之。

阿房宮　東西五百步，南北五十丈，上可以坐萬人，下可以建五丈旗。周馳爲閣道，自殿下直抵南山。表山顛以爲闕。複道度渭，屬之咸陽。役隱宮徒刑者七（千）〔十〕餘〔萬〕人〔四〕。盧生説帝爲微行所居，毋令人知，然後不死之藥可得。乃令咸陽宮三百里内宮觀複道相連，帷帳鍾鼓美人不移而具，所行幸，有言其處者死。

駕霄亭　張功甫爲張循王諸孫，園池聲伎服玩甲天下，常於南湖園作駕霄亭，于四古松間，以巨鐵絚之半空，當風月清夜，與客梯登之，飄遥雲表。

水齋　羊侃性豪侈。初赴衡州，于兩艖𦪇起三間水齋，飾以珠玉，加以錦繢，盛設圍屏，陳列女樂。乘潮解纜，臨波置酒，緣塘倚水，觀者填塞。

清秘閣　倪雲林所居，有清秘閣、雲林堂。其清秘閣尤勝，前植碧梧，四周列以奇石，蓄古法書名畫其中，客非佳流不得入。嘗有夷人入貢，道經無錫，聞雲林名，欲見之，以沉香百斤爲贄，雲林令人紿云：『適往惠山飲泉。』翌日再至，又辭以出探梅花。夷人不得一見，徘徊其家。倪密令開雲林堂使登焉，東設古玉器，西設古鼎彝尊罍，夷人方驚顧，問其家人曰：『聞有清秘閣，可一觀否？』家人曰：『此閣非人所易入，且吾主已出，不可得也。』夷人望閣再拜而去。

泖湖　楊鐵崖晚居泖，嘗曰：『吾未七十，休官在九峯三泖間，殆且二十年，優游光景過於樂天。有李五峰、張句曲、周易癡、錢思復爲唱和友，桃葉、柳枝、瓊花、翠羽爲歌歈伎。風日好時，駕春水宅先生舟名赴吴越間，好事者招致，效昔人水仙舫故事，蕩漾湖光鳥翠，望之呼鐵龍仙伯，顧未知香山老人有此無也。』客有小海生賀公爲『江山風月神仙福人』，且貌公老像，以八字字之，又賦詩其上曰：『二十四考中書令，二百(八)〔六〕字太師銜[五]，不如八字神仙福，風月湖山一担擔。』

咸陽北坂　秦始皇滅六國，寫其宮室，作之咸陽北坂上，自雍門以東至涇、渭交處，殿屋複道，周圍相屬，然各自爲區。雖一瓦一甓之造，亦如其式。各書國號，不相雷同，皆布其所得諸侯美人居之。

花萼樓　唐玄宗友愛至厚，設五王幄，與諸王同處。後於宮中造樓，題曰：『花萼相輝之樓』。

黄鶴樓　晉時有酒保姓辛，賣酒江夏，有道士就飲，辛不索錢，如此三年。一日，道士飲畢，以橘皮畫一鶴於壁，以筯招之即下舞，嗣是貴客皆就飲，辛遂致富，乃建黄鶴樓。後道士騎鶴而去。

滕王閣 滕王，唐高帝之子，武德中出爲洪州刺史，喜山水，酷愛蝴蝶，尤工書，妙音律。暇日泛青雀舸，就芳渚建閣登臨，仍以王名閣焉。

輪奂 晋獻文子成室，晋大夫賀焉。張老曰：『美哉輪焉，美哉奂焉！歌于斯，哭于斯，聚國族于斯。』『全首領以從先大夫于九京也。』〔六〕君子謂其善頌善禱。

爽塏 齊景公欲更晏子之宅，謂晏子曰：『子之宅近市，不可以居，請更諸爽塏地名。』晏子如晋，公更宅焉。反，則成矣。既拜，乃復舊宅。

緑野堂 唐裴度以東都留守加中書令，不復有經世之意，乃治第東都集賢里，名緑野堂，竹木清淺，野服蕭散。

銅雀臺 在彰德縣，曹操所築。上有樓，鑄大銅雀，高一丈五尺，置之樓顛。臨終遺命，施繐帳於上，使宫人歌吹帳中，望吾西陵。西陵，操葬處也。

華林園〔七〕 梁簡文帝入華林園，顧謂左右曰：『會心處政不在遠，翳然林木，便自有濠濮間想，覺鳥獸禽魚自來親人。』

金谷園 石崇爲荆州刺史時，劫遠使商客，致富不貲。有别館，在河陽之金谷，一名梓澤園，中有清泉茂林，竹柏藥草之屬，莫不畢備。嘗與衆客游宴，屢遷其處，或登高臨下，或列坐水濱，琴瑟笙筑合載車中，道路並作，令與鼓吹遞奏，晝夜不倦。後房數百，俱極佳麗之選，以殽羞精麗相高，求市恩寵。

【校】

〔一〕『酒臼』，《廣輿記》卷八同，《舊唐書・文苑・王維傳》作『藥臼』。『繩牀』，原書作『竹牀』，據《舊唐書》及《廣輿記》改。

〔二〕『項陞』，乙本誤作『項陛』，據甲本改。按當作『項昇』爲是。

〔三〕『百餘尺』、『龍鱗渠』，原書誤作『百餘丈』、『龍鱗築』，據《資治通鑑》卷一百八十、《續談助》卷四改。

〔四〕『七十餘萬人』，原書誤作『七千餘人』，據《史記・秦始皇本紀》改。

〔五〕『二百六字』，原書誤作『二百八字』，據《宗山詩話》改。

〔六〕『全首領』云云，文子答辭。本條多省略，事具見《禮記・檀弓下》。

〔七〕乙本誤題作『華林國』，據甲本改。

衣冠

冠　辰〔放〕氏始教民緺髮閻首〔一〕。堯始制冠禮。○黃帝始制冠冕。女媧氏始制簪導。堯始制纓。○伏羲始制弁，用皮韋。魯昭公始易絹素。○周公始制幅巾。漢末始尚幅巾，制角巾。晉制接䍦諸巾及葛巾，始以巾爲禮。○秦始皇加武將絳袙，以別貴賤，始爲幘。漢元帝額有壯髮，始服幘。王莽禿，加屋幘上，始爲頭巾。古無巾，止用冪尊罍。

帽〔二〕 （苟）〔句〕始制帽，舜制帽冠。漢成帝始制貴臣烏紗帽，後魏迄隋因之。唐太宗始制紗帽，爲視事見賓，上下通用。○秦漢始效羌人制爲氈帽。晋始以席爲骨而（輓）〔鞔〕之，制席帽。○隋始制帷帽障塵，爲遠行，用皂紗連幅綴油帽及氈笠前。○唐制大帽，後魏孝文始賜百官。○魏文帝始賜百官立冬暖帽。今賜百官煖耳，本此。

幞頭 北朝周武帝裁布始制幞頭。一云六國時趙魏用全幅向後幞髮，通謂頭巾，俗呼幞頭。

幍 魏武制幍，始燕居着幍。幍帢同，裁縑布爲之，以色别貴賤。 荀文若始制幍有岐，因觸樹枝成岐，後效之。

縰 周公制縰，以纚韜髮。宋太祖制網巾，明太祖頒行天下。

古冠名〔三〕 堯黄收、牟追；湯冔；武王委貌；秦始皇遠游冠；漢高祖通天冠、高山冠、鵲尾冠、長冠、竹皮冠；唐太宗翼善冠、交天冠；宋平天冠，並人君冠。○殷章甫冠；漢梁冠以梁數分别；後漢進賢冠；唐太宗進德冠；楚王獬廌冠；漢却非冠；趙武靈王惠文冠飾金璫豹尾。漢武弁倣惠文加蟬、鵔鸃冠、繁冠、鷊冠。秦孝公武幘，漢文帝介幘。西漢翠帽，唐縠帽，李晟繡帽，沈慶之狐皮帽，汝陽王（漣）〔璡〕砑光帽，南漢平頂帽，後周獨孤帽、側帽，韓熙載輕紗帽，蕭載小博風帽。○唐烏匼紗巾、夾羅巾、員頭、平頭、方頭巾，宋雲巾、鷊鴟巾，漢文帝平巾，唐中宗踣養巾，昭宗珠巾，諸葛孔明綸巾，謝萬白綸巾，禰衡練巾，石季倫紫綸巾，桑維翰蟬翼紗巾。張孝秀穀皮巾，陶弘景鹿皮巾，王衍尖巾，顧况華陽巾，山簡白鷺巾，高九萬漁巾，程伊川濶幅巾，蘇子瞻加輔方巾，牛弘卜桐巾，王鄰菱角巾，羅隱減樣平方巾。

履　黄帝臣於則始制履單底，周公制舄複底、制屨施帶、制屧。○伊尹制草屩，周文王始制麻履，秦始用絲，始皇始制靸金泥飛頭鞋，始名鞋。漢始以布〔鞔〕繶〔四〕，上脱下加錦飾，東晋始以草木巧織成，如澼芙蓉爲履是也。

靴　趙武靈王制靴，短靿。隋煬帝制皂靴，始長靿。馬周加氈及絛，始着入殿省敷奏。

三代冠制　夏曰毋追音牟堆，周曰委貌。○衡，維持冠者；紞，冠之垂者；（絃）〔紘〕纓〔五〕，從下而上；緌，冠之上覆者，皆冠飾也。

冕制〔六〕　有虞氏曰皇，夏后氏曰收，商湯氏曰（哻）〔冔〕，周武王曰冕。○衮冕，一品服；繡冕，二品服；毳冕，三品服；（希）〔絺〕冕，四品服；玄冕，五品服；平冕，郊廟武舞郎之服；爵弁，六品以下、九品以上，從祀之服；武弁，武官〔朝〕參、殿廷武舞郎、堂下鼓人、鼓吹按工之服；弁服，文官九品公事之服。

旒制　漢明帝采《周官》、《禮記》，以定冕制，廣七寸、長一尺二寸，繫白珠於其端，曰旒。天子十二旒，三公及諸侯九旒，卿七旒。

冠制　太白冠，太古之白布冠也。通天冠，天子冠名。惠文冠，漢法冠也，御史服之。葛巾，葛布冠也，居士野人所服。方山冠，樂人之冠也。鐵柱冠，即獬豸冠也，後以鐵爲柱，取其執法如鐵也，故御史服之。

鵔鸃冠 漢惠帝時，郎中皆冠鵔鸃冠，傅脂粉。○岸幘，起冠露額曰岸。

雄雞冠 子路性鄙，好勇力，冠雄雞，佩豭豚，凌暴孔子，孔子設禮稍誘子路。子路後服，委贄，因門人請爲弟子。

竹皮冠 漢高祖爲亭長，以竹皮爲冠。及貴，常服之，所謂『劉氏冠』也。詔曰：爵非公乘以上，不得冠劉氏冠。公乘，第八爵也。

弁髦 男子始冠則用弁髦，既冠則棄之，故凡物棄之不用，則曰弁髦。

帽制 接離，白帽也。渾脱，氈帽也。褦襶，即今暑月所戴凉帽也，内以笠爲之，外以青繒綴其簷而蔽日者也。

進賢冠 今文臣所著紗帽，即古之進賢冠也。

貂蟬冠 爲侍中、中常侍所服之冠，黄金鐺，附蟬爲文，貂尾爲飾，侍中插左，常侍插右。

鶡冠 楚人居於深山，以鶡爲冠，著書十六篇，號《鶡冠子》。

虎賁冠 虎賁插兩鶡尾，豎左右。鶡，鷙鳥中之勁果者，秦漢施之武人。

黄冠 道士冠也。文文山願黄冠歸故鄉，以備顧問。

椰子冠 蘇東坡有椰子冠，廣東所産，俗言茄瓢是也。

束髮冠 古制也。三王畫像多著此冠，名曰束髮者，亦以僅能束一髻耳。

折角巾　後漢郭林宗常行梁陳之間，遇雨，巾一角霑雨而折。三國名士著巾，莫不折其角，號『林宗巾』。其見儀則如此。

折上巾　漢魏以前戴幅巾，晋、宋用冪羅，後周以三尺皂絹向後幞髮，名『折上巾』。

方巾　元楊維禎被召入見，太祖問：『卿所冠何巾？』對曰：『四方平定巾。』太祖悦其名，召中書省，依此巾製頒天下盡冠之。

網巾　明太祖一日微行至神樂觀，有道士結網巾，問結此何用，對曰：『網巾用以裹頭，則萬髮俱齊。』明日有旨命道官取網巾一十三頂，頒行天下，無貴賤，皆令裹之。

【校】

〔一〕『辰放氏』，原書誤脱『放』字，據《路史前紀》、《廣博物志》卷九補。

〔二〕『旬始制帽』，『旬』原書作『荀』，據《通典》卷五十七引《玄中記》改。『鞔之』，原書作『輓之』，據《中華古今注》改。

〔三〕『汝陽王璡』，原書『璡』誤作『漣』，據《羯鼓録》、《甕牖閒評》卷七改。按據《羯鼓録》，汝陽王璡所戴爲砑絹帽。又按《南齊書・五行志》，蕭諶作博風帽，蕭戴不詳。

〔四〕『以布鞔纚』，原書脱『鞔』字，據《中華古今注》補。

〔五〕『紘纓』，乙本誤作『絃纓』，據甲本改。

〔六〕『鼎』，原書作『啤』，據《儀禮・士冠禮》改。『絺冕』、『朝參』，原書作『希冕』、『參』，據《新唐書・車服志》改。

衣裳

有巢氏始衣皮。軒轅妃嫘(姐)〔祖〕始興機杼〔一〕，成布帛。堯始加絺苧、木綿、布、毛罽。○黄帝臣胡曹始作衣，伯余始作裳，始衣裳加垂以衣皮，短小也。○舜制韍，冕服之韠，古字從韋，今從絲。三代增畫文；漢明帝用赤皮；魏晋始易絡紗。○黄帝始制衮，舜始備，周始詳。傅説制袍，長至足。隋制大袍，宇文護始加襴。○舜制深衣。馬周制襴衫。○漢制方心曲領，唐制圓領。

唐太宗制，朝參拜表朝服，公事謁見公服，始分別。○北齊入中國，始胡服，窄袖。唐玄宗始公服，褒博大袍。

伏羲制裘一云黄帝。禹制披風如背子，制較長，而袖寬于衫、制襦短衣。伊尹制袷襖。漢高祖制汗衫小僅覆胸背，即古中單，帝與楚戰，汗透，因名。唐高祖制半臂隋文帝時半臂(餘)〔除〕即長袖也〔二〕。高祖減爲禿袖，如背心。馬周制開骻即今四骻衫。周文王制褌，禹始制袴，周武王改爲褶，以布；敬王以繒；漢章帝以綾，始加下緣。

晋董威制百結碎雜繒爲之。宋太祖制截褶、制海青俱倣南番作。宇文涉制氈衫。陳成子制雨衣、雨帽。宇文涉制雨籠。○於則制角襪。前後兩隻相承，中心繫帶。魏文帝吴妃始裁縫如今樣。○後魏始賜僧尼偏衫。

黃帝始定人君服，色隨王運。周公始制天子服，四時各以其色。隋文帝始專尚黃。唐玄宗時，韋韜請天子服御皆用黃，設禁。

隋煬帝詔牛弘等始別服色，三、四品紫，五品朱，六品以下綠，胥吏青，庶人白，商皂。本秦始皇以紫、緋、綠三等服爲制。

後魏制僧衣，赤布，後周易黃，宇文周易褐色。北齊忌黑，以僧衣多黑，始行師忌僧。

魚袋 即古魚符，刻魚，盛之以袋，而飾金銀玉，〔今廢〕[三]。三代爲等袋，用韋。唐高祖始制魚袋，飾金銀。武后改制龜，蓋爲別；後復爲魚，加用銅；宋仁宗加用玉。○唐玄宗敕品卑者借緋及魚袋。

笏 成湯始制笏，書教令以備忽忘。武王誅紂，太公解劍帶，笏始制爲等。○周制諸侯用象笏。晉、宋以來，惟八座用笏，餘執手板。周武帝始百官皆執笏朝參，以笏爲禮。○漢高祖制手板如笏，魏武帝制露板。奏事木簡。

帶綬 黃帝制衣帶用革反插垂頭，秦二世名腰帶。唐高宗始制金、玉、犀、銀、鍮、鉐、銅、鐵等差。

佩 堯始制佩，周制爲等。七國去佩留襚，始以采組連結于襚。轉相受爲綬古綬以貫佩制，更秦名，（木）〔本〕三代[四]。漢高祖制爲等，加縹。○天子佩白玉而玄組綬，公侯佩山玄玉而朱組綬，大夫佩水蒼玉而純組綬，世子佩瑜玉而綦組綬，士佩瓀玟而緼組綬，孔子佩象環五寸而綦組綬。

牙牌　宋太祖始制牙牌，給賜立功武臣懸帶，令朝參官皆用之。○顓頊制絲縧。湯制鞶囊。

厠牗，近身之小衫，即今之汗衫也。

繡䰌　蓋以羽衣爲半臂，如《〔後〕漢書》所謂『諸子（練）〔繡〕䰌』〔五〕，其字不同，其義則一也。

襳褵，羽衣也。又曰氅衣。緼黂，敝衣。襏襫，蓑衣，暆音夷喻，雨衣。

襜音諂**褕**音遥　單衣也。武安侯田蚡坐襜褕入宫，不敬，國除。

吉光裘　漢武帝時，西域獻吉光裘，裘色黄，蓋神馬之類，入水不濡，入火不燃。

雉頭裘　大醫程據上雉頭裘，武帝詔據：此裘非常衣服消費功用，其於殿前燒之。

狐白裘　孟嘗君使人説昭王幸姬求解，姬曰：『願得狐白裘。』此裘孟嘗君已獻昭王，客有能爲狗盗者，夜入秦宫藏中，取以獻姬，乃得釋。

集翠裘　武后賜張昌宗集翠裘，后令狄仁傑與賭此裘。仁傑因指所衣紫拖袍，后曰：『不等。』傑曰：『此大臣朝見之服也。』昌宗累局連北，仁傑褫其裘，拜恩出，賜與輿前厮養。

鷫鷞裘　司馬相如初與文君還成都，居貧愁懣，以所着鷫鷞裘，就市人楊昌貰酒，與文君撥悶。

深衣　古者深衣，蓋有制度，短毋見膚，長毋被土。制有十二幅，以應十有二月，袂圓以應規，曲袷如矩以應方，負繩及踝以應直，下齊如權衡以應平。

黑貂裘　蘇秦初説趙，趙相李兑遺以黑貂裘。及游説秦王，王不能用，黑貂之裘敝。

通天犀帶　南唐嚴續相公歌姬唐鎬給事通天犀帶，皆一代尤物，因出伎解帶呼盧。唐彩大勝，乃酌酒，命美人歌一曲而别，嚴悵然久之。

月影犀帶　張九成有犀帶，文理縝密，中有一月影，過望則見，貴重在通天犀之上，蓋犀牛望月之久，故感其影於角也。

黄琅帶　唐太宗賜房玄齡黄琅帶，云服此帶，鬼神畏之。

百花帶　宗測春游山谷，見奇花異卉，則繫於帶上，歸而圖其形狀，名『百花帶』，人多效之。

笏囊　唐故事，公卿皆搢笏於帶，而後乘馬。張九齡體弱，使人持之，因設笏囊。笏囊自此始。

只遜　殿上直校鵝帽錦衣，總曰『只遜』。曾見有旨下工部，造只遜八百副。

身衣弋綈　張安世尊爲公侯，而身衣弋綈，夫人自績。

衣不重帛　晉國苦奢，文公以儉矯之，乃衣不重帛，食不兼肉。未幾時，國人皆大布之衣，脱粟之飯。

韎韋跗注　拳，赤也。跗注，戎服，若袴而屬於跗，與袴連，言軍中君子之飾也。

飛雲履〔六〕　白樂天燒丹於廬山草堂，製飛雲履，（立雲）〔玄綾〕爲（直）〔質〕，四面以素（絹）〔綃〕作雲（梁）〔朵〕，染以諸香，振履則如烟霧。常着示道友云：『吾足下生雲，計不久上昇矣。』

襴衫　乃明朝高皇后見秀才服飾與胥吏同，乃更製儒巾襴衫，令太祖着之。太祖曰：『此真儒者服也。』遂頒天下。

毳衣　《詩經》：『毳衣如菼。』天子、大夫之服。紈袴，貴家子弟之服。逢腋，肘腋寬大之衣，爲庶人之服。

初服　初，始也，謂未仕時清潔之服，故致仕歸，曰得遂初衣。

輕裘緩帶　羊祜在軍中嘗服之。偏裻，戎衣名；賜夷，甲名；皆從軍所服之飾。

赤芾　芾，冕之飾也。大夫以上，赤韍乘軒。

【校】

〔一〕『嫘祖』，乙本誤作『嫘姐』，據甲本改。

〔二〕『除即』，原書作『餘即』，據《事物紀原》卷三引《實録》改。

〔三〕『今廢』，乙本無，據甲本補。

〔四〕『本三代』，『本』乙本誤作『木』，據甲本改。

〔五〕條目名『繡髩』，『繡』乙本誤作『練』，據甲本改。『《後漢書》』，原書誤脱『後』字，按此條出自《後漢書·光武帝紀》，據改。

〔六〕本條疏誤均據《雲仙雜記》卷一引《樵人直説》改。

飲食

有巢氏始教民食果。燧人氏始修火食，作醴酪蒸釀之使熟。○神農始教民食穀，加于燒石之上而食。黄帝始具五穀種地神所獻。烈山氏子柱始作稼，始教民食蔬（菓）〔菜〕〔一〕。○燧人氏作脯、作胾。黄帝作炙。成湯作醢。○禹作鮝，吴壽夢作鮓。○神農諸侯夙沙氏煮鹽，嫘（妲）〔祖〕作醷〔二〕，神農作油，殷果作醢，周公作醬，公劉作餳。《後漢》謂飴餳即《楚辭》餦餭也。《方言》：江東爲糖作蜜。唐太宗煎蔗作沙糖。○黄帝作羹、作葅。少昊作齏。神農作炒米。黄帝作蒸飯、作粥。公劉作餈、作麻團、作糕。周公作湯團。（汝頽）〔女嬃〕作糉〔三〕。諸葛亮作饅頭、作餢飳。石崇作餛飩。秦昭王作蒸餅。漢高祖作漢餅。金日磾作胡餅。魏作湯餅。晋作不托。即麵，簡于湯餅。

酒〔四〕　始自空桑委餘飯鬱積生味。○黄帝始作醴一宿，（夷）〔儀〕狄作酒醪，杜康作秫酒。周公作酎，三重酒。漢作宗廟九醞酒五月造，八月成。魏文侯始爲觴。○齊桓公作酒令。

汝陽王〔漣〕〔璡〕著《酒法》。唐人始以酒名春。劉表始以酒器稱雅。有伯仲季雅，稱雅集本此。晉隱士張元作酒帘。南齊始以樗蒲頭戰酒。宋武帝延蕭介賦詩置酒，始稱即席。

名酒〔五〕 齊人田無已中山酒一云狄希，漢武帝蘭生酒采百味，即百末旨酒，曹操縹醪，劉白墮桑落酒成桑落時，千里酒六月曝日不動，唐玄宗三辰酒，虢國夫人天聖酒用鹿肉，裴度魚兒酒凝龍腦刻魚投之，魏徵翠濤，孫思邈屠蘇元日入藥，隋煬帝玉薤倣胡法，陳後主紅粱新醖，魏賈〔鏘〕〔璐〕崑崙觴絳色，以〔瓢〕〔瓠〕接河源水釀之，房壽碧芳酒，羊〔雅〕〔稚〕舒抱瓮醪冬月令人抱而釀之，向恭伯蘤林秋露，殷子新黃嬌，易毅夫瓮中雲，胡長文銀光，宋安定郡王洞庭春以柑釀，蘇軾羅浮春、真一酒，陸放翁玉清堂，賈似道長春法酒，歐陽修冰堂春。

茶〔六〕 成湯作茶，黃帝食百草，得茶解毒。○晉王〔蒙〕〔濛〕、齊王肅始習茗飲三代以下炙茗菜或煮羹，錢〔超〕〔起〕、趙莒爲茶會。唐陸羽始著《茶經》，創茶具，茶始盛行。○唐常袞，德宗時人，刺建州，始茶蒸焙研膏。宋鄭可聞剔銀絲爲水牙，始去龍腦香。○唐茶品，陽羡爲上，唐末北苑始出。南唐始率縣民采茶，北苑造膏茶臘面，又京鋌最佳。宋太宗始制龍鳳模，即北苑時造團茶，以別庶飲，用茶碾，今炒製用茶芽，廢團。○王涯始獻茶，因命涯榷茶。○唐回紇始入朝市茶。宋太祖始禁私茶，太宗始官場貼射，徐改行交引。○宋始稱絕品茶曰鬬，次亞鬬。始制貢茶，列粗細綱。

蒙山茶 蜀蒙山頂上茶多不能數，片極重，於唐以爲仙品。今之蒙茶，乃青州蒙陰山石上地衣，味苦而性寒，亦不易得。

密雲龍 東坡有密雲龍茶，極爲甘馨。時黄、秦、鼂、張號『蘇門四學士』，子瞻待之厚，每來，必令侍妾朝雲取密雲龍飲之。

天柱峯茶 李德裕有親知授舒州牧，李曰：『到郡日，天柱峯可惠三四角。』其人輒獻數觔，李却之。明年罷郡，用意精求，獲數角，投之贊皇，閱而受之，曰：『此茶可消酒肉毒。』乃命烹一甌沃于（内）〔肉〕〔七〕，以銀合閉之，詰旦開視，其肉已化爲水矣，衆服其廣識。

驚雷莢 覺林院僧志崇收茶三等，待客以驚雷莢，自奉以萱草帶，供佛以紫茸。香客赴茶者，皆以油囊盛餘瀝以歸。

石巖白 蔡襄善别茶。建安能仁寺有茶生石縫間，名石巖白，寺僧遣人遺内翰王禹玉。襄至京訪禹玉，烹茶飲之，襄捧甌未嘗，輒曰：『此極似能仁寺石巖白，何以得之？』禹玉歎服。

仙人掌 荆州玉泉寺，近清溪諸山，山洞往往有乳窟，窟中多玉泉交流，其水邊處處有茗草羅生，枝葉如碧玉，拳然重疊，其狀如手，號仙人掌，蓋曠古未睹也。惟玉泉真公常採而飲之，年八十餘，顔色如桃（色）〔花〕〔八〕。此茗清香酷烈，異于他產，所以能還童振枯，扶人壽也。

水厄 晋司徒長史王（蒙）〔濛〕好飲茶〔九〕，客至輒命飲，士夫皆患之，每欲往候，必曰：『今日有水厄。』

湯社 和凝在朝，率同列遞日以茶相飲，味劣者有罰，號爲湯社。

茗戰 建人以鬬茶爲茗戰。

盧仝七椀 盧仝歌：一椀喉吻潤，二椀破孤悶；三椀搜枯腸，惟有文字五千卷；四椀發輕汗，平生不平事，盡向毛孔散；五椀肌骨清，六椀通仙靈；七椀吃不得也，惟覺兩腋習習清風生。

九難 《茶經》言茶有九難：陰采夜焙，非造也；嚼味嗅香，非别也；羶鼎腥甌，非器也；膏薪庖炭，非火也；飛湍壅潦，非水也；外熟内生，非湯也；碧粉縹塵，非茶也；操艱攪遽，非煮也；夏興冬廢，非飲也。

六物 《月令》：乃命大酋，秫稻必齊，曲蘗必時，湛熾必潔，水泉必香，陶器必良，火齊必得，兼用六物，大酋監之，無有差忒。

崑崙觴 魏賈鏘有蒼頭善别水，常令乘小艇於黄河中流，以瓠匏接河源水，一日不過七、八升，經宿，色如絳，以釀酒，名崑崙觴。芳味世間所絶。

白墮鶴觴 河東劉白墮善釀，六月以罌貯酒，暴於日中，經一旬，其酒不動，飲之者香美，醉而經月不醒。朝貴相餉，踰于千里。以其遠至，號曰鶴觴，如鶴之一飛千里也。

椒花雨 楊誠齋退居，名酒之和者曰金盤露，勁者曰椒花雨。

魯酒 楚會諸侯，魯趙皆獻酒於楚王。主酒吏求酒于趙，趙不與，吏怒，乃以趙厚酒易魯薄酒獻之，楚王以趙酒薄，遂圍邯鄲。故曰：『魯酒薄而邯鄲圍。』

釀王　汝陽王璡，自稱『釀王』。种放號『雲溪醉侯』。蔡邕飲至一石，常醉，在路上卧。人名曰『醉龍』。李白嗜酒，醉後文尤奇，號爲『醉聖』。白樂天自稱『醉尹』，又稱『醉吟先（王）〔生〕[一〇]』。皮日休自稱『醉士』。王績稱『斗酒學士』，又稱『五斗先生』。山簡稱『高陽酒徒』。

狂花病葉　飲流，謂睚眦者爲狂花；謂目睡者爲病葉。

八珍　龍肝、鳳髓、豹胎、猩唇、鯉尾、鴞炙、熊掌、駝峯。

内則八珍　一淳熬，二淳母，三炮豚，四炮牂，五擣珍，六漬，七熬，八肝膋。蓋烹飪之八法，養老所用也。

麟脯　王方平至蔡經家，與麻姑共設肴膳，擗麟脯而行酒。

牛心炙　王右軍年十三，謁周顗，顗異之。時絶重牛心炙，座客未噉，顗先割以啖之，于是始知名。

五侯鯖　王氏五侯，各署賓客，不相來往。婁護傳食五侯間，盡得其歡心，競致奇膳，護合以爲鯖，世稱五侯鯖，爲世間（絶）〔奇〕味[一一]。

醒酒鯖　齊世祖幸芳林園，就侍中虞悰求扁米糲，虞獻糲及雜肴數十轝，大官鼎味不及也。上就虞求諸飲食方，虞秘不肯出，上醉後，體不快，悰乃獻醒酒鯖一方而已。

甘露羹　李林甫壻鄭平爲省郎，林甫見其鬢鬢斑白，以上所賜甘露羹與之食，一夕而鬢鬢如鱉。

玉糝羹　東坡云：過子忽出新意，以山芋作玉糝羹，色香味皆奇絶。天上酥酡則不可知，人間決無此味也。』詩曰：『香似龍涎仍（釀）〔釅〕白〔一二〕，味如牛乳更全清。莫將南海金齏膾，輕比東坡玉糝羹。』

三升良醪斗酒學士　唐王績，字無功，武德初，待詔門下省。故事，官給酒日三升，或問：『待詔何樂耶？』答曰：『三升良醞可慰耳。』侍中陳叔達聞之，日給一斗，號『斗酒學士』。

六和湯　醫家以酸養骨，以辛養節，以苦養心，以鹹養脉，以甘養肉，以滑養竅。

段成式食品〔一三〕　有壽木花，玄木葉，夢澤芹，具區菁，楊樸薑，招摇桂，越輅（囷）〔菌〕，長澤（卯）〔卵〕，三危露，崑崙井，蒲葉菘、竹根粟、麻（湖菱）〔胡麥〕、緑施笋。

傘子鹽　朐䏰縣鹽井，有鹽方寸，中央隆起，如張傘，名曰『傘子鹽』。

雞栖半露〔一四〕　晋符（郎）〔朗〕善識味。會稽王（導）〔道〕子爲設精饌。訖，問關中味孰若于此。（郎）〔朗〕曰：『皆好，唯鹽少生。』即問宰夫，如其言。或殺雞以餉之，（郎）〔朗〕曰：『此雞栖恒半露。』問之，亦驗。

崖蜜　一名石飴，味甘，潤五臟，益氣强志，療百病，服之不飢，即崖石間蜂蜜也。

豆腐　爲淮南王鴻烈所造〔一五〕，故孔廟祭器不用豆腐。

五穀　稻，黍，稷，麥，菽。黍，小米。稷，膏粱。菽，豆也。

崑崙瓜　茄子一名落蘇，一名崑崙瓜。

蕈　八月以前爲絲蕈，冬至爲豬蕈，秋時長丈許，凝脂甚清。張季鷹秋風所思，正爲此也。

食憲章[一六]　段文昌丞相精饌事，第中庖所榜曰『（練）〔錬〕珍堂』，在途號『行珍館』。文昌自編《食經》五十卷，時稱《（郇）〔鄒〕平公食憲章》。

郇公厨　韋陟襲封郇國公，性侈縱，尤窮治羞饌。厨中飲食，香味錯雜，入其中者，多飽飫而歸，時人語曰：『人欲不飯筋骨舒，夤緣須入郇公厨。』

遺餅不受　王悅之少厲清節。爲吏部郎時，鄰省有會同者遺以餅一甌，辭不受，曰：『所費誠復小，然少來不欲當人之（意）〔惠〕[一七]。』

嗟來食　齊大飢。黔敖爲食於路，以待飢者而食。有飢者蒙袂輯屨，貿貿而來。黔敖左奉食，右執飲，曰：『嗟！來食！』飢者揚其目而視之，曰：『予惟不食嗟來之食，以至于斯也。』從而謝焉，終不食而死。

饅頭　諸葛武侯南征孟獲，瀘水洶涌，不得渡。有云須殺人以頭祭之，武侯曰：『吾仁義之師，奚忍殺人以代犧牲？』於是用麵爲皮，裹猪羊肉於内，象人頭而祭之。後之有饅頭，始此。

五美菜　諸葛武侯出軍，凡所止之處，必種蔓菁，即羅蔔菜，蜀人呼爲諸葛菜。其菜有五美：可以生食，一美；〔葉〕可葅[一八]，二美；根可充飢，三美；生食消痰止渴，四美；煮食之補人，五美。故又名五美菜。

酪奴 彭城王勰謂王肅曰：『君棄齊魯大邦，而受邾莒小國，明日請爲設邾莒之飧，亦有酪奴。』故號茗曰酪奴。

龍鳳團 古人以茶爲團餅，上印龍鳳文，供御者以金粧龍鳳，凡八餅重一斤。慶曆間，蔡君謨始造小片，凡二十片重一斤。天子每南郊致祭，中書、樞密院各賜一餅，宫人（鏤）〔縷〕金〔花〕其上[一九]。

茶異名 《國史》：劍南有蒙頂石花，湖州有（藿山嫩）〔顧渚紫〕筍[二〇]，峽州有碧澗明月。

露芽 陶弘景《雜録》：蜀雅州蒙山上頂有露芽，火前者最佳，火後者次之。火，謂禁火，寒食節也。

雪芽 越郡茶有龍山、瑞草、日鑄、雪芽。歐陽永叔云：『兩浙之茶，以日鑄爲第一。』

反覆没飲 鄭泉嘗曰：『願得美酒滿五百斛船，以四時肥甘置兩頭，反覆没飲之，不亦快乎！』

上樽 《平當傳》：稻米一斗得酒一斗爲上樽，稷米一斗得酒一斗爲中樽[二一]，粟米一斗得酒一斗爲下樽。

梨花春 杭州釀酒，趁梨花開時熟，號梨花春。

碧筩勸 荷葉盛酒，以簪刺柄與葉通，屈莖輪囷如象鼻，持吸之，名碧筩勸。

蕉葉飲　東坡嘗謂人曰：『吾兄子明飲酒不過三蕉葉。吾少時望見酒盃而醉，今亦能蕉葉飲矣。』

中山千日酒　劉玄石於中山沽酒，酒家與千日酒飲之，大醉，其家以爲死，葬之。後酒家計其日，往視之，令啓棺，玄石醉始醒。

青州從事　《世説》：桓温主簿善别酒，好者爲青州從事，蓋青州有齊郡，言飲好酒直至腹臍也，惡者謂平原督郵，蓋平原有鬲縣，言惡酒飲至膈上住也。

防風粥　白居易在翰林，賜防風粥一甌，食之，口香七日。

胡麻飯　晋劉晨、阮肇入天台山採藥，迷路，流水中得一杯胡麻飯屑，二人相謂曰：『此去人家不遠。』因窮源而進，見二女，曰：『郎君來何暮也！』邀至家，待以胡麻飯、山龍脯，結爲夫婦。逾月，二人辭歸，訪於家，子孫已七世矣。

青精飯　道士鄧伯元受青精石，爲飯食之，延年益壽。

蓴羹　昔陸機詣王濟，濟指羊酪謂機曰：『吴下何以敵此？』機曰：『千里蓴羹，未下鹽豉。』

錦帶羹　荆湘間有草花，紅白如錦帶，苗嫩脆，可作羹。杜詩：『滑憶雕胡飯（即胡麻飯），香聞錦帶羹。』

安期棗　安期生，瑯琊人，賣藥海上，自言壽已千歲，所食棗其大如瓜。

韭萍齏　石崇遇客，每冬作韭萍豆粥，咄嗟而辦。王愷密問其帳下，云豆最難熟，預炊熟，客來，但作白粥投之。韭萍齏，是時以其根雜麥苗耳。

金齏玉膾　南人作魚膾以細縷，金橙拌之，號爲金齏玉膾。隋時吴郡獻松江鱠，煬帝曰：『所謂金齏玉鱠，東南佳味也。』

玉版　蘇東坡邀劉器之參玉版禪師。至寺，燒笋，覺味勝，坡曰：『名玉版也。』作偈云：『不怕石頭路，來參玉版師。聊憑錦珠子，與問籜龍兒。』

碧海菜　《漢武内傳》：王母曰：『仙之上藥，有碧海之琅菜。』

肉山酒海　魏曹子建《與季重書》曰：『願舉泰山以爲肉，傾（北）〔東〕海以爲酒〔二二〕。』又古紂王以肉爲林，以酒爲池。

石髓　嵇（唐）〔康〕遇王烈，共入山，見石裂，得髓食之，因携少許與康，已成青石，扣之琤琤。再往視之，斷山復合矣。

松肪　東坡詩：『爲（探）〔採〕松肪寄一車〔二三〕。』又松花爲松黄，服之輕身。

杯中物〔二四〕　晋吴術好飲酒，因醉詬權貴，遂戒飲。阮宣以拳毆其背，曰：『看看老逼癡漢，忍斷杯中物耶？』樂飲如初。

懲羹吹齏　唐傅奕言：『唐承世當有變更，懲沸羹者吹冷齏，傷弓之鳥驚曲木。』陸贄奏議：昔人有因噎而廢食，懼溺而自沉者。

酒肉地獄　東坡倅杭，不勝杯酌。奈部使者重公才望，朝夕聚首，疲於應接，乃目杭倅爲酒肉地獄。後袁穀代倅，僚屬踈濶，袁語人曰：『聞此郡爲酒肉地獄，奈我來，乃值獄空。』傳以爲笑。

虀賦　范文正公少時作《虀賦》，其警句云：『陶家瓮内，腌成碧緑青黄；措大口中，嚼出宫商角徵。』蓋親處貧困，故深得虀之趣味云。

絳雪嗛雪　《漢武傳》：仙家妙藥，有玄霜紺雪。又，西王母進嗛山紅雪，亦名絳雪。又，雪糕一名甜雪。

冰桃雪藕　周穆王方士集於春霄宫，王母乘飛輦而來，與王讌會，進萬歲冰桃、千年雪藕。

玉食珍羞　《書經》：『惟辟玉食。』李詩：『金鼎羅珍羞。』

竹葉珍珠　杜詩：『三杯竹葉春。』李詩：『小槽酒滴真珠紅。』

鴨緑鵝黄　李詩：『遥看（春）〔漢〕水鴨頭緑[二五]，恰似葡萄初潑醅。』杜詩：『鵝兒黄似酒。』東坡詩：『小舟浮鴨緑，大杓瀉鵝黄。』

白粲　長腰米曰白粲。東坡詩：『白粲連檣一萬艘。』江南有『長腰粳米、縮項鯿魚』之諺。

釣詩掃愁　東坡呼酒爲釣詩鈎，亦號掃愁帚。

太羹玄酒　《禮記》：『太羹不和。』玄酒，明水也，可薦馨香。

僧家詭名　《志林》：僧家謂酒爲般若湯，魚爲水梭花，雞爲穿籬菜。人有爲不義，而義之以美名者，與此何異？

饕餮 《左傳》：縉雲氏有不才子，貪于飲食，不可盈厭，天下之人謂之饕餮。

欲炙〔二六〕 《晋史》：顧榮與同僚飲，見行炙者有欲炙之色，榮徹己炙與之。後趙王倫篡位，榮在難，一人救之，獲（色）〔免〕，即受炙之人也。

半菽不飽〔二七〕 《史記》：漢文帝曰：『吾每飯，意未嘗不在鉅鹿也。』

白飯青芻 杜詩：『與奴白飯馬青芻。』

炊金爨玉 駱賓王謂盛饌爲炊金爨玉，言飲食之美，如金玉之貴重也。

抹月批風 東坡詩：『貧家無可娱客，但知抹月披風。』

敲冰煮茗 《六帖》：王休居太白山，每冬月取（渼）〔溪〕冰煮茗〔二八〕，待賓客。

酒囊飯袋 《荆湖近事》：『馬氏奢僭，諸院王子，僕從烜赫，文武之道，未嘗留意。時謂之酒囊飯袋。』

【校】

〔一〕『蔬菜』，乙本作『蔬菓』，據甲本改。

〔二〕『嫘祖』，乙本誤作『嫘姐』，據甲本改。

〔三〕『女嬃』，原書誤作『汝頽』，今改，按女嬃即屈原之姊。

〔四〕『儀狄』，原書誤作『夷狄』，據改。『汝陽王璡』，原書『璡』誤作『漣』，據《清異録》卷四改。

〔五〕『魏賈⿰王將』，原書誤作『魏賈鏘』，據《西陽雜俎》前集卷七改。『以瓠接河源水』，『瓠』乙本作『瓢』，據甲本改。『羊稚舒』，原書誤作『羊雅舒』，據《太平御覽》卷七百五十八引《語林》改。

〔六〕『晋王濛』，原書作『晋王蒙』，按晋王濛好飲茶，當即是人，據改。『錢起』，原書誤作『錢超』，按錢起有《與趙莒茶讌》詩，據改。

〔七〕『沃于肉』，乙本誤作『沃于内』，甲本不誤。

〔八〕『桃花』，乙本作『桃色』，據甲本改。

〔九〕『王濛』，原書作『王蒙』，據《太平御覽》卷八百六十七引《世説》改。

〔一〇〕『醉吟先生』，『生』乙本誤作『王』，據甲本改。

〔一一〕『奇味』，乙本作『絶味』，據甲本及《西京雜記》卷二改。

〔一二〕『釃白』，乙本誤作『釀白』，據甲本改。

〔一三〕『越輅菌』、『長澤卵』，『菌』、『卵』乙本誤作『困』、『卯』，據甲本改。『麻胡麥』，原書誤作『麻湖麥』，據《西陽雜俎》前集卷七改。

〔一四〕『符朗』，乙本誤作『符郎』，據甲本改。『會稽王道子』，原書誤作『會稽王導子』，據《晋書·符朗傳》改，按『會稽王道』指會稽王司馬道子，非指王導之子。

〔一五〕『鴻烈』誤，當作『劉安』。

〔一六〕『鍊珍堂』、『鄒平公』，原書誤作『練珍堂』、『郇平公』，據《清異録》卷四改。

〔一七〕『當人之惠』，乙本作『當人之意』，據甲本改。

〔一八〕「葉可葅」，乙本脱「葉」字，據甲本補。

〔一九〕「縷金花其上」，原書作「鏤金其上」，《古事苑・飲饌》同，《錦繡萬花谷・茶》、《天中記・茶》、《類雋・飲食類》引《歸田録》作「縷金其上」，據《歸田録》卷二改補。

〔二〇〕「顧渚紫笋」，原書誤作「藿山嫩笋」，據《唐國史補》改。

〔二一〕「稷米一斗」，甲本誤作「稷米一米」。

〔二二〕「東海」，原書作「北海」，據《文選》卷四十二曹子建《與吴季重書》改。

〔二三〕「探」，原書誤作「探」，據蘇軾詩《贈蒲澗信長老》改。

〔二四〕本條事見《分門集注杜工部詩》引蘇注，一説「吴術」作「吴衎」，「老逼癡漢」作「老癖癡漢」，似更佳。「阮宣」，或以爲阮修，字宣子。

〔二五〕「漢水」，原書作「春水」，據李白《襄陽歌》改。

〔二六〕「《晋史》」，按當作《世説》，本條事見《世説新語・德行》并注引《文士傳》。「獲免」，原書誤作「獲色」，據文意改。

〔二七〕「半菽不飽」典出《項羽本紀》：「今歲饑民貧，士卒食半菽。」本條有誤。

〔二八〕「每冬月」，《開元天寶遺事》作「每至冬時」，疑「冬月」爲「冬日」之誤。「溪冰」，原書作「渼冰」，據《開元天寶遺事》及《事文類聚前集・天道部》、《事類備要前集・天文門》、《山堂肆考・地理》等書引《六帖》改。

夜航船卷十二

古劍陶菴老人紬

寶玩部

金玉

歷代傳寶 赤刀、大訓、弘璧、琬琰，在西序，太玉、夷玉、天球、河圖，在東序，八者皆歷代傳寶。

九鼎者，昔夏方有德，遠方圖物，貢金九牧，鑄鼎象物，使民知神奸。故民入川澤山林，而魑魅魍魎莫能逢之。

四寶 周有砥砨，宋有結綠，梁有縣黎，楚有和璞，此四寶者，天下名器。

六瑞 王執鎮圭，公執桓圭，侯執信圭，伯執躬圭，子執穀璧，男執蒲璧。

環玦 聘人以圭，問士以璧，召人以瑗，絶人以玦，反絶以環。

琬琰 桀(代)〔伐〕岷山〔一〕，岷山獻其二女曰琬，曰琰，桀愛之，琢其名於苕華之玉，苕是琬，華是琰。

鼎彝尊卣　不獨饕餮示戒，凡蠆鼎防刺也，同舟防溺也，奕車瓢防覆也。

照膽鏡　秦始皇有方鏡，照見心膽。凡女子有邪心者，照之，即膽張心動。

辟寒金　魏明帝朝，昆明國獻一鳥，名漱金鳥，常吐金屑如粟，古人以金飾釵，謂之辟寒金。

火玉　《杜陽編》：武宗時，扶餘國貢火玉，光照數十步，置室内，不必挾纊。

尺玉　《尹文子》：魏田父得玉徑尺，鄰人曰：『怪石也。』取置廡下，明旦視之，光照一室，大怖，反棄於野。鄰人取獻魏王，玉工曰：『此無價以當之。』王賜獻玉者千金，食上大夫禄。

玉燕釵　《洞冥記》：漢武帝時，起招靈閣，有二神女，各留一玉釵，帝以賜趙婕妤。至元鳳中，宫人猶見此釵。謀欲碎之，明旦視匣中，惟見白燕升天，因名玉燕釵。

解肺熱　《天寶遺事》：楊貴妃常犯熱躁，明皇使令含玉嚥津，以解肺熱。

麟趾馬蹏　漢武帝詔曰：往者太山見金，又有白麟神馬之瑞，宜以黄金鑄麟趾馬蹏，以協瑞焉。

碧玉　有雲碧、西碧二種。其色枯澀者曰雲碧，産于雲南，其色嬌潤，有蛇蚤班者曰西碧，産于西洋。

五幣　珠、玉爲上，黄、白爲次，刀布爲下。

瓜子金　宋太祖幸趙普第，時吴越王方遣使遺普書及海錯十瓶，列廡下。上曰：『此海錯必佳。』命啓之，皆滿貯瓜子金。普惶恐，頓首謝曰：『臣實不知。』上笑曰：『彼謂國家事，皆由汝書生耳。』

鼂采　鼂，古『朝』字；采，光彩也。言美玉每旦有白虹之氣，光彩上騰，故曰鼂采。

十二時鏡　范文正公家古鏡，背具十二時，如博棊子，每至此時，則博棊中明如月，循環不休。

碔砆亂玉　碔砆，石之似玉也，其狀每能亂玉。

燕石　宋人以燕石爲玉，什襲而藏，識者笑之。

削玉爲楮　《列子》：宋人以玉爲楮葉，三年而成。

懷瑾握瑜　《楚辭》：『懷瑾握瑜兮，窮不知所示。』

釣璜　半璧曰璜。《尚書中候》：文王至溪，見吕望釣得玉璜，刻曰：『姬受命，吕佐之。』

抛磚引玉　磚以自謂，玉以譽人，謂以此致彼。

匹夫懷璧　《左傳》：虞公求虞叔之玉，叔弗獻。後乃悔曰：『匹夫無罪，懷璧其罪。焉用此以賈禍乎？』復獻之。

璠瑜　《逸論語》：璠瑜，魯之寶玉也。孔子曰：『美哉璠璵，遠而望之煥若也；近而視之瑟若也。一則理勝，一則孚勝。』

【校】

〔一〕『桀伐岷山』，『伐』乙本誤作『代』，據甲本改。

珍寶

十二時盤　唐内庫有一盤，色正黄，圍三尺，四周有物象。如辰時，草間皆戲龍，轉巳則爲蛇，午則爲馬，號十二時盤。

游仙枕　龜兹國進一枕，色如瑪瑙，枕之則十洲、三島、四海、五湖，盡在夢中，帝名游仙枕。

火浣布　外國有火林山，山中有火光獸，大如鼠，尾長三四寸，或赤或白。山可三百里，晦夜即見此山林，乃有此獸光照。外國人取其獸毛織布，衣服垢穢，以火燒之，垢落如浣，故謂之火浣布。

冰蠶絲　東海員嶠山有冰蠶，長七寸，黑色，有鱗角。以霜雪覆之，然後作繭。繭長尺一，其色五彩，織爲文錦，入水不濡，入（水）〔火〕不燎〔一〕，暑月置座，一室清凉。唐堯之世，海人獻之，堯以爲黼黻。

耀光綾　越人于石帆山中，收野繭繅絲，夜夢神人告曰：『禹穴三千年一開，汝所得繭，即江淹集中壁魚所化也，織絲爲裳，必有奇文。』果符所夢。

各珠 龍珠在頷，蛟珠在皮，蛇珠在口，魚珠在目，蚌珠在腹，鱉珠在足，龜珠在甲。

九曲珠 有得九曲珠，穿之不得其竅。孔子教以塗脂于綫，使蟻通之。

木難〔二〕 大徑寸，出黄支，金翅鳥，口結(緑)〔沫〕所成碧色珠也，古絶夜光者即此。

火齊音霽 赤色珠也，一名玫瑰，蓋珠品之下者也。

火珠 《孔帖》：南蠻有珠如卵，日中以艾著(火)〔珠〕上〔三〕，輒火出，號火珠。

履水珠〔四〕 唐順宗時，拘(弘)〔弭〕國貢〔履〕水珠，色類鐵，持入江海，可行洪水之上，後化爲龍。

記事珠 張説爲相，有人獻一珠，紺色有光。事有遺忘，玩此珠，便覺心神開悟，名曰記事珠。

定風珠 蜘蛛腹中有珠，皎潔，持以入江海，遇大風，握珠在手，則風自定，故名『定風珠』。

鮫人泣珠 《博物志》：鮫人從水中出，曾寄寓人家，積日賣綃，臨去，〔從〕主人索器〔五〕，泣而出珠。

寶貝 貝爲海中介蟲，大者名寶，交趾以南海中皆有。

紅靺鞨 大如巨栗，赤爛若珠櫻，視之若不可觸，觸之甚堅〔六〕，不可破，佩之者爲鬼神所護，入水不溺，入火不燃。

青琅玕 生海底，云海人以網得之。初出時，紅色，久而青黑，枝柯似珊瑚，而上有孔竅如蟲蛀，擊之有金石聲。

金剛鑽 形如鼠，糞色青黑，生西域百丈水底磐石上，土人没水覓得之，以之鐫鏤，無堅不破，唯以羚羊角擊之即碎。

奇南香 一作迦南。其木最大，枝柯竅露，大螘穴之。螘食石蜜，歸遺于中，木受蜜氣，結而成香，紅而堅者謂之生結，黑而軟者謂之糖結。木性多而香味薄者，謂之虎斑結、金（緑）〔絲〕結〔七〕。

貓兒眼 寶石也。其狀色酷似貓眼，内光一綫，如貓睛一般，可定時辰。

祖母緑 亦寶石。緑如鸚哥毛，其光四射，遠近看之，則閃爍變幻，武將上陣，取以飾盔，使射者目眩，箭不能中。

剛卯 《王莽傳》：剛卯，長三寸，廣一寸，四（分）〔方〕〔八〕，或用金、玉，刻作兩行書曰：『正月剛卯。』又曰：『疾日剛卯。』凡六十六字。以正月卯日作此佩之，以祓除不祥。

鑌鐵 西番有鑌鐵，面上作螺旋花，或芝蔴雪花。凡造刀劍器皿，磨令光，用金絲礬澤之，其花益見，價過於銀。

聚寶盆 明初沈萬三有聚寶盆，凡金銀珠寶納其中，過夜皆滿。太祖築〔金〕陵南門〔九〕，下有龍潭，深不可測，以土石投之，決填不滿；太祖取盆投之，下石即滿，且誑龍以五更即還。

今南門不打五更，至四更即天亮。

錢名　《通典》：自太昊以來，則有錢矣。太昊氏、高陽氏謂之金；有熊氏、高辛氏謂之貨；陶唐氏謂之泉；商周謂之布；齊莒謂之刀。又曰：教與俗改，幣與世易。夏后以（元具）〔玄貝〕[一〇]。周人以紫石，後世或金錢、刀布。

朱提　縣名。屬犍爲。出好銀。即今四川嘉定州犍爲縣。

青蚨　《搜神記》：青蚨似蟬而稍大，母子不離，生於草間，如蠶，取其子，母即飛來。以母血塗錢八十一文，以子血塗錢八十一文，每市物，或先用母錢，或先用子錢，皆復飛歸，循環無已。

阿堵物　晋王衍妻喜聚歛，衍疾其貪鄙，故口未嘗言錢。妻欲試之，令婢以錢繞牀，使不得行，衍早起見錢，謂婢曰：『舉此阿堵物去！』

鵝眼　《宋略》：泰始中通私鑄，而錢大壞，一貫長三寸，謂之鵝眼錢。

明月夜光　《南越志》：海中有明月珠、水精珠。《魏畧》：大秦國出夜光珠、真白珠。

剖腹藏珠　《唐史》：太宗曰：西域賈胡得美珠，剖腹而藏之，愛珠〔而〕不愛其身也[一一]。

錢成蝶舞　《唐史》：穆宗時，禁中花開，羣蝶飛集，上令舉網張之，得數萬；視之，乃庫中金錢也。

【校】

〔一〕『入火不燎』，乙本誤作『入水不燎』，據甲本改。

〔二〕『結沫』，原書誤作『結緑』，據《通典》卷一百九十三改。『古絶夜光者』，木難珠又號夜光璧，『古絶』二字或有誤。

〔三〕『以艾著珠上』，乙本誤作『以艾著火上』，據甲本改。

〔四〕『履水珠』，原書脱『履』字，據《杜陽雜編》卷中及《韻府群玉》卷三補。『拘弭國』，原書作『拘弘國』，《韻府群玉》同，據《杜陽雜編》改。

〔五〕『從主人索器』，乙本無『從』字，據甲本補。

〔六〕『視之若不可觸，觸之甚堅』，甲本誤脱一『觸』字。

〔七〕『金絲結』，乙本誤作『金緑結』，據甲本改。

〔八〕『長三寸廣一寸四方』，『四方』原書誤作『四分』，《韻府群玉》卷十一、《增修埤雅廣要·什物門》、《弇州山人四部稿·説部·宛委餘編》同誤，據《漢書·王莽傳》注引服虔説改，晋灼説謂『長一寸，廣五分』。

〔九〕『金陵南門』，乙本脱『金』字，據甲本補。

〔一〇〕『玄貝』，原書作『元具』，蓋避清聖祖玄燁諱，又加以傳抄致誤，據《鹽鐵論·錯幣》改。

〔一一〕『愛珠而不愛其身』，乙本無『而』字，據甲本補。

玩器

柴窑 柴世宗時所進御者，其色碧翠，賽過寶石，得其片屑，以爲網圈，即爲奇寶。

定窑 有白定、花定，製極質樸，其色呆白，毫無火氣。

汝窑 宋以定州白瓷有芒不堪用，遂命於汝州造青色諸器，冠絶鄧、耀二州。

哥窑 宋時處州章生一與弟章生二，皆作窑器。哥窑比弟窑色稍白，而斷紋多，號白級碎，曰哥窑，爲世所珍。

官窑 宋政和間，汴京置窑，章生二造青色，純粹如玉，雖亞於汝，亦爲世所珍。

鈞州窑 器稍大，具諸色，光采太露，多爲花缸、花盆。

内窑 宋(郁)〔邵〕成章爲提舉[二]，于汴京修内司置窑，造模範，極精細，色瑩澈，不下官窑。

青田核 《雞跖集》：烏孫國有青田核，莫知其木與實，而核如瓠，可容五、六升，以之盛水，俄而成酒。劉章曾得二焉，集賓設之，一核纔盡，一核又熟，可供二十客，名曰青田壺。

金銀酒器 李適之有蓬萊盞、海山螺、瓠子卮、幔卷荷、金蕉葉、玉蟾兒，俱屬鬼工。

金叵羅 李白詩：『葡萄酒，金叵羅，吴姬十五醉馬馱。』

銀鑿落 韓公聯句：『澤髮解兜鍪，酡顔傾鑿落。』白樂天詩：『金屑琵琶槽，銀含鑿落盞。』

婪尾盃　宋景〔文〕詩云〔二〕：『迎新送舊只如此，且盡燈前婪尾盃。』又樂天詩：『三杯藍尾酒。』改『婪尾』爲『藍尾』耳。

高麗席　不甚闊大，長一丈有餘，花紋極精，堅緊不壞。

薤葉簟　蘄州出美竹，制梅花笛、薤葉簟。白樂天詩：『笛愁春夢梅花裏，簟冷秋生薤葉中。』

博山爐　《初學記》：丁（諼）〔緩〕作九層博山爐〔三〕，鏤以奇禽怪獸，自然能動。山谷詩：『博山香靄鷓鴣斑。』

偏提　元和間，酌酒壺謂之注子。後仇士良惡其名同『鄭注』，乃去其柄安繫，名曰偏提。

三代銅　花觚入土千年，青緑徹骨，以細腰美人觚爲第一，有全花、半花，花紋全者身段瘦小，價至數百。山陝出土者，爲商彝、周鼎；河南出土者，爲漢器，以其地有潟滷，銅質剥削，不甚貴，故銅器有河南、陝西之別。

靈璧石　米元章守漣水，地接靈璧，蓄石甚富，一一品目，入玩則終日不出。楊次公爲廉訪，規之曰：『朝廷以千里郡付公，那得終日弄石！』米徑前，于左袖中取一石，嵌空玲瓏，峰巒洞穴皆具，色極青潤，宛轉翻落，以云楊曰：『此石何如？』楊殊不顧，乃納之（紬）〔袖〕〔四〕。又出一石，叠峰層巒，奇巧又勝，又納之袖。最後出一石，盡天畫神鏤之巧，顧楊曰：『如此那得不愛？』楊忽曰：『非獨公愛，我亦愛也！』即就米手攫得之，徑登車去。

無錫瓷壺 以龔春爲上，時大彬次之，其規格大略粗蠢，細泥精巧皆是後人所溷。

成窑 大明成化年所製。有五彩雞缸，淡青花諸器。茶甌酒杯，俱享重價。

宣窑 大明宣德年製。青花純白，俱踞絶頂，有雞皮紋可辨。醮壇茶杯，有值一兩一隻者，有酒字、棗湯、薑湯等類者稍賤。

靖窑 大明嘉靖年所製。青花白地，世無其比。

萬曆初窑 萬曆之官窑，以初年爲上，雖退器無不精妙，民間珍之。

廠盒 古延廠永樂年間所造〔五〕，重枝叠葉，堅若珊瑚，稍帶沉色。新廠宣德年間所造，雕鏤極細，色若朱砂，鮮豔無比，有蒸餅式、甘蔗節二種，愈小愈妙，享價極重。

宣銅 宣德年間三殿火灾，金銀銅熔作一塊，堆垜如山。宣宗發内庫所藏古窑器，對臨其款，鑄爲香爐、花瓶之類，妙絶古今，傳爲世寶。

倭漆 漆器之妙，無過日本。宣德皇帝差楊瑄往日本教習數年，精其技藝。故宣德漆器比日本等精。

宣鐵 宣德製鐵琴、鐵笛、鐵簫，其聲清嗷，非竹木所及。

照世杯 洪武初，帖木兒遣使奉表，有『欽仰聖心，如照世杯』之語。或曰其國舊傳有杯，光明洞徹，照之可知世事，故云。

嘉興錫壺　所製精工，以黄元吉爲上，歸懋德次之。初年價錢極貴，後漸輕微。

螺鈿器皿　嵌鑲螺鈿梳匣、印箱，以周柱爲上，花色嬌豔，與時花無異。其螺鈿杯筯等皿，無不巧妙。

竹器　南京所制竹器，以濮仲謙爲第一，其所雕琢，必以竹根錯節盤結怪異者，方肯動手，時人得其一款物，甚珍重之。又有以斑竹爲椅桌等物者，以姜姓第一，因有姜竹之稱。

夾紗物件　趙士元製夾紗〔燈〕及夾紗幃屏〔六〕，其所剛翎毛花卉，顔色鮮明，毛羽生動，妙不可言，扇扇是黄荃、吕紀得意名畫。

【校】

〔一〕『邵成章』，原書誤作『郁成章』，據《南村輟耕録》卷二十九改。

〔二〕『宋景文』，原書誤脱『文』字，此詩爲宋祁（謚景文）《甲申歲首》，據補。又『迎新送舊』，原詩作『迎新送故』。

〔三〕『丁緩』，原書作『丁諼』，《初學記》卷二十五引《西京雜記》同，據《西京雜記》卷一改。

〔四〕『乃納之袖』，『袖』乙本作『紬』，蓋字從糸，故俗寫通，據甲本改。

〔五〕『古延廠』，疑即果園廠，永樂時置，作御製漆器。

〔六〕『趙士元製夾紗燈』，乙本誤脱『燈』字，據甲本補。

夜航船卷十三

古劍陶菴老人紬

容貌部〔一〕

形體

聖賢異相　堯眉八彩。舜目重瞳。文王四乳。蒼頡四目，禹耳三漏，是謂大通，興利除害，決江疏河。

四十九表〔二〕　仲尼生而具四十九表：反首，窪面，月角，日準，河目，海口，牛脣，昌顔，均頤，輔喉，駢齒，龍形，龜脊，虎掌，駢脅，參膺，圩項，山臍，林（背）〔背〕，翼臂，窐頭，隆鼻，阜腴，堤眉，地足，谷竅，雷聲，澤腹，面如蒙倛，兩目方相也，手垂過膝，眉有十二彩，目有二十四理，立如鳳峙，坐如龍蹲，手握天文，足履度字，望之如仆，就之如升，修上趨下，末僂後耳，視若營四海，耳垂珠庭，其頸似堯，其顙似舜，其肩類子產，自腰以下不及禹三寸，胸有文曰『制作定世符』，身長九尺六寸，腰（六）〔大〕十圍。見《祖庭廣記》。

老子有七十二相，八十一好。見《法輪經》。如來有三十二相。見《般若經》。

昭烈異相　蜀先主長七尺五寸，目顧見耳，臂垂過膝。

碧眼　孫權幼時眼碧色，號碧眼小兒。

猿臂　漢李廣猿臂善射。

獨眼龍　李克用一目眇，時號『獨眼龍』。

膽大如斗　姜維死後剖腹視之，膽如斗大。張世傑亦膽大如斗，焚而不化。

半面笑　賈弼夢易其頭，遂能半面啼，半面笑。

玉樓銀海　東坡《雪》詩：『凍合玉樓寒起粟，光摇銀海眩生花。』王荆公曰：『道家以兩肩爲玉樓，兩眼爲銀海。』東坡曰：『惟荆公知此。』

緘口　孔子觀周廟有金人焉，三緘其口，而銘其背曰：古之慎言人也。戒之哉！戒之哉！毋多言，多言多敗。毋多事，多事多患。

舌存齒亡　常摐有疾，老子曰：『先生疾甚，無遺教語弟子乎？』摐乃張其口，曰：『舌存乎？』曰：『存。豈非以軟耶？』『齒亡乎？』曰：『亡。豈非以剛也？』常摐曰：『天下事盡此矣！』

芳蘭竟體〔三〕　梁武帝平建業，朝士皆造之。謝覽時年二十，爲太子舍人，意氣閒雅，瞻視聰明。武帝目送良久，謂徐勉曰：『覺此生芳蘭竟體。』

眼如巖電　王戎字濬冲，形狀短小，而目甚清照，視(目)〔日〕不眩[四]。裴楷曰：『王安豐眼爛爛如巖下電。』

面如傅粉　何晏美姿儀，面至白。魏明帝疑其傅粉，夏月，與熱湯麵。既噉，大汗出，以朱衣自拭，色轉皎然。

璧人　衛玠少時，乘白羊車于洛陽市上，咸曰：『誰家璧人？』

看殺衛玠　衛叔寶從豫章至都下，人久聞其名，觀者如堵墻。玠先有羸疾，體不堪勞，遂成病而死。時人謂看殺衛玠。

覺我形穢　王濟是衛玠之舅，儁爽有丰姿。每見玠，輒嘆曰：『珠玉在側，覺我形穢。』

渺小丈夫　孟嘗君過趙，趙人聞其賢，出觀之，皆大笑曰：『始以薛公爲魁梧也，今視之，乃渺小丈夫耳。』

婦人好女　馬遷曰：『余以爲留侯其人必魁梧奇偉，至見其圖，狀貌如婦人好女。』

精神頓生　張九齡風儀秀整，帝于朝班望見之，謂左右曰：『朕每見九齡，使我精神頓生。』

琳瑯珠玉　有人詣王太尉，遇安豐、大將軍、丞相在坐。往別屋，見季胤名詡、平子夷甫子。語人曰：『今日之行，觸目皆琳瑯珠玉。』

若朝霞舉　李白見玄宗於便殿，神氣高（郎）〔朗〕[五]，軒軒若朝霞舉。

倚玉樹　魏明帝使后弟毛曾與夏侯玄并坐，時人謂蒹葭倚玉樹。

擲菓　潘安甚有姿容。少時挾彈乘小車出洛陽道，婦人遇看，無不連手共縈之，競以菓擲，盈車而返。

屋漏中來　祖廣行恒縮頸。桓南郡始下車，桓曰：『天甚晴明，祖參軍如從屋漏中來。』

四肘　成湯之臂四肘。《韵會》：一肘二尺。又云一尺五寸爲〔一〕肘[六]。

姬公反握　周公手可反握。

駢脅　駢，聯也。晋文公名重耳，其脅駢。

鑠金銷骨　西漢文：『衆口鑠金，積毁銷骨。』謂讒言誹謗之利害也。

敲膚吸髓　髓，〔骨〕中髓也[七]。敲其膚而吸其髓，喻虐政之誅求也。

掣肘　《説苑》：魯使子賤爲單父令，子賤借善書者二人使書，從旁掣其肘，書醜，則（恕）〔怒〕[八]，欲好書，則又引之。書者辭歸，以告魯君。君曰：『若吾擾之，不得施善政。』令毋徵發單父。未幾，教化盛行。

厚顔　《書經》：『顔厚有忸怩。』謂愧之見于面也。

摇唇鼓舌　《莊子》：摇唇鼓舌，擅生是非。

怒髪衝冠　秦王許以十五城易趙王和氏璧，藺相如捧璧入秦，見秦王無意償城，怒髪衝冠，英氣勃勃。

生而有髭 《皇覽》：周靈王生而有髭，謂之髭王。

注醋囚鼻 《唐史》：酷吏來俊臣鞫囚，每以醋注囚鼻。

春筍秋波 言纖指如春筍之尖且長，媚眼如秋波之清且碧也。

藍面鬼 盧杞號藍面鬼，常造郭汾陽家問病。聞杞至，悉屏姬侍，獨隱几待之。家人問故，汾陽曰：『杞外陋而內險，左右見之必笑，使後得權，吾族無噍類矣。』

善用三短〔九〕 後魏李諧形貌短小，兼是六指，因癭而舉頤，因跛而緩步，因蹇而徐言。人謂李諧善用三短。

亂唾擲瓦石 左太冲絶醜，亦效潘安乘車游市中，羣姬亂唾之，委頓而返。張孟陽亦醜，每行，小兒以瓦石擲之，滿車。

龍虎變化 韓文公撰《馬燧誌》云〔一〇〕：『當是時，見王於北平，猶高山深林，龍虎變化不測，魁傑人也。退見少傅，翠竹碧梧，鸞停鵠峙。』

長人 苻堅拂蓋郎申香、夏默、護磨那三人〔一一〕，俱長一丈九尺，每飯食一石、肉三十斤。

矮短人 王蒙長三尺，張仲師長二尺(五)〔一二〕寸〔一三〕。

重人 安禄山重三百五十斤，司馬保八百斤，孟業一千斤。

澹臺滅明 李龍眠所畫七十二子像，澹臺滅明猛毅甚於子路，則夫子所謂失之子羽者，謂其貌武行儒耳。

祖龍　秦始皇虎口，日角，火目，隆準，鷙鳥膺，豺聲，長八尺六寸，大七圍，手握兵執矢，號曰祖龍，侯生數其淫暴，謂萬萬均朱〔一三〕，千千桀紂。

好笑　陸士龍好笑。常着缞（績）〔幘〕上船〔一四〕，水中自見其影，便大笑不止，幾落水。

笑中有刀　李義府，貌足恭，與人言，嬉怡微笑，而陰賊褊忌，凡忤其意者，皆中傷之。時號義府笑中有刀。

方睛　管輅云：『眼有方睛，多壽之相。』陶隱居末年，其眼有時而方。

百體五官　人身有百骸，故曰百體。官，司也。五官，耳、目、口、鼻、心也。

鬚髮所屬　髮屬心，禀火氣，故上生。鬚屬腎，禀水氣，故下生。眉屬肝，禀木性，故側生。男子腎氣外行，上爲鬚，下爲勢。女子、黄門無勢，故無鬚。

重瞳四乳　舜重瞳，項羽重瞳，隋魚俱羅，朱梁康王友敬，永樂中楚王子，亦俱重瞳。文王四乳，宋范鎡、百常（文）〔父〕子〔一五〕，明倪文僖謙，俱四乳。

身長一丈　中國之人長一丈者，人君則黄帝、堯與文王；人臣則吴伍員、漢巨毋霸，俱十尺。毋霸腰大十圍，員眉間一尺。孔子長十尺，又云九尺六寸。按《莊子》所謂自腰而下不及禹三寸，則後説（是）〔似〕矣〔一六〕。宋《桯史》載，有唐某者與其妹各長一丈二尺。

身長七尺以上〔一七〕　禹長九尺九寸，湯九尺，秦始皇八尺七（尺）〔寸〕，漢高祖七尺八寸，光武七尺三寸，（照）〔昭〕烈七尺五寸，宋武帝七尺六寸，陳武帝七尺五寸，宇文周太祖八尺，項王八尺二寸，韓王信八尺九寸，王莽七尺五寸，劉淵八尺四寸，劉曜九尺四寸，慕容皝七尺八寸，姚襄八尺五寸，曹交九尺四寸，冉閔、什翼健、宇文泰皆八尺，慕容垂七尺四寸，慕容德八尺二寸。自唐以後，人臣長者故少。韋康成十五長八尺，姜宇十五長七尺九寸，劉曜子胤十歲長七尺五寸，美姿貌，眉（鬢）〔鬚〕如畫。人固有少而長若此者，胤止八尺四寸，不能如其父也。

丈六金身　佛長一丈六尺以爲神，然其小弟阿難與徒弟調達俱長一丈四尺五寸，彼時天竺之長者故不少也。

讒國　沈顔《讒論》曰：宰嚭讒子胥而吴滅，趙高讒李斯而秦亡，無極讒伍奢而楚昭奔，靳尚讒屈原而楚懷囚。故曰：人知佞之讒讒忠，不知佞之讒讒國。

舌本間强　俗語曰：『三日不言，舌本强。』殷仲堪言：『三日不讀《道德經》〔一八〕，便覺舌本間强。』

皮裏陽秋　晋褚裒字季野，桓彝目之曰：『季野皮裏陽秋。』言其外無臧否，而内有褒貶也。

斷送頭皮　宋真宗東封，得隱者楊樸。上問：『卿臨行，有人作詩否？』對曰：『臣妻一首云：「更休落魄耽杯酒，切莫猖狂愛作詩。今日捉將官裏去，這回斷送老頭皮。」』

唾掌　公孫瓚曰：『天下兵起，謂可唾掌而決九州耳。』李（集）〔翱〕〔一九〕：『太平可覆掌而致。』

捫膝　後魏賈景興棲遲不仕，葛榮陷冀州，稱疾不拜，每捫膝曰：『吾不負汝，以不拜榮故也。』又趙宋喻(如)〔汝〕礪號『捫膝先生』[二〇]。

雞肋　晋劉伶嘗醉，與俗人相忤，其人攘臂奮拳。伶曰：『雞肋不足以安尊拳！』其人笑而止。○曹操入漢中討劉備，不得進，欲棄之。乃傳令曰『雞肋』，官屬不知何謂。楊脩曰：『雞肋，棄之則可惜，啖之則無所得，比漢中，王欲去也。』乃白操，遂還。

噬臍　楚文王伐申。過鄧，鄧侯曰：『吾甥也。』止而享之。騅甥、聃甥、養甥請殺楚子，鄧侯弗許。聃甥曰[二一]：『亡鄧國者，此人也。若不蚤圖，後君噬臍無及。』

交臂　《莊子》：顔淵問於仲尼，曰：『夫子步，亦步；趨，亦趨。夫子絶塵而奔，回瞠乎其後矣。』夫子曰：『吾終身于汝交一臂而失之，不可哀歟？』

三折肱　晋范氏、中行氏將伐晋定公，齊高强曰：『三折肱知爲良醫。我以伐君爲此矣。』

髀裏肉生　劉玄德於劉表坐，慨然流涕曰：『平常身不離鞍，髀肉皆消；今不復騎，髀裏肉生。日月如流，老將至矣，而功業未建，是以悲耳。』

炙手可熱[二二]　唐崔鉉進左僕射，與鄭魯、楊紹〔復〕、段(復環)〔瓌〕、薛蒙頗參議論。時論曰：『鄭、楊、段、薛，炙手可熱；欲得命通，魯、紹、(環)〔瓌〕、蒙。』

如左右手　韓信亡去，蕭何自追之。人告高祖曰：『丞相何亡。』高祖大怒，如失左右手。

高下其手〔二二〕　言人斷獄徇私，（轍）〔輒〕高下其手〔二三〕。

幼廉一脚指　北齊李幼廉爲瀛州長史，神武行部徵責文簿，應機立成。神武責諸人曰：『卿等作得李幼廉一脚指否？』

握拳嚙齒　東坡帖云：張睢陽生猶駡賊，嚙齒穿齦。顔平原死不忘君，握拳透爪。

豕心　《左傳》：昔有仍氏生女，樂正后夔（聚）〔娶〕之〔二四〕，生伯封，實有豕心，貪婪無厭。人謂之封豕。

鎖子骨　李鄴侯少時身極輕，能于屏風上行。既長，辟穀，導引，骨節俱戛戛有聲。人謂之鎖子骨。

一身是膽　趙子龍與魏兵戰，追至營門，魏兵疑有伏，引去。翌日，玄德至營視之，曰：『子龍一身都是膽。』

抽筋絶髓　郭弘霸討徐（景）〔敬〕業云〔二五〕：『誓抽其筋，食其肉，飲其血，絶其髓。』武后悦，授御史。時號『四其御史』。

鐵石心腸　皮日休云：『宋（平廣）〔廣平〕爲相〔二六〕，疑其鐵石心腸，不解吐軟媚詞。觀其《梅花賦》，便巧富豔，殊不類其爲人。』

伐毛洗髓　《漢武記》：黄眉翁指東方朔曰：『吾三千年一反骨洗髓，三千年一剥皮伐毛。吾今已三洗髓，三伐毛矣。』

笑比黃河清　宋包孝肅極嚴冷，未嘗見其笑容，人謂其笑比黃河清。

連璧　晉潘岳與夏侯湛並美姿容，行止同輿接（菌）〔茵〕[二七]。京都謂之連璧。

乳臭　漢王以韓信擊魏王豹。問酈食其：『魏大將誰？』對曰：『柏（植）〔直〕[二八]。』王曰：『是兒口尚乳臭，安能敵吾韓信？』

貌不揚　晉叔向適鄭，鬷蔑貌不揚，立堂下，一言而善。叔向聞之，曰：『必然明也！』下執其手以上，曰：『子若不言，吾幾失子矣。』

貌侵　漢田蚡，孝景帝皇后母弟也[二九]，爲丞相，爲人貌侵，言短小而醜惡也。

麞頭鼠目　唐苗晉卿薦元載，李揆輕載相寒，謂晉卿曰：『龍章鳳姿士不見〔用〕[三〇]，麞頭鼠目子乃求官耶？』載銜之。

龍鍾[三一]　裴晉公未第時，羈旅洛中，策驢上天津橋。時淮西不平，有二老人倚柱語曰：『蔡州何時平？』見晉公，愕然曰：『適憂蔡州未平，須待此人爲相。』僕聞告公，公曰：『見我龍鍾，故相戲耳！』後裴度于憲宗時果爲相，平淮、蔡。

牙缺[三二]　張玄（祖）〔之〕八歲，缺齒，先達戲之曰：『君口何爲開狗竇？』玄（祖）〔之〕曰：『欲使君輩從此中出入。』

口吃　漢周昌爭立太子，曰：『臣期期不奉詔。』鄧艾自稱艾艾。韓非、楊雄俱口吃，善屬文。後劉貢父、王汾在館中，汾口吃，貢父爲之贊曰：『恐是昌家，又疑非類；未聞雄名[三三]，只有艾氣。』

吾舌尚存　張儀常從楚相飲，相亡璧，意儀盜，執儀笞之。儀歸，而其妻誚之。儀曰：『〔視〕吾舌尚存否[三四]？』妻笑曰：『在。』儀曰：『足矣！』

借聽於聾　韓昌黎《答陳生書》：足下求速化之術，乃以訪愈，是所謂借聽於聾，問道於盲，未見其得者也。

青白眼　阮籍能爲青白眼，見禮法之士，以白眼待之。母終，嵇喜來吊，籍作白眼。喜弟康乃挾琴賫酒造焉，籍大悦，乃見青眼。

邯鄲學步　班氏序傳：昔有學步於邯鄲，曾未得其彷佛，又復失其故步，遂匍匐而歸耳。

美鬚　謝康樂鬚美，臨刑，施爲南海祇（垣）〔洹〕寺維摩詰像鬚[三五]。唐中宗時，安樂公主端午鬬草，欲廣其地，馳驛取之。又恐爲他所得，剪棄其餘。

貌似劉琨　桓温自以雄姿風氣，是宣帝、劉琨之儔，及伐秦還，於北方得一巧作老婢，乃劉琨婢也。一見桓温，便潸然曰：『公甚似劉司空[三六]。』温大悦，出外，整理衣冠，又呼問之，婢曰『面甚似，恨薄；眼甚似，恨小；鬚甚似，恨赤；形甚似，恨短；聲甚似，恨雌。』温於是褫冠解帶，昏然而睡，不怡者累日。

補唇先生　方干唇缺，有司以爲不可與科名。連應十餘舉，遂隱居鑑湖。後數十年，遇醫補唇，年已老矣。人號曰『補唇先生。』

子降于北渚。』《離騷》：『帝子降于北渚，目渺渺而愁予！』王覺其刺己，大銜之。後湘東王起兵，王偉爲侯景作檄云：『項羽重瞳，尚有烏江之敗；湘東一目，寧爲赤縣所歸？』後竟以此伏誅。

眇一目〔三七〕 湘東王（渺）〔眇〕一目，與劉諒游江濱，歎秋望之美。諒對曰：『今日可謂帝

半面粧 徐妃以帝眇一目，知帝將至，爲半面粧。帝見之，大怒而出。

塌鼻 劉貢父晚年得惡疾，鬚眉墮落，鼻梁斷壞。一日，與東坡會飲，引《大風歌》戲之，曰：『大風起兮眉飛揚，安得猛士兮守鼻梁！』

頭有二角 隋文帝生而頭有兩角，一日三見鱗甲，母畏而棄之。有老尼來，育哺甚勤。尼偶外出，囑其母視兒。母見鬚角稜稜，爗然有光，大懼，置諸地。尼疾走歸，抱起曰：『驚我兒，令吾兒晚得天下！』後帝果六十登極。

岐嶷 《詩經》云：『克岐克嶷，以就口食。』美后稷也。岐嶷，峻茂之狀也。

口有懸河 晉郭象能清言。王衍云：『每聽子玄之語，如懸河瀉之，久而不竭。』

侏儒 《左傳》：臧紇敗於狐駘。國人曰：『侏儒侏儒，使我敗於邾。』注：狐駘，地名。侏儒，短小也。

捷捷幡幡 《詩經》：『捷捷幡幡，謀欲譖言。』

胸中冰炭 語云：不作風波於世上，自無冰炭到胸中。

脣亡齒寒　《左傳》：晉侯復假道於虞以伐虢。宮子奇諫曰：『虢，虞之表也。諺所謂「輔車相依，脣亡齒寒」者，其虞之謂也。』

足上首下　《莊子》：失（信）〔性〕於俗〔三八〕，謂之倒置之民。猶足上首下，倒置尊卑也。

揚眉吐氣　李白《與韓朝宗書》：今天下以君侯爲文章之司命，人物之權衡，一經品題，便作佳士。何惜階前盈尺之地，不使白揚眉吐氣，激昂青雲耶！

推心置腹　《史記》〔三九〕：蕭王推赤心，置人腹中。

方寸已亂　《三國志》：徐庶母爲曹操所獲，庶辭先主曰：『本欲與將軍共圖王霸之業，今失老母，方寸亂矣，請從此辭。』

黑甜息偃　東坡詩：『三杯軟飽後，一枕黑甜餘。』《詩經》：『或（偃息）〔息偃〕在牀〔四〇〕。』

肉眼　《摭言》：鄭光業赴試，夜有人突入邸舍，鄭止之宿。其人又煩鄭取水煎茶，鄭欣然從之。後鄭狀元及第，其人啓謝曰：『既取杓水，又煎碗茶，當時不識貴人。凡夫肉眼，今日俄爲後進，窮相骨頭。』

青睛　《南史》：徐陵目有青睛，人以爲聰慧之相。

丹心　又心曰丹府，心神曰丹元。

腆顔　《文選》：『明目腆顔，曾無愧畏。』

可口　《莊子》：樝梨橘柚，皆可於口。

置之度外　《漢史》：光武帝曰：『當置此兩子於度外。』謂隗囂、公孫述也。

越人視秦〔四一〕　韓文：（秦）〔越〕人之視（越）〔秦〕人，忽（言）〔焉〕不加喜戚於其心。

行屍走肉　《拾遺記》：任末曰：『好學者雖死猶存，不學者雖存，行屍走肉耳！』

顔甲〔四二〕　《瑣言》：進士（王）〔楊〕光遠，干索權豪無厭，或遭撻（唇）〔辱〕，略無改悔。時人云：『光遠顔厚如十重鐵甲。』

高髻　後漢馬廖疏云：『吴王好劍客，百姓多瘡瘢；楚王好細腰，宫中多餓死。城中好高髻，四方高一尺；城中好廣眉，四方且半額；城中好大袖，四方全疋布。』

面謾　樊噲願得十萬衆，横行匈奴中。季布曰：『噲妄言，是面謾〔也〕〔四三〕！』

掉舌　漢酈生説齊王與漢平。蒯徹言于韓信曰：『酈生一士，伏軾掉三寸舌，下齊七十餘城。』

【校】

〔一〕『部』，乙本誤作『類』，據目録及甲本改。

〔二〕『林背』，原書作『林骭』，《廣博物志》卷二十五引《祖庭廣記》同，據《祖庭廣記》卷八『先聖小影』改。『其頸似堯，其顙似舜』，『頸』字《廣博物志》引《祖庭廣記》作『項』，《祖庭廣記》卷八作『頭』，《史記·孔子世家》作『其顙似堯，其項類皋陶』。『腰大十圍』，乙本誤作『腰六十圍』，據甲本改。

〔三〕本條甲本在『緘口』條下、『舌存齒亡』條上。

〔四〕『視日』，乙本誤作『視目』，據甲本改。

〔五〕『神氣高朗』，乙本誤作『神氣高郎』，據甲本改。

〔六〕『一肘』，乙本無『一』字，據甲本補。

〔七〕『骨中髓也』，乙本脱『骨』字，據甲本補。

〔八〕『書醜則怒』，『怒』乙本誤作『恕』，據甲本改。

〔九〕乙本此題誤作『美用三短』，據甲本改。

〔一〇〕『《馬燧誌》』誤，按所引韓文爲《殿中少監馬君墓誌銘》，係爲馬燧之孫馬繼祖作，蓋馬燧爲北平莊武王，『見王於北平』以下爲狀馬燧之語，故誤記此係爲馬燧作。

〔一一〕據《十六國春秋·前秦録》，申香爲拂蓋郎，夏默爲左鎮郎，護磨那爲右鎮郎。

〔一二〕『二尺二寸』，原書作『二尺五寸』，據《太平御覽》卷三百七十八引何承天《纂文》改。

〔一三〕『均朱』，商均、丹朱合稱，《太平御覽》卷四百五十六作『丹朱』。

〔一四〕『縗幘』，原書作『縗績』，蓋『績』从糸故連書之。據《藝文類聚》卷十九、《太平御覽》卷三百九十一引《世説》改。《晉書》本傳作『縗絰』。

〔一五〕『父子』，乙本誤作『文子』，據甲本改。

〔一六〕『則後説似矣』，『似』乙本作『是』，據甲本及《弇州山人四部稿·説部·宛委餘編》改。

〔一七〕『秦始皇八尺七寸』，『寸』乙本誤作『尺』，據甲本改。『眉鬢如畫』，乙本誤作『眉鬚如畫』，據甲本改。

〔一八〕『《道德經》』，《世説新語・文學》同，《晉書》本傳作《道德論》。

〔一九〕『李翱』，原書誤作『李集』，據《新唐書・李翱傳》改。

〔二〇〕『喻汝礪』，原書誤作『喻如礪』，今改。

〔二一〕『聃甥曰』，據《左傳・莊公六年》當作『三甥曰』，三人共同進言。

〔二二〕『楊紹復、段瓌』，原書誤作『楊紹、段復瓌』，又『魯紹瓌蒙』之『瓌』誤作『環』，均據《新唐書・崔鉉傳》改。

〔二三〕『輒』字乙本無，甲本作『轍』字，蓋涉『輙』而誤，今據以補改。

〔二四〕『娶之』，原書誤作『聚之』，據《左傳・昭公二十八年》、《列女傳・仁智・晉羊叔姬傳》改。

〔二五〕『徐敬業』，乙本誤作『徐景業』，據甲本改。

〔二六〕『宋廣平』，乙本誤作『宋平廣』，據甲本乙正。

〔二七〕『接茵』，乙本誤作『接菌』，據甲本改。

〔二八〕『柏直』，原書作『柏植』，據《漢書・高帝紀》、《漢紀・高祖皇帝紀》改。

〔二九〕『母弟』有二義，一指同母弟，一指舅氏，此處指同母弟，《史記》本傳：『武安侯田蚡者，孝景后同母弟也。』

〔三〇〕『不見用』，原書脱『用』字，據新舊《唐書・李揆傳》及《續世説》卷十一改。

〔三一〕按本條『爲相』，《類説》卷十五同，《太平廣記》卷一百三十八引《劇談録》皆作『爲將』。

〔三二〕『張玄之』，原書誤作『張玄祖』，《山堂肆考・性行》、《古事苑・醜劣》同，據《世説新語・排調》改。

按據劉昭《幼童傳》，張玄之字祖希，蓋傳抄訛脱致誤。

〔三三〕『雄名』，《古今譚概·委蜕部》同。《談苑》卷二作『雄鳴』。

〔三四〕『視吾舌尚存否』，『視』字乙本脱，據甲本補。

〔三五〕『祇洹寺』，原書誤作『祇垣寺』，據《劉賓客嘉話録》改。

〔三六〕『公甚似』，《古今譚概·顔甲部》同，甲本作『公甚是』。

〔三七〕『眇一目』，原書作『渺一目』，今改。『《離騷》』誤，此句出自《九歌·湘夫人》。

〔三八〕『失性於俗』，『性』原書誤作『信』，據《莊子·外篇·繕性》改。

〔三九〕『《史記》』誤，按本條見《後漢書·光武皇帝紀》、《東觀漢記·世祖光武皇帝紀》，光武帝時爲蕭王。

〔四〇〕『息偃』，乙本誤倒，據甲本乙正。

〔四一〕按本條『越』、『秦』誤倒，又『忽焉』誤作『忽言』，均據韓愈《争臣論》（一作《諫臣論》）改。

〔四二〕『楊光遠』，原書誤作『王光遠』，《群書通要丙集·人事門》同誤，據《開元天寶遺事》改。『撻辱』，乙本誤作『撻唇』，據甲本改。按原書謂本條出自《瑣言》，不知何據。

〔四三〕『也』字乙本無，據甲本補。

婦女〔一〕

妲己賜周公 五官將既納袁熙妻，孔文舉與曹操書曰：『武王伐紂，以妲己賜周公。』曹以文舉博學，信以爲然。後問文舉，答曰：『以今度之，想當然耳。』

效顰　西子心痛則捧心而顰，其貌愈媚。醜女羡而效之，曰『效顰』。山谷詩：『今代捧心學，取笑（類西）〔如東〕施〔二〕。』

新剥雞頭肉　楊貴妃浴罷，對鏡匀面，裙腰褪露一乳，明皇捫弄曰：『軟温新剥雞頭肉。』安禄山在旁曰：『潤滑猶如塞上酥。』

長舌　《詩經》：『婦有長舌，維厲之階。』

守符　楚昭王夫人，齊女也。昭王出游，留夫人於漸臺。江水大至，遣使迎夫人，忘持符。夫人曰：『王與約，召必以符。今使者不持符，不敢行。』使者還取符，臺崩，夫人溺死。

女博士　甄后年九歲時，喜攻書，每用諸兄筆硯。兄曰：『欲作女博士耶？』后曰：『古者賢女，未有不覽經籍，不然，成敗安知之？』

靈蛇髻　甄后入魏宫，宫廷有緑蛇，口中恒有赤珠，若梧子大，不傷人，人欲害之，則不見。每日后梳粧，則盤結一髻形，后效而爲髻，巧奪天工。故后髻每日不同，號爲『靈蛇髻』。宫人擬之，十不得其一二。

女懷清臺　《貨殖傳》：巴蜀寡婦清，其先得丹穴，而擅其利數世，家亦不訾。用財自衛，不見侵侮。始皇爲築『女懷清臺』。

國色　《戰國策》：鄽姬者，國色也。《天寶遺事》：都下名妓楚蓮香，國色無雙，每出則蜂蝶相（隋）〔隨〕〔三〕，慕其香也。

長女子　明德馬皇后、和（熙）〔熹〕鄧皇后俱七尺三寸〔四〕，劉曜劉皇后七尺八寸，俱以美稱。

婦人有鬚　李光弼之母李氏，封韓國太夫人，有鬚數十莖，長五寸，爲婦人奇貴之相。

夜辨絶絃　蔡琰六歲，夜聽父邕彈琴，絃絶。琰曰：『〔第〕一絃斷也〔五〕。』復故斷一絃，琰曰：『第四絃也。』邕曰：『偶中耳。』琰曰：『季札觀風，知四國興衰；師曠吹律，知南風不競。由是言之，安得不知乎？』

尤物　《左傳》：叔向欲娶申公巫臣女，其母曰：『汝何以爲哉？夫有尤物，足以移人。苟非禮義，則必禍及。』

鉤弋宫　鉤弋夫人，齊人，右手拳。望氣者云：『東方有貴人氣。』及至，見夫人姿色甚偉，帝批其手，得一鉤，手遂不拳。故名其宫曰鉤弋宫。

花見羞　五代劉鄩侍兒王氏，有絶色，人號『花見羞』。

療飢〔六〕　隋煬帝每視（降）〔絳〕仙，顧内使曰：『古人謂秀色可餐。若（降）〔絳〕仙者，可以療飢矣。』

傾城傾國　李延年歌曰：『北方有佳人，絶世而獨立，一顧傾人城，再顧傾人國。寧不知傾城與傾國，佳人難再得！』

遠山眉　趙飛燕爲妹合德（養）〔卷〕髮〔七〕，號新興髻；爲薄眉，號遠山黛；施小朱，號慵來妝。又《玉京記》：『卓文君眉色不加黛，如遠山。人效之，號遠山眉。』

鴉髻　巴陵鴉不畏人，除夕，婦人各取一隻，以米粱餵之。明旦，各以五色縷繫于鴉頂，放之，視其方向，卜一年休咎。其占云：『鴉子東，（與）〔興〕女紅〔八〕；鴉子西，喜事齊；鴉子南，利桑蠶；鴉子北，織作息。』甚驗。又元旦梳頭，先以櫛理其羽毛，祝曰：『願我婦女，黰髮髟髟。惟有斯年，似其羽毛。』楚人謂女髻爲鴉髻。

澹粧　《楊妃傳》：虢國夫人不施粧粉，自有容貌，常澹粧以朝天子。白樂天詩〔九〕：『虢國夫人承主恩，平明上馬入宫門。却嫌脂粉污顔色，澹掃蛾眉朝至尊。』

嫫母〔一〇〕　黄帝妃嫫母，貌仳（催）〔倠〕音灰，醜面也而賢，帝甚愛之。文（選）〔忠〕『（及）〔反〕蒙華衮褒，如嚳嫫母（賢）〔豔〕』也。

無鹽　《列女傳》：無鹽者，齊之醜女，自詣宣王，陳時政，王拜爲后。

書仙　《麗情集》：長安中有妓女曹文姬，尤工翰墨，爲關中第一，時號『書仙』。

錢樹子　《明皇雜録》：許子和，吉州永新人，以倡家女入宫，因名永新，能變新粧。臨卒，謂其母曰：『阿母，錢樹子倒矣！』

章臺柳〔一一〕　唐韓翃與妓柳姬交稔，明〔年〕，淄青節度使侯希逸奏以爲從事。歷三載離別，乃寄詩云：『章臺柳，章臺柳，往日青青今（日）〔在〕否？縱使長條似舊垂，也應攀折他人手。』柳答云：『楊柳枝，芳菲節，可恨年年贈離別。一夜西風忽報秋，縱使君來不堪折！』

桐葉題詩 蜀侯繼圖，倚大慈寺樓，見風飄一大桐葉，上有詩：『拭翠斂蛾眉，爲憶心中事。搦管下庭除，書作（想）〔相〕思字[一二]。天下有心人，盡解相思死。天下負心人，不識相思意。有心與負心，不知落何地？』後二年，繼圖卜任氏爲婚，乃題葉者。

白團扇 晋中書令王珉與嫂婢情好甚篤，嫂鞭撻過苦。婢素善歌，而珉好持白團扇，其婢製《團扇歌》云：『團扇復團扇，許持自障面。憔悴無復理，羞與郎相見。』

金蓮步 齊東昏侯鑿金爲蓮花以貼地，令潘妃行其上，曰：『此步步生金蓮也。』

郵亭一宿 陶穀學士出使江南，韓熙載命妓秦（若）〔弱〕蘭詐爲郵卒女[一三]，擁帚掃地，陶因與之狎，贈詞名《風光好》云：『好因緣，惡因緣，祇得郵亭一夜眠，別神仙。琵琶撥盡相思調，知音少。待得鸞膠續斷絃，是何年？』

司空見慣 唐杜鴻漸爲司空，鎮洛時，韋應物爲蘇州刺史，過洛，杜設宴待之，出二妓歌舞，酒酣，命妓索詩於韋。韋醉甚，就寢。中夜見二妓侍側，驚問故，對以席上作詩，司空命侍寢。令誦其詩，曰：『高髻雲鬟宮樣妝，春風一曲杜韋娘。司空見慣渾閒事，惱亂蘇州刺史腸。』

媚猪 南漢主劉鋹得波斯女，黑而妖豔，鋹嬖之，賜號媚猪。

燕脂虎 陸慎言妻朱氏，沈慘狡妒。陸宰尉氏，政不在己，吏民謂之燕脂虎。

燕脂[一四] 紂以紅藍花汁凝作脂，以爲桃花粧。蓋燕國所出，故名燕脂。今寫『燕』字加

『月』，已非；甚有『因』旁亦加『月』者，更大謬矣。《日(記)〔札〕》云：『美人粧，面既傅粉，復以燕脂調勻掌中，施之兩頰，濃者爲酒暈粧，(殘)〔淺〕者爲桃花粧，薄施朱以粉罩之，爲飛霞粧。』唐(熙)〔僖〕、〔昭〕時，都下競事粧唇，婦女以分妍否，其有名石榴嬌、大紅春、小紅春十七種。

偷香 晉韓壽美姿容，賈充辟爲掾史，充女窺壽悦之，遂與通。是時，外國貢異香，襲人衣經月不散，帝以賜充；充女偷以贈壽，充覺，以女妻之。

宿瘤女 《列女傳》：初齊王出遊，百姓盡往觀，宿瘤女採桑如故。王怪問之，對曰：『妾受父母命教(授)〔採〕桑〔一五〕，不受教觀大王。』王以爲賢，欲載之後車，女曰：『父母在堂，不受命而往，是奔也。』王奉禮往聘之。父母驚，欲洗沐加衣裳，女曰：『變容更服，王不識也。』遂如故至宫，王以爲后。

飛天紒 唐末宫中號『鬧掃粧』，形如焱風散犿，蓋盤鴉、墮馬之類。宋文元嘉中，民間婦人結髮者，三分，抽其鬟向上直梳，謂『飛天紒』。

流蘇髻 輕雲鬢髮甚長，每梳頭，立於榻上猶拂地，已綰髻，左右餘髮各粗一指，束結作同心帶，垂於兩肩，以珠翠飾之，謂之流蘇髻。富家女子多以青絲效其制。

斷臂 五代王凝妻李氏。凝家青、齊之間，爲虢州司户參軍，以疾卒於官。凝素貧，一子尚幼。李氏攜其子，負骸以歸，過開封，旅舍主人不與其宿。適天暮，李氏不肯去，主人牽其臂而出之，李氏慟曰：『我爲婦人，不能守節，此手爲人所執耶！不可以此手并辱吾身。』遂引斧斷其臂。開封尹聞之，厚恤李氏，而笞其主人。

截耳斷鼻 夏侯令女，譙人曹爽從弟文叔妻。文叔早死，恐家必改嫁，乃斷髮爲信。後家果欲嫁之，令女復以刀截兩耳。及爽被誅，夫家夷滅已盡，父〔微〕使人諷之〔一六〕，令女復斷鼻，而不改其執義之志。

割鼻毀容 高行，梁之節婦，榮于色，美于行。夫早死，不嫁。梁王使相聘焉，再三往。高行曰：『婦人之義，一醮不改。忘死而貪生，棄義而從利，何以爲人？』乃援鏡持刀割其鼻，曰：『王之求妾者，求以色耶。刑餘之人，殆可釋矣。』相以報王，旌之曰『高行』。

守義陷火 伯姬，宋共公夫人，魯宣公之女。共公卒，伯姬寡居。夜失火，左右曰：『夫人可避乎？』伯姬曰：『婦人之義，保傅在前，夜始下堂〔一七〕。』頃之，左右又曰：『夫人少避乎？』伯姬曰：『越義而生，不若守義而死！』遂陷於火。

請備父役 〔趙津〕女娟〔一八〕。趙簡子伐楚，與津吏期，吏醉，不能渡，簡子欲殺之。女娟請以身代，曰：『妾父尚醉，恐心知非而體不知痛也。』簡子釋其父。將渡，少檝者一人，娟請備父役，簡子不許，娟曰：『湯伐夏，左驂牝驪、右驂牝黄而放桀；武王伐殷，左驂牝騏、右驂牝騧而克紂。主君渡，用一婦何傷？』因發《河激之歌》，以明其意。簡子悦，曰：『昔者不穀夢娶，豈此女耶？』將使人祝祓，以爲夫人。娟曰：『婦人之道，非媒不嫁。妾有嚴親在，不敢聞命。』

乃納幣于其親，而娶爲夫人。

以身當熊　馮昭儀，馮奉世女，漢元帝選入宮。上幸虎圈，熊逸出，左右皆驚走。惟婕妤當熊而立，熊見殺。上問馮曰：『人皆驚懼，汝何當熊？』對曰：『妾聞猛獸得人而止，恐至御座，故以身當之。』上嗟嘆良久，立爲昭儀。

速盡爲幸　皇甫規妻善屬文，工草篆。規卒，董卓厚聘之。駡曰：『君羌胡之種，毒害天下，猶未足耶！皇甫氏爲漢忠臣。君其走吏，敢非禮于上！』卓怒，懸其頭庭中，鞭扑交下。規妻謂持杖者曰：『速盡爲幸。』

義保　魯孝（王）〔公〕之保母[一九]。初，魯武公生三子，長括，次戲，少稱。武公朝周宣王，帶子括、戲同往。宣王見戲端重，命武公立爲世子。及武公薨，國人立戲，是爲懿公。括子伯御弑懿公而自立，併欲求公子稱而殺之。義保聞，即以己子卧公子牀上，將公子易服而藏他所。伯御遂殺牀上公子。義保抱所易服者，奔公子之母家。衆大夫感其義，合詞請於周天子，命戮伯御以立稱，是爲孝公。諸侯咸高保母之行，而呼爲『義保』。

作歌明志　陶嬰，魯國陶門之女也，夫早死，以紡織撫孤。魯人聞其少美，皆欲求聘之。嬰聞而作歌以明志，曰：『黄鵠之早寡兮七年不雙，鵷頸獨宿兮不隨衆翔，半夜悲鳴兮故雄繫腸，天命早寡兮獨宿可傷！寡婦念此兮泣下數行。嗚呼哀哉兮死者不可忘！飛鳥尚然兮况于貞良，雖有賢匹兮終不重行。』魯人聞而起敬，無復敢言往聘者。

天子主婚　胡氏者，學士廣之女。解縉與廣同邑，同科，同入翰林。一日，同侍建文帝側。帝曰：『聞二卿俱得夢熊之兆，朕爲主婚，聯作姻婭。』廣對曰：『昨晚縉已舉子，臣亦生男，奈何！』帝笑曰：『朕意如此，定當産女。』後果是女。建文遜國，解縉爲漢邸譖死，妻子謫戍，廣遂寒盟。氏泣曰：『女命雖蹇，實天子主婚，何敢自輕失身？』乃割去左耳以明志。仁宗登極，詔贈縉爵，廕子中書舍人，給假與胡氏合巹，復賜金幣添粧，聞者榮之。

【校】

〔一〕乙本脱此題，據目録及甲本補。

〔二〕『取笑如東施』，原書誤作『取笑類西施』，據黄庭堅《次前韻謝與迪惠所作竹五幅》改。

〔三〕『隨』，乙本作『隋』，按『隨』、『隋』俗寫可通，據甲本改。

〔四〕『和熹鄧皇后』，『和熹』原書作『和熙』，據《後漢書·鄧皇后紀》、《東觀漢記·和熹鄧皇后傳》改。

〔五〕『第一絃』，原書無『第』字，據《白氏六帖事類集》卷十八補。按《後漢書·列女·董祀妻傳》作『第二絃』。

〔六〕『絳仙』，原書作『降仙』，據《大業拾遺記》改。

〔七〕『卷髮』，原書誤作『養髮』，據《趙飛燕外傳》改。

〔八〕『興女紅』，乙本誤作『與女紅』，據甲本改。

〔九〕『白樂天詩』誤，按引詩出自杜甫《虢國夫人》，又張祜《集靈臺二首》其二同。

〔一〇〕『仳倠』，原書誤作『仳催』，據《説文解字》改。『醜面也』三字，原書誤入正文，今徑改。『文忠』，原書誤作『文選』，按所引詩出自歐陽修《答原父》（一作《答劉廷評》），原詩作『反蒙華衮褒，如嚳嫫母豔』，今據改。

〔一一〕『明年』，原書無『年』字，據《太平廣記》卷四百八十五録許堯佐撰《柳氏傳》補。『今在』，乙本誤作『今日』，據甲本改。按，原書所引韓翃寄柳姬詩與《柳氏傳》文字略異。

〔一二〕『相思字』，乙本作『想思字』，蓋『想』从心故連書之，據甲本改。

〔一三〕『秦弱蘭』，原書作『秦若蘭』，據《玉壺清話》卷四改。

〔一四〕『《日札》』，原書誤作『《日記》』，按引文事見《留青日札》卷二十，《焦氏類林·冠服》引正出自《日札》，據改。『淺者』，原書作『殘者』，據《留青日札》及《焦氏類林》引改。『唐僖昭時』，即唐僖宗、昭宗年間，甲本作『唐熙昭時』，乙本作『唐熙時』，今據改。

〔一五〕『教採桑』，乙本誤作『教授桑』，據甲本改。

〔一六〕『父微使人諷之』，乙本無『微』字，據甲本補。

〔一七〕『保傅在前，夜始下堂』，《列女傳·貞順·宋恭伯姬傳》作『保傅不俱，夜不下堂』，文意稍異。

〔一八〕『趙津女娟』，原書無『趙津』二字，據《列女傳·辯通·趙津女娟傳》補。

〔一九〕『魯孝公』，原書誤作『魯孝王』，據《列女傳·節義·魯孝義保傳》改。

夜航船卷十四

古劍陶菴老人紬

九流部

道教

道家三寶〔一〕《太經》曰：眼者神之牖，鼻者氣之户，尾閭者精之路。人多視則神耗，多息則氣虚，多慾則精竭。務須閉目以養神，調息以養氣，堅閉下元以養精。精（氣）充則氣裕，氣裕則神完。是謂道家三寶。

三全《洞靈經》曰：導筋骨則形全，剪情慾則神全，靖言路則福全。保此三全，是謂聖賢。

鉛汞〔二〕《東坡志林》曰：人生死自坎離，坎離交則生，分則死；離爲心，坎爲腎。龍者，汞也，精也，血也，出於腎肝，藏之坎之物也。虎者，鉛也，氣也，力也，出於心肺，藏之離之物也。不學道者，龍常出於水，（離）〔龍〕飛而汞輕，虎常出於火，虎走而鉛枯。故真人曰：『龍從火裏出，虎向水中生。』人（生）能正坐瞑目，調息以久，則丹田濕而水上行，蓊然如雲蒸於泥丸。火爲水妃，妃，配也，熱必從之，所謂龍從火裏出也。龍出於火，則龍不飛而汞不乾，旬日後，腦滿而腰足輕。常捲舌舐懸癰上咢也，久則汞下入口，嚥送直至丹田，久則化爲鉛，所謂火向水中生也。

三閉　收視，返聽，内言。

八禽　《道經》有熊經、鳥申、梟浴、猨躩、鴟視、虎顧、鷂息、龜縮，謂之八禽。

五炁朝元　以眼不視，而魂在肝；以耳不聽，而精在腎；以舌不聲，而神在心；以鼻不齅，而（氣）〔魄〕在肺〔三〕；以四肢不動，而意在脾：名曰五炁朝元。

三華聚頂　以精化氣，以氣化神，以神化虛，曰三華聚頂。

九易　王母謂漢武曰：子但愛精握固，閉氣吞液。一年易氣，二年易血，三年易精，四年易脉，五年易髓，六年易皮，七年易骨，八年易髮，九年易形。形易則變化，變化則道成，道成則爲仙人。

三關　華陽真人曰：子時肺之精華併在腎中，號曰金晶。晶者，金水未分，肺腎之氣，合而爲一。當時用法，自尾閭穴下關搬至夾脊中關，自中關搬至玉京上關，節次開關以後，一撞三關，直入泥丸。三關者，海波對大骨節爲尾閭下關，腰内兩腎對夾脊爲中關，一名雙關，左右兩肩正中，于胸頂下會處高骨節爲玉枕上關。此謂之三關。

三尸 劉(很)〔根〕遇異人[四]，告之曰：『必欲長生，先去三尸。人身中有神，皆欲人生，而三尸只欲人死。人死則神變，而尸成鬼，子息祭享，得歆享之。人夢與惡人爭鬬，皆尸與神戰也。』

鳴天鼓 道書：『學道之人須鳴天鼓，以召衆神。』左相叩爲天鐘，右相扣爲天磬，上下相扣爲天鼓。若(陆)〔去〕却不祥[五]，則鳴鐘，伐鬼靈也；制伏邪惡，則鳴磬，集百神也；念道至真，則鳴鼓，朝真聖也。要閉口緩頰，使聲虚而響應深。

三清 玉清，元始天尊；上清，玉宸道君，即靈寶天尊；太清，混元老君，即道德天尊。

老君 即老聃李耳，著《道德經》五千言，爲道家之宗。以其年老，故號其書曰《老子》。

羨門 紫陽真人周義山入蒙山中，遇羨門子乘白鹿，佩青髦之節，再拜乞長生訣。羨門曰：『子名在丹臺，何憂不仙？』

亳州南宫九龍井前，有昇仙檜、煉丹井，皆其遺跡。

偓佺 《列仙傳》：偓佺，槐里採藥人也，食松實，形體生毛四寸，能飛行捷足。

壺公 漢壺公賣藥，懸空壺于市肆，夜輒跳入壺中，費長房于樓上見之，知其非常人，乃日進餅餌，公語曰：『隨我跳入壺中，授子方術。』

廣成子 黄帝聞廣成子在崆峒山，往問長生之術。廣成子曰：『必静必清，毋勞爾形[六]，無摇爾精，可以長生。』

許飛瓊 西王母降漢武帝殿，有侍女四人。帝問其名，曰：『許飛瓊，董雙成，（賈）〔阮〕陵華〔七〕，段安香。』

安期生 賣藥海邊，秦始皇東遊，請與（言）〔語〕〔八〕，三日三夜，賜金璧數千萬，出，置阜鄉亭而去，留玉舄爲報，遺書與始皇曰：『後數十年求我于蓬萊山下。』生以醉墨灑石上，皆成桃花。

隔兩塵 韋子威師事丁約，一日辭去，謂子威曰：『郎君得道尚隔兩塵。』儒家曰世，釋家曰劫，道家曰塵，言子威尚有兩世塵緣也。

地行仙 張安道生日，東坡以拄杖爲壽，有詩云：『先生真是地行仙，住世因循五百年。』

仙臺郎 《續仙傳》：晋侯道華晨起，飛上松頂，謝衆曰：『玉皇召我爲仙臺郎，今去矣。』

仙人好樓居 《郊祀志》：漢武帝以道士公孫卿言仙人好樓居，于是作首山宫、建章（安）宫〔九〕、光明宫，千門萬户，皆極侈靡，欲神仙來居其上也。

畫水成路 吴猛好道術，携弟子回豫章，江水大急，人不得渡。猛以手中扇畫江水，横流遂成陸路，徐行而過。少頃，水復如初。

噀酒救火 後漢欒巴爲尚書郎，正旦，上賜酒，向蜀噀之，有司奏不敬，巴謝曰：『臣以成都失火，故噀酒救之。』後成都奏失火，得雨而滅，雨中有酒氣。

吐飯成蜂 《列仙傳》：葛玄從左元放受《九丹經》。仙與客對食，吐飯成大蜂數百，復張口，蜂飛入口，嚼之，又成飯。大旱時，百姓憂之，乃飛符着社，天地晦瞑，大雨如注。

叱石成羊 《神仙傳》：黄初平年幼牧羊，有一道士引入金華山石室中，數年，教以導引。其兄初起徧索之，後問一道士，曰：『金華山有牧兒。』兄隨往，與初平相見，問羊何在。曰：『在山東。』兄同往，見白石徧山下，平叱之，皆起成羊。

鑽石成丹 《真(語)〔誥〕》〔一〇〕：傅先生入焦山，老君與之木鑽，使穿一石，厚五尺，云穿此便當得道。傅日夜鑽之，經四十七年，石穿，遂得丹昇仙。

剪羅成蝶 宋慶曆中，有九哥者，浪跡市丐中，燕王呼而賜之酒，因請以技悦王。乃乞黄羅一端，金剪一具，叠而剪碎之〔一一〕，俄成蜂蝶無數，或集王襟袖，或亂棲宫人鬢鬟。九哥復呼之，一一來集，復成一疋羅。中有一空，如一蝶之痕，乃宫人偶捉之耳。王曰：『此蝶可復完羅否？』九哥曰：『不必，姑留以表異。』

羽客 唐保大中，道士譚紫霄，號金門羽客。

外丹内丹 道家所烹鼎金石爲外丹，吐故納新爲内丹。

黄冠 唐李淳風之父名播，仕隋，棄官爲道士，自號黄冠子。

卧風雪中 譚峭，字景升，冬則衣緑布衫，或卧〔風〕雪中〔一二〕，父常遣家僮尋訪，寄冬衣及錢帛。景升得之，即分給貧寒者，或寄酒家，一無所留。

八仙 漢鍾離，名權，字雲房，以裨將從周處與齊萬年戰，敗，跳終南山，遇東華王真人。

至唐始一出，度吕嵒，自稱天下都散漢。

吕純陽，名嵒，字洞賓。舉進士不第，遇鍾離，同憩一肆中，鍾離自起炊爨。吕忽昏睡，以舉子赴京，狀元及第，歷官清要，前後兩娶貴家女，五子十孫，簪笏滿門，如此四十年。後居相位，獨相十年，權勢薰灼，忽被重罪，籍没家貲，押赴雲陽，身首異處。忽然驚醒，方興浩歎。鍾離在傍，炊尚未熟，笑曰：『黄粱猶未熟，一夢到華胥。』吕驚曰：『君知我夢耶？』鍾離曰：『子適來之夢，升沉萬態，榮瘁多端，五十年間，止爲俄頃，非有大覺，焉知人世真一大夢也。』洞賓感悟，遂拜鍾離求其超度。

藍采和，不知何許人，常衣破藍衫，黑木腰帶，跣一足，靴一足，醉則持三尺大拍板，行歌云：『踏踏歌，藍采和，世界能幾何？紅顔一春樹，光陰一擲梭。古人滚滚去不返，今人紛紛來更多。朝騎鸞鳳到碧落，暮見桑田生白波。』詞多率爾而作。後至濠梁，忽然輕舉，擲下靴帶拍板，乘雲而去。

韓湘子，昌黎從姪，少學道，落魄他鄉，久而始歸。值昌黎誕日，怒其流落，湘子曰：『無怒也！請獻薄技。』因爲頃刻花，每瓣書一聯云：『雲横秦嶺家何在？雪擁藍關馬不前。』昌黎不悟，遣之去。後果謫潮州，至藍關，湘子來候。昌黎乃悟，因吟三韵，以補前詩，竟别。

張果老，隱恒州中條山，見召於唐開元中，寵遇與葉静能比。自言堯時官侍中，葉公密識曰：『此混沌初分白蝙蝠精也。』授銀紫光禄大夫，放歸。天寶時尸解。《明皇雜録》：張果老隱于中條山，常乘白驢，日行萬里，夜即叠之，置箱篋中，乃紙也，乘則以水噀之，復成驢。

曹國舅，不知其名，言丞相曹彬之子，皇后之弟，故稱國舅。少而美姿，安恬好静，上及皇后重之。一旦求出家雲水，上以金牌賜之。抵黄河，爲篙工索渡直急，以金牌相抵。純陽見而異之，遂拜從得道。何仙姑，零陵市人，女也。生而紫雲繞室，住雲母溪，夢神人教食雲母粉，遂行如飛。遇純陽，以一桃與之，僅食其半，自是不飢。頗能談休咎。唐天后召見，中路不知所之。鐵拐李，質本魁梧，早歲聞道，修真巖穴。一日，赴老君華山之會，囑其徒曰：『吾魄在此，倘遊魂七日不返，以火化之。』徒以母病遄歸，忘其期，六日化之。七日果歸，失魄無依，乃附一餓莩之尸而起，故形骸跛惡，非其質矣。

化金濟貧 王霸，梁時渡江入閩，居西郊之外，鑿井煉藥，能化黄金。歲飢則售金市米，徧濟貧者。

擗麟脯麻姑 王方平嘗過蔡經家，遣使與麻姑相聞，俄頃即至。經舉家見之，是好女子，手似鳥爪，衣有文章而非錦繡。坐定，各進行厨，香氣達户外，擗麟脯行酒。麻姑云：『接待以來，東海三爲桑田矣，蓬萊水又淺矣。』宴畢，乘雲而去。姑爲後趙麻胡秋之女，父猛悍，人畏之。築城嚴酷，晝夜不止，惟雞鳴稍息。姑恤民，假作雞鳴，羣雞皆應。父覺，欲撻之，姑懼而逃入山洞，後竟飛昇。

蓑衣真人 何中立，淮陽書生。一旦焚書裂冠，遁至蘇，結廬天慶觀，披一蓑衣，坐卧不易，妄談頗驗。凡瘵者，與蓑草服之，立愈；不與者，疾必不起。因稱之蓑衣真人。宋孝宗遣璫贄問，不言所求。中立掉首曰：『有華人即有番人，有日即有月。』璫復命，上曰：『誠如吾心。』

蓋所求者，恢復大計、中宫虚位兩事也。

自舉焚身　顔筆仙，宋建炎初，日售筆十則止。遇轉運使，飲以斗酒。飲畢，長揖而去，遺筆籃。使左右取而還之，盡力不能勝。凡得其筆者，管中有詩或偈，禍福無不驗。年九十七，積葦坐上，自舉火焚之，人見其乘火雲飛去。

金書姓名　廣陵人李珏，以販糴以業，每斗惟求利兩文，以資父母。有糴者授以升斗，俾自量。丞相李珏節制淮南，夢入洞府，見石填金書姓名，内有李珏字，方自喜。有二仙童云：『此乃江陽部民李珏爾。』

獨立水上　葛仙公，名玄，有仙術。嘗從吴主至溧陽，風大作，舟覆，玄獨立水上，而衣履不濕。後白日沖舉。勾漏令洪，即其孫也。

李白題菴　許宣平隱城陽山，絶粒不食，顔如四十，行及奔馬。時負薪賣于市，嘗獨吟曰：『負薪朝出賣，沽酒日西歸。借問家何處，穿雲入翠微。』李白入山尋之，不見，題其菴以歸。

使聘不出　墨子名翟，宋人。外治經典，内修道術，著書十篇，號《墨子》。年八十有二，漢武帝遣使聘之，不出，視其顔色，如五十許人。

冬日賣桃李〔一三〕　犢子歷數百歲，其顔時壯時老，時好時醜。陽都酒家有女，眉生而連耳，細而長，衆異之。會犢子牽一黄犢過，女悦之，遂隨去，人不能追也。冬日，常見犢子賣桃李市中。

貞一　司馬承禎事潘師正，傳辟谷導引之術。唐睿宗召問其術，對曰：『爲道日損，損之又損，以至于無。』帝曰：『治身則爾，治國若何？』對曰：『國猶身也，游心于淡，合氣于漠，與物自然而無私焉，則天下治。』帝嗟嘆曰：『廣成之言也！』〔卒〕謚『貞一先生』〔一四〕。

點化天下　賀蘭，善服氣。宋真宗召至，問曰：『人言先生能點金，信乎？』對曰：『臣願陛下以堯舜之道點化天下，方士僞術，不足爲陛下道。』賜號〔玄宗〕〔宗玄〕大師〔一五〕。

臨葬復生　張三丰居寶雞縣金臺觀。洪武二十六年九月二十日，自言辭世，留頌而逝。民人楊軌山等置棺殮訖，〔臨葬視之〕〔一六〕，三丰復生。

弘道真人　周思得，錢唐人，行靈官法，先知禍福。文皇帝北征，召扈從，數試之不爽。號弘道真人。先是，上獲靈官藤像于東海，朝夕崇禮，所征必載以行；及金川河，舁不可動，就思得秘問之。曰：『上帝有界，止此也。』已而果有榆川之役。

瓶中輒應　冷謙，洪武初爲協律郎，郊廟樂章，皆其所撰。有友酷貧，謙于壁間畫一門，令其友取銀二錠。友入恣取而出，遺其引。他日，内庫失銀，惟二錠不入册。吏持引跡捕，因并執謙。謙渴求飲，拘者以瓶水汲與之。謙躍入瓶中，拘者惶急。謙曰：『無害，第持瓶至御前。』上呼謙，瓶中輒應。上曰：『汝何不出？』對曰：『臣有罪，不敢出來。』擊碎之，片片皆應。

入火不熱　周顛仙，明初，上至南昌，顛仙謁道左，必曰：『告太平，打破一個桶，另置一個桶。』隨之金陵。嘗曰入火不熱，上命覆以巨甕，積薪焚之。火滅揭視，寒氣凛然。後辭去廬山，莫知所之。

指李樹爲姓　老子母見日精下落如流星，飛入口中，因懷娠。後七十二年，于陳國渦水李樹下，剖左腋而生。指李樹曰：『此爲我姓。』耳有三漏，頂有日光，身滋白血，面凝金（生）〔色〕[一七]，舌絡錦文，身長一丈二尺，齒有四十八。受元君神籙寶章變化之方，及還丹、伏火、冰汞、液金之術，凡七十二篇。

陸地生蓮　尹文始先生住室中，陸地生蓮花。結草爲樓，精思至道。

白石生　生煮白石爲糧，問之何不霞舉，笑曰：『天上多有至尊相奉事，更苦于人間爾。』時號爲隱遯仙人。

古丈人　嵩華松下古丈人、女子二，曰：『老人，秦之役者，二女，宮人，合爲殉，幸脱驪山之役，匿此。』

掌録舌學　董謁乞犬羊皮爲裘，編棘爲牀，聚鳥獸毛而寢。性好異書，見輒題掌，還家以片籜寫之，舌黑掌爛。人謂謁掌録而舌學。

負圖先生　季充號負圖先生。伏生十歲，就石壁中受充《尚書》，授四代之事。伏生以繩繞腰領，一續一結，十尋之繩皆結矣。充餌菊术，經旬不語，人問何以，答曰：『世間無可食，亦無可語之人。』

目光如電　涉正閉目二十年。弟子固請之，正乃開目，有聲如霹靂，而閃光若電。已，復還閉。

守天厠　淮南王安見太清仙伯，以坐起不恭，謫守天厠。

墨池　梅福在南昌縣，水竹幽蔚，王右軍典臨川郡日，每過此盤礴不能去，因號墨池。先是，福種蓮花池中，歎曰：『生爲我酷，身爲我梏，形爲我辱，妻爲我毒。』遂棄妻，入洪厓山。

青童絳節　張道陵居渠亭山，見青童絳節前導，曰：『老君至矣。』從者二人，雋以弱冠。或指曰：『此子房，此子淵。』

金蓮花　元藏機有馴鳥三，類〔黄〕鶴〔一八〕，時翔空中，呼之立至，能授人語，常航海飄至一島。人曰：『此滄州也。』産分蒂瓜，長一尺；碧棗丹栗，大如梨。池中有足魚，金蓮花，婦人採爲首飾。曰：『不戴金蓮花，不得在仙家。』

刺樹成酒　葛玄遇親朋，輒邀止，折草刺樹，以杯盛之，汁流如泉，杯滿即止，飲之皆旨酒。取瓦礫草木之實勸客，皆脯酒棗。指蝦蟆、飛龜使舞，應節如神。爲人行酒，杯自至客前，不盡，杯不去。

林樾長嘯〔一九〕　黄野人遊羅浮，長嘯數聲，遞響林樾。宋咸淳中，〔客〕有戴烏方帽着鞾，往來羅浮山中，見人則大笑，反走，三年不言姓氏。他日醉歸，忽取煤書壁（去）〔云〕：『雲意不知滄海，春光欲上翠微；人間一墮十劫，猶愛梅花未歸。』孟野人之儔云。

腦子誦經　司馬承禎善金剪刀書，腦中有小兒誦經聲，玲玲如振玉；額上小日如錢，耀射一席。

許大夫婦　許大爲許旌陽掃爨。夫婦隱于西山，不欲人識姓，改姓曰午，又改姓曰干。夫婦皆解詩。許大詩云：『不是藏名混世俗，賣柴沽酒貴忘言。』妻續云：『兒家祇在西山住，除却白雲誰到門！』

服石子〔二〇〕　單道開服細石子，一吞數枚。唐子西贊曰：『世人茹柔，剛則吐之。匙抄爛飯，（牛）口如〔牛〕飼。至人忘物，剛柔一致。其視食石，如（餡）〔啗〕餅餌。北平飲羽，出于無心。食石之理，于此可尋。我雖不能，而識其理。庶幾漱之，以礪厥齒。』

驅邪院判官　白紫青曰：『顔真卿今爲北極驅邪院左判。』

符釘畫龍　毒龍潭二龍飛入殿，與張僧繇畫龍鬥，風雨震沸。丁玄真畫鐵符鎮潭龍，穿山而去；復釘畫龍之目，其患乃止。

摸先生　先生束雙髻于頂，携小竹笥賣藥，有疾者手摸之輒愈，人呼爲『摸先生』。

尊號道士　周穆王求神仙，始尊號道士。西王母授帝元始真容，始有道士行禮之文。漢桓帝迎老子像入宫，用郊天樂祀道教，始崇與釋並。

魏世祖拜寇謙之天師，立道場，受符籙。周武帝封國公，唐中宗加金紫階，玄宗賜號先生，宋神宗賜號處士。寇謙之修張魯法，始爲音誦科儀，及號召百神、導養丹砂之術。唐高祖始授道官。宋太宗增置道副録都監。宋太祖始令道士不得畜妻孥。

改稱真人 張道陵子孫，世襲天師，掌道教。至明，太祖曰：『至尊者天，何得有師？』詔改真人。初，道陵學長生于蜀之鶴鳴山。山有石鶴，鳴則有得道者。道陵居此，石鶴乃鳴。

真武 净樂國王太子，遇天神，授以寶劍，入武當山修道。久之，無所得，欲出山。見一老嫗操鐵杵磨石上，問磨此何爲，曰：『爲針耳。』曰：『不亦難乎？』（姬）〔嫗〕曰〔二〕：『功久自成。』真武悟。遂精修四十二年，白日冲舉。

陳摶 字圖南，亳州人。四五歲，遇一青衣媪乳之。自是穎異，書一目十行。邂逅孫君仿，謂武當九室嵓可居，遂往，辟穀二十餘年。忽夜見金人持劍呼曰：『子道成矣。』後徙華山。宋太宗召見，賜號『希夷先生』。

周顛者，舉錯詭譎，人莫能識。每見明太祖，必曰：『告太平。』上厭之，命覆之甕，積薪以煅。火息啓視，顛正坐宴然。上親爲作傳。

張三丰 又名邋遢張。明太祖求之，不得。人有問仙術者，竟不答；問經書，則津津不絕口。一啖數斗，辟穀數月亦自若。隆冬卧雪中。

【校】

〔一〕『《太經》』，疑誤，按本段出自《長生詮經》引《攝生要旨》。『精充則氣裕』，乙本『精』下誤衍『氣』字，據甲本删。

〔二〕『《東坡志林》』，蓋誤，察本條出自蘇軾《龍虎鉛汞論》，惟《施注蘇詩》於《辨道歌》下注引出自《志林》。『龍飛而汞輕』，『龍』原書誤作『離』，據《龍虎鉛汞論》改。『人能正坐瞑目』，乙本『人』下誤衍『生』字，據甲本删。

〔三〕『而魄在肺』，原書作『而氣在肺』，據《金丹大成集》卷二及《弇州山人四部續稿·文部》之《書金丹四百字後》改。

〔四〕『劉根』，原書誤作『劉很』，據《神仙傳·劉根傳》及《雲笈七籤》卷八十二改。

〔五〕『去却不祥』，『去』原書作『呿』，據趙台鼎《脉望》卷二改。

〔六〕『毋勞爾形』，甲本作『無勞爾形』。

〔七〕『阮靈華』，原書作『賈陵華』，《古事苑·神仙》同，《雲笈七籤》卷一百一十四作『婉凌華』，據正統道藏本《漢武帝内傳》改。

〔八〕『請與語』，乙本作『請與言』，據甲本及《高士傳·安期生傳》改。

〔九〕乙本『建章』下誤衍『安』字，據甲本删。

〔一〇〕『《真誥》』，乙本誤作『《真語》』，據甲本改。

〔一一〕『剪碎之』，甲本作『碎剪之』。

〔一二〕『或卧風雪中』，乙本脱『風』字，據甲本補。

〔一三〕『冬日賣桃李』，乙本『李』字誤入正文，據甲本乙正。

〔一四〕『卒』，原書脱，《廣輿記》卷六同，據《大明一統志》卷二十八補。

〔一五〕『宗玄』，乙本誤作『玄宗』，據甲本乙正。

〔一六〕『臨葬視之』，乙本脱，據甲本補。
〔一七〕『金色』，原書誤作『金生』，據《初學記》卷二十三改。
〔一八〕『類黄鶴』，乙本無『黄』字，據甲本補。
〔一九〕『客有戴烏方帽着韡』，乙本無『客』字，據甲本補。『取煤書壁云』，『云』乙本誤作『去』，據甲本改。
〔二〇〕『口如牛飼』、『如咍餅餌』，原書作『牛口如飼』、『如餡餅餌』，據唐庚《羅浮二賢贊·單道開贊》改。
〔二一〕『嫗曰』，乙本誤作『姬曰』，據甲本改。

佛教

禪門五宗　南嶽讓禪師法嗣，南嶽下三世百丈海禪師，四世潙山靈祐禪師，五世仰山慧寂禪師，稱潙仰宗。○南嶽下四世黄蘗希運禪師，五世臨濟義玄禪師，稱爲臨濟宗。○青原思禪師法嗣，青原下六世曹山本寂禪師，七世洞山道延禪師，稱爲曹洞宗〔二〕。○青原下五世德山宣鑒禪師，六世雪峰義存禪師，七世雲門文偃禪師，稱爲雲門宗。○青原下八世羅漢琛禪師，九世清凉文益禪師，稱法眼宗。凡五宗，今天下惟曹洞、臨濟爲盛。

佛入中國　漢明帝夢金人長丈餘，飛空而下。訪之羣臣，傅毅曰：『西域有神，其名曰佛。』乃使蔡愔等往天竺求其道，得其書及沙門，由是教流中國。

象教　如來既化，諸大弟想慕不已，遂刻木爲佛，瞻敬之。杜詩曰：『方知象教力。』

優曇鉢　《法華經》：是人希有過于優曇鉢。優曇，花名，應瑞三千年一現，現則金輪王出。

般若航　清凉禪師云：『夫般若者，苦海之慈航，昏衢之巨燭。』

兜率天　《法苑珠林》：兜率天雨摩尼珠，護世城雨美膳，阿修羅天雨兵仗，閻浮世界雨清净。雨者，被其惠，猶言賜也。

西方聖人　《列子》：太宰嚭問孔子〔二〕：『孰爲聖人？』子曰：『西方有聖人，不治而不亂，不言而自信，不化而自行，蕩蕩乎民無能名焉。』

不二法門　《文選》：文殊謂維摩詰曰：『何爲是不二法門？』摩詰不應，文殊曰：『乃至無有文字言語，是真入不二法門。』

即心即佛　《傳燈録》：有僧問大梅和尚：『見馬祖得個恁麽？』大梅曰：『馬祖向我道即心即佛。』〔僧〕曰〔三〕：『馬祖近日又道非心非佛。』大梅曰：『這老漢惑亂人，任汝非心非佛，我只管即心即佛。』其僧白于馬祖，祖曰：『梅子熟矣。』

舍利塔　《説苑》：阿育王所造釋迦真身舍利塔，見于明州鄞縣。太宗命取舍利，度開寶寺地，造浮屠十一級以藏之。

沙門　《漢記》：沙門，漢言『息』也，息欲而居於無爲也。梵云『沙門那』，或曰『沙門』，漢言『勤息』，譯曰『勤行』。又曰『善覺』，又稱『沙彌』，又稱『比丘』。秦言『乞士』，又曰『上人』。

苾芻 《尊勝經》：苾芻，草名，有五義：生不背日，冬夏常青，性體柔軟，香氣遠騰，引蔓旁佈。爲佛徒弟，故以名僧。

紫衣 《(吏)〔史〕略》曰[四]：唐武則天朝，賜僧法朗等紫袈裟。僧之賜紫，自武后始。

五戒 凡出家，師已許之，乃爲受五戒，謂之一不殺生，二不偷盜，三不邪淫，四不妄語，五不飲酒。

傳燈 釋書以燈喻，謂能破暗也。六祖相傳法曰傳燈。今有《傳燈録》。杜詩曰：「傳燈無白日。」

飛錫 《高僧傳》：梁武時，寶誌愛舒州潛山奇絶，時有方士白鶴道人者亦欲之。帝命二人各以物識其地，得者居之。道人以鶴止處爲記，寶誌以卓錫處爲記。已而，鶴先飛去，忽聞空中錫飛聲，遂卓于山麓，而鶴止他處，遂各以所識築室焉。故稱行僧爲飛錫，住僧爲卓錫，又曰挂錫。

祝髮 賀僧披剃從教，頂相堂堂。《唐書》：「祝髮剗草。」僧剃髮曰剗草。

檀那檀越 梵語「陀那鉢底」，唐言施主稱「檀那」者，即訛「陀」爲「檀」，去「鉢底」，故曰「檀那」也。又稱「檀越」者，謂此人行檀施，能越貧窮海。

伊蒲饌 後漢楚王(映)〔英〕詣闕以縑贖罪[五]，詔報曰：王好黄老之言，尚浮屠之教，還其贖以助伊蒲塞桑門之饌。

風旛論　《傳燈録》：六祖惠能初寓法性寺，風揚旛動。有二僧争論，一云風動，一云旛動。六祖曰：『風旛非動，動自心耳。』

傳衣鉢　五祖欲傳衣鉢，乃集五百僧謂曰：『誰作無像偈〔六〕，即付與衣鉢。』首座云：『身似菩提樹，心爲明鏡臺。時時勤拂拭，何處染塵埃？』慧能改曰：『菩提本非樹，明鏡亦非臺。不勞勤拂拭，何處惹塵埃？』五祖驚曰：『此全悟道，脱然無像，且無慮矣。』即以法寶及所傳袈裟，盡以付之。

得真印　梁達摩奉佛衣來，得道者傳付以爲真印。〔惟〕六祖盧惠能受戒韶州〔七〕，曹溪説法，乃置其衣而不傳，後謚爲大鑒。

楊枝水　佛圖澄天竺人，妙通玄術，善誦咒，能役使鬼神。石勒聞其名，召試其術。澄取鉢盛水燒香，須臾，鉢中生青蓮花。勒愛子暴病死，澄取楊枝灑而咒之，遂甦。

披襟當箭〔八〕　《傳燈録》：石鞏和尚常張弓架箭，以待學者。義(思)〔忠〕禪師詣之，石鞏曰：『看箭！』師披襟當之。鞏笑曰：『三十年張弓架箭，只射得半個漢。』

一塢白雲　廣嚴院咸澤禪師逍遥自足。僧曰：『如何是廣嚴家風？』師曰：『一塢白雲，三間茅屋。』

安心竟　可大師問初祖達摩曰：『諸佛法印，可得聞乎？』祖曰：『諸佛法印，匪從人得。』可曰：『我心未寧，乞師與安。』祖曰：『將心來，與汝安。』可良久曰：『覓心了不可得。』祖曰：

『與汝安心竟。』

求解脱　信大師禮三祖曰：『願和尚慈悲，乞與解脱法門。』祖曰：『誰縛汝？』曰：『無人縛。』祖曰：『既無人縛，何更求解脱乎？』信于言下有省。

入門來　世尊見文殊立門外，曰：『何不入門來？』殊曰：『我不見一法在門外，何以教我入門來？』

再轉法輪　世尊臨入涅槃，文殊請佛再轉法輪。世尊咄云：『吾住世四十九年，不曾有一字與人。汝請吾再轉法輪，是謂吾已轉法輪耶？』

汝得吾髓　達摩將滅，命門人各言所得道。副曰：『如我所見，不執文字、不離文字而爲道。』師曰：『汝得吾皮。』總持曰：『我今一見，更不再見。』師曰：『汝得吾肉。』道育曰〔九〕：『四大本空，五陰非有，而我所見無一法可得。』師曰：『汝有吾骨。』最後慧可禮拜依位而立，師曰：『汝得吾髓。』

不起無相　般若尊者問達摩：『于諸物中何物無相？』曰：『於諸物中不起無相。』

洗鉢盂去　僧問趙州：『學人初入叢林，乞師指示。』州曰：『吃粥了也未？』曰：『吃了也。』州曰：『洗鉢盂去。』其僧乃悟入。

使得十二時　僧問趙州：『十二時中如何用心？』師曰：『汝被十二時使，老僧使得十二時。』

天雨花　梁高僧講經于天龍寺中，天雨寶花，繽紛而下。徐玉泉贈詩云：『（錫杖）〔杖錫〕飛身到赤霞[一〇]，石橋閒人坐演三車。三車謂三乘，大乘、小乘、上乘。一聲野鶴仙濤起，白晝天風送寶花。』

石點頭　梁有異僧玉生者[一一]，又名竺道生，人稱曰生公。講經于虎丘寺，人無信者。乃聚石爲徒，坐而説法，石皆點頭。

龍聽講　梁有僧講經，有一叟來聽，問其姓氏，乃潭中龍也，云：『歲旱得閒，來此聽法。』僧曰：『能救旱乎？』曰：『帝封江湖，不得擅用。』僧曰：『硯水可乎？』曰：『可。』乃就硯吸水（經）〔徑〕去[一二]，是夕大雨，水皆黑。

離此殼漏子　《傳燈録》：洞山良价和尚將圓寂，謂衆曰：『離此殼漏子，向什麼處相見？』衆不對，師儼然坐化。

隻履西歸　後漢二十八祖達摩，中天竺國佛法，起自初祖迦葉尊者，至達摩乃二十八祖。梁武帝天通元年始至中國，是爲東土始祖，端居而逝。後三載，魏宋雲使西域，歸遇師于葱嶺，手持隻履，翩翩獨逝，問師何往，曰：『西天去。』明帝啓其壙[一三]，惟一革履存焉。

闍維荼毗　天竺第九祖入滅，衆以香油旃檀闍維真體。僧亡火化曰闍維，又曰荼毗。東坡宿曹溪，借《傳燈録》讀，燈花落燒一『僧』字，即以筆記臺上：『曹溪夜岑寂，燈下讀傳燈。不覺燈花落，荼毗一個僧。』

截却一指　天龍合掌頂禮拜問于古德，曰：『敢問佛在何處？』古德曰：『佛在汝指頭上。』天龍竪一指朝夕觀看。古德從背後截去其一指，天龍豁然大悟。後人曰：『天龍截却一指，痛處即是悟處。』

喫在肚裏　有老僧喫飯，人問之曰：『和尚喫飯與常人異否？』僧曰：『老僧喫飯，口口喫在肚裏。』

放生　北使李諧至梁，武帝與之游歷。偶至放生處，帝問曰：『彼國亦放生否？』諧曰：『不取亦不放。』帝大慚。

海鷗石虎　佛圖澄依石勒、石虎，號大和尚。以麻油塗掌，占見吉凶數百里外，聽浮屠鈴聲，逆知禍福。虎即位，師事之，時謂澄以石虎爲海鷗鳥。

帝言日中　虎丘生公于石上講經，宋文帝大會僧衆施食，人謂僧律日過中即不食。帝曰：『始可中耳。』生公曰：『日麗天，天言中，何得非中？』即舉箸而食，〔時服其機敏〕〔一四〕。

碎却筆硯　李泌在衡山事明瓚禪師，師瓚云：『欲學道者，先將筆硯碎却。』

六道　釋家有六道輪迴之説，曰天道、人道、魔道、地獄道、餓鬼道、畜生道。

捱日菴　善導和尚菴名『捱日』，示衆云：『體此二字，一生受用。』

抱佛脚　雲南之南一番國，俗尚釋教。有犯罪當誅者，趨往寺中，抱佛脚悔過，願髡髮爲僧，即貰其罪。今諺曰：『閒時不燒香，急來抱佛脚。』本此。

九日杜鵑　唐周寶鎮潤州，知鶴林寺杜鵑花奇絶，謂僧殷七七曰：『可使頃刻開花，副重九乎？』七七曰：『諾。』及九日，果爛熳如春。

摩頂止啼　宋安東人婁（通）〔道〕者〔一五〕，生有異相，掌中一目，中指七節，長爲承天寺僧。嘗召入大内，適仁宗生，啼哭不止，摩其頂曰：『莫叫，莫叫，何似當初莫笑。』啼遂止。

玉帶鎮山門　了元號佛印，住金山寺，蘇軾訪之。了元曰：『内翰何來？此間無坐處。』軾戲曰：『借和尚四大作禪牀。』了元曰：『四大本空，五藴非有。』軾投以玉帶鎮山門，了元報以一衲。

白土雜飯　新羅國僧金地藏，唐至德間渡海，居九華山，取崮間白土雜飯食之。〔年〕九十九〔一六〕，忽召徒衆告別，坐化函中。後三載開視，顏色如生，舁之，骨節俱動。

滌腸　小釋迦保昌黎氏子，九歲入山，精修五載得悟。一日歸省其母，啗之肉，出至溪中，以刀刳腸滌净，唐賜號澄虛大師。

解釋〔一七〕　文通慧姓張，棄家祝髮，師令掌厠盥盆。忽有市鮮者（沃于者）沃于盆，文偶擊之，仆地死。文懼，奔西華寺，久之，爲長老。忽曰：『三十年前一段公案，今日當了。』衆問故，曰：『日午自知之。』一卒持弓至法堂，瞠目視文，欲射之。文笑曰：『老僧相候已久。』卒曰：『一見即欲相害，不知何讐？』文告以故，卒悟曰：『寃寃相報何時了，劫劫相纏豈偶然，不若與師俱解釋，如今立地往西天。』視之立逝矣，文即索筆書偈而化。

冤家亦生　寶誌，梁武帝師事之。皇子生，誌曰：『冤家亦生矣。』後知與侯景同日生。

正大衍曆　一行從普寂禪師爲徒。唐玄宗召問曰：『卿何能？』對曰：『善記覽。』即以宮人籍試之，一無所遺，玄宗呼爲『聖人』。漢洛下閎造（大衍）《〔太初〕曆》云〔一八〕：『歷八百歲當差一日，有出而正之者。』一行當其期，乃定《大衍曆》。

雨隨足注　蓮（花）〔池〕名袾宏〔一九〕，沈氏子，爲諸生，辭家祝髮。見雲棲幽寂，結茅以居，絶糧七日，倚壁危坐。雲棲多虎，皆遠徙。歲旱，擊木魚循田念佛，雨隨足跡而注。人異之。遂成蘭若，專以浄土一門普攝三根，著述甚多，諸方尊爲法門周孔。

爲讓帝薙髮〔二〇〕　南州法師名（博）〔溥〕洽，山陰人，禪定之餘，肆力詞章，居金陵。靖難時，金川門開，爲建文君薙髮。文皇聞而囚之十餘年。姚榮靖臨革，上臨視，問所欲言，于榻上叩首曰：『（博）〔溥〕洽繫獄久矣。』上即日出之。仁宗即位，數被召問，宣德中留偈而化。

賚藥僧　住得號赤脚僧，常居廬山。洪武間，上不豫，住得賚藥詣闕，謂天眼尊者及周顛仙所奉，上服之，立愈，御製詩賜之。

乞宥沙彌　冰蘖名維則，洪武二十五年，上命凡天下僧人有名籍者，皆要俗家餘丁一人充軍。維則時進偈七章，其七曰：『天街密雨却煩囂，百稼臻成春氣饒。乞宥沙彌疏戒檢，袈裟道在祝神堯。』上覽偈，爲收成命。

日月燈　王介甫嘗見舉燭，因言：『佛書有日月燈光明佛，燈光豈得配日月？』吕吉甫曰：

『日昱乎晝，月昱乎夜，燈光昱乎晝夜，日月所不及，其用無差。』介甫大以爲然。

卧佛　《涅盤經》云：『如來背痛，于雙樹間北首而卧。』故後之圖繪者爲此像。(普)〔晋〕庾公嘗入佛圖〔二一〕，見卧佛，曰：『此子疲于津梁。』于時以爲名言。

張玄之、顧敷〔二二〕，是顧和中外孫，皆少而聰慧，和並知之，而嘗謂顧勝。于時張九歲，顧七歲。和與之俱至寺中，見佛般泥(恒)〔洹〕像，弟子有泣者，有不泣者。和以問二孫。玄謂：『被親，故泣；不被親，故不泣。』敷曰：『不然。當(有)〔由〕忘情，故不泣；不能忘情，故泣。』

天女散花　《維摩經》云：會中有天女散花，諸菩薩悉皆墮落，至大弟子便著不墮。天女曰：『結習未盡，故花著身；結習盡者，花不著身。』

三乘　法門曰大乘、中乘、小乘。乘乃車乘之乘。阿羅漢獨了生死，不度衆人，故曰小乘；圓覺之人，半爲人半爲己，故曰中乘；菩薩爲大乘者，如車之大者，能度一切衆生。故曰三車之教。

三空，生、法、俱也。三慧，聞、思、修也。三身，法、報、化也。三寶，佛、法、僧也。三界，欲界、色界、無色界也。三毒，貪、嗔、癡也。三漏，欲漏、有漏、無明漏也。三業，身、口、意也。三灾，飢饉、疾疫、刀兵也。三大灾，火、水、風也。

弩目低眉　薛道衡遊開善寺，謂一沙彌曰：『金剛何以弩目？菩薩何以低眉？』沙彌曰：『金剛弩目，所以攝服羣魔；菩薩低眉，所以慈悲六道。』

速脱此難 《大集》云：昔有一人避二醉衆生死，緣藤命根入井無常，有黑白二鼠日、月（嚙）〔囓〕藤將斷〔二三〕，旁有四蛇四大欲螫，下有三龍三毒吐火張爪拒之，其人仰望二象，已臨井上，憂惱無托。忽有蜂過，遺蜜滴入口五慾，是人接蜜，全忘危懼，知人見此，各宜修行，速脱此難。

五蘊皆空 五蘊者，就衆生所執根身器界質碍形量之物名爲色；以現前領納違順二境，能生苦樂者名受；以緣慮過現未三世境者名想；念念遷流，新新不住者名行；明瞭分別者名識。五者皆能蓋覆真性，封蔀妙明，故總謂之蘊，亦名五陰，亦名五衆。

慧業文人 會稽太守孟顗事佛精懇，而爲謝靈運所輕。謝嘗語顗曰：『得道應須慧業文人，卿生天在靈運前，成佛當在靈運後。』

拔絮誦經 佛圖澄左乳旁有一孔，通徹腹内，常塞以絮。至夜欲誦經，則拔絮，一空洞明；或過水邊，引腸洗之，復納入。

世尊生日 《周書異記》：周昭王二十四年四月八日，山川震動，有五色光入貫太微。太史蘇由奏曰：『有大聖人生于西方，一千年外，聲教及此。』即佛生之日也。穆王五十三年二月十五日，天地震動，西方有白虹十二道，連夜不滅。太史扈多曰：『西方有大聖人滅度，衰相現耳。』此時佛涅槃也。

悉達太子 《異記》又云：天竺迦維衛國浄飯王妃，夢天降金人，遂有孕，于四月八日太子生于右脅，名悉達多。年十九，入檀特山修行證道，至穆王三年明星出時成佛，號世尊。于熙連河説《大涅槃經》，以正法眼藏將金縷僧伽黎衣傳與弟子大迦葉，爲第一世祖。穆王五十三年二月十五日，往拘尸城娑羅樹間入般涅槃，在世教化四十九年，是爲釋迦牟尼，姓刹利。

六祖　初祖達摩，二祖慧可，三祖僧燦，四祖道信，五祖弘忍，六祖慧能。一祖一隻履，二祖一隻臂，三祖一罪身，四祖一隻虎，五祖一株松，六祖一張碓。梁武通天元年，達摩來自西土，以袈裟授慧可，曰：『如來以正法眼藏付迦葉，展轉至我，今付汝。吾滅後二百年，衣止不傳。』遂説偈曰：『我本來兹土，傳法救迷情。一花開五葉，結果自然成。』

佛始生周昭王之二十四年〔二四〕，至孝王元年佛入涅槃，始佛著于經。漢武帝得休屠祭天金人，始佛像入中國。○周穆王時，始西極國化人來。秦始皇時，始沙門室利房等至，皇囚之，夜有金人破户出。至漢明帝，始以僧天竺摩騰入中國。（隨）〔隋〕文帝，始西域大食入中國回回教門。元魏始作大佛像，高四十三尺，用黄金、銅。五代（宗）〔宋〕作羅漢像用鐵。○後秦始尊鳩摩羅什爲法師，宋徽宗稱爲德士。漢靈帝時安世高始立戒律，魏朱士行始中國人受戒。○後魏始立戒壇，宋太祖別立尼戒壇。○漢明帝始聽陽城侯劉峻女出家，石虎聽民爲僧、尼，唐睿宗度公主爲道士。○後魏太祖始授僧官，隋文帝制僧官十統，唐制兩僧録司，唐武后始令僧尼隸禮部，唐玄宗始給度牒。○漢章帝時，西域僧作數珠，象一年十二月、二十四氣、七十二候，共一百單八。五代僧志林作木魚。○漢武帝尚南越，始禁咒，唐中宗時西京始投筊。時壽安墨石山有靈神祠，過客投筊仰吉。唐太宗遣玄（裝）〔奘〕往西域取諸經像。至罽賓國，道險不可過，玄〔裝〕〔奘〕閉室而坐，忽見老僧授以《心經》一卷，令誦之，遂虎豹潛跡。至佛國，取經六百〔餘〕部以歸。

孰爲大慶法王　傳珪爲大宗伯時，武宗好佛，自名『大慶法王』。番僧奏請腴田千畝爲下院，批禮部議，而書大慶法王，與聖旨並。珪佯不知，劾番僧曰：『孰爲大慶法王，敢與至尊並書，大不敬！』詔勿問。

【校】

〔一〕『稱爲曹洞宗』，『爲』甲本作『謂』。

〔二〕『太宰嚭』，《古事苑·梵釋》同。按《列子·仲尼》實作『商太宰』，《廣弘明集》引作『太宰嚭』，《法苑珠林》引作『吴太宰嚭』。

〔三〕『僧曰』，乙本脱『僧』字，據甲本補。

〔四〕『《史略》』，此指《大宋僧史略》，『史』乙本誤作『吏』並誤入標題，據甲本改。

〔五〕『楚王英』，原書作『楚王映』，《古今振雅雲箋》卷七同，據《東觀漢記·楚王英傳》、《後漢書·光武十王·楚王英傳》改。

〔六〕『無像偈』，甲本作『無象偈』。

〔七〕『惟六祖盧惠能』，乙本無『惟』字，據甲本補。

〔八〕『《傳燈録》』，『録』字甲本脱。『義忠』，原書誤作『義思』，據《景德傳燈録》卷十四改。

〔九〕『道育曰』，甲本脱『曰』字。
〔一〇〕『杖錫』，乙本作『錫杖』，據甲本乙正。
〔一一〕『梁有異僧玉生』疑誤，竺道生爲東晋、劉宋間人，非蕭梁時人，且未見其别稱『玉生』者。
〔一二〕『徑去』，乙本誤作『經去』，據甲本改。
〔一三〕『明帝啓其壙』，『啓』甲本作『起』。
〔一四〕『時服其機敏』，乙本無，據甲本補。
〔一五〕『婁道者』，乙本誤作『婁通者』，據甲本改。
〔一六〕『年九十九』，乙本無『年』字，據甲本補。
〔一七〕條目題名『解釋』，乙本誤倒，據甲本乙正。『沃于者』三字，乙本誤衍，據甲本删。
〔一八〕『太初曆』，原書誤作『大衍曆』，《廣輿記》卷一同誤，據《酉陽雜俎》前集卷五改。
〔一九〕『蓮池』，乙本誤作『蓮花』，甲本不誤。
〔二〇〕『溥洽』，原書誤作『博洽』，據《名山藏·臣林記·姚廣孝傳》改。
〔二一〕『晋庾公』，乙本誤作『普庾公』，據甲本改。
〔二二〕『泥洹像』，原書作『泥恒像』，據《世説新語·言語》改。『當由』，乙本誤作『當有』，據甲本改。
〔二三〕『生死』乙本小注誤入正文，『嚙藤』乙本作『囓藤』，均據甲本改。
〔二四〕『隋文帝』，乙本作『隨文帝』，『隋』、『隨』俗寫通，今據甲本改。『五代宋』、『玄奘』，乙本誤作『五代宗』、『玄裝』，據甲本改。『六百餘部』，乙本無『餘』字，據甲本補。

《神農經》上藥養命，謂五石之鍊形，五芝之延年也；中藥養性，謂合歡之蠲忿，萱草之忘憂也；下藥治病，謂大黄之除實，當歸之止痛也。

君臣佐使〔一〕　凡藥有上中下之三品，凡合藥宜用一君、二臣、三佐、四使，此方家之大經也。必辨其五味、三性、七情，然後爲和劑之節。五味謂鹹、酸、甘、苦、辛。酸爲肝，鹹爲腎，甘爲脾，苦爲心，辛爲肺，此五味之屬五臟也。三性謂寒、濕、熱。七情有相刑〔者〕，有相須者，有相使者，有相畏者，〔有相反者〕，有相惡者，有相殺者，其用又有（使）〔四〕焉。湯丸酒散，視其病之深淺所在而服之。

砭石　梁金元起欲上《素問》，訪以砭石，王僧孺曰：『（吉）〔古〕人常以石爲針〔二〕，不用鐵；季世無佳石，故以鐵代也。』

病有六不治　驕恣不論于理，一不治也；輕身重財，二不治也；衣食不能適，三不治也；陰陽并藏氣不定，四不治也；形羸不能服藥，五不治也，信巫而不信醫，六不治也。

兄弟行醫　魏文侯問扁鵲曰：『子昆弟三人，孰最善爲醫？』對曰：『長兄病視神，未有形而除之，故名不出于家。仲兄治病，其在毫毛，故名不出于閭。若扁鵲者，鑱血脉，投毒藥，副肌膚，故名聞于諸侯。』文侯曰：『善！』

見垣一方　扁鵲少時遇長桑君，出懷中藥，飲以上池之水，三十日，視見垣一方。人以此視病，盡見五臟癥結，特以診視爲名耳。見垣一方，猶言隔墻見彼方之人也。

病在骨髓〔三〕　扁鵲適齊，桓侯客之。入見，曰：『君有疾在腠理，不治將深。』侯曰：『寡人無疾。』後五日復見，曰：『君之疾在血脈矣。』侯曰：『無疾。』後五日復見，曰：『君之疾在腸胃矣。』侯曰：『無疾。』後五日復見，望見桓侯，却走曰：『君之疾已〔入〕骨髓，此湯熨、（碱）〔鍼〕石、酒醪之所不及也。』數日後，侯病劇，召扁鵲，鵲已逃去。侯遂死。

扁鵲被刺　扁鵲名聞天下。過邯鄲，聞貴婦人，即爲帶下醫；過洛陽，聞周人愛老人，即爲耳目痹醫；來入咸陽，聞秦人愛小兒，即爲小兒醫：隨俗爲變。秦太醫令李醯，自知伎不如扁鵲，使人刺殺之。

病入膏肓　晋侯求醫於秦，秦伯使醫緩治之。未至，公夢二竪子曰：『彼良醫也，懼傷我，焉逃之？』其一曰：『居肓之上、膏之下，將若我何？』醫至，曰：『疾不可爲也。在肓之上、膏之下，攻之不可達，針之不可及，藥不至焉。』公曰：『良醫也！』厚禮而歸之〔四〕。

姚劑三解〔五〕　後周姚僧（坦）〔垣〕善醫。伊婁（穆）自腰至臍，似有三縛。僧（坦）〔垣〕處三劑，初服，上縛即解；次服，中縛即解；又服，三縛悉除。

太倉公　姓淳于，名意，爲人治病，立決死生，多奇中，用藥若神。

東垣十書〔六〕　李杲傳易州張元素之秘業，士大夫非危急之疾，不敢謁，時以（目）〔神〕醫目之。所著有《東垣十書》。

刮骨療毒〔七〕　華陀，疾在腸胃不能散者，飲以藥酒，割腹湔洗積滯，傅神膏合之，立愈。如（割）〔刮〕關侯臂而去毒，針曹操頭（風）〔而〕去風是也。

醫國手　《國語》：晋平公有疾，秦伯使人視之，趙文子曰：『醫及國家乎？』對曰：『上醫醫國，其次救人，固醫職也。』

杏林　《廬山記》：董奉每治人病，病愈，令種杏一株，遂成林。奉後成仙上昇。

徙癰　薛伯宗善徙癰。公孫泰患背疽，伯宗爲氣封之，徙置齋前柳樹上。明日疽消，而樹起一瘤如拳大。稍稍長二十餘日，瘤大潰爛，出黄赤汁斗許，樹爲委損矣〔八〕。

橘井　晋蘇耽種橘鑿井，以療人疾。時病疫者，令食橘葉，飲井水，即愈。世號橘井。

肘後方　葛洪抄《金匱方》百卷，《肘後要急方》四卷。

千金方　孫真人愈龍疾，授以《龍宫秘方》一卷，治病神驗，後集爲《千金方》傳世。

照病鏡　葉法善有鐵鏡，鑑物如水。人有疾，以鏡照之，盡見臟腑中所滯之物，然後以藥治之，疾即愈。

醫稱郎中　郎中知五府六部事，醫人知五臟六腑事，故醫人亦稱郎中。北人因郎中而遂稱大夫。

蘄水名醫　龐安常，宋神哲間馳名京邸，於書無所不讀，而尤精於傷寒，妙得長沙遺旨。

性豪俊，每應人延請，必駕四舟，一聲伎，一厨傳，一賓客，一雜色工藝之人，日費不貲。

俞跗始爲醫〔九〕，割皮肌湔滌臟腑，後倉公解顱，盧醫剖心，華陀祖之。黄帝始制針灸，神農始命僦貸季岐伯師也，理色脉，巫彭始制丸藥。伊尹始制煎藥，秦和戰國人，始制藥方。

醫諫　高鏊，正德時爲太醫院醫士。上將南巡，鏊以醫諫。上怒曰：『鏊我家官，亦附外官梗朕耶？』命杖之百而戍烏撒。肅宗改元，召還復職。時有星官楊源，亦以占候諫，死戍所。

歷代名醫圖贊

伏羲氏贊　茫茫上古，世及包犧〔一〇〕。始畫八卦，爰分四時。究病之源，以類而推。神農之降，得而因之。

神農氏贊　仰惟神農，植藝五穀。斯民有生，以化以育。慮及夭傷，復嘗草木。民到于今，悉沾其福。

黄帝軒轅氏贊　偉哉黄帝，聖德天授。岐伯俞跗，以左以右。導養精微，日窮日究。利及生民，勿替於後。

岐伯全元起贊　天師岐伯，善答軒轅。製立《素問》，始顯醫源。

雷公名斆贊　太乙雷公，醫藥之宗。炙煿炮製，千古無窮。

秦越人扁鵲贊　秦神扁鵲，精研醫藥。編集《難經》，古今欽若。

淳于意贊　漢淳于意，時遇文帝。封贈倉公，名傳萬世。

張仲景機贊　漢張仲景，傷寒論證。表裏實虛，載名亞聖。

華陀贊　魏有華陀，設立瘡科。刮骨療疾，神效良多。

太醫王叔和贊　晋王叔和，方脉之科。撰成要訣，普濟沉疴。

皇甫士安謐贊　皇甫士安，治法千般。經言甲乙，造化實難。

葛稚川洪贊　隱居羅浮，優遊養導。世號仙翁，方傳《肘後》。

孫思邈贊　唐孫真人，方藥絶倫。扶危拯弱，應效如神。

韋慈藏訊贊　大唐藥王，德號慈藏。老師韋訊，萬古名揚。

【校】

〔一〕『七情有相刑者』，乙本脱『者』字，據甲本補，『相刑』當作『單行』。『有相反者』，原書脱，據《唐六典》卷十一、《職官分紀》卷二十四補。『其用又有四焉』，『四』乙本誤作『使』，據甲本改。

〔二〕『古人』，乙本誤作『吉人』，據甲本改。

〔三〕『君之疾已入骨髓』，『入』乙本闕字，據甲本補。『鍼石』，乙本誤作『碱石』，據甲本改。

〔四〕『歸之』，甲本作『遺之』。

〔五〕『姚僧垣』，原書誤作『姚僧坦』，據《周書·藝術·姚僧垣傳》、《北史·藝術·姚僧垣傳》改。『伊婁穆』，『穆』字乙本脱，據甲本補。

〔六〕『危急之疾』，甲本無『之』字。『神醫』，原書誤作『目醫』，據《大明一統志》卷三改。

〔七〕『刮關侯臂而去毒』，『刮』乙本作『割』，據甲本改。『針曹操頭而去風』，乙本『頭』下衍一『風』字，據甲本刪，『而』字原無，今據上下文補。

〔八〕『委損』，甲本作『痿損』。

〔九〕本條『岐伯師也』、『戰國人』原書蓋爲小字誤入正文，今徑改。

〔一〇〕『包犧』，甲本作『庖犧』。

相

相聖人〔一〕 （始）〔姑〕布子卿相孔子曰：『其額似堯，其頂類皋陶，其肩類子産，然自腰以下不及禹三寸，身長九尺（三）〔六〕寸，纍纍然若喪家之狗。』

彈血作公 陶侃左手有文，直達中指上橫節便止。有相者師圭謂：『君左手中指有竪理，若徹于上，位在無極。』侃以針挑之令徹，血流彈壁，乃作『公』字。後果如其兆。

官至封侯 衛青少時，其父使牧羊，兄弟皆奴畜之。有鉗徒相青曰：『官至封侯。』青笑曰：『人奴之生，得無笞駡足矣，焉得封侯？』

鬚如蝟毛 劉惔道桓温鬚如反蝟毛，眉如紫石稜，自是孫仲謀、司馬宣王一流人。

螣蛇入口 漢周亞夫爲河南守，許負相之，曰：『君後三年爲侯。八年爲宰相，持國秉政。九年當餓死。』亞夫笑曰：『既貴如君言，又何餓死？』負指其口曰：『螣蛇入口故耳。』後果然。

豕喙牛腹　《國語》：叔魚生，其母視之，曰：『是虎目而豕喙，鳶肩而牛腹，谿壑可盈，是不可饜也，必以賄死。』

虎厄　晋簡文初無子，令相者徧閲宫人，時李太后執役宫中，指后當生貴子而有虎厄。帝幸之，生武帝，既爲太后，服相者之驗，而怪虎厄無謂。且生未識虎，命圖形以觀，戲擊之，患手腫而崩。

蜂目豺聲　潘滔見王敦少時謂曰：『君蜂目已露，但豺聲未振耳。必能食人，亦當爲人所食。』

鬼躁鬼幽　管輅曰：『鄧颺之行步，筋不束骨，此爲鬼躁。何晏容若槁木，此爲鬼幽。』

識武則天　唐〔袁〕天綱見武后母曰[二]：『夫人當生貴子。』后尚幼，母抱以見，紿以男，天綱熟視之，曰：『龍瞳鳳頸，若爲男兒，當作天子。』

伏犀貫玉枕　袁天綱見竇軌曰：『君伏犀貫玉枕，輔角全起，十年且顯，立功在梁、益間。』

盻刀　相者陳訓背語甘卓曰：『甘侯仰視首昂，相名盻刀。目中赤脉自外入，必兵死。』

識王安石　宋李承之在仁宗朝官郡守，因邸吏報包孝肅拜參政，或曰：『朝廷自此多事矣。』承之正色曰：『包公無能爲也，今知鄞縣王安石，眼多白，甚似王敦。他日亂天下者，此人也。』

麻衣道人　宋錢若水謁陳希夷，希夷與老僧擁爐，熟視若水，以火筯畫灰上，云：『做不得。』徐曰：『急流中勇退人也。』後再往，希夷曰：『吾始以子神清，謂可作仙。時召麻衣道人決之，云子但可作公卿耳。』

耳白于面　歐陽公耳白于面，名滿天下；唇不着齒，無事得謗。

史佚始相人，一云（始）〔姑〕布子卿風鑑〔三〕，内史服、唐舉、吕公通其術，伯益始相馬。

柳莊相　明袁珙遇僧道衍于嵩山寺，相之曰：『目三角彯白，形如病虎，性嗜殺人，他日劉秉忠之流也。』後衍薦珙于北平酒肆中，識燕王，即相爲太平天子。其子忠徹亦善相，燕王命其徧相謝貴諸人，而後靖難。

好相人〔四〕　單父人吕公，好相人，見季狀貌，奇之，因妻以女，乃吕后也。

有封侯骨　漢翟方進少孤，事後母孝，嘗爲郡小吏，〔數〕爲諸掾所詈辱〔五〕，乃從蔡父相，大奇之，曰：『小吏有封侯骨。』遂辭母，遊學長安。母憐其幼，隨之入京，織履以給，卒成名儒，舉高第，拜相，封高陵侯。

五老峰下叟　五代黄損，與桑維翰、宋齊丘嘗遊五老峰，見一叟長嘯而至，相維翰曰：『子異日作相，然而狡，狡則不得其死。』相齊丘曰：『子亦作相，然而忍，忍則不得其死。』獨異損曰：『子有道氣，當善終。』其後維翰相晋，齊丘相南唐，皆見殺，世以爲前定。而損仕梁，官左僕射，雅以詩文名。

貴不可言〔六〕　蒯徹以相術説信曰：『相君之面，不過封（后）〔侯〕；相君之背，貴不可言。」

龜息　李嶠母以嶠問袁天綱，答曰：「神氣清秀，恐不永耳。」請伺嶠卧，而候鼻息，乃賀曰：「是龜息也，必貴而壽。」

【校】

〔一〕「姑布子卿」、「九尺六寸」，原書誤作「始布子卿」、「九尺三寸」，據《史記·孔子世家》改。

〔二〕「袁天綱」，「袁」字原無，據《太平廣記》卷七十六引《感定録》補。

〔三〕「姑布子卿」，乙本誤作「始布子卿」，據甲本改。

〔四〕本條事見《資治通鑑》卷七，「季」指劉季，即漢高祖劉邦。

〔五〕「數爲諸掾所詈辱」，「數」字乙本無，據甲本補。

〔六〕「蒯徹」，又作蒯通。「説信曰」，據《史記·淮陰侯列傳》、《漢書·蒯通傳》，「信」指淮陰侯韓信。「封侯」，乙本誤作「封后」，據甲本改。

葬

客土無氣　浮圖泓師與張説市宅，視東北隅已穿二坎，驚曰：「公富貴一世矣，諸子將不終。」張懼，欲平之。泓師曰：「客土無氣，與地脉不連，譬如身瘡，補他肉無益也。」

折臂三公　晋有術士相羊祜墓當有授命者〔一〕，祜聞，掘斷地勢，以壞其形。相者曰：「尚出折臂三公。』祜後墮馬折臂，位至三公。

塚上白氣　蕭吉經華陰，見楊素塚上白氣屬天，密言之煬帝，曰：『素家當兵禍滅門之象。改葬庶可免！』帝從容謂玄感，宜早改葬。玄感以爲吉祥，託言遼東未滅，不遑私事。未幾，以謀反滅。

示葬地　孫鍾種瓜爲業。一日，三人造門，鍾設瓜分飲，三人曰：『示子葬地，下山百步，勿反顧。』鍾不六十步回首，見三白鶴飛去，遂葬其母，鍾後生堅。

相冢書　方回著《山經》，有曰：『山川而能語，葬師食無所；肺腑而能語，醫師色如土。』禹始肇風水地理，公劉相陰陽，周公置二十四局，漢王（况）〔充〕制五（宅姓）〔姓宅〕〔二〕，管輅制格盤擇葬地。

不卜日　漢吴雄官廷尉。少時家貧，母死，葬人所不封之地，喪事促辦，不擇日。術者皆言其族滅，而子（祈）〔訢〕、孫恭〔三〕，並三世爲廷尉。

真天子地　明王賢嘗夢人授以書：『讀此可以（徘）〔緋〕〔四〕，不讀此止衣緑。』數日於路得一書，視之，《青烏説》也。潛玩久之，乃以善地理聞。時爲鈞州佐，上取以往命相地，得竇五郎故址，曰：『勢如萬馬，自天而下，真天子地也。』

鳥山出天子　梁武帝時謡曰：『鳥山出天子。』故江左山以鳥名者皆鑿，惟長興雉山獨完。後陳武帝霸先祖墳發此，其謡竟驗。

堪輿　揚子：『屬堪輿以壁壘兮。』註：『堪輿，天地總名也。』今人稱地師曰堪輿。

鑿方山　秦始皇時，術者言金陵有天子氣，乃遣朱衣三千人鑿方山，疏淮水，以斷地脉。

牛眠　陶侃將葬親，忽失一牛，不知所在。遇老父曰：『前岡見一牛眠處，其地甚吉，葬之，位極人臣。』侃尋之，因葬焉。

【校】

〔一〕『羊祜墓』，大誤，《世説新語·術解》作『羊祜父墓』，《晉書》本傳作『祜祖墓』，後世類書多從《晉書》説。

〔二〕『王充』、『五姓宅』，原書作『王況』、『五宅姓』，甲本『五宅姓』原作『五音宅姓』，復點去『音』字，王充《論衡·詰術篇》有五音姓、五聲宅之法，今據改。

〔三〕『子訢』，原書誤作『子祈』，《廣輿記》卷七同誤，據《後漢書·郭躬傳》改。

〔四〕『緋』，乙本作『徘』，據甲本改。蓋『緋』字草寫形近『徘』字，乙本誤書。

卜算

君平賣卜　漢嚴君平隱於成都，以卜筮爲業，見人有邪惡者，借蓍龜爲正言利害：與人子言依于孝〔一〕，與人弟言依于悌，與人臣言依于忠。各因勢導之，以善裁之。日閲數人，得百錢足自養，即閉肆下簾，講《老子》。

青丘傳授　唐王遠知善《易》，知人生死，作《易總》十五卷。一日雷雨，雲霧中一老人叱曰：『所洩書何在？上帝命吾攝六丁追取。』遠知跪地。老人曰：『上方禁文，自有飛天神王保衛，何得輒藏箱帙？』遠知曰：『是青丘元老傳授也。』老人取書竟去。

青囊經　郭璞受業于河東郭公，公以《青囊書》九卷與之，遂洞五行、天文、卜筮之術，禳災轉福，通致無方。後《青囊書》爲門人趙載所竊，未及開讀，爲火所焚。

震厄〔二〕　王（承）〔丞〕相令郭璞作一小卦，卦成，意色甚惡，云：『公有震厄。』王問：『有可消弭否？』郭曰：『命駕西出數里，得一柏樹，截斷如公長，置牀上常寢處，災可消矣。』王從其語。果數日中震，柏粉碎。

蓍筮掘金　晋隗炤，善《易》。臨終，書板授妻，曰：『後五年春，有詔使姓龔者來，嘗負吾金，即以板往責。』至期，果至。妻執板往。龔使惘然良久，乃悟，取蓍筮之，歌曰：『吾不負金，汝夫自有金。知我善《易》，故書板以寓意耳。金五百斤，在屋東，去壁一丈許。』掘之，如卜。

占算輒應　唐閉珊居集，需益人。精卜筮之學，其法用細竹四十九枝，或以雞骨代之，占算輒應。夷中稱爲筮師。

京師火灾　郎顗父宗，治京房《易》，善風角星（管）〔算〕〔三〕，六日七分，能望氣占候。爲吴縣吏。見暴風卒起，知京師有火灾，記時日，果如其言。

太卜鄭詹尹嘗爲屈原決疑。

飄風哭子〔四〕 管公明在王弘直坐，有飄風高（二）〔三〕尺，在庭中，從申上來，幢（幟）〔幢〕迴轉。公明曰：『東方有馬吏至，恐父哭子。』明日吏至，弘直子果死。

伏羲始制占卦卜龜，神農始制揲蓍。○顓頊始設兆爲玉兆，帝堯制瓦兆。○師曠制讖，鬼谷子即王詡制鏡聽〔五〕。漢武帝制雞卜，令軍中用之。張良制靈碁，十二子，分上中下擲。京房制易課，始錢卜。王遠知制玄女課，邵堯夫拆字觀梅數。○後魏孫紹始推祿命，唐李虛中始探生人年月日時所值生旺死衰。一云李師中，來自西域。

徐子平〔六〕，名居易，作《子平》。今宗宋（史）〔末〕徐彥昇。鬼谷子作納音。趙達始闡《九宮算》。北齊祖亘作《綴術》。

各卜 鳥卜者，東女國初歲入山，有鳥來集掌上，如雌雉。破腹視之，有粟，年豐；砂石，爲災。○錢卜者，西蜀君平以錢卜。詩曰：『岸餘織女支機石，井有君平擲卦錢。』○瓦卜，病賽烏稱鬼巫，占瓦代龜。○碁卜者，黄石公用之行師。○雞卜，柳州（洞）〔峒〕民以雞骨卜年〔七〕。○胡人以羊脛骨卜吉凶。苗人以雞蛋卜葬地。○響卜者，李郭、王建皆懷鏡以聽詞。

爲上皇筮〔八〕 （全）〔仝〕寅，山西人。少瞽，學京房《易》，占斷多奇中。上皇在北，遣使命鎮守太監裴當問寅，寅筮得乾之初九，附奏曰：『大吉。龍，君象也，四，初之應也。龍潛躍，必以秋應，以庚午浹歲而更；龍，變化之物也，庚者，更也。庚午中秋，車駕其還乎！還則必幽勿用，故曰或躍應焉。或之者，疑之也。後七八年必復位。午，火德之正也。丁者，壬之合也。

其歲丁丑，月壬寅，日壬午乎！自今歲數更九，躍則必飛。九者，乾之用也，南面，子衝午也，故曰大吉。』上〔皇〕復位，授寅錦衣衛百户。

占與仝合〔九〕 萬祺少與異人遇，相之曰：『有仙骨，否則極貴。』因與一書，乃《禄命法》也。於是研精於卜。以吏員辨事吏部，公卿貴戚神其術，考授鴻臚寺序班，陞主簿。景帝召見，有言輒驗。賜白金、文綺。景帝不豫，太子未定，石亨以問祺，祺曰：『皇帝在南宫，奚事他求？』其占復辟日時，與（全）〔仝〕寅合，後官至尚書。

當有聖母出 《東漢書》云：『王翁孺徙魏郡委粟里。元城建公曰：『昔春秋沙麓崩，晋史卜之，曰：後六百四十五年，當有聖母出。翁孺徙居，正值其地，日月當之。』後翁孺子禁，生元后。平帝幼，后果臨朝稱制。

占定三秦 漢扶嘉，其母于萬縣之湯溪水側，感龍生嘉，預占吉凶，多奇中。高祖爲漢王時召見，以占卜勸定三秦，賜姓扶氏，謂嘉志在扶（詡）〔翊〕也〔一〇〕。拜廷尉，食邑朐䏰。

【校】

〔一〕『與人子言依于孝』，『言』字乙本闕字，據甲本補。

〔二〕『王丞相』，乙本誤作『王承相』，據甲本改，王丞相即王導。『數里』，《晋書·郭璞傳》作『數十里』。

〔三〕『風角星算』，『算』原書誤作『管』，據《後漢書·郎顗傳》改。

〔四〕『三尺』，原書作『二尺』，《白氏六帖事類集》卷九同，又『幢幢』，原書作『幢幟』，均據《三國志·方技·管輅傳》改。

〔五〕『即王詡』三字，疑爲小注誤入正文，今徑改。

〔六〕『宋末』，原書誤作『宋史』，今改。『《子平》』蓋指子平術，此處疑有脱誤。

〔七〕『峒民』，乙本誤作『洞民』，據甲本改。

〔八〕『仝寅』，原書誤作『全寅』，《皇明從信録》卷十九同，據《皇明歷朝資治通紀》卷十五改。『上皇復位』，乙本無『皇』字，據甲本補。

〔九〕『占與仝合』、『與仝寅合』，『仝』原書誤作『全』，《皇明從信録》卷二十一同，據《皇明歷朝資治通紀》卷十八改。

〔一〇〕『志在扶翊』，『翊』原書誤作『詡』，據《廣輿記》卷十七改。

拆字　雜技

朝字　開元時，有術士以拆字馳名。唐玄宗書一『朝』字，令中貴持往試之。術士見字，即端視中貴人曰：『此非觀察所書也。』中貴人愕然曰：『但據字言之。』術士以手加額曰：『朝字，離之爲十月十日，非此月此日所生之（人）天人〔一〕，當誰書也！』一座盡驚，中貴馳奏。翌日召見，補承信郎，錫賚甚厚。

杭字　建炎間，術者周生，視人書字分配筆畫，以判休咎。車駕往杭州時，金騎驚擾之餘，人心危疑。執政呼周生，偶書『杭』字示之。周曰：『懼有（驚）〔警〕報〔二〕，虜騎相逼。』乃拆其字，以右邊一點配『木』上，即爲『兀朮』。不旬日，果得兀朮南侵之報。

串字 一士人卜功名，書一『串』字問周生，生曰：『不特登科，抑且連捷。』以串字有兩中字也。果應其言。下科一人偵知之，往問功名，亦書一『串』字，周生曰：『親翁不特不中，還防有病。』士人曰：『如何一字兩斷？』周生曰：『前某公書串字，出于無心，故斷其連（捷）〔中〕〔三〕；今書串字，出于有心，是「患」字也，焉得無病！』

春字 高宗命周生拆一『春』字，周生言：『秦頭太重，壓日無光。』忤相檜，死于戍。

奇字 賈似道有異志。一術士能拆字，賈以策畫地作『竒』字與之。拆術者曰：『相公之事不諧矣！道立又不可立，道可又立不成。』公默不語，遣之去。

也字〔四〕 有朝士，其室懷娠過月，手書一『也』字，令其夫持問謝石。石詳視謂朝士曰：『此尊閫所書否？』曰：『何以言之？』曰：『爲語助者「焉哉乎也」，固知是内助所書。』問：『盛年卅一否？』以也字上爲卅，下爲一也。』朝士曰：『吾官欲遷動，得如願否？』石曰：『也字着水爲池，倚馬爲馳。今池則無水，馳則無馬，安能遷動？又（問）尊閫父母兄弟當無一存者，即家産亦當蕩盡。以也字着人則是「他」字，今獨見也，並不見人；着土爲「地」，今不見土，故知其無人，并無産也。』朝士曰：『誠如所言。然此皆非所問者，所問乃懷娠過月耳。』石曰：『得非十三月乎？以也字中有『十』字，並旁二竪爲「十三」也。』石熟視朝士曰：『有一事似涉奇怪，欲不言，則所問又正爲此事，可盡言否？』朝士請竟其説。石曰：『也字着蟲爲虵字，今尊閫所娠，殆虵妖也。然不見蟲，則不能爲害，石亦有藥，可以下之，無苦也。』朝士大異其説，固請至家，以藥投之，果下數百小虵。都人益共奇之，而不知其竟挾何術。

囚字〔五〕　鄭仰田少椎魯，不解治生，父母惡之，呼泣于野。老僧遇之，曰：『吾遲子久矣。』偕入山，授之青囊、壬遁諸〔家〕之術，于是言禍福無不中。魏閹召之問數，指『囚』字以問。仰田曰：『此（中國）〔國中〕一人也。』閹大悦。出，謂人曰：『囚則誠囚也！吾詭辭以逃死耳。』

洴澼纊　《莊子》：宋人有善爲不龜手之藥者，世以洴澼纊洴澼，洗也。纊，綿也。有不龜手之藥，而以洗綿爲業。客聞之，請買其方百金。於是聚族而謀曰：『我世爲洴澼纊，不過數金；今一朝爲鬻技，得百金，請與之。』客得之，以説吴王。吴王使之將，（各）〔冬〕與越人水戰，大敗越人，裂地而封。夫不龜手，一也；或以封，或不免洴澼纊，則所用之異也。

輪扁斵輪　《莊子》：齊桓公讀書于堂上，輪扁斵輪于堂下，釋鑿問曰：『君之所讀者，古人糟粕已夫。臣斵輪，不徐不疾，得之于心，應之于手，口不能言，有數存焉。臣不能以喻臣之子，臣之子不能受之于臣，行年七十而老于斵輪。』

屠龍技　《莊子》：『朱泙漫學屠龍技于支離〔益〕〔六〕，殫千金之産，以學屠龍，三年技成，而無所用其巧。』

象緯示警　王振勸上親征瓦剌也先，百官伏闕上章懇留，不聽。（少）〔出〕居庸至宣府〔七〕，敗報踵至，扈從連章留駕。王振大怒，皆令掠陣。至大同，振進兵益急，欽天監彭德清斥振曰：『象緯示警，不可復前。若有疎虞，陷乘輿于草莽，誰執其咎？』振怒詈之，遂致土木之變。

【校】

〔一〕上『人』字衍，據《春渚紀聞》卷二刪。

〔二〕『警報』，乙本作『驚報』，據甲本改。

〔三〕『連中』，乙本作『連捷』，據甲本改。

〔四〕『上爲卅』，甲本作『上爲三十』，《春渚紀聞》卷二同。『又尊閫父母兄弟』云云，原書『又』下衍一『問』字，據《春渚紀聞》刪。

〔五〕『諸家之術』，原書脱『家』字，據錢謙益《牧齋初學集》卷二十五《書鄭仰田事》改。『國中』，乙本作『中國』，據甲本乙正。

〔六〕『支離益』，原書脱『益』字，據《莊子・雜篇・列禦寇》補。

〔七〕『出居庸至宣府』，『出』乙本誤作『少』，據甲本改。

夜航船卷十五

古劍陶菴老人紬

外國部

夷語

撑梨孤塗，匈奴稱天爲『撑梨』，稱子爲『孤塗』。○戎索，夷法也。○鞮鞻，夷樂官名。○倓，夷贖罪貨也。○嘍麗，南方夷語也。○象胥，譯語人也。○款塞，款，叩也。○馳義，慕義而來也。○區脱，胡人所作，以備漢者也。○閼氏音胭脂，單于之后也。○裨王，匈奴小王也。○藁街，蠻（席）〔夷〕之館[一]，漢時所立。○毾毲，夷服音兜達。○谷蠡音鹿厘，匈奴名。○雁臣，北方酋長秋朝洛陽，冬還部落，謂之雁臣。天兄日弟，倭國王以天爲兄，以日爲弟。未明時出聽政，日出便停理務，曰『以委吾弟』。○賨（幪）〔幏〕[二]，蠻夷布也。○鞆角，朝鮮（列）〔洌〕水之間曰鞆角[三]。○貜薄，旄牛。徼外，夷地。○絶幕，幕，沙漠之地也，直度曰絶。○白題，國名。漢潁〔陰〕侯斬白題將一人[四]。○戎狄薦居，聚而居也。○魋結，匈奴束髮之形也。〇休屠，匈奴君長。〇渾邪，亦匈奴之屬。〇（蠕）〔蹛〕林音帶林〔五〕，匈奴祭也。〇龜兹音糾慈，國名。《漢書》作丘慈，《後漢書》作屈沮。〇烏孫，國名。《吕氏春秋》作户孫。〇煇粥音熏育，《五帝（記）〔紀〕》〔六〕：『北逐煇粥。』〇冒頓，音幕突，匈奴名。〇日（殫）〔磾〕〔七〕音密底，人名。〇令支令音零，國名。〇烏（托）〔秅〕音鴉茶〔八〕，國名。〇朝鮮，音招先，日初出，即照其地，故名。近讀爲潮，非。〇可汗音克寒，匈奴主號也。唐時匈奴尊天子爲天可汗。〇弓閭，出《衛青傳》〔九〕，即穹廬也。〇轒轀，匈奴車也。〇革笥木薦，《治安策》：匈奴之革笥木薦，盾之屬也。〇左薁健，匈奴王號。〇强彍，戎夷强彍。彍，麄惡貌。〇呼韓邪，漢單于名。〇屠耆，匈奴俗謂賢曰屠耆。〇贊普，吐番俗謂强雄曰贊，謂丈夫曰普，故號其君長曰贊普。〇牙官，戎狄大官之稱。〇葉護，回紇俗謂其太子曰葉護。〇南膜，胡人禮拜曰南膜，即今之稱佛號曰『南無』也。〇徼人，界外之人也。〇那顔，華言大人也。〇者，華言大是也。〇身毒音捐獨，西域國名。〇熐蠡音覓螺，匈奴聚落也〔一〇〕。〇襜襤音擔藍，一名臨駰，代北胡名。〇三表五餌，三表，謂仁、信、義也；五餌，謂以聲色、車服、珍（珠）〔味〕、室宇、娱幸，（環）〔壞〕其耳、目、口、腹、心也〔一一〕。〇二庭，謂南北單于也。〇盧龍，即里永也，屬遼西，今屬永平府。北人呼里爲盧，呼永爲龍。〇吐谷渾，慕容廆之庶兄也，後因號其國。〇（丐）〔弓〕月，突厥中有（丐）〔弓〕月城〔一二〕。〇越裳南蠻，即九真也。〇殊裔遐圻，言化協殊裔，風衍遐圻。〇竫人竫音净，小人也。柳子厚詩：『竫人長九寸。』海外有竫人國。〇月氏音肉支，西域國名。〇樓煩、白羊，匈奴地名。○白登，今在大同，上有白登臺。○夜郎，夷地，今屬貴州。○蠻煙（棘）〔僰〕雨[一三]，夷地風景也。○筰關，西南夷地。○筰邛，今屬敘州。○冉（驪）〔駹〕[一四]，西夷二族。○羌（棘）〔僰〕[一五]，西南夷地。○龍城，西夷。○朔方，今屬寧夏。○大宛，西域國名。○于寘，西域國名。○越雋，今屬邛州。○玄菟，〔朝〕鮮（乾）郡名[一六]。○受降城，漢武帝遣公孫敖塞外築城也。○盧朐，匈奴中山名。○渠犁，西域國名。○樓蘭，西域國名。○鬴鍑，《匈奴傳》：多鬴鍑爇炭，重不可勝。○比（棘）〔踈〕[一七]，辮髮之飾。○徑路留犁，徑路，匈奴寶刀也；留犁，飯匕也。○根肖速魯奈奈，榜葛剌國歌舞侑酒者，曰根肖速魯奈奈。○堅崑國，其人赤髮、緑瞳。李陵居其地，生而黑瞳者，必曰陵苗裔。○陰山，漢武帝奪其地，匈奴過此者，未嘗不哭。○邏些城些音瑣，土番都城。○徼外徼音教，東北謂之塞，西南謂之徼。○羸𨻻，音連簍，交趾地名。

【校】

〔一〕『蠻夷』，原書作『蠻席』，據《漢書·陳湯傳》改。

〔二〕『賨倧』，原書作『賨幪』，《白氏六帖事類集》卷二十二、《韻府群玉》卷十四同，據《後漢書·南蠻西南夷列傳》并注、《文選》卷六左太沖《魏都賦》并呂向注改。

〔三〕『洌水』，原書作『列水』，據《方言》卷四改。

〔四〕『潁陰侯』，即灌嬰，原書無『陰』字，據《史記》、《漢書》本傳補。

〔五〕『蹛林』，原書作『蝷林』，據《漢書·匈奴傳》并注改。

〔六〕『煇粥』，《班馬字類》同，《史記·五帝本紀》作『葷粥』。『《五帝紀》』，『紀』原書作『記』，據改。

〔七〕『日磾』，乙本誤作『日殫』，據甲本改。

〔八〕『烏秅』，乙本誤作『烏托』，據甲本改。

〔九〕按《史記·衛將軍列傳》之『弓閭』爲水名，穹廬者蓋指《天官書》之『弓閭』。

〔一〇〕以『熐蠡』爲匈奴聚落，蓋據《集韻》，《卓氏藻林·地理類》同。按《文選》卷九楊子雲《長楊賦》注引張晏説謂爲乾酪，引張揖説謂爲山名。

〔一一〕『珍味』、『壞』，乙本誤作『珍珠』、『環』，據甲本改。

〔一二〕『弓月城』，原書作『丐月城』，《卓氏藻林·地理類》同，據《資治通鑑釋文》卷二十一改。

〔一三〕『蠻煙僰雨』，『僰』原書作『棘』，據《明史紀事本末》卷六十九改。

〔一四〕『冉駹』，原書誤作『冉驡』，蓋『駹』誤作『駥』所致，歷代地理書已多誤。據《漢書·西南夷傳》改。

〔一五〕『羌僰』，原書作『羌棘』，據《史記》、《漢書》、楊子雲《長楊賦》等改。

〔一六〕『朝鮮』，原書作『鮮乾』，據《史記》、《漢書》等改。

〔一七〕『比踈』，乙本誤作『比棘』，據甲本改。

外譯

朝鮮國 周爲箕子所封國。秦屬遼東。漢武帝定朝鮮，置真番、臨屯、樂浪、玄菟四郡，昭帝并爲樂浪、玄菟二郡，漢末爲公孫度所據。傳至淵，魏滅之。晉永嘉末，陷入高麗。高麗本扶餘別種，其王高璉居平壤城。唐征高麗，拔平壤，置安東都護府。後唐時，王建代高氏，并有新羅、百濟，以平壤爲西京，歷宋、遼、金皆遣使朝貢。元時，西京内屬。明洪武初，表賀即位，賜以金印，誥封高麗王。後其主昏迷，推門下侍郎李成桂主國事。尋詔更朝鮮，歲時貢獻不絶。萬曆間，關白寇朝鮮，請救于朝，遣兵征復之。

日本國〔一〕 古倭奴國，其國主以王爲姓，歷世不易。自漢武帝譯通之，光武間始來朝貢。後國亂，人立其女子曰（畢）〔卑〕彌呼爲王，其宗女又繼之，後復立男〔王〕，並受中國爵命，歷魏、晉、宋、隋，皆來貢，稍習夏音。唐咸亨初，惡倭名，更號日本，以國近日所出，故名。宋時來貢者，皆僧也。元世祖遣使招諭之，終不至。明洪武初，遣使朝貢，自永樂以來，其國王嗣立皆授册封，其幅員東西南北各數千里，有五畿七道，附庸之國百餘。

琉球國〔二〕 國（主）〔王〕有三：曰中山王，曰山南王，曰山北王。漢魏以來，不通中華。隋大業時，令羽騎朱寬訪求異俗，始至其國，語言不通，掠一人還。歷唐、宋、元，俱未嘗朝貢。至明初，三王皆遣使朝貢。後（至）〔止〕中山王來朝，許王子及陪臣子來游太學，其山南、山北二王，蓋爲所併云。

安南國〔三〕 古南交地，秦爲象郡。漢初，南越王趙佗據之。武帝平南越，置交阯、九真、日南三郡。建安中改交州，置刺史。唐改安南都（尉）〔護〕府，安南之名始此。唐末爲土豪曲承美竊據，尋爲漢南劉隱所併，未幾，衆推丁（漣）〔璉〕爲州帥。宋乾德初内附，尋黎桓篡丁氏，李公藴又篡黎氏，陳日煚又篡李氏。宋以遠譯，置不問，皆封爲交趾郡王。元興，討之，遂歸附，封安南國王。明洪武初，遣使朝貢，仍舊封號，賜金印。權臣黎季犛弑其主而立其子。永樂初，發兵進討，俘黎氏父子，郡縣其地，設府十七，州四十七，縣一百五十七。嗣反叛不常，宣德中，陳氏後陳暠表懇嗣王安南，因棄其地，宥而封之。暠尋死，黎氏遂有其地。嘉靖中，莫登庸篡之，乞降于朝，乃降爲安南都統使司，以登庸爲使。萬曆間，黎氏復立，莫氏竄居高平，詔以黎維（譚）〔潭〕爲都統使，莫敬用爲高平令，世守朝貢，毋相侵害。

占城國 古越裳氏界。秦爲象郡林邑，漢屬日南郡，唐號占城。至明洪武初入貢，詔封占城國王。

暹邏國 本暹與羅斛二國，暹乃漢赤眉遺種。元至正間，暹降于羅斛，合爲一國。明洪武初，上金葉表文入貢，詔給印綬，賜《大統曆》，且乞量衡爲中國式，從之。

爪哇國 古闍婆國。劉宋元嘉中，始通中國，後絶。元時稱爪哇。明洪武初朝貢，永樂二年，賜鍍金銀印。

真臘國 扶南屬國，亦名占臘。隋時始通中國，有水真臘，陸真臘，明洪武初入貢。

滿剌加國 前代不通中國，自明永樂初朝貢，賜印，誥封國王。九年，國王率其子來朝，後進貢不絶。

三佛齊國 南蠻别種，有十五州。唐始通中國，明洪武初朝貢，賜駝紐鍍金印。

渤泥國 本闍婆屬，所統十四州。宋太平興國中，始通中國。明洪武中，進金表；永樂初，王率妻子來朝，卒于南京會同館。詔謚恭順，賜葬石子岡。命其妻子還國。

蘇門答剌國 前代無考。明洪武中，奉金葉表，貢方物；永樂初，給印誥封之。

蘇禄國 國分東西峒，凡三王：東王爲尊，西峒二王次之。明永樂間，王率妻子來朝，次德州，卒。葬以王禮，謚曰恭定。遣其妃妾還國。

彭亨國 其前無考。明洪武十一年，遣使表，貢方物。永樂十二年，復入貢。

錫蘭山 古無可考。明永樂間，太監鄭和俘其王以歸，乃封其族人耶巴乃那爲王，國人以其賢，故封之。正統、天順間，遣使朝貢。

柯支 古槃國。明永樂二年，遣使朝貢。

祖法兒 亦名左法兒。前代無考。明永樂中入貢。

溜山 前代無考。明永樂中遣使入貢。

百花 前代無考。明洪武中入貢。

婆羅 一名婆羅，前代無考。明永樂中入貢。

合猫里 前代無考。明永樂中，同爪哇國入貢。

忽魯謨斯 前代無考。明永樂中入貢。

西洋古里國　西洋諸番之會。明永樂中，遣使朝貢，封古里國王。

西番　即土番也。其先本羌屬，凡百餘種，散處河、湟、江、岷間。唐貞觀中，始通中國。宋時，朝貢不絶。元時，曾郡縣其地。〔明〕洪武（明）初〔四〕，詔各族酋長，舉故有官職者至京授職。自是番僧有封灌頂國師及贊善王、闡化王、正覺大乘法王、如來大寶法王者，俱賜銀印。三年一朝，或間歲赴京朝貢。其地爲指揮司三、宣慰司一、招討司六、萬户府四，又宣慰司二千户所十七。

撒馬兒罕　漢罽賓國地。明洪武、永樂、正統間，俱遣使入貢。

罕東衛　古西戎部落。于明洪武間通貢，置衛，以酋長鎖南吉剌思爲指揮僉事。

安定衛　韃靼別部。自明洪武中朝貢，賜織金文綺，立安定、阿端（三）〔二〕衛〔五〕。

曲先衛　古西戎部落也。明洪武四年置衛。

榜葛剌國　西天有五印度國，此東印度也，其國最大，明永樂初入貢。

天方國　古筠冲地。一名西域。明宣德中朝貢。

默德那國　即回回祖國也。初，國王謨罕驀德生而神靈佑，臣伏西域諸國。隋開皇時，始通中國。明宣德中，遣使〔隨〕天方國朝貢〔六〕。

哈烈　一名黑魯。四面皆大山。維明洪武中，詔諭酋長，賜金幣。永樂、正統間，遣使貢馬。

于闐 居葱嶺北。自漢至唐〔七〕，皆入貢中國。明永樂初，遣使貢玉璞。

哈密衛 古伊吾廬地。爲西域諸番往來要地，漢明帝屯田于此。唐爲西伊州。明永樂初設衛，封（克安）〔安克〕帖木兒爲忠順王〔八〕，賜誥印。

火州〔九〕 本漢時車師前後王地。漢元帝時，置戊己校尉，屯田于此，名高昌壘。前涼張駿置高昌郡，唐改爲交河郡，後陷於吐番。其地（爲）〔有〕回鶻雜居，故又名回鶻。宋、元皆遣使朝貢。明朝名曰火州。永樂間、宣德間，俱遣使入貢馬。

亦力把力 地居沙漠間，疑即焉耆，或龜兹地也。自明洪武以來，入貢不絶。

赤斤蒙古衛 西戎地。戰國時月氏居之，秦末漢初屬匈奴，漢武帝時爲酒泉、燉煌二郡地。唐没于吐番，宋入西夏。明永樂初，故韃靼丞相率所部男婦來歸。詔建千户所，尋陞衛。正德時，衛遂虚。

土魯番 漢車師前王地。唐置西州交河郡，析以爲縣，有安樂城，方一二里，地平衍，四面皆山。明永樂中入貢，至今不絶。然侵奪哈密，犯嘉（谷）〔峪〕關外七衛〔一〇〕，地大人衆，眎昔懸絶矣。

拂菻 前代無考。明洪武中入貢。

韃靼 種落不一，歷代名稱各異。夏曰獯鬻，周曰玁狁，秦漢皆曰匈奴，唐曰突厥，宋曰契丹。自漢後匈奴稍弱，而烏桓興，自鮮卑滅烏桓，而後魏蠕蠕獨盛，自蠕蠕滅，而突厥起。自唐李靖滅突厥，而契丹復强。既而蒙古兼併之，遂代宋稱號曰元。至于明興，元主遁歸沙漠，其遺裔世稱可汗。永樂初，有馬哈木、阿魯台奉貢惟謹，因封馬哈木爲順寧王，阿魯台爲和寧王。正統間，馬哈木之孫也先大舉入寇。成化中，也先之後稱小王子復通貢，其次子曰阿著者，（先）〔生〕子三〔一一〕：長吉囊、次俺答、次老把都，而俺答最獷桀。隆慶間執叛人來獻，乃封順義王，其子黄台吉等授都督等官，開市通貢。

兀良哈〔一二〕　古山戎地。秦爲遼西郡北境，漢爲奚所據，後屬契丹。元爲大寧路北境，明洪武間，割錦、義、建、（刹）〔利〕諸州隸遼東，又設都司于惠州，領營興，會（合）二十餘衛所，北平行都司也。隨封子權爲寧王，築大寧、寬河（州）、會州、富峪四城，留重兵居守，後以北和來降者衆，詔分兀良哈地，置三衛處之，自錦、義〔度〕遼河至白雲山曰泰寧，自黄泥窪踰瀋陽、鐵嶺至開原曰福餘，自廣寧前屯歷喜峰近宣府曰朵顔，命其長爲指揮，各領所部爲東北外藩。靖難初，首劫大寧，召兀良哈諸酋長率部落從行有功，遂以大寧界三衛，移封寧王于南昌，徙行都司于保定，自撤藩籬，而朵顔分地尤最險，與北鹵交婚，陰爲嚮導，名曰外衛，〔實〕肘腋之憂。後二衛浸衰，朵顔獨强盛，故稱朵顔三衛云。

女真　古肅慎地。在混同江之東，開原之北，即金人餘裔也。漢曰挹婁，魏曰勿吉，唐曰靺鞨，元曰合蘭府。明朝悉境歸附，因其部族所居置都司一、衛一百八十有四、千户所二十，官其長爲都督指揮、指揮千百户、鎮撫等諸職，給之印，俾仍舊族統厥屬，以時朝貢，其地面凡三十八，城二，站九，口三，河（口）〔五〕〔一三〕。

吏部員外郎陳誠所記〔一四〕：洪武間來貢者，則有西洋瑣里、瑣里、覽邦、淡巴。永樂間來貢者，則有古里班卒、阿魯、阿丹、小葛蘭、碟里、打回、日羅夏治、忽魯母恩、吕宋、甘巴里、古麻剌其王來朝，至福州卒。賜謚康靖，敕葬閩縣。沼納撲兒、加異勒、敏真誠、八答黑商、別失八里、魯陳、沙鹿海牙、賽藍、火剌札、吃刀麻兒、失剌思、納失者罕、亦思把罕、白松虎兒、答兒密、阿（迷）〔速〕、沙哈魯、黑葛達。又有同黑葛達來貢者，共十六國，曰南巫里、曰急蘭丹、曰奇剌尼、曰夏剌（北）〔比〕、曰窟察尼、曰烏涉剌踼、曰阿哇、曰麻（利）〔林〕、曰魯密、曰彭加那、曰捨剌齊、曰八可意、曰坎巴夷替、曰八答黑、曰日落。至于宣德中曾入貢，曰黑婁、曰哈失哈力、曰討來思、曰白葛達。

【校】

〔一〕「卑彌呼」，原書作「畢彌呼」，據《三國志·魏書·東夷傳》改。「後復立男王」，「王」字乙本無，據甲本補。

〔二〕「國王有三」，「王」乙本作「主」，蓋誤讀重文符號所致，據甲本改。「後止中山王來朝」，「止」乙本誤作「至」，據甲本改。

〔三〕「安南都護府」，「護」原書作「尉」，《明史紀事本末》卷二十二同，據《唐六典》卷七十三、《通典》卷一百八十四、《元和郡縣志》卷三十八、新舊《唐書·地理志》改。「丁璉」，甲本作「丁漣」，乙本原作「丁璉」，復改作「丁漣」，據《通鑑綱目》卷五十改。按據《通鑑綱目》，當是衆推丁部爲州帥，後其子丁璉繼之。「黎維潭」，乙本作「黎維譚」，據甲本改。

〔四〕「明洪武初」，乙本作「洪武明初」，據甲本乙正。

〔五〕「二衛」，乙本誤作「三衛」，據甲本改。

〔六〕「遣使隨天方國朝貢」，「隨」字乙本無，據甲本補。

〔七〕「自漢至唐」，《廣輿記》卷二十四同。《明史·西域傳》作「自漢迄宋」。

〔八〕「安克帖木兒」，乙本誤作「克安帖木兒」，據甲本乙正。

〔九〕「車師前後王地」，當作「車師前王地」。「吐番」，甲本作「吐蕃」。「其地有回鶻雜居」，「有」乙本作「爲」，據甲本改。

〔一〇〕「嘉峪關」，乙本誤作「嘉谷關」，據甲本改。

〔一一〕「生子三」，「生」原書作「先」，據《廣輿記》卷二十四改。

〔一二〕「建利」，乙本誤作「建剎」，據甲本改。「會二十餘衛所」、「寬河」，乙本「會」下衍「合」字，「河」下衍「州」字，據甲本删。「度遼河」、「實肘腋之憂」，乙本無「度」字、「實」字，據甲本補。「北鹵」，當爲「北虜」之諱字。

〔一三〕「河五」，乙本誤作「河口」，據甲本改。

〔一四〕「阿速」、「夏剌比」、「麻林」，原書誤作「阿迷」、「夏剌北」、「麻利」，據《名山藏·王享記》改。

夜航船卷十六

古劍陶菴老人紬

植物部

草木

蓂莢 堯時有草生於庭曰蓂莢，十五之前，日生一葉，十五之後，日落一葉，小盡則一葉厭而不落，觀之可以知旬朔，故又名之曆草。

翣脯 堯時厨中自生肉脯，薄如翣形，搖鼓則生風，使食物寒而不臭。

佳穀 神農于羊頭山潞安長子縣得佳穀，宋真宗始給民占城稻種今糯米。

屈軼 堯時有草生于庭，佞人入朝，此草則屈而指之，名曰屈軼。

嶧陽孤桐 在嶧縣嶧山之上，自三代至今，止存一截。天啓年間，妖賊倡亂，取以造飯，形迹俱無。

五大夫松 今人稱泰山五大夫松，俱云五松樹，而不知始皇上泰山封禪，風雨暴至，休于松樹下，遂封其樹爲大夫。五大夫，秦官第九爵也。此言可訂千古之誤。

虞美人草 虞美人自刎，葬於雅州名山縣，塚中出草，狀如雞冠花，葉葉相對，唱《虞美人曲》，則應板而舞，俗稱虞美人草。

蓍草 千歲則一本〔百〕莖〔一〕，其下必有神龜守之，用以揲蓍。多生於伏羲陵與文王陵上。

挂劍草 季札墓前生草，其形如挂劍，故名。可療心疾。

班竹 堯二女爲舜二妃，曰湘君、湘君夫人。舜崩于蒼梧，二妃哭泣，以淚灑湘竹，湘竹盡班，故又名湘妃竹。

梅梁 會稽禹廟有梅梁，雷雨之夜，其梁飛出，五鼓復還。曉視梁上，常帶水藻，後爲梅太守易去。

萍實 楚王渡江得萍實，大如斗，赤如日，剖而食之，甜如蜜。

孔廟檜 曲阜孔廟有孔子手植檜，如降香，一株無枝葉，堅如金鐵，鐵紋皆左紐，有聖人生則發一枝，以占世運。按檜歷周、秦、漢、晋千百餘年，至懷帝永嘉三年而枯，枯三百有九年。至隋恭帝義寧元年復生五十一年。至唐高宗乾封三年再枯，枯三百七十四年。至宋仁宗康定元年再榮。至金宣宗貞祐三年，罹于兵火，枝葉俱焚，僅存其幹。後八十一年，元世祖三十一年再發。至太祖洪武二十二年發數枝，極茂盛，至建文四年復枯。

漢柏 泰安州東嶽廟東廡，有漢武帝手植柏六株，枝葉鬱蒼，翠如銅緑，扣其餘幹，如擊金石，硜硜有聲。曹操時赤眉作亂，大斧斫之，見血而止。今有斧創尚存。

唐槐 嶧縣孟子廟，有唐太宗手植槐，枝葉蓊鬱，軀幹茁壯而矮。

邵平瓜〔二〕 邵平者，故秦東陵侯。秦破，爲布衣，種瓜長安城東，瓜常五色，味甚甘美，世號『東陵瓜』。○五代胡嶠始以回紇西瓜入中國。

赤草 劉小鶴言：未央宫址，其地丈餘，草皆赤色，相傳爲韓淮陰受刑之處，其怨憤之氣鬱結而成。

桐曆 桐知日月正閏。生十二葉，邊有六葉，從下數一葉爲一月，閏則十三葉，葉小者即知閏何月也。不生則九州異君。

知風草 南海有草，叢生，如藤蔓。土人視其節，以占一歲之風，每一節則一風，無節則無風，名曰『知風草』。

護門草 出常山。取置户下，或有過其門者，草必叱之。一名『百靈草』。

虹草 樂浪之東有背明之國，有虹草，枝長一丈，葉如車輪，根大如轂，花似朝虹之色。齊桓公伐山戎，國人獻其種而植于庭，以表伯者之瑞。

不死草 東海祖洲上有不死之草，一名養神（草）〔芝〕〔三〕，生瓊田中，其葉似菰苗，叢生，長三四尺。人死者，以草覆之即活，一株可活一人，服之令人長生。

懷夢草　鍾火山有香草，似蒲，色紅，晝縮入地，夜半抽萌。懷其草，自知夢之好惡。漢武帝思李夫人，東方朔獻之。帝懷之，即夢見夫人，因名曰懷夢草。

書帶草　鄭玄字康成，居城南山中教授。山下有草如薤，葉長而細，堅韌異常，時人名爲『康成書帶』。

八芳草　宋艮岳八芳草，曰金蛾，曰玉蟬，曰虎耳，曰鳳毛，曰素馨，曰渠那，曰茉莉，曰含笑。

鉤吻草　生深山之中，狀似黄精，入口口裂，著肉肉潰，名曰鉤吻，食之即死。但其花紫，黄精花白；其葉微毛，黄精葉光滑，以此辨之。

金井梧桐　世嘗言：『金井梧桐一葉飄。』梧桐葉上有黄圈文如井，故曰金井，非井欄也。

沙棠木〔四〕　可以禦水。其實曰蕢，狀如葵，味如葱，食之已（癆）〔勞〕，又使人入水不溺。

君遷　《（蜀）〔吴〕都賦》〔五〕：『平仲君遷。』皆木名，註缺。按司馬温公《名苑記》云，君遷子如馬奶，俗云牛奶柹是也。今之造扇用柹油，遂名柹漆。

芋曆　芋艿生子十二子，遇閏則多生一子。時人謂之芋曆。

肉芝〔六〕　蕭（靖）〔静〕之掘地得『人手』，潤澤而白，烹而食之，逾月齒髪再生。一道士云：此肉芝也。《抱朴子》言：行山中見小人乘車馬，〔長〕七八寸者，肉芝也，捉取〔食〕之，即仙矣。

桑木者，箕星之精神木也。蠶食之成文章，人食之老翁爲小童。

肉樹者，端山猪肉子也。山在德慶州，子大如茶杯，炙而食之，味如猪肉而美。

哀家梨　哀仲家有梨，甚佳〔七〕，大如升，入口即化。

漢武帝樊川園，有大梨，如五升瓶，落地則碎。欲取先以〔布〕囊承之〔八〕，名曰含消梨。

塗林　張騫使安石國十八年，得塗林種而歸，即安石榴也。又得胡麻，徧植中國。

阿魏樹〔九〕　出三佛齊國，其樹有癭，出（滋）〔脂〕最毒，着人身即糜爛，人不敢近。每採時，繫羊於樹下，騎快馬自遠射之，脂着於羊，羊即爛。故曰飛（烏）〔馬〕取阿魏。

葡萄苜蓿　李廣利始移植大（苑）〔宛〕國苜蓿葡萄〔一〇〕。

甘蔗　宋神宗問呂惠卿，曰：『蔗字從庶，何也？』『凡草木種之俱正生，蔗獨橫生，蓋庶出也，故從庶。』顧長康噉蔗，先食尾。人問所以，曰：『漸入至佳境。』

烏樹　號柘樹也。枝長而勁，烏集之，將飛，柘枝反起彈烏，烏乃呼號。以此枝爲弓，快而有力，故名烏號之弓。

共枕樹　潘章有美容，與楚人王仲先交厚，死則共葬。塜上生樹，柯條枝葉，無不相抱。故曰共枕樹。

木奴　李衡爲丹陽太守，于龍陽洲上種橘千樹。臨終，敕其子曰：『吾州里有千頭木奴，不責汝衣食。歲上一疋絹，亦足用矣。』

化枳　晏子曰：『橘生淮南則爲橘，生于淮北則爲枳。葉徒相似，味不相同。水土異也。』

七星劍草　草如劍形，上有七星，列如北斗。

骨牌草　葉上有幺二三四五六斑點，與骨牌無異。

劉寄奴草　劉裕微時伐荻新洲，有大蛇數丈，裕射之。明日至此，見數童〔子〕擣葉〔一一〕，裕問故，答曰：『我王爲劉寄奴所傷，今合藥敷之。』裕曰：『何不殺之？』曰：『劉寄奴王者，不死。』裕叱之，皆散走。裕得藥，敷金創立效。遂呼其草爲劉寄奴，裕之乳名也。

益智〔一二〕　葉如蘘荷，莖如竹箭，子從中心出。一枝有十子，子内白（骨）〔滑〕，四破去之，取外（度）〔皮〕，蜜煮爲粽子，味辛。盧循餉宋武，又餉遠公，名益智粽。

祁連仙樹　祁連山有仙樹一本，四味。其實如棗，以竹刀剖則甘，以鐵刀剖則苦，以木刀剖則酸，以蘆刀剖則辛。

桂　《南方草木狀》：有三種，葉如柏葉，皮赤者爲丹桂；葉如柿葉者爲菌桂；葉似枇杷者爲牡桂。今閩中多桂，四季開花有子，此真桂。其江南八九月開花無子者，此木樨也。

酒樹　《拾遺記》：（顧逢）〔頓遜〕國有樹似石榴〔一三〕，採其花汁注瓮中，數日成酒，味甚美，名其樹曰酒樹。

麵樹　名桄榔樹。樹大四五圍，長五六丈，洪直無枝條，其顛生葉，不過數十，似栟櫚；其子作穗，生木端；其皮可作綆，得水則柔韌。胡人以此聯木爲舟，皮中有屑如麵，多者至數斛，食之，與常麵無異。

楊柳　隋煬帝開河成，虞世基請于堤上栽柳，一則樹根四出，鞠護河堤；〔一〕〔二〕則牽舟之女獲其陰樾〔一四〕；三則牽舟之羊食其枝葉。上大喜，詔民間進柳一株，賜一縑；百姓競獻之。帝自種一株，羣臣次第種之。栽畢，上御筆賜垂柳姓楊，曰『楊柳』。

薏苡　馬援在交趾，以薏苡實能勝瘴氣，還，載之一車。及援死，有上書譖之者，以前所載皆明珠文犀。

橄欖　南威也。《金樓子》云：有樹名獨根，分爲二枝，其東向一枝是木威樹，南向一枝是橄欖樹。其樹高峻不可梯，刻其根下方〔寸〕許〔一五〕，納鹽其中，一夕子皆落。此木可作舟楫，所經皆浮起。東坡詩：『紛紛青子落紅鹽，正味森森苦且嚴。待得餘甘回齒頰，已輸崖蜜十分甜。』三國吴時始貢橄欖，賜近臣。

瑞柳　唐中書省有古柳，忽一死枯，德宗自梁還，復榮茂，人謂之瑞柳。

義竹　《唐紀》：明皇後苑竹叢幽密，帝謂諸王曰：『兄弟相親，當如此竹。』因謂之義竹。

椰樹　如栟櫚，高五六丈，無枝條，其實大如寒瓜，外有粗皮，皮次有殻，圓而且堅，剖之有白膚，厚半寸，味似胡桃而極肥美，有漿，飲之，作酒氣。俗人呼之『越王頭』。其殻可鑲杯壺，可作（飄）〔瓢〕〔一六〕。

文林果　宋王謹爲曹州從事，得林檎，貢于高宗，似朱柰。上大重之，因賜謹爲文林郎，號文林果。一云，唐高宗時王方言始盛栽林檎。

不灰木　《抱朴子》：南海蕭丘之上，〔有〕自生之火〔一七〕，春起秋滅。丘上純生一種木，雖爲火所着，但少焦黑，人或得以爲薪者，炊熟則灌滅之，用之不窮。束晳《發蒙》曰：『西域有火浣之布，東海有不灰之木。』

三槐　王旦父祐有陰德，嘗手植三槐于庭，曰：『吾後世必有爲三公者，植此所以志也。』

寇公柏　寇準初授巴東令，人皆以『寇巴東』呼之。手植雙柏于庭，名『寇公柏』。人比邵伯甘棠。

鐵樹　廣西殷指揮家，有鐵樹高三四尺，幹葉皆紫黑色，葉類石榴。遇丁卯年開花，四瓣，紫白色，如瑞香，較少圓。一開，累月不凋，嗅之有鐵氣。

萊公竹　寇萊公死後，歸葬西京。道出荆南公安縣，人皆祭哭于路，折竹植地，以挂紙錢。逾月視之，竹皆生筍，人號『相公竹』。因立廟，號『竹林寇公祠』。

迎凉草　李輔國夏日會賓客，設迎凉草于庭，清風徐來。草色碧，幹類苦竹，葉細如杉。

荔枝　蔡君謨曰：閩中荔枝，興化最爲奇特，尤重陳紫。其樹晚熟，其實廣上而圓下，大可徑寸有五分，香氣清遠，色澤鮮紫，殼薄而平，瓤厚而瑩，膜如桃花紅，核如丁香母，剥之凝如水晶，食之消如絳雪，其味之甘芳，不可得而名狀也。

宋家香　宋氏嘗以饋蔡君謨，君謨以《詩序》謝之曰：世傳此植已三百年。黄巢兵過，欲伐之，時王氏主其木，媪抱木欲共死，得不伐。今雖老矣，其實益繁，其味益甘滑，真異品也。

瑞榴　邵武縣學宋時有石榴一株，士人觀其結實之數，以卜登第多寡，屢驗，因名『瑞榴』。

柯柏　柯潛官少詹，手植二柏于翰林苑後堂，號『學士柏』。復造瀛洲亭以臨之。

種松　晋孫綽隱會稽山中，作《天台賦》，范榮期曰：『擲地有金石聲矣。』綽于齋前種一松，恒手自壅治之。鄰人高柔語曰：『松樹子非不楚楚可憐，但無棟梁〔用〕耳〔一八〕！』孫曰：『楓柳雖合抱，亦復何施？』

連理木　宋梁世基家，有荔枝生連理，神宗賜以詩曰：『横浦江南岸，梁家〔間〕〔聞〕世賢。一株連理木，五月荔枝天。』

樹頭酒　緬甸有樹，類椶，高五六丈，結實大如掌。土人以〔麵〕〔麯〕納罐中〔一九〕，懸罐于實下，劃實取汁成酒。其葉，即貝葉也，寫緬書用之。

嗜鮮荔枝　唐天寶中，貴妃嗜鮮荔枝。涪州歲命驛遞，七日夜至長安，人馬俱斃。杜牧之詩：『一騎紅塵妃子笑，無人知是荔枝來。』

荔奴　龍眼似荔枝，而葉微小，凌冬不凋，七月而實成，殻青黄色，文作鱗甲，形圓似彈丸，肉白有漿，甚甘美。其實極繁，一朵五六十顆，作穗如葡萄然。荔枝纔過，龍眼即熟。南人目爲『荔奴』。

此君　王子猷暫寄人空宅，便令種竹，人問之，曰：『何可一日無此君！』

報竹平安　李(衡)〔衛〕公守北都〔二〇〕，惟童子寺有竹一顆，纔長數尺。其寺綱維，每日報竹平安。

蕉迷　南漢貴璫趙純卿(惟)〔性〕喜芭蕉〔二一〕，凡軒窗館宇咸種之。時稱純卿爲『蕉迷』。

賣宅留松　海虞孫齊之手植一松，珍護特至。池館業屬他姓，獨松不肯入券。與鄰(人)〔家〕賣漿者約〔二二〕，歲以千錢爲贈，祈開壁間一小牖，時時携壺茗往，從牖間窺松，或松有枯毛，輒道主人，親往梳剔，畢即便去。後其子林、森輩養志，亟復其業。

青田核　《雞跖集》：烏孫國有青田核，莫知其木與實，而核如瓠，可容五六升，以之盛水，俄而成酒，劉章得二焉。集賓客設之，一核才盡，一核又熟，可供二十客。名曰『青田壺』。

桃核　洪武乙卯出元内庫所藏巨桃核，半面長五寸，廣四寸七分，前刻『西王母賜漢武桃』及『宣和殿』十字，塗以金，中繪龜鶴雲氣之象，復鐫『庚子甲申月丁酉日記』。命宋濂作賦。

漢高帝時，南粤王始獻龍眼樹，漢武帝時始得交趾荔枝，植上林。魏文帝始詔南方歲貢龍眼荔枝。

藥名〔二三〕　將離贈芍藥，亦名可離。相招贈文無，文〔無〕一名當歸。欲忘人憂，贈丹棘，一名忘憂。欲蠲人之忿，贈青裳，青裳一名合歡。後人折柳贈行，折梅寄遠見《古今注》及《董子》。又帝〔休〕不愁見《山海經》，芍藥養性見《博物志》，皋蘇釋忿見王粲《志》，甘棗不惑見束晳《發蒙記》。樹有長生見《鄴中志》。木有無患見《纂異文》。

碧鮮賦　五(色)〔代〕扈載遊相國寺〔二四〕，見庭竹可愛，作《碧鮮賦》。世宗遣小黄門就壁録之，覽而稱善。

劉寬夫《剽竹記》：『堅可以配松柏，勁可以凌霜雪，密可以(消清)〔泊晴〕煙〔二五〕，疎可以漏霄月。』

榕城　福州有榕樹，其大十圍，凌冬不凋，郡城獨盛，故號榕城。

相思樹　潮〔州〕鳳凰山多相思樹〔二六〕，樹中有神，披髮跣足。

念株樹　在大理府，每穗結實百八枚。昔李賢者，寓周城，主人其婦難産，李摘念株一枚使吞，珠在兒手中擎出〔二七〕。

蓎草　儲福，靖難時衛卒，流于曲靖，不食，死。妻范氏奉姑甚謹，一日見澗邊草類蘇(織)席，〔織〕以奉姑〔二八〕。姑卒後，草遂不生。

蔞葉藤　葉似葛蔓附於樹，可(謂)〔爲〕醬〔二九〕，即《漢書》所謂蒟醬也，實似桑椹，皮黑、肉白，味辛，合檳榔食之，禦瘴氣。

神木　永樂四年，採楠木于沐川，方欲開道以出之，一夕，楠木自移數里，因封其山爲神木山。

獨本葱　元初，馬湖蠻歲以獨本葱來獻，郡縣疲于遞送，元貞初罷之。

邛竹　《蜀記》：張騫奉使西域，得高節竹種于邛山。今以爲杖，甚雅。

天符　容子山有木葉，名天符，葉如荔枝葉而長，其紋如蟲蝕篆，不知何木，或以爲劉真人仙蹟。

吕公樟　松江之北禪寺，宋有回先生過之，手植一樟于殿。後數年樟死，回復造焉，問樟公安在，取瓢内藥一丸，瘞諸根下，樟遂活，葉葉俱顯瓢痕。人始悟吕仙也。

陳朝雙檜　静安寺中有雙檜，宋政和間，朱勔勒圖以進，遣中使取之，風雨雷電震碎其一，遂止。

竹詩　胡閏題詩于吴芮祠壁云：『幽人無俗懷，寫此蒼龍骨。九天風雨來，飛騰作靈物。』明太祖見而賞之，召拜大理卿。

苦笋反甘〔三〇〕　《夢溪筆談》云：太虚觀中修竹，相傳陸修静手植，出苦笋而味反甘；歸宗寺造鹽薤而味反淡，蓋（中山）〔山中〕佳物也。

水晶葱　宋孝宗問周必大：『吉安所産何物？』對曰：『金柑玉版笋，銀杏水晶葱。』

巨楠　赤城閣前有巨楠，高數十尋，圍三十尺，世傳范寂手植。寂得長生久視之術，先主累召不赴，封逍遥公。

希夷所種　《方輿勝覽》云：普州磽瘠，無異産，惟鐵山棗、崇龕梨、天池藕三者，皆希夷所種。

騎鯨柏　大邑鳳凰山有紫柏十圍，根盤巨石上，號騎鯨柏。

蘆根 秦始皇以東南氣王，鑿連江之九龍山，得蘆根一莖，長數丈，斷之有血，因名其山曰荻蘆峽。

榕樹門 桂林府之南門也。唐築門時，榕一株，久跨門内外，盤錯至地，生成門狀，車馬往來，徑于其下。楊基詩云『榕樹城門却倒垂』是也。

苴草 廣西産，狀如茅，食之令人多壽。暑月置盤筵中，蠅蚊不近，物亦不速腐，亦名不死草。又有木生子，形如猪腎，能解藥毒，名猪腰子。

羅浮橘 嚴州城南，其山峻險不易登，上有羅浮橘一株，熟時風飄墮地，得者傳爲仙橘云。

玉芝 會稽陶堰嶺出花生，葉下其根歲生一臼，取以麵裹熟食，可辟穀。

百穀 《名物通》：粱者，黍稷之總名。稻者，溉種之總名。菽者，衆豆之總名。三穀各二十種，爲六十種。蔬果助穀各二十種，共爲百穀。

君子竹 東坡詩：『惟有長身六君子，猗猗猶得似淇園。』又篔簹亦竹之類，生水邊，長數丈，圍尺五寸，一節相去六七尺。

樗櫟 《莊子》：吾有大樹，人謂之樗。其大本，擁腫而不中繩墨；其小枝，卷曲而不中規矩。《通志》：南多槲，北多櫟，似樗，即柞櫟也。古云：社櫟以不材故壽。

楩楠 《文選》：楩、楠、豫章皆名克勝大任之材也。

瓜田李下 《文選》：君子防未然，不處嫌疑間。瓜田不納履〔三二〕，李下不整冠。

薰蕕異器　《左傳》：『一薰一蕕，十年尚猶有臭。』註：『薰，香草也；蕕，臭草也。』

蒲柳先槁　《世說》：顧悅之與簡文帝同年，髮蚤白。帝問之，曰：『松柏之姿，經霜猶茂。蒲柳之姿，望秋先零。』

餘桃　《韓子》：彌子瑕食桃而甘，以〔其〕半啖衛君〔三二〕，君曰：『愛我哉。』後子瑕得罪，君曰：『是固啖我以餘桃者。』

二桃殺三士　齊公孫接、田開疆、古治子皆勇而無禮。晏子謂景公饋之二桃，令計功而食。三子皆自殺。

祥桑　亳里有桑穀共生于朝，七日大拱，伊陟曰：『妖不勝德。』于是太戊修先王之政，養老問疾，早朝晏退，三日而桑穀死。

金杏〔三三〕　〔分〕流山出。〔大〕于梨，黃于橘。　漢武訪蓬瀛，有獻此者，今呼『漢帝果』。

【校】

〔一〕『一本百莖』，『百』字乙本脱，據甲本補。

〔二〕『邵平』，《三輔黃圖》卷一、《齊民要術》卷二、《水經注》卷十九同，《史記·蕭相國世家》、《漢書·蕭何傳》作『召平』。

〔三〕『養神芝』，原書作『養神草』，據《海內十洲記》改。

〔四〕『食之已勞』，『勞』原書作『癆』，據《山海經·西山經》改。又按，沙棠木與蕡草非一物，食之使人入水不溺者爲沙棠木。

〔五〕『《吴都賦》』，原書誤作『蜀都賦』，據《文選》卷五改。

〔六〕『蕭静之』，原書誤作『蕭靖之』，據《太平廣記》卷二十四引《神仙感遇傳》改。『長七八寸』、『捉取食之』、『長』、『食』二字乙本脱，據甲本補。

〔七〕『甚佳』，甲本誤作『甚家』。

〔八〕『先以布囊承之』，『布』字乙本無，據甲本補。

〔九〕『出脂』，原書作『出滋』，據《本草綱目》卷三十四、《華夷花木鳥獸珍玩考·花木考》改。『飛馬』，乙本誤作『飛鳥』，據甲本改。

〔一〇〕『大宛國』，乙本誤作『大苑國』，據甲本改。

〔一一〕『見數童子擣葉』，『子』字乙本脱，據甲本補。

〔一二〕『子内白滑』、『取外皮』，原書誤作『子内白骨』、『取外度』，《弇州山人四部稿·説部·宛委餘編》引《廣州記》同誤，據《齊民要術》卷十、《太平御覽》卷九百七十二引《廣州記》改。

〔一三〕『頓遜國』，原書作『顚逢國』，據《梁書·諸夷傳》、《南史·夷貊傳》、《通典》卷一百八十八改。按諸書引此條或出正史及《通典》，或出《扶南記》，或出《洞冥記》，此云出《拾遺記》，不知何據。

〔一四〕『二則』，原書作『一則』，據上下文及《古今譚概·雜志部》改。

〔一五〕『刻其根下方寸許』，『寸』字乙本脱，據甲本補。

〔一六〕『可作瓢』，『瓢』乙本誤作『飄』，據甲本改。

〔一七〕『有自生之火』，『有』字乙本無，據甲本補。

〔一八〕『棟梁用』，『用』字乙本無，據甲本補。
〔一九〕『土人以麯納罐中』，『麯』乙本誤作『麵』，據甲本改。
〔二〇〕『李衛公』，『衛』乙本誤作『衡』，據甲本改。
〔二一〕『性喜芭蕉』，『性』乙本作『惟』，據甲本改。
〔二二〕『鄰家』，乙本作『鄰人』，據甲本及《古今譚概·癖嗜部》改。
〔二三〕『文無一名當歸』，『無』字乙本脱，據甲本補。『帝休不愁』，原書脱『休』字，據《山海經·中山經》及《弇州山人四部稿·説部·宛委餘編》、《焦氏類林·草木》引補。按《山海經》：『服者不怒。』則『帝休不愁』當作『帝休不怒』。
〔二四〕『五代』，乙本誤作『五色』，據甲本改。
〔二五〕『泊晴煙』，甲本作『消晴煙』，乙本作『消清煙』，據劉寬夫《剘竹記》原文改。
〔二六〕『潮州』，乙本脱『州』字，據甲本補。
〔二七〕『珠在兒手中擎出』，《廣輿記》卷二十一同。按據《嘉靖大理府志》卷二，此下尚有『棄珠之地叢生珠樹』一句。
〔二八〕『類蘇席織以奉姑』，『席織』乙本誤倒，據甲本乙正。
〔二九〕『可爲醬』，『爲』乙本作『謂』，據甲本改。
〔三〇〕『《夢溪筆談》云』云云，《方輿勝覽》卷十七引同，按本條實出《能改齋漫録》卷十五。『山中』，原書誤倒，據前述二書乙正。
〔三一〕『瓜田不納履』，『履』字甲本誤脱。

〔三二〕『以其半』，『其』字乙本無，據甲本補。

〔三三〕『分流山』，『分』字原書脱，據《西陽雜俎》前集卷十八補。『大于梨』，乙本脱『大』字，據甲本補。

花卉

桂花〔一〕　草木之花五出，雪花六出，朱文公謂地六生水之義。然桂花四出，潘笠江謂土之産物，其成數五，故草（本）〔木〕皆五，惟桂乃月中之（本）〔木〕，居西方，四乃西方金之成數，故四出而金色，且開于秋云。

天花　生五臺山，草本。花如牡丹而大，其白如雪，下有白蛇守之，人摘其花，必傷之。土人作法竊取，蛇見無花，則自觸死。曬乾，大猶如鮮牡丹，取數瓣點湯，甚美，其價甚貴。

瓊花　王興入秋長山，見瓊花莖長八九寸，葉如白檀，花如芙渠，香聞數里，唐人植一株于廣陵蕃釐觀，至元時朽，以八仙花補之于瓊花臺前。

金帶圍　江都芍藥，凡三十二種，惟金帶圍者不易得。韓琦守郡時，偶開四朵。時王岐公珪爲郡倅，荆公安石爲幕官，陳秀公升之以衛尉丞適至，韓公命讌花下，各簪一朵。後四人相繼大拜，乃花瑞也。

蔓花　胡人以茉莉爲蔓花，宋徽宗時始〔著〕名茉莉〔二〕。

洛如花　吳興山中有一樹，類竹而有實，似莢，鄉人見之，以問陸澄。澄曰：『是名洛如花，郡有名士，則生此花。』

王者香〔三〕　《家語》：孔子見蘭花，嘆曰：『夫蘭當爲王者香，今與衆（花）〔草〕伍。』乃援琴作《（倚）〔猗〕蘭操》。

伊蘭花　金粟香特馥烈，戴之髮髻，香聞十步，（徑）〔經〕月不散〔四〕。西域以『伊』字至尊，如中國『天』字也，蒲曰『伊蒲』，蘭曰『伊蘭』，皆以尊稱，謂其香無比也。大約今之真珠與木蘭是也。

斷腸花〔五〕　昔有婦人思所歡，不見輒涕泣，灑淚于北墻之下，後濕處生草，其花甚（美）〔媚〕，色如婦面，其葉正緑反紅，秋開，即今之〔秋〕海棠也。

蝴蝶花　在貴州玄妙觀，春時開，花嬌艷。至花落之時，皆成蝴蝶翩翩飛去，枝頭無一存者。

優鉢羅花　在北京禮部儀制司，開必四月八日，至冬而實，狀如鬼蓮蓬，脱去其殼，其核成金色佛一尊，形相皆具。

娑羅　夏津爲昌化令，有娑羅樹一株，花開時，（花）〔香〕聞十里〔六〕。津笑曰：『此真花縣也。』

蘭花　蜜蜂採花，凡花則足粘而進。採蘭花則背負而進，蓋獻其王也。進他花則賞以蜜，進稻花則致之死，蜂王之有德若此。

婪尾春　桑維翰曰：『唐末文人以芍藥爲婪尾春者，蓋婪尾酒乃最後之杯，芍藥殿春，故名。』（唐）〔宋〕留守李迪以芍藥乘驛進御〔七〕。玄宗始植之禁中。

姚黄魏紫　《西京雜記》：牡丹之奇者，有姚家黄、魏家紫。

木蓮　白樂天曰：『予遊臨邛白鶴山寺，佛殿前有兩株，其高數丈，葉堅厚如桂，以中夏開花，狀如芙渠，香亦酷似。山僧云：花折時，有（數）〔聲〕如破竹然〔八〕。一郡止二株，不知何自至也。成都多奇花，亦未常見。』世有木芙蓉，不知有木蓮花也。

國色天香〔九〕　唐玄宗内殿賞花，問程修己曰：『京師〔有〕傳唱牡丹者〔誰〕稱首？』對曰：『（季）〔李〕正封云：國色朝酣酒，天香夜染衣。』帝因謂妃曰：『粧鏡前飲一紫金盞，正封之詩可見矣！』

茶花　以滇茶爲第一，日丹次之。滇茶出自雲南，色似衢紅，大如茶碗，花瓣不多，中有層摺，赤黸黄心，樣範可愛。

佛桑　出嶺南，枝葉類江南木槿，花類中州芍藥，而輕柔過之。開時當二三月間，阿那可愛，有深紅、淺紅、淡紅數種，剪插即活。

花癖　唐張籍性耽花卉，聞貴侯家有山茶一株，花大如盎，度不可得，以愛姬换之。人謂之『張籍花淫』。

海棠　宋真宗時始海棠與牡丹齊名。真宗御製雜詩十題，以海棠爲首。晏元獻公殊始植紅海棠紅梅，蘇東坡始名黄梅爲蠟梅。

花品　周濂溪《愛蓮説》：菊，花之隱逸者也；牡丹，花之富貴者也；蓮，花之君子者也。

舍東桑　《蜀志》：先主舍東有桑樹高丈餘，垂垂如蓋，往來者皆怪？此樹非凡，謂當出貴人。先主少與諸兒戲樹下，言：『吾必當乘此羽葆車蓋。』

張緒柳　《南史》：齊武帝時，益州獻蜀柳，枝條甚長，狀似絲縷。帝以植于太昌靈和殿前，曰：『此柳風流可愛，似張緒少年時也。』

美人蕉　其花四時皆開，深紅照眼，經月不謝。

海棠香國〔一〇〕　昔有調昌守者，求易便地。彭淵〔材〕聞而止之，曰：『昌，佳郡守也！』守問故，曰：『海棠患（患）無香，獨昌地産者香，故號海棠香國，非佳郡乎？』

思梅再任　何遜爲揚州法曹，公廨有梅一株，遜常賦詩其下，後居洛，思梅花不得，請再任揚州。至日，花開滿樹，遜〔延〕賓醉賞之〔一一〕。

榴花洞　唐樵者藍超，于福州東山逐一鹿，鹿入石門，内有雞犬人烟，見一翁，謂曰：『皆避秦地，留卿可乎？』超曰：『歸别妻子乃來。』與榴花一枝而出。後再訪之，則迷矣。

桃花山　在定海，安期生煉藥于此，以墨汁灑石上成桃花，雨過則鮮豔如生。

攀枝花　廣州産，高四五丈，類山茶，殷紅如錦，一名木綿。

一年三花　嵩山西麓，漢有道士從外國將貝多子來，種之，成四樹，一年三花，白色，其香異常。

白蒻　韓詩：太華峯頭玉井蓮，開花十丈藕如船。冷比雪霜甘比蜜，一片入口沉痾痊。

萱草宜男　《博物志》：『萱號忘憂草，亦名宜男花。』韓詩〔一二〕：『萱草女兒花，不忘壯士憂。』

冰肌玉骨　袁豐之評梅曰：『冰肌玉骨，世外佳人，但恨無傾城之笑耳。』

菊比隱逸　菊不競春芳，後羣卉而開，故以隱逸之士比之。

花似六郎　譽張昌宗者曰：『六郎貌似蓮花。』楊再思曰：『乃蓮花似六郎耳。』

先後開　大庾嶺上梅花，南枝已落，北枝方開，寒暖之候異也。

【校】

〔一〕『草木皆五』、『月中之木』，『木』原書作『本』，據《學齋佔畢》卷二及《湧幢小品》卷二十七改。

〔二〕『始著名茉莉』，乙本無『著』字，據甲本補。

〔三〕『衆草』，乙本誤作『衆花』，據甲本改。『《猗蘭操》』，『猗』原書誤作『倚』，據《琴操》改。按本條事見《琴操》，此謂見《家語》，不知何據。

〔四〕『經月不散』，『經』乙本誤作『徑』，據甲本改。

〔五〕『其花甚媚』，『媚』乙本作『美』，據甲本及《採蘭雜志》改。『秋海棠』，乙本無『秋』字，據甲本補。

〔六〕『香聞十里』，『香』乙本誤作『花』，據甲本改。

〔七〕『宋李迪』，原書作『唐李迪』，按《洛陽牡丹記》，李迪爲宋人，據改。

〔八〕『有聲如破竹然』，『聲』原書誤作『數』，據《老學庵筆記》卷四改。又『白樂天曰』誤，按《老學庵筆記》：『白樂天有《忠州木蓮詩》，予遊臨邛白鶴山寺』云云，或因之誤會此爲《忠州木蓮詩》序，《正字通》卷九、《通雅》卷四十一俱誤，查白居易《木蓮花詩》序，實無此文，則此處所引爲陸游之語。

〔九〕『京師有傳唱牡丹者誰稱首』，甲本脱『誰』字，乙本并脱『有』字，又『李正封』，原書誤作『季正封』，均據《松窗雜録》及《花史左編》卷十六、《亳州牡丹史》卷三改。

〔一〇〕『彭淵材』，原書脱『材』字，據《冷齋夜話》卷九及《花史左編》卷二、《廣輿記》卷十六改。『海棠患無香』，原書衍一『患』字，據《花史左編》、《廣輿記》删。

〔一一〕『延賓』，原書脱『延』字，據《廣輿記》卷二改。按一般認爲此時何遜對花彷徨終日，《廣輿記》延賓醉賞之説，不知何據。

〔一二〕『韓詩』誤，所引詩爲孟郊《百憂》，非韓愈詩。

夜航船卷十七

古劍陶菴老人紬

四靈部

飛禽

烏社 大禹即位十年，東巡狩，崩於會稽，因而葬之。有鳥來爲之耘，春拔草根，秋啄蕪穢，謂之鳥社。縣官禁民不得(忘)〔妄〕害此鳥〔一〕，犯則無赦。

精衛鳥 炎帝女溺死渤澥海中，化爲精衛鳥，日啣西山木石，以填渤澥，至死不倦。

鳳 《論語讖》曰：『鳳有六像九苞。』六像者，頭像天，目像日，背像月，翼像風，足像地，尾像緯。九苞者，口包命，心合度，耳聽達，舌詘伸，色光彩，冠矩朱，距鋭鈎，音激揚，腹文户。行鳴曰歸嬉，止鳴曰提扶，夜鳴曰善哉，晨鳴曰賀世，飛鳴曰郎都，食惟梧桐竹實。故子欲居九夷，從鳳嬉。

鸞 瑞鳥也。張華注曰：鸞者，鳳凰之亞，始生類鳳，久則五彩變易，其音如鈴。周之文物大備，法車之上綴以大鈴，如鸞聲也，故改爲鸞駕。

象鳳　太史令蔡衡曰：凡像鳳者有五色，多赤者鳳，多青者鸞，多黄者鵷雛，多紫者鸑鷟，多白者鵠。此鳥多青，乃鸞，非鳳也。

迦陵鳥　鳴清越如笙簫，妙合宫商，能爲百蟲之音。《楞嚴經》云：『迦陵仙音，遍十方界。』

畢方鳥　《山海經》：章峨之山有鳥〔二〕，狀如鶴，一足，赤文青質而白喙，名曰『畢方』。其鳴自叫。見則邑有譌火。

鸞影　宋范泰《鸞》詩序：昔罽賓王結罝峻卯之山，獲一鸞，三年不鳴。其夫人曰：『嘗聞鳥見其類則鳴，何不懸鏡以照之？』王從其言。鸞覩影悲鳴，衝霄一奮而絶。嗟乎（慈）〔兹〕禽〔三〕，何情之深也！鸞血作膠，以續弓弩、琴瑟之弦。

吐綬雞　形狀、毛色俱如大雞。天晴淑景，頷下吐綬，方一尺，金碧晃曜，花紋如蜀錦，中有一字，乃篆文『壽』字，陰晦則不吐。一名『壽字雞』，一名『錦帶功曹』。

孔雀　自愛其尾，遇芳時好景，聞鼓吹則舒張翅尾，盼睞而舞。性妒忌，見婦女盛服，必奔逐啄之。山棲時，先擇貯尾之地，然後置身。欲生捕之者，候雨甚，往擒之。尾霑雨而重，人雖至，猶愛尾，不敢輕動也。

杜鵑　蜀有王曰杜宇，禪位于鱉靈，隱于西山，死，化爲杜鵑。蜀人聞其鳴，則思之，故曰

『望帝』。又曰杜鵑生子，寄于他巢，百鳥爲飼之。

鴻鵠六翮　劉向曰：今夫鴻鵠高飛冲天，然其所恃者六翮耳。夫腹下之毳，背上之毛，增去一把，飛不爲高下。

號寒蟲　五臺山有鳥，名號寒蟲。四足，有肉翅不能飛，其糞即五靈脂也。當盛暑時，文彩絢爛，乃自鳴曰：『鳳凰不如我。』至冬，毛盡脱落，自鳴曰：『得過且過。』

秦吉了　嶺南靈鳥。一名『了哥』。形似鸜鵒，黑色，兩（肩）〔眉〕獨黄〔四〕，頂毛有縫，如人分髮，耳聰心慧，舌巧能言。有夷人以數萬錢買去，吉了曰：『我漢禽不入胡地！』遂驚死。

變化　《月令》：三月，田鼠化爲鴽，八月，鴽化爲田鼠。二物交化，即今所謂鵪鶉也。二月鷹化爲鳩，八月鳩化爲鷹，亦交化也。

赤烏　周武王伐紂，渡孟津，有火自上而下，至（於）王屋〔五〕，流爲烏，其色赤，其聲魄。

布穀　即斑鳩。杜詩：『布穀催春種。』張華曰：農事方起，此鳥飛鳴于桑間，若云穀可布種也。又其聲曰：『家家撒穀。』又云：『脱却破褲。』因其聲之相似也。

蠡母　大如雞，黑色，生南方池澤葭蘆中，其聲如人嘔吐，每一鳴，口中吐出蚊蟲一二升。

稚子　一名『竹（團）〔豚〕』〔六〕。喜食笋，善匿，不使人見。故杜詩有『笋根稚子無人見』之句。

鷁　水鳥，能厭水神，故畫於舟首，舟名『彩鷁』。

捕鸇　魏公子無忌，方與客飲。有鸇擊鳩，走，巡於公子案下，鸇追擊，殺於公子之前。公子恥之，即使人多設罻羅，得鸇數十匹，責讓以殺鳩之罪，曰：『殺鳩者死！』一鸇低頭，不敢仰視；餘皆鼓翅自鳴。公子乃殺低頭者，餘盡釋之。

鵓鴿井　漢高祖廟，臨城鵓鴿井旁，記云：『沛公避難井中，有雙鴿集井（中）〔上〕〔七〕，追者不疑，得脱。』

雪衣娘　唐明皇時，嶺南進白鸚鵡，聰慧能言，上呼之爲『雪衣娘』〔八〕。上每與諸王及貴妃博戲，稍不勝，左右呼雪衣娘，即飛入局中，以亂其行列。一日語曰：『昨夜夢爲鷙所搏。』已而果爲鷹斃，瘞之苑中，號『鸚鵡塚』。

唐李繁曰：東都有人養鸚鵡，以甚慧，施于僧，僧教之能誦經，往往架上不言不動。問其故，對曰：『身心俱不動，爲求無上道。』及其死，焚之，有舍利。

白鷴　宋帝昺駐蹕厓州山，爲元兵所追，丞相陸秀夫抱帝赴海死。時御舟一白鷴，奮擊哀鳴，墮水以殉。

鵓鴿詩　宋高宗好養鴿，躬自飛放。有士人題詩云：『鵓鴿飛騰遶帝都，朝收暮放費工夫。何如養個南來雁，沙漠能傳二帝書。』帝聞之，召見士人，即命補官。

長鳴雞　宋處宗嘗買一長鳴雞，著窗間。後雞作人語，與處宗談論，終日不輟。處宗因此學業大進。

宋厨雞蛋　宋文帝尚食厨備御膳，烹雞子，忽聞鼎内有聲極微，乃羣卵呼觀世音，悽愴之甚。監宰以聞。帝往驗之，果然，歎曰：『吾不知佛道神力乃能若是！』敕自今不得用雞子，並除宰割。

雁書　蘇武使匈奴，〔匈〕奴留武于海上牧羝〔九〕。漢使求之，匈奴詭言武死。常惠教使者曰：『天子在上林射雁，雁足上繫帛書，言武在某澤中。』單于驚謝，乃遣武還。《禮記》：『鴻雁來賓。』先至爲主，後至爲賓。

孤雁　張華曰：雁夜棲川澤中，千百成羣，必使孤雁巡更，有警則哀鳴呼衆。故師曠《禽經》曰：『羣棲獨警。』

飛奴　張九齡家養羣鴿，每與親知書，繫鴿足上移之，呼爲『飛奴』。

鴆毒　《左傳》：『宴安鴆毒，不可懷也。』鴆，毒鳥也，黑身赤目，食蝮蛇，以其毛歷飲食則殺人。

周周鳥　名周周。首重尾屈，將欲飲于河，則必顛，乃銜尾而飲。

金衣公子　唐明皇游於禁苑，見黄鶯羽毛鮮潔，因呼爲『金衣公子』。戴顒春日攜雙柑斗酒，人問何之，答曰：『往聽黄鸝聲，此俗耳鍼砭，詩腸鼓吹。』

養木雞　《莊子》：〔紀〕渻子爲宣王養鬬雞〔一〇〕，十日而問之曰：『雞可鬬乎？』曰：『未也。猶虚憍而恃氣。』十日又問之。曰：『幾矣。雞有鳴者，已無變矣，望之似木雞矣，其德全矣。異雞無敢應者，反走矣。』

季郈鬬雞　《左傳》：季、郈之鬬雞，季氏介其羽，郈氏爲之金距。劉孝威詩：『翅中含（白）芥〔粉〕〔一一〕，距外曜金芒。』

乘軒鶴　衛懿公好鶴，鶴有乘軒者，及狄人伐衛，受甲者皆曰：『鶴有禄位，何不使戰。』是以衛亡。

翮成縱去　僧支道林好鶴。有遺以雙鶴者，林鎩其羽，鶴反顧懊惜。林曰：『鶴有凌霄之志，何肯爲人耳目近玩！』養令翮成，置使飛去。

羊公鶴　昔羊叔子有鶴善舞，嘗向客稱之。客試使驅來，氃氋而不肯舞。故比人之名而不實〔一二〕。

斥鷃笑鵬　《莊子》：窮髮之（比）〔北〕〔一三〕，有鳥名鵬，搏扶摇而上者九萬里，且適南冥，斥鷃笑之曰：『彼且奚適也？我騰躍而上，不過數仞而下，翱翔蓬蒿之間，此亦飛之至也。而彼且奚適也？』

打鴨驚鴦　吕士隆知宣州，好笞官妓。適杭州一妓到，士隆喜之。一日羣妓小過，士隆欲笞之。妓曰：『不敢辭責，但恐杭妓不安耳。』士隆（赦）〔捨〕之〔一四〕。梅聖俞作打鴨詩：『莫打鴨，驚鴛鴦，鴛鴦新向池中落，不比孤州老鵁鶄。』

烏　燕太子丹質於秦，秦遇之無禮，欲歸。秦王不聽，謬言曰：『令烏頭白，馬生角，乃可歸。』丹仰天嘆息，烏即頭白，〔馬即生角〕〔一五〕，秦王不得已而遣之。

烏傷　顏烏純孝，父亡，負土築墓，羣烏銜土助之，其吻皆傷，因以名縣。《唐雅》曰〔一六〕：『純黑而反哺者謂之烏，小而腹下白，不能反哺者謂之鴉。』

燕居舊巢　武瓘詩：『花開蝶滿枝，花謝蝶還希。惟有舊巢燕，主人貧亦歸。』又唐詩：『舊時王謝堂前燕，飛入尋（堂）〔常〕百姓家〔一七〕。』

鬭鴨　陸龜蒙有鬭鴨闌。一日，驛使過焉，挾彈斃其尤者。陸曰：『此鴨善人言，欲進上，奈何斃之！』使者盡以囊中金窒其口，徐問人語之狀，陸曰：『能自呼其名耳。』使者憤且笑，拂袖上馬，陸還其金，曰：『吾戲耳。』

孝鵝　唐天寶末，長興沈氏畜一母鵝，將死，其雛悲鳴，不復食；母死，啄敗薦覆之，又銜芻草列前，若祭狀，向天長號而死。沈氏異之，埋于蔣灣，名『孝鵝塚』。

蔡確鸚鵡　蔡確貶新州，有侍姬名琵琶，所蓄鸚鵡甚慧，每爲確呼琵琶，及琵琶死，鸚鵡猶呼其名。確賦詩傷之。

雁丘〔一八〕　金元好問過陽曲，見一獵者云：『捕得二雁，內一死，一脱網去，空中哀鳴良久，投地亦死。』好問遂以金贖二雁，瘗之汾水濱，壘土爲（邱）〔丘〕。今名雁（邱）〔丘〕。

見彈求鴞　《莊子》：長梧子曰：『汝亦太早計，見卵而求時夜，見彈而求炙鴞。』

燕巢于幕　季札如晉，將宿于戚，聞鐘聲，曰：『夫子之在此也，猶燕之巢于幕上，而可以樂乎？』《吕氏春秋》：燕雀處堂，母子相愛，突(厥)〔决〕棟焚〔一九〕，燕雀不知。

禽經　金得伯勞之血則昏，鐵得鸊鷉之膏則瑩，石得鵲髓則化，銀得雉糞則枯。翡翠粉金，鵁鶄厭火。

風雨霜露　《禽經》云：風翔則風。風，鳶也。雨舞則雨。雨，商羊也。霜飛則霜。霜，鷫鸘也。露翥則露。露，鶴也。又云：以豚識風，以鼉識雨。豚，江豚也。鵲知風，螘知雨。

禽智　陳所敏云：灉鶘能救水，故水宿之物莫能害。啄木遇蠹穴，能以嘴畫字成符，蠹蟲自出。鶴能步罡，蛇不敢動。鴉有隱巢，故鷙鳥不能見。燕啣泥常避戊己，故巢不傾。鸛有長水石，能于巢中養魚，而水不涸。燕惡艾，雀欲奪其巢，即啣艾置巢中，燕遂避去。此皆禽之有智者也。

大鳥悲鳴　楊震將葬，先葬數日，有大鳥高丈餘，集震喪次悲鳴，葬畢方去。上聞，乃悟震坐枉，遣使具祭，官其子。

化鶴　《職方乘》云：南昌洗馬池，嘗有年少見美女七人，脱彩衣岸側，浴池中。年少戲藏其一，諸女浴畢就衣，化白鶴去。獨失衣女留，隨至年少家，爲夫婦，約以三年還其衣，亦飛去。故又名『浴仙池』。

化爲大鳥　王仲變倉頡舊文爲今隸書。秦始皇嘗徵仲，不至，大怒，詔檻車送之。仲化爲大鳥飛去，落二翮於延慶州，今有大翮山。

五色雀 出羅浮山。貴人至，則先翔舞。

鵕鸃鳥 産肇慶。形似山雞，其羽有光，漢以飾侍中冠。

鳳巢 永福隋時雙鳳來巢，宋初復至，守臣以聞，太宗遣使鑿巢下石，得美玉，名其山曰『鳳(凰)〔巢〕山』〔二〇〕。

羣烏啼噪 海鹽烏夜村，晋何準寓此。一夕，羣烏啼噪，準生女。後復夜啼，乃穆帝立準女爲后之日。

問上皇 郭浩按邊至隴，見鸚鵡一紅一白鳴樹間，問：『上皇安否？』浩詰其故，蓋隴州歲貢此鳥，徽宗置之安妃閣。後發還本土，二鳥猶感恩不忘。

鳳曆 鳳知天時，故以名曆。鳳鳴而天下之雞皆鳴。鳳尾十二翎，遇閏歲生十三翎。今樂府調尾聲十二板，以象鳥尾，故曰尾聲。或增四字，亦加一板，以象閏。

雞五德 《韓詩外傳》：『頭戴冠，文也。足搏距，武也。見敵敢鬬，勇也。見食相呼，(義)〔仁〕也〔二一〕。守夜不失時，信也。』故又稱『德禽』。

陳寶 秦穆公時，陳倉人掘地得一物以獻，道逢二童子，曰：『此物名爲蝹。』蝹曰：『彼二童子名爲陳寶，得雄者王，得雌得霸。』陳倉人舍蝹逐童子〔二二〕，童子化爲雉，飛入平林，以告于公。公大獵，果得其雌，化爲石，置於汧渭之間，立陳寶祠，遂霸西戎。

腰纏騎鶴 昔有客各言其志。一願爲揚州刺史，一願多貲財，一願騎鶴上昇。其一人曰：

『吾願腰纏十萬貫，騎鶴上揚州。』

隋珠彈雀　古云：『以隋侯之珠彈千仞之雀，世必笑之。蓋所用者重，所求者輕也。』

雀躍者，言人喜悦，如雀之跳躍也。

愛屋及烏　《詩經》：『瞻烏爰止，于誰之屋。』恐因烏而傷其屋也。

越雞鵠卵　《莊子》：『越雞不能伏鵠卵。』謂其身小也。

燕賀　《淮南子》：大厦成而燕雀相賀。

貫雙鵰　《唐史》：高駢見雙鵰飛過，祝曰：『我貴，當中之。』一發貫雙鵰，因號『（雙）〔落〕鵰侍（郎）〔御〕』〔一三〕。

鵲巢鳩占　《詩經》：『維鵲有巢，維鳩居之。』

聞雞起舞　祖逖與劉琨同寢，中夜聞雞鳴，蹴琨覺曰：『此非惡聲也！』因起舞。

【校】

〔一〕『妄害』，乙本作『忘害』，據甲本改。

〔二〕『章峨之山』，今本《山海經·西山經》作『章莪之山』。

〔三〕『玆禽』，乙本作『慈禽』，據甲本改。

〔四〕『兩眉』，乙本誤作『兩肩』，據甲本改。

〔五〕『至於王屋』，乙本無『於』字，據甲本補。

〔六〕『竹豚』，原書作『竹團』，據《冷齋夜話》卷二引贊寧《雜誌》改。

〔七〕『集井上』，乙本作『集井中』，據甲本改。

〔八〕『上呼之爲』，甲本無『之』字，《潛確居類書·飛躍部》同。

〔九〕『匈奴留武』，按甲本於上一『匈奴』下有重文符號，蓋欲重『匈奴』二字，而乙本僅重『奴』字，據文意補『匈』字。

〔一〇〕『紀渻子』，『紀』字原書無，據《莊子·外篇·達生》補。

〔一一〕『芥粉』，乙本作『白芥』，據甲本及劉孝威《鬬雞篇》改。

〔一二〕『名而不實』，甲本作『名不稱實者』。

〔一三〕『窮髮之北』，『北』乙本誤作『此』，據甲本改。

〔一四〕『捨之』，乙本作『赦之』，據甲本及《隐居詩話》改。

〔一五〕『馬即生角』，原脱，據《太平御覽》卷八百九十六引《吕氏春秋》及《事類賦》卷十九、《焦氏類林·鳥獸》引《燕丹子》補。

〔一六〕『《唐雅》曰』云云，疑『《唐雅》』爲『《廣雅》』之誤，按本段實出自《小爾雅》。

〔一七〕『尋常』，乙本誤作『尋堂』，據甲本改。

〔一八〕乙本作『雁邱』，『邱』爲避孔子諱，據甲本回改。

〔一九〕『突決』，原書誤作『突厥』，據《吕氏春秋·季冬録》改。

〔二〇〕『鳳巢山』，乙本誤作『鳳凰山』，據甲本改。

〔二一〕『仁也』，原书作『義也』，據《韓詩外傳》卷二改。

〔一二二〕『蝹』，甲本誤作『媪』。
〔一二三〕『落雕侍御』，原書作『雙雕侍郎』，《古事苑·人品》作『雙雕侍御』，據《新唐書·叛臣·高駢傳》改。

走獸

藥獸　神農時有民進藥獸。人有疾，則拊其獸，授之語，語畢，獸輒如野外，啣一草歸，搗汁服之即愈。帝命風后記其何草，起何疾。久之，如方悉驗。虞卿曰：『神農師藥獸而知醫。』

夔　黄帝於東海流波山得奇獸，狀如牛，蒼身無角，一足，能入水，吐水則生風雨，目光如日月，其聲如雷，名曰夔。帝令殺之，取皮以冒鼓，橛以雷獸之骨，聲聞五百里。

觟鯱　皋陶治獄，有觟鯱游于庭。一角之獸，即今所畫獬豸。其罪疑者，令觸之，有罪則觸，無罪則不觸，以定獄辭。

黄熊　舜殛鯀于羽山。鯀化爲黄熊，入于羽泉。故禹廟祭品，（戎）〔戒〕不用熊〔一〕。

白狐〔二〕　禹年三十未娶，行塗山，有白狐九尾造禹。塗山人歌曰：『白狐綏綏，九尾龐龐。成子家室，乃都攸昌。』禹遂娶之，謂之女（嶠）〔嬌〕。

野兔〔三〕　文王囚于羑里七年，其子伯邑考往視父。紂呼與圍棊，不遜，紂怒殺伯邑考，醢之，令人送文王食。命食畢而後告，文王號泣而吐之，盡變爲野兔而去。

麟紱〔四〕　孔子在娠，有麟吐玉書于闕里，文云：『水精之子孫，係衰周而素王。』孔母乃以繡（衣）〔紱〕繫麟角，信宿而麟去。至魯定公時，魯人（鋤）〔鉏〕商田于大澤，得麟，以示孔子，繫角之紱尚在。孔子知命之將終，抱麟解紱，涕泗滂沱。

白澤　東望山有獸曰白澤，能言語。王者有德，明照幽遠，則白澤自至。

昆蹏　后土之神獸，英靈能言語，禹治水有功而來。

角端　元太祖駐師西印渡〔五〕，有大獸，高數丈，一角，如犀牛，作人語曰：『此非帝王世界，宜速還。』耶律楚材進曰：『此名角端，聖人在位，則奉書而至。能日馳一萬八千里，靈異如鬼神，不可犯。』

象　豕類也。張口而腹臟盡露，故名曰象。《易經》用『象曰』，蓋取此義。

獅子　一名狻猊。《博物志》：魏武帝伐冒頓，經白狼山，逢獅子，使人格之，殺傷甚衆。忽見一物自林中出〔六〕，如狸，上帝車軛。獅子將至，便跳上其頭，獅子伏，不敢動，遂殺之。得獅子還，來至洛陽三十里，雞犬無鳴吠者。

酋耳　身若虎豹，尾長參其身，食虎豹。王者威及四夷則至。

虎倀　人罹虎厄，其神魂嘗爲虎役，爲之前導。故凡死于虎者，衣服巾履皆卸于地，非虎之威能使自卸，實鬼爲之也。

虎威　虎有骨如乙字，長寸許，在脇兩旁皮内，尾端亦有之，名『虎威』，佩之臨官，則能威衆。又虎夜視，一目放光，一目視物。獵人候而射之，弩箭纔及，光隨墮地成白石，入地尺餘。記其處掘得之，能止小兒啼。

倉兕 尚父爲周司馬，將師伐紂。到孟津之上，仗鉞把旄，號其衆曰：『倉兕。』夫倉兕者，水中之獸也，善覆人舟，因神以化，令汝急渡，不急渡，倉兕害汝。

鬭穀於菟 《左傳》鬭伯比淫於䢵子之女，生子文。䢵夫人使棄諸夢澤中，虎乳之。䢵子田，見而懼，歸，夫人以告，遂收之。楚人謂乳爲穀，謂虎爲於菟，故曰『鬭穀於菟』。

貘 貘者象鼻犀目，牛尾虎足，性好食鐵，生南方山谷中。寢其皮辟濕，圖其形辟邪。

窮奇 西北有獸，名曰窮奇，一名神狗。其狀如虎，有翼能飛，食人，知人言語。逢忠信之人，則嚙而食之；逢奸邪之人，則捕禽獸以餉之。

檮杌 西荒中獸也，狀如虎，毛長三尺餘，人面虎爪，口牙一丈八尺，好鬭，至死不却，獸之至惡者。

山都 形如崑崙奴，毛偏體，見人輒閉目張口如笑，好在深洞中，翻石覓蟹啖之。

饕餮 羊身人面，其目在腋下，虎齒人爪，聲如嬰兒，鈎玉山中有之〔七〕。

狼狽〔八〕 二獸名。狼前二足長，後二足短；狽前二足短，後二足長。狼無（猜）〔狽〕不立，（猜）〔狽〕無狼不行。若相離，則進退無攄矣。故世人言事之乖張，則曰『狼狽』。

風馬牛 馬喜逆風而奔，牛喜順風而奔，故北風則牛南而馬北，南風則牛北而馬南。故曰風馬牛不相及也。

種羊 西域俗能種羊。初冬，擇未日，殺一羊，切肉方寸，埋土中。至春季，擇上未日，延僧吹胡笳，作咒語，土中起一泡，如鴨卵。數日，風破其泡，有小羊從土中出。此又胎卵濕化之外，又得一生也。

猫〔九〕 出西方天竺國，唐三藏攜歸護經，以防鼠嚙，始遺種於中國。故『猫』字不見經傳。《詩》有『貓』，《禮記》『迎貓』，皆非此猫也。

萬羊〔一〇〕 李德裕召一僧問休咎，僧曰：『公是萬羊丞相，今已食過九千六百矣。』數日後有饋羊四百者，適滿其數。公大驚，欲勿受。僧曰：『羊至此，已爲相公所有矣。』旬日後貶潮州司馬，又貶連州司户，尋卒。

艾豭 衛靈公夫人南子與宋朝通，野人歌曰：『既定爾婁豬，盍歸吾艾豭。』婁豬，雌豬也。艾豭，雄豬也。

遼東豕 遼東有豕生子頭白，異而獻之。（河）〔行〕至河東〔一一〕，見豕皆白頭，懷慚而返。今彭寵之自伐其功，何異於是！

李猫 李義府容貌温恭，而狡險忌刻，時人謂之『李猫』。

麋鹿觸寇 秦始皇欲大苑囿，優旃曰：『善。多縱禽獸于中，寇從東方來，以麋鹿觸之，足矣！』

猶豫　猶之爲獸，性多疑。聞有聲，則豫上樹，四顧望之，無人，纔敢下。須臾又上，如此非一。故今人慮事之不決者曰『猶豫』。

沐猴　小猴也，出罽賓國。史言『沐猴而冠』，以『沐』爲『沐浴』之『沐』者，非是。

刑天〔一二〕　獸名。即『渾沌』。見《山海經》。能挾干戚而舞。陶淵明詩『刑天舞干戚』，今誤作『（刑天）〔形夭〕無（干戚）〔千歲〕』。

媢　形若彘，常在地食死人腦。欲殺之，當以柏插其墓。故今墓上多種柏樹。一名『蝹』。秦繆公時，陳倉人掘地得之。

猾　無骨，入虎口，不能噬，落虎腹中，則自内噬出。《書》曰：『蠻夷猾夏。』則取此義。

犀角　一名『通天』，一名『分水』，一名『駭雞』。『通天』，用以作簪，則夢登天，知天上諸事。『分水』，刻爲魚形，銜以入水，水開三尺，可得氣息水中。『駭雞』，謂雞見之，則驚却也。

馴獺　永州養馴獺，以代鸕鷀没水捕魚，常得數十斤，以供一家。魚重一二十斤者，則兩獺共舁之。

明駝　駝卧，足不帖地，屈足。漏明，則走千里，故曰明駝。唐制，驛有駝使，非邊塞軍機不得擅發。楊貴妃私發明駝，賜安禄山荔枝。

瘈狗〔一三〕　《左傳》〔云〕：『國狗之瘈，無不噬也。』杜預注云：『瘈，狂犬也。』今云『猘犬』。《宋書》云：『張（收）〔牧〕爲瘈犬所傷，食蝦蟆而愈。』又槌碎杏仁納傷處即愈。

畜犬 《晉書》曰：白犬黑頭，畜之得財；白犬黑尾，世世乘車。黑犬白耳，富貴；黑犬白前二足，宜子孫。黃犬白耳，世世衣冠。

風生獸 生炎州，大如狸，青色。積薪數車以燒之，薪盡而獸不死，毛亦不焦，斫刺不入，打之如灰囊，以鐵鎚鍛其頭數十下，乃死，而張口向風，須臾復活。以石上菖蒲塞其鼻即死。取其腦和菊花服之，盡十斤，得壽五百歲。

月支猛獸〔一四〕 漢武時，月支國獻猛獸一頭，形如五六十日犬子，大如狸而色黃。武帝小之，使者對曰：『夫獸不在大小。』乃指獸，命叫一聲。獸舐唇良久，忽叫，如大霹靂，兩目如⿰舟寺(磚)〔礔〕之交光。帝登時顛蹶，(搔)〔掩〕耳震慄，不能自止。虎賁武士皆失仗伏地，百獸驚絶，虎亦屈伏。

舞馬 唐玄宗舞馬四百蹄，分爲左右部，有名曰『某家驕』，其曲曰《傾盃樂》。皆衣以錦繡，綴以金銀，每樂作，奮首鼓尾，縱横應節。

舞象 唐明皇有舞象數十〔一五〕。禄山亂，據咸陽，出舞象，令左右教之拜。舞象皆努目不動，禄山怒，盡殺之。

弄猴 唐昭宗播遷，隨駕有弄猴，能隨班起居。昭宗賜以緋袍，號『供奉』。羅隱詩『何如學取孫供奉，一笑君王便著緋』是也。朱梁篡位，取猴，令殿下起居。猴望見全忠，徑趨而前，跳躍奮擊，遂被殺。

忽雷駁　秦叔寶所乘馬也。餵料時，每飲以酒。常於月明中試之，能竪越三領黑氈。叔寶卒，嘶鳴不食而死。

鐵象　曲端下獄，自知必死，仰天長吁，指其所乘馬名鐵象曰：『天不欲振復中原乎？惜哉！』鐵象泣數行下。

鑄馬　慕容廆有駿馬赭白，有奇相，饒逸力。至儁光壽元年，四十九矣，而駿逸不虧，儁奇之，比鮑氏驄，命鑄銅以圖其像，親爲銘贊，鐫頌其旁，像成，而馬死矣。

白獺　魏徐邈善畫，明帝游洛水，見白獺愛之，不可得。邈曰：『獺嗜鰡魚，乃不避死。』遂畫板作（緇）〔鰡〕魚懸岸〔一六〕，羣獺競來，一時執得。帝曰：『卿畫何其神也！』

贖馬　周田子方嘗出，見老馬於道，詢知爲家畜也，歎曰：『少盡其力，而老棄其身，仁者不爲也。』贖之歸。

袁氏　後唐有孫恪者，納袁氏爲室。後至峽山寺，袁持一碧環獻老僧。少傾，野猿數十，捫蘿而躍。袁乃命筆題詩，化猿去。僧方悟即沙門向所畜者，玉環其繫頸舊物也。

果下馬　羅定州出馬，高不踰三尺，駿者有兩脊骨，又呼雙脊馬，健而能行。以其可在果樹下行，名曰『果下馬』。

穢鼠易腸　唐公房拔宅上昇，雞犬皆仙，惟鼠不净，不得去。鼠自悔，一日三吐，易其腸，欲其自潔也。

八駿　穆天子八駿，一名『絶地』，足不踐土；二名『翻羽』，行越飛禽；三曰『奔宵』，夜行萬里；四名『超影』，逐日而行；五名『踰輝』，毛色炳燿；六名『超光』，一形十影；七名『騰霧』，乘雲而奔；八名『挾翼』，身有肉翅。又有驊騮、騄駬，亦古之良馬也。

黑牡丹　唐末劉訓者，京師富人。京師春遊，以觀牡丹爲勝賞。訓邀客賞花，乃繫水牛累百於門。人指曰：『此劉氏黑牡丹也。』

辟暑犀　《孔帖》：文宗延學士於内殿。李訓講《易》，時方盛暑，上命取辟暑犀以賜。《開元遺事》：交趾進犀角，如金。冬月置殿中，暖氣如熏。上問使者，曰：『此辟寒犀也。』

養虎遺患　漢王欲東歸，張良曰：『漢有天下大半，楚兵飢疲，今釋不擊，此養虎自遺患也。』王從之。

狐假虎威　楚王問羣臣：『北方畏昭奚恤，何哉？』江乙曰：『虎得一狐，狐曰：「子毋食我，天帝令我長百獸。不信，吾先行，子隨後觀。」獸見皆走。虎不知獸畏己，以爲畏狐也。今北方非畏昭奚恤，實畏王甲兵也。』

狐疑者，狐性多疑，故心不決曰『狐疑』。

黔驢之技〔一七〕　柳文：黔（黑）〔無〕驢，有好事者船載以入，放之山下。虎見龐然大物，環林間視之。驢一鳴，虎大駭，以爲且噬己。然往來視之，（覽）〔覺〕無異能。益習其聲。稍近，宕、倚、衝、冒。驢不勝怒，蹄之。虎因喜，計之曰：『技止此矣！』跳梁大㘚，斷其喉，盡其肉，乃去。

馬首是瞻　晉荀偃曰：『雞鳴而駕，塞井夷竈，惟余馬首是瞻！』

不及馬腹　楚伐宋，宋告急於晉。晉侯欲救之，伯宗曰：『不可。古人有言曰：「雖鞭之長，不及馬腹。」天方授楚，不可與爭。』

塞翁失馬[一八]　北(史)〔叟〕塞上翁匹馬亡入胡，人弔之。翁曰：『安知非福乎？』後馬將駿馬歸。人賀之，翁曰：『安知非禍乎？』後其子騎，折髀，人弔之，翁曰：『又安知非(楊)〔福〕乎？』後兵出，丁壯者(免)〔戰死〕，其子以跛相保。

棄人用犬　晉靈公飲趙盾酒，伏兵將攻之，其右提彌明知之，趨登，扶盾以下。公嗾夫獒焉，明搏而殺之。盾曰：『棄人用犬，雖猛何爲？』

跖犬吠堯　漢高祖既殺韓信，詔捕蒯徹。既至，上曰：『若教淮陰侯反乎？』對曰：『然。秦失其鹿，天下共逐之，高材捷足者先得焉。跖之犬吠堯，堯非不仁，吠非其主也。』

指鹿爲馬　秦趙高欲專權，乃先設驗，持鹿獻二世，曰：『馬也！』二世笑曰：『丞相誤也，謂鹿爲馬。』問左右，或默，或言。高陰中言鹿者以法。

守株待兔　《韓子》：宋人有耕者，田畔有株，兔走觸之，折頸而死，因釋耕守株，覬復得兔，爲宋國笑也。

多歧亡羊　《列子》：楊子之鄰人亡羊，既率其黨，又請楊子之豎追之。楊子曰：『嘻！

亡一羊，何追之者衆？』曰：『多歧。』既反，問：『獲羊乎？』曰：『亡之矣。』曰：『奚亡之？』曰：『歧路之中又有歧焉，吾不知所之，是以反也。』

飛越峰　洪武初，夷人獻良馬十，其一白者，乃得之貴州養龍坑。坑旁水深而遠，下有靈物，春和多繫牝馬，雲霧晦冥，必有與馬接，其産即龍駒。故此馬首高九尺，長丈餘，莫可控御。敕典牧者囊沙四百斤，壓而乘之，行如電躡，片塵不驚，賜名『飛越峰』，命學士宋濂贊。

燧人氏始著物蟲鳥獸之名。鯀始服牛。相士始乘馬。伏羲始畜犧牲。夏后氏始食卵。漢文帝始剏潔六畜。後魏始禁宰牛馬。唐高祖始斷屠。

黄耳　陸機有快犬曰『黄耳』，性黠慧，能解人語，隨機入洛。久無家問，作書以竹筒戴犬項，令馳歸，復得報還洛。今有『黄耳冢』。

白鹿夾轂　漢鄭弘爲淮陰守，歲旱，弘行田間，雨即至。時有白鹿在道，夾轂而行。主簿賀曰：『聞三公車輪鹿，明公必大拜矣！』果驗。

麈　出終南諸山。鹿之大者曰麈，羣鹿隨之，視麈尾爲嚮道，故古之談者揮焉。

飛鼠　其物飛而生子。難産者，以皮覆之則易，故又名『催生』。

糖牛　桂平出。里人知牛嗜鹽，乃以皮裹手，塗鹽於上，入穴探之。其角如玉，取以爲器。

射鹿爲僧　陳惠度於剡山射鹿，鹿孕而傷，既産，以舌舐子，乾而母死，惠度遂投寺爲僧。後鹿死處生草，名曰『鹿胎草』。

野賓 宋王仁裕嘗畜一猿，名曰『野賓』。一日放於嶓冢山。後仁裕復過此，見一猿迎道左，從者曰：『野賓也。』隨行數十里，哀吟而去。

憑黑虎 卓敬年十五，讀書寶香山，風雨夜歸迷失道，得一兕牛，憑之歸，入門，乃黑虎也。

題虎顧衆彪圖 明成祖出圖，命解縉題句。縉詩云：『虎爲百獸尊，誰敢攖其怒？惟有父子恩，一步一回顧。』帝見詩有感，即令夏原吉迎太子於南京。

熊入京城 弘治間，有熊入西直門，何孟春謂同列曰：『熊之爲兆，宜慎火。』未幾，在處有火灾。或問孟春曰：『此出何占書？』孟春曰：『余曾見《宋紀》：永嘉灾前數日，有熊至城下，州守高世則謂其倅趙允紹曰：熊於字「能火」，郡中宜慎火。果延燒十之七八。余憶此事，不料其亦驗也。』

不忍麑〔一九〕 孟孫獵得麑，使（巴西）〔西巴〕持歸。麑母隨之啼泣，（巴西）〔西巴〕不忍，與之。孟孫大怒，逐（巴西）〔西巴〕。尋召爲其子傅，謂左右曰：『（天）〔夫〕不忍麑，且吾子乎！』

的盧 劉表贈備一馬，名曰『的盧』。一日，遇伊籍，曰：『此馬相惡，必妨主。』備未之信。表妻蔡氏忌備，囑弟瑁設筵暗害。備覺，出奔，前阻檀溪，後爲瑁兵所逼，乃下溪策馬，曰：『的盧的盧，今日妨吾。』的盧於急流深處，一躍三丈，飛渡西岸。瑁驚駭而退。

獲兩虎 《史記》：陳軫曰：卞莊子刺虎，館豎子止之，曰：『兩虎方共食一牛，牛甘必鬬，鬬則大者傷，小者亡，從而刺之，一舉兩得。』果獲兩虎。

牛羊犬豕别名〔二〇〕　《禮記》：牛曰太牢。羊曰少牢。又牛曰『一元大武』。羊曰『柔毛』，又曰『長髯主簿』。豕云『剛鬣』，又云『烏喙將軍』。韓獹，六國時韓氏之黑〔犬〕。楚獚、宋（獵）〔浞〕，皆良犬也。又曰：『大夫之家，無故不殺犬豕。』〇家豹、烏圓，皆猫之美譽。

鹿死誰手　石勒曰：『使朕遇漢高，當北面事之。若遇光武，可與並驅中原，未知鹿死誰手。』

續貂　《晉書》：趙王倫篡位，奴卒亦加封秩，貂蟬滿座。語曰：『貂不足，狗尾續！』

拒虎進狼　《鑑斷》：漢和帝年纔十四，乃能收捕竇氏，足繼孝昭之烈。惜其與宦官議之，以啓中常侍亡漢之階。語曰：『前門拒虎，後門進狼。』此之謂也。

焉得虎子　《吳志》：呂蒙欲從（里）〔軍〕〔二一〕，母叱之。蒙曰：『不入虎穴，焉得虎子？』又班超使西域，鄯善王廣禮敬甚備。匈奴使來，更疎懈。超會其吏士三十六人，曰：『不入虎穴，不得虎子。』遂夜攻虜營，斬其使。

羊觸藩籬　《易經》：『羝羊觸藩，羸其角。』

制千虎　《宋史》：常安民遺呂公著書曰：『去小人不難，勝小人難耳。嘗見猛虎負嵎，卒爲人勝者，人衆而虎寡也。今奈何以數（千）〔十〕人而制千虎乎〔二二〕？』公著得書，默然。

搏蹇兔　《史記》：范雎謂秦昭王曰：『以秦治諸侯，譬猶走韓盧而搏蹇兔也。』

瞎馬臨池　《世説》：顧愷之與殷仲堪作危語，有一參軍在坐，曰：『盲人騎瞎馬，夜半臨深池。』以仲堪眇一目故也。

教猱升木　猱，猴屬，性善升木，不待教而能者。《詩經》：毋教猱升木。

城狐社鼠　《韓詩外傳》：『社鼠不攻，城狐不灼。』〔二三〕恐其壞城而傷社也。

陶犬瓦雞　《金樓子》：陶犬無守夜之警，瓦雞無司晨之益。

羊質虎皮　《楊子》：羊質而虎皮，見草而悦，見豺而戰，忘其皮之虎也。

九尾狐　宋陳彭年奸佞不常，時號『九尾狐』。

蝟務　蝟似豪猪而小，其毛攢起如矢，言人事之叢雜似之。故事多〔曰〕『蝟務』〔二四〕。

【校】

〔一〕『戒不用熊』，『戒』乙本誤作『戎』，據甲本改。

〔二〕本條事見《吴越春秋·越王無余外傳》，所引塗山人歌與《吴越春秋》略異。『女嬌』，原書作『女嶠』，據《吴越春秋》改。

〔三〕此條『伯邑考』甲本皆作『伯益考』。

〔四〕『繡紱』，乙本作『繡衣』，據甲本改。『鉏商』，原書作『鋤商』，俗字通，據《拾遺記》卷三改。

〔五〕『西印渡』，宋子貞《中書令耶律公神道碑》及《元名臣事略·中書耶律文正王》引《神道碑》、《元史·耶律楚材傳》作『東印度』。本書蓋襲《南村輟耕録》卷五之説。

〔六〕『自林中出』，甲本作『從林中出』。

〔七〕按本條當據《爾雅翼・釋獸》。「鈎玉山」，正德羅文殊刻本《爾雅翼》作「鈞玉之山」，萬曆羅文瑞刻本《爾雅翼》（附音釋）作「釣玉之山」，「鈎」、「釣」蓋避明神宗朱翊鈞諱。《山海經・北山經》及萬曆姚大受重校本《爾雅翼》作「鈎吾之山」。

〔八〕本條正文「狽」多作「猜」，蓋俗寫，今徑改正字。

〔九〕本條蓋據《山堂肆考・毛蟲》「貓非中國之種，出西方天竺國，……釋氏因鼠咬佛經，故唐三藏往西方帶歸養之」，《事文玉屑・走獸部》載略同，惟字作「猫」。按《經典釋文・毛詩音義》、《禮記音義》俱云貓又作猫，又《一切經音義》云貓、猫二形，「今人家所畜以捕鼠者是也」，張岱此説蓋誤。

〔一〇〕「九千六百」、「四百」，《事類備要前集・喪紀門》、《山堂肆考・典禮》引《宣室志》同，按《宣室志》卷九作「九千五百」、「五百」。

〔一一〕「行至河東」，「行」原書誤作「河」，據《文選》卷四十一朱叔元《爲冀州牧與彭寵書》改。

〔一二〕「形夭無千歲」，甲本作「形夭無干戚」，乙本作「刑天無干戚」，據宋本《陶淵明集》附曾紘説改。

〔一三〕「《左傳》云」，「云」乙本無，據甲本補。「張牧」，乙本作「張收」，據甲本改。

〔一四〕「礒磾」、「掩耳」，乙本誤作「礒碑」、「搔耳」，據甲本改。

〔一五〕「唐明皇」，甲本誤作「唐明王」。

〔一六〕「鯔魚」，乙本誤作「緇魚」，據甲本改。

〔一七〕「黔無驢」，「無」原書誤作「黑」，據柳宗元《黔之驢》改。「覺無異能」，「覺」乙本作「覽」，據甲本及《黔之驢》改。

〔一八〕「北叟」，原書誤作「北史」，據《後漢書・蔡邕列傳》注引《淮南子》改。「又安知非福乎」、「丁壯者戰死』，『福』、『戰死』乙本誤作『楊』、『免』，據甲本改。

〔一九〕『西巴』，原書作『巴西』，《廣輿記》卷五同，據《韓非子·説林上》乙正。『夫不忍麑』，『夫』乙本誤作『天』，據甲本改。

〔二〇〕『黑犬』、『宋猳』，原書脱『犬』字，『猳』作『獵』，按《經典釋文》卷三十、《廣韻》卷三引《廣雅》謂韓獹、宋猳皆良犬，今據補改。

〔二一〕『從軍』，乙本作『從里』，據甲本改。

〔二二〕『數十人』，乙本作『數千人』，據甲本改。

〔二三〕按《韓詩外傳》卷八作『稷蜂不攻而社鼠不熏』，此句當本應璩詩『城狐不可掘，社鼠不可熏』，又《容齋四筆》卷二作『城狐不灌，社鼠不燻』。

〔二四〕『故事多曰蝟務』，乙本脱『曰』字，據甲本補。

鱗介

龍有九子　一曰贔屓，似龜，好負重，故立於碑趺。二曰螭吻，好遠望，故立於屋脊。三曰蒲牢，似龍而小，好叫吼，故立于鐘紐。四曰狴犴，似虎，有威力，故立於獄門。五曰饕餮，好飲食，故立於鼎蓋。六曰㡇𤩽，好水，故立於橋柱。七曰睚眦，好殺，故立於刀環。八曰金猊，形似獅，好烟火，故立於香爐。九曰椒圖，似螺蚌，性好閉，故立於門(楣)〔鋪〕[一]。

尺木　龍頭上有一物，如博山形，名曰尺木。龍無尺木，不能升天。

攀龍髯　黄帝采銅，鑄鼎於荆山下。鼎成，有龍垂鬍髯下，迎帝騎龍上，羣臣後宮從上者七十餘人，小臣不得上，悉持龍髯，髯拔，墮弓。抱其弓而號。後世名其處曰『鼎湖』，名其弓曰『烏號』。

龍漦　夏后藏龍漦於匱，周厲王發之，漦化爲黿，入於王府。府中童妾娠之生女，棄於道，有夫婦竊之至褒。後褒人有罪，納女於幽王，是爲褒姒。

癡龍　昔有人墮洛中洞穴，見宫殿人物九處，捋大羊髯，得珠，取食之。出問張華，華曰：『九仙館也。大羊乃癡龍。』

龍不見石，人不見風。魚不見水，鬼不見地。

梭龍　陶侃少時，嘗捕魚雷澤，得一（鐵）〔織〕梭[二]，還挂着壁。有頃，雷雨大作，梭變成赤龍，騰空而去。

畫龍　葉公子高好龍，雕文畫之。一旦，真龍入室，葉公棄而還走，失其魂魄。故曰葉公非好真龍也，好夫似龍而非龍者也。

行雨不職　唐普聞師聚徒説法，有老人在傍，問之，答曰：『某此山之龍，因病，行雨不職見罰，求救。』師曰：『可易形來。』俄爲小蛇，師引入净瓶，覆以袈裟。忽雲雨晦冥，雷電繞空而散。蛇出，復爲老人而謝：『非藉師力，則腥穢此地矣。』出泉以報。

金吾　亦龍種，形似美人，首尾似魚，有兩翼，其性通靈，終夜不寐，故用以巡警。

螺女　閩人謝端得一大螺如斗，畜之家。每歸，盤餐必具。因密伺，乃一姝麗甚，問之，曰：『我天漢中白水素女，天帝遣我爲君具食。今去，留殼與君。』端用以儲粟，粟常滿。

射鱔　越王郢於福州谿中，見一鱔長三丈，郢射中之，鱔以尾環繞，人馬俱溺。

鱠殘魚　出松江。昔吴王江行食鱠，以殘者棄水面，化而爲魚。

横行介士　《抱朴子》：『山中辰日稱無腸公子者，蟹也。』《蟹譜》：『出師下（巖）〔砦〕之際[三]，忽見蟹，稱爲横行介士。』

蛟龍得雲雨　周瑜謂孫權曰：『劉備有關張熊虎之將，肯久屈人下哉？恐蛟龍得雲雨，終非池中物也。』

生龜脱筩　金華俞清（建）〔老〕云[四]：荆公欲使脱逢掖、着僧伽黎。遂去室家妻子之累，猶生龜脱筩，亦難堪忍。

杯中蛇影　樂廣爲河南尹，讌客。壁上有懸弩照於杯中，影如蛇，客驚謂蛇入腹，遂病。後至其故處，知爲弩影，病遂解。

率然　《博物志》：率然，一身兩頭，擊其一頭，則一頭至；擊其中，則兩頭俱至。故行軍者有長蛇陣法。

魚求去鈎　漢武欲伐昆明，鑿池習水戰，刻石爲鯨魚，每雷雨至則鳴，鬐尾皆動。嘗有人釣此，綸絶而去。魚夢於武帝，求去其鈎。明日，帝游池上，見一魚銜鈎，曰：『豈非昨所夢乎？』取魚去鈎而放之。後帝復遊池畔，得明月珠一雙，嘆曰：『豈魚之報也！』

打草驚蛇 王魯爲當塗令，贖貨爲務。會（稽）〔部〕民連狀訴主簿貪（頗）〔賄〕[五]，魯判曰：『汝雖打草，吾已驚蛇。』

乾蟹愈瘧 《筆談》：關中無蟹，有人收得一乾蟹，土人怪其形，以爲異，每人家有瘧者，借去懸於户，其病遂痊。是不但人不識，鬼亦不識矣。

魚婢蟹奴 《爾雅》：魚婢，小魚也，亦曰妾魚。大蟹腹下有數十小蟹，名蟹奴。

畫蛇添足 陳軫對楚使曰：三人飲酒，約畫地爲蛇，先成者飲。一人先成，舉酒而起，曰：『吾先成，且添爲之足。』其一人奪酒飲，曰：『蛇無足，汝添足，非蛇也。』

髯蛇 長十丈，圍七八尺。常在樹上伺鹿獸過，便低頭遶之，有頃，鹿死，先濡令濕，便吞食之，頭角骨皆鑽皮自出。

珠鱉 廣東電白海中出珠鱉，狀如肺，有四眼六脚而吐珠。一曰『文魮』，鳥頭魚尾，鳴如磬而生玉。

鯈魚 建昌修水出鯈魚。郭璞云：『有水名修，有魚名鯈。天下大亂，此地無憂。』俗呼西河。

墨龍 撫州學有右軍墨池。韓子蒼《雜記》：『池中忽時水黑，謂之墨龍。此物見，則士子應試者，得人必多。屢驗。』

飛魚　晋吴隸築魚塞於湖，忽聞空中云：『晚有大魚攻塞，勿殺！』須臾，大魚果至，羣魚從之。隸誤殺大魚，是夕風雨横作，魚悉飛樹上。

咒死龍　石勒時大旱，佛圖澄於石井岡掘一死龍，咒而祭之，龍騰空而上，雨即降。今有龍岡驛。

四蛇衛之　開（刑）〔州〕鮒鯛山[六]。《山海經》云：顓頊葬其陽，九嬪葬其陰，四蛇衛之。

白帝子　漢高祖微時，見白蛇當道，揮劍斬之。後者老嫗泣曰：『吾子，白帝子也，化蛇當道，爲赤帝子所殺。』

唤魚潭　青神中巖有唤魚潭，客至，撫掌，魚輒羣出。

斬蛟　隋趙昱爲嘉州守。犍爲潭中有老蛟作虐，昱持刀入水，頃之潭水盡赤，蛟已斬。一日，棄官去。後嘉陵水漲，見昱雲霧中騎白馬而下，宋太宗賜封『神勇』。

孩兒魚　磁州出魚，四足長尾，聲如嬰兒啼，因名『孩兒魚』，其（骨）〔膏〕燃之不滅[七]。

黄雀魚　出惠州。八月化爲雀，十月後入海化爲魚。

五色魚　隴州魚龍川有魚，五色，人不敢取。杜甫詩『水落魚龍夜』，即此。

視龍猶蝘蜓　禹南巡狩，會諸侯於塗山，執玉帛者萬國。禹濟江，黄龍負舟，舟中人懼。禹仰天嘆曰：『吾受命于天，竭力以勞萬民。生寄也，死歸也，余何憂于龍焉。』視龍猶蝘蜓，顏色不變。須臾，龍俯首低尾而逝。

雙鯉　蕭山縣之城山，山顛有泉，嘉魚産焉。闔閭侵越，句踐退保此山，意其乏水，饋以米鹽。句踐取雙鯉報之，吴兵夜遁。

石蟹　生於崖之榆林港，内半里許，土極細膩，最寒，但蟹入不能運動，片時即成石矣，人獲之，則曰石蟹。置之几案，能明目。在海南。

鰣魚　一名箭魚。腹下細骨如箭鏃，此東坡有『鰣魚多骨』之恨也〔八〕。其味美在皮鱗之交，故食不去鱗。肋魚似鰣而小，身薄骨細，冬月出者名『雪肋』，味最佳。至夏，則味減矣。

龜曆　陶唐之世，越（囊）〔裳〕國千歲神龜〔九〕，方三尺餘，背上有文，皆蝌蚪書，記開闢以來事，帝命録之，謂之龜曆。

元緒　孫權時，永康有人入山，遇一大龜，載入吴，夜泊越里，纜舟於大桑樹。宵中，樹呼龜曰：『勞乎元緒，奚事爾耶！』因呼龜爲『元緒』。

河豚　狀如蝌蚪，腹下白，背上青黑，有黄文，眼能開閉，觸物便怒，腹脹如鞠，浮于水上，人往取之。河豚毒在眼、子、血三種。中毒者，血麻、子脹、眼睛酸，蘆筍、甘蔗、白糖可以解之。

集鱣　楊震聚徒講學，有雀啣三鱣，集講堂前。皆曰：『鱣者，卿大夫服之象也。數三者，三台也。先生自此升矣。』果如其言。

子魚　宋顯仁太后謂秦檜妻曰：『子魚大者絶少。』檜妻曰：『妾家有大者。』檜聞，責其失言，乃以青魚百尾進。太后笑曰：『我道這婆子村，果然！』

鯌魚　長二丈，皮可鑢物。其子旦從口出，暮從臍入，腹裏兩洞，腸貯水以養子。腸容二子，兩則四焉。

巖蛇　龜身、蛇尾、鷹嘴、鼉甲，下有四足，足具五爪，大如癩頭鼉，硬似穿山甲，其殼極堅，其爪極利，茅竹青柴，到口即碎，著人之肌膚，咬必透骨。台温山下，此物極多。

嬾婦魚　江南有嬾婦魚，即今之江豚是也。魚多脂，熬其油可點燈。然以之照紡績則暗，照宴樂則明，謂之『饞燈』。

脆蛇　無膽，畏人。出崑崙山下。聞人聲，身自寸斷，少頃自續，復爲長身。凡患色癆者，以驚恐傷膽，服此可以續命，兼治惡疽、大麻瘋及痢。腰以上用首，以下用尾。

瓦楞蚶　寧海沿海有蚶田，用大蚶搗汁，竹筅帚灑之，一點水即成一蚶，其狀如荸薺，用缸砂壅之，即肥大。

蝤蛑　陶穀出使吴越，忠懿王宴之，因食蝤蛑。詢其名類，忠懿王命自蝤蛑以至彭越，羅列十餘種以進。穀視之，笑謂忠懿王曰：『此謂一蟹不如一蟹也。』

牡蠣　一名蠔山。《本草》：牡蠣附石而生，磈礨相連如房。初生海岸，身如拳石，四面漸長，有一二丈者。一房内有蠔肉一塊，肉之大小，隨房所生。每潮來，則諸房皆開，有小蟲入，則合之，以充飢腹。

綠毛龜　蘄州出。龜背有綠毛，長尺餘，浮水中，則毛自泛起。壓置壁間，數年不死，能辟飛（蛇）〔蠅〕〔一〇〕。

蛤 隋帝嗜蛤，所食以千萬計。忽有一蛤置几上，一夜有光。及明，肉自脱，中有一佛二菩薩像，帝自是不復食蛤。

蚌 沈宫聞戲於栖水，獲一蚌。煮食時，中有一珠，長半寸，儼然大士像，惜煮熟失光，爲徽人售去。

舅得詹事 燕文貞公女嫁盧氏，嘗爲舅求官。公下朝，問焉。公但指支牀龜（視）〔示〕之〔一一〕。女拜而歸，告其夫曰：『舅得詹事矣。』

三足鱉 黄庭宣知太倉，民有食三足鱉而化，地上止存髪一縷、衣服等物，如蜕形者，人以其婦殺夫報官。庭宣令捕三足鱉，召婦依前烹治，出重囚食之，亦盡化去。

魚羹荆花 許襄毅官山左〔一二〕，有民佈田，其婦餉之，食畢而死。襄毅詢其所餉物，及所經道路。婦曰：『魚湯米飯，度自荆林。』公乃買魚作飯，投荆花於中，試之狗彘，無不死者。

毒鱓 鉛山賣薪者性嗜鱓。一日，市歸，烹食，腹痛而死。張昺治其獄。召漁者捕鱓，得數百斤〔置甕〕中〔一三〕，有昂頭出水二三寸者七條，烹與死囚食，亦腹痛而死。

兩頭蛇 孫叔敖幼時遇兩頭蛇於路，殺而埋之。相傳見此者必死，歸泣告於母。母曰：『蛇安在？』對曰：『恐害他人，已殺而埋之矣。』母曰：『汝有利人心，天必祐之！』果無恙。

筝弦化龍 唐刺史韋宥，於永嘉江滸沙上獲筝弦，投之江中，忽見白龍騰空而去。

牒蚌珠之仇　夏原吉治浙西水患，宿湖州慈感寺，夜有媪攜一女來訴曰：『久窟於潮音橋下，歲被鄰豪欲奪吾女，乞大人一字爲鎮。』公書一詩與之。公至吴淞江，有金甲神來告曰：『聘一鄰女已久，無賴賺大人手筆，抵塞不肯嫁，請改判。』公張目視之，神逡巡畏避。公憶曰：『是慈感蚌珠之仇也。』牒於海神。次日，大風雨，震死一蛟於錢溪之北。

與蛇同産　竇武産時，并産一蛇，投之林中。後母卒，有大蛇徑至喪所，以頭擊柩，若哀泣者，少間而去。時謂竇氏之祥。

得魚忘筌　《莊子》：『筌者所以得魚，得魚而忘筌。』比受恩而不知報也。

魚游釜中　廣陵張嬰泣告張綱曰：『荒裔愚民，相聚偷生，若魚游釜中，知其不可久。今見明府，乃更生之辰也。』

巴蛇　《山海經》：『巴蛇（蚕）〔吞〕象[一四]，三歲而出其骨。』

【校】

〔一〕按龍生九子及其次序歷來説法紛紜，此蓋據楊慎《升菴集》卷八十一《龍生九子》。『門鋪』，原書作『門楣』，據《升菴集》改。

〔二〕『織梭』，乙本作『鐵梭』，據甲本改。

〔三〕『下砦』，原書作『下巖』，據《蟹譜》改。

〔四〕『俞清老』，原書作『俞清建』，據《王直方詩話》改。

〔五〕『會部民』，原書作『會稽民』，《群書通要庚集·譬喻門》、《韻府群玉》卷七同，據《南唐近事》改。『貪賄』，乙本誤作『貪頗』，據甲本改。

〔六〕『開州』，乙本誤作『開刑』，據甲本改。

〔七〕『其膏燃之不滅』，『膏』乙本誤作『骨』，據甲本改。

〔八〕本條事見《山堂肆考》《山堂肆考·鱗蟲》。按『鰣魚多骨』爲彭淵材平生五恨之一（見《續墨客揮犀》卷一），本書及《山堂肆考》歸於東坡，不知何據。

〔九〕『越裳國』，乙本誤作『越囊國』，據甲本改。

〔一〇〕『飛蠅』，乙本作『飛蛇』，據甲本改。

〔一一〕『示之』，原書誤作『視之』，蓋傳抄先誤作『眎之』，繼誤作此。據《太平廣記》卷二百七十一引《大唐傳載》改。按《白孔六帖》卷三十謂此事見《朝野僉載》。

〔一二〕『官山左』，甲本作『宧山左』。

〔一三〕『置甕』二字乙本脱，據甲本補。

〔一四〕『吞象』，乙本誤作『蚕象』，據甲本改。

蟲豸

鞠通　孫鳳有一琴能自鳴，有道士指其背有蛀孔，曰：『此中有蟲，不除之，則琴將速朽。』袖中出一竹筒，倒黑藥少許，置孔側，一綠色蟲〔走出〕〔一〕，背有金綫文，道人納蟲於竹筒，竟去。自後琴不復鳴。識者曰：『此蟲名鞠通，有耳聾人置耳邊，少頃，耳即明亮。喜食古墨。』始悟道人黑藥，即古墨屑也。

蝗　有四種：食心曰螟，食葉曰⿰扌曾，食根曰蟊，食節曰賊。趙抃守青（川）〔州〕[二]，蝗自青、齊入境。遇風退飛，墮水而死。馬援爲武陵守，郡連有蝗，援賑貧羸，薄賦税，蝗飛入海，化爲魚鰕。孫覺簿合肥，課民捕蝗若干，官以米易之，竟不損禾。宋均爲九江守，蝗至境輒散。貞觀二年，唐太宗祝天呑蝗，蝗不爲祟。

水母　東海有物，狀如凝血，廣數尺，正方圓，名曰水母。俗名海蜇，一名蝦蛇音射。無頭目。所處則衆蝦附之，蓋以蝦爲目也。色正淡紫。《越絶書》云：『水母以蝦爲目，海鏡以蟹爲腸。』

海鏡　廣中有圓殼，中甚瑩滑，照如雲母。殼内有小肉如蚌，腹中有小蟹。海鏡飢，則蟹出拾食，蟹飽歸腹，海鏡亦飽。迫之以火，蟹即走出，此物立斃。

百嘴蟲　温會在江州觀魚，見漁子忽上岸狂走。温問之，但反手指背。不能言。漁子頭面背黑，細視之，有物如荷葉，大尺許，眼徧其上，咬住不可取。温令以火燒之，此物方落，每一眼底有嘴如釘。漁子背上出血數斗而死，莫有識者。

自縊蟲　漢光武六年，山陰有小蟲千萬，皆類人形，明日皆懸於樹枝，自縊死之。

螟蛉　詩曰：『螟蛉有子，蜾蠃負之。』螟蛉，桑蟲也。蜾蠃，蒲蘆也。蒲蘆竊取桑蟲之子，負持而去，養以成子。故世之養子號曰螟蛉也。蜾蠃負螟蛉之子，祝曰：『類我，類我！』七日夜化爲己也，故又謂之『速肖』。

螢火 腐草所化。隋煬帝於景華宮，徵求螢火數斛，夜出游，如散火光徧於山谷。

怒蛙 越王既爲吴辱，思以報復。一日出游，見怒蛙而式之，左右問其故，王曰：『有氣如此，何敢不式！』戰士興起，皆助越反矣。

守宫 蜥蜴。以器養之，餵以丹砂，滿七斤，擣治萬杵，以點女子體，終身不滅，若有房室之事則滅矣。言可以防閑淫佚，故謂之『守宫』。

緑螈 《二酉餘談》：一人爲蛇傷，痛苦欲死。見一小兒曰：『可用兩刀在水相磨，磨水飲之，神效。』言畢〔化爲緑螈〕〔三〕，走入壁孔中。其人如方服之，即愈。因號緑螈爲『蛇醫』。又云：蛇醫形大色黄，蛇體有傷，此蟲輒銜草傅之，故有醫名。

蜥蜴噏油〔四〕 錢鏐王宫中，使老媪監更。一夕，有蜥蜴沿銀（缸）〔釭〕吸油。既竭，而倏然不見。次日王曰：『吾昨夜夢飲麻膏而飽。』更媪駭異。

寄居蟲 形似蜘蛛，而足稍長。本無殼，入空螺殼中戴以行。觸之，縮足如螺，火炙之乃出。

蝤蟲 有蝤蟲者，一身兩口，争相嚙也，遂相食，因自殺。人臣之争事，而亡其國者，皆蝤類也。

螳臂 螳螂，一名刀螂。前二足如刀而多鋸齒，能捕蟬。見物欲以二足相搏，遇車轍而亦當之。故曰『螳臂當車』。

蜆 一名縊女。長寸許，頭赤身黑，喜自經死。云是齊東郭姜所化。

恙 毒蟲也，能傷人。古人草居露處，故早起相見問勞，必曰：『無恙乎？』又曰：恙，憂也。又：㺊，食人獸。

泥 南海有蟲，無骨，名曰『泥』。在水中則活，失水則醉，如一堆泥。故詩人譏周澤曰『一日不齋醉如泥』。

蜮 一名『短狐』。處於江水，能含沙射人，所中者頭痛發熱，劇者至死。一名『射影』。凡受射者，其瘡如疥。四月一日上弩，八月一日卸弩，人不能見，鵝能食之。一曰以雞腸草擣塗，經日即愈。

蟻鬬 殷仲堪父病瘧，悸聞牀下蟻動，謂是牛鬬。

書押 米芾守無爲州，池中蛙聲聒人，芾取瓦片書押字投之，遂不鳴。上有芾書『墨池』二字爲額。

白鰕 趙抃鎮蜀時，以白鰕寄余氏，放之池中，生息不絕；或畜他所，鰕色輒變白。鰕池在開化。

西施舌 似車螯而扁，生海泥中，常吐肉寸餘，類舌。俗甘其味，因名『西施』。

蛛鷹　才寬守淮安，有盜殺，無名。適蛛墮於几，鷹下於庭。寬曰：『殺人者豈朱英乎？』按籍捕之，果然。

五蜂飛引〔五〕　萬鵬舉爲萬安丞，有民婦訴其夫及五子爲盜所殺，不知其屍者。一日，有五蜂旋繞行幕。〔鵬舉曰〕：『汝若真魂，宜前飛引。』蜂（遥）〔逕〕臨掩骸處，得衣帶上所繫買布數人名姓，推鞫之，遂雪其冤。

水虎　沔水中有物曰『水虎』，如三四歲小兒，鱗甲如鯪鯉，射之不可入。七八月間好在磧上曝。膝頭似虎，掌（水）〔爪〕常没入水中〔六〕，露出膝頭。小兒不知，欲取戲弄，便殺人。

商蚷　《莊子》曰：『是猶使蚊負山，商蚷馳河也，必不勝任也。』商蚷，螞（蟻）〔蚿〕也〔七〕。

偃鼠　《莊子》曰：『鷦鷯巢於深林，不過一枝；偃鼠飲河，不過滿腹。』

謝豹　虢郡有蟲名『謝豹』，見人時，以前脚交覆其首，如羞狀。故得罪於人，曰『負謝豹之恥』。

玄駒　蟻也。河内人見人馬數〔千〕萬〔八〕，大如黍米，來往奔馳，從朝至暮。家人以火燒之，人皆成蚊蚋，馬皆成大蟻，故今人呼蚊蚋曰『黍民』，蟻曰『玄駒』。

鼷鼠五技　《荀子》：『鼷鼠五技而窮。』謂能飛，不能上屋；能緣，不能窮木；能游，不能渡谷；能穴，不能掩身；能走，不能先入。

飛蟬集冠　梁朱异爲通事舍人，後除中書郎。時秋日始拜，有飛蟬集於异冠上，或謂蟬珥之兆。

羣蟻附膻　盧垣書：『今之人奔尺寸之祿，走絲毫之利，如羣蟻之附膻腥，聚蛾之投爝火，取不爲醜，貪不避死。』

螢丸却矢　螢，一名『宵燭』，一名『丹鳳』，《類聚》曰：務戊子日以螢爲丸，能却矢。漢武威太守劉子南得其方，合而佩之，嘗與虜戰，爲其所圍，矢下如雨，離數〔尺〕輒墮地[九]，不能中傷。虜以爲異，乃解圍去。

丈人承蜩　《莊子》：瘻者承蜩，猶掇之也。仲尼曰：『子巧乎？有〔通〕〔道〕邪[一〇]？』曰：『我有道也。五六月累丸二而不墜，則失者錙銖；累三而不墜，則失者什一；累五而不墜，猶掇之也。』仲尼曰：『用志不分，乃凝於神。』

以蚓投魚　陳使傅縡聘齊，齊以薛道衡接對之。縡贈詩五十韻，衡和之，南北稱美。魏收曰：『傅縡所謂以蚓投魚耳。』

投鼠忌器　賈誼策：『諺曰：「欲投鼠而忌器。」鼠近于器，尚憚而不投，況貴臣之近主乎！』

蝶菴　李愚好睡，欲作蝶菴，以莊周爲開山第一祖，陳摶配食，宰予、陶潛輩祀之兩廡。

箕斂蜂窠　皇甫湜常命其子松録詩數首，一字少誤，詬詈且躍，手杖不及，則嚙腕血流。嘗爲蜂螫手指，乃大噪，散錢與里中小兒及奴輩，箕斂蜂窠於庭，命搥碎絞汁，以償其痛。

石中金蠶　丹陽人採碑於積石之下，得石如拳。破之，中有一蟲，似蠐螬狀，蠕蠕能動，人莫能識，因棄之。後有人語曰：『若欲富貴，莫如得石中金蠶，畜之則寶貨自至。』詢其狀，則石中蠐螬耳。

鳳子　大蝶，一名鳳子，見韓偓詩。《異物志》：昔有人渡海，見一物如蒲帆，將到舟，競以篙擊之，破碎墮地，視之，乃蝴蝶也。海人去其翅足，秤肉得八十斤，噉之，極肥美。

蜈蚣　葛洪《遐觀賦》：蜈蚣大者長百步，頭如車箱，屠裂取肉，白如瓠。《南越志》曰：蜈蚣大者其皮可以鞔鼓，其肉曝爲脯，美於牛肉。

蝶幸　唐明皇春宴宫中，使妃嬪各插艷花，帝親捉粉蝶放之，隨蝶所止者幸之。謂之蝶幸。後貴妃專寵，不復作此戲。

蠋　《埤雅》：蠋，大蟲，如指似蠶，一名『厄』。《韓非子》：鱣似蛇，蠶似蠋，人見蛇則驚駭，見蠋則毛起。然婦人拾蠶，而漁者握鱣，故利之所在，皆爲賁育。

蠁　《廣雅》云：蠁，蟲之知聲音也。《埤雅》：蠁善令人不迷，故從嚮。太冲『景福肸蠁而興作』，言福如蟲羣起。

蟋蟀〔一一〕　賈秋壑《促織經》曰：白不如黑，黑不如赤，赤不如〔黄〕，〔黄不如〕青。〔白〕麻頭，青項，金翅，金銀絲額，上也；黄麻頭，次也；紫金黑色，又其次也。其形以頭項肥，脚腿長，身背闊者爲上。頂項緊，脚瘦腿薄者爲（上）〔下〕。蟲病有四：一仰頭，二捲鬚，三練牙，四踢(脚)〔腿〕。若犯其一，皆不可用。促織者，督促之意。促織鳴，嬾婦驚。袁瓘《秋日詩》曰：『芳草不復緑，王孫今又歸。』人都不解，施蔭見之曰：『王孫，蟋蟀也。』

虱　蘇隱夜臥，聞被下有數人齊念杜牧《阿房宮賦》，聲緊而小，急開被視之，無他物，惟得大虱十餘。

蠛蠓　一名『醯雞』，蜉蝣之類。郭璞曰：『蠓飛磑則風，春則雨。』

蟣虱〔三〕　《東〔觀〕漢記》：馬援擊尋陽山賊，上書曰：『除其竹木，譬如嬰兒頭多蟣虱，而剃之蕩然，蟣虱無所復附。』書奏，上大悦，出小黄門頭有虱者皆剃之。

蚊　舊傳有女子過高郵，去郭三十里，天陰，蚊盛，有耕夫田舍在焉。其嫂欲共止宿，女曰：『吾寧死，不可失節。』遂以蚊嘬死，其筋見焉。人爲立祠，曰『露筋廟』。

當蚊　展禽者，少失父，與母居，傭工膳母。天多蚊，臥母牀下，以身當之。

爲官爲私　晋惠帝嘗在華林園，聞蝦蟆，謂左右曰：『此鳴者爲官乎？爲私乎？』

【校】

〔一〕『走出』，原書無，據《瑯嬛記》引《賈子説林》補。

〔二〕『青州』，乙本誤作『青川』，據甲本改。

〔三〕『化爲緑螈』，原書脱，據《瑯嬛記》引《二酉餘談》補。

〔四〕『銀釭』，原書作『銀缸』，據《西湖遊覽志餘·委巷叢談》改。『更媪駭異』，『媪』甲本作『嫗』，按原書『媪』字《西湖遊覽志餘》皆作『嫗』。

〔五〕『鵬舉曰』，原書無，據《大明一統志》卷五十六、《事言要玄·地集》補。『逕臨』，乙本誤作『遥臨』，據甲本改。

〔六〕『掌爪』，乙本誤作『掌水』，據甲本改。

〔七〕『螞蛟』，原書誤作『螞蟻』，據《莊子·外篇·秋水》疏改。

〔八〕『數千萬』，原書無『千』字，據《古今注》補。

〔九〕『離數尺輒墮地』，乙本脱『尺』字，據甲本補。

〔一〇〕『有道邪』，『道』原書誤作『通』，據《莊子·外篇·達生》改。

〔一一〕『爲下』、『踢腿』，乙本誤作『爲上』、『踢脚』，均據甲本改。其餘脱誤據袁宏道《畜促織》引賈秋壑《促織經》改。

〔一二〕『蟣虱』，原書小標題無『蟣』字，據正文補。『《東觀漢記》』，原書無『觀』字，按《太平御覽》卷九百五十一引此事謂出自《東觀漢記》，據補。

夜航船卷十八

古劍陶菴老人紬

荒唐部

鬼神

伯有爲厲　鄭子皙殺伯有，伯有爲厲。趙景子謂子産曰：『伯有猶能爲厲乎？』子産曰：『能。人生始化曰魄。既生魄，陽曰魂。用物精多，則魂魄强，是以有精爽至於神明。匹夫匹婦强死，其魂魄猶能憑依於人，以爲淫厲，况良霄，三世執其政柄，而强死，其能爲鬼，不亦宜乎！』

豕人立啼〔一〕　齊侯田於貝丘，見大豕，從者曰：『公子彭生也。』豕人立而啼。

披髪搏膺　晉侯殺趙同、趙括，及疾，夢大厲鬼披髪搏膺而踴，曰：『殺予孫，不義。余得請於帝矣！』

何忽見壞　王伯陽於潤州城東僦地葬妻，忽見一人乘輿導從而至，曰：『我魯子敬也，葬此二百餘年，何忽見壞？』目左右示伯陽以刀，伯陽遂死。

墓中談易 陸機初入洛，次河南，入偃師。夜迷路，投宿一旅舍。見主人年少，款機坐，與言《易》，理妙得玄微，向曉别去。税驂村居，問其主人，答曰：『此東去並無村落，止有山陽王家塚耳。』機乃悵然，方知昨所遇者，乃王弼墓也。

生死報知 王坦之與沙門竺法師甚厚，每論幽明報應，便約先死者當報其事。後經年，師忽來，云：『貧道已死，罪福皆不虚。惟當勤修道德，以升躋神明耳。』言訖不見。

趙普久病，將危，解所寶雙魚犀帶，遣親吏甄潛謁上清宫，醮謝。道士姜道玄爲公叩幽都，乞神語。神曰：『趙普開國勳臣，奈寃對不可避。』姜又叩乞言寃者爲誰。神以淡墨書四字，濃煙罩其上，但識末『火』而已。道玄以告普。曰：『我知之矣，必秦王廷美也。』竟不起。

無鬼論 昔阮瞻素執無鬼論，自謂此理可以辨正幽明。忽有客通名謁瞻，瞻與言鬼神之事，辨論良久。客乃作色曰：『鬼神古今聖賢所共傳，君何得獨言無耶？僕便是鬼！』於是變爲異形，須臾消滅。

魑魅争光 嵇中散燈下彈琴。有一人入室，初來時，面甚小，斯須轉大，遂長丈餘，顏色甚黑，單衣草帶〔二〕。嵇熟視良久，乃吹火滅，曰：『恥與魑魅争光！』

厠鬼可憎 阮侃嘗於厠中見鬼，長丈餘，色黑而眼大，着皂單衣，平上幘，去之咫尺。侃徐視，笑語之曰：『人言鬼可憎，果然！』鬼慚而退。

大書鬼手 少保（憑）〔馮〕亮少時〔三〕，夜讀書，忽有大手自窗入，公即以筆大書其押。窗外大呼：『速爲我滌去！』公不聽而寢。將曉，哀鳴，且曰：『公將大貴，我戲犯公，何忍致我於極地耶！公不見温嶠燃犀事耶？』公悟，以水滌之，遜謝而去。

司書鬼 名曰長恩。除夕時呼其名而祭之，鼠不敢嚙，蠹魚不生。

上陵磨劍 漢武帝崩，後見形，謂陵令薛平曰：『吾雖失勢，猶爲汝君。奈何令吏卒上吾陵磨刀劍乎？自今以後，可禁之。』平頓首謝，因不見。推問陵傍，果有方石可以爲礪，吏卒嘗盜磨刀劍。霍光欲斬之，張安世曰：『神道茫昧，不宜爲法。』乃止。

見奴爲祟 石普好殺人，未嘗慚悔。醉中縛一奴，命指使投之汴河。指使憐而縱之。既醒而悔，指使畏其暴，不敢以實告。居久之，普病，見奴爲祟，自爲必死。指使呼奴至，祟不復見，普病亦愈。

再爲顧家兒 顧况喪一子，年十七，其子游魂，不離其家。况悲傷不已，因作詩哭之：『老人苦喪子，日夜泣成血。老人年七十，不作多時別。』其子聽之，因自誓曰：『若有輪迴，當再爲顧家兒。』况果復生一子，至七歲不能言，其兄戲（披）〔批〕之〔四〕，忽曰：『我是爾兄，何故批我？』一家驚異。隨敘平生事，歷歷不誤。

鬼揶揄〔五〕 襄陽羅友，人有得郡者，桓温爲席餞別。友至獨後，温問之，答曰：『旦出門，逢一鬼揶揄云：「我但見（人）〔汝〕送人作郡，不見人送汝作郡。」友慚愧却〔回〕。』

鬼之董狐　晋干寶〔兄〕嘗病氣絶〔六〕，積日不冷。後遂悟，見天地間鬼神事如夢覺，不自知死。遂撰古今神祇靈異人物變化，名爲《搜神記》，以示劉惔。惔曰：『卿可謂鬼之董狐。』

晝穿夜塞　孫皓鑿直瀆，晝穿夜復塞，經數月不就。有役夫卧其側，夜見鬼物來填，因嘆曰：『何不以布囊盛土棄之江中，使吾輩免勞於此！』役夫曉白有司，如其言，乃成，瀆長十四里。

舌根生蓮　西晋時，地産青蓮兩朵，聞之所司，掘得瓦棺。開，見一老僧，花從舌根頂顱出。詢及父老，曰：『昔有僧誦《法華經》萬〔卷〕〔七〕，臨卒遺言，命以瓦棺葬此。』今造爲瓦棺寺。

卞壼墓　卞壼父子死難，葬於金陵。盗嘗開墓，面如生，爪甲環手背。晋安帝賜錢十萬封之。後明高祖將遷之，夜見白衣婦人據井而哭，已復大笑曰：『父死忠，子死孝，乃不能保三尺墓乎？』言已，遂躍於井。高祖感而遂止。

酒黑盗唇　李克用墓，金時爲盗所發，郡守夢克用告曰：『墓中有酒，盗飲之，唇皆黑，可驗此捕之。』明日，獲盗，寺僧居其半。

爲醫所誤　顔含兄畿客死，其婦夢畿曰：『我爲醫所誤，未應死，可急開棺。』含時尚少，力請父發棺，餘息尚喘。含旦夕營視，足不出户者十三年，而畿始卒。嫂目失明，含求蚺蛇膽不得。忽童子受一青囊，開視之，乃蛇膽也。童子即化青鳥去。

柳侯祠　韓文公碑記：柳宗元與部將歐陽翼輩飲驛亭，曰：『明歲吾將死，死而爲神，當廟祀我。』及期死，翼等遂立廟。過客李儀醉酒，慢侮堂上，得疾，扶出廟門，即不起。

義婦塚　四明梁山伯、祝英臺二人，少同學，梁不知祝乃女子。後梁爲鄞令，卒葬此。祝氏弔墓下，墓裂而殞，遂同葬。謝安奏封義婦塚。

三年更生　梁主簿柳萇卒，葬於九江。三年後，大雨，塚崩，其子褒移葬。啓棺，見父目忽開，謂褒曰：『九江神知我横死，遣地神以乳飼我，故得更生。』褒迎歸，三十年乃卒。

開壙棺空　米芾書碑，云顔真卿之使賊也，謂餞者曰：『吾昔江南遇道士陶八，八受以刀圭碧霞，服之可不死。且云七十後有大厄，當會我於羅浮。此行幾是。』後公葬偃師北山。有賈人至南海，見道士弈，託書至偃師顔家。及造訪，則塋也。守塚蒼頭識公書，大驚。家人卜日開壙，棺已空矣。

婢伏棺上　干寶父有嬖人，寶母妒甚。因葬父，推入藏中。數年而母喪，開墓，其婢伏棺上，微有息，輿還，遂甦。問其狀，言寶父爲之通嗜欲，家中事纖悉與之説知，與平時無異。

海神　秦始皇于海中作石橋，海神爲之竪柱。始皇求與相見。神曰：『我形醜，莫圖我形，當與帝相見。』乃入海四十里，見海神。左右雜畫工于内，潛以脚畫其形狀。神怒曰：『帝負約。速去！』始皇轉馬還，前脚猶立，後脚即崩，僅得登岸。畫者溺死于海。又云：文登召〔石〕山〔八〕，始皇欲造橋度海，觀日出處。有神人召巨石相隨而行。石行不駛，鞭之見血。今山下石皆赤色。

黄熊入夢　晉侯有疾，夢黄熊入夢。于時子産聘晉。晉侯使韓子問子産曰：『何厲鬼乎？』對曰：『昔堯殛鯀于羽山，其神化爲黄熊，入于羽淵，寔爲夏郊，三代祀之。今爲盟主，其未祀乎？』乃祀夏郊。晉侯乃間。

輦沙爲阜　秦始皇至孔林，欲發其冢。登堂，有孔子遺甕，得丹書曰：『後世一男子，自稱秦始皇，入我室，登我堂，顛倒我衣裳，至沙丘而亡。』怒而發塚。有兔出，逐之，過曲阜十八里没，掘之不得，因名曰兔溝。乃達沙丘，令開别路。見一羣小兒輦沙爲阜，問，曰『沙丘』。從此得病，遂死。

鍾馗　唐明皇晝寢，夢一小鬼，衣絳犢鼻，跣一足，履一足，腰懸一履，搢一筠扇，盜太真繡香囊。上叱問之，小鬼曰：『臣乃虚耗也。』上怒，欲呼力士，俄見一大鬼，頂破帽，衣藍袍，繫魚帶，鞹朝靴，徑捉小鬼。先刳其目，然後劈而食之〔九〕。上問：『爾爲誰？』奏云：『臣終南進士鍾馗也。』

藏璧　永平中，鍾離意爲魯相，出私錢〔萬〕三千文〔一〇〕，付户曹孔訢，治夫子車。身入廟，拭几席劍履。男子張伯，除堂下草，土中得玉璧七枚。伯懷其一，以六枚白意。意令主簿安置几前。孔子寢堂牀首有懸甕，意召孔訢，問：『何等甕也？』對曰：『夫子遺甕。内有丹書，人弗敢發也。』意發之，得素書曰：『後世修吾書，董仲舒。護吾車，拭吾履，發吾笥，會稽鍾離意。

璧有七，張伯藏其一。』即召問伯，果服焉。

竈神　姓張名禪，字子郭。一名隗。又云祝融，主火化，故祀以爲竈神。鄭玄以竈神祝融是老婦，非。竈神於己丑日卯時上天，白人罪過，此日祭之得福。《五行書》云：『五月辰日，猪首祭竈，治生萬倍。』

祠山大帝　父張秉，武陵人，一日行山澤間，遇仙女，謂曰：『帝以君功在吴分，故遣相配。長子以木德王其地。』且約踰年再會。秉如期往，果見前女來歸，曰：『當世世相承，血食吴楚。』後生子傚，爲祠山神。神始自長興，自疏聖澤，欲通津廣德，便化爲豨，役使陰兵。後爲夫人李氏所見，工遂輟，故避食豨。

瀧岡阡表　歐陽修作《瀧岡阡表》碑，僱舟載回，至鄱陽湖。舟泊廬山下，夜有一叟率五人來舟，揖而言曰：『聞公之文章蓋世，水府願借一觀。』齎碑入水，遂不見焉。修驚悼不已。黎明，泰和縣令黄庭堅至，言其事，庭堅爲文檄之。方投湖中，忽空中語曰：『吾乃天丁也，押驪龍往而送至〔一二〕。』修歸家掃墓，但見水洼中雲霧濛蔽，有大黿負碑而出，倏然不見，惟碑上龍涎，宛然在焉。

五百年夙願　張英過采石江，遇一女子絶色，謂英曰：『五百年夙願，當會於大儀山。』英叱之。抵儀隴任半載，日夕聞機聲。一日，率部逐機聲而往，忽至大儀山，洞門半啓，前女出迎，相攜而入，洞門即閉。見圓石一雙，自門隙出，衆取歸。中道不能舉，遂建祠塑像，置石於腹。

芙蓉城主　石曼卿卒後，其故人有見之者，恍惚如夢中，言：『我今爲仙也，所主芙蓉城，欲呼故人共遊。』不諾，忿然騎一素驢而去。

文山易主　趙弼作《文山傳》。既赴義，其日大風揚沙，天地晝晦，咫尺不辨，城門晝閉。自此連日陰晦，宫中皆秉燭而行，羣臣入朝，亦(熱)〔爇〕炬前導[一二]。世祖問張真人而悔之，贈公特進金紫光禄大夫、太保、中書令平章政事、廬陵郡公，謚『忠武』。命王積翁書神主，灑掃柴市，設壇以祀之。丞相孛羅行禮初奠，忽狂飆旋地而起，吹沙滚石，不能啓目。俄卷其神主於雲霄中，空空隱隱，雷鳴如怨怒之聲，天色愈暗。乃改『前宋少保右丞相信國公』，天果開霽。按正史文集皆不載此事，傳疑可也。信公至明景泰中，賜謚『忠烈』，人多不知，附記之。

杜默哭項王　和州士人杜默，累舉不成名，性英儻不羈。因過烏江，謁項王廟。時正被酒沾醉，徑升神座，據王頸，抱其首而大慟曰：『天下事有相虧者，英雄如大王而不得天下，文章如杜默而不得一官！』語畢，又大慟，淚如迸泉。廟祝畏其獲罪，扶掖以出，秉燭檢視神像，亦淚下如(珠)〔注〕[一三]，揾拭不乾。

天竺觀音　石晋時，杭州天竺寺僧，夜見山澗一片奇木有光，命匠刻觀音大士像。

弄潮　吴王既賜子胥死，乃取其尸，盛以鴟夷之皮，浮之江上。子胥因流揚波，依潮來往。或有見其乘素車白馬在潮頭者，因爲立廟。每歲八月十五，潮頭極大，杭人以旗鼓迎之，弄潮之戲，蓋始於此。

黄河神　黄河福主金龍四大王，姓謝名緒，會稽人，宋末以諸生死節，投苕溪中。死後水高數丈。明太祖與元將蠻子海牙厮殺，神爲助陣，黄河水望北倒流，元兵遂敗。太祖夜得夢兆，封爲黄河神。

木居士　韓昌黎《木居士廟》詩：偶然題作木居士，便有無窮求福人。

顯忠廟　《吴史》：孫皓病甚，有神憑小黄門云：『金山鹹塘風潮爲害，海鹽縣治幾陷。我霍光也，常統衆鎮之。』翌日，皓疾愈，遂立廟。

毛老人　南京後湖，一名玄武湖。明朝於湖上立黄册庫，户科給事中、户部主事各一人掌之，烟火不許至其地。太祖時有毛老人獻黄册，太祖言庫中惟患鼠耗，喜老人姓毛，音與猫同，活埋于庫中，命其禁鼠。後庫中並不損片紙隻字。太祖命立祠，春秋祭之。

【校】

〔一〕『豕人立啼』，原書作『豕立人啼』，據文意乙正。

〔二〕『單衣草帶』，《異苑》卷六同，《太平御覽》卷八百七十引《語林》、《太平廣記》卷三百一十七引《靈鬼志》作『單衣革帶』。

〔三〕『馬亮』，原書誤作『馮亮』，據《括異志》卷三改。

〔四〕『兄戲批之』，『批』乙本誤作『披』，據甲本改。

〔五〕『汝送人作郡』，原書作『人送人作郡』，據《世説新語・任誕》注引《晉陽秋》、《太平御覽》卷八百八十三引《續晉陽秋》改。『友慚愧却回』，乙本脱『回』字，據甲本補。

〔六〕『干寶兄』，原書脱『兄』字，《韻府群玉》卷四同誤，據《晉書・干寶傳》、《搜神後記》卷四補。

〔七〕『《法華經》萬卷』，乙本脱『卷』字，據甲本補。

〔八〕『召石山』，原書脱『石』字，據《太平寰宇記》卷二十及《廣輿記》卷五補。

〔九〕『劈而食之』，甲本作『劈而啖之』。

〔一〇〕『萬三千文』，原書脱『萬』字，據《搜神記》卷三、《後漢書・鍾離意傳》補。

〔一一〕『送至』後當有脱文，不詳。宋犖《筠廊偶筆》卷上『送至』下有『永豐沙溪敕賜文儒讀書堂之南龍泉坑而交也』等文。

〔一二〕『爇炬』，原書作『熱炬』，據《弇州山人四部稿・説部・宛委餘編》改。

〔一三〕『淚下如注』，乙本作『淚下如珠』，玩文意，以『淚下如注』更勝，據甲本改。

怪異

貳負之骸　《山海經》：『貳負之臣曰危，與貳負殺窫窳。帝乃梏之疏屬之山，桎其右足，反接兩手與髮，繫石。』漢宣帝時，嘗發疏屬山，得一人，徒裸，被髮反縛，械一足。因問羣臣，莫能曉。劉向按此言之。帝不信，謂其妖言，收向繫獄。向子歆自出救父，云：『以七歲女子乳飲之，即復活。』帝令女子乳之，復活，能言語應對，如向言。帝大悦，拜向爲中大夫、歆爲宗正。

旱魃　南方有怪物如人狀，長三尺，目在頂上，行走如風。見則大旱，赤地千里。多伏古塚中。今山東人旱則徧搜古塚，如得此物，焚之即雨。

兩牛鬭　李冰，秦昭王使爲蜀守，開成都兩江，溉田萬頃。神歲取童女二人爲婦。冰以其女與神求婚，徑至神祠，勸神酒，酒杯恒澹澹。冰厲聲以責之，因忽不見。良久，有兩牛鬭于江岸旁。有間，冰還，流汗，謂官屬曰：『吾鬭疲極，當相助也。南向腰中正白者，我綬也。』主簿刺殺北面者，江神遂死。

隨時易衣　盧多遜既卒，許歸葬。其子察護喪，權厝襄陽佛寺，將易以巨櫬，乃啓棺，其屍不壞，儼然如生。遂逐時易衣，至祥符中亦然。豈以五月五日生耶？彼釋氏得之，當又大張其事，若今之所謂無量壽佛者矣。

錢鏐異夢〔一〕　宋徽宗夢錢武肅王討還兩浙舊疆〔甚〕懇，且曰：『以好來朝，何故留我？我當遣第三子居之。』覺而與鄭后言之。鄭后曰：『妾夢亦然，果何兆也？』〔湧〕〔須〕臾，韋妃報誕子，即高宗也。既三日，徽宗臨視，抱膝間甚喜，戲妃曰：『酷似浙臉。』蓋妃籍貫開封，而原籍在浙。豈其生固有本，而南渡疆界皆武肅版圖，而錢王壽八十一，高宗亦壽八十一，以夢讖〔參〕之，良不誣。

馬耳缺　歐公云：丁元珍嘗夜夢與予至一廟，出門見馬隻耳。後元珍除峽州倅，予亦除夷陵令。一日，與元珍同泝峽，謁黄牛廟。入門，惘然皆如夢中所見，門外石馬，果缺一耳，相視大驚。

見怪不怪 宋魏元忠素正直寬厚，不信邪鬼。家有鬼祟，嘗戲侮公，不以爲怪。鬼敬服曰：『此寬厚長者，可同常人視之哉？』

萇弘血化碧 萇弘墓在偃師。弘，周靈王賢臣，無罪見殺。藏其血，三年化爲碧。

二屍相毆 貞元初，河南少尹李則卒，未殮。有一朱衣人申弔，自稱蘇郎中。既入，哀慟。俄頃，屍起，與之相搏，家人驚走。二人閉門毆擊，及暮方息。則二屍共卧在牀，長短、形狀、姿貌、鬚髯、衣服一無異也。聚族不能識，遂同棺葬之。

劉晏判官李邈有莊客〔二〕，開一古塚，極高大，入松林二百步，方至墓。墓側有碑斷草中，字磨滅不可讀。初掘數十丈，遇一石門，（因）〔固〕以鐵汁，計累日方得開。開則箭雨集，殺數人，衆怖欲出。一人曰：『此機耳。』則投之以石，石投則箭出，投石十餘，則箭不復發。遂列炬入，開第二門，有數十人，張目揮劍，又傷數人。衆争擊之，則木人也，兵仗悉落。四壁畫兵衛，森森欲動。中以鐵索懸一大漆棺，其下積金玉珠璣不可量。衆方懼，未即掠取。棺兩角颯然風起，有沙迸撲人面，則風轉急，沙射如注，而便没膝。衆皆遑走，甫得出墓，門塞矣，一人則已葬〔沙〕中。

公遠隻履 羅公遠墓在輝縣。唐明皇求其術，不傳，怒而殺之。後有使自蜀還，見公遠曰：『于此候駕。』上命發塚啓棺，止存一履。葉法善葬後，期月，棺忽開，惟存劍履。

鹿女 梁時，甄山側，樵者見鹿生一女，因收養之。及長，令爲女道士，號鹿娘。

風雨失柩 漢陽羨長袁玘常言：『死當爲神。』一夕，痛飲卒。風雨，失其柩。夜聞荆山有數千人噉聲，鄉民往視之，則棺已成塚。俗呼銅棺山。

留待沈彬來 沈彬有方外術，嘗植一樹於沈山下，命其子葬己於此。及掘，下有銅牌，篆曰：『漆燈猶未滅，留待沈彬來。』

辨南泠水 李秀卿至維揚，逢陸鴻漸，命一卒入江取南泠水。及至，陸以杓揚水曰：『江則江矣，非南泠，臨岸者乎？』既而傾水，及半，陸又以杓揚之曰：『此似南泠矣。』使者蹶然曰：『某自南泠持至岸，偶覆其半，取水增之。真神鑒也！』

試劍石 徐州漢高祖廟旁有石高三尺餘，中裂如破竹不盡者寸。父老曰：『此帝之試劍石也。』又灘江伏波巖洞旁，懸石如柱，去地一綫不合。相傳爲伏波試劍。

婦負石 在大理府城南。世傳漢兵入境，觀音化一婦人，以稻草縻此大石，背負而行，將卒見之，吐舌曰：『婦人膂力如此，况丈夫乎！』兵遂却。

燃石 出瑞州。色黄白而疎理，水灌之則熱，置鼎其上，足以烹。雷煥嘗持示張華，華曰：『此燃石也。』

他日仗公主盟 隋末温陵太守歐陽祐恥事二姓，拉夫人溺死。後人立廟，祈夢極靈。宋李綱嘗宿廟中，夢神揖上座，綱固辭，神曰：『他日仗公主盟。』及拜相，值神加封，果署名額次。

天河槎　橫州橫槎江有一枯槎，枝幹扶疏，堅如鐵石，其色類漆，黑光照人，橫於灘上。傳云天河所流也。一名槎浦。

願留一詩　陸賈廟在肇慶錦石山下，宋梁竑艤舟于此，夢一客自稱陸大夫，云：『我抑鬱此中千歲餘矣，君幸見過，願留一詩。』竑遂題壁。

請載齊志　元于司馬欽嘗夢有趙先生者謂欽曰：『聞君修齊志，僕一良友葬安丘，其人節義高天下，今世所無也，請載之以勵末俗。』欽覺而異之，及閱《趙岐傳》，始悟爲孫嵩也。岐處複壁中，著書以名世，固奇男子。非嵩高誼，其志安得伸也？欽之夢，不亦可異哉！

三石　永安州，僞漢時，有兵入靖江過此。黎明遇獵者牽黄犬逐一鹿，兵以鎗刺鹿，徐視之，石也。已而人犬與鹿皆化爲石，鼎峙道旁。今一石尚有鎗痕。

悟前身　焦竑奉使朝鮮，泊一島嶼間，見茅菴巖室扃閉，問旁僧，曰：『昔有老衲修持，偶見册封天使過此，蓋狀元官侍郎者，嘆羡之，遂逝。此其塔院耳。』竑命啓之，几案經卷宛若素歷，乃豁然悟爲前身。

告大風　宋陳堯佐嘗泊舟于三山磯下，有老叟曰：『來日午大風，宜避。』至期，行舟皆覆，堯佐獨免。又見前叟曰：『某，江之游奕將也，以公他日賢相，故來告爾。』

追魂碑　葉法善嘗爲其祖葉國重求刺史李邕碑文，文成；并求書，邕不許。法善乃具紙筆，夜攝其魂，使書畢，持以示邕，邕大駭。世謂之『追魂碑』。

牛糞金　東吴時，有道士牽牛渡江，語舟人曰：『船内牛溲，聊以爲謝。』舟人視之，皆金也。後名其地曰金石山。

謂琯前身　房琯，桐廬令。邢真人和璞嘗過訪，琯攜之野步，遇一廢寺，松竹蕭森，和璞坐其下，以杖叩地，令侍者掘數尺，得一瓶，瓶中皆婁師德與永公書。和璞謂曰：『省此否？』蓋永公即琯之前身也。

木客　興國上洛山有木客，乃鬼類，形頗似人。自言秦時造阿房宫采木者，食木實，得不死，能詩，時就民間飲食。

銅鐘　宋紹興間，興國大乘寺鐘一夕失去，文潭漁者得之，鬻于天寶寺，扣之無聲。大乘僧物色得之，求贖不許，乃相約曰：『扣之不鳴，即非寺中物。』天寶僧屢擊無聲。大乘僧一擊即鳴，遂載以歸。

驅山鐸　分宜晋時，雨後有大鐘從山流出，驗其銘，乃秦時所造。又漁人得一鐘，類鐸，舉之，聲如霹靂，草木震動。漁人懼，亦沉于水。或曰：『此秦驅山鐸也。』

旋風掣卷　王越舉進士，廷對日，旋風掣其卷入雲表；及秋，高麗貢使攜以上進，云：『是日國王坐于堂上，卷落於案，閲之異，因持送上。〔三〕』

風動石　漳州鶴鳴山上，有石高五丈，圍一十八丈，天生大盤石閣之，風來則動，名『風動石』。

去鐘頂龍角 宋時，靈覺寺鐘一夕飛去，既明，從空而下。居人言江灣中每夜有鐘聲，意必與龍戰。寺僧削去頂上龍角，乃止。

投犯鰐池 《搜神記》：扶南王范尋嘗養鰐魚十頭，若犯罪者投之池中，鰐魚不食，乃赦之。詿誤者皆不食。

雷果劈怪 熊翀少業南壇，夕睹一美女立于松上，衆錯愕走，翀略不爲意，以刀削松皮，書曰：『附怪風雷折，成形斧鋸分。』夜半，果雷劈之。

飛來寺 梁時峽山有二神人化爲方士，往舒州延祚寺，夜叩真俊禪師曰：『峽據清遠上流，欲建一道場，足標勝槩，師許之乎？』俊諾。中夜，風雨大作，遲明啓户，佛殿寶像已神運至此山矣。師乃安坐説偈曰：『此殿飛來，何不回去？』忽聞空中語曰：『動不如静。』賜額飛來寺。

橘中二叟〔四〕 《幽怪録》：巴邛人剖橘而食，橘中有二叟弈棋。一叟曰：『橘中之樂，不減商山。』一叟曰：『君輸我瀛洲玉塵九斛，龍縞襪八（輛）〔緉〕，後日于青城草堂還我。』乃出袖中一草，食其根，曰：『此龍根脯也。』食訖，以水噴其草，化爲龍，二叟騎之而去。

牛妖 天啓間，沅陵縣民家牸牛生犢，一目二頭三尾，剖殺之，一心三腎。

猪怪 民家猪生四子，最後一子，長觜、猪身、人腿、隻眼。

陝西怪鼠 天啓間，有鼠狀若捕雞之狸，長一尺八寸，濶一尺，兩旁有肉翅，腹下無足，足在肉翅之四角，前爪趾四，後爪趾五，毛細長，其色若鹿，尾甚豐大，人逐之，其去甚速。專食穀豆，剖腹，約有升黍。

無支祁〔五〕　大禹治水，至桐柏山，獲水獸，名（支無）〔無支〕祁，形似獮猴，力踰九象，人不可視。乃命庚辰鎖于龜山之下，淮水乃安。唐永（嘉）〔泰〕初，有漁人入水，見大鐵索鎖一青猿，昏睡不醒，涎（泳）〔沫〕腥穢不可近。

飲水各醉　沉釀堰在山陰柯山之前，鄭弘應舉赴洛，親友餞于此。以錢投水，依價量水飲之，各醉而去。因名其堰曰『沉釀』。

林間美人　羅浮飛雲峯側有梅花村，趙師雄一日薄暮過此，于林間見美人淡粧素服，行且近，師雄與語，芳香襲人，因扣酒家共飲。少頃，一綠衣童來，且歌且舞。師雄醉而卧。久之，東方已白，視大梅樹下，翠羽啾啾，參橫月落，但惆悵而已。

變蛇誌城　晉永嘉中，有韓媪偶拾一巨卵，歸育之，得嬰兒，字曰『𡜅』，方四歲。劉淵築平陽城不就，募能城者。𡜅因變爲蛇，令媪舉灰誌後，曰：『憑灰築城，可立就。』果然。淵怪之，遂投入山穴間，露尾數寸，忽有泉湧出成池，遂名曰『金龍池』。

有血陷没　碩（頂）〔項〕湖在安東〔六〕，秦時童謡云：『城門有血，當陷没。』有老姆憂懼，每旦往視。門者知其故，以血塗門。姆見之，即走。須臾大水至，城果陷。高齊時，湖嘗涸，城尚存。

張龍公　六安龍穴山有張龍公祠，記云：張路斯，潁上人，仕唐，爲宣城令，生九子，嘗語其妻曰：『吾，龍也，蓼人鄭祥遠亦龍也，據吾池，屢與之戰，不勝，明日取決。令吾子射，繫鬛以青綃者鄭也，絳綃者吾也。』子遂射中青綃者，鄭怒，投合肥西山死，即今龍穴也。

城陷爲湖　巢湖在合肥，世傳江水暴漲，溝有巨魚萬斤，三日而死。合郡食之。獨一姥不食。忽過老叟，曰：『此吾子也，汝不食其肉，吾可亡報耶？東門石龜目赤，城當陷。』姥日往窺之。有稚子戲以朱傅龜目。姥見，急登山，而城陷爲湖，周四百餘里。

人變爲龍　元時，興業大李村有李姓者，素修道術。一日，與妻自外家回，至中途，謂妻曰：『吾欲過前溪一浴，汝姑待之。』少頃，風雨驟作，妻趨視之，則遍體鱗矣。囑妻曰：『吾當歲一來歸。』欻然變爲龍，騰去。後果歲一還。其里呼其居爲李龍宅。

婦女生鬚　宋徽宗時，有酒家婦朱氏，年四十，忽生鬚六七寸。詔以爲女道士。

男人生子　宋徽宗時，有賣菜男人懷孕生子。

童子暴長　元棗陽民張氏婦生男，甫四歲，暴長四尺許，容貌異常，皤腹臃腫，見人嬉笑，如俗所畫布袋和尚云。

男變爲婦　明萬曆間，陝西李良雨忽變爲婦人，與同賈者苟合爲夫婦。其弟良雲以事上所司奏聞。

【校】

〔一〕「甚愬」、「參之」，原書無「甚」、「參」二字，據《西湖遊覽志餘·帝王都會》補。「須臾」，乙本誤作「湧臾」，據甲本改。

〔二〕「固以鐵汁」，「固」原書作「因」，據《酉陽雜俎》前集卷十三改。「一人已葬沙中」，乙本脱「沙」字，據甲本補。

〔三〕「因持送上」，「持」甲本作「特」。

〔四〕「八緉」，原書作「八輛」，據《玄怪録》卷三「巴邛人」條改，按本條事與《玄怪録》原文多出入。

〔五〕本條「無支祁」皆誤倒作「支無祁」，據《太平寰宇記》卷十六引《古嶽瀆經》、《太平廣記》卷四百六十七引《戎幕閑談》改。「永泰」，原書誤作「永嘉」，據前引書及本書卷二《地理部》古蹟類「無支祁」條改。「涎沫」，乙本誤作「涎泳」，據甲本及本書卷二「無支祁」條改。

〔六〕「碩項湖」，「項」乙本誤作「頂」，據甲本改。

夜航船卷十九

古劍陶菴老人紬

物理部

物類相感〔一〕

磁石引針。○琥珀攝芥。○蟹膏〔投〕漆，漆化爲水。○皂角入竈，突烟煤（堅）〔墜〕。○胡桃帶殼燒紅，其火可藏數日。○酸漿入盂，水垢浮。○燈心能碎乳香。○撒鹽入火，炭不爆。○用鹽擂椒，椒味好。○川椒麻人，水能解。○帶殼胡桃煮臭肉，肉不臭。○瓜得白梅則爛。○栗得橄欖則香。○猪脂炒榧，皮自脱。○芽茶得鹽，不苦而甜。○井水蟹黄沙淋而清。○石灰可藏鐵器。○草索可祛青蠅。○烰炭可斷蟻道。○香油殺諸蟲。○狗糞之中米，鵓食則死。○桐油殺荷花。○江茶枯麥。○粉鍬畏椒。○蜈蚣畏油。○松毛可殺米蟲。○麝香祛壁虱。○馬食雞糞，則生骨眼。○蒼蠅叮蠶，生肚蟲。○三月三日收薺菜花莖置燈檠上，則飛蛾蚊蟲不投。○五月五日收蝦蟆，能治瘧，又治兒疳。○香油抹鼈眼，則入水不沉。○唾

（沫）〔抹〕蝶翅[二]，則當空高飛。○乳香久留，能生舍利。○羚羊角能碎佛〔牙〕[三]。○柿煮蟹不紅。○橙合醬不酸。○麩見肥皂則不就。○荆葉辟蚊，臺葱辟蠅。○唾津可溶水銀，茶末可結水銀。○薄荷去魚腥。○荸薺煮銅則軟，甘草煮銅則硬。○蠍畏蝸牛。○磬畏慈菇，斧怕肥皂。○螺螄畏雪，蟹怕霧。○河豚殺樹，狗膽能生。○燈心能煮江鰍。○麻葉可辟蚊子。○酒火發青，布衣拂即止。○琴瑟絃久而不鳴者，以桑葉捋之，則響亮如初。○黑鯉魚乃老鼠變成，鱖魚乃蝦蟆變成，鱓魚乃人髮變成。○燕畏艾，雀啣艾而奪其巢。○騾馬蹄曝乾爲末，放酒中即成水。○柳絮經宿，即爲浮萍。○杜大黄嫩子擲水化爲萍。○庚午、癸卯二日春米，不蛀。○柳葉入水，即化爲楊葉絲魚。○人參與細辛同貯則不壞。○槿樹葉和石灰搗爛，泥酒醋缸則不漏。○尋泉脉，以竹火循地照，有氣衝炎起，下必有泉。○試鹽滷，以石蓮子十箇投滷中，浮起五箇爲五成，六箇六成，七箇七成。五成以下，味薄無鹽矣。○以銹釘磨醋寫字，濃墨刷紙背，名頂刻碑。取烏賊魚墨，書文券，歲久脱落成白紙。○燈盞中加少許鹽，則油不速乾。○油一斤，以胡桃一箇（擕）〔搗〕爛投之[四]，則省油。○造油燭，先以麻油澆其芯，則過霉不黴。○蠟燭風吹有淚，以鹽少許實缺處，淚即止。燒蠟有缺，嚼藕渣補之，即不漏。○寫絹上字，以薑汁代水磨墨，則不沁。○蒲花和石灰泥壁及缸罈，勝如紙筋。○萆麻子水研寫字，只如空紙付去，以竈煤紅丹糁之，字即現。○雞子清調石灰粘甆器，甚妙。○黏綴山石，以生羊肝研調麵綴之，即堅牢。○池水渾濁，以瓶入糞，用箬包投水中則清。○金遇鉛則碎。○

核桃與銅錢同嚼，則錢易碎。○水銀撒了，以鍮青石引之，皆上石。○伏中不可鑄錢，汁不消，名爐凍。○兔絲無根而生，蛇無足而行，魚無耳而聽，蟬無口而鳴。龍聽以角，牛聽以鼻。石脾入水則乾，出水則濕。獨活有風不動，無風自摇。鵂鶹晝暗夜明。鼠夜動晝伏。南倭海灘蚌淚着色，晝隱夜顯。沃山石滴水着色，晝顯夜隱。睡蓮晝開，夜縮入水底。蔓草晝縮入地，夜即復出。○以形化者牛哀爲虎。以魄化者望帝爲鵑，帝女爲精衛。以血化者萇弘爲碧，人血爲磷。以髮化者梁武宮人爲蛇。以氣化者蜃爲樓臺。以淚化者湘妃爲斑竹。無情化有情者，腐草爲螢，朽麥化蝶，爛瓜爲魚。有情化無情者，蚯蚓爲百合，望夫女爲石、燕爲石、蟹爲石。物相化者，雀爲蛤，雉爲蜃，田鼠爲鴽，鷹爲鳩，鳩爲鷹，蛤仍爲雀。松化爲石。人相化者，武都婦人爲男子，廣西老人爲虎。○人食礜石而死，蠶食之不飢。魚食巴豆而死，鼠食之而肥。○風生獸得菖蒲則死。鱉得莧則活。蜈蚣得蜘蛛則腐。鴟鴞得桑椹則醉。猫得薄荷則醉。虎得狗則醉。橘得糯米則爛。芙蕖得油則敗。番蕉得鐵則茂。金得翡翠則粉。犀得人氣則碎。漆得蟹則敗。蘐草忘憂，合歡蠲忿。鶬鶊療妒，鵸鍘治魘，橐蜚治畏。金剛石遇羚羊角則碎。龍漦遇烟煤則不散。○雀芋置乾地多濕，置濕地反乾。飛鳥觸之墮，走獸遇之殭。○終歲無烏，有寇。雞無故自飛去，家有（蟲）〔蠱〕[五]。雞日中不下樹，妻妾姦謀。屋（桂）〔柱〕木無故生芝[六]，白爲喪，赤爲血，黑爲賊，黄爲喜。○雞來貧，狗來富，猫兒來後開質庫。○犬生獸，家富足。○鴞風鵲雨。○猫子生，值天德月德者，無不成。忌寅生人及子令生人見。○鼠咬巾衣，明日喜至。○鸛忽移巢，必有火灾。雞上窠作啾聲，來日必雨。○凡雞歸栖蚤，則明日晴；歸栖遲，則明日雨。○烏夜啼，主米賤。○鴉慢叫則吉，急叫則凶。一聲凶，二聲吉，三聲酒食至。或動頭點尾向人叫者，口舌灾患多凶。○雞生子多雄，家必有喜。○夜半雞啼，則有憂事。○燕巢人家，巢户内向，及長過尺者，吉祥。○雨時鳩鳴，有應者即晴，無應者即雨。○無故蟻聚及移窠者，天必暴雨。蚯蚓出，亦然。○白蟻（蝨）〔出〕〔七〕，是日必吉辰。凡見蛇交，則有喜。○遇蛇會，急拜，求富貴必如意。○遇蛇蜕殼，急脱衣服蓋之，凡謀大吉。○生鱉甲寸剉，以紅莧覆之，盡成小鱉。○蝦多，年必荒。蟹多，年多亂。○績麻骨插竹園，四圍竹不沿出。芝麻骨亦可。○梓木作柱，在下首，則木響叫，云争坐位。○杉木烰炭爲末，安門臼中，則（能自）〔自能〕響〔八〕。○釘樓板，用塞漆樹削釘，以米泔浸之，待乾，釘板易入，其堅如鐵。○荷花梗塞鼠穴，則鼠自去。○黄蠟與果子同食，則蠟自化去。○蘿蔔提硝，則硝潔白而光潤。○燈心蘸油，再蘸白礬末，能粘起炭火。○雞蛋開頂上一小竅，傾出黄白，灌入露水，又以油紙糊好其竅，日中曬之，可以自升，離地三四尺。○伏中收松柴，劈碎，以黄泥水中浸至皮脱，曬乾，冬月燒之，無煙。竹青亦可。○竹篾以石灰水煮過，可代藤用。

【校】

〔一〕按本卷多據《物類相感志》（舊題蘇軾著，《寶顔堂秘笈》本），引文錯誤據原書改正者，不再一一出校。

〔二〕『唾抹』，乙本作『唾沫』，據甲本改。
〔三〕『佛牙』，乙本脱『牙』字，據甲本補。
〔四〕『搗爛』，乙本誤作『擕爛』，據甲本改。
〔五〕『家有蠱』，原書誤作『家有蟲』，據《酉陽雜俎》前集卷十六改。
〔六〕『屋柱木』，乙本誤作『屋桂木』，據甲本改。
〔七〕『白蟻出』，乙本誤作『白蟻蟲』，據甲本改。
〔八〕『則自能響』，乙本作『則能自響』，據甲本乙正。

身體

身上生肉丁，蔴花擦之。○飛絲入眼而腫者，頭上風屑少許揩之。一云珊瑚尤妙。○人有見漆生瘡者，用川椒三四十粒，搗碎，塗口鼻上，則漆不能害。○指甲有垢者，白梅與肥皂同洗則凈。○彈琴指甲薄者，殭蠶燒烟薫之則厚。○染頭髮，用烏頭、薄荷入緑礬染之。○食梅牙軟，喫（梅）〔藕〕則不軟〔一〕，一用韶粉擦之。○油手以鹽洗之，可代肥皂。一云將順手洗，自落。○脚根厚皮，用有布紋瓦或浮石磨之。○乾洗頭，以藁本、白芷等分爲末，夜擦頭上，次早梳之，垢穢自去。○狐臭，以白灰、陳醋和傅腋下，一方以煅過明礬擦之尤妙。○女兒纏足，先以杏仁桑白皮入瓶内煎湯，旋下朴硝、乳香，架足瓶口薫之。待温，傾出盆中浸洗，則骨軟如綿。○洗浴去身面浮風，以芋煮汁洗之，忌見風半日。○梳頭令髮不落，用側柏葉兩大片，胡桃去殼兩個、榧子三個，同研碎，以擦頭皮，或浸水常搽亦可。〇取黶方桑灰、柳灰、小灰、陳草灰、石灰五灰，用水煎濃汁，入釅醋點之。〇人鼻中氣，陽時在左，陰時在右，候其時則氣盛，交代時則兩管皆微。〇婦人月信斷三五日交接者是男，二四日交接者是女。〇夏月面最熱，扇面則身亦凉。冬月足最冷，烘足則身亦煖。〇善睡者以淡竹葉曬乾爲細末，用二錢水一盞調服，則終夜不寐，可以防賊。如以熱湯調服，則睡至曉。〇附子末數錢，用水兩碗煎數沸（灌）〔濯〕足[二]，遠行足不痛。〇宣州木瓜治脚氣，煎湯洗之。〇面上生瘡，疑是漆咬者，以生薑擦之，熱則是，不熱即非。〇患欬逆，閉氣少時即止。〇脚麻，以草心貼眉心，左麻貼右，右麻貼左。〇蹉氣筋骨牽痛則正坐，隨所患一邊，以足加膝上立愈。〇脚筋搐，左脚操起右陰子，右脚操起左陰子，即止。〇身上癧毒初起，以中夜睡覺未語時唾津塗之，塗數十次，漸消。〇左邊鼻（衈）〔衄〕[三]，用帶子縛七里穴。〇脚轉筋，款款攀足大拇指少頃，立止。〇新爲僧道，熬猪油塗網巾痕，數日後即一色。

【校】

〔一〕『喫藕』，乙本誤作『喫梅』，據甲本改。

〔二〕『濯足』，乙本誤作『灌足』，據甲本改。

〔三〕『鼻衄』，乙本誤作『鼻衈』，據甲本改。

衣服

夏月衣黴，以東瓜汁浸洗，其跡自去。○北絹黄色者，以雞糞煮之即白，鴿糞煮亦好。○墨污絹，調牛膠塗之，候乾揭起，則墨與俱落，凡絹可用。○血污衣，用溺煎滚，以其氣薰衣，隔一宿以水洗之，即落。○緑礬百草煎污衣服，用烏梅洗之。○鞋中著樟腦，去脚氣。用椒末去風，則不疼痛。○洗頭巾，用沸湯入鹽擺洗，則垢自落。一云以熱麵湯擺洗，亦妙。○槐花污衣，以酸梅洗之。○絹作布夾裏，用杏仁漿之，則不喫絹。○伏中裝綿布衣，無珠；秋冬則有。以燈心少許置綿上，則無珠。○茶褐衣段，發白點，以烏梅煎濃湯，用新筆塗發處，立還原色。○酒醋醬污衣，藕擦之則無跡。○霉黴衣，以枇杷核研細爲末，洗之，其班自去。○氈襪以生芋擦之，則耐久而不蛀。○紅莧菜煮生麻布，則色白如苧。○楊梅及蘇木污衣，以硫黄烟薰之，然後水洗，其紅自落。○油污衣，用蚌粉熨之，或以滑石、或以圖書石灰熨之，俱妙。○膏藥跡，以香油搓洗自落，後用蘿蔔汁去油。○墨污衣，用杏仁細嚼擦之。○洗毛衣及氈衣，用猪蹄爪湯乘熱洗之，污穢自去。○葛布衣摺好，用蠟梅葉煎湯，置瓦盆中浸拍之，垢即自落，以梅葉揉水浸之，不脆。○油污衣，用白麵水調罨過夜，油即無跡。○去墨跡，用飯黏搓洗，即落。○羅絹衣垢，折置瓦盆中，温泡皂莢湯洗之，頓按翻轉，且浸且拍，垢穢盡去。棄前水，復以温湯浸之，又頓拍之，勿展開，候乾摺藏之，不漿不熨。○顔色水垢，用牛膠水浸半日，温湯洗之。○洗白衣，白菖蒲用銅刀薄切，曬乾作末，先於瓦盆内用水攪勻，捋衣擺之，垢膩自脱。○洗紬絹衣，用蘿蔔汁煮之。○洗皂衣，濃煎梔子湯洗之。○黄泥污衣，用生薑汁搓了，以水擺去之。○洗油污衣，滑石天花粉不拘多少爲末，將污處以炭火烘熱，以末糝振去之。如未净，再烘，再振，甚者不過五次。○漆污衣，杏仁、川椒等分研爛揩污處，净洗之。○墨污衣，用杏仁去皮尖茶子等分爲末糝上，温湯擺之，洗字則壓去油。羅極細，末糝字上，以火熨之。又法：以白梅搥洗之。○蟹黄污衣，以蟹臍擦之即去。○血污衣，即以冷水洗之即去。○洗油帽，以芥末搗成膏糊上，候乾，以冷水淋洗之。

飲食

炙肉，以芝麻花爲末，置肉上，則油不流。○糟蟹久則沙，見燈亦沙，用皂角一寸置瓶下，則不沙。○煮老雞，以山楂煮即爛，或用白梅煮亦妙。○枳實煮魚則骨軟，或用鳳仙花子。○醬内生蛆，以馬草烏碎切入之，蛆即死。○糟茄入石緑，切開不黑。○糟薑，瓶内安蟬〔蜕〕[一]，雖老薑亦無筋。○食蒜後，生薑、棗子同食少許，則不臭。○煮飯以朴硝入之，則各自粒而不粘。○米醋内入炒鹽，則不生白衣。○用鹽洗猪臟肚子則〔不〕臭[二]。○醃魚，用礬鹽同醃，則去涎。○凡雜色羊肉入松子，則無毒。○藕皮和菱米同食，則甜而軟。○芥辣，用細辛少許與蜜同研，則極辣。○曬胡蘆乾，以藁本湯洗過，不引蠅子。○楊梅核與西瓜子，用柿漆拌，曬乾，則自開，只揀取仁。○鴨蛋以礀砂畫花寫字，候乾，以頭髮灰汁洗之，則花直透内。○炒白果、栗子，放油紙撚在内，則皮自脱。○夏月魚肉放香油，耐久不臭。○蘿蔔梗同煮銀杏，則不苦。○煮芋，以灰煮之則酥。○煮藕，以柴灰煮之，則糜爛，另換水放糖。○榧子與甘蔗同食，其渣自軟，與紙一般。○曬肉脯，以香油抹之，不引蠅子。○食荔枝，多則醉；以殼浸水飲之則解。○醃鴨蛋，月半日做，則黄居中。一云日中做。○韶粉去酒中酸味，赤豆炒熱入之，亦好。○荷花蒂煮肉，精者浮，肥者沉。○鴨蛋以金橱根同煮，白皆紅。○天落水做飯，白米變紅，紅米變白。○飲酒欲不醉，服硼砂末。○喫栗子，於生芽處咬破，〔吹〕氣一口，剥之，皮自脱。○竹葉與栗同食，無渣。○茄幹灰可腌海蜇。○寸切稻草，可煮臭肉，其臭皆入草（肉）〔内〕〔三〕。○煮老鵝，就竈邊取瓦一片同煮，即爛。○喫蟹後，以蟹臍洗手，則不腥。○豆油煮豆腐有味。○籬上舊竹篾縛肉煮，則速糜。○餛飩入香蕈在内不嗳。○食河豚羅，以羅蔔煎湯滌器皿，即去其腥。○燈草寸斷，收糖霜重間之爲佳。○糖霜用新瓶盛貯，以竹箬紙包好，懸於竈上，兩三年不鎔。○糟薑入瓶中，糝少許熟栗子末於瓶口，則無滓。○糟薑時，底下用核桃肉數箇，則薑不辣。○糟茄，須旋摘便糟，仍不去蒂萼爲佳。○乾蓼草上下覆鋪，以貯糯米，則不蛀。○豆黄和松葉食之，甚美，可作避地計。○沙糖調水洗石耳，極光潤。○食梅齒軟，以梅葉嚼之，即止。○生甜瓜以鮝魚骨刺之，經宿則熟。○伏中合醬與麵，不生蛆。○收椒，帶眼收，不帶葉收，不變色。○日未出及已没下醬，不引蠅子。○醉中飲冷水，則手顫。○造醬之時，缸面用草烏頭四個置其上，則免蠅蚋。

【校】

〔一〕『蟬蛻』，乙本脱『蛻』字，據甲本補。

〔二〕『不臭』，乙本脱『不』字，據甲本補。

〔三〕『皆入草内』，乙本『内』誤作『肉』，據甲本改。

器用

商嵌銅器以肥皂塗之，燒赤後，入梅鍋爍之，則黑白分明。○黑漆器上有朱紅字，以鹽擦則作紅水流下。○油籠漆籠漏者，以馬屁浡塞之，即止。肥皂圍塞之，亦妙。○柘木以酒醋調礦灰塗之，一宿則作間道烏木。○漆器不可置蕁菜，雖堅漆亦壞。○熱碗足盪漆桌成跡者，以錫注盛沸湯衝之，其跡自去。○銅器或鍮石上青，以醋浸過夜，洗之自落。○針眼割綫者，用燈燒眼。○錫器上黑垢，用燖雞鵝湯之熱者洗之。○酒瓶漏者，以羊血擦之則不漏。○碗上有垢，以鹽擦之。○水焇炭缸内，夏月可凍物。○刀銹，木賊草擦之。○皂角在竈内燒烟，鍋底煤并烟突煤自落。○肉案上抹布，以猪胆洗之，油自落。○焇炭瓶中安猫食，不臭，雖夏月亦不臭。○藁本湯布拭酒器并酒桌上，蠅不來。○香油蘸刀則不脆。○琉璃用醬湯洗，油自去。○鐵銹以炭磨洗之。刀鈍以乾烰炭擦之則快。○泥瓦火煅過，作磨刀石。○洗刀（洗）〔法〕〔一〕，鐵皮，松木、杉木、鐵艶粉爲細末，以羊脂炒乾爲度，用以擦刀，光如皎月。○洗缸瓶臭，先以水再三洗净，却以銀杏搗碎，泡湯洗之。○荷葉煎湯，洗錫器極妙。○釜内生銹，燒湯，以皂莢洗之如刮。○松板作酒榨，無木氣。○鍍白銅器，用萱草根及水銀揩之如新。○錫器以木柴灰煮水，用木賊草洗之如銀。或用臘梅葉，或用肥皂熱水，亦可。○甆器記號，以代赭石寫之，則水洗不落。○竹器方蛀，以雄黄、巴豆燒烟薰之，永不蛀。○凡竹器蛀，以萵苣煮湯沃之。○定州磁器一爲犬所舐，即有璺紋。○漆器以覆莧菜，便有斷紋。○雨傘、油衣、笠子雨中來，須以井水洗之；不爾，易得脆壞。○銅器不得安頓米上，恐黴，壞其聲。○手弄地栗，不可弄銅器，擊之必破。○新鍋先用黄泥塗其中，貯水滿，煮一時，洗净，再乾燒十分熱，用猪油同糟徧擦之，方可用。○漆污器物，用鹽乾擦。酒污衣服，用藕擦。竹器舊，用醬水洗。藤牀椅舊，用豆腐板刷洗之。鼓皮舊，用橙子瓤洗之。○湯瓶生鹻，以山石榴數枚，瓶内煮之，鹻皆去。○桐木爲轎杠，輕復耐久。○瓷器（捐）〔損〕缺〔二〕，用細篩石灰一二錢、白芨末二錢，水調粘之。○鐵器上銹者，置酸泔中浸一宿取出，其銹自落。○松杓初用當以沸湯；若入冷水，必破。○試金石，以鹽擦之，則磨痕盡去。

【校】

〔一〕『洗刀法』，『法』乙本誤作『洗』，據甲本改。

〔二〕『損缺』，乙本誤作『捐缺』，據甲本改。

文房

研墨出沫，用耳膜頭垢則散。○蠟梅樹皮浸水磨墨，有光彩。○礬水寫字令乾，以五棓子煎湯澆之，則成黑字。○肥皂浸水磨墨，可在油紙上寫字。○肥皂水調顏色，可畫花燭上。○磨黃芩寫字在紙上，以水沉去紙，則字畫脱在水面上。○畫上若粉被黑或硫煙薰黑，以石灰湯蘸筆，洗二三次，則色復舊。○萆麻子油寫紙上，以紙灰撒之，則見字。一云杏仁尤妙。○冬月以酒磨墨，則不凍。○鹽滷寫紙上，烘之，則字黑。○冬月以楊花鋪硯槽，則水不冰。○花研中入火燒瓦一片，則不臭。○收筆，東坡用黃連煎湯，調輕粉蘸筆，候乾收之。○擦金扇油，用綿子漬鹿血，藏久擦之，甚妙。○補字，以新麵(巾)〔筋〕一個〔一〕，用石灰少許投入，即化爲粘水，貼上，悠久又無跡。○洗字，扇頭綾軸上訛字，用陳醬調水筆蘸，照字寫上，須臾擦去，無痕。○取錯字法，蔓荆子二錢，龍骨一錢，相子霜五分，定粉少許，同爲末，點水字上，以末糝之，候乾即拂去。○硯不可湯洗。○真龍涎香燒烟入水，假者即散。夷使到本朝，本朝燒之，使者曰：『此真龍涎香也。』燒烟入水，果如其言。○裱褙打糊，入白礬、黃蠟、椒末和之，褙書畫，蟲鼠不敢侵。○裱褙書畫，午時上壁，則不瓦。又云日中曬多日，亦不瓦。一云用蘿蔔汁少許打糊，則不瓦。○打碑紙，先以膠礬水濕過，方用。○新刻書畫板，臨印時，用糯米糊和墨，印兩三次，即光滑分明。○打碑，挼皂筴水濾去滓，以水磨墨，光彩如漆。○鹿角膠和墨最佳。○和墨一兩，入金箔兩片，麝香三十文，則墨熟而緊。○造墨，用秋水最佳。○萆麻子擦研，滋潤。○洗油污書畫法，用海漂硝、滑石各二分，龍骨一分半，白堊一錢，共爲細末，用紙如污衣法熨之，大凡污多已乾者，仍以油漬之。跡大，不妨。否則以水浸一宿，絞乾，用藥亦可。○瓶中生花，用草緊縛其枝，插在瓶中，可以耐久。○試墨點黑漆器中，與漆争光者，絶品也。

【校】

〔一〕「麵筋」，乙本誤作「麵巾」，據甲本改。

金珠

珍珠經年油浸，及犯尸氣色昏者，團飯中以餵雞或鴨或鵝，俟其糞下，收洗如新。○鵝鴨糞曬乾燒灰，熱湯澄汁，以油珠絹袋盛洗之光凈。○銀絲器不可用杉木作盛，久之色黑。○代赭石作末和鹽煮金器，顏色鮮明。○玉器如打破，以白礬火上鎔化，粘之，補磁器亦妙。○象牙如舊，用水煮木賊令軟，洗〔之〕〔二〕。再以甘草煮水，又洗之，其色如新。○多年玉灰塵，以白梅湯煮之，刷洗即潔。○珠子用乳汁浸一宿，洗出鮮明。○象牙笏曲者，用白梅湯煮綿，令熱，裹而壓即直。○舊象牙筯，煮木賊草令軟，擦之，再以甘草湯洗之。又法：以白梅洗之，插芭蕉樹中，二三日出之，如新。○洗赤焦珠，木槵子皮熱湯泡洗之。研蘿蔔汁浸一宿即白。○煮象牙，用酢酒煮之，自軟。

【校】

〔一〕『洗之』，原書無『之』字，據上下文意補。

果品

收棗子，一層稻草一層棗，相間藏之，則不蛀。○藏栗不蛀，以栗篰燒灰淋汁，浸二宿出之，候乾，置盆中，以沙覆之。○藏西瓜，不可見日影，見之則芽。○收雞（豆）〔頭〕，曬乾入瓶，箬包好，埋之地中。○藏金橘於緑豆中，則經時不變。○藏柑子，以盆盛，用乾潮沙蓋。（木）〔土〕瓜同法。○收湘橘，用湯煮過瓶收之，經年不壞。○藏胡桃，不可焙，焙則油。○藏梨子，用蘿蔔間之，勿令相著，經年不壞。○梨蒂插蘿蔔内，亦不得爛。藏香（團）〔圓〕〔一〕，同法。○栗子與橄欖同食，作梅花香。○炒栗子、白果，拳一個在手，勿令人知，則不爆。○水楊梅入烰炭，不爛。○以缸貯細沙，藏柑橘、梨、榴之屬於其中，久而不壞。○如柑橘頓近米處，便速爛。○梨子紙裹入新瓶，可藏至二月。○石榴煎米泔百沸湯，淖過晾乾，可至來年夏，不損壞。○〔土瓜收沙中，久而不壞。〕○〔橄欖藏麥門冬草内，不壞。〕〔二〕○梨子藏北棗中，可以致遠。○榧子用盛茶瓶貯之，經久不壞。○藏生棗子用新沙罐，一層淡竹葉枝，古老銅錢數箇，白礬少許，浸水井内，經年不壞。○藏桃、梅之屬於竹林中，揀一大竹，截去上節，留五尺，通之，置果於竹中，以箬封泥塗之，隔歲如新擷。○摘銀杏，以竹篾箍其根，過一宿，擊篾則實盡落。○雞頭子連蒲元水藏於新磁器内，供時旋剥，甚妙。○蜜餞夏月多酸，可用大缸盛細沙，時以水浸濕，置瓶其上，即不壞。○梨子怕凍，須用沙甕，著稻糠拌和藏之，以草塞瓶口，使其通氣，可留過春。○松子用防風數兩置裹中，即不油。○梨子每箇以其柄插蘿蔔中，藏漆盒内，可以久留。○風栗，以皂莢水浸一宿，取出(朗)〔晾〕乾〔三〕，籃盛掛當風，時時摇之。○收柑橘，用黄砂罈，以曬燥松毛拌之，則不爛。松毛濕，則又曬燥換之。無松毛，早稻草鍘鍘斷，亦好。○閩中藏生荔枝，六七分熟者，用蜜一甕浸之，蜜扎，令水不入，投井中，用時取出，其色如鮮。○收胡桃松子，以麁布作袋，挂當風中。○收桃子，以麥麩作粥，先入少鹽，盛盆内，候冷，以桃子納其中，冬月取以侑酒極佳。○桃不可太熟，須擇其顔色青紅可愛者。○凡菓品皆忌酒，酒氣薰即損壞。○葡萄方熟，用蠟紙裹緊，扎封以蠟，可留到冬。○栗蒲安在殼中，可以久留。○食胡桃多者，令人吐血。○黄蠟同栗子嚼，成水。栗子同橄欖嚼，其味甘清，名曰『風流脯』。

【校】

〔一〕『香圓』，即香櫞也，乙本誤作『香團』，據甲本改。

〔二〕『土瓜收沙中』、『橄欖藏麥門冬草内』兩條，乙本全脱，據甲本補。

〔三〕『晾乾』，原書作『朗乾』，不辭，據文意改。

菜蔬

收芥菜子，宜隔年者則辣。○生薑，社前收無筋。○茄子以淋汁過柴灰藏之，可至四五月。○小滿前收腌芥菜，可交新。○葫蘆照水種，則多生。或三四株，微去其薄皮，用肥土包作一株。麻皮扎好，其藤粗大生出者，止留一二個養老。其大如斗，可作器用。

花木

冬青樹接梅花，則開灑墨梅。○石榴樹以麻餅水澆，則多生子。○養石菖蒲無力而黄者，用鼠糞灑之。○花樹蟲孔，以硫磺末塞之。○木樨蛀者，用芝蔴梗帶殼束懸樹上。○竹多年生米，急截去，離地二尺通去節，以犬糞灌之，則餘竹不生米矣。○海棠花以薄荷水浸之，則開。銀杏不結子，於雌樹鑿一孔，入雄樹一塊，以泥塗之，便生子。○草木花枝羊食，並不發。○芝蔴幹挂樹上，無蓑衣蟲。○牡丹花根下放白术，諸般顔色皆是腰金。○冬瓜蔓上，午時用苕帚打之，則多生。○天道尚左，星辰左旋。地道尚右，瓜瓠右累。○牡丹花每一朵十二瓣，閏月十三瓣。○凡果皆從下生上，惟蓮子根從上生下。○貫仲與柏葉同嚼，無苦味。○蜀葵枯枝燒灰，可藏火。○以乾竹縛作火把，雨中不滅。茄幹灰藏火，亦妙。○皂莢樹有刺，不可上。每至秋實時，以大篾箍束木身，用木砧砧之令急，一夕自落。○油紙燈入荷花池，葉即腐爛。○杏接梅花，即成臺閣梅。○桑樹接梨樹，生梨，甘脆。○紅梨花接海棠成西府。櫻桃樹接海棠成垂絲。○麻骨插椑柿，一夕即熟。○枸橘樹可接諸色佳橘佳柑。○柳樹可接桃，桃樹可接梅。○冬青樹可接木樨。

鳥獸

小犬吠不絕聲者，用香油一蜆殼灌入鼻中，經宿則不吠。○烏骨雞舌黑者，則骨黑；舌不黑者，但肉黑。○雞未狘者，以苕帚趕之，則翼毛倒生。○母雞生子，與青一作續麻子喫，則長生，不抱子。○竹雞叫，可去壁虱并白蟻。○鵓帶帽飛去，立喚則高揚去，伏地叫則來。○雞黃雙者，生兩頭及三足。○猫眼知時候，有歌曰〔二〕：『子午綫，卯酉圓，寅申巳亥銀杏樣，辰戌丑未側如錢。』○香狸有四個外腎。○鷹無膍而有肚，食肉故也。飛禽喫穀者有膍。○雞喫猫飯，能啄人。○胡麻麵啖犬，則黑光而駿。○虎至人家盜犬豕食，聞刀刮鍋底聲則去，蓋聞聲則齒酸故也。○牛尾短者壽長，尾長者壽短。○猫鼻惟六月六日一次熱。○杏仁末與犬食之，即死。○狗欲褪毛，飼以糟，則易褪。○鹿羣夜宿，大者角向外，小者在內，圈匝如寨。行兵者倣之，作鹿角寨。○虎豹皮只可焙，不可曬。○猢猻病，喫壁上蟢子，即愈。○狗身上發癩，蟲蠅，百部汁塗之，即除。○馬背鞍捲破脊梁，以渠中淤泥塗之，即愈。○辨牛黄真假，牛黄如雞子大，重重叠叠，取置人指甲上磨之，其黄透甲，拭不落者，即真也。○猫癩，以柏油擦之。再發，再擦。至三次，即除。猪癩，以猪油擦之，即好。○猫洗面至耳，必有客至。○人家燕雀頓絶者，必有火災。○鸛仰鳴則晴，俯鳴必雨。○鵲巢低，其年大水。○鶻初聲，或卧聞之，則一年安樂。○猫犬所生皆雄者，其家必有喜事。○犬死，以葵根塞（則）〔其〕鼻[二]，良久活。○孔雀毛入眼，損人眼；胆大，毒殺人。○狗虱，用朝腦擦毛内，以大桶或箱内悶蓋之，虱即墮落，急令人掐殺之。○猫狗虱癩，用桃葉搗爛，遍擦其皮毛，隔少頃洗去之，一二次即除。○雞病，以真麻油灌之。雞哮，用白菜葉包鼠屎、香油掗之，即好。○雞瘟，以猪肉切碎餵之。○又將雄黄爲末，拌飯餵之，立愈。○猪瘟，以蘿蔔菜連根餵之，愈。○牛馬疥癩，用蕎麥稈燒存性，淋灰汁，澆之愈。○牛馬瘟，用酒加麝香末些須在内，灌之。○牛馬疥癩，用梨盧爲末，水調塗之。○鶴病，用蛇或鼠或大麥煮熟餵之。○鹿病，用鹽拌豆料餵之，常食菀豆則無病。○煨灶猫，用猪腸或魚腸，入些須雄黄在内，煨熟飼之。○牛中暑，用胡麻苗搗汁灌之，即好。無苗，即用麻子二三兩搗爛，和井水調匀，灌之。○牛馬猪驢瘟，用狼毒、牙皂各一兩，黄連一兩五錢，雄黄、硃砂各五錢爲末。猪擦入眼中，牛馬驢吹入鼻中。○凡雞鵝鴨欲其速肥，胡麻子拌飯，加硫磺少許，餵七日，其臕壯異常。

【校】

〔一〕『有歌曰』，甲本作『有歌云』。

〔二〕『塞其鼻』，『其』乙本誤作『則』，甲本不誤。

蟲魚

魚瘦而生白點者，名虱，用楓樹皮投水中，即愈。○鱉與蝤蛑被蚊子一叮，即死。○水中浮萍曬乾，薰蚊子則死。○馬蟥畏肥皂。○蛇畏薑黃。○稻草索懸數條於壁上，則蠅不來。○蠶畏雷，亦畏鼓，聞鼓聲，則伏而不起。○令蛙不鳴，三五日以野菊花爲末，順風吹之。○辟蠅，臘月猪油以瓶懸厠上。○麻葉燒烟，能辟蚊子。○陳茶末燒烟，蠅速去。○治壁虱，蕎麥稈作荐，可除。○五月五日，取田中紫萍曬乾，取伏翼血漬之又曬，又漬數次，爲末作香燒之，大去蚊蚋。一云燒蝙蝠(尿)〔屎〕〔二〕，可辟蚊子。○蚊蜃之屬，得飛燕食之，則能變化。蜃之吐氣成樓臺，所以誘燕也。○凡魚、蝦、蟮，入夜皆朝北方。○蜜蜂桶用黄牛糞和泥封之，能辟諸蟲，蜜有收，蜂亦不他去，極妙。○收蜜蜂，先以水灑之，蜂成一團，遂嚼薄荷，以水噴之。再以薄荷塗手，徐徐拂拭，趕入桶中安乾燥處。蓋蜂畏薄荷，不螫人。○蠶食而不飲，二十二日而化蟬，飲而不食，三十日而蛻。蜉蝣不食不飲，三日而死。○辟蚊及諸蟲，以苦楝子、柏子、菖蒲爲末，慢火燒之，聞者即去。○辟蚊蚋，以乾鰻鱺骨燒之，令化爲水。○乾菖蒲切片，置牀褥下，可除壁虱。○頭上虱，莉蘆爲末，糝擦其髮中，經宿，虱皆乾死自落。○去頭上虱，輕粉少許，糝頭上一二日，自死。○八角虱，多在陰毛上，用輕粉敷之，脱去。○象糞能去壁虱，取其所食餘草打薦，永無壁虱。○辣蓼曬乾鋪席上，除壁虱。○芸香置於〔書〕帙中〔二〕，辟蠹魚；置席下，去壁虱。○虱入耳，以猪毛蘸膠捲入，粘出之。○斷氈中蛀蟲，鰻魚骨燒烟薰之；置其骨於衣箱中，斷白魚諸蟲咬衣服。燒烟薰屋舍，免竹木生蛀蟲。○人爲山中大蟻傷，急以地上土擦傷處，則不痛。○治厠中蛆，以蓴菜一把投厠缸中，即無。

【校】

〔一〕『蝙蝠屎』，乙本誤作『蝙蝠尿』，據甲本改。

〔二〕『書帙』，乙本無『書』字，據甲本補。

夜航船卷二十

古劍陶菴老人紬

方術部

符咒〔一〕

治脚麻法，口稱木瓜曰：『還我木瓜錢，急急如律令！』一氣念七遍，即止。○治瘧咒餅法，先面東燒香虔誠，於油餅中書一『攤』字，以筆圈之，從左邊圈三次，將餅於香上誦『乾元亨利貞』七遍。當發日，早掐取所書字，用棗湯嚼餅食之，無不效。○如病痞，多念《穢跡咒》，愈。○辟百邪惡鬼，令人不病疫，常以雞鳴時存心念四海神名三七遍，曰：『東海神阿明，南海神祝融，西海神巨（來）〔乘〕〔二〕，北海神禺强。』每入病人宅，存心念三遍，口勿誦。○咒瘧法，取梨一箇，先吸南方氣一口，將梨子咒曰：『南方有池，池中有水，水中有魚，三頭九尾，不食人間五穀，唯食瘧鬼。』咒三遍，吹於梨上，書『敕殺死』三字，令病人臨發前食之。○一切疾患疼痛咒棗法，咒曰：『金木水火土，五行助力，六甲同威，天罡大神，收入棗心，棗入腸中，六腑安寧，萬病俱息。急速求榮！』用棗一箇，念咒一遍，吸罡氣一口入棗中。男去尖，女去蒂，用水嚼下，忌厭物七日。○咒齒痛，用紙一張，隨大小方圓，摺作七層，取三寸釘一枚，於屋栿或梁上，當紙中心釘之。下釘之時，先吸南方氣一口，默咒曰：『南方赤蟲子，故來食我齒，釘在栿梁上，永處千年紙。』每咒一遍，令患人咳一聲，及吸氣一口，下釘鎚一搥。如是咒七遍，即七吸氣，七搥釘其齒，立效。○咒風疹，用紙一張，熟挼之於患人身體上下冒掠之。其初欲行時取東方氣一口，默念曰：『東來馬子，西來驢子，好面敗容待文書，急急如律令！　敕。』乃上下冒掠，棄亂紙於門外東道口而歸。○如入山林，默念『儀方不見蛇』，默念『儀康不怕虎』。○有蛇虺處，多以小瓦片書『儀方』二字，蛇自畏避。○凡被蜈蚣咬，急以手指於地上乾（上）〔土〕中書一『王』字〔三〕，於『王』字内撮土糝咬處，即愈。○『多求致怨憎，少求人不愛，梵智求龍珠，（水）〔永〕不復相見〔四〕。』書此四句，雕貼於墻壁間，可斷蛇。○辟蚊子，咒曰：『天地太清，日月太明，陰陽太和，急急如律令！　敕。』面北陰念七遍，吸氣吹燈草上，點之。○『唵地哩穴哩娑婆訶』，此咒，居人家每夜點燭了，面北立志，心念誦七遍，將剔燈杖子，燈焰上度過，攪油七（匣）〔匝〕〔五〕，能免一切蛾蠓投焰之苦。○去壁虱法，上寫『欠我青州木瓜錢』，貼牀脚，即去。○倒念《揭諦咒》七遍，能使網罟無所得。○遇夜行或寢處驚怖惡夢，即咒曰：『婆珊婆，演底攝。』○脚轉筋疼，書『木瓜』字於疼處，則止。○閉氣念『乾元亨利貞』七遍，嚼錢即碎。○釜鳴，呼『婆女』七。○每聞鴉噪，默念『乾元亨利貞』七遍。○渡江者朱書『禹』字佩之，免風濤，保安吉。○蜂螫人，就地以竹寫『丙丁火』三字七遍，取土指螫處。○降犬法，左手挑寅剔丁掐戌，念『雲龍風虎，降伏猛獸』。其犬不吠而去，不咬人。○降蛇法，咒曰：『天迷迷，地迷迷，不識吾時。天濛濛，地濛濛，不識吾踪。』左爲潭鹿鳥乙步，右爲鳥鵶三二步。又念曰：『吾是大鵬鳥，千年萬年王。』○咒棗法治百病，咒曰：『華表柱。』念七遍，望天罡取氣一口，吹於棗上，嚼喫湯水下。華表柱，鬼之祖名也。○遇人捕魚鱉飛禽走獸之屬，但念『南無寶勝如來』，捕者終無所獲。○賭骰子咒云：『伊帝彌帝，彌揭羅帝。』○百鳥糞衣，念『護羅』七聲。

【校】

〔一〕乙本脱『咒』字，據目録及甲本補。

〔二〕『巨乘』，乙本作『巨來』，據甲本改。

〔三〕『乾土』，乙本誤作『乾上』，據甲本改。

〔四〕『永不復相見』，『永』乙本誤作『水』，據甲本改。

〔五〕『七匝』，蓋本佛家『繞七匝』之説，原書作『七匣』，今改。

方法

婦人懷娠欲成男者，以斧密置牀下，以(刀)〔刃〕口向下〔一〕，必生男。雞伏卵，用此法，亦多成雄。○皂莢水觸人眼，痛不可忍，持襯衣角揩之，即愈。○凡患偷針眼者，以布針一條，對井以目睛睨視之。已而折爲兩段，投井中，眼即愈，勿令人知。○有脚汗人，歲朝密立於搗衣石上，即愈。○護生草，清明絶蚕取薺菜花莖，陰乾，暑月作挑燈杖，能令蚊蛾不至。○燈草於臘月内取溪河水浸七晝夜，陰乾，夏月點燈，能去青蟲。○禳鼠日，每月辰日塞穴，鼠當自死。○翼日挂帳，無蚊子。○食魚骨鯁，取罾覆頭，即下。○除夜五更，使一人房中向窗扇，一人問云：『扇恁麽？』答云：『扇蚊子。』凡七問七答，乃已。端午日五更亦然。○樹不生果，除夜着一人伏樹下，一人持斧問云：『你生果否？不生，斫汝作柴！』樹下一人應云：『我生！我生！』是年即結實。○辟火法，用緋紅絹帛五尺至一丈，剪作幡形，懸竹竿上，投當風火中，風回火息矣。無絹帛，以緋衣服代之，亦可。○取逃走人衣服并帶，用紙裹磁石，懸於井中，其人即回。○取霹靂木刻爲鳥形，放在露天高處，衆鳥皆集，不去。○二麥稈頓於上流，水流入池塘中，可祛馬蝗。○求雨法，命巫師入深山，擇楓樹有怪形者，以茅纜繫之，喝問：『有雨否？』一人應曰：『必有雨！必有雨！』○猪尿胞貯螢火，綴網中沉之水底，則魚聚觀，夜舉網則魚必多。○取頭垢塗針，及塞針孔，水上自浮。○取戎鹽塗雞鴨蛋上，相連十枚不落。○取蠶沙一石二升，用丁日就吉地埋，則蠶大熟。○取水獺胆，以篾子蘸畫酒杯中，一半酒去，餘半在盞，不傾。○置牛骨於地中，則水不涸。○削木令圓，舉以向日，艾承其影，則得火。○以黑犬血和蟹燒之，鼠悉去。○如值火災，急以瓶甑覆炕上，火即滅。○以白礬煮燈心，點之省油。○猪血浸新磚，磚墮水中，引魚自聚。歲夜聚富貴家田内泥打竈，主招財。○桃樹撑門辟邪，祟不敢入門。○月厭上，取土泥塞鼠穴，則鼠遠去。○人髮結掛果樹上，鳥雀不敢食其實。○驚蟄日以灰糝門〔限〕外〔二〕，免蟲蟻出。○七月上旬辰日斫木，不蛀。○熨斗内以紙襯之炒銀杏，則不爆。○釜鳴，不得驚呼，男子作婦人拜，即止。或婦人作男子拜，亦可。○夜卧，以鞋一仰一覆，即無惡夢。○遇惡犬，以左手自寅吹一口氣，輪至戌以指甲掐之，犬即退伏。○暗傳書法，以杜仲末、白礬、萆麻子各少許，研細，又入黄丹少許，（少）〔水〕浸〔三〕，寫字候乾，全不見字跡。以火烘之，即見字，看畢焚之。○雞子白調白礬末刷紙，作銚子煎茶，沸而不燒其紙。○五棓子書壁上，以青礬水噴之，則字現。○竹内膜純陰，將酥塗其上，見太陽即飛，名飛蝴蝶。○上丑日取土泥蠶室，宜蠶。○上辰日取道中土泥門户，辟官事。○讀書燈香油一斤，入桐油三兩，耐點，又辟鼠耗。以鹽置盞中，省油。以薑擦盞，則不暈。

【校】

〔一〕『刃口』，乙本作『刀口』，據甲本改。

〔二〕『門限』，乙本無『限』字，據甲本補。

〔三〕『水浸』，乙本作『少浸』，據甲本改。

圖書在版編目(CIP)數據

夜航船:張岱全集 /(明)張岱纂;鄭凌峰點校;卿朝暉審訂. —杭州:浙江古籍出版社,2020.7(2024.11 重印)
ISBN 978-7-5540-1589-6

Ⅰ. ①夜… Ⅱ. ①張… ②鄭… ③卿… Ⅲ. ①筆記—中國—明代 ②中國歷史—史料—明代 Ⅳ. ①K248.066

中國版本圖書館 CIP 數據核字(2019)第 197760 號

夜航船

(明)張　岱　纂
鄭凌峰 點校　卿朝暉 審訂

出版發行	浙江古籍出版社 (杭州市環城北路 177 號　郵編:310006)
網　　址	www.zjguji.com
責任編輯	劉　蔚
文字編輯	郭大帥
封面設計	吴思璐
責任校對	吴穎胤
責任印務	樓浩凱
照　　排	浙江大千時代文化傳媒有限公司
印　　刷	浙江新華印刷技術有限公司
開　　本	880mm×1230mm　1/32
印　　張	21.375
插　　頁	6
字　　數	438 千
版　　次	2020 年 7 月第 1 版
印　　次	2024 年 11 月第 5 次印刷
書　　號	ISBN 978-7-5540-1589-6
定　　價	128.00 圓

如發現印裝質量問題,影響閲讀,請與市場營銷部聯繫調换。